감성적 근대와 한국인의 정체성

감성총서 • 20

감성적 근대와 한국인의 정체성

2018년 6월 1일 인쇄
2018년 6월 5일 발행

지은이 | 김기성 외
펴낸이 | 정병석

펴낸곳 | 전남대학교출판문화원
주소 | 61186 광주광역시 북구 용봉로 77
전화 | (062) 530-0571~3 팩스 | (062) 530-0579
등록 | 1981. 5. 21. 제53호
홈페이지 | http://www.cnup.co.kr
이메일 | cnup0571@hanmail.net

값 35,000 원

ISBN 978-89-6849-503-8 (93300)

이 저서는 2008년 정부(교육과학기술부)의 한국연구재단의 지원에 의한 것임(NRF-2008-361-A00006).

이 도서의 국립중앙도서관 출판예정도서목록(CIP)은 e-CIP홈페이지(http://www.nl.go.kr/ecip)와
국가자료공동목록시스템(http://www.nl.go.kr/kolisnet)에서 이용하실 수 있습니다.
(CIP제어번호: CIP2018016968)

전남대학교 호남학연구원 감성총서 20

감성적 근대와 한국인의 정체성

김기성 외 지음

전남대학교출판문화원

인간은 자기 조상들을 닮은 것보다
자신의 시대를 더욱 닮는다.
- 기 드보르(Guy Debord) -

‘근대the modern’, 혹은 ‘근대성modernity’ 개념은 “세계적 소통 코드로서의 한국 감성 체계 정립”이라는 전남대학교 호남학연구원 감성인문학연구단(이하 감성연구단으로 축약)의 아젠다를 완수하기 위한 이론적 창이었다.

연대기적 시대구분으로서 ‘근대(近代)’라는 용어는 이미 익숙한 듯 보인다. 하지만 그 용어가 사상적, 정치적, 사회적, 경제적 영역의 공통구조를 묶어내는 통시적 분모로서 하나의 보편사적 단위로 개념화된 것은 기껏해야 19세기 후반의 일이었다. 그것이 한편으로 서양 제국주의의 발흥과 무관한 일이 아니었다는 것과, 다른 한편으로 근대, 혹은 근대성 개념이 ‘비판critique’의 ‘전통(傳統)’을 따르고 있으며, 애초부터 자체 내에 혁명성을 품고 있다는 것은 누군가에게 아직 생소한 듯 보인다. 이와 관련하여 나는 다른 자리에서 다음과 같이 밝혔다.

그 단어의 개념화 과정을 추적하다 보면, 근대 개념이 19세기 후반 이래 단순히 연대기적 시대 단위를 가리키는 기표로서 사용되기 시작했다는 경험적 사실보다는, 이전에는 겪어보지 못했던 역사적 경험의 질적 변화가 가속화되고 확장됨으로써 (발화자가 속해 있는) '지금-시간Jetztzeit'이 다양한 영역에서 의식적으로 다루어지기 시작했다는 데 한층 더 무게가 실려 있다는 것을 발견하게 된다. 다시 말해 근대, 혹은 근대성은 단순히 사건들의 자연 연관으로서의 연대기적 범주라기보다는, 오히려 역사적 사건과 흐름에 내재하는 시간, 즉 "역사적 시간geschichtliche Zeit"의 척도에 근거한 질적 범주다. 이처럼 역사적 사건의 일회적 순간과 그 경험의 지속으로서의 역사적 시간이 의식됨에 따라, 그리고 자신의 과거가 '역사' 또는 '전통'으로 반성됨에 따라 "혁명, 진보, 발전, 위기, 시대정신Zeitgeist"과 같은 개념들로 구성된 일종의 '통일된 체계'로서의 역사철학, 즉 공시적 비교를 통한 통시적 "보편사Universalgeschichte"나 "세계사Weltgeschichte"가 전개될 수 있었다.

따라서 역사적 시간으로서의 지금-시간, 즉 근대성이 무엇인가는 실증주의적 역사학에서 쉽사리 대답하기 어려운 물음이다. 그것은 경험적으로 검증가능한 사실에 기초한 역사학의 연구대상이 결코 아니다. 물론 그것 역시 수학적 시간척도와 물리적 시간단위에 의해 조건 지어져 있음에도 불구하고, 단순히 사료들을 통해서 얻을 수 있는 행위와 사고, 계획과 사건에 관한 직접적인 정보가 아닌, "현재[하는] 과거"로서의 경험과 "현재화된 미래"로서의 기대 사이의 '차이'를 밝히려는 노력 속에서만 해명될 수 있는 '사태(事態)', 즉 이론적 해석의 대상이기 때문이다.[1]

감성연구단이 근대(성) 개념을 이론적 창(窓)으로서 고집했던

1 김기성, 「영원한 현재로서의 심미적 근대성: 짐멜의 심미적 근대 이론의 현재성과 한계 사이에서」, 『범한철학』 제79집, 2015, 394-395쪽.

이유는 무엇보다도 '지금-여기Hic et Nunc'의 발화위치를 확보하기 위함이었다.[2] 이는 '역사적 보편성'으로서 근대성의 지평 위에서 한국 감성을 연구하겠다는 의지의 발로였고, 극단적 상대주의에 치우치지 않으면서 세계적 소통 코드로서의 한국 감성 체계를 정립하기 위함이었다.

또 다른 이유는 인간의 감성이 심리학이나 생물학에서 말하듯 인간의 개인적인 차원이나 본능적인 차원에 한정된 것이라기보다 그 자체로 간(間)개체적 성격을 갖는다는 것, 따라서 그것이 발생하는 바탕이나 조건으로서 사회성뿐만 아니라 역사성을 전제할 수밖에 없다는 것을 간과하지 않기 위함이었다.

이 전제를 받아들인다면, "모든 감성은 곧 공(共)-감(感)이다." 이때 공감이 신체들 간의 마주침과 그로 인한 존재론적 변용이라면, "공감장the field of sympathy"은 "그러한 공감의 발생적 조건이자 상이한 공감들이 마주치고 투쟁하는 관계의 망"[3]이다. 공감장은 서구적 근대의 이론적·개념적 배타성과 제국주의적 억압성을 뛰어넘어 비서구적 근대성은 물론 복수의 대안적 근대성의 지평을 종횡으로 가로지르면서 공감을 매개로 발생하는 집단적·사회적·역사적 차원의 동역학을 탐구하기 위해 새롭게 고안된 개념이다.

감성연구단은 공감장 개념을 정립하고 그것의 타당성과 정당성을 검증하기 위해 오랜 시간 치열한 토론의 과정을 거듭 되풀이했다. 이 과정의 결정체가 바로 『공감장이란 무엇인가: 감성인문학

---

2 모더니티의 어원인 라틴어 '모도(modo)'는 '지금'을 뜻하고, 이 지금은 불가피하게 '여기'를 전제할 수밖에 없다.

3 전남대학교 감성인문학연구단, 『공감장이란 무엇인가. 감성인문학 서론』, 도서출판 길, 2017, 11쪽 참조.

서론』(2017)이다. 그리고 이번에 출판하게 되는 공동총서 『감성적 근대와 한국인의 정체성』은 다(多)학제 간 통합학문으로서 감성인문학의 본론을 여는 첫 걸음이 될 것이다.

이 총서가 소개하는 대안적 근대성에 관한 다양한 논의들은 공통의 어떤 것을 지향하면서도 그 논의들의 층과 결 사이에는 내적 긴장감이 감돌고 있다. 그 논의들은 단 하나의 근대(성)으로 수렴되기보다는 서로 간의 차이를 유지하면서도 서로 중첩되고 교차하며 횡단하는 방식으로 '복수적 근대성들multiple modernities'로서의 새로운 보편성, 아니 자신의 본성에 부합하는 보편성을 만들어가고 있는 것처럼 보인다. 이에 상응해서 공론장에 관한 논의들은 이전보다 확장되고 심화되고 있으며, 감성적 주체에 관한 논의들 또한 본격적으로 전개되고 있다.

이와 함께 이 총서는 근대의 혼란스러운 유동성이, 특히 디지털 기술공학이 시공간의 변형을 야기했고, 그 결과 지리적 경계가 흐려지거나 중첩되는 지점에서 발생하는 문화적 혼종성과 새로운 정체성에 관한 논의들을 소개한다. 이 논의들은 우리 시대가 "감성적인 것과 일상적인 것이 교착된 시대", "지역적인 것과 전지구적인 것이 중첩된 시대"로서의 "감성적 근대emotional modernity"라는 것을 직시한다면, 지금 여기에 살고 있는 한국인의 정체성을 다시 물을 수밖에 없다는 문제의식으로부터 비롯되었다.

이 총서는 총 4부로 구성되어 있다. 제1부는 이성적 합리성과 기술적 진보에 입각한 서구 부르주아적 근대에 맞서는 미적 근대성 담론으로부터 출발해서 라틴아메리카의 탈식민적 전회와 교차근대성, 유교적 근대성으로서의 중층근대성, 동아시아적 근대성의 가능성에 관한 이론화 작업을 시도하는 4편의 논문들로 구성되어 있다.

김기성의 「감성적 근대와 새로운 주체성의 동인」은 근대성과 주체성의 관계, 양자의 관계 자체에 내재된 모순, 달리 말해 개별적 혹은 집단적 주체성의 형식과 사회적 객관성의 요구 사이에 불가피하게 발생하는 모순을 환기시키고, 서양 근대성 담론의 지각변동과 더불어 도래하게 된 감성적 근대의 문제적 지형에 대해 서술한다. 그리고 그 문제적 지형에 맞서 저항하고 투쟁하면서 대안적 삶을 창조할 수 있는 주체성의 동인(動因)들을 고찰한 후, 이 미지(未知)의 동인들을 앞으로 어떻게, 무엇을 위해 조직화시키고 제도화시켜나갈 것인지를 탐문한다.

김은중의 「라틴아메리카 탈식민적 전회와 트랜스모더니티」는 보편적 가치를 갖는 형식적 탐구가 아니라 스스로가 사유와 언술, 행위의 주체가 되는 일리situated and contextualized knowledge(一理)를 모색하는 해방철학을 소개한다. 해방철학이 상상하는 다른 세계는 '오직 하나의 세계만이 존재하는 세계a World where only a world fits'가 아니라 '많은 세계가 포함되는 하나의 세계a World where many worlds fit'로서의 트랜스모더니티trans-modernity다. 하나의 세계에 포함되는 많은 세계는 항상-이미 존재했지만 유럽 중심의 근대성에 의해 억압되고 은폐되었던 일리의 세계들이다. '대안은 없다'는 신자유주의 신탁(神託)에 맞서 세계사회포럼이 '다른 세계는 가능하다Another world is possible'고 선언했다면, 여기서 한 걸음 더 나아가 트랜스모더니티는 '다른 세계는 이미 가능하다Other worlds are already possible'고 말한다. 이미 가능한 다른 세계란 다름 아닌 일리의 세계라는 것이 이 글의 요지다.

김상준의 「촛불 맹자 : 중층근대의 망탈리테, 에토스, 에피스테메」는 『맹자의 땀 성왕의 피』, 『유교의 정치적 무의식』, 두 책의 요지를 중층사와 중층근대성 이론의 관점에서 설명한다. 필자가 주목하는 것은 역사 속에서 반복적으로 되돌아오는 '사건들'이다. 한국 민주화 운동의 그 '사건'들 속에서 늘 되돌아왔던 것은 불의에 항거했던 민중의 힘이었고, 국가 주권의 전횡에 항거했던 유교 전통이었다. 특히 1987년의 기억은 가까운 현대사, 현재사contemporary history에 속한다. 1987년 6월이라는 그 '사건'은 점점 퇴조하고, 패배하고, 빛바래, 이제 영영 현재, 현실 속에서 소멸하고 다는 듯하였다. 마치 그러한 사건이 도대체 있기나 하였나 싶을 정도로. 그러나 87이라는 사건, 사건성은 다시 한 번 되돌아 왔다. 바로 2016년 10월말부터 시작된 '촛불혁명'이었다. 이 글은 촛불 속에서 그리고 거듭 돌아오는 '사건들' 속에서 '맹자의 땀'을 읽고, '성왕의 피'를 본다. 그리고 '유교의 정치적 무의식'을 탐조한다.

나종석의 「연민 중심의 동아시아적 근대성의 가능성에 대해」는 서구 근대의 자율성 이론의 입장에서 평가된 유교적 전통의 사유 방식의 한계가 과연 적절한 것인가라는 물음을 제기한다. 이 글에서는 주체성에 대한 불완전하고 열등한 인식 방식에 불과한 것으로 규정된 유교적 사유 방식과의 새로운 대화를 통해 서구적 근대성의 철학적 정당화의 주축을 형성하는 주체성 혹은 자율성에 대한 이해 방식이 타당한 것인지를 살펴본다. 서구 근대의 자율성 이론의 어두운 점을 성찰해보는 것은 서구 근대성을 포함하여 근대성이 무엇인지를 재정의하는 작업의 일환인 셈이다. 그리고 유럽 근대에 의해 주체성의 참다운 형식에 미치지 못하는 것으로 규정된 연민에 대한 인식의 한계를 중심으로 서구 근대의 철학적 원리의 불충분함을 성찰하는 작업은 서구 근대와는 다른 근대의 길을 모색하는 데에서도 많은 시사점을 줄 것이다.

제2부는 우리의 역사에서 대안적 근대성으로서 감성적 근대성의 징후들, 식민지 근대성에 관한 논의, 근대성의 지형도 안에서 동아시아의 공감장에 관한 연구를 시도하는 4편의 논문들로 구성되어 있다.

조태성의 「참요, 감성적 근대성의 한 징후」는 공감장에 대한 대략적인 개념과 그 구성 요건들에 착안해서 동학농민혁명이라는 봉기를 재조명한다. 이 글은 참요를 통한 공동체의 형성과 공감장의 형성 방식 등을 말하고자 하며, 이런 움직임을 형성시키고자 했던 당대인들의 욕망은 무엇이었는지를 밝히고자 한다. 그들은 동학을 통해 '사람[人]'임을 자각했고, 그것을 드러내고 싶어 했으며, 그것을 통해 '사람답게' 살고자 했다. 그런 욕망이 노래를 부르게 했고, 노래를 통해 자신들만의 공동체를 결성하였으며, 그 공동체는 기존 공동체들과의 투쟁을 벌였고, 결국은 실패했지만, 공동체의 형성 혹은 공감장의 형성이라는 감성적 경험만큼은 사라지지 않았다고 말할 수 있다. 그런 경험들이 결국 감성적 근대성의 한 징후라고 할 수 있는 것이며, 이러한 징후가 곧 민중에 의한 공감장의 체현과 그 발현에 다름 아니라고 볼 수 있다는 것이 이 글의 주장이다.

김경호의 「한국 유교와 식민지 근대성의 그늘, 너머」는 한국유교의 위상과 역할을 탈식민주의의 관점에서 조망하고, 한국유교가 갖는 착종된 근대성과 은폐된 식민성을 철학적으로 탐구한다. 이 글에서 한국유교의 범위는 식민지 유교로부터 현재에 이르는 시기까지이며, 식민체제와 분단체제를 경험한 세대의 학술적 사상뿐만 아니라 정치적 태도와 긴밀하게 연결되어 있다. 이 글의 또 다른 키워드는 식민지 근대성이다. 식민지 근대성의 문제는 정치적 의식만이 아니라 심리적이고 정서적인 요인과도 결부되어 있고, 관계의 역학에서 비롯한 사회적 감성과 직결된다. 우리 시대 한국유교는 근대라는 기호가 만든 연속과 단절의 접점에서 식민지 근대성과 저항적 근대성의 두 양상이 여전히 경쟁하고 있다. 이처럼 한국유교의 착종된 근대성을 다루고 있는 이 글은 한국인의 감성과 정체성 재발견을 위한 일련의 탐구 과정을 보여준다.

김봉국의 「해방 직후 민주주의 공론장의 안과 밖」은 해방 직후 분출했던 민주주의에 대한 열망과 그것이 추동한 사회변화 및 민주주의의 다채로운 양상을 고찰한다. 특히 해방 직후 '신민주주의'론이 출현했던 역사적 맥락을 추적하고 살펴봄으로써 그것이 갖는 근대성과 '민주주의'를 축으로 전개된 다양한 주체들 사이의 상호경쟁 양상을 분석한다. 이 분석을 통해 이 글은 과거/현재/미래의 상이한 시간대를 응축한 남한의 '민주주의 공론장'과, 그것의 안과 밖을 가로질러 밑으로부터의 민주주의를 구축하고자 했던 인민의 '민주주의 공감장'과의 길항관계 속에서 전개되었던 민주주의의 동역학을 밝히려고 시도한다.

이희경의 「문혁은 대안근대성과 어떻게 조우했나」는 문혁을 중국 근대화의 장구한 과정 중 한 단계로 간주하고, 어떤 근대성이 강조되었는지, 또는 발견되었는지를 살펴본다. 문혁 초기, 관방에 의해 대중에게 갑작스럽게 주어졌던 주체성은 직접민주주의를 경험할 기회를 제공하였다. 그러나 여러 집단들이 무장투쟁 등의 혼란을 일으키자 관방은 '대민주'를 정리하고 이전의 시스템으로 복귀하였다. 그에 반해 1968년 말부터 '상산하향운동'에 참여한 젊은이들은 척박한 환경 속에서 삶에 대해 진지하게 성찰하고, 또한 책읽기와 토론을 통해 '자아'를 발견한다. 이와 같이 대안적 근대성으로서의 성격이 분명한 '대중의 주체성'이 부정당하고, 그에 반해 전혀 의도하지 않았던 상산하향운동이 탈종속의 밑거름이 되는 역사적 경험은 연구자에게 중국만의 독특한 근대화과정에 대한 세심한 접근과 분석을 요구한다고 이 글은 지적한다.

제3부는 감성적 근대의 주체에 대한 비판과 아울러 새로운 시대를 기획하고 창조해나갈 수 있는 감성적 주체를 모색하는 4편의 논문들로 이루어져 있다.

심혜련의 「감성적 주체로서의 능동적 관찰자」는 수용자를 감성적 주체로 설정하고, 감성적 주체가 어떠한 방식으로 지각하고 또 외부에 반응하는지를 살펴본다. 특히 감성적 주체의 수용방식을 디지털 매체예술의 상호작용성과 연결시켜 분석한다. 디지털 매체예술이 등장한 이후, 어떤 것보다도 상호작용성이 강조되고 있다. 그것은 디지털 매체예술이 갖는 새로운 긍정적 특징으로 평가되곤 했다. 그런데 사실 이 상호작용성의 과정에서 수용자들이 능동적으로 상호작용하기보다는 수동적인 작동자에 머무는 경우들이 많다. 따라서 이 글에서는 감성학적 차원에서 디지털 매체예술이 가지고 있는 상호작용성의 문제점을 지적하고, 감성적 주체로서의 능동적 관찰자라는 수용자 모델을 제시한다. 더 나아가 갈수록 타인에 대한 무관심과 비정상적인 관심이 커지고 있는 지금, 타인과의 진정한 상호작용이 무엇인지를 고찰한다.

신지영의 「탈근대적 주체는 어떻게 가능한가? - 들뢰즈의 경우」는 다음과 같은 물음들을 제기한다. 데카르트적이며 칸트적인 주체가 아닌 한에서 탈근대의 모든 조건에서 살아가는 주체의 모습은 어떤 모습일 수 있을까? 그것이 이론적으로 가능한가? 이 물음을 던지기에 적절한 철학자들이 여럿 있지만, 필자는 이 물음을 들뢰즈의 차이의 철학에 던져본다. 스스로 <주체>라 여기는 근대 이후의 우리 모두는 과연 어떻게 해야 근대적 주체와 자아의 틀을 벗어날 수 있는가? 이 질문이 다루기 어려운 이유는 들뢰즈에게서 능동적 의식이 재현과 맞물려 부정되고, 수동적 종합과 무의식 등이 중요하게 떠오르면서, 우리가 <능동적인 주체>일 수 있는 가능성을 찾기가 어려워 보이기 때문이다. 하지만 리같은 들뢰즈의 <탈주체화>라는 개념을 다루면서 들뢰즈가 주체를 부정한 것이 아니며, 부정적인 주체화가 아닌 진정한 주체화를 다루고 있다고 역설한다. 필자는 리갈의 논평에 동의하면서, 이를 근거 짓기 위해 주체와 자아의 불충분성을 우선 다루고, 시간의 비선형성과 무의식의 능동성이라는 두 가지 중요한 개념을 중심으로 들뢰즈에게 주체가 어떻게 가능한지를 살펴본다.

조정환의 「다중의 명인 되기와 '예술인간 – 예술체제'」는 신자유주의 텔레비전 프로그램들의 예능적 명인화 요구를 다중이 처한 질곡으로 파악하면서 그것을 거부하는 것으로 나아갈 것인가, 아니면 이러한 상황과 조건을 해방적 가능성으로 역전시키면서 예능적 명인화를 극한적으로 가속시킬 것인가라는 질문을 제기한다. 이 질문에 답하기 위해 필자는 '명인(성)'이 역사 속에서 거쳐 온 개념적 계보를 살피는 것에 집중한다. 이 계보학적 검토 위에서 이 글은 우리 시대에 가능한 명인성이 어떤 것인지, 그것을 실현하려면 어떤 조건, 어떤 노력이 필요한지, 또 그것을 구체화할 체제가 무엇인지 등에 대해 추가적으로 살펴본다. 그리고 아리스토텔레스(와 아렌트)의 고전주의적 명인성 개념으로부터 출발해서 근대로의 이행 속에서 마키아벨리의 군주의 능력으로서 명인성과 스피노자의 민주주의로서 명인성의 정치체제를 거쳐 맑스의 노동자의 능력으로서 명인성, 레닌과 그람시의 전위의 당 혹은 유기적 지식인의 당으로서 정치적 명인성의 집중체, 마지막으로 벤야민의 예술적 명인으로 되는 예술체제로의 이행을 추적한다. 이렇게 전개되어온 명인성 개념은 후기근대에 뚜렷이 드러나는 다중의 명인되기의 경향을 역사적으로, 그리고 이론적으로 선취하고 또 표현한 것들이라는 것이 이 글의 주장이다.

최혜경의 「감성적 근대와 연출적 주체」는 둔감화 내지 무감화되고 있는 개인의 감성과, 이로 인해 오늘날의 개인이 지니게 된 사회적 생존의 취약성에 주목한다. 이러한 문제의식으로부터 출발해서 이 글은 인간의 삶을 불리하게 만드는 물질적 조건의 배태 과정을 매체사회의 속성과 영향의 측면에서 검토하고, 그 가운데 삶을 능동적으로 구성하는 자율적 감성의 필요성과 조건을 간취하고자 한다. 이를 위해 필자는 개인들의 결합과 소통 공간을 상실한 한국 사회의 불안정성과 감성적 욕구 또는 요구에 대해 분석한다. 이와 더불어 기호자본의 금융화에 잠식된 매체사회의 원류와 디지털 사회문화의 이중성이 배태되는 과정에 대한 분석을 통해 오늘날 사회의 근대적 특징을 감성의 상호작용적 측면에서 규명하고 새로운 삶의 구조와 주체의 역할을 탐색한다.

제4부는 지금까지 논의와의 연속성 속에서 국가적 경계와 그 너머에서 유동적인 한국인의 감정구조 및 정체성에 관한 탐구, 그리고 그에 근거한 새로운 주체를 상상하는 4편의 글로 구성되어 있다.

정명중의 『입이 없는 누이(여성)들 : 남성적 망탈리테의 기원』은 오늘날 한국의 남성적 정체성과 망탈리테를 형성하는 요인으로서 <여성 숭배/혐오>라는 양가감정의 기원을 문제 삼는다. 말하자면

이 글은 심지어 급진적 또는 진보적이라고 평가되는 남성 서사narrative에서조차, 실은 바로 그 선한(?) 명목 때문에 남성적(혹은 소년적!) 정체성(동일성)을 구성하고 지탱하는 요소로서 <여성 숭배/혐오>의 감정이 집요저음처럼 흐르고 있다는 것, 또한 남성들의 집요한 양가감정 속에 여성들에 대한 실제적인 가학과 폭력의 메커니즘이 도사리고 있다는 것을 주목한다. 바로 이 점에서 이 글은 이즈음 한국사회에서 확산되고 있는 남성 젠더권력에 대한 발본적 비판과 저항으로서 '미투Me Too' 운동과 어느 지점에서 접목될 수 있을 것이다.

최유준의 「지역화와 타자화 사이, 전 지구화시대 한국인의 청각적 정체성」은 초국가적 디지털 매체와 집단 이주를 배경으로 일상적 층위에서 경험되는 전지구화의 경향이 대중들의 심상지리를 실천적으로 변화시키고 있고, 또한 경제적 신자유주의와 맞물린 비물질적 생산이 광범위한 복고문화를 초래함으로써 감성적 인식의 역사적 차원을 제거하고 있다는 문제의식으로부터 출발한다. 이로써 기존의 '중심-주변'의 공간적 계기는 해체되거나 재편될 조짐을 보이며, 아울러 '시대에 뒤쳐져 있음'이라는 의미에서 '촌스러운 것'으로 인식되던 것들이 문화적으로 재해석되고 있다는 점을 전제하면서 이 글은 청각적 인식과 관련하여 '목소리'에 주목한다. 왜냐하면 신자유주의와 전 지구화에 수반하는 문화적 탈영토화는 잠재적 층위에서 '촌스러움'의 인식적 차원과 관련된 감성적 식민화의 상황을 극복하게 해주는 해방적 계기를 담고 있다고 보기 때문이다. 물론 필자는 '변방'으로서의 지역과 '과거'로서의 전통이 '촌스러움'의 낙인을 지우는 대신 '세련됨'의 외피를 걸친 새로운 '글로벌 상품'으로 전시되고 있다는 점을 간과하지 않는다.

문재원의 「경계 횡단하기의 수행적 실천과 사이 정체성」은 복잡한 층위들이 횡단하는 이동경로 위에서 부딪치는 다양한 사건들과 갈등, 협상하면서 자신의 위치를 재조정해나가는 이주민들의 실천적 행위에 주목하고 이를 '사이 정체성'으로 설명한다. 이 맥락에서 이 글은 이주노동자에서 영화감독으로 활동 지평을 넓히고 있는 이주민 감독 마문의 문화적 실천을 의미화한다. 자기재현으로서의 마문의 영화적 작업은 이주민 이슈에 대해 사회적 공감장을 확보하고자 하는 데 일차적인 주안점을 두고 있다. 특히 당사자성을 내장한 자기발언을 제시한다거나 영화 밖의 사회적 발언들을 교차시키는 영화적 형식을 통해 이들의 실존에 대한 사회적 공감장을 형성해 내고자 하는 전략을 읽어낼 수 있다. 이 글은 이 전략이야말로 미등록 이주노동자라는 정체성을 결여나 침묵의 위치가 아닌 국민국가주의에 틈을 내는 정치적 거점으로 재전유하는 발화형식과 연결되어 있다는 점을 환기시킨다.

김창규의 「중국의 한국인 디아스포라와 정체성은」은 중국과 한국의 근대 국민국가 형성의 과정에서 경계인(집단)으로 위치 지워진 조선족의 역사와 정체성을 바라보는 우리 사회의 시각이 그들의 실존적 상황 및 문화를 이해하려하기보다는 여전히 국민국가의 필요에 의해 소환, 소비, 활용되고 있다는 문제의식으로부터 출발한다. 우리는 지금까지 식민지화 과정 및 식민지 상황 속에서 그들을 항일 연대 투쟁의 상징으로 형상화했고, 중국내에서 활동을 부각시켜왔다. 그에 반해 조선족-중국인으로서 실제적 삶과 디아스포라로서 피할 수 없었던 포섭, 배제, 무관심의 대상이자 늘 끼어 있는 존재로서 경계인은 외면해왔다. 이처럼 한중 수교 후 중국과의 정치, 경제, 문화적 교류와 협력의 이면에 연대와 혐오, 친선과 적대라는 이중성이 한국인 디아스포라의 한 사례로서 조선족을 바라보는 우리 사회의 인식을 적나라하게 보여준다고 이 글은 피력한다. 이는 국민국가의 틀을 넘어 보다 건설적이고 상생하는 한국인 디아스포라 공감장을 위해서 어떤 입장과 실천을 해가야 하는가라는 물음을 제기하는 것이기도 하다.

****

이 공동총서는 전남대학교 호남학연구원 감성인문학연구단이 3단계 2년차 2015년부터 4년차 2018년까지 주최한 국내학술대회에서 발표되었던 논문들의 선집(選集)이다.[4] 세 차례 진행된 국내학술대회는 '감성적 근대(성)', '감성적 주체', '감성공동체', 그리고 '한국인의 정체성'을 탐문해가는 결코 녹록치 않은 여정이었다. 이 여정은 우리 시대의 '문제들'이 이제 더 이상 개별분과학문만으로 제대로 접근할 수도 충분히 해명할 수도 없다는 것을, 따라서 불가피하게 다학제 간 통합학문을 요청한다는 것을 절감할 수밖에 없게 만드는 시간의 연속이기도 했다.

세 차례 진행된 국내학술대회에서 발표된 원고들은 수정과 재집필을 통해 여러 학술지에 완성된 논문의 형태로 게재되었다. 그 이후 이 총서를 위해 몇 차례 다시 수정되었다. 바쁜 와중에도 숱한 요청에 기꺼이 응해주신 필자 선생님들께 진심으로 감사드린다. 한 권의 책이 나오기까지 애쓰신 분들을 이루 다 헤아릴 수도 없고

4 예외적으로 신지영의 「탈근대적 주체는 어떻게 가능한가? - 들뢰즈의 경우」는 학술대회 발표원고는 아니지만 감성인문학 연구이사의 자격으로 공동총서출판에 동참하게 되었다.

일일이 다 거론할 수도 없다. 이 자리를 빌려 그 분들께도 심심한 감사의 말씀을 드린다.

이 총서는 감성연구단이 출범하고 지금까지 걸어온 10년 여정의 끝자락을 매듭짓는 진중한 발자취로 남게 될 것이다.

2018년 5월
필자들을 대신하여
김기성 씀

■ 차례

제1부

1

감성적 근대와 새로운 주체성의 동인*

김기성

내 안에 있는 미지의 것이 나를 나로 만든다.

- **폴 발레리**(Paul Valéry, 1871-1945) -

들어가는 말

서양에서 '근대(성)die Moderne, modernity'이라는 용어는 헤겔G. W. F. Hegel(1770-1831)의 역사철학적 작업과 더불어 개념화되고 체계화되기 시작한다.[1] 그는 자신이 활동하던 "우리 시대"를 "가장

* 이 글은 2018년 『감성연구』 제16집에 발표된 논문임을 밝힌다.

1 "근대(성)" 용어의 어원적 의미와 개념사적 맥락에 관한 상세한 설명은 김기성, 「영원한 현재로서의 심미적 근대성」, 『범한철학』 제79집, 2015, 392-395쪽 참조.

새로운 시대"로 선언하면서 그 시대가 갖는 근대성의 원리를 자기 관계의 반성적 구조, 즉 "주체성subjectivity"이라고 주장한다. 이 주장은 "우리 시대"가 "방향을 설정하는 자신의 척도를 더 이상 다른 시대의 모범들로부터 차용"하지 않고 "자신으로부터 스스로 창조해야만 한다"[2]는 것을 함축하고 있다. 달리 말해 근대성은 이전의 전통과 단절하는 전통, 즉 "비판critique의 전통"[3]을 따른다는 주장이기도 하다.

헤겔의 주장은 니체F. Nietzsche(1844-1900)의 과거를 고찰하는

---

2 위르겐 하버마스, 『현대성의 철학적 담론』, 이진우 옮김, 문예출판사, 1995, 36쪽과 26쪽 참조. 이하 『현대성의 철학적 담론』으로 축약함.

3 "비판의 전통"이란 한편으로 "나는 무엇을 인식할 수 있는가?"라는 선험적-인식론적 이성의 자기비판(칸트)으로부터 시작해서 자기의식적 반성과 인정투쟁을 통한 자기극복 및 자기해방으로서의 비판(헤겔)과 부르주아 정치경제체제의 모순에 대한 과학적 해부이자 프롤레타리아 혁명 운동의 실천적 지침으로서의 비판(맑스)을 거쳐 사회문화적 권력관계의 불균형과 편재성을 체계적으로 은폐하면서 정당화하고 구조적으로 확대하면서 재생산하는 현실의 폭로로서의 비판(사회비판이론)으로 이어지는 전통을 가리킨다. 다른 한편으로 그것은 1세대 사회비판이론가들의 문제의식과 교차하면서 칸트의 비판 개념을 존재론적으로 변형시킨 전통, 즉 주체, 권력, 진리가 교착된 관계들의 장 내에서 "우리 시대를 사는 우리는 무엇인가?"를 묻는 "현재의 존재론, 현실태의 존재론, [근]대성의 존재론, 우리 자신의 존재론"에 대한 고고학적이고 계보학적인 비판으로 이어지는 전통(푸코)을 가리킨다. 이러한 문제의식을 가지고 푸코(M. Foucault, 1926-1984)는 다음과 같이 말한다. "역사의 바로 이 순간에 있는 **오늘의** 우리가 누구인지를 자문해보는 것, 그러므로 우리의 '자기' 형태가 갖는 우발적 차원을 숙고하는 것, 이를 통해 **이론적이고 실천적으로 현재의 우리인 바를 거부할 수 있는 가능성을 열고 이제껏 존재하지 않았던 우리가 우리 자신과 맺는 여러 형태의 관계를 창조해낼 수 있는 가능성을 여는 것이 문제**인 셈이다. [...] 하나의 태도, 하나의 에토스, 요컨대 현재의 우리 자신인 바에 대한 비판이 우리에게 부과된 한계들의 역사적 분석임과 동시에 이 한계들의 가능한 극복의 실험이기도 한 철학적 삶으로 이해해야 한다." 『비판이란 무엇인가?/자기수양』, 35쪽. 미셸 푸코, 『비판이란 무엇인가?/자기수양』, 심세광·전혜리 옮김, 동녘, 2016, 29쪽과 27쪽. 이하 『비판이란 무엇인가?/자기수양』로 축약함. 두 번째 강조는 필자에 의한 것임.

"비판적 방식"[4]을 거쳐 코젤렉R. Koselleck(1923-2006)의 주장, 즉 "새로운 시대의 진단과 과거 시대의 분석은 서로 일치한다."[5]는 주장으로 계승된다. 이 주장은, 감성 연구의 맥락에 맞게 변경해 본다면, "새로운 시대의 감성을 진단하는 것과 오래된 시대의 감성을 분석하는 것은 일치한다."로 테제화될 수 있을 것이다. 이 테제는 감성을 근대성의 지평 위에서 연구하겠다는 의지의 발로이기도 하다.

헤겔이 통찰한 것처럼, 근대성의 원리가 주체성이라면, 주체성은 근대성을 실현해야 한다. 다시 말해 "자기 자신을 자발적으로 갱신(更新)하여 현재화하는 시대정신"[6]에 걸맞게 스스로를 갱신하여 현재화함으로써 '주체' 자기 자신의 근대성을 실현시키는 힘이 주체성이다. 그런 까닭에 근대성은 시대정신에 적합한 자기관계의 구조화, 즉 '주체화subjectivation'의 새로운 방식 및 자기존재의 변형과 맞물린 주체성의 새로운 형식을 끊임없이 요구한다.[7] 이처럼 양

4 니체는 "비판적 방식"에 대해 다음과 같이 주장한다. "인간은 살기 위해 과거를 파괴하거나 해체할 힘을 가져야만 하고 때에 따라 실제로 그렇게 해야 한다. 그렇게 하기 위해 그는 과거를 법정에 세우고 고통스럽게 심문하고 마침내 유죄를 선고해야 한다. 모든 과거는 유죄 판결을 받을 만한 가치가 있다 – 인간의 일이란 항상 그렇기 마련이기 때문이다. 항상 그 안에는 인간적 폭력과 약점이 강력하게 작용하고 있었기 때문이다. 여기서 법정에 앉아 있는 것은 정의가 아니다. 여기서 평결을 내리는 것이 은혜는 더더욱 아니다. 그것은 오로지 **삶, 저 어둡고 몰아대며 지칠 줄 모르고 스스로를 갈망하는 권력**이다.' 프리드리히 니체, 『비극의 탄생·반시대적 고찰』, 이진우 옮김, 책세상, 2015, 314쪽. 강조는 필자에 의한 것임.

5 『현대성의 철학적 담론』, 36쪽과 24쪽.

6 Jürgen Habermas, "Die Moderne – ein unvollendetes Projekt"; ders., *Kleine politische Schriften I-IV*, Frankfurt/M. 1981, 446쪽.

7 "주체화"는 "<주체>의 점진적이고 부단한 구성, <절차>"를 계보학적으로 추적하면서 분석하려는 의도를 담고 있는 개념이다. 디디에 오타비아니, 『미셸 푸코의 휴머니즘』, 심세광 옮김, 열린 책들, 2010, 128쪽.

자의 관계는 변증법적이고 애초부터 자체 내 모순을 품고 있다. 그에 따라 근대성 담론에서 개별적 혹은 집단적 주체성의 형식과 사회적 객관성의 요구 사이에 불가피하게 발생하는 모순을 어떻게 해결하느냐가 관건이 된다.

우리는 근대성 개념을 도구로 삼아 두 가지 축이 교차하면서 생성되는 '정세(情勢)'를 포착하고 그것의 발현양상들을 분석해 나갈 것이다. 그 두 가지 축 중 하나는 역사적 사건과 흐름에 내재하는 시간, 즉 코젤렉이 강조한 "역사적 시간"[8]의 척도에 근거한 질적 범주에서부터 들뢰즈G. Deleuze(1925-1995)가 주목한 "비선형적 시간성"[9]을 아우르는 시간의 축이다. 이 축은 "사회의 의해 고안되고 그 안에 제도화되어 있는" 장소에 현재한다는 점에서 또 하나의 축, 즉 경제적 효율성이라는 균질적이고 단일한 척도에 의해 구획

---

8 코젤렉은 "역사적 시간"에 관하여 다음과 같이 설명한다. "일상 속에서 역사적 시간을 조망해 보려면, 노인의 얼굴에 그려진 주름살이나 지나간 삶의 운명을 담은 채 우리 몸에 남아 있는 흉터를 눈여겨보아도 좋을 것이다. 그게 아니라면 폐허 옆에 높이 솟아있는 최신식 건물을 생각해보거나, 늘어선 건축물들에 시간의 깊이를 더해주는 괄목할만한 건축양식의 변화를 살펴보거나, 차별적으로 [근]대화 되면서 모든 시대의 모습을 보여주는 교통수단들, 즉 썰매에서 비행기에 이르기까지의 교통수단들이 공존, 병존하고 또 중첩되는 것을 지켜봄직도 하다. 무엇보다도 각각의 가정이나 직장에서 일어나는 세대교체에 대해 생각해보라. 이때에는 서로 다른 경험 영역과 미래에 대한 [관]점(Perspektive)들이 그것이 담고 있는 갈등과 더불어 겹치고 교차된다. 이 정도만 살펴보아도 측정가능한 자연시간의 일반성을 - 비록 이 시간이 고유한 역사를 지니고 있다 할지라도- 함부로 역사적 시간개념에 전이시킬 수 없다는 것이 분명해진다." 라인하르크 코젤렉, 『지나간 미래』, 한철 옮김, 문학동네, 1998, 10-11쪽 참조.

9 들뢰즈는 시간을 세 가지로 구분한다. 첫째로 "습관에 대응하는 현재"라는 시간, 둘째로, "현재들의 재현"으로서 "기억"이라는 시간, 셋째로 "행위가 '자아'에게는 '너무 벅찬' 이미지로 다가오는 어떤 시간"이 있다. 세 번째 시간이 바로 "빗장이 풀려 있"는 "비선형적인 시간성"이다. 이에 관한 설명은 신지영, 「들뢰즈에게 주체화의 문제」, 『동서철학연구』, 제82호, 2016, 481-485쪽 참조.

된 공간을 "반박하고 이의제기하는 공간"[10]의 축과 불가분의 관계를 맺고 있다.

두 가지 축이 교차하는 지점에서 발생하는 사건, 무엇보다도 '공감(共感)'을 구조화하는 장으로서의 "공감장sympathetic field"[11]을 포착하고, 또한 그 사건이 고착되고 구조화된 공감들의 장을 전체적으로 조명하고 해명하기 위한 상위 범주를 우리는 "감성적 근대(성) emotional modernity"[12]라고 명명한다. 이 개념과 더불어 그것의 하위범주인 공감장 개념을 중심으로 "한국인의 정체성"[13]을 규명하

10 균질적이고 단일한 척도에 의해 구획된 공간은 바우만이 말하는 "비-장소", "예컨대 공항이나 도로, 익명의 호텔 방, 대중교통" 등과 같이 "정체성, 관계, 역사에 대한 상징적 표현이 없는" 장소를 일컫는다. 지그문트 바우만, 『액체근대』, 이일수 옮김, 강, 2010, 19쪽. 이하 『액체근대』로 축약함. 그에 반해 비-장소를 반박하고 이의를 제기하는 공간은 푸코가 주목하는 "헤테로토피아(hétérotopie)", 즉 "사회 제도 그 자체 안에 디자인되어 있는, 현실적인 장소, 실질적인 장소이면서 일종의 반(反)배치이자 실제로 현실화된 유토피아인 장소들"이다. 미셸 푸코, 『헤테로토피아』, 이상길 옮김, 문학과지성사, 2017, 13쪽 각주 3과 47쪽.

11 공감장에 관한 핵심적인 논의는 전남대학교 감성인문학연구단, 『공감장이란 무엇인가: 감성인문학 서론』, 길, 2017 참조. 이하 『공감장』으로 축약함.

12 'emotion'을 '감성'이라고 번역한 이유에 관해서는 『공감장』 11쪽 이하 참조.

13 한국인이라는 '민족(民族)'의 정체성을 규명하려는 우리는 19세기 후반 변질된 민족주의, 그러니까 혈통의 순수성 이데올로기에 근거한 인종적 민족주의나 국수주의가 등장하기 이전 헤르더(J. G. von Herder, 1744-1803)가 말하는 보편적 인류성과의 밀접한 관계 속에 있는 민족주의에 주목한다. 그의 민족 개념은 "그리스 하늘 아래는 그리스적 취향이, 북방의 하늘 아래는 북방의 취향"에 따른 "인간형성의 구체적 과정 안에서 구현되는 보편성"으로서의 복수적 언어공동체, 혹은 공통의 역사적 경험과 문화적 산물로 축적된 "전통을 운반하는 우리"를 가리킨다. 그것은 그 당시 프랑스 세계시민주의의 추상적 보편성에 대한 비판이자 대안이기도 했다. 헤르더의 역사철학과 민족주의에 관하여 요한 고트프리트 폰 헤르더, 『인류의 교육을 위한 새로운 역사철학』, 안성찬 옮김, 한길사, 2011, 224-232쪽과 임금희, 「세계시민주의, 민족주의, 언어: 헤르더(J.G. Herder)와 피히테(J.G. Fichte)」, 『철학사상문화』 제20호, 2015, 126-135쪽 참조. 또한 민족주의와 세계시민주의 양립가능성에 관한 흥미로운 논의로는 나종석, 「민족주의와 세계시민주의: 자유주의적 민족주의를 중심으로」, 헤겔연구 제26집, 2009, 188-193쪽 참조.

고, 감성적 근대의 근대성을 개시(開始)하면서 주도해나갈 "심미적 인간homo aestheticus", 또는 "공감적 인간homo sympatheticus"의 경험적 흔적들을 수집하고 이론적 성좌를 그려내는 것이 우리 연구의 목표다.

이를 위해 나는 먼저 근대성 담론의 지각변동으로 도래하게 된 감성적 근대의 문제적 지형에 대해 서술할 것이다. 이어서 감성적 근대의 지배와 통제에 맞서 저항하고 투쟁하는 그리고 대안적 삶을 창조하는 주체성의 동인(動因)을 탐문하는 작업이 이 글의 주된 과제다.

감성적 근대의 도래

근대성 개념의 경험적 사태 및 역사적 정당성이 변경되어 온 것처럼 그에 관한 담론의 지형 또한 변화되어 왔다. 서양 근대성 이론의 출발은 18세기 계몽주의와 자본주의의 영향 아래 전개된 부르주아의 가치체계와 생활방식을 대변하는 경향이 지배적이었다. 그것이 유럽 제국주의의 발흥 및 팽창을 정당화하는 데 일조했다는 것은 결코 부인할 수 없는 사실이다.[14] 하지만 19세기 중반 무렵 유럽 지식인들 사이에서 유럽중심의 보편사나 세계사에 대한 회의가 움트기 시작했고, 특히 예술가들 사이에서 이성적 합리성과 기술적 진보에 입각한 부르주아적 근대에 맞서는 "미적 근대

14 서양의 근대성 담론과 제국주의의 결탁관계에 대한 비판적 연구에 관하여 메리 루이스 프랫, 『제국의 시선: 여행기와 문화횡단』, 김남혁 옮김, 현실문화, 2015 참조.

성modernité esthétique" 담론이 전개되었다.[15]

미적 근대성 담론의 선구자로 보들레르C. P. Baudelaire(1821-1867)를 꼽을 수 있다. 그가 말하는 미적 근대성은 일시적인 것과 영원한 것, 새로운 것과 오래된 것이 서로 겹치거나 교차하는 지점, 즉 생성의 순간으로서의 '현재présent'를 주시함으로써 고착화된 현재를 거부하는 자유, 또한 진보의 신화를 뒤흔드는 자유를 실천하는 삶의 태도다. 이와 같이 관습화된 현재의 테두리 안에서 '충만한 현재성'을 발굴하려는 자유의 실천이 보들레르가 역설적으로 정형화한 "현재의 재현"[16]이다.

이 재현의 주체는 단순히 부르주아적 근대의 인식주체가 아니다. 그것은 "인간 성격의 본질과 세계의 모든 정신 구조에 대한 섬세한 이해력을 포함하고" 있는 인간, "세계를 이해하고 세계 전체가 돌아가는 데 있어서 신비스러우면서도 정당한 이유들을 이해하는 인간", "죽음의 어두운 세계로부터 살아 돌아"와 "삶의 모든 향기와 본질들을 열광적으로 숨쉬는" "회복기의 환자", "모든 것을 새롭게" 보면서 "인생의 어떤 면도 무디어지지 않은 채로 받아 들이"는 "어른아이"[17]와 같은 "댄디dandy"였다.

15 이하 미적 근대성과 심미적 근대(성)에 관한 부분은 김기성, 「영원한 현재로서의 심미적 근대성」, 395-420쪽에서 요약정리함.

16 샤를 보들레르, 『현대 생활의 화가』, 박기현 옮김, 인문서재, 2013, 10쪽. 이하 『현대 생활의 화가』로 축약함. 보들레르의 "현재의 재현" 개념에 대한 상세한 설명은 양효실, 보들레르의 모더니티에 대한 연구: 현대 생활의 화가를 중심으로, 『미학』 제34집, 2003, 206-216쪽 참조. 재현(representation)이라는 용어는 플라톤 이래 여전히 문제적 개념이다. 이 개념은 역사적 상황의 변화와 맞물려 철학적, 미학적, 문화적 맥락뿐만 아니라, 정치적, 경제적, 사법적 맥락에 따라 상이한 양상과 다양한 의미로 이해되면서 사용되고 있다. 이에 관한 상세한 설명은 강내희, 「재현체계와 근대성: 재현의 탈근대적 배치를 위하여」, 『문화과학』 제24호, 2000, 15-38쪽 참조.

미적 근대성 담론을 '사회적인 것das Soziale'과 결합해서 논의한 최초의 철학자는 짐멜G. Simmel(1858-1918)이다.[18] 그는 1896년 베를린에서 최초로 개최되었던 산업박람회에서 산업적 생산방식이 "미학적 이상으로 전환"하면서 생산물의 "유용성 너머의 유혹적인 외양"을 강조하는 분위기, 그리고 "사물의 외적 매력과 객관적 목적성 사이에 새로운 근본적인 종합"[19]이 진행되고 있는 경향을 목도한다. 이러한 경향 속에서 그는 산업화된 화폐경제가 생산해내는 "상품의 [심미]적 잠재성과 가능성을 지각하고, 또한 그것을 적극적으로 자기 자신의 주관적-개인적 생활세계를 구조화하고 질서화 하는 데 사용하는 의지와 능력을 갖춘 주체"[20]의 탄생을 감지한다.

짐멜이 볼 때, 개인의 심미적 체험이 순수예술의 자율적 영역에서 일상적 삶의 영역으로 확대되는 문화변동과정은 계몽주의에 의해 탈마법화된 세계가 다시 심미적으로 재마법화되는 새로운 현상

---

17 『현대 생활의 화가』, 22-26쪽.

18 이를 증명하는 논문이 짐멜이 1896년에 발표한 「사회학적 미학(Soziologische Ästhetik)」이다. 이 논문은 그의 책, *Aufsätze und Abhandlungen 1894-1900*, Hrsg. von Heinz-Jürgen Dahme und David P. Frisby, Gesamtausgabe Bd. 5, Frankfurt/M. 1992, 197-214쪽에 실려 있다. 미적인 것을 사회적인 것과 결합하는 짐멜의 시도는 보들레르가 주창한 "예술을 위한 예술(l'art pour l'art)" 운동, 즉 예술의 절대적 자율성을 고수하려는 예술지상주의 운동에 대한 거부이기도 하다. 이 운동은 애초부터 예술작품과 사회적 실재성과의 관계를 부정하기 때문이다. 이 관계를 인정하느냐의 여부가 미적 근대성 담론과 심미적 근대 이론의 결정적인 차이라고 볼 수 있다.

19 Georg Simmel, "Berliner Gewerbe-Ausstellung", in: ders., *Miszellen, Glossen, Stellungnahmen, Umfrageantworten, Leserbriefe, Diskussionsbeitrage 1889-1918. Anonyme und pseudonyme Veröffentlichungen 1888-1920*, Bearbeitet und Hrsg. von Klaus Christian Kohnke unter Mitarbeit von Cornelia Jaenichen und Erwin Schullerus, Gesamtausgabe Bd. 17, Frankfurt/M. 2005, 37쪽.

20 김덕영, 『게오르그 짐멜의 모더니티 풍경 11가지』, 길, 2008, 542쪽.

이었다. 이 현상은 유럽 부르주아적 근대의 **위기**이면서 동시에 자본주의적 화폐경제에 토대를 둔 양적 개별성 및 질적 개별성에 자양분을 제공하는 "심미적 근대ästhetische Moderne"가 개시될 수 있는 **기회**이기도 했다.

다시 말해 미적 근대성은 한편으로 "순수한 운동" 자체이자 "운동하지 않는 모든 것을 완전히 제거해버리는 운동의 담지자"인 '돈Geld'이라는 역사적 현상과 교착됨으로써 삶이 마치 "영원한 현재ewige Gegenwart"[21]인 것처럼 현상하는 심미적 근대로의 이행이 구체적으로 가시화되었다. 다른 한편으로 그것은 현재를 부정하지도 않고 현실을 도피하지도 않으며 현실적 삶의 내용에 가장 적합한 예술적 양식을 부여했던 예술가들의 인격 속에서 심미적 근대성의 본질로 구현되었다. 이 본질이란 영원한 현재, 즉 "저 어둡고 몰아대며 지칠 줄 모르고 스스로를 갈망하는" 현재라는 삶에 충실하려는 파토스이자 에토스다.[22]

---

21 짐멜은 그 당시 "개인들의 내면적 상태뿐만 아니라 삶의 모든 측면, 인간들 서로 간의 관계 그리고 객관 문화까지도 금전적 관심으로 물들어 있다"고 기술한다. 그가 볼 때 돈은 심미적 근대의 시대정신이었다. 돈에 관한 짐멜의 철학적 분석은 김기성, 「영원한 현재로서의 심미적 근대성」, 400-405쪽 참조.

22 예를 들어 그 당시 예술가인 로댕(A. Rodin, 1840-1917)의 조각들은 감각적인 상들의 운동성이 재현되는 일시적인 현재의 계기 속에서 "순수한 운동의 예술적인 무시간성", 생명의 힘이 약동하는 "고도로 찰나적인 것의 인상" 혹은 "무시간적인 인상"으로 포착되는 심미적 근대성을 가시화했다고 짐멜은 평가한다. Georg Simmel, *Philosophische Kultur, in: ders., Hauptprobleme der Philosophie. Philosophische Kultur*, Hrsg. von Rudiger Kramme und Otthein Rammstedt, Gesamtausgabe Bd. 14, Frankfurt/M. 1996, 341쪽과 339쪽. 이때 현재는 과거 및 미래와의 관계 속에 있는 '지금-시간(Jetzt-Zeit)'을 가리킨다. 그에 반해 "삶이라는 기계를 영구기관(perpetuum mobile)"으로 만들어버린 돈과 더불어 가시화된 심미적 근대, 혹은 "액체근대"는 "과거에 대한 기억과 미래에 대한 신뢰"를 잃어버린 채 오로지 "즉시성"으로서의 현재만을 추구한다고 바우만은 비판한다. 『액체근대』, 207쪽과 206쪽.

짐멜은 사회적인 것과 심미적인 것이 결합된 현상, 달리 말해 개인들 간의 상호작용의 심미화 현상은 비록 빛과 그림자를 지니고 있을지라도 개인의 질적 개별성을 극대화시킬 것이라고 예견한다. 하지만 그의 사후 시대적 상황은 그의 예견과 달리 전개되었다. 1929년 발발한 세계경제공황과 2차 세계대전 이후 사회적인 것과 긴장관계를 유지했던 심미적인 것은 자본주의적 생산력의 가장 핵심적인 수단으로 포섭되었다. 이것이 심미적 근대가 감성적 근대로 이행하는 결정적인 전환점이 된다. 이 전환점을 미국 망명 중이었던 아도르노Th. W. Adorno(1903-1969)는 국가 차원에서 추진되었던 문화산업의 전개과정에서 목도한다. 문화산업은 심미적인 것을 이윤창출을 위한 수단으로 삼아 자본주의 "사회의 구조법칙들"[23]을 개인의 충동과 욕구, 그리고 감성의 가장 내밀한 영역에까지 이식시키는 장치이자 은밀한 메커니즘의 기능을 담당한 것이다.[24]

급기야 21세기로 전환하는 문턱에서 메스트로비치S. G. Meštrović(1955-)는 우리 시대를 "탈감정사회postemotional society"라고 규정한다. 그에 따르면, "탈감정사회는 기계 숭배의 확장이며, 따라서 감정은 맥도날드화되고, 무정해지고, 판에 박힌 것이 되거나, 아니면

---

23 아도르노의 주장에 따르면, 사회의 구조법칙들, 혹은 사회적 운동의 본질법칙들은 사회적 "사실들을 조건 짓고, 사실들 속에서 자신을 드러내고 사실들에 의해서 변경된다." 그 법칙들은 사회적 사실들 속에서 나타나면서 또한 은폐되는 까닭에 "인식될 수 있지만 [온전히] 인식될 수 없다." Theodor W. Adorno, "Gesellschaft", in: ders., *Soziologische Schriften I*, Hrsg. von Rolf Tiedemann, Gesammelte Schriften Bd. 8, Frankfurt/M. 1972, 11쪽.

24 아도르노가 볼 때, 문화산업은 3절에서 살펴보게 될 헤르더가 말한 "영혼의 어두운 메커니즘"의 기능을 담당하게 된 것이다. 문화산업에 관한 아도르노의 분석은 김기성, 「자포자기를 만드는 사회, 무엇이 문제인가?: 아도르노의 개인파산 테제에 대한 분석」, 『범한철학』 제67집, 2012, 225-227쪽 참조.

인위적으로 만들어져왔다. 기계화는 그것의 제국주의적 영역을 기술과 산업으로부터 확장하여 자연의 마지막 요새, 즉 감정을 식민화해왔다."[25] 그 결과 감정과 행위가 분리된 인간, **머리로는 알고 있지만 몸으로는 행할 수 없는** '탈감정적 인간'이 탄생했다고 그는 고발한다.

우리는 이처럼 감성적인 것과 일상적인 것이 교착된 시대를 감성적 근대라고 명명하면서 "죽은 또는 재생된, 또는 시뮬레이션된 감정"[26]이 지배하는 시대의 문제적 지형을 연구의 출발점으로 삼고 있다. 감성적 근대(성)에 관한 우리의 연구는 "서구적 근대성이 갖는 이론적, 개념적 배타성 그리고 제국주의적 억압성을 뛰어넘어"[27] "탈식민적 전회de-colonial Turn"를 꾀하는 "교차근대성trans-modernity"은 물론 "다중적 근대성multiple moderrities"과 "중층근대성multilayered modernities"의 지평을 종횡으로 가로지르고자 한다.[28]

25 메스트로비치는 "탈감정사회"와 더불어 "탈감정주의(postemotionalism)"라는 새로운 사회학적 개념을 모더니즘과 포스트모더니즘에 대한 하나의 대안으로 제시한다. 그에 따르면, "탈감정주의는 감정적 무질서를 피하기 위해, 감정교환이 매듭지어지지 않는 것을 방지하기 위해, 감정적 삶이라는 '야생' 지대를 문명화하기 위해, 그리고 일반적으로는 사회세계가 잘 정비된 기계처럼 순조롭게 움직이도록 감정을 질서지우기 위해 설계된 하나의 체계이다." 그는 탈감정주의의 중요한 양상 중 하나가 기계적이고 사물화된 방식으로 "과거로부터 죽은 감정들을 재생"하면서 "점점 더 독창성보다는 추억의 이미지에 의해 지배되고 있다"고 강조한다. 스테판 G. 메스트로비치, 『탈감정사회』, 박형신 옮김, 한울아카데미, 2014, 278쪽, 285쪽, 31쪽. 이하 『탈감정사회』로 축약함. 추억의 이미지를 상품화하는 사례들을 꼽자면, tvN에서 방영했던 드라마 시리즈 <응답하라 1997>(2012), <응답하라 1994>(2013), <응답하라 1988>(2015)이나 가수 아이유의 리메이크 앨범 <꽃갈피>(2014)와 <꽃갈피 둘>(2017)이 있을 것이다.

26 『탈감정사회』, 367쪽.

27 『공감장』, 16쪽.

28 교차근대성에 관하여 김은중, 「라틴아메리카 탈식민적 전회와 트랜스모더니티: 유럽의 비판이론과 해방철학을 중심으로」, 『스페인라틴아메리카연구』 제9권 1

하지만 그것은 이성 중심주의에서 벗어나 신체에 토대를 둔 대안적 삶을 모색하고 "기존의 학문적 관점으로 포착하기 어려운 실천적 잠재력과 사회적 동역학을 이론적 대상으로 가시화"[29]하는 것을 목표로 삼는다는 점에서 기존의 대안적 근대성 담론들과 차별성을 갖는다.

이제 나는 감성적 근대가 드러내는 "감정자본주의"[30]와 새로운 형태의 전체주의, 즉 "분노 또는 반란으로 이어질 수 없는 매우 '친절하고' 매력적인 전체주의"[31]에 맞서 투쟁하고 창조하는 주체성의 동인을 탐문하고자 한다. 즉 "부르주아 개인의 원형"이라 할 수 있는 오디세우스Odysseus가 보여준 "자기희생을 통한 자기유지"[32]라는 방식을 통해 형성되는 주체성이 아닌, 감성과 이성이라는 비동일적이고 이질적인 원리들이 대결하는 방식을 통해 형성되는 주체성의 동인을 밝히는 것이 이 글의 관건이다.

호, 2016, 117-143쪽; 다중적 근대성에 관하여 쉬무엘 N. 아이젠스타트, 『다중적 근대성 탐구: 비교문명적 관점』, 임현진·최종철·이정환·고성호 옮김, 나남, 2009; 중층근대성에 관하여 김상준, 『유교의 정치적 무의식』, 글항아리, 2014 참조.

29 『공감장』, 62쪽.

30 에바 일루즈, 『감정자본주의: 자본은 감정을 어떻게 활용하는가』, 김정아 옮김, 돌베개, 2012 참조.

31 『탈감정사회』, 278쪽.

32 김기성, 「부정과 관조의 합주로서의 철학: 아도르노 철학의 현재성」, 『시대와 철학』 제25권 4호, 2014, 185쪽. 아도르노와 호르크하이머는 호머의 서사시 『오디세이(Odyssee)』에서 주인공인 오디세우스가 트로이로부터 이타카로의 험난한 귀향길이 신화를 통과하면서 '자기(Selbst)'를 형성하는 길, 즉 "주체 형성의 원역사"를 보여준다고 해석한다. 이에 관하여 테오도르 W. 아도르노·M. 호르크하이머, 『계몽의 변증법: 철학적 단상』, 김유동 옮김, 문학과지성사, 2001, 80-130쪽 참조.

새로운 주체성의 동인

헤겔 사후 근대성과 주체성 사이의 모순은 보다 더 첨예해졌다. 여전히 자율적 주체를 고수하는 입장과 그러한 주체의 가상을 거부하거나 과감히 폐기하는 입장으로 양분되어 있는 것처럼 보인다. 하지만 오늘날 새로운 주체성을 모색하는 다양한 시도들은 수동성의 존재 조건에서 능동성의 도약을 가능케 하는 동인이 무엇인가라는 문제의식으로 수렴되고 있다. 물론 그 동인을 무엇으로 보는지, 그것이 작동하는 메커니즘을 어떤 관점에서 바라보는지에 따라 그 결론은 적지 않은 차이를 보여준다.

나는 그 시도들 중에서, 특히 감성의 심층부에서 그 동인을 탐색하는 시도들 중 유의미한 상호연관성을 발견할 수 있는 세 명의 철학자들, 이를테면 헤르더, 들뢰즈, 아도르노의 핵심적인 주장들을 우리의 논의맥락에 맞게 필요한 변경을 가해 재구성해 보고자 한다.

우선 헤르더 미학의 출발점인 "어두운 힘dunkle Kraft"에 대해 살펴보자. 어두운 힘이란 자율적 이성을 지닌 주체 이전에 감성적 인간을 형성하는 "전(前)-주체적"인 힘이자 "주체 속에서 스스로를 표현하는 가운데 존립"하는 "반(反)-주체적인 힘"[33]으로서의 영혼을 가리킨다. 이 영혼은 사회적 객관성이 요구하는 것을 달성하려는 주체의 실천적 "능력Vermögen"을 중단하거나 변형하는 힘이다.[34]

33 크리스토프 멘케, 『미학적 힘: 미학적 인간학의 근본개념』, 김동규 옮김, 그린비, 2013, 79쪽과 91쪽. 이하에서 『미학적 힘』으로 축약함.

34 인간과 주체에 대한 헤르더의 구분에 대해 멘케(C. Menke, 1958-)는 다음과 같

어두운 힘으로서의 영혼과 실천적 능력으로서의 주체, 이 양자의 관계는 "인간 **속에서** 차이를, 차이로서의 인간", 혹은 "자웅동체적 인간성Zwittermenschheit"[35]으로부터 출발하는 헤르더의 인간학을 특징짓는다. 이 인간학에서 주체성은 자립적이고 자율적인 그리고 절대적으로 독립적인 주체가 머리로 행하는 반성적 "앎의 자기관계"가 아닌, 감성적 인간이 몸으로 행하는 표현의 유희 속에 있는 "힘들의 자기관계이자 힘들을 향한 자기관계"[36]로부터 솟구치는 주체성이다. 이러한 점에서 어두운 힘은 서양의 고대 철학자들이

이 설명한다. "인간[이] -[전적으로]- 주체[인 것은] 아니다. [......] 그러나 인간이 [전적으로] 주체가 될 수 없는 바로 똑같은 이유로 그는 주체가 될 수 있다. [......] 어두운 힘은 표현의 유희 속에서 주체적이지 않지만 실천적이다. 그래서 주체의 실천적인 능력은 오직 바깥으로부터 힘의 유희를 깨트리는 사회화된 연습을 통해서만 형성된다. 주체의 "탄생"은 인간 속으로 낯선 것이 틈입하는 것이다. [......] 인간의 "[심]미적 본성(ästhetische Natur)"을 형성하는 어두운 힘들의 표현 유희는 그 자체가 실천적 능력의 연습과 형성을 가능케 한다. 하지만 여기에서 실천 능력의 연습은 그 힘들의 유희와 대립한다." 『미학적 힘』, 87-88쪽.

35 『미학적 힘』, 89쪽.

36 『미학적 힘』, 49쪽. 원서에서는 힘이 단수가 아니라 복수로 표기되어있다. 여기서 말하는 감성적 인간은 보편적 이념이나 선험적 주체로서 인간이 아닌 충동, 느낌, 욕구, 의지, 감정, 동기를 가지고 생각하며 살아가는 사람들, 즉 '민중(Volk, people)'을 가리키고 있다. 이와 관련해서 헤르더는 다음과 같이 말한다. "말하고자 하는 [사태]를 언제나 감각적으로 분명하고 생생하게 조망하면서, 말하고자 하는 목적을 허깨비 개념이나 사이비 이념 내지 상징적인 문자에 의한 이해를 통해서가 아니라 직접적으로 정확하게 느끼면서, [...], 그들은 언어 전체와 더불어 생각 전체를 파악하고, 또 생각 전체를 빌려 언어 전체를 붙잡는다. 그들은 침묵하거나, 아니면 관심이 생기는 순간에 전혀 예기치 않았던 단호함과 확신과 아름다움을 가지고 이야기한다. [...] 우리에게서 아직도 이러한 확신의 남아 있는 자취를 찾아내고자 하는 이는 그러한 이들 [즉 학식 있는 자들]에게서는 이를 결코 찾지 못한다. 훼손되지 않은 어린이들, 규방의 여인네들, 관조보다는 행동에 의해 형성된 채 훌륭한 자연의 정기를 갖고 있는 사람들, 이들이야말로 바로 우리 시대의 유일하고도 가장 뛰어난 연사들이다." 김완균, 「J.G. 헤르더의 민족 개념이해」, 독어교육 제39집, 2007, 192쪽에서 재인용.

"철학적 자기수련"을 수행한다고 말할 때, "자기soi", 즉 신체의 부분들, 신체의 기관들, 신체의 도구들을 다루는 행위주체로서의 영혼을 연상시킨다.[37]

헤르더가 어두운 힘들의 표현 유희, 달리 말해 인간과 주체로 갈리는 경계에서 꿈틀거리는 심미적 본성을 언급한 지점에서 들뢰즈는 '욕망désir'을 말한다. 그는 부르주아적 근대성 담론이 전제하는 자율적 주체라는 관념이 가상이며 모든 미신과 예속의 근원이라는 것, 오히려 그 가상에서 벗어나 주체의 근원적 타율성을 적합하게 인식하는 것이 해방의 참된 조건이라는 스피노자B. Spinoza (1632-1677)의 주장을 더욱 급진화시킨다.

들뢰즈가 볼 때 자율적 주체는 욕망의 흐름을 중단하는 순간에 출현하는 '잉여'로서 욕망을 코드화하고 영토화하는 지배의 다른 이름에 지나지 않는다. 그것은 생명의 역동적 발산과 욕망의 흐름을 억압하는 까닭에 폐기되어야 할 주체, 좀 더 정확하게 말하자면, 기관이나 기능을 자신의 부분으로 삼는 유기체적 주체다.[38] 이 주체를 푸코의 언어로 설명하자면, 감옥, 기숙사, 병영, 병원, 작업장 등과 같은 공간적 분할에 의해 보다 용이하게 감시되고 평가받는

37 말년의 푸코는 주체화의 새로운 방식을 탐색하기 위한 작업의 일환으로 거꾸로 고대 철학자들이 수행한 주체화의 상이한 방식들을 계보학적으로 추적하면서 분석한다. 이에 관하여 미셸 푸코, 『주체의 해석학: 1981-1982, 콜레주 드 프랑스에서의 강의』, 심세광 옮김, 동문선, 2007 참조.

38 들뢰즈에게 유기체란 생명이 유지되는 기본 단위가 아니다. 그것은 '생존'이라는 한 가지 기능을 중심으로 조직된, '번식'이라는 한 가지 목적으로 나머지 부분들을 통합한 전제 군주와 같이 우리 몸을 지배하는 초월적 논리를 가리킨다. 들뢰즈의 비판은 인간이라는 개체로서의 삶이 단지 생명을 유지, 보존하는 것으로 환원될 수 없다는 의미를 함축하고 있다. 김명주, 「들뢰즈의 '욕망론'은 새로운 주체를 이야기하는가?」, 『시대와 철학』 제16권 4호, 2005, 57쪽 참조.

주체, 그리고 일람표와 같은 시간의 세밀한 구분을 통해 활동을 규제받는 주체다. 즉 그것은 권력에 의해 규율화되고 훈육된 신체를 지닌 주체, 자아라는 유기적 구조에 갇혀 객체화된 주체를 가리킨다.[39]

들뢰즈는 유기체적 주체를 결정짓는 조건을 "내재성의 평면plan d'immanence"이라는 새롭게 고안한 개념으로 표현한다. 내재성의 평면은 헤르더가 말하는 "영혼의 어두운 메커니즘"과 대비시켜 볼 수 있는 "기관 없는 신체Corps sans Organes",[40] 즉 하나의 과정 자체로서 입자들과 흐름들이 편력하는 욕망이 기계적으로 운동하는 장을 가리킨다. 들뢰즈는 바로 그 장 위에서, 그리고 사건적 개체성의 내용으로 제시된 스코투스D. Scotus(1266-1308)의 "이것임haecceitas"[41] 개념의 도움을 받아 새로운 주체성의 동인을 탐문하고자 한다.

기관 없는 신체는 욕망이 만들어내는 변이들이 통과하는 0의 강도이며, 동시에 새로운 주체성이 발동하는 하나의 문턱이다. 이때 욕망이란 "대상을 지향하지도 않고 주체 내부에 있지도 않"으며, "이미 존재하는 것이 아니라 구성해야만 하는 하나의 평면, 입

39 이에 대해 푸코는 다음과 같이 주장한다. "규율은 복종되고 훈련된 신체, '순종하는' 신체를 만들어 낸다. [......] 규율은 신체와 힘을 분리시킨다. 그것은 한편으로는 신체를 '소질', '능력'으로 만들고, 그 힘을 증대시키려하는 반면, 다른 한편으로는 '에너지'와 그것으로부터 생길 수 있는 '위력'을 역전시켜, 그것들을 엄한 복종관계로 만든다." 미셸 푸코, 『감시와 처벌: 감옥의 역사』, 오생근 옮김, 나남출판, 1999, 206-207쪽.

40 헤르더가 말하는 영혼의 어두운 메커니즘은 "주체 형성의 조건일 뿐만 아니라, 그것의 근거"다. 그것은 "기계적인 메커니즘"나 "생물학적 메커니즘"이 아닌 감성적 인간을 형성하는 심미적 메커니즘이라는 점에서 들뢰즈의 내재성의 평면, 혹은 기관 없는 신체와는 차이가 있어 보인다. 『미학적 힘』, 68쪽과 74쪽과 76쪽.

41 '이것임'에 관한 상세한 논의는 신지영, 「들뢰즈에게 있어서 개체화의 문제에 관한 연구-둔스 스코투스의 <이것임>과 관련한 맥락에서」, 『대동철학』 제74집, 2016, 84-93쪽 참조.

자들이 발산되고 흐름들이 결합하는 장소인 그 평면에 완전히 내재"해 있는 것이다. 다른 지각, 다른 자아, 다른 삶을 창조하기 위해 존재의 조건을 바꾸는 새로운 주체성은 기관 없는 신체에서 이루어지는 욕망의 다양체들의 내적인 차이들의 운동인 "창조적이고 동시간적인 역행"[42]에서만 가능하다는 것이 들뢰즈의 핵심적인 논지다.

다시 말해 들뢰즈는 "영토화territorialisation"되고 "코드화Codage"를 고착시키는 분절선들을 뚫고 나와 내재성의 평면을 만드는 생명의 힘으로 되돌아가려는 능동적 존재, 달리 말해 배아-개체 혹은 애벌레-개체 안에 잠재되어 있는 무의식적 힘에 귀를 기울이며 (차이를 반복하면서) 1차적 주체화의 순환적 궤도로부터 탈주하려는 존재를 주목한다. 이러한 탈주적 존재를 그는 "유목민Nomad"에 비유한다. 유목민은 특정한 방식이나 삶의 가치관에 얽매이지 않고 새롭게 살 곳을 찾아 이동하는 것처럼 끊임없이 새로운 자아를 찾아가는 인간이다.

하지만 유목민은 이성에 의해 인식되거나 규정될 수 없고 분명한 언표로 지칭하기가 불가능한 주체, 좀 더 정확하게 말하자면 "리좀rhizome"적 주체다. 리좀적 주체는 중심도 없고 시작과 끝도 없이 사물의 틈과 존재의 사이에서 자본주의의 홈파기 작용을 끊임없이 피해가는 주체이며 자본을 해체할 수 있는 잠재적 힘을 지닌 주체라고 이해될 수 있다.[43] 즉 리좀적 주체로서 유목민은 영토성과, 그 영토 안에서 배열된 사물들 간의 집합을 연결시켜 주는 코드화

42 김명주, 「들뢰즈의 '욕망론'은 새로운 주체를 이야기하는가?」, 55쪽과 59-60쪽.
43 신지영, 「도시화와 주체의 문제」, 『철학논총』 제73집 제3권, 2013, 148-149쪽 참조

된 규칙성들 사이에 맺고 있는 **관계방식을 해체하고 새롭게 배치하는 주체**, 즉 "탈층화déstratification"하고 "탈영토화déterritorialisation"하면서 "분신의 생산, 시뮬라크르의 생산, 새로운 대지의 생산" 이후 다시 과감히 떠나는 주체라고 볼 수 있다.[44]

리좀적 주체는 창조적이다. 창조적인만큼 유연하고 새로운 것에 적응하는 순발력도 뛰어나다. 그런 까닭에 새로운 상품을 끊임없이 기획하고 생산하는 소비지상주의 사회에서 소비주체와 리좀적 주체는 쉽사리 구분되지 않는다. 아니 새로운 상품에 적응하기 위해 자신의 삶을 변화시키는 소비주체는 외견상 리좀적 주체와 별반 차이가 없다. 들뢰즈 역시 리좀적 주체로서 유목민의 유동성이 광기와 죽음의 위험을 불러올 수 있다고 본다. 그런 까닭에 그는 탈영토화의 운동이 그리는 궤적으로서의 "탈주선ligne de fuite"이라는 개념을 가지고 긍정적이고 창조적인 탈주를 위한 재영토화의 필요성을 언급한다. 하지만 그 탈주의 기준이 무엇인지는 모호한 채로 남겨져 있다.[45]

더군다나 메스트로비치가 『탈감정사회』에서 분석하고 전망한 것처럼, "열정의 종말", "진정성 산업", "신성한 것의 소멸", "죽음 그리고 순진무구함의 종말"을 야기한 "문화제국주의cultural imperialism"에 대한 다양한 경험적 사례들이나 일루즈가 『감정자본주의』와 『사랑은 왜 아픈가』에서 진단하고 분석한 것처럼 감정의 "자본화" 현상과 낭만적 사랑의 "상품화" 현상에 대한 풍부한 경험적 사례들은 전지구적으로 편재되어 있는 다국적 문화산업의 총체성 안에서

---

44 김상환, 「초월론적 경험론이란 무엇인가」, 『철학과 현실』 제73호, 2007, 257쪽.

45 허석현, 「들뢰즈의 주체의 재구성」, 『제3시대』 제92집, 2016, 26-27쪽 참조.

탈주의 방법들 또한 무의식중에 조작되고 통제되어 있다는 것을 여실히 보여주고 있다.[46] 그렇다면 우리는 어떻게, 아니면 어떤 우회로를 거쳐 창조적으로 탈주할 수 있을까?

헤르더가 어두운 힘을, 들뢰즈가 욕망을 언급한 지점에서 아도르노는 신경의 "이디오진크라지Idiosynkrasie"한 반응으로 발현되는 "미메시스적 충동mimetischer Impuls"[47]을 말한다. 그는 이디오진크라지에 대해 다음과 같이 설명한다.

> 이디오진크라지가 말을 거는 모티프들은 근원을 상기시킨다. 그 모티프들은 생물학적 원역사의 순간들을 조성한다. 이 순간들은 소리만 들어도 머리카락이 곤두서고 심장의 고동이 정지했을 때와 같은 위험의 기표들이다. 이디오진크라지 안에서 개별 기관들은 주체의 지배로부터 다시 벗어난다. 그것들은 생물학적으로 근본적인 자극들에 자율적으로 복종한다. 피부, 근육, 사지가 경직되는 것과 같은 반응들 속에서 자신을 경험하는 자아는 [그것들]을 완전히 제어하지 못한다. 몇 순간 동안이나마 신체의 부분들은 움직이지 않는 주변 자연에 동화되는 것이 성취된다.[48]

이디오진크라지한 반응이 나타나는 순간은 사회화된 주체가 자기 자신으로부터 소외되는 위기이면서 동시에 바로 그 규율화 되고 훈육된 신체를 지닌 주체의 지배로부터 벗어나 객체에 동화되

46 일루즈는 문화산업에 의한 상상력의 상품화와 상업화, 그로 인해 문화소비자가 갖게 되는 허구적 감정이나 앞당겨진 감정의 습관화, 그리고 자아의 심리학적 존재론에 대해 상세하게 분석하고 있다. 에바 일루즈, 『사랑은 왜 아픈가: 사랑의 사회학』, 김희상 옮김, 2017 참조.

47 『계몽의 변증법』, 275쪽.

48 『계몽의 변증법』, 270쪽.

는, 따라서 새로운 것을 경험할 수 있는 기회다. 그에 반해 미메시스적 충동이 제어되고 경직되면서 발생하는 유기적 구조물이 자아이며, 그 충동이 수정되어 질적으로 전환된 결과물이 정신이다.[49] 이 맥락에서 아도르노는 객체에 대한 "반성되지 않은 경험"[50], 주체의 신체적 계기에 대한 반성이 결여된 경험을 재현한 것이 "인식론적 자아의 견고함, 자기의식의 동일성"이라고 주장한다. "자아가 구성됨으로써 [자동]반[사]적인 미메시스로부터 통제된 [이성적인] 반성으로 넘어가는 과정은 완성된다. 몸으로 자연에 동화되는 대신에 »개념 안에서 재인지하는 것«, 다시 말해 [상이]한 것을 동일한 것 아래에서 [취급]하는"[51] 방식, 즉 재현적 인식방식이 등장한다.

물론 아도르노는 자아나 개념을 통한 재현적 인식방식을 전면적으로 부정하는 것이 아니다. 그는 부르주아적 근대가 진행해온 오로지 이성중심의 계몽주의, 반쪽 계몽의 기획을 비판하는 것이다. 그는 억압되거나 배제되어 온 비동일적인 것, 비개념적인 것으로서의 객체적인 것에 동화하려는 미메시스적 충동으로부터 비롯된 감성의 작용과 이성의 자율적 법칙 사이에서 벌어지는 힘들의 유희야말로 온전한 인간을 형성하는 메커니즘이라는 것을 강조하고자 한다.

미메시스적 충동과 더불어 아도르노는 이차 자연으로서 합리화된 사회의 총체성에 직면해서 "신경중추Sensorium"의 활동인 "신경감응

---

49 테오도르 W. 아도르노, 『부정변증법』, 홍승용 옮김, 한길사, 1999, 285쪽 참조.

50 Theodor W. Adorno, "Zu Subjekt und Objekt", in: *Kulturkritik und Gesellschaft II. Eingriffe · Stichworte · Anhang*, Hrsg. von Rolf Tiedemann, Gesammelte Schriften Bd. 10-2, Frankfurt/M. 1977, 755쪽.

51 『계몽의 변증법』, 271쪽 참조.

Innervation"[52]으로부터 비롯된 "고통의 경험Erfahrung des Leidens"과 "심미적 경험ästhetische Erfahrung"[53]의 복권을 역설한다. 신경감응은 극단적으로 주관적이지만, 단순히 신경생리학적 맥락에서 개인의 신체적 반응에만 한정된 것이 아니다. 그 반응 안에는 배아-개체 혹은 애벌레-개체의 "저변에서 흐르고 있는 집단적인 것das kollektive Unterstrom"[54]이 자연사적으로 축적되어 있다고 아도르노는 주장한다.

고통의 경험과 심미적 경험은 항상 동일한 것이 반복되는 현재의 부정성 안에서 '충만한 현재성'을 발굴하고, 그 관습화된 현재를 초월하여 새로운 현재, 즉 근대성 혹은 '차이'를 재현하려는 충동을 자극한다. 양자의 경험은 새로운 주체성을 형성하는 토대이면서 아

---

52 테오도르 W. 아도르노, 『미니마 모랄리아-상처받은 삶에서 나온 성찰』, 김유동 옮김, 길, 2005, 100쪽. "신경중추"와 "신경감응"의 사회철학적 의미에 관하여 김기성, 「부정과 관조의 합주로서의 철학」, 186쪽 참조.

53 고통의 경험과 심미적 경험은 아도르노 철학의 토대를 형성하는 중심적인 두 가지 축이다. 전자의 경험은 단순히 생리적 통증이나 정신적 고뇌를 겪는다는 것을 의미하지 않는다. 그것은 사회적 객관성, 달리 말해 사회적 경향이 암묵적으로 강요하는 요구들로 인해 개인의 욕구와 생각 그리고 행위가 자발적이지도 자유롭지도 못한 채 분열된 상태가 반복되면서 육체적으로 겪게 되는 고통스러운 경험을 가리킨다. 후자의 경험은 예술작품이 마치 살아 있는 객체인 것처럼 출현할 때 압도된 상태나 숭고한 대상 앞에서 느끼는 경탄과 같이 주체가 객체를 온전하게 마주칠 때 갖는 심미적 느낌으로부터 출발해서 자신의 망각된 본성을 상기하고 일상적 삶을 반성함으로써 이전과는 다른 삶을 모색하고 실천해 나가도록 동기부여 받는 전 과정을 아우르는 경험을 의미한다. 양자의 경험은 각기 사회적 차원과 심미적 차원에서 다른 양상으로 현상하지만, 신경중추로부터 비롯된다는 점에서 서로 긴밀하게 연결되어 있다. 양자의 경험에 관한 상세한 설명은 김기성 「부정과 관조의 합주로서의 철학」, 183-187쪽과 193-200쪽 참조.

54 테오도르 W. 아도르노, 『美學理論』, 홍승용 옮김, 문학과지성사, 1995, 143쪽. 번역본에는 "저변에 깔린 공통적인 흐름"으로 번역되었다. 나는 그 집단적인 것을 담지하면서 앞서 언급한 심미적 근대성의 본질을 구현하고 있는 인물을 한 편의 시 <거대한 뿌리>(1964)에서 발견한다.

도르노가 고집하는 사회비판원리의 원천이자 근거이기도 하다. 이처럼 개인의 신경중추에 내재해 있지만 동시에 개인을 넘어선다는 점에서 "내재적 초월성immanente Transzendenz"[55]이라고 특징지어질 수 있는 그의 사회비판원리는 초월론적 주체 대신 기계와 같이 수동적이고 비주체적인 경험의 차이와 반복만 있다고 주장하는 들뢰즈의 "초월론적 경험론empirisme transcendental"[56]과 조우한다.

물론 모든 이디오진크라지한 반응 자체가 순수한 근원성이나 직접성의 인상일 수는 없다. 더군다나 이디오진크라지한 신경감응이 제어되지 않은 즉흥적 충동인 까닭에 얼마든지 맹목적 폭력으로 변질될 수도 있고, 편집증과 분열증을 초래할 수도 있다고 아도르노는 지적한다. 편집증과 분열증은 부르주아적 근대의 부정적인 총체성 속에서 병을 앓고 있는 "주체에 대한 역사철학적 진리"라고 그는 진단한다. 다시 말해 이 진리는 한편으로 저 위력적인 자연의 위협 앞에서 불안의 신화적 근원현상을 상기시키고, 다른 한편으로 "과격해진 신화적 불안"이 곧 계몽이라는 사실을 반증한다는 것이다.[57]

더 나아가 아도르노는 극단적으로 부정적인 결과, 그 당시 파시즘의 창궐과 함께 정점에 도달한 "반유대주의Antisemitismus"라는 혐오감정의 뿌리를 "합리화된 이디오진크라지", "체제순응적 이디오진크라지"[58]라고 폭로한다. 그에 따르면, "차이에 대한 분노는 자

55 김기성, 「자포자기를 만드는 사회, 무엇이 문제인가?」, 218쪽.

56 초월론적 경험론에 관해서는 김상환, 「초월론적 경험론이란 무엇인가」, 254-266쪽.

57 김기성, 「비판으로서 형이상학-아도르노의 신체매개적 비판원리에 관하여-」, 『시대와 철학』 제23권 4호, 2012, 23쪽 참조.

58 『계몽의 변증법』, 275쪽과 278쪽. 아도르노는 다음과 같이 말한다. "반유대주의

연지배에 의해 지배당한 주체들의 원한감정으로서 아직 자연상태 속에서 살고 있는 소수-사회적인 소수파를 먼저 위협하겠지만-를 공격할 준비가 되어 있다." 이와 같이 감성적 근대의 등장과 더불어 수반된 이디오진크라지한 병리현상들은 단지 개인적 병력에서 연유한 것이라기보다는 인간이 자신의 삶을 사회적으로 생산하는 과정으로부터 비롯된 것이다. 그것들은 오늘날 사회적 실존이 되어 버렸다.

나가는 말

지금까지 우리는 근대성과 주체성의 관계와 이 관계 자체 내에 도사리고 있는 모순, 감성적 근대의 도래와 그것의 문제적 지형, 그리고 그 지형에서 저항하고 투쟁하며 창조하는 주체성의 동인을 살펴보았다. 이 동인은 감성적 근대의 근대성을 개시하고 주도해나갈 심미적 인간, 또는 공감적 인간으로서의 "감성적 인간homo emoticus"[59]의

는 '잘못된 투사'에 기초하고 있다. 잘못된 투사는 참된 미메시스의 반대편에 있는 것이고 억압된 미메시스에 심하게 변형되어 있는, 억압된 미메시스가 반영되어 있는 격앙된 특징이 있다. 미메시스가 주변 세계와 유사해지려고 한다면 잘못된 투사는 주변 세계를 자기와 유사하게 만들려고 한다. 미메시스가 외부 세계를 내면세계가 순응해야 할 모델로 만듦으로써 낯선 것과 친해지려 한다면, 잘못된 투사는 분출할 태세가 갖추어져 있는 내면세계와 외부 세계를 혼동함으로써 외부로부터 얻은 가장 친근한 경험들도 적대시한다. 잘못된 투사는 자신의 것이면서 자신의 것이라고 인정하고 싶지 않은 주체의 충동들을 객체의 탓으로 돌린다. 즉 주체는 그럴듯한 제물을 외부에 만드는 것이다." 같은 책, 280쪽. 오늘날 한국 사회에서 '반유대주의'는 '전라도혐오'나 '여성혐오'라는 다른 내용의 같은 형식으로 나타나고 있다. 그것은 언제든지 상황에 따라 다른 내용의 제물로 대체될 수도 있다.

59 이와 관련하여 루소의 말은 의미심장하다. "내가 동포에게 어떤 종류의 해도 입

주체성을 형성하는 시원(始原)이면서 미지(未知)의 것이다. 그렇다면 이 미지의 동인을 어떻게, 무엇을 위해 조직화시키고 제도화시켜 나갈 것인지를 구체화하는 것이 앞으로 우리의 연구과제가 될 것이다. 이에 대한 나의 단편적인 생각들을 제시하면서 이 글을 마무리하려고 한다.

앞서 제기했던 물음에서 시작하는 것이 좋을 것 같다. 우리는 어떻게, 아니면 어떤 우회로를 거쳐 창조적으로 탈주할 수 있을까? 창조적 탈주를 성공하기 위해서는 이중적 투쟁이 불가피할 것으로 보인다. 한편으로 우리의 투쟁은 아도르노의 언어로 말하자면 인식과 사회, 주관적 사유형식과 사회적 노동형식, 개인의 내적구조와 사회의 구조법칙들 사이의 공모관계를 은폐하고 있는 사회문화적 베일을,[60] 들뢰즈의 언어로 말하자면 억압의 구조, 영토화되고 코드화를 고착시키는 분절선들을 걷어내는 작업을 요구한다.

이 작업은 사회적 베일, 혹은 분절선, 분할선, 지층과 영토성이 자연사적으로 촘촘하게 짜이고 각인되어 온 과정을 집요하게 추적해서 폭로하는 학문에만 머무는 것이 아니라, 동시에 역사적으로 우연히 선택되고 코드화된 관계방식을 해체하고 새로운 관계방식을 실험하는 놀이와 '운동'을 동반할 수밖에 없다.[61] 따라서 이 투쟁

혀서는 안 된다는 의무를 지니고 있다면, 그것은 동포가 이성적인 존재이기 때문이 아니라 감성적인 존재이기 때문인 듯하다." 장 자크 루소, 『인간 불평등 기원론』, 주경복·고봉만 옮김, 책세상, 2011, 39쪽.

60 아도르노가 폭로하는 공모관계에 대한 상세한 설명은 류도향, 「아도르노의 비판적 유물론: 사회 형식에 저항하는 형식」, 『사회와 철학』 제31호, 2016, 259-264쪽 참조.

61 여기서 나는 비포(F. 'Bifo' Berardi, 1948-)가 말하는 '운동'을 염두에 두고 있다. "나는 몸과 정신을 집단적으로 변이시키는 것, 의식, 습관, 기대를 변화시키는 것을 '운동'이라 부른다. 운동은 집단적 의식성과 집단적 노력, 투쟁을 동반한

은 다른 한편으로 "객관적 비합리성의 주관적 조건들"[62]과 싸우는 투쟁, 달리 말해 합리화된 사회의 비합리성이 내면화된 자기와 싸우는 투쟁과 불가피하게 연결되어 있다.

양자의 투쟁은 램버트G. Lambert(1961-)의 주장을 약간 수정해서 다음과 같이 테제화할 수 있을 것이다. "감성의 혁명을 동반하지 않는 제도적 수준에서의 혁명이란 있을 수 없다."[63] 하지만 감성의 혁명이 곧바로 제도의 혁명일 수는 없다. 전자가 어떻게 후자로 이행될 수 있는 것일까? 달리 묻자면, 우리는 새로운 주체성의 동인을 어떻게 조직화시킬 수 있고, 저항의 형식들을 어떻게 창조적으로 생산해낼 수 있을까?

감성적 근대는 감성의 근대성, 보다 근본적으로 말하자면 감성과 이성의 자웅동체적 인간성의 복권을 촉구한다. 이 인간성의 관점에서 볼 때 자기 자신과의 투쟁은 합리적 이성의 지배하에 자기 자신을 예속시키거나 통제하면서 억압하는 실천일 수 없다. 헤르더의 언어로 말하자면, 그것은 사회의 목적달성을 위해 규율화된 주체의 "실천적 자유로부터의 자유", 감성의 심층부로부터 솟구치는 "고유한 힘들을 또 다른 방식으로 펼쳐내는 해방Freigabe"[64]으로서의 자기창조의 자유를 추구하는 투쟁이다. 이러한 점에서 자기 자

의식적 변화를 의미한다. 의식적이고 집단적인 변화, 이것이 '운동'의 의미이다." 프랑코 베라르디 '비포', 『미래 이후』, 강서진 옮김, 난장, 2013, 17쪽.

62 Th. W. Adorno, "Zum Verhältnis von Soziologie und Psychologie", in: ders., *Soziologische Schriften I*, Hrsg. von Rolf Tiedemann, Gesammelte Schriften Bd. 8, Frankfurt/M. 1972, 42쪽.

63 램버트는 "본능의 혁명을 동반하지 않는 제도적 수준에서의 혁명이란 있을 수 없다."고 주장한다. 그렉 램버트, 『누가 들뢰즈와 가타리를 두려워하는가?』, 최진석 옮김, 자음과 모음, 2013, 36쪽.

64 『미학적 힘』, 168쪽.

신과의 투쟁은 서양 고대 철학자들이 수행한 철학적 자기수련으로서의 "자기배려epimeleia heautou", 즉 자기와 관계 맺는 기술, 자신의 삶을 아름답고 훌륭한 작품으로 만드는 "실존의 기술technique de l'existence"에 가깝다.[65]

푸코의 분석이 보여주듯이, 자기배려의 성공여부는 경청, 독서와 글쓰기, 그리고 특히 진실 말하기로서의 "파르헤지아parrhêsia", 즉 어떠한 압력에도 굴하지 않고 "진실을 말하는 주체와 이 진실이 원하는 바대로 행동하는 주체 간의 일치adaequatio"[66]를 실천하는 스승이라는 존재, 그리고 스승의 실천을 따라 함께 수련하는 제자들 간의 관계를 전제한다. 따라서 자기배려를 수련하는 것은 결코 "고독의 요구가 아니라 진정한 사회적 실천"의 병행이자 "사회적 관계의 강화제"[67]라고 푸코는 강조한다. 이와 마찬가지로 자기 자신과의 투쟁의 성공여부 또한 자기 자신이 외부의 힘에 저항할 수 있는 힘을 보존하고 키울 수 있는 장소로서 "심미적 공동체", 또는 마페졸리M. Maffesoli(1944-)가 역설하는 대중의 창조적 "역능puissance"이 잠재된 공동체, 즉 다원주의, 수평적 네트워크, 감성적 연대, 촉각적 관계에 토대를 둔 "부족tribu"이 필요하다.[68]

---

65 물론 자기 자신과의 투쟁은 사회와의 공모관계 속에 있는 자기 자신과의 투쟁이라는 해석학적 순환의 경로를 한 번 더 거쳐야한다는 점에서 철학적 자기수련과 차이가 있다. 자기배려에 관한 상세한 논의는 안현수, 「푸코 후기 철학에서 '주체성(subjectivité)'과 '진실(vérité)의 문제」, 『동서철학연구』 제62호, 2011, 192-209쪽 참조. 참고로 말하자면 서양의 철학적 자기수련과 동양의 성리학적 수양론(修養論)을 비교해보는 작업은 매우 흥미로운 연구가 될 수 있을 것이다.

66 『주체의 해석학』, 434쪽. 파르헤지아에 관한 상세한 설명은 심세광, 「미셸 푸코에 있어서 주체화와 실존의 미학」, 『프랑스학연구』, 2005, 201-207쪽 참조.

67 『주체의 해석학』, 565쪽과 418쪽 참조.

68 심미적 공동체에 관하여 김기성, 「하나의 모델로서 심미적 공동체: 짐멜로부터

마지막으로 네그리A. Negri(1933-)와 하트M. Hardt(1960-)의 도움을 받아 말하자면, 아도르노의 이디오진크라지한 특이성이나 들뢰즈의 "단독성singularité"은 주체와 객체, 자연과 사회, 혹은 사적인 것과 공적인 것의 이분법적 구분 이전에 "공통된 것"을 매개로 또 다른 특이성이나 단독성과 상호작용하고 소통하면서 새로운 공통된 것을 계속해서 생산한다. 이 생산은 다름 아닌 신체적이고 감성적인 차원에서 민주적인 "습관"과 창조적인 "수행performance"[69]의 방식으로 이루어지는 삶정치적 생산, 즉 "소통의 생산, 관계의 생산, 삶형식의 생산"이다.

이처럼 단독성과 공통성 사이의 동역학에서 출현하는 "특이한 주체성들"을 네그리와 하트는 "다중multitude"이라고 명명한다. "**또 다른 세계**가 가능하며, **더 나은 더 민주적인 세계**가 가능하다는 것을 기억하는 것은, 그리고 그러한 세계를 바라는 우리의 욕구를 마음에 품는 것은 언제나 중요하다. 다중은 그러한 욕구를 위한 하나의 상징"[70]이라는 것이다. 그렇다면 다중의 삶정치적 생산, 그리고

블랑쇼를 거쳐 아도르노까지」, 『범한철학』 제74집, 2014, 322-356쪽 참조. "신부족주의"에 관하여 미셸 마페졸리, 『부족의 시대: 포스트모던 사회에서 개인주의의 쇠퇴』, 박정호·신지은 옮김, 문학동네, 2017 참조. 이하 『부족의 시대』로 축약함.

69 습관은 "자연의 고정된 법칙과 주체적 행동의 자유 사이의 중간 지점에 존재한다. [......] 습관들과 행위는 공유되며 사회적이다. 그것들은 타자들과의 상호관계 및 소통 속에서 생산되고 재생산된다. [.....] 개별적인 습관들, 행위 그리고 주체성은 사회적인 행위, 소통, 공통적인 행동을 토대로 해서만 일어날 수 있을 뿐이다. 습관들은 우리의 사회적인 자연을 구성한다. [......] 습관들은 생산되는 동시에 생산하는, 창조되는 동시에 창조하는 자연을 형성한다. 즉 공통적인 사회적 실천의 존재론이다." 이와 마찬가지로 수행 역시 "고정불변의 자연이나 임의적인 개별적 자유를 의미하지 않으며, 이 둘 사이에 놓여있는, 협력과 소통에 토대를 둔 일종의 공통적인 행동이다." 안토니오 네그리·마이클 하트, 『다중』, 조정환·정남현·서창현, 세정서적, 2008, 244-245쪽과 247쪽. 이하 『다중』으로 축약함.

심미적 공동체와 부족과 같은 재영토화 놀이와 운동을 통해 우리는 새로운 주체성의 동인을 보존하면서 조직화시킬 수 있고 긍정적이고 창조적인 탈주를 꾀할 수 있지 않을까?

상상만으로도 가슴이 벅차오른다. 네그리와 하트가 '자유주의적 개인주의'라는 역사적 경험이 백년 남짓의 짧지만 강하게 각인되어 있는, 그러나 몇 차례 구조변동을 거쳐 형성된 오늘날 서구 세계를 이해할 수 있는 "새로운 인식의 지도를 제시했고 실천의 새로운 이정표를 제시했다"[71]는 주장에 나는 상당 부분 동의한다. 하지만 "다중"을 한국 사회의 '대중'과 —이와 유사하게 마페졸리가 말하는 "부족"을 우리가 일반적으로 이해하는 '공동체'와— 등치시켜 이해하려는 입장이나 시도에 대해 나는 선뜻 동의할 수 없다. 왜냐하면 다중 안에 —혹은 부족 안에— '반동(反動)적인 것',[72] 즉 바로 저 역사적 경험이 우리에겐 아직 일천하기 때문이다. 그 때문에 나는 근대와 탈근대 그리고 전통이 교차하고 중첩되는 파편적 흔적들 안에서 새로운 주체성의 알레고리를 찾아다니고 있는지도 모르겠다.

70 『다중』, 507쪽, 508쪽, 245쪽, 278쪽.

71 『다중』, 499쪽.

72 마페졸리가 주장하는 것처럼, "부족주의"는 일종의 반동적인 것, 즉 "지나치게 합리화된 우리 사회, 그렇기에 살균된 사회, 필사적으로 모든 위험을 막아내려는 사회, 바로 그러한 사회 속으로" 되돌아온 "야만스러운 것"이다. 『부족의 시대』, 19쪽.

참 고 문 헌

강내희, 「재현체계와 근대성: 재현의 탈근대적 배치를 위하여」, 『문화과학』 제24호, 2000.

김기성, 「자포자기를 만드는 사회, 무엇이 문제인가?: 아도르노의 개인파산테제에 대한 분석」, 『범한철학』 제67집, 2012.

______, 「비판으로서 형이상학-아도르노의 신체매개적 비판원리에 관하여-」, 『시대와 철학』 제23권 4호, 2012.

______, 「하나의 모델로서 심미적 공동체: 짐멜로부터 블랑쇼를 거쳐 아도르노까지」, 『범한철학』 제74집, 2014.

______, 「부정과 관조의 합주로서의 철학: 아도르노 철학의 현재성」, 『시대와 철학』 제25권 4호, 2014.

______, 「영원한 현재로서의 심미적 근대성」, 『범한철학』 제79집, 2015.

김덕영, 『게오르그 짐멜의 모더니티 풍경 11가지』, 길, 2008.

김명주, 「들뢰즈의 '욕망론'은 새로운 주체를 이야기하는가?」, 『시대와 철학』 제16권 4호, 2005.

김상준, 『유교의 정치적 무의식』, 글항아리, 2014.

김상환, 「초월론적 경험론이란 무엇인가」, 『철학과 현실』 제73호, 2007

김완균, 「J.G. 헤르더의 민족 개념이해」, 독어교육 제39집, 2007.

김은중, 「라틴아메리카 탈식민적 전회와 트랜스모더니티: 유럽의 비판이론과 해방철학을 중심으로」, 『스페인라틴아메리카연구』 제9권 1호, 2016.

나종석, 「민족주의와 세계시민주의: 자유주의적 민족주의를 중심으로」, 헤겔연구 제26집, 2009.

네그리 안토니오·하트, 마이클, 『다중』, 조정환·정남현·서창현, 세정서적, 2008.

니체, 프리드리히, 『비극의 탄생·반시대적 고찰』, 이진우 옮김, 책세상, 2015.

루소, 장 자크, 『인간 불평등 기원론』, 주경복·고봉만 옮김, 책세상, 2011.

류도향, 「아도르노의 비판적 유물론: 사회 형식에 저항하는 형식」, 『사회와 철학』 제31호, 2016.

램버트, 그렉, 『누가 들뢰즈와 가타리를 두려워하는가?』, 최진석 옮김, 자음과 모음, 2013.

마페졸리, 미셸, 『부족의 시대: 포스트모던 사회에서 개인주의의 쇠퇴』, 박정호·신지은 옮김, 문학동네, 2017.

메스트로비치, 스테판, G., 『탈감정사회』, 박형신 옮김, 한울아카데미, 2014.
멘케, 크리스토프, 『미학적 힘: 미학적 인간학의 근본개념』, 김동규 옮김, 그린비, 2013.
바우만, 지그문트, 『액체근대』, 이일수 옮김, 강, 2010.
보들레르, 샤를, 『현대 생활의 화가』, 박기현 옮김, 인문서재, 2013.
'비포', 프랑코 베라르디, 『미래 이후』, 강서진 옮김, 난장, 2013.
신지영, 「도시화와 주체의 문제」, 『철학논총』 제73집 제3권, 2013.
_____, 「들뢰즈에게 주체화의 문제」, 『동서철학연구』, 제82호, 2016.
_____, 「들뢰즈에게 있어서 개체화의 문제에 관한 연구-둔스 스코투스의 <이것임>과 관련한 맥락에서」, 『대동철학』 제74집, 2016.
심세광, 「미셸 푸코에 있어서 주체화와 실존의 미학」, 『프랑스학연구』, 2005.
아도르노, 테오도르 W., 『美學理論』, 홍승용 옮김, 문학과지성사, 1995.
__________________, 『부정변증법』, 홍승용 옮김, 한길사, 1999.
_____ ·호르크하이머, M., 『계몽의 변증법: 철학적 단상』, 김유동 옮김, 문학과지성사, 2001.
__________________, 『미니마 모랄리아-상처받은 삶에서 나온 성찰』, 김유동 옮김, 길, 2005.
아이젠스타트, 쉬무엘 N., 『다중적 근대성 탐구: 비교문명적 관점』, 임현진·최종철·이정환·고성호 옮김, 나남, 2009.
안현수, 「푸코 후기 철학에서 '주체성(subjectivité)'과 '진실(vérité)의 문제」, 『동서철학연구』 제62호, 2011.
오타비아니, 디디에, 『미셸 푸코의 휴머니즘』, 심세광 옮김, 열린 책들, 2010.
일루즈, 에바, 『감정자본주의: 자본은 감정을 어떻게 활용하는가』, 김정아 옮김, 돌베개, 2012.
_________, 『사랑은 왜 아픈가: 사랑의 사회학』, 김희상 옮김, 2017.
임금희, 「세계시민주의, 민족주의, 언어: 헤르더(J.G. Herder)」와 피히테(J.G. Fichte)」, 『철학사상문화』 제20호, 2015.
전남대학교 감성인문학연구단, 『공감장이란 무엇인가: 감성인문학 서론』, 길, 2017.
푸코, 미셸, 『감시와 처벌: 감옥의 역사』, 오생근 옮김, 나남출판, 1999.
_________, 『주체의 해석학: 1981-1982, 콜레주 드 프랑스에서의 강의』, 심세광 옮김, 동문선, 2007.
_________, 『비판이란 무엇인가?/자기수양』, 심세광·전혜리 옮김, 동녘, 2016.

________, 『헤테로토피아』, 이상길 옮김, 문학과지성사, 2017.

프랫, 메리 루이스, 『제국의 시선: 여행기와 문화횡단』, 김남혁 옮김, 현실문화, 2015.

코젤렉, 라인하르크, 『지나간 미래』, 한철 옮김, 문학동네, 1998.

하버마스, 위르겐, 『현대성의 철학적 담론』, 이진우 옮김, 문예출판사, 1995.

허석헌, 「들뢰즈의 주체의 재구성」, 『제3시대』 제92집, 2016.

헤르더, 요한 고트프리트 폰, 『인류의 교육을 위한 새로운 역사철학』, 안성찬 옮김, 한길사, 2011.

Adorno, Theodor W., *Soziologische Schriften I*, Hrsg. von Rolf Tiedemann, Gesammelte Schriften Bd. 8, Frankfurt/M. 1972.

________________, *Kulturkritik und Gesellschaft II. Eingriffe · Stichworte · Anhang*, *Hrsg.* von Rolf Tiedemann, Gesammelte Schriften Bd. 10-2, Frankfurt/M. 1977.

Habermas, Jürgen, "Die Moderne - ein unvollendetes Projekt"; ders., *Kleine politische Schriften I-IV*, Frankfurt/M. 1981.

Simmel, Georg, Aufsätze und Abhandlungen 1894-1900, Hrsg. von Heinz-Jürgen Dahme und David P. Frisby, Gesamtausgabe Bd. 5, Frankfurt/M. 1992.

____________, *Philosophische Kultur*, in: ders., *Hauptprobleme der Philosophie. Philosophische Kultur*, Hrsg. von Rudiger Kramme und Otthein Rammstedt, Gesamtausgabe Bd. 14, Frankfurt/M. 1996.

____________, "Berliner Gewerbe-Ausstellung", in: ders., *Miszellen, Glossen, Stellungnahmen, Umfrageantworten, Leserbriefe, Diskussionsbeitrage 1889-1918. Anonyme und pseudonyme Veröffentlichungen 1888-1920*, Bearbeitet und Hrsg. von Klaus Christian Kohnke unter Mitarbeit von Cornelia Jaenichen und Erwin Schullerus, Gesamtausgabe Bd. 17, Frankfurt/M. 2005.

2

라틴아메리카의 탈식민적 전회De-colonial Turn와 트랜스모더니티Trans-modernity

- 유럽의 비판이론과 라틴아메리카 해방철학을 중심으로

김은중

정치적 문제로서의 계몽의 태도

칸트는 「계몽이란 무엇인가에 대한 답변」(2009)에서 계몽이란 인간이 스스로 초래한 미성년 상태에서 벗어나는 것이라고 말했다. 칸트가 규정하는 미성년 상태란 이성이 요청되는 상황에서 다른 사람의 권위를 수용하려는 의지의 상태이다. 칸트는 "과감히 알려고 하라! 너 자신의 오성을 사용하려는 용기를 가져라!"는 표어를 계몽의 모토로 내세웠다. 푸코는 「계몽이란 무엇인가?」(1984)라는 글에서 칸트의 답변은 근대 철학이 결코 해결하지도 못했고 동시에 제거하지도 못했던 질문이 사상사의 전면에 부각되는 계기가 되었고, 헤겔로부터 니체와 베버를 거쳐 호르크하이머와 하버마스에 이르기까지 모든 철학은 직·간접적으로 이 문제와 대결하지 않을 수 없었음을 지적했다. 계몽이라는 사건은 오늘날까지 근대적 사유와 행위를 규정짓고 있으며, 근대철학이란 2세기 전에 제기된 '계몽이란 무엇인가?'라는 질문에 대답하고자 하는 철학이기 때문이다.

푸코가 판단하기에 칸트의 글은 철학자가 지식과 역사에의 성찰, 그리고 자신이 글을 쓰고 있는 특정한 시점과 이유에 대한 분석을 스스로의 저작이 갖는 의의와 밀접하게 결합시키고 있는 최초의 예이다. 여기서 최초라는 표현은 시기적으로 최초가 아니라 방식에서 최초를 뜻한다. 칸트가 계몽에 대해 문제를 제기하는 방식이 완전히 달랐다는 것이다. 칸트에게 계몽은 세계사의 특정 시기도 아니었고, 미래의 사건에 대한 전조(前兆)도 아니었으며, 새로운 세계를 향한 전환점을 의미하지도 않았다. 칸트는 계몽을 부정적인 방식으로 정의해서 '출구Ausgang'로 해석했다. 즉 계몽이라는 사건을 기원의 문제나 역사 과정의 내적 목적으로 보지 않고 '차이'로 보았다는 것이 푸코의 생각이다. 칸트는 '오늘이 어제와 비교해 무엇이 다른가?'를 물었던 것이다.

칸트는 어제와 오늘의 차이를 이성의 사용 방식에 두었다. 여기서 이성에 대한 칸트의 독특한 구분이 등장하는데 이성의 사적 사용과 공적 사용이 그것이다. 칸트에 의하면, 인간이 '기계 속의 나사' 역할을 할 때 이성을 사적으로 사용하는 것이다. 그와는 반대로, 이성 자체의 목적을 위해서 사유할 때, 이성적 존재자로서 사유할 때, 그리고 이성적 인류의 일원으로서 사유할 때, 이성의 사용은 공적이 된다. 개인적인 사유의 자유가 보장되는 과정만이 계몽의 전부는 아닌 것이다. 계몽은 이성을 공적으로 사용하는 것이며 동시에 이성의 공적인 사용을 가능하게 하는 것이다. 요약하자면, 칸트가 제기한 **계몽은 인식의 문제가 아니라 정치적인 문제**이다.

> 이성의 공적 사용이 어떻게 하면 적극적인 방식으로 확보될 수 있겠는가? 계몽은 모든 인류에 영향을 미치는 일반 과정으로 단순히 간주되어서는 안 된다. 마찬가지로 계몽을 개인들에게 과해진 의무로 이해해서도 안 된다. 계몽은 **정치적인 문제**인 것이다. 이성의 사용이 어떻게 공적인 형태를 취할 수 있는가? 또 앎에의 용감한 의지가 어떻게 환한 대낮에 실천될 수 있겠는가? 하는 것이 관건이라는 말이다 (Foucault 1984, 37. 강조는 필자).

칸트가 정의하는 계몽이란 이성을 아무런 권위에도 종속시키지 않고 자유롭게 사용할 수 있는 상황을 의미한다. 환한 대낮에 이성을 공적으로 실천하는 것이 계몽인 것이다. 따라서 계몽의 목표는 이성의 내용이나 내재적 완결성이 아니라 이성을 비판적으로 사용하는 것이다. 이런 맥락에서 계몽이란 비판을 의미한다. 즉 비판은 계몽이 낳은 이성의 사용 방법이다. 어제와 비교해 (칸트가 살았던) 오늘이 다른 것은 비판의 시대이기 때문이다.[1]

---

1 근대성의 가장 뚜렷한 특징은 비판이다. 근대는 종교, 철학, 도덕, 법률, 역사, 경제, 그리고 정치에 대한 비판과 함께 시작되었다. 근대성은 비판을 통한 전통과의 단절이었다. 근대를 형성하는 모든 것은 비판에 의해 이루어진 것이며, 비판은 탐구와 창조, 그리고 행동의 방법론으로 이해되었다. 근대의 핵심적 개념이자 이념인 진보, 진화, 혁명, 자유, 민주, 과학, 기술 등은 모두 비판의 산물이다. 계몽적 이성은 세계와 자기 스스로를 비판함으로써 고대의 이성주의와 고전주의 기하학을 근본적으로 변화시켰다. 또한 비판은 역사 속에서 미국 독립전쟁, 프랑스 혁명, 라틴아메리카 독립운동으로 구현되었다. 근대 역사의 토대가 된 위

칸트의 글에 대한 푸코의 해석에서 주목해야 할 것은 푸코가 계몽에 대한 칸트의 문제 제기 방식을 근대성에 적용하는 점이다. 칸트가 계몽을 역사의 한 시기로 보지 않고 **철학함의 태도**로 보았던 것처럼, 푸코는 근대성을 역사상의 시기가 아니라 **태도**로 이해한다. 여기서 태도란 에토스ethos와 비슷한 의미를 갖는 것으로, 지금의 현실에 관계되는 양식이며 자발적 선택이자 생각하고 느끼는 방식이다. 근대성은 흔히 전통과의 결별, 새로움의 감정, 현기증을 느끼게 하는 변화의 가속화와 동일하게 인식된다. 이런 맥락에서, 근대성의 전통은 이전의 전통과는 **다른** 전통이다.[2] 즉 근대성의 전통은 분리이다. 분리는 어떤 것과 갈라지는 것이며 단일성이 깨지는 것이다. 근대성은 초시간적 원리를 긍정하지 않으며 다시 태어나기 위해 끊임없이 자문하고, 검증하고, 파괴하는 비판적 이성의 전개 과정이다. 여기서 근대성의 모순이 등장한다. 근대성의 모순은 초시간적 원리 대신에 변화의 원리 위에 과거의 종교와 철학의 견고함에 못지않게 튼튼한 체계를 세우려는 모든 시도에서 나타난다. 이 지점에서 근대 철학과 근대 예술이 갈라진다. 보들레르는 근

대한 혁명들이 18세기 사상에서 영감을 얻었다는 것은 결코 우연이 아니다.

2 근대성은 순간적이고, 유동적이며, 우연적인 것에 대한 인식이다. 보들레르는 『낭만주의 예술*L'art romantique*』에서 근대성의 전통을 단절이라고 말했다. 보들레르가 언급한 근대적 미학은 시간과 주체성, 경험을 이해하는 새로운 방식에 대한 것이다. 단절은 변화의 특권적 형태이다. 즉 근대성은 '과거의 부정'이면서 동시에 '무엇인가 다른 것의 추구'이다. 그래서 보들레르는 "아름답다는 것은 언제나 기이한(bizarre) 것이다"라고 말했다(Baudelaire 1863. Paz 1973, 36에서 재인용). 근대성은 결코 자기 자신이 될 수 없다. 그것은 언제나 다르다. 근대성의 특징은 새로움이며 이질성이다. 근대성은 늘 다름을 표방해야 하는 운명에 처해 있다. 과거의 전통이 늘 동일함을 유지하는 것이었다면, 근대의 전통은 끊임없이 달라지는 것이다. 근대성이 '**전통의 단절**'(una ruptura de la tradición)이라면 근대성의 전통은 '**단절의 전통**'(una tradición de la ruptura)이다(파스 1999).

대성의 태도는 이 순간을 넘어서거나 다음에 있는 것을 찾는 것이 아니라, 이 순간에 내재하는 영원한 그 무엇을 포착하는 것이라고 말했다. 현재의 '영웅적'인 측면을 포착하는 **태도**가 근대성인 것이다. 푸코가 강조했듯이, 보들레르는 근대성의 **태도**를 규정하기 위해 "현재를 경멸할 권리가 우리에겐 없다"는 매우 의미심장한 수사법을 동원하고 있다. 그러나 근대 예술과 달리 근대 철학은 변증법을 통해 분리/분열을 치유하려고 했다. 헤겔이 자신의 철학을 분열에 대한 치유라고 불렀던 것도 이 때문이다.

> 변증법적 모순 해결 방식은 해결과 동시에 또 다른 모순을 낳을 수밖에 없다. 서구가 이룩한 최근의 위대한 철학적 체계는 단지 분열되기 위해 탄생한 체계로서 사변적 열광과 비판적 이성 사이에서 방황하고 있으며, 결국 분열에 의해 분열을 치유하려는 것에 지나지 않는다. 근대성의 한 극단에는 헤겔과 그를 계승한 유물론자들이 자리 잡고 있으며, 또 다른 극단에는 유물론자들에 대한 비판과 분석철학에 대한 흄의 비판이 자리 잡고 있다. 이러한 대립이 서구 역사이며 서구의 존재 이유이다. 또한 어느 날인가 서구의 사망 원인이 될 것이다 (파스 1999, 45-46).

칸트의 역사적 논술 대부분과 「계몽이란 무엇인가에 대한 답변」의 차이점은, 그가 역사적 논술들에서 시간의 내적 목적론을 규정하면서 인간의 역사가 움직이는 방향을 포착하려고 노력했다면, 「계몽이란 무엇인가에 대한 답변」에서는 계몽을 부정적 방식의 '출구'로 해석함으로써 비판적 성찰과 역사에의 성찰 사이의 교차점에 위치하려고 시도했다는 점이다. 네그리와 하트는 칸트의 이러한 위치를 '다수자 칸트'와 '소수자 칸트'의 이중성으로 표현한다.

'다수자 칸트'가 견고한 유럽 합리주의 전통에 참여하여 사회 질서를 보존하고 그것을 지탱하는 방향으로 '이성의 개선'을 이루려고 하는 반면에, '소수자 칸트'는 그 질서의 토대를 부수고 삶정치적인 내재성의 평면에서 변이와 자유로운 창조로 가는 길을 연다(네그리·하트 2014). 달리 말하자면, '다수자 칸트'가 사회적 규제로서의 지식knowledge as social regulation을 옹호한다면, '소수자 칸트'는 사회적 해방으로서의 지식knowledge as social emancipation을 지지한다. '다수자 칸트/사회적 규제로서의 지식'과 '소수자 칸트/사회적 해방으로서의 지식'의 이중성의 관점에서 볼 때, 계몽**주의**의 완성자임을 자처했던 칸트의 계몽의 **태도**는 유럽 계몽**주의** 내의 대안적 노선이었다. 계몽**주의**는 근대성을 끊임없는 진보, 도덕과 사회적 질서의 합리적 발전으로 규정함으로써 전통과 맞선 근대성의 손을 들어주었다(Habermas 1997). 미학적 근대성 역시 전통의 단절을 통해 미래를 향한 문을 열었지만 그것이 진보를 의미하는 것은 아니었다.[3] 근대 미학이 과거나 어떠한 확고부동한 원리에 의지하지 않고 오로지 변화 속에서 자신의 근거를 찾고 있는 서양 문명의 극적인 상황의 표현이라면, 근대 철학의 의미가 명확하게 드러나는 것은 근대인의 역사의식이다. 근대인의 역사의식은, 한편으로 과거와 전통에 대한 비판이면서, 다른 한편으로 비판의 대상이 되지 않는 유

3 근대성과 근대 예술의 관계는 동맹 관계이면서 동시에 적대적이다. 근대 예술은 비판적 이성에 대한 비판으로 직선적인 역사의 시간에 반대하여 역사 이전의 태초의 시간을, 유토피아가 기다리는 미래의 시간에 반대하여 열정과 사랑과 죽음의 순간적인 시간을 내세웠다. 근대 예술, 특히 낭만주의는 18세기에 비판적·유토피아적·혁명적 이성의 산물로 받아들여졌던 근대성에 대한 부정이었다. 그러나 그것은 '근대적인' 부정이었다. 즉 근대성을 벗어나지 않은 근대성 안에서의 부정이었다(Paz 1973).

일한 원리 위에 전통을 세우는 것이다. 계몽의 **태도**가 현실을 파괴하지 않으면서 현실을 다르게 상상하는 것이라면, 계몽**주의**는 현실을 폐기하고 변증법적 모순 해결 방식을 통해 합리성의 본질적 핵심을 붙잡으려고 시도한다.

미완의 기획, 근대성인가 탈식민성인가?

하버마스가 「근대성, 미완의 기획」(1997)에서 지적한 것처럼, 계몽**주의**는 계몽의 **태도**와의 결별이었다. 칸트의 「계몽이란 무엇인가에 대한 답변」 이후 계몽의 **태도**는 계몽주의에 자리를 내주었고, '다수자 칸트/사회적 규제로서의 지식'은 '소수자 칸트/사회적 해방으로서의 지식'을 억압하고 배제했다. '다수자 칸트'를 계승한 사회민주주의 이론가들은 초월적이고 형식적인 도식에 기반을 둔 사회 질서 유지를 목표로 한다. 달리 말하자면, 사회민주주의 이론가들은 합리성 위에 세워진 진보를 신뢰한다. 예를 들어, 베버는 사회적 진화를 본질적으로 지적 진보로, 즉 지성과 윤리가 조화를 이룬 인간의 합리성이 발전되어온 과정으로 이해했다. 베버는 진화의 단계에서 사람들이 점차 더 발전된 형태의 국가나 법률 체계, 관료제, 도시 같은 새로운 사회제도를 만들어왔으며, 당시의 유럽 자본주의를 이러한 사회적 진화의 정점으로 확신했다(블로트 2008). '유럽의 기적'을 가능하게 한 것은 '오직 서구만이 가진' 합리성 때문이라는 베버의 주장은 유럽문명을 합리성으로, 다른 문명들을 비합리성으로 설명하는 기본 모델이 되었다(베버 2010).[4] 그러나 19세기 후반부

4 오직 서구만이 가진 합리성이란 자연과 사회를 완전히 분리할 줄 아는 것이다.

터 1930년대까지 부르주아 사회와 유럽 정치의 중심적 이데올로기를 구성했던 사회민주주의 개혁은 계몽의 자기 파괴이자 총체화된 이성의 도구화로 귀결되었다. 유럽의 비판이론 1세대 학자들은 자신들의 시대를 더 이상 인간 해방을 실현하는 진보의 과정이 아니라고 진단했다. 인간의 노동이나 개념적 사유는 이제 더 이상 자연과 인간의 자기실현 행위가 아니며, 이성이란 자기보존의 행위가 갖는 효율성을 판단하기 위한 도구에 불과하다고 생각되었다. 즉 근대적 합리성이란 타자에 대해서, 더 나아가 자기 자신에 대한 지배의 지침이 되는 도구적 이성일 뿐이다(김원식 2007). 죽음을 목전에 두고 있었던 푸코가 200여 년 전에 칸트가 던졌던 질문, '지금 무엇이 진행되고 있는가? 우리에게 무슨 일이 발생하고 있는가? 우리가 살고 있는 이 세계, 이 시기, 바로 이 순간은 무엇인가?'라는 질문을 다시 던진 것은 이런 이유 때문이었다.

베버는 근대성에 대한 하버마스의 성찰에 좌표를 제시했다. 하버마스가 보기에 근대성의 문제는 세계를 인식하는 독자적 영역들이 전문화되고 절대화되기 때문이다.[5] 전문가의 등장으로 인식적-구조적, 도덕적-실천적, 미학적-표현적 합리성의 세 가지 차원으로

'자연과 사회의 대분할'(the Great Divide between Nature and Society)은 '우리(서구)와 그들(나머지 세계)의 대분할'(the Great Divide between Us and Them)로 이어졌다. 인간(사회)과 비(非)인간(자연)을 분할할 줄 아는 합리성은 근대인과 전(前)근대인을 분할하는 기준이 되는 것이다(라투르 2009).

5 베버는 근대성을 점진적 합리화 과정으로 이해했는데, 합리화 과정을 통해 종교와 형이상학에서 통전되어 있던 세계관이 붕괴되고 과학, 도덕, 예술의 세 자족적 영역으로 분화된다. 근대인이 세계를 보는 합리적 관점은 진리성, 규범적 정당성, 성실성과 미(美)의 독립적 영역으로 분화되는 것이다. 진리성은 지식의 문제이며, 규범적 정당성은 정의와 도덕의 영역이고, 성실성과 미는 취향과 관련된다. 그리고 각각의 영역은 과학적 담론, 도덕과 법률 이론, 예술의 생산과 비평으로 제도화된다.

분할된 생활세계는 각 영역의 내적 논리를 강화시키는 쪽으로 나아갔다는 것이다. 베버는 합리화의 편벽성이 초래하는 이성의 도착 현상을 근대성의 거스를 수 없는 흐름으로 보았고, 그 결과 근대사회를 일종의 '쇠우리'에 비유했다.[6] 각 분야의 자율적이고 내재적인 논리를 발전시키고 구체화함으로써 근대성을 완수하려는 계몽주의의 과제가 위기에 처한 상황에서 하버마스는 두 가지 중 한 가지를 선택해야 했다. 계몽의 과제가 실패했음을 선언해야 하는가? 아니면 계몽의 의도가 아무리 허약하더라도 그것에 충실해야 하는가? 하버마스의 선택은 후자였다.

하버마스는 베버와 프랑크푸르트 1세대 학자들이 지나치게 경도되어 있던 도구적 합리성에 대한 비판에서 벗어나기 위해 의사소통적 합리성을 제시했다. 하버마스에 따르면, 사회의 합리화는 도구적 합리성과 의사소통적 합리성의 보완적 관계 속에서 진행된다. 도구적 합리성이 국가 경제와 행정의 영역에서 주된 역할을 한다면, 의사소통적 합리성은 생활세계의 지배적 원리이다. 근대화의 역설인 '생활세계의 식민화'는 도구적 합리성이 생활세계의 의사소통적 합리성을 침범할 때 발생한다. 하버마스에 따르면 의사소통 행위에 참여하는 사람들은 언어를 매개로 상호이해와 합의를 도출할 수 있다.

하버마스의 의사소통적 합리성은 착취와 지배가 없는 해방된 삶의 정형이 의사소통 행위 안에 구조적으로 내재한다는 보편화용론으로 구체화되었다. 하버마스의 보편화용론은 자유로운 '이상적

---

6 막스 베버의 이러한 생각은 그가 말년에 했던 두 번의 강연('직업과 소명으로서의 학문'과 '직업과 소명으로서의 정치')에 잘 나타난다.

담화 상황'을 전제하는 담론 윤리학discourse ethics이다. 하버마스의 담론 윤리학은 도구적 합리성이 가져온 수단과 목적의 도착(倒錯)을 벗어나 근대성이라는 미완의 기획을 완수하려는 시도이다. 이를 위해서 그는 의식을 토대로 하는 형이상학과 인식론에 대한 대안으로 이상적 담화 상황을 전제하는 담론 윤리를 제안한 것이다. 하버마스에 의하면 생활세계의 합리화는 상호주관적 합리성을 통해서만 수행될 수 있으며, 상호주관적 합리성은 처음부터 언어 구조 자체의 내재적 원리임을 전제한다.

여기서 푸코가 계몽이란 비판이며 정치적인 문제라고 규정했던 지점으로 돌아갈 필요가 있다. 푸코는 계몽의 **태도**란 계몽에 포함되는 '좋은' 요소와 '나쁜' 요소를 변증법적으로 분별하는 것이 아니며, 더 나아가 계몽의 목표가 '합리성의 본질적 핵심the essential kernel of rationality'을 추적하는 것이 아니라는 점을 강조했다. 바꿔 말하자면, 계몽의 **태도**란 역사적으로 계몽에 의해 스스로를 규정한 존재인 우리 자신에 대한 분석을 통해 '필연적인 것의 현재적 한계contemporary limits of the necessary'를 해명하는 것이다.

> 비판은 더 이상 보편적 가치를 갖는 형식적 구조의 탐구라는 형태로 진행되어서는 안 된다. 우리 자신을 형성하고 우리 스스로를 우리의 행위, 언술, 사유의 주체로 파악하게 만든 사건에 대한 역사적 탐구로서 비판이 실천되어야 한다. 그런 의미에서 비판은 더 이상 선험적이 아니며, 형이상학을 가능케 하는 것이 비판의 목표가 될 수도 없다. 비판은 계보학적으로 설계되며 고고학적으로 실천된다. 고고학적 비판은 모든 지식이나 도덕적 행위의 보편 구조를 밝히려 하는 대신에, 우리의 사유와 언술과 행동을 형성한 담론을 역사적 사건으로 취급하는 태도이다. 계보학적 비판이란 현재의 우리 모습으로부터 할 수 없고, 알 수 없는 것을 연역해내는 대신, 우리의 현

실을 만든 우연성과 우리의 존재와 행위와 사유를 넘어 설 수 있는 가능성을 분리해내는 작업이다. **비판은 과학에 기초를 둔 형이상학을 수립하는 대신에, 아직 규정되지 않는 자유의 영역을 최대한도로 확장시키는 것**이다 (Foucault 1984, 45-46. 강조는 필자).

푸코에 따르면, 계몽의 목표는 선험적이고 형이상학적 비판을 통해 보편적 가치를 갖는 형식적 구조를 탐구하는 것이 아니다. 계몽적 비판의 대상은 인식의 보편적 구조나 궁극적으로 형이상학을 구축하려는 과학이 아니며 '지식' 또는 '담론'과 권력의 상관관계이다. 푸코가 고고학적-계보학적 접근방식을 통해 밝히려고 한 것은 인간의 자유를 발명했다는 계몽주의 시대가 규율권력이라고 불리는 새로운 예속 메커니즘을 수반한 시기였다는 사실이다.[7] 따라서 푸코의 계보학적 비판은, 한편으로는 담론이 어떤 경로를 따라 규제, 통제형식 및 권력관계에 예속되는지를 밝히는 것이며, 다른 한편으로는 지식과 담론 분석을 통해 근대성의 태도가 형성된 이래 반근대성countermodernity의 태도와 어떻게 싸워왔는지를 밝히는 것이다. 다시 말해, 푸코의 계보학적 비판은 역사를 어떤 기획의 실현으로 해석하는 헤겔의 역사주의의 관점을 비판하면서 역사란 지식과 권력 간의 복합적인 연관관계임을 보여준다. 반복하자면, 계몽은 정치적인 문제인 것이다.

7 푸코의 고고학은 모든 담론에 이미 존재하는 주체나 대상 같은 것은 없고 오히려 담론이 대상의 영역을 구성하는 것임을 보여주려는 시도이다. 푸코의 고고학적 관점에서 보면 주체와 대상이 모두 특정한 방식으로 담론을 조직하는 역사적 에피스테메에 의해 구성된다. 푸코의 고고학이 '진리'를 자처하는 시대적 장치들의 담론적 특징을 밝히는 것이라면, 계보학은 이러한 장치들의 탈-담론적 특징들을 드러내는 것이다. 따라서 계보학은 지식과 권력이 뒤얽혀 있는 투쟁의 연대기를 기록하는 것이다(신충식 2010).

> 근대성은 언제나 둘이다. 근대성은 이성, 계몽주의, 전통과의 단절, 세속주의 등의 관점에서 묘사되기 이전에 하나의 권력관계로, 다시 말해 지배와 저항, 주권과 해방을 위한 투쟁으로 이해되어야 한다 (네그리·하트 2014, 113).

'근대성은 언제나 둘이다'라는 명제에서 '둘'은 사회적 규제로서의 근대성과 사회적 해방으로서의 근대성을 가리킨다. 푸코의 계보학적 연구가 보여주었고 네그리와 하트가 강조하듯이 "근대성을 권력관계로 정의할 때 도출되는 한 가지 최종적인 귀결은 근대성을 끝나지 않은 기획으로 여기는 일체의 관념의 토대를 허무는 것"(2014, 118)이며, 근대성을 지배와 저항, 주권과 해방을 위한 투쟁으로 보는 것이다. 근대성을 미완의 기획으로 여기는 사회민주주의 이론가들은 사회적 규제로서의 지식과 사회적 해방으로서의 지식을 동일한 사태의 양면으로 보지 않는다. 그리고 합리적 이성에 토대를 둔 근대성이 유럽에서 출현해서 '나머지 세계'로 확산되어 간다고 본다. 예컨대, 유럽과 아메리카 대륙 전체에서 18세기 내내 그리고 19세기에 이르기까지 공화주의적 국가의 핵심적 토대를 이루었던 흑인 노예제는 근대성의 '일탈'이나 '부작용' 정도로 취급된다. 공화주의자들은 노예제를 전근대적 세계의 잔여물로 여기고 미완의 기획인 근대성이 역사로부터 추방하게 될 역사의 오점으로 인식한다. 진정으로 근대적인 최초의 혁명인 아이티혁명이 근대 역사에서 그토록 무시되어 왔던 이유는 사회적 규제로서의 근대성과 사회적 해방으로서의 근대성을 동일한 사태의 양면으로 보지 않기 때문이다. "아이티혁명은 적어도 한 가지 핵심적인 측면에서, 즉 모든 인간이 평등하고 자유롭다면 분명 어느 누구도 노예가 될 수 없다는 측면에서 영국, 미국, 프랑스의 혁명들보다 훨씬 더 공화주의 이데올로기에 충실하다. 그럼에도 불구하고, 아이티는 저 '혁명의 시대'에 대한 역사적 서술에서 거의 등장하지 않는다"(네그리·하트 2014, 123). 역사에서 아이티혁명이 침묵당하고 삭제된 또 다른 이유는 근대 노예제의 본질을 이루고 있는 인종주의이다.

> 사실상, **노예화된 아프리카인들과 그들의 후손이 자유를 얻고 보장받을 수 있는 전략들을 구상하는 것은 고사하고 자유를 마음에 그릴 수조차 없었다고 하는 주장은 경험적인 증거에 기초하기보다는 세계와 세계에 살고 있는 주민들을 암묵적으로 조직하는 형이상학에 기초**하고 있었다. 이러한 세계관은 결코 획일적으로 똑같지는 않지만 유럽과 미 대륙 백인들 간에, 그리고 백인이 아닌 많은 농장주들 간에 널리 공유되어 있었다. 이들이 가지고 있던 세계관에는 차이의 여지가 있기는 했지만 그 어떤 세계관도 노예 농장들에서 혁명적 봉기가 일어날 수 있으리라는 가능성은 포함하고 있지 않았고, 그 봉기가 성공적으로 독립국가의 탄생을 가져오리라는 가능성은 더더욱 포함하고 있지 않았다(트루요 2011, 140-141. 강조는 필자).

하버마스가 생활세계의 식민화 테제를 통해 근대를 미완의 기획으로 규정하고 본래적인 근대의 기획을 완성하려고 노력한다면, 라틴아메리카의 탈식민적 전회de-colonial turn는 식민성의 논리를 통해 근대성의 수사학을 비판함으로써 미완의 기획인 탈식민화를 완성하려고 시도한다. 미완의 기획은 근대성이 아니라 탈식민성이라는 것이다.[8] 탈식민적 전환은 19세기 초에 정치적 독립을 이루었음

8 두 번의 세계대전 이후 근대성의 위기는 더 이상 숨길 수 없는 사실이 되었다. 세계대전이 가져온 파괴적 참상은 근대성의 발원지로 여겨졌던 유럽의 위기를 의미했고 유럽의 위기는 적어도 세 가지 변화를 가져왔다. 첫째, 제2차 세계대전 이후 근대 세계체제의 권력 축이 서유럽에서 미국으로 이동했다. 이와 더불

에도 불구하고, 경제적 측면뿐만 아니라 인식론적이고 문화 자본의 측면에서 신식민주의 상황에 놓여 있었던 라틴아메리카가 현실을 새롭게 인식하는 틀/관점이었다. 유럽중심주의는 추종해야 할 매혹의 대상이 아니라 환멸의 대상이 되었다. 즉 탈식민적 전환은 유럽중심주의적 근대성으로부터의 이탈de-linking이면서 동시에 라틴아메리카가 달성해야 할 역사적 기획은 근대화가 아니라 탈식민화라는 각성이었다. 막스 베버가 '전통' 혹은 종교의 미몽에서 깨어나는 것을 근대성으로 정의했다면, 탈식민적 전환은 두셀이 '근대성의 신화'라고 불렀던 유럽중심주의적 근대성의 미몽에서 깨어나는 것으로 정의될 수 있다.[9]

어 아메리카주의, 더 구체적으로 말하자면 19세기 말 미국이 스페인과의 전쟁에서 승리한 이후 세력을 키운 미국의 우월주의와 동화주의 이데올로기가 전 지구적으로 확산되었다. 동화주의 이데올로기의 대상은 유럽 출신의 비기독교도 이민자들이었고, 이들 중에는 유색인종도 포함되었다. 둘째, 냉전과 더불어 소련 공산주의가 미국 헤게모니의 대항 세력으로 등장했다. 소련식 공산주의와 사회주의는 파시즘과 자유주의 이데올로기가 제시하는 미래와는 다른 미래를 위한 선택이었다. 사회주의의 등장으로 유럽은 두 개의 진영으로 갈라졌다. 세 번째 변화는 탈식민적 전환이다. 탈식민적 전환은 유럽 내부와 외부에서 발생한 역사적 사건이 결합된 결과였다. 유럽 내부의 역사적 사건이 나치즘의 발호였다면, 유럽 외부에서 발생한 역사적 사건은 아시아와 아프리카의 식민지의 독립이었다. 유럽의 권력 구도가 남부 유럽에서 북부 유럽으로 이동하는 과정에서 발생했던 라틴아메리카의 독립 투쟁과는 대조적으로 아시아와 아프리카 식민지의 독립은 나치즘의 등장으로 유럽 전체가 도덕적으로 추락하는 역사적 사건 속에서 발생했다. 에메 세제르의 말을 빌리면, 유럽의 도덕적 추락은 변명의 여지가 없는 것이었다.

9 탈식민화는 두 번에 걸쳐 일어났다. 18세기 말부터 19세기 초의 미국의 독립혁명, 아이티혁명, 라틴아메리카의 독립혁명이 첫 번째 탈식민화였다면, 20세기 중반의 아프리카와 아시아의 독립, 쿠바 혁명이 두 번째 탈식민화였다. 두 번째 탈식민화의 계기가 된 유럽의 위기/쇠퇴는 근대 세계체제의 위기를 반영하는 것이었고, 근대 세계체제의 위기는 첫 번째 탈식민화의 시기에 독립을 이루었던 라틴아메리카에 여전히 식민주의가 구조적으로 지속되고 있음을 드러냈다. 라틴아메리카의 탈식민적 전환을 통해, 한편으로는 라틴아메리카의 자생적 사유와 이론

유럽의 비판이론과 라틴아메리카 해방철학

탈식민적 전환은 라틴아메리카에 등장한 계몽의 **태도**이다. 1970년대에 시작된 라틴아메리카 해방철학Philosophy of Liberation은 유럽의 비판이론과 밀접한 관련이 있다. 유럽의 비판이론은 해방철학이 출현했던 시점부터 해방철학에 많은 영향을 미쳤고 라틴아메리카 해방철학은 유럽 비판이론과 지속적인 대화를 나누려고 시도했다.[10] 유럽의 비판이론가들과 라틴아메리카 해방철학자들 사이의 대화와 논쟁은 평등을 전제했지만 타자성(차이)에 대한 인정이 결핍되어 있었다는 점에서 비대칭적이었다. 이 때문에 대화 과정에서 해방철학자들에게 던져진 질문은 '우리는 누구인가?'라는 주체성의 문제였고, '우리가 말하는 곳은 어디인가?'라는 발화 위치locus enuntiationis의 문제였다. 예컨대, 주변부였던 라틴아메리카에서 발생한 '68혁명은 중심부인 유럽이나 미국의 경우와는 달랐다. 파리와 버클리와는 달리 멕시코시에서는 400명 이상의 학생과 노동자가 시위가 벌어졌던 틀라텔롤코Tlatelolco 광장에서 목숨을 잃었다. 아르헨티나에서는 옹가니아Onganía 군부독재 정권에 저항하

—종속이론, 해방신학, 해방철학 등—이 등장했고, 다른 한편으로는 식민의 역사를 공유하는 지역 간에 탈식민화를 위한 대화를 모색하는 계기가 되었다.

10 그 중심적인 위치에 있는 인물이 철학자 엔리케 두셀(Enrique Dussel)이다(송상기 2008). 아르헨티나에서 태어나 유럽에서 공부하고 돌아온 엔리케 두셀은 1970년대 아르헨티나 군부 독재 시기에 멕시코로 이주했다. 유럽 비판이론의 산실인 프랑크푸르트학파의 1세대 학자들은 모두 유태인 출신이었다. 초기 프랑크푸르트학파에게 연구를 위한 재정지원을 한 사람은 호르크하이머의 친구였던 아르헨티나 출신의 유태인 펠릭스 와이스(Felix Weiss)였다. 와이스의 아버지는 아르헨티나의 대지주였고 밀 수출업자였다(Dussel 2011). 본 논문에서는 두셀의 작업을 통해 해방철학을 서술하되 해방철학을 두셀의 개인적 성취로 한정하지 않는다.

는 노동자와 학생들에 의해 코르도바시가 점거되는 사태가 발생했다. 이러한 상황에서 해방철학자들이 깨달은 것은 자신들이 전 지구적 남부global South의 포스트식민 주변부post-colonial periphery에 살고 있다는 사실이었다.[11] 앞에서 언급한 것처럼, 유럽의 비판이론은 해방철학에 많은 영향을 미쳤고 해방철학의 전개 과정은 유럽의 비판이론의 전개 과정과 밀접한 상관관계를 이룬다. 군부독재 정권이 라틴아메리카 전역을 장악하고 있던 시점에서 해방철학자들이 유럽의 전체주의를 비판했던 마르쿠제의 『일차원적 인간』을 읽었다는 것은 이론적인 면에서 유럽의 비판이론에 의지하고 있었다는 사실을 보여준다. 그러나 해방철학자들에게 영향력을 미친 또 다른 원천은 종속이론과 프란츠 파농이었다. 두셀은 『해방철학』의 서문에 이렇게 썼다.

> 헤라클레이토스로부터 카를 폰 클라우제비츠와 키신저에 이르기까지 전쟁은 모든 것의 근원이다. 여기서 '모든 것'은 세계 지배자들이 그들의 권력과 군대로 통제하는 질서나 체제를 의미한다. 세계는 전쟁 중이다. 전쟁을 벌이는 사람들은 냉전이라고 말하지만 전쟁으로 고통 받는 사람들에게는 열전이다. 무기를 제조하는 사람들은 평화로운 공존이라고 말하지만 무기를 구매하고 사용해야만 하는 사람들에게는 피투성이의 실존이다. 전쟁터가 되는 공간, 전략적이

11 전 지구적 남부는 지리적 위치가 아니라 정치적 위치이다. 즉 남부는 자본주의 근대성이 초래하는 억압과 배제로 인해 고통 받는 지역을 가리킨다. 냉전 종식 이후 세계는 전 지구적 북부와 전 지구적 남부로 재편되었다. 북부/남부가 전 지구적이라는 것은 북부에도 남부가 존재(colonial North)하며 남부에도 북부가 존재(imperial South)한다는 것을 의미한다. 따라서 전 지구적 북부/남부라는 개념은 자본주의 근대성의 문제가 어느 특정한 지역에 국한되는 문제가 아니라 전 지구적 차원의 문제라는 것을 시사한다.

고 전술적으로 적에게 승리하기 위해 연구되는 지리적 공간, 국경선으로 갈라지는 공간은 뉴턴 물리학의 추상적으로 관념화된 텅 빈 공간이나 현상학이 문제 삼는 실존적 공간과는 매우 다르다 [...] 따라서 문제는 지정학적 공간이다. 북극이나 멕시코의 치아파스에서 태어나는 것은 뉴욕에서 태어나는 것과 다르다(1996, 1-2).

해방철학이 유럽의 1세대 비판이론과 공유한 것은 살아 있는 신체의 물질성이었다. 그 당시 세계 도처에서 일어나고 있는 퇴보의 씨앗이 계몽 개념 자체에 내장되어 있다고 믿은 호르크하이머와 아도르노는 마르크스주의 사상의 목적론적 근대화 노선과 결별하고 마르크스주의 전통에서는 자주 언급되지 않았던 살아 있는 신체의 관점으로 전환했다. 정통 마르크스주의는 초월적 형식의 관점에서 착취를 분석했다. 그러나 신체의 물질적 관점에서 보면 착취는 자본주의 사회의 생산과 재생산의 과정의 신체의 물질적 조직화를 통해 이루어진다. 해방철학은 이러한 전환을 변증법적 유물론에서 인류학적 유물론으로의 이행이라고 부른다.[12] 살아 있는 신체의 물질성이란 생명의 유지와 재생산을 위해 필요한 "빵, 자유, 그리고 일자리"를 의미한다(Dussel 2001).[13] 유럽의 비판이론과 해방철학의 관점에서 살아 있는 신체의 물질성은 착취 받고 종속된 사람들의 '부정적negative' 물질성이다. 해방철학은 주체성과 발화 위치의 관점을 통해 여기서 한 걸음 더 나아간다. 해방철학이 포착하

12 네그리와 하트는 이를 "비판의 현상학화(phenomenologization)", 즉 '마르크스주의적 소유 비판에서 신체의 현상학으로의 이행'이라고 부른다. 이러한 이행은 "비판과 그 대상의 관계를 신체들의 집단적 차원 내에 존재하는 물질적 장치(dispositif)로 간주하는 데로 옮겨가는 것을 의미한다"(2014, 56).

13 아르헨티나에서 벌어진 시위에서 시위 참가자들이 외쳤던 구호.

는 부정적 물질성은 중심부의 자본주의와 근대성, 유럽중심주의에 의해 착취 받고 종속된 식민주의의 물질적 부정성이다.

> 우리에게 희생자는 더 이상 호르크하이머, 하버마스, 혹은 3세대 비판이론이 주목하는 노동자, 아우슈비츠에서 희생된 유태인, 나치 치하의 시민, 여성, 혹은 복지국가의 위기에 직면한 노동계에 한정되지 않는다. 우리는 이들과 더불어 1492년 이래 전 지구화된 세계체제World-System의 희생자들도 생각한다. 라틴아메리카의 아시엔다hacienda 체제에서 착취당한 원주민들, 볼리비아의 포토시 광산에서 식민주의 자본주의의 첫 번째 세계통화였던 은을 캐기 위해 노예노동을 했던 원주민과 흑인, 아열대 지역 플랜테이션 농장에서 혹사당한 아프리카 노예들, 정복자들의 첩 역할을 해야만 했던 원주민 여성들, 기독교의 세례를 받아야만 했던 어린 아이들이 그들이다(Dussel 2011, 17).

두셀이 언급하는 희생자들은 호르크하이머로부터 마르쿠제, 아펠, 하버마스에 이르기까지 비판이론의 총체성 개념에 포함되지 않는다. 비판이론의 존재론적 총체성에 대한 협소한 이해를 확장시킨 사람은 레비나스였다. 그는 『총체성과 무한Totality and Infinity』(1969)에서 타자성의 다면적 모습을 보여주었다. 가난한 사람은 경제적 타자이고, 과부는 에로스적 타자이며, 고아는 교육적 측면의 타자이다. 또한 외지인은 정치적 타자이다. 더 나아가, 레비나스는 타자를 주체의 전체성을 넘어서 있는 것, 규정할 수 없는 것이란 점에서 '무한자', '절대적 외부성'으로 규정했다. 레비나스의 절대 타자는 하이데거의 현존재Dasein의 세계를 넘어서는 혁명적이고 "체제전복적인 일탈desorientación subversiva)"(Mendieta 2001, 19)이었다. 두셀은 레비나스의 작업을 통해 헤겔의 변증법 대신에 초변증법

analéctica을 제시했다. 타자의 절대적 초월성을 출발점으로 삼는 초변증법은 타자를 동일자의 그림자나 일그러지고 불완전한 이미지로 인식하지 않는다. 타자는 이미 경험되고 이해된 것 너머에 있다. 앞의 인용에서 파스Octavio Paz가 강조했던 것처럼, 동일자의 '자기반영auto-reflejo'이자 '자기 투사auto-proyección'라는 점에서 변증법은 동일자가 타자를 강탈하는 전쟁이다. 변증법이 타자를 배제하고 말살하는 전쟁이라면 초변증법은 타자를 향해 열리고 타자와 연대를 희망한다(Dussel 1996; 송상기 2008). 그러나 레비나스의 성취에도 불구하고, 해방철학의 '발화 위치'에서 볼 때 레비나스의 존재론적 총체성은 크게 두 가지 점에서 유럽중심주의의 맹목성blindness에 갇혀 있다. 한 가지는 유럽중심주의적 존재론에는 위에서 인용한 전지구적 타자성global alterity이 누락되어 있다는 것이다. 다른 한 가지는 타자를 주체로 보지 않고 여전히 대상으로 보고 있다는 것이다. 유럽중심주의적 존재론은 타자가 갖는 '근본적인 외부성'을 이해하지 못하는 것이다. 이런 맥락에서 타자를 절대적 외부성으로 정의함으로써 동일자의 폭력을 비판한 레비나스도 '외부에 **의한** 사유'가 아니라 '외부에 **대한** 사유'에 머물러 있다고 말할 수 있다.[14] 이런 맥락에서 호르크하이머와 아도르노가 비판했던 도구적 합리성보다 더 심각한 계몽주의의 문제는 전제적이고 물신숭배적인 유

14 "심각한 문제는 레비나스 윤리학 역시 주체의 윤리학일 뿐이며, 주체만의 일방적 윤리학이 된다는 것이다. 즉 그는 주체에게 고통 받는 얼굴의 타인들을 환대하라고, 그 고통을 통해 자기를 초월하라고 정언명령을 내리지만, 그런 주체와 대-면하고 마주선 타인들은 대체 무엇을 해야 하는지 말해 주지 못한다. 타인은 윤리학적 행동의 대상일 뿐이다. 따라서 레비나스 윤리학에 타인들의 윤리는, 타인들이 취해야 할 윤리적 행위는 없다. 다만 그들은 주체가 자신들에게 어떤 윤리적 행위를 해주기만을 기다릴 수 있을 뿐이다"(이진경 2009, 85).

럽중심주의적 존재론이었다.[15]

해방철학이 유럽의 1세대 비판이론으로부터 살아 있는 신체의 물질성과 부정성을 받아들였다면, 유럽의 2세대 비판이론으로부터 받아들인 것은 담론 윤리Discourse Ethics였다. 아펠과 하버마스가 제시한 의사소통 공동체 모델은 의식 철학의 유아론적 패러다임을 극복할 수 있는 단서를 제공했다는 점에서 해방철학에 커다란 영향을 미쳤다. 하버마스는 유럽의 1세대 비판이론이 직면했던 근대성의 강압적 이성에 대해 회의하는 대신에 담론적 이성의 보편주의적 특성을 신뢰했다. '초근대성Hypermodernity', '두 번째 근대성Second Modernity' 혹은 '성찰적 근대성Reflexive Modernity'이라는 개념에서 드러나는 것처럼, 하버마스는 근대성을 근대화하려고 한다. 즉 그는 근대성의 원리를 근대의 제도들에 성찰적 방식으로 적용함으로써 근대를 완성하려고 한다. 하버마스의 담론 윤리에는 **항상-이미** 언어 공동체의 존재와 공동체 참여자들의 대칭적이고 평등한 참여가 **선험적으로** 전제되어 있다.

> 나와 너(우리와 너), 나와 그(우리와 그들) 사이의 균형 관계가 순수한 상호주관성을 가져온다. 대화가 무제한적으로 교환되기 위해서는 어느 언표자에게도 특권이 주어지면 안 된다. 의사소통 행위의 모든 참가자들에게 모든 정보와 지침, 주장, 규약들이 공평하게 배분될 때 순수한 상호주관성이 성립된다. 이러한 균형 관계가 존재하는 한, 의사소통 자체의 구조로부터 파생되는 문제점이 의사소통

15 계몽주의는 존재론적으로 위계화된 세 가지 발화 지점을 규정했다. 첫 번째가 사이드가 비판한 '오리엔탈리즘'이며, 두 번째는 '유럽중심주의' 혹은 '옥시덴탈리즘'(Occidentalism)이고, 마지막 세 번째는 '남부 유럽'(그리스, 이탈리아, 스페인, 포르투갈)이라는 개념이다.

을 굴절시키지는 못할 것이다 (윤평중 1990, 115에서 재인용).

해방철학은 세 가지 측면에서 하버마스의 선험적 담론/의사소통 공동체의 한계를 지적한다. 첫째, 해방철학은 모든 담론의 선험적 조건으로 작용하는 의사소통 공동체보다 '생명 공동체a community of life'를 우선시한다. 생명을 가진 개체는 스스로의 생존과 보존을 위한 최소한 조건을 필요로 한다. 둘째, 하버마스가 생활세계라고 부르는 의사소통 공동체는 복합적이고 다층적인 배제exclusion와 외부성exteriority의 문제를 간과한다. 이 때문에 아펠과 하버마스는 담론의 정당화justification라는 문제와 적용application의 문제를 혼동했다. 셋째, 유럽의 1세대 비판이론에서 주목했던 살아 있는 신체의 물질성이 또 다시 형식적인 차원으로 통합되었다는 점이다. 신체의 물질성을 배제함으로써 의사소통 공동체는 윤리의 근원을 왜곡했을 뿐만 아니라 윤리의 대상도 왜곡하는 결과를 가져왔다. 해방철학이 아펠과 하버마스의 담론 윤리를 넘어서서 해방 윤티로 나아가는 것은 이 때문이다. 요약하자면, 해방철학은 유럽의 1세대 비판이론으로부터 물질성과 부정성을 배웠다. 물질성은 생명 공동체를 토대로 한다. 따라서 물질성은 '신체적-정동적-생태적-경제적-문화적bodily-affective-ecological-economic-cultural'이다. 부정성이란 부정적 물질성으로부터 출발하는 비판이다. 해방철학이 유럽의 2세대 비판이론으로부터 받아들인 것은 공동체적 상호주체성에 바탕을 둔 담론성이다. 상호주체적으로 참여하는 담론 공동치는 복합적인 사회적 현실을 이해하는 데 적절한 개념이다. 그러나 해방철학은 유럽의 1세대와 2세대의 비판이론을 뛰어넘어 '외부성exteriority'과 '비판적 담론성critical discursivity'을 제시한다(Dussel 2011).

트랜스모던 윤리학: 외부에 의한 사유와 정치

해방철학이 유럽의 비판이론을 뛰어넘으려고 하는 것은 또 다른 보편적 이론을 제시하려는 것이 아니라, 자신들이 위치한 전 지구적 남부the global South의 포스트식민 주변부로부터 사유하고 실천하려는 것이다. 푸코가 지적한 계몽의 **태도**를 실천하는 것, 즉 자신들이 위치한 곳에서 사회적 해방으로서의 지식을 실천하는 것이다. 비판은 보편적 가치를 갖는 형식적 탐구가 아니라, 스스로가 사유와 언술, 행위의 주체가 되는 일리(一理)situated and contextualized knowledge)의 실천이다. 일리란 '신체적-정동적-생태적-경제적-문화적' 물질성으로부터 도출되는 세계에 대한 이해이다. 이런 맥락에서 일리의 실천은 총체성 대신에 외부성을 주목하고, 대칭적이고 평등한 참여를 선험적으로 전제하는 대신에 억압된 자들의 공동체의 합의에 토대를 둔 비판적 담론성을 주목한다.

해방철학이 유럽의 비판이론과 '더불어', 유럽의 비판이론을 '비판하는' 지점은 1970년대부터 본격화된 세계화globalization였다. 해방철학과 유럽의 비판이론의 세계화에 대한 인식은 크게 달랐다. 아펠이 담론 윤리를 구축하면서 주목한 것은 근대 과학과 기술이 지배하는 세계화의 현실이었다. 아펠은 근대 과학과 기술의 전 지구적 확산으로 인해, 한편으로는 전 지구적 규모의 도덕의 문제를 성찰할 수 있는 거시윤리학macroethics이 어느 때보다도 필요하며, 다른 한편으로는 합리성과 가치중립적 과학이 동일시됨으로써 보편타당성을 유지해야 할 윤리의 근본이 흔들리는 것을 우려했다. 아펠의 담론 윤리의 관점에서 보면, 종교가 사적 주체성의 영역으로 흡수되면서 과학적 이성에 맞서는 합리성을 가질 수가 없는 것처럼, 윤리도 동일한 위험에 처해 있다. 아펠과 달리, 두셀은 일리의 관점에서 세계화를 바라본다. 두셀이 주목하는 것은 식민주의에서 벗어난 이후에도 여전히 신식민주의에 종속되어 있는 라틴아메리카와 제3세계의 현실이었다. 세계는 점점 더 상호의존적으로 연결되고 있지만 권력 관계는 여전히 비대칭적이라는 것이다. 두셀에게 비대칭적 권력 관계를 토대로 하는 세계화라는 현실은 정치적이고 경제적인 문제일 뿐만 아니라 철학적이고 역사적인 문제였다. 식민 지배는 종족 살해genocide이며 인식 살해epistemicide였기 때문이다.

> 해방철학은 반담론counter-discourse이며, 주변부에서 (그리고 희생자들, 배제된 자들로부터) 탄생한, 지구성mundialidad을 지향하는 비판철학이다.[16] 해방철학은 자신의 주변성과 배제에 대해 확실한 의식을 가지고 있으며, 그와 동시에 지구성을 지향한다. 해방철학은 지난 5세기 동안 유럽 철학을 '중심-철학'과 동일시했던 (근대적이고 탈근대적인) 유럽 철학/미국 철학에 도전한다. (a)구체적인 유럽 철학, (b)유럽이 행사했던 '중심'의 기능, (c)엄격한 의미의 보편성을 구별하는 것은 근대가 시작되었던 시점부터 정확히 500년 동안 '중심주의'의 깊은 잠에 빠져 있었던 유럽 철학을 깨우는 것이다 (Dussel 1998, 71).

해방철학이 주변성과 배제를 뚜렷이 인식하고 있으면서도 지구성을 지향한다는 것은 주변-철학인 해방철학이 중심-철학이 되거나 중심-철학으로 편입되기를 바라는 것이 아니라, 중심-철학과 주변-철학의 관계를 초변증법적으로 변화시키는 것이다. 동일자가 타

16 스페인어 신조어(新造語)인 지구성(mundialidad)은 세계성(globality)과 다르다. 세계성이 16세기 이후 시작된 유럽중심적인 근대적/식민적 자본주의 세계체제를 가리킨다면 지구성은 탈중심화된 대칭적 세계체제를 의미한다.

자들을 포섭하는 것이 변증법이라면, 초변증법은 동일자를 폐기하고 타자들 간의 관계를 통해 현실을 인식한다. 다시 말하자면, 중심-철학이 주변-철학(외부)에 대해 사유하는 것이 변증법이라면, 초변증법은 중심-철학을 폐기하고 '인식들'의 상호구성적co-constitutive 관계를 통해 현실을 이해하는 것이다. 중심-철학과 (세계체제에서 억압받거나 배제된) 주변-철학이라는 이분법적 구분은 근대성이 만든 거대한 분할선abyssal line이다. 해방철학의 관점에서 바라보면, 오늘날 우리가 경험하고 있는 변화는 '외부에 대한 세계화globalization'가 아니라 '외부에 의한 지구화mundialización'이다. '외부에 대한 세계화'가 비대칭적 권력 관계에 의한 패권적 세계화라면 '외부에 의한 지구화'는 대칭적 권력 관계에 의한 비패권적 지구화이다. 이런 맥락에서, 해방철학이 지향하는 해방liberation과 프랑스혁명이 지향했던 해방emancipation은 역사적 맥락이 다르다.[17]

> (아이티혁명 6년 후인) 1810년부터 남아메리카에서 스페인과 포르투갈로부터 독립하기 위한 전쟁이 확산되면서 (...) 스페인과 포르투갈의 후손들이 독립의 권리를 어느 정도 '인정'받는 것은 훨씬 용이했다. 그러나 (...) 흑인과 물라토, 노예와 해방된 노예의 자유는 백인에게 '승인받아야만' 했다. 따라서 칸트의 언명은 단지 선택적으

17 emancipation과 liberation은 똑같이 해방을 의미하지만 역사적 맥락은 다르다. 양자의 차이를 드러내기 위해서 emancipation는 탈거(脫去, 구속 벗기)로, liberation는 해방으로 옮기기도 한다. 탈거가 정체성(identity)과 관련된다면 해방은 주체성(subjectivity)과 관련된다. "탈거가 정체성의 자유, **진정한 당신 자신**(who you really are)일 수 있는 자유를 추구하는 데 반해, 해방은 자기결정과 자기 변형의 자유, **당신이 앞으로 될 수 있는 바**(what you can become)를 결정할 수 있는 자유를 목표로 한다. 정체성에 고정된 정치는 주체성의 생산을 중단시킨다. 이와 달리 해방은 주체성 생산에 관여하여 그것을 장악해서 그것이 계속해서 앞으로 나아가도록 해야 한다"(네그리·하트 2014, 453-454. 강조는 저자).

로만 적용될 뿐이다. (...) 해방emancipation은 새롭게 등장한 사회계급인 부르주아에게 해당되었다. 부르주아는 대부분 백인이었으며 기독교의 우주관과 르네상스 시기의 대학에서 가르친 교과목을 배웠고, 대학이 곧바로 계몽 시기 대학으로 바뀌면서 칸트와 훔볼트를 중심으로 한 계몽주의 사상을 교육받았다. (특히 영국이나 독일보다 정교 분리가 더 뚜렷했던 프랑스에서) **군주제와 교회라는 이중의 멍에에서 벗어나 경제적·정치적 자유를 얻은 세속적 부르주아와 부르주아 지식인들이 이번에는 세계의 다른 지역에 거주하는 비유럽인들을 해방시킬 권리를 손아귀에 쥐게 된 것이 계몽의 '해방'이 가져온 결과들 중 하나였다. 일반적으로 부르주아 노선은, 직접적이거나 간접적으로, 식민주의와 제국주의라는 두 가지 형태를 취했다** (미놀로 2010, 113-114. 강조는 필자).

라틴아메리카와 아프리카, 아시아의 지정학적 관점에서 볼 때, 해방철학의 해방liberation은 식민지 중상주의(16~17세기)와 식민지 자본주의(18세기 후반~20세기)의 역사와 떼어 놓고 생각될 수 없다. 프랑스혁명이 부르주아의 해방을 목표로 했다면, 해방철학은 전 지구적 남부의 하위주체의 해방을 지향한다. 두셀은 철학을 유럽중심주의로부터 해방시키기 위해 역사적 관점에서 근대성과 세계화를 재해석한다. 근대성은 소위 '유럽의 기적'이나 '유럽의 흥기'로 명명되는 유럽 내재적 현상이 아니라, 유럽이 아메리카의 발견으로부터 시작된 근대/식민 자본주의 세계체제의 패권을 장악한 사건이다. 이런 맥락에서 라틴아메리카 근대성/식민성/탈식민성 연구그룹의 학자들은 "식민성은 근대성을 구성하기 때문에 식민성 없이는 근대성도 없다"고 주장한다.[18]

18 근대성/식민성/탈식민성(Modernity/Coloniality/Decoloniality) 연구그룹은 라틴

세계 지배 역사는 근대성으로부터 기원한다. 테일러Charles Taylor, 툴민Stephen Toulmin, 혹은 하버마스 같은 사람들은 근대성을 소위 제3세계와는 아무런 관련이 없는 유럽의 독자적인 사건으로 이해한다. 따라서 이런 이론가들은 근대성을 설명하기 위해 유럽 고대 사상가들과 미국의 저자들과 사건들만을 거론한다. 나는 이들과 달리 근대성은 의심할 바 없이 유럽에서 태동되기는 했지만 비유럽과의 변증법적 관계에서 기원한다고 주장한다. 근대성이 출현할 수 있었던 것은 유럽이 초기 세계-체제를 조직하고 동등하게 근대성을 구성한 주변부를 억압함으로써 스스로를 세계-체제의 중심에 놓았기 때문이다. 스페인과 포르투갈의 세기였던 15세기 말부터 17세기 초에 탄생한 주변부를 망각하는 것은 근대성을 이해하는 유럽중심주의적 오류Eurocentric fallacy이다. 근대성에 대한 탈근대적 비판과 근대성에 대한 하버마스의 옹호가 똑같이 일방적이고 부분적으로 틀린 것은 근대성을 부분적이고, 국지적이며, 지방적인 관점에서 이해했기 때문이다(Dussel 1995, 9-10).

근대성을 미완의 기획으로 주장하는 사회민주주의 이론가들이 근대성의 한계를 성찰적 근대성으로 돌파하려고 한다면, 탈근대 이론가들은 계몽주의의 파괴적 결말과 이성의 무능을 비판하면서도 근대성 안에서 근대성을 회의할 뿐이다. "'위기'의 철학자들은 계몽주의적 사유의 지배적 노선과 그 유럽중심주의의 확고한 몰락을 (아마도 어떤 경우에는 제대로 이해하지 못한 채로) 정확하게 포착하지만, 계몽주의 비판이라는 무덤을 관할하는 가운데 허약한 사고와 유미주의만을 제시할 뿐이다"(네그리·하트 2014, 175). 두셀은 근대성에 대한 비판이 차이를 비정치적으로 향유하고 비유럽적인 문제의

아메리카 학자들과 라틴아메리카 출신으로 미국에서 활동하는 학자들로 이루어진 연구 그룹이다. 이에 대해서는 김은중(2013)을 참조.

식과 관심사, 변화를 위한 제안을 외면한다는 점에서 유럽의 비판 이론이 제시하는 성찰적 근대성이나 탈근대성 대신에 트랜스모더니티trans-modernity 개념을 새롭게 제시한다.

트랜스모더니티는 두 가지를 전제한다. 첫 번째 전제는 '세계에 대한 이해the understanding of the world'가 '세계에 대한 서구의 이해the Western understanding of the world'보다 훨씬 더 광범위하다는 것이다. 이러한 전제는 세계의 변혁이 마르크스주의를 포함한 서구의 비판적 사유가 예견한 방식과 다르게 진행되어야 한다는 것을 의미한다. 두 번째 전제는 세계가 무한히 다양하다는 것이다. 세계는 존재하고 사유하고 느끼는 방식, 시간을 인식하는 방식, 인간과 인간의 관계와 인간과 비인간non-humans의 관계를 인식하는 방식, 과거와 미래를 인식하는 방식, 집단적 삶을 조직하는 방식 등에 따라 달라지기 때문이다. 따라서 '세계'가 존재하는 것이 아니라 '세계들'이 존재한다. 트랜스모더니티의 관점에서 보면 근대 역사는 '세계에 대한 서구의 이해'가 '세계에 대한 광범위하고 다양한 이해들'을 억압하고 배제하고 은폐한 역사이다.[19] 근대성이 만든 거대한 분할은 '세계에 대한 광범위하고 다양한 이해들'을 미신이거나 문화적 믿음 정도로 취급했다. 이런 맥락에서 트랜스모더니티는 근대성을 하나의 권력 관계로 이해하며, 지배와 저항의 권력 관계에서 트랜스모더니티는 해방철학이자 해방윤리학이며 해방정치학이다.[20]

---

19 포르투갈 사회학자 산투스(Boaventura de Sousa Santos)는 '세계에 대한 광범위하고 다양한 이해들'을 "남부의 인식론들"(epistemologies of the South)이라고 부른다(2016).

20 두셀은 1970년대 초반부터 윤리학 연구에 천착했다. 첫 번째 결과가 『라틴아메리카 해방윤리학을 위하여 *Para una ética de la liberación latinoamericana*』(1973-80) 시리즈였다. 이 시리즈 집필 중간에 출간한 『해방철학』(1976)과 『윤리학과 공동

해방철학과 해방윤리학, 해방정치학이라는 학문적 영역의 경계discipline와는 관계없이 해방의 기획의 중심에는 '희생자, 가난한 사람, 노동자, 노예, 거리의 아이들, 억압받는 여성들, 인종, 계급'(이하 희생자로 표현)이 자리 잡고 있다(조영현 2012). 희생자의 생명과 삶은 취약하고 부서지기 쉬우며, 무방비이고 버려졌으며, 훼손되고 고통을 겪고 있다. 오늘날 자본주의와 근대문명이 '헤게모니 없는 지배Dominance without Hegemony'의 상황에 직면한 것은 많은 사람들을 희생자로 만들 뿐만 아니라, 그들의 존재를 은폐하고 망각하기 때문이다.[21] 이런 맥락에서 해방의 기획으로서 트랜스모더니티는 무엇보다 먼저 물질적인 차원에서 생명 공동체 안에서 인간 생명의 생산과 재생산을 추구한다. 이것이 해방철학과 유럽의 1세대 비판이론이 공유한 신체의 물질성이다. 여기서 한 걸음 더 나아가 해방의 기획은 비인간non-human의 생명의 생산과 재생산을 추구한다. 또한 해방의 기획은 형식적인 차원에서 의사소통 공동체의 모든 참여자들의 상호인정으로부터 출발하며 대칭적 권력 관계를 위한

체 *Ethics and Community*』(1986), 『모더니티의 이면 *The Underside of Modernity*』(1996)에서 윤리학을 다시 다뤘다. 『세계화와 배제의 시대의 해방윤리학 *Ética de la liberación en la edad de la globalización y de la exclusión*』(1998)은 앞선 연구의 종합판이다.

21 그람시는 헤게모니를 동의에 의한 지배로 규정하고 헤게모니를 지도(leadership)의 동의어로, 지배(dominance)의 반의어로 사용했다. 구하(Ranajit Guha)는 그람시의 헤게모니 개념을 지배와 종속의 관계로 일반화하고 지배를 강제(coercion)와 설득(persuasion)으로, 종속을 협력(collaboration)과 저항(resistance)으로 구성되는 것으로 설명했다. 구하에 따르면, 강제 없이 설득만 있는 지배는 없고, 협력 없이 저항만 있는 종속도 없으며, 그 역도 마찬가지이다. 구하는 식민주의와 식민국의 지배를 '헤게모니 없는 지배'로 규정하고 식민주의와 식민국에서는 항상 설득의 요소보다 강제의 요소가 우세했음을 강조했다(Guha 1997). 세계화의 과정에서 강제의 요소는 더욱 강화되고 있다.

도덕적 필요조건을 수용한다. 더 나아가 해방의 기획은 억압받고 은폐되고 망각된 희생자의 공동체에 참여한다. 희생자는 유럽의 비판이론의 외부성으로 존재한다.

해방의 기획으로서 트랜스모더니티는 현 상태를 변화시켜 새로운 질서를 구축하는 실현 가능하고 수행 가능한 방법을 모색한다. 트랜스모더니티가 모색하는 실현 가능하고 수행 가능한 방법은 '외부에 **대한** 사유와 실천' 대신에 '외부에 **의한** 사유와 실천'이다. '외부에 대한 사유와 실천'이 추상적이고 단성(單聲)적인 유일보편성 uni-versality을 내세운다면 '외부에 의한 사유와 실천'은 다보편성 pluri-versality을 지향한다. 해방철학이 초기부터 그랬던 것처럼, 트랜스모더니티는 식민성의 권력에 저항하고 해방을 위해 분투하는 주체성들의 존재와 능력을 지지한다. 트랜스모더니티가 지지하는 주체성들은 근대성에 저항하는 반근대성의 힘이며 현실을 새롭게 창조하는 유연성과 가능성의 힘이다. 푸코의 말을 빌리자면, **아직 규정되지 않는 자유의 영역을 최대한도로 확장시키는 힘**이다. '세계에 대한 서구의 이해'가 '오직 하나의 세계만이 존재하는 세계a World where only a world fits/uni-verse'라면, 트랜스모더니티가 이해하는 세계는 '많은 세계가 포함되는 하나의 세계a World where many worlds fit/pluri-verse'이다.[22] 많은 세계가 포함되는 하나의 세계란 새로운 세계가 아니라, 항상-이미 존재했지만 식민성에 의해 억압되고 은폐되어 있던 세계들을 포함하는 세계이다. 다시 말해, 많은 세계가 포함되는 하나의 세계란 인류가 기본적인 윤리적 원리를 분별할

22 멕시코 사파티스타 민족해방군의 슬로건이다.
http://www.ezln.org/documentos/1999/19991026.es.htm

수 있는 토대로 작용하는 공동성communality의 세계이다. 공동성은 많은 세계를 포함하는 하나의 세계를 의미하고 공동성에 포함되는 많은 세계는 차이를 갖는 일리의 세계들이다. 해방emancipation을 통해 근대성이 도달하고자 하는 세계가 추상적 이성의 계단을 밟고 올라가는 하나의 세계uni-verse라면, 해방liberation을 통해 트랜스모더니티가 추구하는 세계는 일리의 세계들로 구성되는 복수의 세계pluri-verse이다.

신자유주의는 '대안은 없다'는 신탁(神託)을 선포했다. 냉전이 종식된 이후 '역사의 종언'이라는 또 다른 신탁이 선포되었다. 그러나 2001년 브라질 포르투 알레그레에서 시작된 세계사회포럼은 '다른 세계는 가능하다Another world is possible'고 선언했다. 트랜스모더티는 '다른 세계들은 **이미** 가능하다Other worlds are already possible'고 말한다. 이미 가능한 다른 세계들은 일리의 세계들이다.

참고문헌

김원식, 「근대성의 역설과 프랑크푸르트학파 비판이론의 전개」, 『사회와철학』, 14, 2007, 35-64쪽.

김은중, 「라틴아메리카 '이후' : 근대성의 패러다임에서 탈식민적 패러다임으로」, 서울대학교 라틴아메리카연구소(편), 『트랜스라틴: 근대성을 넘어 탈식민성으로』, 이숲, 2013.

네그리, 안토니오·하트, 마이클, 『공통체』, 정남영·윤영광 옮김, 사월의책, 2014.

라투르, 브루노, 『우리는 결코 근대인이었던 적이 없다』, 홍철기 옮김, 갈무리, 2009.

미뇰로, 월터, 『라틴아메리카, 만들어진 대륙』, 김은중 옮김, 그린비, 2010.

베버, 막스, 『프로테스탄스 윤리와 자본주의 정신』, 김덕영 옮김, 길, 2010.

블로트, 제임스 M., 『유럽중심주의를 비판한다』, 박광식 옮김, 푸른숲, 2008.

송상기, 「엔리케 두셀의 해방철학과 전지구화 시대의 비판윤리」, 『이베로아메리카』, 10(1), 2008, 1-31쪽.

신충식, 「푸코의 계보학적 접근을 통한 통치성 연구」, 『정치사상연구』 16(2), 2010, 131-167쪽.

윤평중, 『푸코와 하버마스를 넘어서: 합리성과 사회비판』, 교보문고, 1990.

이진경, 『외부, 사유의 정치학』, 그린비, 2009.

조영현, 「엔리케 두셀의 해방정치철학에 대한 연구: 생명, 희생자, 그리고 민중 개념을 중심으로」, 서울대학교 라틴아메리카연구소(편), 『라틴아메리카의 전환: 변화와 갈등(하)』, 한울, 2012, 84-116쪽.

칸트, 임마누엘, 『칸트의 역사철학』, 이한구 옮김, 서광사, 2009.

트루요, 미셸-롤프, 『과거 침묵시키기: 권력과 역사의 생산』, 김명혜 옮김, 그린비, 2011.

파스, 옥타비오, 『흙의 자식들 외: 낭만주의에서 전위주의까지』, 김은중 옮김, 솔, 1990.

Alcoff, Linda Martín and Eduardo Mendieta(eds.), *Thinking from the Underside of History: Enrique Dussel's Philosophy of Liberation*, Lanham: Rowman & Littlefield Publishers, 2000.

Dussel, Enrique, *Hacia una filosofía de la liberación*, Buenos Aires: Bonum, 1973.

____________, *The Invention of the Americas: Eclipse of "the Other" and the Myth of Modernity*, New York: Continuum, 1995.

____________, *Filosofía de la liberación*, Bogotá: Nueva América, 1996.

____________, *Ética de la Liberación en la edad de globalización y de la exclusión*, Madrid: Editorial Trotta, 1998.

____________, *Hacia una filosofía política crítica*, Bilbao: Editorial Desclée de Brouwer, 2001.

____________, "From Critical Theory to the Philosophy of Liberation: Some Themes for Dialogue," *Transmodernity*, 1(2), 2011, pp.16-43

Foucault, Michel, *The Foucault Reader*, edited by Paul Rabinow, Pantheon Books: New York, 1984.

Guha, Ranajit, *Dominance without hegemony: history and power in colonial India Cambridge*, MA: Harvard Univ. Press, 1997.

Habermas, Jürgen, "Modernity: An Unfinished Project," In *Habermas and the*

Unfinished Project of Modernity, edited by Maurizio Passein, Cambridge: MIT Press, 1997, pp.38-58.

Levinas, Emmanuel, *Totality and Infinity: an essay on exteriority*, trans. by Alphonso Lingis, Pittsburgh : Duquesne University Press, 1969.

Maldonado-Torres, Nelson, *Against War: Views from the Underside of Modernity*, Durham & London: Duke University Press, 2008.

________________________, "Enrique Dussel's Liberation Thought in the Decolonial Turn", *TRANSMODERNITY: Journal of Peripheral Cultural Production of the Luso-Hispanic World*, 1(1), 2015. http://escholarship.org/uc/item/5hg8t7cj

Mendieta, Eduardo, "Review essay: Ethics for an age of globalization and exclusion", Philosophy & Social Criticism, 25(2), 1999, pp.115-121.

_________________, "Beyond Universal History: Dussel's Critique of Globalization", *Thinking from the Underside of History: Enrique Dussel's Philosophy of Liberation*, edited by Linda Martín Alcoff and Eduardo Mendieta, Lanham: Rowman & Littlefield Publishers, 2000, pp.117-133.

_________________, "Política en la era de la globalización: Crítica de la razón política de Enriqu Dussel", Enrique Dussel, *Hacia una filosofía política crítica*, Bilbao: Editorial Desclée de Brouwer, 2001, pp.15-39.

Mignolo, Walter, *Local Histories/Global Designs: Coloniality, Subaltern Knowledges and Border Thinking*, Princeton: Princeton University Press, 2000.

Paz, Octavio, *El signo y el garabato*, México: Editorial Joaquín Mortiz, 1973.

Santos, Boaventura de Sousa, *Epistemologies of the South: Justice against Epistemicide*, London and New York: Routledge, 2016.

Schelkshorn, Hans, "Discourse and Liberation: Toward a Critical Coordi- nation of Dicourse Ethics and Dussel's Ethics of Liberation", *Thinking from the Underside of History: Enrique Dussel's Philosophy of Liberation*, edited by Linda Martín Alcoff and Eduardo Mendieta, Lanham: Rowman & Littlefield Publishers, 2000, pp.97-115.

3

촛불 맹자 : 중층근대의 망탈리테, 에토스, 에피스테메

김상준

촛불은 맹자다

2015년 10월 23일 필자는 전남대에서 "유교근대성과 후기근대"라는 제목으로 발표했던 바 있다. 전남대 호남학연구원 감성인문학 연구단의 요청에 따른 것이었다. 필자가 제기했던 '중층근대성 이론'과 "유교적 근대성과 한국인의 정체성"이라는 주제에 대한 발표 요청이었다.

나는 그 자리에서 중층근대론의 요지를 한국의 민주화 운동의 예를 들어 설명했다. 특히 한국 반독재 민주화 운동의 내면사, 즉 그 운동 주체들의 행위에 흔히 무의식적으로 내면화된 기억, 정조(情操)ethos, 정동(情動)affect, 그리고 인식구조episteme의 역사적 뿌리를 강조했다. 지극히 근대적modern이자 현재적contemporary인 현상인 한국 민주화 운동에도 그렇듯 깊은 내면의 층위가 있으며 이러한 사례를 통해 근대성의 역사적 중층을 우리 안에서 확인할 수 있다는 취지였다.

그때 나는 한국의 반독재 민주화 운동이 국가 주권(主權)의 남용에 저항했던 유교전통 특히 그 윤리성·비판성에 깊은 뿌리를 두고 있다고 했다. 동학농민혁명 역시 바로 그 전통을 이어받은 것이라 했다('대중유교로서의 東學'). 흥미로운 것은 막상 한국 민주화 운동의 당사자, 주체들 대부분은 자신들의 행위의 비판성·윤리성이 이렇듯 유교 전통에 뿌리를 두고 있다는 것을 의식하지 못했다. 오히려 부정하려 하였다. 널리 알려진, '무의식과 의식의 상호불일치'를 보여주는 한 사례라 할 수 있다. 한국ROK의 반독재 민주화 운동은 4·19 세대로부터 시작이다. 60년대 4·19세대든, 70년대 유신·긴조(긴급조치) 세대든, 또는 80년대 386세대든, 그 대다수가 유교전통에 대해 대단히 부정적인 인식, 거의 강렬한 거부감이라 할 감정까지를 품고 있었다. 나 역시 그 대열의 일원이었다. 그러나 90년대 이후 긴 돌아봄을 시간을 가지면서 역사의 실체는 단지 표면만을 보고 파악하기 어렵다는 것을 알게 되었다.

우리는 흔히 묻혀 있던 진실을 찾아낸다는 말을 한다. 진실이 묻혀 있다함은 그 진실을 가리는 어떤 강한 힘이 이를 덮고 있기 때문이다. 그 힘은 한 때의 시간과 공간을 지배하여 진실을 매장한다. 그러나 누구든 이의를 제기할 수 있을 것이다. 무엇이 진실이란 말인가? 누가 감히 진실을 이야기할 수 있다는 것인가? 아니, 누구나 이것이 진실이라고 우길 수 있는 것 아닌가? 당연한 의문이다. 내가 생각하는 진실이란 늘 '사건'의 형태로 다시 돌아오는 것을 말한다. 결코 자기 마음대로 아무 대상이나 이것이 진실이야, 라고 말할 수 있는 것이 아니다. 엄연한 현재적 사건으로 늘 다시 돌아와 반복적으로 확인되는 것, 이를 진실이라 부른다. 역사 속의 이러한 되돌아옴은 늘 '사건'의 형태를 취한다.

그러한 '사건'으로서의 되돌아옴을 나는 한국 현대사의 4·19에서 그리고 87년 6월 항쟁에서 보았다. 한국 민주화 운동의 그 '사건'들 속에서 늘 되돌아왔던 것은 불의에 항거했던 민중의 힘이었고, 국가 주권의 전횡과 억압에 항거했던 유교 전통이었다. 특히 1987년의 기억은 가까운 현대사, 현재사contemporary history에 속한다. 그 87년 이후 30년의 시간을 돌이켜볼 필요가 있다. 지난 30년을 지배했던 한국의 시간, 그 시대의 정신적 사조가 있었다고 하면, 그것은 어떤 것이었을까? 무력감, 패배감, 회의, 더 나아가 자조감, 냉소라고 할 만한 것이지 않았을까? 1987년이라는 그 '사건'은 점점 퇴조하고, 패배하고, 빛바래, 이제 영영 현재, 현실 속에서 하얗게 소멸하고 마는 듯하였다. 마치 그러한 사건이 도대체 있기나 하였나 싶을 정도로 사라져갔다. 그러나 진실은 또 한 번 되돌아 왔다. 바로 2016년 10월말부터 시작된 '촛불혁명'이었다. 또 다른 '사건'의 형태로 되돌아 왔다. 당시 그 사건의 어느 한 순간 속에서 필자는 한 칼럼에 이렇게 썼다.[1]

2016년 11월 26일, 190만이 모인 5차 집회가 있던 광화문, 한 달 전

1 http://thetomorrow.kr/archives/3675. (사)다른백년의 2017년 1월 16일자 칼럼이다.

첫 촛불집회 때 모였던 '동아시아 토론모임'이 한 달 만에 다시 정기 모임을 가졌다. 마음들은 이미 뽕밭에 있었던 만큼, 공부와 토론은 대충 대충 마치고 민의의 바다에 서둘러 몸들을 실었다. 청운동 청와대 근처까지 행진을 따라가, 아니 인파에 떠밀려가, 오랜만에 한껏 목청을 푼 후, 비교적 연식들이 노후한 까닭에 쉬이 피곤해진 몸뚱이들을 추슬러 슬슬 후진, 다시 종로통 인사동 입구 막걸리 집에 모였다. 과연 공부하는 학자들이요 먹물들이었다. 정세 흐름에 대한 간단한 검토 후, 이야기는 사뭇 형이상학적으로 흘러갔다. 과연 우리 눈앞의 이 촛불이란 무엇인가? 이렇게 수백만이 모인 이 거대한 인간의 흐름, 그 흐름을 잇는 인간의 마음은 과연 어떠한 것인가? 그 수많은 인간의 마음을 잇고 묶어주는 모종의 그 실체는 무엇인가? 과연 무엇이 이렇듯 거대한 실체를 만드는가? 유독 독일 박사가 많았다. 다 쓰러지는 막걸리 집(황지우 시인의 시에서는 '흐린 주점')에 끝까지 남은 7명 중 셋이 독일서 철학 학위를 받았다. 과연 독일 철학박사들답게, 이야기를 높고도 높게 철학적으로 끌고 올라갔다.

우리 자신 그 일부가 되었던 이 거대한 인간의 흐름 속에서 우리는 모종의 강한 동질감, 공통성을 느꼈다. 모두에게 하나같은 경험이었다. 즐겁고 고결한 감전이랄까. 너무나 익숙한 무엇. 어찌 이리도 많고 다양한 사람들 속에서 이렇듯 높은 수준의 '공통감sensus communis'이 생길 수 있다는 말인가. 공론장Öffentlichkeit이니, 공동체Gemeinschaft니 하는 독일적 개념으로는 잘 설명이 되지 않는다 했다. 그 개념들이 전제하고 있는 독일의 개인과 오늘 바로 여기 이 속의 이 거대한 군중을 구성하고 있는 한국의 개인들은 다르다, 뭔가 동아시아적인 것, 한국적인 것이 작동하고 있지 않느냐 했다. 누군가 말했다. 가족 공동체, 이런 것이 아닐까. 동아시아인들, 한국인들이 공유하고 있는 가족적 공통감과 같은 무엇이지 않겠는가.

필자가 한마디 더하게 되었다. 비교란 가까운 것끼리 해야 재미있는 디테일이 나오지 않을까. 한국과 독일의 비교는 좀 멀어서 그런 디테일이 잘 안 나온다. 구체적인 차이를 추출하기 힘들다. 오히려 동아시아 내부, 이를테면 한국과 중국, 일본을 비교해보는 것이 어떨까. 지금 우리 눈앞의 거대한 촛불 인파, 그 안에 모아지는 멘탈러티에는 이웃 국가인 중국에서도 일본에서도 찾아보기 어려운 독특성이 있지 않나.

주권자의 권력남용이나 잘못된 통치에 대해 정면으로 맞서서 직격탄을 날리는 전통은 동아시아 공히 맹자에서 유래한다. 옛 시절의 주권자란 왕이고, 왕 앞에 감연히 나서 목숨을 건 직언을 하였던 이가 맹자였다. 동아시아에서는 모두 알고 있는 전통이기는 한데, 우선 일본은 그런 맹자 전통이 정치세력화된 적이 없다. A급 일본 학자들도 가만 이야기해 보면 결국 맹자를 이해하지 못한다. 문인통치가 아닌 무인통치 국가였기 때문이다. 중국은 물론 맹자를 이해는 한다. 그러나 현실에서, 역사 속에서, 황제의 힘이 너무나도 강했기 때문에 맹자의 전통은 항상 주변화되었다. 그래서 민심에서 맹자를 그렇게 무겁게 받아들이지 않는다. 핵심 전통이라 할 수 없다. 맹자 전통이 역사의 중심이 되기에 항상 부족했다. 맹자가 정말 민심을 만나고 민심이 맹자를 받아들였던 곳, 맹자가 민심 안의 주류 전통이 되었던 곳은 오직 조선밖에 없다.

여기 이 '흐린 주점' 밖의 저 거대한 촛불은 정확히 이 나라의 최고 권력자, 대통령의 권력농단, 주권농단을 겨누고 있다. 국가권력의 핵심문제, 최고주권의 소재와 정당성 문제를 거론하고 있는 것이다. 지극히 평화롭고 축제적이나 그 태도는 엄정하고 단호하다. 아니 경건하기조차 하였다. 저 촛불의 모습은 바로 맹자의 모습, 맹자의 전통 아닌가. 2백만, 아니 지금 이 순간 온 나라 사람들의 마음을 묶어주고 있는 그 '공통감'을 굳이 한 마디로 달한다면 맹자로 모아지는 것 아니겠는가. 지금 이 순간 형성된 이 놀라운 주권적 대중, 주권적 시민의 의지란 결국 맹자의 마음 아니겠는가. '맹자의 땀'이고 '성왕(聖王)의 피' 아니겠는가.

내가 '맹자의 땀'이라 했던 것은 유교의 윤리성을, '성왕의 피'라 했던 것은 유교의 비판성을 압축하는 상징이다. 이 두 낯선 언어를 필자가 출간한 책의 제목으로 잡았던 것은 책 제목을 참신하게 하여 눈길을 끌어보자는 식의 취지는 결코 아니었다. 그 두 언어가 그 책의 핵심 테마를 집약해주는 개념이었기 때문에, 그 두 언어 아니고서는 다른 제목을 생각할 수 없었다.

2016~2017년 촛불에서 다시 돌아왔던 것은 물론 1987년의 6월 투쟁이요, 1960년의 4·19였다. 그러나 그 돌아옴을 더욱 깊게 읽을 때 우리는 유교 윤리성과 비판성의 도저(到底)한 흐름을 발견한다. 이 깊고 도도한 흐름이 다시금 현재적 사건의 형태로 다시 돌아와 드러났던 것이다. 2015년 10월의 전남대 발표에서 나는 무의식적으로 새로운 또 다른 돌아옴을 주장하고 싶었던 것인지 모른다. 우리에게 87년은 결코 잊혀지지도 사라지지도 않는다고 말하고 싶었던 것인지도 모른다. 2015년 10월, 아마 그 즈음의 시간은 87이후 가장 어두운 시간에 가까웠을 것이다. 개인적으로는 대학 연구실에 앉아 논문이나 쓰고 있다는 사실이 지독한 부끄러움으로 느껴지기 시작했던 즈음이다. 80년대를 같이 했던 주변 친구들에게 "87 이후 30년이 곧 온다... 벌써 한 세대가 흘렀어."라는 말을 하며 경각심을 나누기 시작했던 즈음이기도 하다.

그렇기에 2015년 전남대에서의 발표는 특별한 기억으로 남는다. 발표는 중층근대론에 대한 요약이었고 학회 발표가 그렇듯 시간은 제한되어 있었고 발표문은 더구나 영어로 쓴 것이었다. 다른 기회가 온다면 좀 더 충분하고 차분하게 말하고 싶은 아쉬움이 남았다. 그러던 차에 기회가 왔다. 감성인문학 연구단이 그 간의 연구 성과를 모아 책으로 발간하는 자리에 필자의 글을 실을 수 있도록 기회를 주었다.

마침 2015년 발표 때와 비슷한 시점에 『맹자의 땀 성왕의 피』, 『유교의 정치적 무의식』, 두 권의 책에 대해 좀 더 상세하게 글로 써두었던 바 있었다. 한국사회사학회의 저널인 『사회와 역사』 107집에서 박영도 교수가 그 두 책에 대한 서평을 쓰고 여기에 필자가 답했던 글이다. 그 글은 같은 해 필자의 전남대 발표와 같은 방식이되 좀 더 소상한 설명을 담고 있다. 날카로운 비평에 대한 응답이어서 책에서 미처 충분히 말하지 못했던 부분까지를 다시 생각해 볼 수 있었던 기회였다. 이 책의 형식에 맞게 편집하여 싣는다.

****

평자인 박영도 교수는 서구 철학계의 비판이론과 동양사상에 공히 연찬이 깊은 탁월한 이론가다. 필자의 두 저서에 대해 과분한 호평과 함께, 세 가지 의문을 '중층근대론과 원형근대', '성속통섭구조와 설명력', '유교의 합리적 핵심과 정치적 무의식의 역설적 등치'라는 소제목으로 묶어 제기해주었다.[2] 이 세 의문은 하나로 모아질 수 있다. 중층근대론이 근대를 세 단계로 확장하고 근대 개념 역시 '성-속 통섭전환'으로 확장한 만큼, 그 이론체계의 '적정성과 설명력의 과부족'을 짚어보겠다는 것이다. 확장된 만큼, 한편으로 넘치고 한편으로 부족한 바 있다고 박교수는 지적한 셈이다. 따라서 응답도 하나로 모아질 수 있다고 생각한다. 어떤 확장이었는지, 왜 그러

2 이하 두 저서 인용 시 '무의식'과 '맹자의땀'으로 略記한다. 박영도 교수의 서평은 "중층근대론과 유교의 정치적 무의식: 몇 가지 넘침과 부족함에 대해", 『사회와 역사』 107집: 423-436, 참조.

한 확장을 하였는지에 대한 발상 차원의 취지를 다시금 보다 소상히 풀어 밝혀주는 것이다. 그렇게 하면 제기했던 '적정성과 설명력의 과부족'에 대한 의문도 자연스럽게 풀릴 수 있을 것이다.

키워드는 '중층(重層)'이다. 왜 중층인가. 중층을 생각하게 된 이유부터 시작하는 것이 좋겠다. 중층은 주지하듯 알튀세의 '중층결정'으로 익숙한 말이고, 프로이트 무의식 이론과도 깊이 닿아있는 개념이기도 하다.

직선사와 중층사

'중층'의 발상은 직선사(直線史)에 대한 문제의식에서 나왔다. 직선사는 빛처럼 한 줄로, 어둠에서 광명으로 간다. 계몽사관, (고전적) 근대사관이다. 그 한 직선 위를 문명, 국가, 사회 단위인 a, b, c, …가 달린다. 이 직선의 첨점, 화살표의 머리는 선두에 선 a의 시간과 등치된다(그림 1).

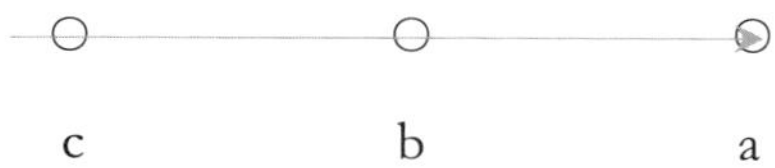

그림 1. a, b, c, …의 직선사

이 그림 속에서는 a, b, c, … 모두가 하나의 선두를 향해 달린다. 여기서 "뒤따르는 모두는 선두와의 거리만큼의 마이너스를 살고 있고, 그 마이너스의 수만큼, 그에 따라 요구되는 압축, 따라잡기의 강도만큼, 비정상 사회다"(맹자의 땀: 579). a, b, c, …는 한 세계사, 동일시간을 살고 있는 듯 보이지만, 실은 b, c, …는 a에 뒤떨어진 만큼의 과거를 산다. 더 괴이한 것은 이 직선사의 영원한 선두, 시간의 동력이 어느 특정 문명, 국가(a)에 미리 점지되어 있는 것으로 상정한다는 점이다. 여러모로 영화 <설국열차>와 비슷해진다. 이 역사관은 이 직선에서 뒤쳐진 자, 열차의 뒤 칸에 몰린 자들에게 "정복의 희생자라는 물리적 폭력"만이 아니라 "정신적, 문화적으로 열등[하다는] … 물리적 폭력보다 더욱 깊고 거대한 윤리적 폭력"을 가한다(맹자의땀: 34). 단순히 윤리적으로 부당하기에 문제로 삼는 것이 아니다. 근대 세계사의 실제 과정과 부합하지 않는다. 문제는 직선사의 관념의 틀이 너무 강하게 우리의 의식을 지배하고 있다는 사실이다.

어떻게 빠져 나올 것인가? 오래 고심했다. a, b, c, … 모두의 시간, 역사에 고유성, 고유한 깊이가 있음을 보여주는 것이 열쇠다. 고심 중의 어느 날, (그림 1) 위로 선 하나를 더했다(그림 2). 이로써 두 선 사이에 깊이(점선)가 생겼다. 새로 더한 선은 왜 상향인가? 시간 진행에 따른 인구, 문화, 문물, 교류의 확대를 표현하기 위함이다(보다 정확히 표현하면 양의 기울기를 갖는 상향 커브가 된다).

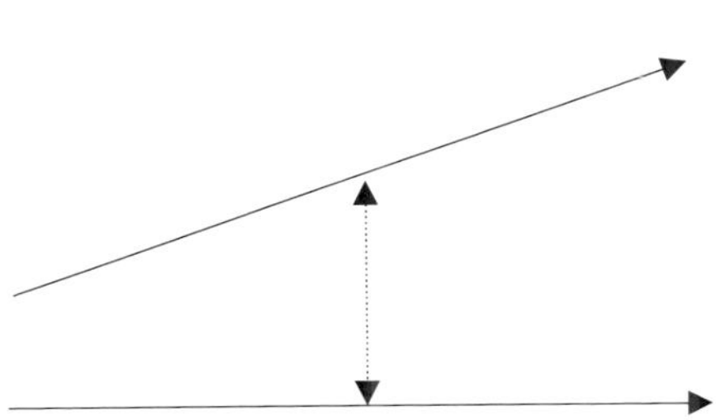

그림 2. a, b, c, … 각각의 중층사

너무나 당연한 말이지만, a, b, c, … 모두 (그림 2)의 중층사를 가지고 있다. 따라서 a, b, c는 병렬·중첩되어 있다. 맞물려 서로 영향을 주고 있다. 동적(動的)인 병렬이다. 따라서 (그림 2)를 보다 정확히 그리면 a, b, c, …가 겹친 입체도가 되지만(따라서 종의 중층이자, 동시에 횡의 중층이다), 이는 생략한다. 그렇다면 (그림 2)에서 생긴 공간, 폭 안으로 무엇이 들어가는가? 매 시대의 심성·정신·기억(망탈리테), 습속·情操(에토스), 인식양식(에피스테메)과 같은 것이다. 여기에 의식뿐 아니라 무의식이 포함되는 것은 자명하다. 그 두 개의 직선 사이의 폭 안에 지나온 시간의 망탈리테, 에토스, 에피스테메가 지층처럼 차곡차곡 쌓인다(그림 3).

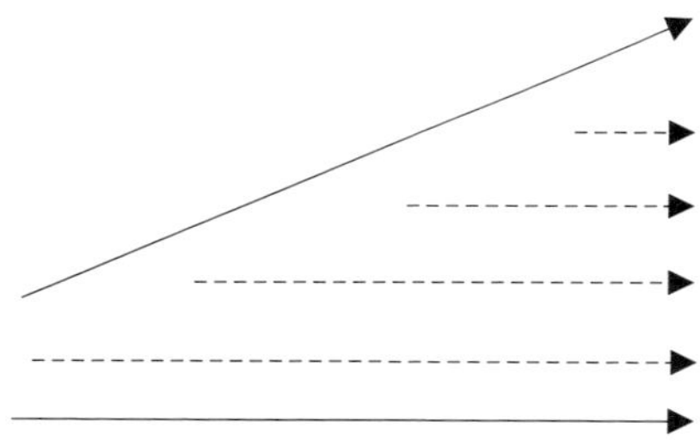

그림 3. 망탈리테, 에토스, 에피스테메의 중층

그 층들은 정적(靜的)이지 않다. 지각 밑 맨틀처럼 뒤섞이고 서로 영향을 주고 휘저어진다, 동적으로 맞물려 있다. 상호작용하며 서로 오가기에 숭숭 뚫린 점선으로 표시했다. 아울러 (그림 2)에서 a, b, c, …가 동적 병렬로 맞물려 있는 것처럼 (그림 3) 역시 마찬가지다. 따라서 중층사는 종으로 횡으로 교직되어 있는 '2중의 중층', '2중의 동적구조'다. 2중의 중층은 a, b, c, …의 각 역사가 고유사임과 동시에 깊은 뿌리에서부터 얽혀있는 공통사임을 보여준다. 역사적 근대라는 특정 시간대의 중층사가 '중층근대론'이다. '2중의 중층' 개념을 통해, 각 단위 근대사의 고유성과 함께 근대의 세계사가 여러 문명의 합작·교직의 산물이었음을 밝힐 수 있었다.

(그림 1)로 도시한 직선사 관념에는 더 깊은 철학적 문제가 있다. 시간을 量化시키는 것이다. 양화된 시간은 균질하며 가치중립적 공백이 된다. 일체의 다양한 가치가 자체의 고유성을 잃고 단 하나, 수적 量(화폐량)으로 통합되는 자본주의적 가치관과 닮아있다. (그림 2,3)으로 시간에 깊이를 더함으로써, 시간은, 그리고 역사는 질적 계기를 갖게 된다. 앞서 '촛불 맹자'의 에피소드에서 예시했듯 '사건'의 형태로 늘 되돌아오는 역사의 질적 계기를 포착할 수 있는 구도다.

중층근대

이제 우리는 인류사의 전지구적 연관 맥락에 대해 과거에 비해 훨씬 전체적인 시야를 갖게 되었다. 서구주도근대가 불과 200여년의 역사를 가지고 있고, 그 200년이 그 선행단계인 유라시아적 초기근대의 인프라·맥락·성과 위에서 작동했음을 알고 있다. 그리고 최근의 흐름이 서구주도근대가 저물고 여러 문명, 권역이 상대적으로 동등하게 병립·연동하는 새로운 시대로 가고 있음도 알고 있다. 필자는 이 시대를 '후기근대'라고 불러왔다. 따라서 글로벌한 근대사는 초기근대-서구주도근대-후기근대의 세 단계를 밟아 진행 중인 것이 된다. 이 세 과정 모두 글로벌한 포괄성과 연동성을 가지고 진행되었고, 목하 진행 중이다. 인류사 전체의 시각에서 보면 한 동안 익숙해보였던 서구주도근대의 시대가 극히 이례적·일시적이었을 뿐이다. 세계사 차원에서 보면 오히려 초기근대의 상황이 훨씬 자연스럽고 익숙한 것이었다. 이제 다시 그러한 시대로 진행 중인 것으로 보인다. 후기근대는 그 형세와 구조가 초기근대와 닮아 있다.

중층근대론은 <세 개의 단계>와 <세 개의 층위>로 요약할 수 있다. 세 개의 단계란 초기근대-본격근대(또는 서구주도근대)-후기근대를 말한다. 근대1.0-근대2.0-근대3.0이라 불러도 무방하다. 이를 묶어 역사적 근대라 했다. 이 역사적 근대의 망탈리테, 에토스, 에피스테메를 묶어 '근대성modernity'이라 했다. 이로써 근대성을 비평적 언어에서 역사적 개념으로 확장했다. 역사적 근대성은 크게 세 개의 층위를 이루고 있다. 밑으로부터, 원형근대성, 식민-피식민근대성, 지구근대성이다(그림 4).

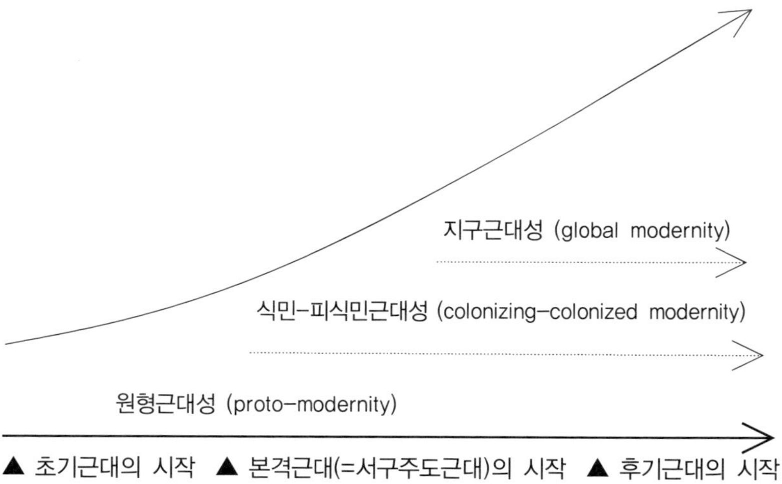

그림 4. 역사적 근대의 세 단계와 근대성의 세 층위

중층근대는 초기근대를 역사적 근대에 포함시킨다. 과거 세계사 서술에서는 초기근대the early modern age가 오직 유럽에만 있었던 것으로 되어 있었다. 이러던 것이 대략 20세기의 마지막 10년 정도부터 달라지기 시작했다. 이제는 분명히 달라졌다. 대세가 바뀌었다. 충실한 실증 연구들이 뒷받침하고 있다. 초기근대는 유럽에서만 있었던 것도, 유럽에서 최초로 시작되었던 것도 아니다. 중국 송대 또는 몽골제국을 초기근대의 최초 발원지로 보고 그 충격을 계기로 초기근대가 유라시아 전역으로 확산되어 갔다고 하는 '유라시아 초기근대론'이 많은 연구자들의 지지를 받았다. 박교수 역시 이 부분에 대해서는 "이견의 여지가 있다 하더라도 충분히 가능한 선택"이라고 인정했다. 그렇다면 굳이 중층근대론이 근대를 너무 넓게 보았다고 할 이유가 없겠다. 더하여 국제역사학계의 최근 흐름을 보면 '유라시아 초기근대설'은 이미 '가능한 선택'의 하나가 아니라 이미 널리 인정되고 있는 주류견해, 정설이 되었다고 할 수 있다.[3]

그럼에도 박교수가 중층근대론은 근대를 너무 넓게 본다고 하였던 것은 초기근대 개념 때문이 아니라, 원형근대성의 층위 때문으로 보인다. 그러나 이 점은 순전한 오해다. 필자는 원형근대성이 기축시대the Axial Age에 성립되었다 하였다. 그런데 그 시기는 고대라 하였다. '그렇다면 근대가 고대에서 시작되었다는 것인가, 너무 넓게 잡은 것 아닌가' 하는 의문이겠다.

3 20세기 후반까지 국제역사학계에서 '초기근대'란 16-18세기 유럽사에만 적용하던 개념으로 오직 유럽만의 근대의 초입을 의미했다. 1990년대 즈음하여 이 개념이 동아시아, 이슬람권, 인도권의 역사에 적용되기 시작했고 2000년대 들어오면 초기근대의 세계상황은 유럽이 아니라 오히려 동아시아, 이슬람권, 인도권을 중심으로 움직이고 있었다는 연구들이 다수 제출되었다.

앞 절 '중층사' 설명에서 시간의 깊이 안에 쌓이는 층위는 앞선 시대의 것이 지층처럼 쌓여 지속한다고 하였다. 원형근대성이 그런 것이다. 오늘날 우리 시대의 근대성을 굴착해 보면 크게 세 층위로 구분해 볼 수 있다는 말이고, 그 제일 아래층이 원형근대성이라는 뜻이다. 이를 시대구분과 혼동할 이유가 없다. 근대 이전에 근대성의 원형들, 부분적 특징들을 발견하고 언급한 것은 결코 필자만이 아니다. 그들 중 박교수가 강조했던 막스 베버도 있다. 고대사에서 자본주의의 많은 특징들, 로마법에서 근대법의 많은 요소들을 자주 언급했다.

필자가 기존의 여러 '원형근대성론' 주장자들과 다른 점은 우선 그리스-로마-유럽 전통 밖에서도 원형근대성이 분명하게 존재했음을 논증한 것이다. 막스 베버 역시 이러한 점을 어느 정도 느끼고 있었으면서도 결국 그의 근대성 이론 체계 안에서는 몽땅 부정하고 말았던 (또는 부정하지 않을 수 없었던) 점이야말로, 베버 근대성론 (더 나아가 필자가 '고전적 근대성 이론'이라 했던 백여년 간 지배적이었던 이론체계)의 결정적 취약점을 역으로 입증한다. 필자가 새롭게 한 것은 근대성의 원형적 층위의 설정이 아니라, 이 위에 식민-피식민 근대성, 지구근대성이라는 층위를 역사적 근대의 시계열 위에 형성 순서대로 차례로 포개놓고, 오늘날 우리에게 체화된 근대성이란 이 세 층위가 동적으로 중첩overlapping하면서 나타난다고 한 것이다. 근대라는 인류사의 한 시대가 유럽만이 아닌 여러 문명권의 합작품이었다는 사실, 그리고 이에 따라 근대성의 발현 역시 지구상의 여러 곳에서 일정한 종차를 가지고 나타나게 된다는 것을(다중근대성론)multiple modernities theory 인정한다면, 중층근대론은 이제는 오히려 상식적인 견해가 되었다고 생각한다.

더하여 중층근대론은 과거의 해명 쪽보다는 오히려 미래의 조망에 더 많은 문제의식을 싣고 있었다는 점을 강조하고 싶다. 전작(前作)에 비해 이번 책의 새로움 중 하나는 근대 시대 구분에 '후기근대the late modern era'를 추가한 것이다(무의식: 21, 234-235). 근대는 21세기 전환기를 경유하며 분명 새로운 단계에 접어든 것으로 보인다.[4] 이는 서구일극근대에서 다원균형근대로의 전환이다. 'The Rise of the Rest'라고 불리는 현상의 중심에 동아시아의 부상이 있고, 동아시아의 부상은 동시에 동아시아의 회귀return라고 일컬어지고 있는 독특성이 있다. 이제 명확해진 것이지만, 1990년 중반 어느 때쯤 시작했던 본 연구의 기획 자체가 애초부터 그러한 예감을 어렴풋하게나마 품고 있었다고 회고된다. 애초에 중층근대론은 단순히 과거를 새로 밝히는 기획만이 아니라 미래를 조망하기 위한 것이기도 했다. 이제 이 점은 보다 분명해졌다. 후기근대연구는 현재연구이자 미래연구이기도 하다. 물론 정확한 과거 이해 위에서 가능하다. 중층근대론은 그 전체를 하나의 일관된 흐름 속에서 볼 수 있도록 한다.

중층과 무의식

중층의 구조는 무의식과 닮아있고, 박교수의 원형근대성 개념에 대한 문제의식은 무의식에 대한 인식 차이와 연결되어 있다. 그

4 졸고, 「후기근대의 위상학: 되감기와 상전이」, 2014 한국사회학회 동계학술대회 발표논문 참조. 이 글은 완성 후, 촛불 전후의 소감을 더하여, 「후기근대 2중운동과 한국사회」, 『한국사회학』 51/1(2017): 295~329로 발표되었다.

차이는 중층을 이해하고 접근하는 방법의 차이이기도 하다. 박교수는 전능한 이성(슈퍼 합리성)의 눈으로 무의식(중층)을 보고 있다는 느낌이다. 그 이성은 합리성 자체에 대한 비판을 경유하는 슈퍼 합리성이다(계몽의 변증법을 이끌어가는 합리성). 따라서 무의식은 합리성에 반하는 것이 되고, 그래서 무의식에서 찾은 비판성과 윤리성을 '유교의 합리적 핵심'이라고 한 필자의 언급을 "역설적 등치"요 따라서 문제적인 것으로 간주한다. 무의식의 합리적 외피에 현혹되어서도 안 된다고 말한다. "(유교) 비판성과 윤리성의 합리적 형식 자체가 숨겨진 억압의 기호라는 점"을 통찰할 수 있는, 그리하여 이를 "그 본질적 차원에서부터 비판적으로 심문하고('심문받고'를 문맥에 따라 수정) 재구성"할 수 있는 전능한 합리성의 시각을 요청하고 있다.

반면 필자는 유교의 정치적 무의식을, 윤리성과 비판성을 그렇게 외부로부터 초월적 위치에서, 색출하거나 심문한다는 생각을 해 본 적이 없다. 생각해 보면 프로이트적 정신분석가의 입장과 비슷한 것이 아니었겠나 싶다. 징후가 스스로 발언하게 하는 것이다. 개입은 가능한 자제했다. 예를 들어, '성왕의 피' 즉 『서경』의 글 흐름 속에서 요순임금의 행적에서 행여 있을 수 있는 핏자국(폭력의 흔적들)을 깨끗이 지워나가는, 거의 아름다울 정도의 기하학적 플롯을 있는 그대로 드러내는 것이 다였다. 그 결과 그 텍스트 편찬자들의 무의식에 내재한, 군주의 폭력에 대한 비판성을 드러낼 수 있었다(맹자의땀: 3장).

박교수가 "급진적 해체와 재구성"의 부족을 거론한 것은, 필자가 발굴해낸 그 비판성에 대한 필자의 비판성이 부족하다고 하다고 지적한 셈이다. 과연 그럴까. 예를 들어, 필자는 조선후기 예송의 거의 나날의 기록, 또는 거의 매시간의 숨 가쁜 상황의 기록들을 추적해 가면서, 어떻게 자의적 군주를 견제하는 유교의 정치적 비판성이 '2중 권력'으로 현상하는지, 그것이 어떻게 근본주의 fundamentalist적 순수와 오염, 선과 악의 이원론을 연료삼아 맹렬하게 연소하는지, 당사자들 자신의 언어로, 행동으로 고백하도록 했다(상동, 10장). 여기서 유교 비판성을 바라보는 시각에 비판성이 부족했던 것일까? 물론 여기에 이들의 내면, 무의식을 "비판적으로 심문하고 재구성"하려는 어떤 초(超) 이성이 개재되어 있지는 않다. 다만 그 장면들에 잠겨있는 모종의 무의식을 있는 그대로 드러냈을 뿐이다. 비판성에 대한 비판성은 역사적 사실 그 자체의 진술 속에서 무의식적으로 드러난다. 그것이 어떻게 읽힐 것인지는 남겨둔 문제다. 단정하지 않았다. 그래야만 했다. 많은 이들이 이런 부분들을 재미있게 읽었다고 한다. 다들 여러 가지로 각자의 방식으로 읽는다. 왜 그럴까. 우선 모종의 강한 공감을 느꼈기 때문일 것이다. 현재의 이곳 자신의 내면의 이야기, 자신 내부의 모종의 무의식을 터치했기 때문일 것이다. 또 그럴 수 있었던 것은 분석자가 개입을 최대한 절제했기 때문일 것이다. 나는 텍스트 해석 이상의 또는 바깥으로부터의 "급진적 해체와 재구성"을 가급적 피하고 싶다. 그러한 것이 가능하다면 텍스트 내부로부터 자연스럽게 어떤 형상을 갖추어 가도록 하고 싶다.

필자는 외부로부터의 '해체'가 아니라 안으로부터 부수어가는 것, "내파(內破)"라는 말을 두 책을 통해 아주 자주 썼다. 유교성왕론이 유교주권을 내파하고, 예송이 예송을 내파하며, 유교신분의식이 유교신분제를 내파한다고. 모두 사건과 텍스트의 분석을 통해, 사건의 흐름 자신이, 텍스트 자신이 그렇게 말하도록 했다. 그렇다고 내파에 그쳤던 것만은 아니다. 재구성이 가능하다면 이런 작업의 기초 위에서 일 것이다. 그래서 예를 들면 '성왕의 피' 분석의 말미에 유교 성왕론의 외피 아래 "'국가에 대항하는 국가'라는 유토피아적 신화", "'왕위 없는 왕'이 다스리는 이념적 국가", 또는 "국가 없는 국가", "국가 없는 세계"에 대한 전망이 감추어져 있다고 했고, 그 "꿈(무의식이라고 불러도 무방하다)은 예외권력[5]인 '근대' 국가주권의 폭력만이 아니라, 그를 넘어서고자 했던 '현대' 혁명 권력의 폭력까지를 비판적 자기성찰의 역사적 원거리 안에 두고 있다"고 썼다(맹자의 땀: 169-170). 동아시아 초기근대 사회구성체의 특징과 당시 세계경제 속에서의 위치를 분석하면서 제시했던 '동아시아 유교소농체제론'(상동, 10장)이 "인류의 절멸을 위협할 수도 있는 생태적 재앙"에 대한 박교수의 깊은 우려에 대한 응답과 미래 방향 모색을 포함하고 있음도 눈여겨보아 주기 바란다. 더하자면 필자의 재구성 작업은 유교 관련 저작만이 아니라 병행하고 있는 민주주의 관련 저작들 속에서도 찾아볼 수 있을 것이다.[6] 박교수가 주문한 '급진적 해체와 재구성'은 유교라는 視座만이 아니라 보다 다성적인multi-vocal, 중층적 시좌overlapping viewpoint에서 이루어질 것이라 생각하기 때문이다.

무의식에 대한 이해의 차이, 무의식에 접근하는 방법의 차이는 '유교 윤리성과 비판성'에 대한 인식의 차이로 이어진다. 박교수는

---

5 여기서 '예외권력'이란 칼 슈미트가 『정치신학』에서 "주권이란 예외를 결정하는 자다"라고 했던 의미에서의 예외결정을 독점하는 근대 주권권력을 말한다.

6 『미지의 민주주의: 신자유주의 이후의 사회를 구상하다』(2011/아카넷, 증보판), 『진화하는 민주주의: 아시아, 라틴아메리카, 이슬람권 민주주의 현장 읽기』(2014/문학동네).

유교의 비판성과 윤리성이 "천리(天理)라는 보편적 합리성에 기초하여 명시적으로 펼쳐지고 있(었)다"고 하고 그것이 "그의 얼굴마담처럼 전면에 내세워"져 있었다고 말한다. 그러한 것을 필자는 굳이 왜 '무의식'에서 찾았다고 하는지 의문을 제기한다. 그처럼 전면에 내세워진 '보편적 합리성에 기초한 천리'라는 것이 있었다면 그것은 이데올로기일 것이고, 그 자체의 무의식이 분석되어야 할 것이다. 필자가 유교에서 윤리성(맹자의 땀)과 비판성(성왕의 피)의 기원을 발굴해 보았던 것은, 이를 통해 어떤 완결된 이념형적 형태, 또는 보편적 합리성에 기초한 이념 형태를 추출해내려는 것이 아니었다. 그 독특한 정황과 사건의 흐름들 안에 윤리성, 비판성으로 표현할 수 있게 하는 모종의 망탈리테, 에토스, 에피스테메가 실려 있었음을 보이려 했던 것이다. 그것은 억압의 구조만 걷어내면 저절로 활짝 피어나는 무엇이 아니었다. 또는 보편적 합리성의 햇살로 비추면 티 없이 만발할 어떤 순수한 에너지 덩어리도 아니다. 언제나 새로운 상황에서 새롭게 꿈틀거리는, 결코 멈추지 않고 새롭게 꿈틀거리게 하는 무엇이다.

그래서 이렇게 썼다. "'유교의 정치적 무의식' 그 자체, 그 전부가 윤리적이고 비판적인 것은 결코 아니다. … 현상에 머무르려고도 하고, 자기폭력적인, 또 그것이 번져나간 타자폭력적인 양상으로 드러나기도 했다. 그러나 우리가 당면한 문제들을 비판적이고 윤리적으로 보며 대응하고 풀어나가도록 우리를 끈질기게 밀고 가는, 저항할 수 없는 모종의 추동력이 그 안에 잠재되어 있다. 칸트가 말한 실천이성의 '순수한 충동echte Triebfeder'에 비견되는 무엇이다. 프로이트가 무의식이라고 한 그 '무엇es' 말이다. 우리가 유교에서 물려받은 가장 소중한 자산이 아닌가 생각한다"(무의식: 165).

박교수는 중층근대론에는 근대성에 대한 "2중적 규정"이 있다고 하면서 하나는 성속의 통섭전도고, 또 하나는 윤리성과 비판성이라 했다. 이 '이중 규정' 때문에 (박교수가 보기에) 문제적인 원형근대성 개념을 굳이 도입했을 것이라 추론하고 있다. 그 '이중 규정'은 윤리성과 비판성의 기원인 고대의 시간까지를 근대로 끌어들이므로 불가피하게 '원형근대성'이라는 개념을 끌어들이게 되었을 것이라 했다. 이렇게까지 깊이 생각해준 것에 놀랐다. 그러나 내가 생각했던 것과는 다르다. 우선 원형근대성이 도입된 것은 글의 서두에서 설명한대로다. '중층'의 사유에서 나왔다. 그리고 중층근대론의 근대성 규정은 오직 하나다. 성속의 통섭전환, 즉 성이 속을 통섭하는 세계에서 속이 성을 통섭하는 세계로의 전환이다. '윤리성 비판성'은 근대성의 아주 다채로운 여러 특징들 중의 일부일 뿐이다. 물론 필자는 이를 강조했다. 여기에는 분명 필자의 주관과 지향이 담겨있다. 그러나 근대성이 그것만으로 구성되어 있다거나, 또는 그것이 가장 지배적이라고 생각하는 것은 결코 아니다. 근대성을 그렇게 단순하게 말할 수 없다. 그 복합성과 다면성을 담을 수 있는 포괄적, 최소최대적maximin 정의가 '성속의 통섭전환'이었다.

중층근대론의 설명력

중층근대론은 근대의 시간 범위를 횡으로 확장했고, 근대성의 층위를 종으로 심화시켰다. '확장'에 주목한 박교수가 잘 보았다. 그러나 그 때문에 설명력에 문제가 생겼다는 지적은 과녁을 맞추지 못한 것 같다. 문제는 어떤 설명력이냐다. 뜻밖에도 박교수는 막스 베버의 근대성 개념을 다시 들고 나와 예시했다. 중층근대론은 기존 근대관을 확장시킴으로써 오히려 설명 부담을 늘렸고, 그 결과 "베버에게 있었던 설명력까지 오히려 상실하는 것은 아닌가" 라고 박교수는 묻고 있다.

주지하듯 베버의 근대관은 '합리화'로 집약되고, 이는 1) 합리적 자본주의, 2) 합리적 법-행정 체제, 2) 합리적 사회분화로 나타난다. 여기에 대한 필자의 비판은 이미 분명하고 충분하게 해두었다(맹자의 땀: 52-55). 베버의 근대관으로는 비유럽의 근대는 물론이고 유럽의 근대조차 제대로 설명하지 못한다. 이 점은 박교수의 베버 이해와 나와의 분명한 차이다. 그렇듯 2중, 3중의 배제를 통해 획득된 설명력이라면 무슨 의미가 있을까? 설명을 위한 설명, 이론을 위한 이론일 뿐이다.

여기서 칸트의 곤경이 떠오른다. 칸트는 그가 정념적pathological이라 했던, 인간 정서의 모든 측면을 완전히 절연한 위에서만 그의 윤리론을 (지극히 위태로운 형태로) 구축할 수 있었다. 이것은 넌센스다. 그의 계몽적 이성 개념에는 명백한 한계가 있다. 그 한계는 물론 베버의 합리성 개념의 한계로 이어졌다. 오직 칸트를 뒤집어 읽었을 때, 즉 그의 윤리론의 핵심인 물 자체를 '숨겨진 타자'로 읽었을 때, 즉 무의식의 관점에서 읽었을 때만이, 다시 말해 윤리를 '초월적 명령'이 아니라 이미 우리 몸에 내재화된 '무의식적 충동'으로 독해할 때만이, 그의 생각의 진정한 핵심을 살릴 수 있다. 이 역시 또 하나의 확장이다. 동시에 전환이다. 이를 통해 윤리론의 설명력은 비로소 살아난다.[7]

---

7 칸트를 이런 방식으로 읽고 이 시대의 새로운 윤리론(=未知性의 윤리)로 재구

성속 통섭전도는 합리성을 배제하는 것이 아니라 오히려 끌어들여 살린다. 확장과 전환을 통해 그렇게 했다. 합리성은 성속 통섭전도의 부분 현상, 측면이다. 기존 근대관이 배제의 논리였고, 그 주창자들이 생각한 근대의 역사 자체가 바로 배제의 역사, 지배의 역사였음은 박교수도 잘 알고 있는 바다. 그렇다면 '설명력'의 문제에서 제일 먼저 풀어야 하는 것은 바로 그 배제의 주박(呪縛), 지배의 주박이다. 그 주박들이 참된 설명을 가로막고 있었기 때문이다. 분명 중층근대론은 근대를 종횡으로 확장했다. 그 결과 새로운 설명의 필요성이 생긴 것은 사실이다. 그러나 박교수가 말하듯 설명부담이 "오히려 베버의 경우보다 훨씬 늘어난" 것은 아니다. 배제의 논리로 설명했던 것을, 배제의 주박을 풀어 다시 설명하는 것뿐이다. 생각해보자. 베버류의 기존 근대성론-전근대사회론이 그 전성기에 설명하지 못했던 것이 무엇인가? 모든 것을 다 설명했다. 유럽사라는 기준 하나로 (그 자체가 신화화되었었다는 것이 밝혀지고 있지만) 모든 역사를 뜯어 맞춰 설명했다. 그것이 바로 문제였고, 문제의 핵심이었다. 실제 역사를 죽이는 프로크루스테스의 침대와 같은 것이었다.

중층근대론은 기존 근대관에서 배제된 자, 잊혀진 자들을 역사적 근대에 포함시킨다. 잊혀진 역사를 발굴하고 새로 쓰는 작업은 자동으로 이뤄질 수 없다. 엄청난 노고가 요구된다. 이를 두고 '설명 부담이 늘어났다'고 한다면 부정할 수 없다. 현재와 미래에 많은 개척이 기다리고 있다. 그러나 그 동안의 작업의 성과가 없었던 것

성한 필자의 시도로는 『미지의 민주주의: 신자유주의 이후의 사회를 구상하다』 (2011, 아카넷) 참고.

은 아니다. 국제학계로 넓히면 상당히 굵직한 성과들이 많다. 서평의 대상이 된 두 책을 통해서도 부족한대로 상당한 설명을 했다. 박교수가 물었던 '중국에서 상업발달, 소농사회 발전, 중앙집중적 관료체제'는 물론이고, 조선후기 사회의 여러 사건, 사태들을 아주 디테일한 수준까지 서술했다. 여기에는 중층근대론, 동아시아 초기 근대론을 떠받치는 아주 구체적인 증거들, 새로운 해석들이 많이 제시되어 있다. 그렇다면 큰 틀만이 아니라 아주 세세한 부분들까지 새로운 '설명'을 제시한 셈이니, 굳이 설명력을 묻자면, 그런 디테일을 가지고 이야기하는 것이 생산적이겠다.

그렇다고 필자가 새로 열린 지형 위의 모든 것을 이미 다 설명해 두었다고 하는 것은 아니다. 전혀 그렇지 않다. 그런 태도를 갖는 순간 이론은 끝이라고 생각한다. 오히려 이제 시작이라고 생각한다. 새로 열어 놓은 지평은 확실히 넓기 때문이다. 그런데 박교수에게 정말 문제는 그런 구체적인 설명 자체가 아닌 듯하다. 더욱 더 구체적인 증거와 설명을 요구하지만, 막상 필자가 제출해 놓은 여러 증거와 설명에 대해서는 구체적으로 언급하지 않는다. 그러면서 이론의 틀 자체를 반복적으로 문제 삼는다. 왜 그럴까? 박교수의 눈 밝음과 이론적 통찰력을, 그리고 동아시아 사상자원에 대한 깊은 관심을 잘 알고 있기에, 궁금한 생각이 들었다.

재차 생각해 보게 되었다. 중층근대론은 근대와 근대성에 대한 너무나 익숙했던 기존 관념을 바꿀 것을 요청했다. 그러나 익숙했던 기존의 것을 바꾼다는 것은 결코 쉽지 않다. 익숙한 것이 새로운 것에 대해 배타적 태도를 갖는 것은 오히려 자연스럽다. 머리로는 개방적인 태도를 취하려고 하여도, 몸은, 무의식은 쉽게 따라주지 않는다. 혹시 박교수에게도 그러한 관성이 남아 있는 것은 아닐까.

‘신성한 천구(天球)’ 바깥으로

기존 근대관은 16세기 후반 유럽의 지오르다노 부르노Giordano Bruno 이전까지의 항성 천구와 같은 것이었다. 오랫동안 부동의 진리와 같은 위치를 누려왔다. 일종의 ‘신성한 하늘덮개sacred canopy’였다. 이 ‘항성 천구stellar sphere’ 바깥에, 진정한 우주가 무한히 펼쳐 있다는 생각으로 나가는 것은 당시로는 큰 도약이었다. 동시에 엄청난 부담이었다. 부르노는 그 ‘불온한’ 주장으로 그의 목숨을 내놓아야 했다.

당시 부르노에게 그 천구 밖의 우주 구조 모두를 설명할 설명부담, 증명부담은 존재하지 않았다. 오히려 당시 요구되는 설명부담, 증명부담은 기존의 항성천구론이 여전히 옳다고 주장하는 쪽에 있었다. 부르노는 기존 천구관의 여러 모순과 오류를 핵심적인 점에서 분명히 지적했다. 당시 그가 할 수 있는 입증은 그것만으로 이미 족했다. 그가 열어놓은 신성한 천구 바깥의 우주에 대한 구체적인 설명은 이후 수많은 후학들에 의해 차근차근 이루어졌고, 오늘 이 순간에도 진행 중이다.

민망함을 무릅쓰고 부득이 부르노의 예를 들었다. 필자가 바로 그 부르노라는 생각은 천만 추호도 없다. 오늘날 베버류의 기존 근대관이 유럽 중세의 신성한 천구와 같은 지위를 누리고 있는 것도 아니다. 이미 그 패러다임은 깨졌다. 새 패러다임이 태동하고 있다. 서구중심 근대론에 대한 선구적 이의제기는 그 동안 매우 많았다. 이미 많은 부르노가 있었다. 필자는 그 많은 先學 거인들의 어깨 위에 올라타 있는 난장이의 하나일 뿐이다. 일단 국제학계의 흐름이 초기근대를 역사적 근대 안에 포함시켜 생각하기 시작한 것은 그러한 누적된 문제제기와 연구들이 일구어낸 하나의 큰 성취요 진보다. 그렇다면 이제 역사적 근대의 복합적 전모를 구체적으로 그려내는 일은 이제부터 본격적으로 진행해야 할 과제다. 그 동안 필자는 그 일부인 동아시아와 조선에 집중하면서, 기초 작업들을 통해 전체를 보는 이론틀 하나를 제시했을 뿐이다. 역사적 근대는 태양계와 같은 단일중심의 역사가 아니었다. 훨씬 크고 복합적인 이론적 모형이 필요하다. 이제 전개되고 있는 다극적 후기근대의 세계상황은 역사적 근대 자체가 원래부터 단일중심으르 설명하는 데 분명한 한계를 가지고 있다는 사실을 거듭 보여주고 있다.

이제 초기근대가 역사적 근대 안으로 인입되어 들어온 이상, 그 연관의 흐름들에 대한 구체적 연구가 여러 문명권들 단위로, 그리고 이를 기초로 다시금 더 종합적인 차원에서 누적적으로 진행되어야 한다. 중층근대론은 제기 당시까지 이루어졌던 여러 기초 작업들을 기반으로 하고 있다. 그 작업들이 완료되어 있는 것은 물론 아니었다. 그렇다고 무질서하게 쌓여있는 상태였던 것만도 아니었다. 어느 정도 막연한 지향성을 가지고 있는 기초연구들을 이론적으로 모아주는 작업이 필요했다.

그 작업을 어느 정도 정리하여 『맹자의 땀 성왕의 피』로 출간하고, 이후 추가로 『유교의 정치적 무의식』의 원고를 준비하던 즈음부터 필자가 다음으로 해야 하는 일은 우선 중층근대론의 관점에서 동아시아 근대를 시작부터 최근사까지 일목요연하게 한 세트로 쓰는 일이라고 생각해왔다. 지구적 차원의 역사적 근대의 흐름 속에서 동아시아 근대가 가진 고유성과 특징을 실물 역사의 흐름 속에서 구체화시켜 보는 일이다. 큰 스케치 정도는 해 보았으나[8] 이를 완성하는 일은 여전히 과제로 남아있다.

다른 권역들, 유라시아 실크로드, 동남아시아, 남아시아, 또는 남중국해-인도양-아라비아해를 잇는 해양 권역, 또는 북아프리카를 포괄하는 이슬람권, 또는 더 넓게 라틴아메리카까지도 이러한 시각에서의 구체사를 다시 기술할 필요가 있다.[9] 이런 작업에는 물론 좋은 선행 연구들이 상당히 많다. 이를 보다 명확한 이론적 방향성을 가지고 더 구체화해야할 여지가 크게 열려 있다. 이러한 작업들이 어떤 한 개인의 역량을 한참 넘어서는 일임은 불문가지다. 방향의식을 공유한 많은 연구자들의 협력과 땀방울이 요구되는 일이다.

마무리할 때다. 날카로운 논점 제시로 새롭게 생각해 볼 기회를 준 박영도 교수에 감사한다. 평자의 생각을 잘못 이해한 것들, 요령있게 답변하지 못한 점들도 있을 것이다. 그러나 이 제한된 지면으로 대화는 끝나지 않는다. 박교수와의 의견교환은 계속 이루어질 것이다. 그러나 이미 답이 길어졌기에 서평의 대상이 된 책의 마지막 몇 구절로 응답의 말미를 대신하고자 한다. 그것은 '21세기에 가능한 근대성 이론'에 관한 것이었다.

> 21세기에 가능한 근대성 이론? '근대성'이란 포스트모던의 파도가 이미 지워버린 모래 위의 얼굴이 아니었는가? 한 때 유행했으나 이제는 한 물 간 개념, 트렌드 아닌가? 그런데 무슨 근대성 이론? 그것도 21세기에? 지적 유행에 민감한 어느 세련된 식자(識者)들은 물

---

8 「동아시아 역사적 근대의 鳥瞰, 序: 역사의 새」, 『이론사회학회 2013년 하계학술대회 자료집』; 「동아시아 근대의 고유한 위상과 특징: 21세기 동아시아 평화체제의 가능성을 생각한다」, 『사회와 이론』 26: 7-54 (2015), 참조.

9 이러한 문제 전체를 크게 엮어 보는 조망을 갖고자 시도했던 필자의 초벌 작업이 『진화하는 민주주의: 아시아, 라틴아메리카, 이슬람 민주주의 현장 읽기』 (2014/문학동네)였다. 이 책은 현재의 글로벌한 변화 흐름을 각 권역의 문명적 배경과 교차시켜 설명하고 있다.

을지 모른다. 과연 그럴까? 우리는 조변석개하는 표면의 파도가 아니라 천년 단위로 변하는 깊은 바다 속 해류를 본다. 포스트모던의 파도가 지우려고 했던 것은 서구의 세계지배 기획으로서의 근대성이었고, 그런 의미에서 근대성의 자기비판이었다. 근대성의 가장 중요한 특징의 하나가 자기시대에 대한 비판적 성찰이고, 그런 의미에서 포스트모던의 비판성은 지극히 근대적이었다. 문제는 그 사조의 충격 속에서 잃어버린 역사 감각이었다.

끝난 것은 서구의 세계지배 기획으로써의 근대성이었지, 근대성 자체가 아니었다. 끝난 것은 서구가 세계를 지배했던 근대 세계역사의 제2단계였지, 근대라고 하는 역사적 시대 자체가 아니었다. 이제 근대 세계역사의 제3단계, 아마도 근대역사의 마지막 단계가 될 후기근대의 시대가 시작되고 있다. 근대의 세계역사는 여러 문명이 동등한 역할을 했던 초기근대를 경과해, 서구의 세계지배로서의 본격근대를 거쳐 이제 비서구 문명권이 다시 세계사의 주역으로 등장하는 후기근대의 단계로 접어들고 있다.

그렇다면 이제야 비로소 근대 세계역사의 전모가 드러나고 있다고 말해야 한다. 아울러 "미네르바의 부엉이는 황혼녘에 날개를 편다."고 하였던 헤겔의 『법철학』 서문에서의 경구는 이제야 비로소 진정한 의미를 갖게 되었다고 말해야 한다. 헤겔이야말로 근대성 문제를 본격적으로 역사화하고 체계화시킨 대철학자였다. 그는 자신이 근대 역사의 마지막을 보고 있다고 생각했다. '역사의 종말'이라는 발상도 여기서 나왔다. 그러나 그가 보았던 것은 서구의 세계지배 기획으로서의 서구 근대성이 비로소 날개를 펴기 시작한 순간이었을 뿐이다. 그는 '미네르바의 부엉이'를 언급한 바로 앞 문장에서 철학이란 회색 위에 회색 칠을 하는 늙은 시대의 작업이라 말했다. 우리는 달리 말하겠다. 철학은 영원히 새로운, 영원히 젊은 시대의 작업이라고. 헤겔은 자신을 늙은 시대를 살아가고 있는 늙은 목격자로 생각했다. 그러나 우리는 또 하나의 새로운 젊은 시대를 살아갈 새로운 젊은이들, 또 하나의 신청년을 기다린다. (무의식: 235)

참고문헌

김상준, 『미지의 민주주의: 신자유주의 이후의 사회를 구상하다』(증보판), 아카넷, 2011.

______, 「동아시아 역사적 근대의 鳥瞰, 序: 역사의 새」, 『이론사회학회 2013년 하계학술대회 자료집』, 2013.

______, 『유교의 정치적 무의식』, 글항아리, 2014.

______, 『진화하는 민주주의: 아시아, 라틴아메리카, 이슬람권 민주주의 현장 읽기』, 문학동네, 2014.

______, 「후기근대의 위상학: 되감기와 상전이」, 2014 한국사회학회 동계학술대회 발표논문, 2014.

______, 「동아시아 근대의 고유한 위상과 특징: 21세기 동아시아 평화 체제의 가능성을 생각한다」, 『사회와 이론』 26, 2015.

______, 『맹자의 땀, 성왕의 피: 중층근대와 동아시아 유교문명』, 아카넷, 2016.

______, 「촛불은 맹자다」, (사)다른백년의 2017년 1월 16일자 칼럼 (http://thetomorrow.kr/archives/3675).

______, 「후기근대 2중운동과 한국사회」, 『한국사회학』 51/1, 2017.

박영도, 「중층근대론과 유교의 정치적 무의식: 몇 가지 넘침과 부족함에 대해」, 『사회와 역사』 107집, 2015.

슈미트, 칼, 『정치신학: 주권론에 관한 네 개의 장』, 김항 옮김, 그린비, 2010.

4

연민 중심의 동아시아적 근대성의 가능성에 대해

- 자유주의적 권리 담론의 패러다임을 넘어서

나종석

들어가는 말 : 유교전통의 타자화와 문제로서의 근대

중국적 근대의 발전 경로가 지니는 고유성 이외에도 한국사회의 근대성의 내적 동학을 제대로 인식하고 그것을 개념화하는 작업에서 유교전통과 동아시아 근대의 상관성을 어떻게 바라볼 것인가 하는 문제는 매우 중요하다. 1960년대 초반에 한국사회에 본격적으로 수입된 로스토우의 근대화론이 확산되면서 한국학계에서도 근대에 대한 물음이 중요한 학적 과제로 대두되었다. 그리고 그 이후 근대란 무엇인가에 대한 성찰과 관련해서 늘 부딪치게 되는 주제 중의 하나가 한국 및 동아시아 유교전통의 근대성 여부이었음도 우연이 아니다.

주지하듯이 한국사회에서 근대화에 대한 주류적 태도는 유교전통을 서구적 근대화의 길을 지체시키는 전근대적인 유산이자 장애물로 인식한다. 서구적 근대화로의 길에 뒤쳐져 조선이 일제의 식민지로 전락하는 원인을 주자학적 사유의 봉건성에서 구하면서 조선 후기 실학에서 '탈주자학적'인 근대 지향 및 민족 지향의 맹아를 발견하려는 실학사상 연구의 주류적 관점은 이런 인식을 잘 보여준다. 실제로 20세기 한국 실학 연구에서 "관건어는 '근대지향'"이었으며, 이 근대지향을 발굴하는 작업은 한국사회에서 서구적 근대로의 내재적 발전의 가능성을 확인"하려는 노력이었음도 널리 승인되고 있다.[1]

그런데 서구 근대를 근대의 유일한 보편적 기준으로 설정하고 유럽 이외의 모든 역사에서 그에 상응하는 요소를 구하려는 시도는 서구 중심적 사유 방식의 반복에 다름 아니다. 그리고 서구 중심주의는 비서구 사회, 예컨대 동아시아의 역사와 전통의 타자화 혹은 식민화를 동반하지 않을 수 없다. 문명화되고 진보된 유럽 근대에 비해 낙후된 혹은 정체된 동아시아 전통사회의 대비는 서구 주도의 자본주의 근대 세계체제의 지속성을 지탱해주는 서구중심주의적 역사관의 중핵을 이룬다. 이런 맥락에서 서구중심주의적 역사관을 비판적으로 재검토하는 작업은 앎/인식에서의 차별 구조와의 대결을 요구한다. 앎/인식에서의 차별 구조는 유럽적 근대를 문

1 임형택, 「新實學, 그 가능성과 方向」, 『韓國實學硏究』 22, 2011, 7쪽 이하 참조

명의 기준으로 설정하고 비서구사회의 전통과 역사를 형성하는 데 기본적 요소였던 사유 형태를 타자화하는 행위에서 발생한다.

이를테면 비서구사회의 전통적 사유 방식은 그 사회로 하여금 자생적으로 서구적 근대화로 나아가지 못하도록 방해하는 전근대적인 것에 불과하다고 규정하는 지적 행위야말로 서구가 비서구사회의 지배를 학문적으로 정당화하는 전형적 방식이었다. 달리 말하자면 비서구사회의 전통적인 앎이나 사유 방식이 서구 근대의 사유 방식에 비교하여 "불완전하고 열등한 인간 사유의 형태"로 분류되지 않는다면 서구의 비서구사회의 지배는 정당화되기 힘들다.[2]

유교적 사유 전통 역시 서구 근대에 의해 근대에 어울리지 못하는 열등한 사유 방식으로 낙인찍힌 대표적 사례이다. 주지하듯이 서구적인 근대 혹은 현대die Moderne를 그 이전 시대와 구별되는 독특한 시대로 규정하는 데에서 중추적인 역할을 하는 것은 자유 개념이다. 주체성을 근대의 원리로서 파악하고 "근대의 자기이해"를 철학의 "근본 문제"로서 이해한 최초의 철학자는 헤겔이다. 헤겔이 근대의 원리를 주체성, 반성 그리고 자유로 이해하였으며, 이러한 개념에 의거하여 근대의 본질적인 특성을 설명했기 때문이다. 그런데 주체성의 원리는 개인주의, 비판의 권리, 행위의 자율 그리고 관념주의적인 철학 등의 형태를 띠고 나타난다.[3] 그리고 서구 근대의 정체성 형성에서 비서구 사회와의 대조는 구성적 의미를 지닌다. 서구 근대의 철학적 정당화 작업은 늘 비서구 사회와의 대

---

2 이매뉴얼 월러스틴, 『유럽적 보편주의: 권력의 레토릭』, 김재오 옮김, 창비, 2008, 133쪽.

3 위르겐 하버마스, 『현대성의 철학적 담론』, 이진우 옮김, 문예출판사, 1994, 36쪽 이하 참조.

비 작업과 연결되어 있었기 때문이다.

서구중심주의를 철학적으로 정당화하는 작업을 가장 체계적인 방식으로 수행한 철학자인 헤겔은 중국 문명으로 대변되는 동아시아 문명의 핵심을 유교적인 사유 방식에 의해 규정된 '가족정신'에서 구한다.[4] 그는 동아시아 문명이 인간의 보편적 자유를 실현하는 인류역사의 시작 지점에서 멈추어 선채 아무런 진보를 이룩하지 못한 것도 바로 유교적 가족정신 때문이라고 이해한다.[5]

서구 중심주의적 사유 방식에 대한 비판적 검토는 서구 근대의 자율성 이론의 입장에서 제시된 유교적 전통의 사유 방식의 한계가 과연 적절한 것인가라는 물음을 제기한다. 이 글에서는 서구적 근대성의 철학적 정당화의 주축을 형성하는 주체성 혹은 자율성에 대한 이해 방식이 얼마나 타당한 것인지를 주체성에 대한 불완전하고 열등한 인식 방식에 불과한 것으로 규정된 유교적 사유 방식과의 새로운 대화를 통해 살펴볼 것이다.

앞으로 더 상세하게 서술되겠지만 서구 근대의 주체성 혹은 자율성 이론은 연민 내지 동정심이라는 감정에 대한 부정적 태도를 보여주고 있는데, 유교적 사유 방식이 연민 내지 동정심에 기반하고 있는 것임은 우연이 아닐 것이다. 따라서 연민에 대한 잘못된 관점에 입각하고 있는 서구 근대의 자율성 이론의 어두운 점을 성찰해보는 것은 서구 근대성을 포함하여 근대성이 무엇인지를 재정

4 헤겔의 서구중심주의에 대한 보다 상세한 연구로는 나종석, 「헤겔과 동아시아: 유럽 근대성의 정체성 형성과 동아시아의 타자와의 문제를 중심으로」, 『헤겔연구』 40, 2016; 나종석, "Ambivalente Moderne: Wie Hegels Parteinahme für den Westen seine Fehleinschätzung Ostasiens erklärt", in: *Allgemeine Zeitschrift für Philosophie*, 2015(40. 1), S. 29-61 참조 바람.

5 헤겔, 『역사철학강의』, 김종호 옮김, 삼성출판사, 1995, 187쪽 참조 바람.

의하는 작업의 일환인 셈이다. 그리고 유럽 근대에 의해 주체성의 참다운 형식에 미치지 못하는 것으로 규정된 연민에 대한 인식의 한계를 중심으로 서구 근대의 철학적 원리의 불충분함을 성찰하는 작업은 서구 근대와는 다른 근대의 길을 모색하는 데에서도 많은 시사점을 줄 것이다.

자유주의적 자율성 이론과 연민의 감정

마사 너스바움은 자유주의의 핵심적 사고를 "평등한 존중, 호혜성" 그리고 "개인의 불가침성"에서 구한다.[6] 자유주의 정치철학의 전개에서 임마누엘 칸트의 위상은 매우 중요하다. 그는 분명 "자유주의적 계몽주의의 가장 위대한 옹호자"[7]로 불릴 자격이 있다. 그는 실천이성의 자율성 원리에 입각하여 인간을 자유롭고 평등한 존재로 이해하고 모든 인간이 동등하게 존중받아야 한다는 점을 도덕과 정치의 제일 원리로 파악한다. 달리 말하자면 이성적 존재자로서 인간은 모두 자유롭다는 점에서 평등하기에 서로를 동등한 인격적 주체로서 존중하는 것이 도덕과 정치가 추구해야 할 궁극적 원칙이라고 칸트는 생각했다.

칸트는 자율성 이념에서 그 무엇으로도 훼손될 수 없는 인간 존엄성의 토대를 발견했다고 믿었다. 다른 것으로 교환될 수 있는

6 마사 너스바움, 『혐오와 수치심』, 조계원 옮김, 민음사, 2015, 600쪽.

7 테리 이글턴, 『낯선 사람들과의 불화: 윤리학 연구』, 김준환 옮김, 길, 2017, 201쪽.

사물과 달리 인간이 교환 불가능한 무한한 절대적 가치, 즉 존엄성을 지니는 이유는 우리가 자신의 행동 준칙을 보편적 법칙 수립이라는 정언명법의 형식에 따라서 규정할 수 있는 이성적 존재자이기에 그렇다. 인간이 한갓 수단으로써가 아니라 목적 그 자체로 존중받아야 할 존엄한 존재인 이유는 단적으로 인간의 보편적 도덕성에서 비롯된다.[8]

그러나 칸트의 자율성 이론은 자유롭고 책임 있는 시민들의 공동체를 구성하는 데 중요한 문제점을 안고 있다. 그 이론은 수평적이고 대등한 상호존중 속에서만 인간 존엄의 무한한 가치를 확보할 수 있다고 믿기에, 인간의 삶의 취약성과 관련된 문제를 주변화하고 은폐하는 어두운 면을 동반하기 때문이다. 칸트에 의해 정식화된 자유주의적인 정의 원칙, 즉 보편적 동등존중의 원칙이 지니는 이런 한계를 우리는 자립성과 의존성에 대한 거친 이원론에서 찾아볼 수 있다. 이런 이원론은 연민에 대한 칸트의 평가절하에서 보다 분명하게 드러난다. 그는 "의무에 대한 존경"을 "유일한 진정으로 도덕적인 감정"이라고 이해한다.[9] 앞에서 본 것처럼 이는 인간의 존엄성의 근거에 대한 칸트의 이해에서 비롯된다.

인간 존엄성의 근거가 스스로 부과한 보편적인 도덕법칙에 따

---

8 임마누엘 칸트, 『윤리형이상학 정초』, 백종현 옮김, 아카넷, 2005, 161쪽 참조. 인격과 물건의 이원론은 동물 권리의 문제 등과 관련하여 심도 깊게 검토되어야 할 쟁점이다. 동물들이 단지 "수단이나 도구"의 의미만을 지닌다는 칸트의 주장도 인간중심주의적 태도를 잘 보여준다. 임마누엘 칸트, 「추측해본 인류 역사의 기원」, 이한구 편역, 『칸트의 역사철학』, 서광사, 1992, 82쪽. 인격과 물건의 이원론이 안고 있는 문제에 대해서는 나종석, 「인격과 물건의 이원론에서 생태적 공공성으로: 칸트 윤리학과 서구 근대의 한계에 대한 성찰」, 『철학연구』 126, 대한철학회, 2013, 25-52쪽 참조 바람.

9 임마누엘 칸트, 『실천이성비판』, 백종현 옮김, 아카넷, 2002, 192쪽.

라서 행동할 수 있는 이성적 존재자라는데 있기에 도덕법칙이야말로 유일하게 존경할만한 대상이다. 그리고 이 "도덕법칙에 대한 존경"은 자연적 경향성과는 완전히 다른 종류의 감정[10]이면서 동시에 실천이성의 도덕법칙에 의해 형성되는 참다운 도덕 "감정"으로 간주된다.[11] 그래서 그에 의하면 "주관적으로는 도덕 감정이라 지칭되는 법칙에 대한 존경은 자기의 의무에 대한 의식과 한 가지의 것이다."[12]

그런데 존경과 달리 연민의 감정은 자연적인 경향성에 뿌리를 둔 감정이다. 연민의 감정에 대한 칸트의 분석은 그의 후기 저작인 『윤리 형이상학』의 제2부 「덕이론의 형이상학적 기초원리」 §34에서 상세하게 전개된다. 우선 그는 동정의 감정을 "능동적이고 이성적인 호의를 촉진시키기 위한 수단으로 사용하는 것은, 비록 조건적이긴 하지만, 인간성이라는 이름 아래의 특별한 의무"[13]라고 말한다. 칸트는 동정심이 지니는 긍정적 의미를 다음과 같이 좀 더 분명하게 말한다. "타인들과 함께 괴로워함 (그리고 또 함께 기뻐함) 그 자체가 의무는 아니지만, 그럼에도 우리 안에 있는 함께 괴로워하는 자연적인(미감적인) 감정들을 개발하고, 그 감정들을 도덕 원칙들과 이에 맞는 감정에서 우러나오는 동정을 위한 아주 많은 수단으로 이용하는 것은 타인들의 운명에 대한 능동적인 동정이고

10 임마누엘 칸트, 『윤리형이상학 정초』, 앞의 책, 93쪽 참조.

11 임마누엘 칸트, 『실천이성비판』, 앞의 책, 170쪽.

12 임마누엘 칸트, 『윤리형이상학』, 백종현 옮김, 아카넷, 2012, 576쪽.

13 같은 책, 566쪽. 연민의 감정에 대한 칸트의 이해를 서술한 부분은 나종석, 「칸트의 자율성 도덕론과 동아시아」, 『칸트연구』 37, 2016, 74-78쪽을 바탕으로 수정·보완된 것이다.

그러므로 결국에는 간접적인 의무이다."[14]

그러나 칸트는 연민의 감정에 대해 기본적으로 매우 비판적이다. 연민에 대한 그의 비판적 견해는 자율성의 이념에 대한 그의 인식과 깊게 결합되어 있다. 그가 보기에 인간의 도덕성의 참다운 기초이자 인격적 존엄성은 이성적 존재자로서의 인간이 자유로운 존재라는 생각에서 나온다. 그런데 이런 자유는 일체의 자연적인 감정적 경향성으로부터의 독립성이 확보되지 않으면 생겨날 수 없다. 그래서 칸트는 말한다. "이성적인, 그러니까 예지 세계에 속하는 존재자로서 인간은 그 자신의 의지의 원인성을 자유의 이념 아래서 말고는 결코 생각할 수 없다. 왜냐하면 감성세계의 규정된 원인들로부터의 독립성이 (이러한 것을 이성은 항상 자기 자신에게 부여해야만 하거니와) 자유이기 때문이다."[15] 인간 존엄성의 궁극적 근거인 실천이성의 이념에 따른 행동의 자유가 자연세계 혹은 현상세계에서 유래하는 온갖 감정으로부터의 자립성을 요청한다고 보는 칸트에게 자연적 경향성에 뿌리를 둔 연민의 감정이 자유를 방해하는 것으로 이해되는 것도 무리가 아니다.

본래적인 도덕 감정으로 불리는 도덕법칙에 대한 존경과 달리 칸트에게 자연적 경향성에서 기인하는 연민이나 자애와 같은 정서는 도덕성의 실현을 위해 거부되어야 한다. 도덕법칙에 의해 규정되는 자유로운 의지만이 참다운 도덕적 가치를 지니는 것이기에 "윤리적 마음씨의 동기는 모든 감성적 조건으로부터 자유로워야" 만 한다. 그러므로 이성적 존재자인 인간에게 존경을 불러일으키는

14 임마누엘 칸트, 『윤리형이상학』, 같은 책, 567쪽.

15 임마누엘 칸트, 『윤리형이상학 정초』, 앞의 책, 192쪽.

유일한 대상인 도덕법칙은 "감성적 충동 일체를 거부"하거나 그것과 "단절"함으로써만 자유로운 의지를 움직이는 동기로 될 수 있다고 칸트는 말한다.[16]

이처럼 경향성과 자유의 이원론은 연민의 감정을 부정적으로 평가하는 토대 구실을 한다. 자유와 경향성의 이원론, 그러니까 자유는 경향성으로부터의 전적인 독립성이 없이는 불가능하다는 인식을 감안할 경우에만, 우리는 칸트가 왜 연민을 인간 존엄성에 대한 일종의 모욕으로 간주하는지를 이해할 수 있다.

칸트에 의하면 격정Affekt과 열정Leidenschaft은 이성적인 숙고를 어렵게 하거나 불가능하게 만드는 것이기에 "억제"되거나 "지배"되어야 하는 경향성이다.[17] 『판단력 비판』에서 그는 "격정에서는 마음의 자유가 저지당하기는 하나, 열정에서는 폐기"된다고까지 말한다.[18] 오로지 인격에 향해 있을 뿐인 존경과 달리 연민의 감정은 정념적 감정의 일종으로 외부 대상 세계의 것들 혹은 외적 재화들에 대한 과도한 관심으로 이끌 수 있다.[19]

이처럼 연민은 이성적 존재자로 하여금 외적 대상의 물건, 예를 들면 건강이나 재산이나 명예 등등의 것들에 과도하게 커다란 의미를 부여하도록 부추김으로써 그런 대상들에 이성적 존재자를 의존하게 만들 것이다. 궁극적으로는 연민은 연민을 받는 사람을 연민하는 사람에게 의존하게 만들어 평등한 인격적 관계를 불평등한 관계로 변질시킬 수 있다. 이런 경우에 연민은 인간의 인격적 존엄

16 임마누엘 칸트, 『실천이성비판』, 앞의 책, 173쪽 및 168쪽.

17 임마누엘 칸트, 『윤리형이상학』, 앞의 책, 497쪽.

18 임마누엘 칸트, 『판단력 비판』, 백종현 옮김, 아카넷, 2009, 286쪽.

19 같은 책, 175쪽 참조.

성을 모욕하게 된다고 칸트는 생각하는 것으로 보인다. 그래서 그는 연민을 "존엄하지 않은 자"와 관련이 있는 비도덕적이고 불필요한 감정으로 이해한다.[20]

자율성을 일체의 자연적 경향성으로부터의 독립성에서 구하는 칸트가 볼 때 연민의 감정을 표하는 것은 동정을 받는 사람의 존엄성을 모욕하는 데 그치지 않는다. 연민의 감정은 인간의 존엄한 삶에 필수적인 것은 아니다. 그는 다른 사람, 심지어 친구가 겪는 불행으로 인한 고통을 같이 나누기를 거절하는 스토아학파의 현명한 사람의 처신을 칭찬한다. 이 현자는 자신이 빈곤이나 질병에 처해 있거나 심지어 무고하게 옥살이로 고생을 할 때조차도 자신을 도울 친구를 원하지 않고, 그럴 경우에도 자신이 친구 곁에서 그 인간을 구제할 수 있기를 원한다. 그렇지만 그 "현자는 자기 친구가 구제되지 못하게 되면, 그것이 나와 무슨 상관인가"라고 말하면서 "함께 고통을 나눔을 거절"한다.[21]

칸트는 엄청난 재앙에 빠진 가장 친한 친구에 대해서도 아무런 공감도 하지 않는 것을 요구하는 스토아학파의 권고에 전적으로 동의한다. "무정념의 원리, 곧 현자는 결코 정동[격정]에, 심지어 자기의 가장 친한 친구의 재화(災禍)를 동정하는 정동에조차 빠져서는 안 된다는 원리는 스토아학파의 전적으로 옳고 숭고한 도덕적 원칙이다."[22]

친구가 겪는 고통과 불행이 아무리 크다고 해도 그런 불행에 대해 연민을 느끼거나 그런 연민의 정을 그에게 표하는 것은 불필

20 임마누엘 칸트, 『윤리형이상학』, 앞의 책, 567쪽.

21 같은 책, 566-567쪽.

22 임마누엘 칸트, 『실용적 관점에서의 인간학』, 백종현 옮김, 아카넷, 2014, 312쪽.

요하다. 아무리 커다란 고통과 불행에 처했다고 해도 모든 사람은 이성적 판단에 따른 도덕적 삶을 살아갈 수 있는 인격적 주체로서의 존엄한 가치를 훼손당하는 법은 없을 것이기 때문이다. 달리 말하자면 빈곤이나 질병 혹은 투옥 등으로 인해 고통 받는 사람들이 느끼는 상실감에도 불구하고, 그런 고통과 불행은 인간의 자립성 및 존엄성과 근본적으로 아무런 관련이 없다는 것이다.

그런 믿음 때문에 칸트는 친한 친구의 극심한 고통을 목도하면서도 그에 대하여 아무런 동정심 없이도 그의 인격성을 존중할 수 있다고 보는 스토아학파의 현자의 행동방식에 동의한다. "그러므로 사람들은 언제나, 몹시 심한 통풍의 고통을 당하여 <고통아, 네가 아무리 나를 괴롭혀도, 나는 네가 무슨 악한 것이라고 인정하지는 않을 것이다!>고 외친 스토아학파 사람을 비웃을 수도 있겠으나, 그러나 스토아학파 사람은 옳았다. 그가 느꼈던 것은 해악이었고, 그것이 그로 하여금 소리치게 했던 것이다. 그러나 그는 그로 인해 그에게 악이 붙어 있다는 것을 인정할 원인을 전혀 가진 바 없었다. 왜냐하면 고통은 그의 인격 가치를 조금이라도 깎는 것이 아니고, 단지 그의 상태의 가치를 깎는 것뿐이니 말이다."[23]

요약해보자. 칸트에 의하면 동정 및 연민을 포함하여 경향성에서 발생하는 모든 정념은 기본적으로 도덕법칙에 대한 존중의 감정이라는 참다운 도덕적 행동의 동기를 방해하는 것이자 인간의 자립성과 독립성, 즉 자유를 허물어뜨리는 장애물이다. 달리 말하자면 동정은 인간의 삶에서 궁극적 가치가 무엇인지에 대한 잘못된 판단이나 믿음에서 기인한 것에 지나지 않는다.

---

23 임마누엘 칸트, 『실천이성비판』, 앞의 책, 145쪽.

그러므로 칸트는 "무감동/무정념Apathie"을 덕Tugend의 필연적인 전제 조건으로 간주한다. "덕은, 내적 자유에 기초되어 있는 한에서, 인간에 대한 긍정적인 지시명령, 곧 그의 감정들과 경향성들을 그의 (이성의) 지배력 아래 놓으라는, 그러니까 자기 자신을 지배하라는 지시명령을 함유하며, 이것은 자기의 감정이나 경향성에 지배받지 말라는 금지명령(무감동의 의무) 위에 덧붙여지는 것이다."[24]

연민의 인지적 요소와 칸트의 연민 이론의 한계

앞에서 본 것처럼 칸트는 연민의 감정을 부정적으로 평가하고 인간에게 어울리는 참다운 도덕 감정은 존경이라고 말한다.[25] 특히 연민의 감정은 실천이성의 도덕법칙에 대한 존경의 감정에서 우러나오는 도덕적 행동을 할 수 있는 존엄한 존재를 맹목적이고 잘못된 정념에 사로잡혀 있는 미성숙한 존재로 전락시킬 수 있는 위험한 것으로 비판된다.

이는 윤리학의 근본이념인 자율성에 대한 칸트의 독특한 이해방식에서 비롯된 것이라고 필자는 주장했다. 그는 늘 경향성으로부터의 (전적인) 독립이 없이는 자유가 가능하지 않다고 보는 입장에서 그 자신도 간접적인 의무로 제한적으로나마 긍정하기도 하는

24 임마누엘 칸트, 『윤리형이상학』, 앞의 책, 498-499쪽.

25 물론 칸트는 도덕 감정을 도덕법칙에 대한 존경과 달리 동정의 원리를 지칭하는 것으로 사용하기도 한다. 임마누엘 칸트, 『윤리형이상학 정초』, 앞의 책, 173쪽 참조.

동정과 같은 감정도 기본적으로 인간을 지나치게 타인에 의존하게 만들어 자유를 상실케 할 수 있는 부정적 정서로 이해한다. 즉, 동정심 혹은 연민의 감정은 인간의 자존성과 자유에 기인하는 존엄성을 모욕하고 훼손할 뿐만 아니라, 인간에게 과도하게 타인에게 의존하도록 하는 연약한 마음을 육성하여 자유를 상실케 할 수 있다는 말이다. 그래서 연민의 감정은 "인간들 사이에서는 서로에 대해서 결코 나타나서는 안 되는 것"이라고 칸트는 확신한다.[26]

비록 연민을 부정적으로 보는 태도가 두드러진다고 해도 칸트가 연민에 대해 이중적 태도를 보여준다는 사실은 이미 앞에서 언급했다. 즉, 그는 연민을 한편으로 간접적인 의무로 보면서, 다른 한편으로 연민을 실천이성의 도덕법칙으로부터 기인하는 인간의 존엄성의 이상을 훼손시키는 것으로 본다.

그러나 필자가 보기엔 대등성 및 상호성을 기반으로 이루어지는 칸트의 동등 존중의 원칙을 중심으로 삼아 구축된 칸트적인 도덕 및 정치이론은 이 두 입장 사이의 긴장을 제대로 해결할 수 없다. 이런 문제가 해결되기 위해서는 연민을 존엄하지 않은 사람들의 감정으로 보는 입장을 넘어서 연민이 어떻게 도덕적 자율성의 이론과 긍정적인 방식으로 결합될 수 있는지를 보여주어야만 한다. 그리고 연민의 감정이 자율성의 도덕과 긍정적인 방식으로 결합될 수 있음을 설득력 있게 보여주려고 한다면, 우선 연민이 지니는 인지적 구성 요소에 대한 적극적인 인식이 필요하다.

연민의 감정이 전제하는 인지적 요소에 대한 이해가 중요한 이유는 그것이 칸트의 도덕 및 정의론이 자명한 것으로 전제하는 자

26 임마누엘 칸트, 『윤리형이상학』, 앞의 책, 567쪽.

존적인 독립적 개인이라는 인간관과 다른 인간에 대한 이해를 보여주기 때문이다.[27] 우선 고통 받는 사람에 대한 연민은 그 고통이 사소한 것이 아니라, 매우 심각한 것이라는 판단을 전제한다. 이런 믿음 이외에도 연민은 고통을 겪는 사람이 그런 고통과 불행을 겪어 마땅하지 않은데도 부당하게도 스스로 완전히 통제할 수 없는 여러 조건들로 인해 부득이하게 커다란 고통을 겪고 있다는 판단 내지 믿음을 동반한다. 스스로의 잘못으로 인해 초래된 곤경으로 어려움을 겪는 사람에게 쉽게 연민의 정은 생기지 않을 것이기 때문이다.

그래서 연민은 재앙이나 불행이 고통을 겪는 사람에게서 유래한 것이 아니라, 그 외부에서 뜻하지 않게 닥쳐온 것이라는 생각을 전제한다. 인간이 스스로 선택하거나 이성적으로(주체적으로) 완전히 통제할 수 없다는 의미에서 외부로부터 닥쳐오는 불행과 재앙의 예를 우리는 홍수나 지진과 같은 자연적 재앙이나 전쟁 혹은 대공황과 같은 사건에서 쉽게 발견한다. 그리고 이런 자연적이고 사회적으로 우연적인, 그러나 사람의 삶의 운명을 결정적으로 규정하는 사건으로 인해 부모와 작별하게 된 사람들이나 지독한 굶주림에 허덕이는 사람들의 경우를 생각할 때 우리는 연민과 결합된 불행과 재앙의 성격을 좀 더 잘 이해할 수 있을 것이다.

나아가 연민은 자신이나 자신과 가까운 가족이나 친구들이 자신들의 책임과 무관하게 고통을 겪을 수 있는 취약한 존재라는 인식을 필요로 한다. 달리 말하자면 고통을 겪는 타자와 마찬가지로

27 고통의 인지적 요소에 대한 서술은 연민의 감정에 대한 아리스토텔레스의 정의를 바탕으로 그것을 해석한 마사 누스바움의 설명을 따른다. 마사 누스바움, 『감정의 격동 2: 연민』, 조형준 옮김, 새물결, 2015, 561-562쪽.

자신도 그런 고통을 겪을 수 있는 취약하고 유한한 존재라는 인식 없이 연민을 느끼기 힘들다는 말이다. 고통을 당하는 사람과 자신을 전혀 다른 존재로 여기는 사람은 공감과 연민을 결여한 둔감한 존재일 가능성이 매우 높다. 루소가 적절하게 지적하고 있듯이 "사람들은 오로지 자신들 역시 면할 수 없으리라고 생각되는 타인의 불행만 동정한다."[28]

그리고 고통을 겪는 사람에게서 무언가 커다란 중요성을 지니는 것이 상실되었다거나 박탈되었다거나 하는 공감과 믿음이 없다면 연민의 감정은 형성될 수 없다. 예를 들어 빈곤을 가난한 사람의 전적인 탓이라고 생각한다거나 지독한 가난조차도 인간의 인격성에 조금도 해를 가하지 않는 문제이기에 그런 문제에 관심을 기울이는 것 자체가 참다운 삶과 도덕에 대한 잘못된 견해에서 비롯된 것이라고 본다면, 가난과 빈곤으로 고통을 받는 이웃이나 동료에게 연민의 감정을 지니기 힘들다. 달리 말하자면 가난이나 빈곤 그리고 그로 인해 초래되는 질병으로 인한 고통도 행복하고 훌륭한 삶과는 아무런 관련이 없는 것이라고 확신하는 사람에게 그런 상황으로 인해 고통 받는 사람에 대해 연민의 정을 느껴 그를 도우려는 마음씨가 생겨날 리가 없다.

연민의 성격에 대한 분석으로부터 우리는 연민의 감정이 삶에서 무엇이 소중한 것인지에 대한 특정한 생각을 함축하고 있음을 알 수 있다. 달리 말해 연민의 감정에 대한 태도의 차이는 행복한 삶 혹은 훌륭한 삶이 무엇인지에 대한 상이한 판단에서 비롯된 것임을 알 수 있다. 그리고 칸트가 지적하듯이 연민의 감정은 도덕과

---

28 장 자크 루소, 『에밀』, 김중현 옮김, 한길사, 2003, 399쪽.

자율성에 대한 왜곡된 인식에 기인한다는 판단에 대한 동의 여부가 연민을 평가할 때 반드시 고려되어야 할 매우 중요한 것임이 드러난다.

그러므로 칸트의 자율성에 터를 둔 인간 존엄성 및 권리 이론이 지니는 한계를 연민의 감정에 대한 과소평가와 관련하여 비판적으로 성찰해보려고 한다면, 연민의 감정과 관련된 여러 인지적이고 가치 평가적 판단에 대한 설명, 특히 연민이 인간의 삶의 취약성에 대한 민감성 그리고 그와 결합된 인간의 사회성 및 의존성에 대한 일종의 긍정적 가치 판단을 전제한다는 설명은 매우 중요하다. 이런 측면에 대한 고찰이 없이는 타인의 돌봄을 필요로 하는 영유아의 상황은 물론이고 질병이나 가난과 같이 인간들에게 닥치는 불행에 대한 공감과 그런 상황으로 인해 어려움에 처한 사람들에 대한 연민은 제대로 이해될 수 없을 것이다. 간단하게 말하자면 인간의 삶의 기본적 취약성에 대한 공유의식이 없이는 연민은 아무런 의미도 없는 것으로 간주될 수 있을 것이다.

앞에서 강조했듯이 연민은 인간이 살아가면서 스스로의 잘못에 의해서가 아니라고 해도 뜻하지 않게 다가오는 불운으로 인해 고통을 겪고 곤경에 처할 수 있는 취약성을 공유하고 있다는 생각에서 출발한다. 그러므로 연민의 감정은 삶의 취약성과 긴밀하게 결합되어 있는 인간의 근원적인 의존성의 사태에서 비롯되는 돌봄 및 배려 혹은 비대칭적인 무한한 책임을 사회 구성의 근원적 현상으로 이해하고 있는 셈이다. 이처럼 연민의 정이 전제하는 인간의 삶에 대한 나름의 이해 방식은 자유주의적 개인주의 및 사회관과 다른 인간 및 사회에 대한 대안적 이해를 위한 중요한 실마리를 제공한다.

자유롭고 독립적인 개인들 사이의 계약에서 사회적 협력의 정당성을 해명하려는 칸트와 달리, 그리고 연민의 감정에서 자율성의 이념과 존엄한 인격의 모독을 경계하는 칸트와 달리 루소는 인간이 공유하는 취약성에서 사회의 근원을 찾는다. "인간을 사회적인 존재로 만드는 것은 바로 그 약함이다. 우리의 마음에 인간애를 갖게 하는 것은 우리 모두가 공유하는 바로 그 비참함이다. 우리가 인간이 아니라면 인간애에 대한 의무를 지지 않을 것이다. 모든 애정은 부족함의 표시이다. 우리 각자가 다른 인간을 필요로 하지 않는다면, 우리는 타인과 협력하는 것을 거의 생각하지 않을 것이다."[29]

사회의 궁극적 토대는 인간의 취약성에서 기인하는 의존성 및 의존성의 사태에 터를 두고 있는 도덕 감정인 연민이라는 루소의 입장으로부터 연민이 사람과 사람 사이의 관계가 불편부당성과 상호성의 원칙으로는 포착할 수 없는 친밀하고 구체적 관계에 특별한 중요성을 부여하고 있음을 알 수 있다. 더구나 비대칭적 관계나 부모-자식 관계와 같은 특수한 인간관계가 왜 인간의 삶에서 소중한 것인지에 대한 성찰은 연민과 정의의 양립 가능성을 추구할 때 반드시 검토되어야 할 사항이다.

비대칭적이고 특수한 인간관계의 성격은 영유아와 이들을 돌보고 보살피는 사람 사이에서 가장 명확하게 등장한다. 영유아의 나약한 상태는 그로 하여금 다른 사람의 도움과 보살핌을 절실하게 요구하게 만든다. 사족이지만 영유아의 취약성은 그가 스스로 선택한 것도 아니고, 그의 잘못으로 인한 것은 더더욱 아니다. 그리고 이런 영유아의 필요에 민감하게 반응하면서 이들과 돌봄 관계를

29 같은 책, 395쪽.

형성하는 사람은 주로 어머니나 그런 역할을 대행하는 유모와 같은 존재이다.

그런데 영유아와 엄마 사이에서 형성된 돌봄 관계는 자유롭고 평등한 개인들 사이에서 맺어지는 대칭적 관계와 달리 매우 비대칭적 성격을 지닌다.[30] 영유아의 취약성으로 인해 그들의 지속적 생존은 자신을 돌보고 보살피는 사람의 호의와 애정에 전적으로 달려 있다. 이를테면 영유아와 그들을 돌보는 사람 사이의 관계에서 아이들은 거의 전적으로 일방적인 방식으로 도움을 필요로 한다. 갓 태어난 아이와 이를 돌보는 어머니 사이의 의존적 관계를 '절대적 의존성'으로 규정하는 것도 우연이 아니다.[31]

또한 아이가 절실하게 필요로 하는 돌봄의 요청에 응답하는 의무는 돌보는 사람에게 가장 우선적 가치를 지닌다. 무한한 도움을 호소하는 약자에게 응답하지 않을 수 없는 사람, 그러니까 돌봄을 책임진 사람은 칸트의 도덕적 자율성과 정면으로 배치되는 상황에 처하게 될 경우에조차도 도움을 절실하게 바라는 자식이나 약자의 호소를 외면할 수 없다. 배고파 우는 어린 아이나 자신이 직장에 나가면 홀로 방치된 상황 속에 처하게 될 것이 분명한 아이 앞에서 돌봄을 책임져야 할 사람은 종종 자신의 자율적인 삶의 가치를 포기하지 않을 수 없다.

앞에서도 강조했듯이 유아와 엄마 사이의 돌봄 관계에서 형성

30 물론 영유아와 이를 돌보는 사람 사이에 미묘한 상호작용이 없다는 것은 아니다. 어린아이가 환하게 방긋 웃는 모습에서 그 아이를 돌보는 사람은 무한한 사랑의 감정과 행복을 느낀다.

31 나종석, 『대동민주 유학과 21세기 실학: 한국 민주주의론의 재정립』, 도서출판b, 2017, 94쪽 참조 바람.

된 애착관계는 불편부당한 공정한 관계나 상호 존중의 관계가 아니다. 돌봄을 제공하는 사람과 돌봄을 받는 사람 사이에 형성되는 연대감은 "일반화된 타인"과 맺어진 것이 아니라, "대체될 수 없는 구체적 타인 사이"에서 형성되는 것이기 때문이다.[32]

그런데 앞에서 본 것처럼 칸트는 연민과 이성의 상호 조화의 가능성을 추구하기보다는 이 둘 사이의 긴장에 더 주목하면서 독립적이고 자율적인 이성적 존재인 개인들의 평등한 대우의 원칙에 최상의 우선성을 부여한다. 그리하여 그는 연민과 관련된 의존성의 사태 및 그런 의존성이 요구하는 도덕의 고유성을 간과한다. 칸트는 "기질상 냉정하고, 타인의 고통에 무관심"한 동정심이라고는 거의 갖고 있지 않음에도 "아무런 경향성도 없이 오로지 의무에서" 불행한 타인을 돕는 사람의 심정에서 "무엇과도 비교할 수 없는 최고의 가치인 성품의 가치"를 발견한다.[33]

심지어 칸트는 다음과 같이 말한다. "또 자기 일이 잘 되어가는 네 번째 사람이 있다. 그는 다른 사람들이 큰 역경과 싸울 수밖에 없음을 보면서, (그는 물론 그들을 능히 도울 수 있지만) '그게 나와 무슨 상관인가, 각자는 하늘이 의욕하는 바대로, 또는 자기 자신이 할 수 있는 그만큼 행복할 수 있는 것이다. 나는 그에게서 아무것도 빼앗지 않을 것이고, 정말이지 부러워하지도 않을 것이다. 단지 나는 그의 안녕을 위해서나 그의 곤경을 돕기 위해 무엇인가 기여할 흥미가 없을 뿐이다!'라고 생각한다. 물론 이와 같은 사고방식이 보편적인 자연법칙이 된다 해도, 인류는 능히 존속해갈 수 있을 터이다."[34]

32 에바 페더 커테이, 『돌봄: 사랑의 노동』, 김희강·나상원 옮김, 박영사, 2016, 117쪽.

33 임마누엘 칸트, 『윤리형이상학 정초』, 앞의 책, 87-88쪽.

서로가 겪는 고통에 대하여 공감하고 서로 그런 고통을 제거하도록 고무하는 연민의 정이 없는 사람들로 구성된 사회가 존재하리라는 칸트의 생각은 설득력이 없다. 타인의 고통에 대한 아무런 공감과 연민의 정이 없음에도 타인을 도아야 한다는 실천이성의 도덕 명령에 충실하게 행동할 수 있는 사람이 정말로 존재할지도 의문이다. 설령 그런 사람이 존재한다 해도 오로지 의무이기에 타인을 돕는 행위가 어려운 상황에 처한 사람을 아무런 이기심이 없이 기꺼이 도우려는 사람보다 더 높은 윤리적 가치를 보여주고 있다는 칸트의 주장에 동의하기도 힘들다. 따라서 어려움에 고통을 겪는 사람을 돕는데 아무런 흥미를 느끼지 않아도 좋다는 생각을 모든 사람이 공유할 정도로 일반화되어, 그러니까 그런 "사고방식이 보편적인 자연법칙"과 같이 공고하게 자리 잡은 상황에서 사회가 지속되리라는 칸트의 기대나 믿음에 동의할 수 없다.

폭력과 잔인함의 사례들에 대한 연구에 따르면 타인의 곤경에 아무런 동정심을 느끼지 못하지만 합리적인 사고능력을 지니는 사람이 거리낌 없이 잔인한 범죄 행위를 저지를 가능성이 높다. 마사 너스바움 지적하듯이 "연민이 아니라 오직 준칙에 의해서만 매개되는 사람들 사이의 관계"는 "인간을 말살하는 유형의 잔혹 행위"와 같은 "적대성이 분출할 때는 보다 취약한 것으로 나타난다."[35]

독립적인 혹은 의존적이지 않은indpendent 이성적 존재자에게서 자율성의 이념과 보편적 동등 존중의 원칙을 도출하는 칸트적인 도덕 및 정치이론에서 주변화되고 간과되는 것은 바로 인간의 삶

34 같은 책, 136쪽.

35 마사 너스바움, 『감정의 격동 2: 연민 』, 앞의 책, 714쪽.

이 근본적으로 취약하며 그런 취약성vulnerability에서 비롯되는 타인으로부터 돌봄을 받거나 도움을 받는 관계가 자연스러운 것이라는 생각이다. 인간은 본래 취약하며 유한한 존재이기에 예외 없이 누군가로부터 돌봄을 받아야 하는 의존적 존재이다.

폴 에얼릭과 로버트 온스타인이 지적하듯이 갓 태어난 아기는 모두 미숙아라는 점을 상기해보자. "인간의 경우에는 단지 일곱 달이나 여덟 달 만에 태어난 아기만 '미숙아'가 아니라는 점을 기억하자. 인간의 아이는 진화적 측면에서 모두 미숙아의 상태로 태어난다. 인간은 뇌가 성장하고 성숙해지는 동안 꽤 오래 무력한 아동기를 보내야 한다는 점에서 미숙한 존재이다."[36] 그런데 미숙아 상태에서 태어나 장기간 타인의 돌봄의 수혜를 입지 못하는 아이는 결코 독립적이고 합리적인 행위자로 성장할 수 없다. 그러므로 대칭성과 상호성을 도덕 및 정치사회의 근본 원리를 이해할 수 있는 유일한 기준으로 특권화 해 대칭적인 상호 관계의 가능 조건인 비대칭적 관계의 고유성과 그 중요성을 간과하는 자유주의적 윤리 및 정치이론은 커다란 맹점을 안고 있다.

예를 들어 커테이Eva Feder Kittay는 대칭적 관계에 기반을 둔 상호적인 평등관이 안고 있는 문제점에 대한 버나드 윌리엄스B. Williams의 이의 제기를 수용하면서 사회를 자유롭고 평등한 개인들의 협력 체제로 보는 자유주의적 견해가 인간의 삶에서 일상적으로 존재하는 "불가피한 의존과 비대칭성asymmetries"를 가린다고 비판한다.[37] 개인의 자율성과 평등을 옹호하는 것을 정의justice의

36 폴 에어릭·로버트 온스타인, 『공감의 진화』, 고기탁 옮김, 에이도스, 2012, 66쪽.

37 에바 페더 커테이, 『돌봄: 사랑의 노동』, 앞의 책, 59쪽.

핵심적 논점으로 삼는 자유주의적인 입장의 문제점은 인간의 의존성과 관련된 쟁점들을 회피하고 제대로 다루지 못한다는 데 있다는 것이다.

자유주의적 정의의 관점은 개인을 자유롭고 평등한 개인으로 설정하고 사회를 이런 개인들의 협력 관계로 바라보면서 이들 사이의 공정한 조건 하에서의 권리 배분을 정의의 제일차적 과제로 설정한다. 그러나 이런 자유주의적 정의관에 의해 간과되는 인간의 의존성은 영유아나 노인 혹은 중증 장애인에게만 해당되고 이른바 정상적인 성인에게는 해당되지 않는 상태라고 볼 수 없다.

인간은 태어나서 죽을 때까지 늘 타인의 의존상태에서 완전히 벗어나 살아가는 자존적 존재가 아니다. 인간은 살아가면서 "불가피한 의존inevitable dependencies"상태로 불리는 "유아기, 환자, 장애인 허약한 노년기"를 거치지 않을 수 없듯이 의존은 인간의 삶에서 예외적인 상황이 아니라 생물학적으로 "본질적"인 것이라고 간주되어야 한다.[38] 장 자크 루소 역시 인간이 연약성을 지닌 채로 태어나 죽는다는 점을 인간의 참다운 모습이라고 말한다. "인간은 왕으로도 태어나지 않았으며, 귀족으로도, 조정의 대관으로도, 부자로도 태어나지 않았다. 모두가 벌거벗은 채 가난하고 불쌍하게 태어났다. 모두가 인생에서 온갖 종류의 불행과 비애와 고통과 궁핍에 빠지기 쉽다. 결국 누구나 죽게 마련이다. 바로 그것이 인간의 진정한 모습이다. 그것이 또한 인간의 피할 수 없는 운명이다. 그러므로 인간의 본성에 관한 것 중 그와 가장 떨어질 수 없는 것, 인간성을 가장 잘 보여주는 것부터 연구하기 시작하라."[39]

---

38 같은 책, 81쪽.

인간이 모두 취약하고 유한한 존재라는 공유된 인식으로부터 인간의 사회적 결합이 결코 불편부당한impartial한 관계로 환원될 수 없음을 깨닫게 된다. 인간은 의존상태가 요구하는 필요를 충족시켜 주는 돌봄 혹은 배려를 필요로 한다. 그러므로 돌봄을 필요로 하는 타자의 요구에 대해 민감한 감수성을 지닐 뿐만 아니라, 적극적인 방식으로 그것에 대해 응답/책임의 의무를 다하려는 사람과의 의존 관계가 사회 형성의 근본 토대임이 분명하다. 이렇게 본다면 보편적 동등 존중의 정의 원칙이 지니는 문제점은 가족 및 친족 사이의 특수한 애착 관계와 관련된 도덕적 중요성을 온전하게 다 담아낼 수 없는 무능력에 국한되어 있지 않다.

그런데도 칸트는 자율성과 의존성의 중층적 관계를 오해하면서 자립성과 독립성의 가치만을 배타적으로 강조하는 자율성 중심의 입장에서 연민이 지니는 도덕적 중요성을 제대로 성찰하지 못할 뿐만 아니라, 다양한 방식으로 비자립적 존재들을 배제시킨다. 칸트가 보편적 평등의 원칙을 강조하면서 비자립적 존재에 대한 배제를 정당화하는 것은 자유주의적 평등관의 자기모순 혹은 아포리아의 표현으로 이해되어야 한다. 달리 말하자면 불편부당한 동등 존중의 원칙을 옹호하는 자유주의적 평등관은 인간의 삶에서 의존성이라는 현실과 그런 현실이 요구하는 도덕의 가치를 은폐함에 의해서만 그 결함을 감출 수 있기 때문이다.

예를 들어 칸트는 자유로운 시민들의 연합체인 공화국 시민을 능동적 시민과 수동적 시민으로 분류한다. 이 구분의 기준은 자립성 여부이다. 능동적 시민은 경제적인 자립성을 통해 타인의 의지

39 장 자크 루소, 『에밀』, 앞의 책, 396쪽.

로부터 독립적인 시민인데 반해, 수동적 시민은 경제적으로 자립할 능력이 없는 사람들이다. 그리고 칸트는 능동적 시민만이 정치적으로 행동할 수 있는 주체로 인정받아야 한다고 말한다. 따라서 그는 수동적 시민을 국가의 능동적 구성원 자격을 받을 수 없는 존재라고 주장한다.[40]

흥미로운 사실은 능동적 시민과 수동적 시민을 가르는 기준인 자립성과 관련하여 칸트는 경제적 자립성외에도 여자와 아이를 자립적 존재의 범주로부터 배제시킨다는 점이다. 칸트는 경제적 자립의 능력이 없는 시민은 말할 것도 없고 아이와 여자를 미성숙한 존재로 규정한다.

특히 칸트는 여성을 "어떤 연령이든 시민적-미성숙자"로 본다. 남성과 달리 여성은 완전한 이성적 존재자로 성숙될 수 없는 존재이다. 여성은 남성에 비해 열등한 존재라는 것이다. 그러므로 이성적 능력을 충분히 함양할 수 없는 감성적인 존재인 여성은 "자기의 지성을 타인의 지도 없이는 사용할 수 없는 무능력"인 "미성숙"에서 벗어날 수 없다. 그에 의하면 여성들은 도덕적으로 뿐만 아니라 정치적 차원에서도 정상적인 남성 시민이나 개인과 동등한 인격적 주체로 성장할 수 없는 열등한 존재이며, 그런 미성숙으로 인해 여성은 "오직 가정적 복지에 관해서 그만큼 더 능력 있게"된다.[41]

칸트는 여성을 가정생활에 더 어울리는 존재로 보면서 이를 연

40 임마누엘 칸트, 『속설에 대하여』, 오진석 옮김, 도서출판 b, 2011, 40-42쪽. 임마누엘 칸트, 『윤리형이상학』, 앞의 책, 267-268쪽.

41 임마누엘 칸트, 『실용적 관점에서의 인간학』, 앞의 책, 246쪽. 자연적인 연령상으로 성인이 되었음에도 시민적으로 미성숙한 존재들이 존재한다는 데 대한 칸트의 강조는 다음을 참조 바람. 임마누엘 칸트, 「추측해본 인류 역사의 기원」, 이한구 편역, 『칸트의 역사철학』, 앞의 책, 85쪽 참조.

민과 결합시킴으로써 여성이 가정 내에서 주로 담당하는 돌봄이나 보살핌이 공감과 연민의 감정에 뿌리를 두고 있음을 시사한다. 간단하게 말해 연민은 여성에게 어울리는 덕이고 미성숙한 존재에게서 나오는 불완전한 덕이라는 것이다.

이처럼 칸트는 시민적 미성숙과 이성적인 미성숙 그리고 가족에 만족하는 삶을 동일시한다. 물론 돌봄이나 보살핌을 가정 내의 사적 영역에 한정된 것으로 제한하는 것은 칸트에서만 나타나는 모습이 아니다. 존 로크J. Locke에서 20세기 자유주의 정치철학자의 대표적 사상가인 존 롤즈J. Rawls에 이르기까지 서구 근대의 자유주의 전통에서 돌봄은 사적인 영역에 속하는 것으로 간주되어 왔다.[42]

앞에서 살펴본 것처럼 대칭성(혹은 대등성)과 상호성을 기반으로 하는 개인주의적 자유주의 이론은 삶의 근본적 조건인 의존성 및 삶의 취약성의 문제를 간과한다. 그리고 이런 한계는 칸트에게만 한정된 것이 아니다. 가장 평등지향적인 자유주의 정치철학을 제안한 학자로 평가받는 존 롤즈의 정의 원칙 역시 유사한 한계를 지니고 있다고 비판받는다.[43]

정의 원칙을 구성하는 과정에서 삶의 의존성과 결부되어 있는 돌봄의 필요를 제대로 반영하지 못하는 자유주의적 평등 이론에 대한 이의 제기를 커테이는 '의존 비판'[44]이라 명명하고 있으며, 그

---

42 다니엘 잉스터, 『돌봄: 정의의 심장, 돌봄 윤리와 정치이론』, 김희강·나상원 옮김, 박영사, 2017, 25쪽 참조.

43 롤즈의 문제점에 대한 보다 상세한 분석으로는 나종석, 『대동민주 유학과 21세기 실학: 한국 민주주의론의 재정립』, 앞의 책, 201-204쪽 참조 바람.

44 에바 페더 커테이, 『돌봄: 사랑의 노동』, 앞의 책, 28쪽.

의 의존 비판은 점점 널리 인정되고 있다. 커테이에 의하면 “자유롭고 평등한, 그리고 일생을 통하여 정상적이고 완전하게 협동하는 사회의 구성원으로 간주되는 시민들 사이에 사회적 협동의 조건들을 규정하기 위하여 가장 적합한 정의관”이 무엇인지를 탐구하는 롤즈의 작업[45]은 “비의존적으로[독립적으로: 필자] 기능하는 사람과 돌봄에 대해 책임을 담당하지 않는 사람을 선호하여 정의의 원칙이 선택되도록 왜곡하는 것이다.”[46]

‘의존성의 사실’과 자유 및 사회에 대한 새로운 이해

연민을 인간의 자율성과 배리적 관계 속에서 이해하면서 연민의 표현을 인간 사이에서 나타나서는 안 되는 인간 존엄성에 대한 모욕으로 보는 입장은 유교적인 동아시아 문명과 역사에 대한 타자화로 이어진다. 칸트적인 자율성 이론의 문제점을 연민의 감정의 타자화의 맥락에서 비판적으로 검토하는 작업은 탈식민성의 과제임이 분명해진다. 주지하듯이 공자를 비롯한 유교전통에서 인간성의 실현에서 가장 중요한 토대 내지 실마리로 간주되는 측은지심(惻隱之心)이나 연민과 같은 도덕 감정은 칸트 윤리학과 정치철학에서 주변적 역할에 한정되어 있다.

가족관계를 모델로 국가와 사회질서를 구성하려는 유교적 사유

45 존 롤즈, 『정치적 자유주의 증보판』, 장동진 옮김, 동명사, 2016, 103쪽.

46 에바 페더 커테이, 『돌봄: 사랑의 노동』, 앞의 책, 179쪽.

방식은 물론 여러 문제점을 안고 있다. 그러나 그런 접근에 대한 칸트의 비판은 유교적 전통사회로 일컬어지는 중국을 비롯한 여러 동아시아 사회에 대한 편견에 뿌리를 내리고 있다. 그리고 그런 편견은 오늘날 동아시아 역사에 대한 부정적인 고정 관념을 재생산하고 있다.

칸트가 권리의 보편성을 강조하고 보편적인 자유를 존중하는 데에서 정치공동체의 존재 이유를 찾으면서 시민들의 복지나 행복을 촉진하는 것을 목적으로 삼는 국가를 가부장적 전제주의라고 혹평하는 것도 돌봄 관계로 상징되는 의존관계에 대한 몰이해와 무관하지 않다. 그는 다음과 같이 말한다. "신민들의 복지를 책임지고자 하는 자연적 통치 형태가 가장 위험하다. 왜냐하면 여기에서는 바로 그 신민들이 강요 상태에 놓이게 되고 어린애들처럼 취급받기 때문이다. 그리고 이 때 통치자는 '국민의 아버지'라는 칭호를 갖게 된다."[47]

경제적 자립성을 능동적 시민과 수동적 시민을 구별하는 중요한 기준의 하나로 간주하는 칸트가 행복을 권리와 강하게 구별하면서 시민의 행복에 대해 관심을 기울이는 시도를 곧바로 최악의 가부장적 전제주의와 같은 것으로 치부하는 것은 결코 과거에 속하는 일이 아니다. 칸트의 사유는 오늘날 유럽에서 일반화된 사회복지국가에서도 변형된 형태로나마 지속되고 있다. 칸트의 사유와 오늘날 아무런 몫을 갖고 있지 못한 채 잉여존재로 취급받는 사회적 약자들과 공감하고 연대하려는 움직임에 대해 퍼부어지는 온갖

47 I. Kant, *Kant's gesammelte Schriften*, hg. v. der Königlich Preußischen Akademie der Wissenschaften(Berlin und Leibzig 1902-, Bd. XV, S. 213.

신자유주의적 도덕적 비난과 그리 멀지 않다.

사회적 약자를 돌보기 위한 사회복지 정책은 그들에게 국가나 타인에게 의존하여 살아가려는 노예적인 심정을 양육하여 그들을 도덕적으로 나태하게 만든다고 주장하는 것은 우리에게 낯설지 않다. 그리고 분배가 복지 수혜자를 게으르고 나태하게 해서, 결국 그들을 복지국가에 의존하는 존재로 만들어 버린다는 식의 분배에 대한 적대적인 시각은 보수주의적 성향을 지닌 사람에게 한정되어 있지 않다. 서유럽의 복지국가에서 공통적으로 발견되는 문제점으로 복지 수혜자의 자율성 상실과 의존성의 강화, 관료주의적 행정의 강화 등과 같은 현상은 늘 극복되어야 할 사회적 병리 현상으로 거론된다.[48]

그러나 이 글의 맥락에서 볼 때 사회복지국가 역시 노동을 정상적인 것으로 생각하는 토대 위에서 구축되었다는 점이 중요하다. 미국의 인류학자 제임스 퍼거슨J. Ferguson에 의하면 스웨덴식의 사회민주주의적 복지국가는 복지국가 유형 중 가장 보편주의적 복지 시스템을 지향하는 것으로 평가받는다. 그런데 이런 복지국가도 사회부조 프로그램을 '완전 고용 보장'과 관련해 접근한다. 따라서 스웨덴식의 복지국가 모델의 성공 여부는 완전 고용의 문제를 성공적으로 해결할 수 있는지의 여부에 달려 있다.

그러나 국가에 의해 제공되는 사회부조가 노동과 관련해서 정당화될 수 있다는 가정 자체는 이미 시대착오적인 것으로 드러나고 있다. 상당수의 인구가 청년시절부터 노동 시장에 진입할 수 없는 잉

---

48 사회복지국가의 폐단에 대한 일반적인 이의 제기에 대해서는 나종석, 『대동민주 유학과 21세기 실학: 한국 민주주의론의 재정립』, 앞의 책, 83-84쪽 참조 바람.

여인구로 전락해가고 있는 오늘날의 시장사회의 조건 속에서 노동을 기본 조건으로 하는 사회부조 정책은 큰 도전에 직면해 있다.[49]

제임스 퍼거슨은 생산주의적 노동에 기초해 빈곤을 해결하려는 유럽 사회복지국가의 접근 방식과 다른 분배 문제의 해법을 고민한다. 이 때 그는 남아프리카공화국에서 실시되는 새로운 형태의 사회급여의 경험에 관심을 기울인다. 그 곳에서 공적 부조 혹은 사회적 돌봄의 정당성은 더 이상 노동력을 재생산하는 논리와 결합되지 않는다. 북유럽 복지국가에서 이루어진 공적 부조는 대개 "남성 가장으로 당연시되는 생계부양자breadwinner와 그의 피부양자dependents에게 사회적 보호를 제공하는 안전망"으로 이해되었다.

그러나 오늘날 남아프리카공화국과 같은 남반구에서 실시되는 사회보호 제도는 보편적 임금노동을 정상적인 상태로 설정하고 그런 임금노동을 저해하는 예외적 사건들을 대비하는 것과 달리, 수혜자들의 "사전 기여를 참조하지 않을"뿐만 아니라 노동과 무관한 기준을 중요시 한다. 예를 들어 남아공과 나미비아는 최근 노동의 기여와 무관하게 모든 시민들에게 매달 일정한 현금을 지급하는 기본소득 정책을 추진하고 있다.[50]

퍼거슨에 의하면 남아공의 많은 흑인들은 인종차별에 저항하고 민주주의 사회의 도래를 위한 투쟁에 동참했지만 여전히 개인적 자립성과 독립, 즉 칸트식으로 말하자면 인간의 존엄의 뿌리라고

49 이에 대해서는 제임스 퍼거슨, 『분배정치의 시대』, 조문영 옮김, 여문책, 2017, 61쪽 각주 22번 참조. 이 문제와 관련한 좀 더 상세한 분석으로는 나종석, 『대동민주 유학과 21세기 실학: 한국 민주주의론의 재정립』, 같은 책, 383-384쪽 참조 바람.

50 제임스 퍼거슨, 『분배정치의 시대』, 같은 책, 60-61쪽 및 64쪽 참조.

일컬어지는 자유를 강조하기보다는 위계적인 종속을 자발적으로 추구한다. 그리고 이런 현상을 퍼거슨은 "의존의 선언declarations of dependence"라고 규정한다.[51]

물론 스스로 타인에게 의존하고 종속하려는 사람들의 선택은 자율성의 가치를 높이 평가하는 사람에게 불편함을 야기한다. 그러나 남아프리카공화국의 역사에 대한 퍼거슨의 분석에 의하면 이런 의존에의 추구는 서구인들이 흔히 생각하듯이 자율적인 인간성의 해방을 배반하는 "구속이나 부자유"와 동일시될 수 없는 측면을 지닌다. 남아프리카공화국의 역사에서 정치지도자들에게 권력을 가져다주는 것은 그들이 가능한 한 많은 추종자들을 거느릴 수 있는가에 달려 있었다. 그리고 많은 추종자들을 확보할 수 있는 방법은 그들이 다른 추장이나 왕에게로 몰려가는 가능성을 차단하는 것이었다. 그러므로 이런 사회에서 추종자들과 정치지도자들 사이의 관계는 결코 권력자가 일방적인 우위를 점하는 것이 아니었다. 정치지도자들이 추종자들이 원하는 것을 해주지 않는다면 그런 의존 관계를 단절하고 다른 지도자에게로 몰려갈 가능성이 늘 존재했기 때문이다. 따라서 이 사회에서 "의존이란 가장 중요한 형태의 자유선택을 창출하는 위계적 결연의 가능성"으로 이해되었다.[52]

퍼거슨은 남아프리카 고유의 역사적 경험에 뿌리를 두고 있는 새로운 사회부조 정책은 물론이고 다시 등장하고 있는 의존적 관계의 추구 현상에서 인간의 존엄성을 모욕하는 자유 및 독립의 이념에 대한 배반만을 보려는 것은 단견이라고 말한다. 그보다는 이

51 같은 책, 254쪽.

52 같은 책, 257-258쪽.

제 우리는 의존적 관계가 포함하고 있는 돌봄에 대한 요구가 지니는 의미를 진지하게 성찰할 필요가 있다고 그는 강조한다. "시민권은 종종 웅구니같이 위계적이고 후견주의적인 농촌의 '전통적 권위' 관계들과 대조적인 평등과 권리의 영역으로 상상되어 왔다. [.....] 하지만 국가-시민 관계 아래 사회적 지원이 넘쳐나는 상황에서 국가란 시민에게 평등한 권리의 보호자가 아니라 물질적 제공자, 심지어 후원자로 등장하는 반면, 시민권 내용 자체는 점점 국가에 대한 정당하고 가치 있는 의존 여부에 달린 것처럼 보인다. 그러한 관계에서는 정치적으로든 분석적으로든 부모-자식 은유가 강력한 힘을 발휘하게 된다. 이를 민주적 시민권의 지체 또는 미발전 상태로 규정하려는 유혹 대신 우리가 해야 할 일은 극단적 불평등이 만연한 상태에서 시민권을 기반으로 한 형식적 평등이 갖는 실제 한계를 고민하고, 현 상태에서는 사회적 포섭과 보호의 요구들이 개인적 권리에 관한 추상적 평등의 요구보다 오히려 더 긴요할 수 있다는 가능성을 탐색하는 것이다. 사람들이 자신들의 '뒤처진' 생각을 포기하기를 기다리는 식으로 진화론적 논리를 내세우기보다 우리는 해방적·자유주의적 권리들에 착안한 논의와 다른 방식으로 어떻게 돌봄을 도덕적 연결성, 책임 있는 의무에 대한 요구를 이야기할지 진지하게 고민해야 한다."[53]

남아공에서 출현한 대중적인 "의존의 선언"이라는 사건에서 새로운 분배의 원리를 탐구해보려는 퍼거슨의 성찰로부터 우리는 다시금 의존성(관계)에 뿌리를 둔 연민과 돌봄이 부모-자녀 관계를 상징으로 삼고 있음을 상기시켜준다. 뿐만 아니라 그의 성찰은 의존

53 같은 책, 283쪽.

성과 독립성(자유)의 상관관계에 대한 새로운 인식이 추구되어야 함을 보여준다. 그리고 그런 추구는 사회 및 국가의 구성 원리를 오로지 개인주의 및 자유주의적 권리 원칙에 의해 정당화하려는 시도에 대한 비판적 성찰로도 이어져야 한다.

앞에서도 언급했듯이 이런 성찰에서 결정적 의미를 지니는 것은 의존성의 문제가 지니는 다층적 성격을 균형 잡힌 시각에서 이해하는 것이다. 그 중 하나가 의존성을 인간의 보편적 동등 존중의 원칙이 실질적으로 실현될 수 있는 전제 조건으로 이해하는 것이다. 이런 통찰은 이제 많은 사람들의 공감을 얻고 있다. 지난해 노벨경제학상을 수상한 리처드 탈러R. Thaler의 행동경제학에서 강조하듯이 자유와 간섭을 모순적인 개념으로 간주하는 고정관념에 빠져 있는 사람들만이 비강제적인 개입과 간섭이 오히려 사람의 선택의 자유를 의미 있게 해줄 수 있다는 "자유주의적 개입주의libertarian paternalism"의 통찰에 동의하지 않을 것이다.[54]

간섭과 자유가 함께 할 수 있듯이 의존성이 곧바로 인간의 자율성을 불가능하게 만드는 노예적이고 가부장적인 권위주의로 귀결될 것이라고 결론짓는 것은 성급한 단정에 지나지 않는다. 존중의 패러다임을 통해 이해된 자유와 존엄성의 이해는 분명 한계가 있다. 돌봄 관계나 비대칭적 의존 관계를 자율 및 존엄성과 대립시키는 이해방식은 더 이상 그 보편적 타당성을 주장할 수 없다.

존중의 패러다임에 대한 물신화로부터 벗어나야 한다. 존중 패러다임의 물신화는 경제적 자립성이 없는 사람들을 정상적인 시민

54 리처드 탈러·캐스 선스타인, 『넛지: 똑똑한 선택을 이끄는 힘』, 안진환 옮김, 리더스북, 2009, 19-22쪽 참조.

의 범주로부터 배제시키고, 또한 노동하지 않고 사회적 부조에 의존한 사람을 자신의 인격을 경멸하는 노예적 굴종을 내면화한 사람으로 낙인찍는다. 뿐만 아니라 그것은 여성의 돌봄 역할이나 타인의 고통에 동참하여 의존적 상황에 처한 사람의 요구에 응답하는 연민의 마음씨를 지니는 수많은 사람들을 공적인 영역으로부터 배제시키는 데 그치지 않는다. 그것은 또한 인간성의 향상 혹은 문명화의 사명이라는 이름으로 비서구 사회를 식민지로 만들어 버리는 행위를 정당화하기도 한다. 그래서 존중 패러다임과 자유주의적 정의 원칙의 물신화는 '유럽적 보편주의'라는 비판에서 벗어날 수 없다.

유교적 인정(仁政)의 이념의 역사성과 그 가능성: 나가는 말을 대신하여

필자는 자유주의적 평등관과 자유관의 문제점을 성찰하면서 돌봄 패러다임과 정의 패러다임의 상호 결합을 수행할 수 있는 확장된 도덕 및 정의 이론의 필요성을 역설해 왔다. 이런 새로운 정의 이론을 모색할 수 있는 실마리로 필자는 공자로부터 비롯된 동아시아 유가전통에 새롭게 주목할 필요가 있음을 강조하였다. 이런 문제의식에서 필자는 공자의 핵심사상인 인(仁)을 돌봄과 자율성의 종합을 구현한 이론으로 재해석해보려고 시도했다.[55] 달리 말하자면 유교적인 인(仁)이론은 포괄적인 자율성 이론의 한 버전으로 이

55 나종석, 『대동민주 유학과 21세기 실학: 한국 민주주의론의 재정립』, 앞의 책, 특히 제4장 참조 바람.

해될 수 있는데, 그것은 레비나스적인 무한한 책임이론과 보편적인 동등존중의 원칙의 종합적 이론으로 재해석될 수 있다고 믿기 때문이다.[56] 또한 위계적인 인간관계를 인간의 자율성과 존엄성을 박탈하는 것으로 바라보는 자유주의적 자유이론이 지니는 맹점에 대한 성찰을 서구 근대성의 상대화 작업과 연동해서 이해하고자 했다.

그래서 필자는 다음과 같이 주장했다. "서구적 근대성의 길이 유럽적 조건을 매개로 해 형성된 것임을 자각하고 서구적 근대를 상대화 내지 지방화하는 작업은 인간의 자율성과 존엄성 그리고 인간과 자연의 관계에 대한 상이한 사유 방식을 도모해야만 하는 오늘날의 시점에서 더 이상 지체되어서는 안 될 것이다."[57] 그러므로 이 자리에서는 이런 사항을 상세하게 반복하지 않고 이 글의 기본적 문제의식과 관련된 몇 가지 점만을 언급하고자 한다.

일부 예외는 있지만 공자 사상에서 인(仁)인이 가장 중요한 철학적 개념임은 널리 인정받고 있다.[58] 공자에게 仁은 인간이 실현해야 하는 가장 궁극적인 도덕적 이상이다. 그런 점에서 인은 인간의 인간다움을 실현하는 것과 관련된 총괄적인 덕으로 이해된다. 그래서 인은 "모든 덕을 포괄하는 완전한 인격성"으로 이해되기도 하고 "행위의 일반적 원칙"으로 해석되기도 한다.[59] 이처럼 인은

---

56 나종석, 「인권에 대한 유교적 정당화의 가능성에 대한 연구」, 나종석 외 편저, 『유학이 오늘의 문제에 답을 줄 수 있는가』, 혜안, 2014, 43-82쪽 참조 바람. 필자는 레비나스의 책임이론과 배려윤리 사이의 친화성에 주목한다.

57 나종석, 『헤겔정치철학의 통찰과 맹목』, 에코리브르, 2012, 198쪽.

58 예를 들어 허버트 핑가레트(Herbert Fingarette)는 공자 사상의 핵심을 인에서가 아니라 예에서 구한다. 허버트 핑가레트, 『공자의 철학: 서양에서 바라본 예에 대한 새로운 이해 』, 송영배 옮김, 서광사, 1991 참조.

59 Wing-tsit Chan, "The Evolution of the Confucian concept of Jen", *Confucian Studies. Critical Concepts in Asian Philosophy*. London and New York: Routledge,

보편적인 도덕 원칙이자 인간다움의 최고의 경지로 이해된다. 인을 인간다움의 근본으로 바라보는 공자의 태도는 모든 인간이 덕의 잠재력을 평등하게 지니고 있다는 자각을 수반한다.

아이반호가 주장하듯이 공자는 "누구나 자신의 덕을 갈고 닦을 수 있다는 사고방식을 역설"했다.[60] 그리고 인간이 실현할 수 있는 도덕적 잠재력의 총화인 仁[61]을 지극하게 발휘하는 것에 도의 실현 여부가 달려있다고 공자는 생각한다. 그래서 그는 『논어』「위령공」 28에서 "사람이 도를 넓이는 것이요, 도가 사람을 넓이는 것은 아니다"라고 말한다.[62] 공자의 仁 사상과 더불어 도덕적으로 완전한 사람, 즉 참다운 군자가 되는 것은 모든 인간의 도덕적 이상이 되었다. 그리고 공자의 仁에 대한 이론에서 누구나 배움을 통해 자신의 도덕적 능력을 함양하여 인간성의 최고의 경지인 요순과 같은 聖人에도 이를 수 있다는 이론도 출발한다.

그러나 공자는 특수한 덕을 지칭하기 위해 인 개념을 사용하기도 한다. 예를 들어 번지(樊遲)가 인(仁)을 묻자, 공자는 "사람을 사랑하는 것"[63]이라고 말한다. 이 때 사람을 사랑한다는 것은 타인에 대한 이타적인 관심과 공감어린 배려의 행위를 의미한다. 따라서 첸양리Chenyang Li는 공자의 인 이론을 배려윤리로 이해할 수 있다고 본다.[64]

2011 p. 5.

60 필립 아이반호, 『유학, 우리 삶의 철학』, 신정근 옮김, 동아시아, 2008, 36쪽.

61 나는 인을 "개인적 미덕의 최고의 이상"이라고 규정하는 슈워츠의 입장을 받아들인다. 벤자민 슈워츠, 『중국 고대 사상의 세계』, 나성 옮김, 살림, 2004, 128쪽.

62 주희, 『論語集註』, 성백효 옮김, 전통문화연구회, 1990, 319쪽.

63 주희, 『論語集註』「안연」 22, 같은 책, 248쪽.

64 Chenyang Li, "The Confucian concept of Jen and the feminist ethics of care",

특히 맹자를 거치면서 인의 핵심적 의미는 사람에 대한 동정심이나 연민 혹은 배려로 이해되는 경향이 강화된다. 맹자가 인의 단초라고 정의한 '측은지심'에서 '측'(惻)은 불쌍히 여기는 것이고 '은(隱)'은 아픔을 뜻한다.[65] 그러므로 인은 타인이 겪는 아픔에 대한 공감이며 그런 아픔을 같이 극복하고자 애쓰려는 관심과 마음가짐으로 이해된다. 게다가 맹자에게 "측은지심(惻隱之心)이 없으면 사람이 아니다."[66]

유교의 중심 개념인 인에 대한 한비자의 다음과 같은 정의는 맹자를 거치면서 인에 대한 관점에서 초래된 변화된 상황을 반영한 것이다. "인이란 마음속으로 흔쾌히 다른 사람을 사랑하는 것을 말한다. 다른 사람에게 복이 있는 것을 기뻐하고 다른 사람에게 화가 미치는 것을 미워하는 것은 나면서부터 그만둘 수 없는 것이며 보답을 바라고 한 것은 아니다."[67]

인에 대한 두 가지 상이한 태도를 양립가능하게 하는 방법은 아마 가까운 데에서 인을 실현하여 이를 바탕으로 형성된 타인에 대한 배려의 마음을 자신과 친하지 않은 사람이나 사물에 이르기까지 확충하여 인의 극한치에 무한히 다가가는 것으로 이해하는

Confucian Studies. Edited by Xinzhong and Wei-ming Tu, Volume 4. Reinterpreting Confucian Ideas, London and New York: Routledge, 2011, p. 262.

65 주희·여조겸 편저, 『근사록집해 1』, 이광호 역주, 아카넷, 2004, 127쪽. 측은지심에 대한 보다 상세한 설명으로는 황태연, 『감정과 공감의 해석학 1』, 청계, 2014, 402-404쪽 참조.

66 주희, 『논어집주』(論語集註) 「안연」 22, 앞의 책, 248쪽. 주희, 『맹자집주』(孟子集註) 「공손추상」 6, 성백효 역주, 전통문화연구회, 1991, 103-104쪽.

67 한비자, 『한비자 1』 「解老」, 이운구 옮김, 한길사, 2003, 279쪽. 그레이엄은 한비자의 인에 대한 정의를 유교의 인 개념에 대한 "완전한 정의"라고 높이 평가한다. 앤거스 그레이엄, 『도의 논쟁자들』, 나성 옮김, 새물결, 2015, 209쪽.

것이다. 이런 맥락에서 맹자도 인을 실현하는 방법으로 恕를 강조한다. 『맹자』「진심상」 4에서 맹자는 "만물이 모든 나에게 갖추어져 있으니 [......] 서를 힘써서 행하면 인을 구함이 이보다 가까울 수 없다"라고 말한다.[68] 필자가 보기에 인(仁)을 타인의 고통에 대한 공감적인 배려로 보고 이런 능력을 가족, 사회, 국가를 넘어 전체 우주로까지 확장하려는 공맹의 이론은 모든 사람에 대한 동등한 존중이나 사랑의 원칙을 배제하지 않는다.

다만 공맹의 시각에서 볼 때 친한 사람들에 대한 애착의 경험이나 애정관계 형성을 출발점으로 삼아 이런 경험에서 타인에 대한 배려와 관심의 마음가짐을 지속적으로 성숙시키는 과정을 통해서만 보다 추상적인 수준에서의 보편적인 인간애과 같은 도덕적 태도가 형성될 수 있다. 달리 말하자면 처음부터 모든 사람을 불편부당한 관점에서 동등하게 존중하는 원칙을 제대로 이해하고 그런 원칙을 실질적으로 실행에 옮길 수 있는 사람은 존재하지 않는다. 그런 점에서 마사 너스바움의 다음과 같은 지적은 타당하다. "처음부터 동등한 관심을 또는 규범적으로 올바른 다른 어떤 유형의 적절히 순위가 매겨진 관심을 요구하는 것은 비현실적이다. 어떤 인간 정신도 그것을 성취할 수 없다."[69]

공자나 맹자에 의하면 가족윤리와 사회 및 국가에서 통용되는 원칙은 근본적으로 다르지 않다. 유가적 전통에서 요순성왕의 길은 '효제(孝弟)'에서 구해진다. 예를 들어 『논어』「학이」 2에서 공자의 제자인 유자(有子)는 말한다. "군자(君子)는 근본(根本)을 힘쓰니,

68 주희, 『孟子集註』, 376쪽.

69 마사 너스바움, 『감정의 격동 2 : 연민』, 앞의 책, 702-703쪽.

근본(根本)이 확립되면 도(道)가 발생(發生)하는 것이다. 효(孝)와 제(弟; 悌)라는 것은 그 인(仁)을 행하는 근본(根本)일 것이다."[70]

『맹자』「이루상」 27에서 맹자도 "인(仁)의 실제는 어버이를 섬기는 것이요, 의(義)의 실제는 형(兄)에게 순종하는 것이다."[71] 인정의 정치의 출발이 가족관계에서의 성공적인 배려 관계라는 주장은 인간이 서로에 대해 갖게 되는 이타적인 관심을 배양할 수 있는 가장 중요한 장소가 부모자식 사이의 친밀한 관계라는 생각에 기인한다.

효제가 인의 근본이라고 주장하는 공맹의 사상에서 아버지에 대한 자식의 일방적인 섬김이나 순종만이 도덕적 의무로 간주되고 있다는 식으로 볼 필요는 없다. 부모에게 순종한다는 것은 기본적으로 부모가 자식에게 보여준 자애(慈愛)에 대한 자연스러운 반응으로 이해되어야 하기 때문이다. 갓난아이를 자기의 몸처럼 간절하게 보는 어머니의 자애로움과 효제는 애당초 두 마음이 아니라는 것이다.[72]

그리고 유교적인 전통에서 인(仁)이나 인정(仁政)을 설명하면서 어진 정치의 핵심을 어린아이를 보살피는 마음에 비유하여 설명하는 것도 널리 알려져 있다. "혹자가 물었다. '갓난아이를 보살피듯 한다'라는 것은 무엇입니까? 정자의 말에 의하면, 갓난아이란 제 마음을 스스로 말할 수 없지만, 그 아이의 어머니는 어린아이를 사랑하는 지극한 모성애로써 모든 것을 생각하므로 어린아이가 원하는

70 주희, 『論語集註』, 앞의 책, 19쪽.

71 주희, 『孟子集註』, 앞의 책, 226쪽.

72 주희, 『대학혹문』, 박완식 편저, 『대학: 대학, 대학혹문, 대학강어』, 여강, 2010, 335쪽 참조.

뜻을 헤아림에 있어 정확하게 맞추지는 못하지만 큰 차이가 나지는 않는다. 이러한 능력과 행위를 어떻게 배운 뒤에 능한 것이라 말할 수 있겠는가. 백성이란 스스로 말을 못하는 갓난아이와는 다르다. 하지만 백성을 부리는 위정자가 민심을 잃게 된 것은 본디 백성을 사랑하는 진실한 마음이 없어 백성의 마음을 살피지 못했기 때문이라고 한다."[73] 정치의 근본이 어린아이를 사랑하는 부모의 마음을 미루어 정성을 다하여 백성의 삶을 돌보는 데 있다는 말이다.

그러므로 집안을 가지런히 하고 가족들 사이의 화목을 통해서 타인에 대한 참다운 애정과 관심의 소중함을 터득한 연후 이를 전 우주로 확장하는 것으로 나가야 한다는 것이 유가의 기본 입장이다. 이런 맥락에서 "聖人은 천하를 잘 다스려서 한 집안처럼 하고, 중국 전체를 합쳐 한 몸처럼 하는" "평화로운 세계"가 이룩된다는 주장이 등장한다.[74]

군주나 군자는 어머니가 아이를 기르는 심정으로 늘 백성을 대해야 한다는 유교적 주장의 핵심적 통찰은 상하위계질서를 정당화하는 가부장주의라는 틀에서는 결코 남김없이 해명될 수 없다. 유교적 성왕 이론이 정치권력에 대한 털끝만큼의 사사로운 전횡을 허용하지 않는지를 잘 보여주는 예는 법가 사상가들이 바라본 유교적 성왕이론의 위험성에 관한 설명이다.

선진시대의 법가 사상가 신불해(申不害)는 왕의 권력을 오로지 천하 백성들을 위해 사용되어야 함을 강조하는 유가적 성왕이론은 황제의 권력을 천하의 공공성의 이름을 빌어 제약하려는 것에 불

73 같은 책, 334쪽.

74 『禮記中』「禮運」, 이상옥 옮김, 명문당, 2003, 637쪽.

과하다고 비판한다. 그에 의하면 "천하를 차지하고도 마음대로 하지 못한다면, 이를 일컬어 천하는 질곡(桎梏)이 된다고 한다." 천하 백성의 일을 어머니가 어린아이를 돌보듯 아끼고 배려하고 그들이 성숙된 존재로 클 수 있도록 관심을 기울이는 일에 전념할 것을 강조하는 유가의 입장을 따른다면, 요와 순과 같은 황제도 천하로 인해 사로잡혀 있는 죄인과 다름없는 상황에 빠진다는 말이다. 천하 백성의 일로 인해 요와 순은 황제라는 지위에 있음에도 불구하고 권력을 자신에게 속한 것으로 사사로이 전유하거나 행사할 수 없는 속박의 상태에 빠지게 된다는 것이다.

따라서 이사(李斯)는 신불해의 주장을 다음과 같이 해석한다. "천하를 차지하고도 마음대로 하지 못한다면, 이를 일컬어 천하는 질곡(桎梏)이 된다고 한다"는 것은 "신하들의 죄를 살피고 처벌할 수가 없어 요임금이나 우임금처럼, 오히려 천하의 백성들에 의해 자기 몸이 괴로워짐을, 질곡이라 말한 것입니다."[75]

유교적 전통에서 성왕의 모습이 어떠한지에 대한 사례를 들어보자. 『논어』「요왈」1에 의하면 탕왕(湯王)은 "내 몸에 죄(罪)가 있음은 만방(萬方) 때문이 아니며, 만방(萬方)에 죄(罪)가 있음은 그 책임[죄]이 내 몸에 있습니다."라고 말했다고 한다.[76] 또 『맹자』「이루하」29에 의하면 "우왕(禹王)은 생각하시기를, 천하에 물이 빠진 자가 있으면 마치 자신이 그를 빠뜨린 것과 같이 여기시며, 후직(后稷)은 생각하기를, 천하에 굶주리는 자가 있으면 마치 자신이 그를 굶주리게 한 것처럼 여겼"다고 한다.[77]

---

75 사마천, 「이사열전」, 『사기열전 상』, 최익순 옮김, 백산서당, 2014, 930쪽.

76 주희, 『論語集註』, 앞의 책, 386쪽.

77 주희, 『孟子集註』, 앞의 책, 253쪽.

법가사상가인 이사가 보기에 유교적 성왕의 전형적인 인물들로 열거되는 요와 우임금은 천하 사람들에게 전적으로 자신을 내던진 사람들에 불과하다. 달리 말하자면 천하는 천하 사람들의 천하지 한 개인의 천하가 아니라는 천하위공의 천하관을 철저하게 신봉한 나머지 성왕들은 자신의 권력의 정당성을 천하의 공공성과 관련되어서만 구할 수 있을 뿐이라고 믿었다. 이런 유가적 천하위공에 의해 제약된 정치권력은 기본적으로 황제 권력의 그 어떤 자의적 행사의 가능성 자체를 원천 봉쇄하는 것임을 잘 보여준다. 그리하여 이사는 유교적 성왕을 "천하를 받드는 하인"[78]에 불과하다고 혹평한다.

그러나 이런 혹평 속에서 우리는 역설적으로 유교적 성왕이론의 합리적 핵심, 즉 천하의 공공성에 전적으로 헌신하는 경우에만 정치권력의 정당성은 확보될 수 있기에 황제의 진정한 의미는 천하 백성의 볼모라는 데 있다는 유교적 성왕론의 근본정신을 잘 보여준다. 따라서 필자는 천하 백성을 도우려는 무한한 책임의식으로 인해 황제가 오히려 자신의 자유로운 활동이 없어지는 질곡의 상태로 빠지게 된다는 것을 백성들이라는 타자와의 무한한 윤리적 책임관계로 인해 타자의 '볼모'가 된다는 말과 상통하는 것으로 볼 수 있다는 해석을 제안했다.[79]

그리고 유교적 성왕이론이 추구하는 궁극적 이상 세계는 대동세계이다. 『예기(禮記)』「예운(禮運)」편에 나타나 있는 유교의 천하위공 및 대동사회 이념을 인용해보자. "공자가 말씀하셨다. 큰

---

78 사마천, 「이사열전」, 『사기열전 상』, 앞의 책, 933쪽.

79 나종석, 『대동민주 유학과 21세기 실학: 한국 민주주의론의 재정립』, 앞의 책, 737쪽.

도가 행하여진 세상에는 천하가 모두 만인의 것(天下爲公)으로 되어 있다. 사람들은 현자(賢者)와 능자(能者)를 선출(選賢與能)하여 관직에 임하게 하고, 온갖 수단을 다하여 상호 간의 신뢰화목을 두텁게 하였다. 그러므로 사람들은 각자의 부모만을 부모로 여기지 않았고, 각자 자기 자식만을 자식으로 여기지 아니하여, 노인에게는 그의 생애를 편안히 마치게 하였으며 장정에게는 충분한 일을 시켰고, 어린이에게는 마음껏 성장할 수 있게 하였으며, 과부·고아·불구자 등에게는 고생 없는 생활을 시켰고, 성년 남자에게는 직분을 주었으며, 여자에게는 그에 합당한 남편을 갖게 하였다. 재화라는 것은 헛되이 낭비되는 것을 미워하였지만 반드시 자기에게만 사사로이 독점하지 않았으며, 힘이란 것은 사람의 몸에서 나오지 않으면 안 되는 것이지만 그 노력을 반드시 자기 자신의 사리(私利)를 위해서만 쓰지는 않았다. 모두가 이러한 마음가짐이었기 때문에 [사리사욕에 따르는] 모략이 있을 수 없었고, 절도나 폭력도 없었으며 아무도 문을 잠그는 일이 없었다. 이것을 대동(大同)의 세상이라고 말하는 것이다."[80]

위 인용문이 잘 보여주는 것처럼 유교적 대동(大同)세계의 정치적 이상은 과부나 홀아비로 상징되는 사회에서 가장 어려운 처지에 있는 약자들의 몫을 찾아주려는 무한한 책임 의식을 지향한다. 과부나 홀아비와 같은 존재는 갓난아이와 마찬가지로 사회 속에 존재하지만 그 사회의 구성원으로서 누릴 아무런 몫을 지니지 못한 존재의 상징이다.

그리고 유교적 성왕론과 천하위공의 대동 세계에 대한 이상은

---

80 『예기 중』, 「禮運」, 앞의 책, 617-618쪽.

유가가 단지 사상적 측면에서만 관심을 기울여온 것이 아니다. 유교적 민본주의라 통칭해서 일컬어지는 유교적 성왕론과 천하위공의 대동 세계론은 우리사회의 역사와도 무관한 것이 아니었다. 그것은 조선사회를 거쳐 우리사회의 중요한 정치문화로 자리 잡게 되었다. 그리고 "조선 후기 사회에서 일반화되는 유교적 전통과 정치문화 등이 오늘날 우리 사회가 이룩한 정치적 민주화의 문화적 동력으로 이어지고 있다"는 것이 한국의 근현대사를 바라보는 필자의 기본적 입장이다.[81]

그래서 필자는 다음과 같이 주장한 바 있다. "조선의 유교적 전통사회에서 축적된 인간의 주체성과 자발성의 존중, 능력이 있는 사람이라면 누구나 다 사회에서 존중받고 성공할 수 있는 동등한 존재라는 능력주의 문화, 모든 사람들이 사회 속에서 소외됨이 없는 사회 구성원으로 대우받아야 한다는 대동세계의 관념, 유가의 이상적 세상인 요순성왕의 시대를 만드는 데 일반 백성들도 당연한 책임을 지고 있는 당당한 정치 주체라는 관념 그리고 유교적 세계관을 내면화하여 모든 백성이 다 요순성왕과 같은 존재가 될 수 있다는 각성을 바탕으로 하여 위기에 처한 나라를 구하기 위해 몸소 실천에 나선 역사적 경험 등은 우리 사회의 민주주의의 문화적 동력이자 그 정신사적 조건으로 보아야 할 것이다."[82]

앞에서 개략적으로나마 서술된 필자의 이해가 어느 정도 설득력이 있다면, 18세기 이후 오늘날에 이르는 우리사회의 성격은 서구적 근대와는 다른 길을 걸어온 것으로 재해석되어야 할 것이다.

81 나종석, 『대동민주 유학과 21세기 실학: 한국 민주주의론의 재정립』, 앞의 책, 274쪽.

82 같은 쪽.

물론 천하위공 및 대동세계의 이상에서 민주주의적 평등 원칙을 곧바로 도출하는 것은 성급한 일이지만, 역사적으로 천하위공의 사상이 민주공화제의 이념과 만난 것도 사실이다.

1908년 신채호는 「독사신론」의 후반부에 "국가는 한 개인의 소유가 아니고 모든 이들의 것이다"라는 주장한다. 그리고 이런 주장에서 보듯이 신채호는 유교 전통의 공천하 사상을 공화주의적 사유 방식으로 재전유하고 있다.[83] 한국의 근현대사는 유교적 대동세계의 이상이나 천하위공의 이념을 매개로 하여 서구적 근대의 해방적 이념이라 평가받는 민주주의와 인권을 창조적으로 재해석하고, 대동적 민주 세계를 향한 방향으로 그것을 변형시켜 왔다는 것이다.

그리고 조선사회의 유교적 정치문화의 지속적 영향사적 맥락에서 전개된 우리사회의 민주공화국을 향한 도정은 서구 근대를 유일한 근대의 모델로 설정하면서 우리사회 및 동아시아 사회가 서구 근대의 세례를 통해서만 근대라는 문턱에 도달할 수 있었다는 시각의 편협함이 재고되어야 함을 보여주는 중요한 역사적 사례다. 그래서 우리의 역사적 경험의 고유한 맥락 속에서 형성되고 전개되어 온 역사 속의 이성을 대동적 민주 정신으로 보고 그런 정신은 서구적 근대의 자율성 이념과도 다른 대안적 세계 이해의 가능성을 시사하고 있다는 것이 현재의 필자의 견해이다.

83 헨리 임, 「근대적·민주적 구성물로서의 '민족': 신채호의 역사서술」, 신기욱·마이클 로빈슨 엮음, 『한국의 식민지 근대성』, 도면회 옮김, 삼인, 2006, 480쪽에서 재인용함.

참 고 문 헌

그레이엄, 앤거스, 『도의 논쟁자들』, 나성 옮김, 새물결, 2015.

나종석, 『헤겔정치철학의 통찰과 맹목』, 에코리브르, 2012.

_____, 「인격과 물건의 이원론에서 생태적 공공성으로: 칸트 윤리학과 서구 근대의 한계에 대한 성찰」, 『철학연구』, 126, 대한철학회, 2013.

_____, 「인권에 대한 유교적 정당화의 가능성에 대한 연구」, 나종석 외 편저, 『유학이 오늘의 문제에 답을 줄 수 있는가』, 혜안, 2014.

_____, "Ambivalente Moderne: Wie Hegels Parteinahme für den Westen seine Fehleinschätzung Ostasiens erklärt", in: *Allgemeine Zeitschrift für Philosophie*, 2015(40. 1), S. 29-61

_____, 「칸트의 자율성 도덕론과 동아시아」, 『칸트연구』 37, 2016.

_____, 「헤겔과 동아시아: 유럽 근대성의 정체성 형성과 동아시아의 타자와의 문제를 중심으로」, 『헤겔연구』 40, 2016.

_____, 『대동민주 유학과 21세기 실학: 한국 민주주의론의 재정립』, 도서출판b, 2017.

누스바움, 마사, 『감정의 격동 2: 연민』, 조형준 옮김, 새물결, 2015.

____________, 『혐오와 수치심』, 조계원 옮김, 민음사, 2015.

롤즈, 존, 『정치적 자유주의 증보판』, 장동진 옮김, 동명사, 2016.

루소, 장 자크, 『에밀』, 김중현 옮김, 한길사, 2003.

사마천, 『사기열전 상』, 최익순 옮김, 백산서당, 2014.

슈워츠, 벤자민, 『중국 고대 사상의 세계』, 나성 옮김, 살림, 2004.

아이반호, 필립, 『유학, 우리 삶의 철학』, 신정근 옮김, 동아시아, 2008.

에어릭, 폴·온스타인, 로버트, 『공감의 진화』, 고기탁 옮김, 에이도스, 2012.

이글턴, 테리, 『낯선 사람들과의 불화: 윤리학 연구』, 김준환 옮김, 길, 2017.

임형택, 「新實學, 그 가능성과 方向」, 『韓國實學硏究』, 22, 2011.

잉스터, 다니엘, 『돌봄: 정의의 심장, 돌봄 윤리와 정치이론』, 김희강·나상원 옮김, 박영사, 2017.

월러스틴, 이매뉴얼, 『유럽적 보편주의: 권력의 레토릭』, 김재오 옮김, 창비, 2008.

작자미상, 『禮記-中』, 이상옥 옮김, 명문당, 2003.

주희, 『논어집주』(論語集註), 성백효 옮김, 전통문화연구회, 1990.

___, 『대학혹문』, 박완식 편저, 『대학: 대학, 대학혹문, 대학강어』, 여강, 2010.
___, 『맹자집주』(孟子集註), 성백효 역주, 전통문화연구회, 1991.
주희·여조겸 편저, 『근사록집해 1』, 이광호 역주, 아카넷, 2004.
칸트, 임마누엘, 『실용적 관점에서의 인간학』, 백종현 옮김, 아카넷, 2014.
___________, 『윤리형이상학』, 백종현 옮김, 아카넷, 2012.
___________, 『속설에 대하여』, 오진석 옮김, 도서출판b, 2011.
___________, 『판단력 비판』, 백종현 옮김, 아카넷, 2009.
___________, 『윤리형이상학 정초』, 백종현 옮김, 아카넷, 2005.
___________, 『실천이성비판』, 백종현 옮김, 아카넷, 2002.
___________, 「추측해본 인류 역사의 기원」, 이한구 편역, 『칸트의 역사철학』, 서광사, 1992.
커테이, 에바 페더, 『돌봄: 사랑의 노동』, 김희강 · 나상원 옮김, 박영사, 2016.
탈러, 리처드·선스타인, 캐스, 『넛지: 똑똑한 선택을 이끄는 힘』, 안진환 옮김, 리더스북, 2009.
퍼거슨, 제임스, 『분배정치의 시대』, 조문영 옮김, 여문책, 2017.
핑가레트, 허버트, 『공자의 철학: 서양에서 바라본 예에 대한 새로운 이해 』, 송영배 옮김, 서광사, 1991.
하버마스, 위르겐, 『현대성의 철학적 담론』, 이진우 옮김, 문예출판사, 1994.
한비자, 『한비자 1』, 이운구 옮김, 한길사, 2003.
헨리 임, 「근대적·민주적 구성물로서의 '민족': 신채호의 역사서술」, 신기욱 · 마이클 로빈슨 엮음, 『한국의 식민지 근대성』, 도면회 옮김, 삼인, 2006.
헤겔, G. W. F., 『역사철학강의』, 김종호 옮김, 삼성출판사, 1995.
황태연, 『감정과 공감의 해석학 1』, 청계, 2014.

Kant, I., *Kant's Gesammelte Schriften*, hg. v. der Königlich Preußischen Akademie der Wissenschaften, Bd. XV, Berlin und Leibzig 1902ff..
Li, Chenyang, "The Confucian concept of Jen and the feminist ethics of care", *Confucian Studies. Edited by Xinzhong and Wei-ming Tu, Volume 4. Reinterpreting Confucian Ideas*, London and New York: Routledge, 2011.
Wing-tsit, Chan, "The Evolution of the Confucian concept of Jen", *Confucian Studies. Critical Concepts in Asian Philosophy*, London and New York: Routledge, 2011.

제2부

5

참요, 감성적 근대성의 한 징후

- 조선후기 공감장의 형성과 트쟁을 중심으로

조태성

머리말

주지하다시피 참요란 시대의 변화 혹은 정치적 징후를 예언하거나 암시하는 노래이다. 따라서 참요는 주로 특정한 시·공간에서 불릴 수밖에 없다. 이 글에서는 그러한 특정 시·공간을 동학농민혁명으로 상정하고, 당시 불렸던 참요를 통해 '공감장(共感場)'[1]의 형성과 투쟁의 과정을 재구성해보고자 한다. 이 글에서 '공감장'을 연구의 한 방식으로 삼는 까닭은 공감이 더 이상 일상적 개념으로만 머물지

1 이 이론에 대해서는 제2장에서 서술하기로 한다. 현재 전남대학교 호남학연구원 감성인문학연구단에서 새로운 삶의 형성과 모색을 위한 일종의 대안적 근대성을 찾기 위해 시도되고 있는 이론이라고 할 수 있다.

않고, 그것이 우리 사회를 보다 더 적극적으로 구성하고 지탱할 수 있도록 작동해온 또 다른 메커니즘의 하나라고 보기 때문이다.

그러므로 공감장은 한 사회 혹은 공동체의 구조와 작동 방식을 설명하는 하나의 개념이 될 수 있다. 그리고 그것이 '근대적' 삶을 지향하는 한 가지 방식이었음을, 즉 근대화의 자장 아래 흔적도 없이 포획되어 버렸던 또 다른 근대성의 한 징후였음을 밝히고자 하는 입론이 될 수도 있다. 굳이 다중근대 등등의 개념에 연연할 것도 없이, 또한 그런 개념으로는 설명할 수 없었던 감성 혹은 감성적인 것들[2], 감성적인 행위들을 전면에 드러냄으로써 근대성을 설명하는, 그리고 '지금, 여기'를 설명할 수 있는 하나의 시도라는 것이다. 물론 참요는 이러한 감성적 근대성으로서의 공감장의 구성에 결정적 역할을 담당했던 문학적·문화적 매개체로서 그것 자체의 문학사회학적 의의를 찾는 것도 이 글의 주요 목적이라고 할 수 있다.

이를 위해 제2장에서는 우선 공감장에 대한 대략적인 개념과 그 구성 요건들, 그리고 그런 사례로서의 동학농민혁명에 대해 개괄할 것이다. 이어 제3장에서는 공감행위의 구체적 사례 중의 하나로 참요를 언급할 것이다. 특히 이 장은 기존 공론장의 구성 요건으로는 설명할 수 없는 부분, 예를 들어 '문자'가 전제되지 않는 한 이루어질 수 없는 '유통'의 측면을 노래를 통해 담당할 수 있었다는 사실 등을 집중적으로 언급하고자 한다. 이는 문자를 점유하는 하나의 계층적 층위에서가 아니라 노래할 수 있는 모든 층위에서의 공감적 사회구조화 가능성을 입증하는 길이기도 할 것이다.

---

2 이에 대해서는 조태성(2015), 「감성발현체로서의 시조의 역동성」, 『시조학논총』 42집, 한국시조학회, 96쪽에 보다 자세하다.

공감장의 형성과 노래의 역할

■ 18~19세기 종교공동체의 형성과 종교가사

이 글에서 말하는 공감장sympathetic field(共感場)이란 한 마디로 '차이들의 마주침'이 끊임없이 교차하는 공간이라고 할 수 있다. 여기에서 '차이'의 층위는 '삶'에 귀속되는 모든 것이다. '삶'이라는 단어 앞에 올 수 있는 모든 수식어와 관련된 층위를 아우른다는 것이다. 예를 들어 정치적 삶 혹은 사회적 삶, 윤리적 삶 등등의 수식어들이 가지고 있는 층위 내부에서 일어나는 '마주침'이라는 의미이다. 이런 마주침의 과정에서 작게는 개인의 감성이 소통되고 공유되며, 크게는 사회적인 감성을 형성시킬 수 있는 유·무형의 공간이라고 할 수 있다.

나아가 언제나 사적인 영역에서 개인적으로 촉발되는 감정이 내면에 머물지 않고 사회적 차원에서 감정의 교통(交通)과 공유(共有)가 이루어지게 하는 어떤 영역이라고도 할 수 있을 것이다. 즉, 공감장은 "일차적으로 사회적 감성이 갖는 동시성, 상호성, 횡단성을 설명하기 위한 개념이다. 더 나아가 한 사회 및 역사의 동역학을 추동하는 인간 행위의 내적 동인을 감성론의 차원에서 포착하기 위한 분석적 또는 비판적 개념"[3]이라고 할 수 있다.

공감장을 구성하는 가장 기본적인 기제나 행위로는 '공론(公論)', '공감(公感)', '교감행위(交感行爲)' 등을 들 수 있으며, 그것을 통해 비로소 공감sympathy(共感)이 구조화된다고 할 수 있다. 이 중 구체적으로 목도할 수 있는 마주침의 기제는 '공론(公論)'이다. 공론이란

3 전남대학교 감성인문학연구단(2017), 『공감장이란 무엇인가』, 도서출판 길, 11쪽.

사회 일반의 공통된 의견을 의미한다. 그러나 지금 그것이 '공통된' 의견인지에 대해서는 재고해 볼 필요가 있다. 그것이 반드시 '일반적인' 현상이라고 보이지는 않으며, 오히려 '특정적인' 현상이라고 보이기 때문이다.[4] 사실 공론과 공감이 이분법적으로 명확하게 구분되는 것은 아니다. 공론과 공감은 서로 중첩되고 교차하면서 상호 보완적인 관계를 이룬다. 이른바 내부감각인 공감이 외적으로 구체화된 형태가 공론이라고 할 수 있다.[5]

이렇게 마주침의 층위가 다르다는 점을 인정하고 그것들과 끊임없이 소통하려는 시도 혹은 그런 방식들에 의해 비로소 공감(共感)은 구조화된다. 그리고 그런 시도나 방식들이 교감행위가 될 수 있다. 물론 공감은 교감과는 분명 다른 어떤 것이다. 구조화된 공감은 그것을 지속시키고 제도화시키기 위해 모종의 공론(公論)이 필요할 수도 있다. 즉, 공감이 형성되고, 이어 이에 대한 적극적인 소통과 공유의 과정이 결합하면서 공감장의 토대가 구축될 때 다시 새로운 공론이 생성될 수 있다는 것이다. 이런 양상에 대한 대표적인 사례가 종교공동체 혹은 종교적 공감장이 될 수 있지 않을까?

이 지점에서 그런 공동체 혹은 공감장들을 구조화하는 일이 곧 당대 사회를 재구조화하는 하나의 대안적 방식이 될 수도 있을 것이다. 왜냐하면, "공감장은 감성의 사회적 성격을 해명하면서 동시에 한 사회의 변화와 발전을 담보하는 인간의 감성적 동인을 분석·비

4 이런 현상의 원인에 대해서는 좀 더 다각적인 분석이 필요할 것이다. 그러나 필자는 현재 이런 현상이 일반으로부터 분리된 '특정 여론조직기구들'로부터 형성된다고 본다. 결코 '우리 편'이라고 보지 않는 현대적 언론매체들이 가장 대표적일 것이다.

5 전남대학교 감성인문학연구단, 앞의 책, 47쪽.

판하기 위해 고안된 개념"[6]인 까닭에 그 자체로 분석적이고 비판적인 개념이며, 또한 구성적 개념이 될 수 있기 때문이다.

18~19세기 조선사회에서 가장 주목되는 종교공감장은 서학(西學)과 동학(東學)이다. 이 중 "서학은 천주교이다. 18세기 조선사회는 새로운 가치체계를 갈망하였고, 새로운 돌파구를 필요로 하였다. 이러한 시대적 배경은 서학이라는 학문이 점차 신앙으로 발전하여 천주교라는 종교문화가 형성되"[7]게 한 요인이었다고 보인다. 주지하다시피 천주교는 그 정착의 과정에서 기존 민간신앙뿐만 아니라 유교와 불교의 사상적 요인 또한 배제하지 않았다. 험난한 박해의 과정을 거치긴 하였지만 그 와중에도 천주교에서는 교리의 전파를 통한 교세의 확장을 멈추지 않았다. 사실 이런 과정에서 결정적인 영향을 끼쳤다고 보이는 것이 바로 '노래'이다.

일반적으로 천주가사는 "교우들의 신심과 교리실천을 강조하기 위한 목적으로 탄생되어, 천주교의 포교를 위해 활용되었다. 선현들은 조선시대의 사회상과 천주교의 교리를 위반하지 않는 범위에서 가장 최상의 방법인 노래문화를 형성하고, 우리의 민족성을 토대로 변화 발전"[8]시켰다고 보인다. 종교로서의 이질감을 해소하기 위해 가장 친근하고 효과적으로 다가갈 수 있는 가사문학을 선택하였던 것이다. 또한 "천주교 사상을 우리의 정서에 맞는 律調와 언어로 표현하여 천주가사를 창작하여 전파하였다. 교리와 교훈의 설명에도 유학의 경전이나 동양사상을 인용하여 引儒論的 표현으

---

6 전남대학교 감성인문학연구단, 같은 책, 15쪽.

7 이권형(2013), 「18・19세기 천주가사 연구」, 서울시립대학교 석사학위논문, 10쪽.

8 강영애(2012), 「노래로 불려 진 천주가사의 음악적 특징」, 『국악원논문집』 26, 국립국악원, 97쪽.

로 우리의 정서적 감정을 최대한 배려하는 모습으로 다가갔다. 방대하고 건조한 종교사상을 토착화하여 집약적으로 구현"[9]하였다고 볼 수 있다. 다음 <천주공경가>에서도 볼 수 있듯이 천주가사는, 비록 초기 작품이기는 하지만, 유교문화에 기반한 효와 충의 정신을 비교적 충실히 표방하고 있다.

> 어화세상 벗님ᄂᆡ야 이네말ᄉᆞᆷ 드러보쇼 지본에ᄂᆞᆫ 어른잇고 ᄂᆞ라에ᄂᆞᆫ 임군있네 네몸에ᄂᆞᆫ 령혼있고 ᄒᆞᄂᆞᆯ에나 텬쥬있네 부모의게 효도하고 임군에난 충셩ᄒᆞ네 ᄉᆞᆷ강오륜 지켜가ᄌᆞ 텬쥬공경 읏듬일세 이ᄂᆡ몸은 죽어저도 령혼남아 무궁ᄒᆞ다 인륜도덕 텬쥬공경 령혼불멸 모르며는 사ᄅᆞ셔ᄂᆞᆫ 목셕이요 주거서난 듸옥이라 텬쥬잇다 알고서도 발ᄉᆞ공경 ᄒᆞ지마쇼 알고서도 아니ᄒᆞ면 죄만점점 싸인다ᄂᆡ 죄짓고서 두러운ᄌᆞ 텬쥬없다 시비마쇼 아비업ᄂᆞᆫ ᄌᆞ식밧나 야의없ᄂᆞᆫ 음듸잇ᄂᆞ 임군용안 못비앗다 ᄂᆞᄅᆞ빅성 아니런가 텬당지옥 가보왓나 셰ᄉᆞᆼᄉᆞ롬 시비마쇼 잇ᄂᆞᆫ텬당 모른션비 텬당업다 어이아노 시비마쇼 텬쥬공경 미더보소 ᄭᆡ다르면 영원무궁 영광일셰
>
> <천주공경가>[10]

이 노래는 크게 두 개의 축으로 구성된다. 먼저 유교의 효와 충, 즉 삼강오륜을 내세우면서, 다음 이를 토대로 천주공경을 표방한다. 과거의 신분제도와 그로 인해 굳어진 여러 가지 부정적 삶의 방식들을 전면에 내세우기보다는 차라리 낡았지만 익숙해져버린 가치를 그대로 인정하면서 그 가운데 천주를 결합시키는 방식이라고 할 수 있다. 이는 종교가 주는 새로운 역할 아래에서 기존과는 다른 충격으로 사람들을 결속시키며 연대하게 하는 일종의 공감적 방식

---

9 이권형, 앞의 논문, 72쪽.

10 임기중(2005), 『한국가사문학주해연구』 16, 아세아문화사. 이하 이 글에서 인용하는 가사작품의 원문은 모두 이 책에 의한다.

이라고 할 수 있다. 그런 까닭에 이러한 연대를 형성할 수 있게 하는 가능성을 필자는 노래를 통한 공감에서 찾고자 하는 것이다.

한편, 동학은 동양의 전통 철학인 유교를 배경으로, 불도(佛道)와 선도(仙道)의 철학을 차용하여 '인간의 주체성과 평등성'을 강조한 민족 고유의 신앙이자 사상이다. 수운 최제우(1324~1864)가 창시하였다. 창도 이후 동학의 포덕은 혼탁한 사회에 신음하던 농민층에 커다란 희망이 되어갔다. 또한 농민층과 친화력이 강했던 동학은 몰락양반과 지식층에서도 호응자가 많았다고 한다. 왜냐하면 동학이 당시 지향점을 잃은 유교정치이념의 한계를 극복하여 민중의 지도 이념을 제시한 데 있었던 까닭이 아닌가 한다. 변화된 민중에게 새로운 윤리관과 위협적인 서학에 반하여 고유의 전통적인 샤머니즘이 결합한 주체의식이 있었다. 특히 혁명사상이었고, 외세위협에 대항하려는 저항의식이 있는데다 현실부정적인 예언사상이 곁들여진 민족인 종교사상을 창도하였기 때문이라고 하겠다.[11] 이러한 동학사상의 면모는 최제우 자신이 지은 여러 가사작품에도 그대로 투영되어 있다.

> ᄋᆡ달하다 ᄋᆡ달하다 너의음ᄒᆡ ᄋᆡ달하다 우리야 뎌럴진ᄃᆡ 머존은 세월에도
> 괴질바릴 졍이업다 쒸고보고 죽고보세 ①요악ᄒᆞᆫ 고인물ᄃᆡ 할말이 바이업셔
> 셔학이라 일홈하고 왼동ᄂᆡ 웨ᄂᆞᆫ말이 사막년 뎌인물이 셔학에나 쓰잡힐ᄭᆡ
> 그모르ᄂᆞᆫ 세샹ᄉᆞᄅᆞᆷ 그걸노셔 말이라고 춰켜들고 하ᄂᆞᆫ말이 용담의ᄂᆞᆫ 명인나셔
> 범도되고 룡도되고 셔학에ᄂᆞᆫ 용터라고 죵죵거름 치ᄂᆞᆫ말ᄅᆞᆯ 력력히 못하너라
> 거록ᄒᆞᆫ 내집부녀 이글보고 안심하소 ②소위셔학 하ᄂᆞᆫ사ᄅᆞᆷ 암만봐도 명인업네
> 셔학이라 일홈하고 내몸발쳔 하렷던가 ③초야에 무친사ᄅᆞᆷ 나도ᄯᅩᄒᆞᆫ 원이로다

11 최효식(1998), 「수운 최제우의 생애와 사상」, 『동학연구』 2집, 한국동학학회, 54~55쪽.

하늘님게 밧은ᄌᆡ됴 만병회츈 하지마는 이내몸 발쳔되면 하늘님이 주실ᄂᆞᆫ가
주시기만 줄족시면 편작이 다시와도 이내션약 당홀손야 만셰명인 나ᄲᅮᆫ인다
가련하다 가련하다 아국운수 가련하다 젼셰임진 몃힐넌고 이ᄇᆡᆨᄉᆞ십 안일넌가
십이제국 괴질운수 다시ᄀᆡ벽 안일넌가 요순셩셰 다시와셔 국태민안 되지마ᄂᆞᆫ
긔험하다 긔험하다 아국운수 귀험하다 ④ᄀᆡ갓ᄒᆞᆫ 왜적놈아 너의신명 도라보라
너의역시 하륙ᄒᆡ셔 무슨은덕 잇셔던가 (중략)
내집부녀 긔장하다 내가ᄯᅩᄒᆞᆫ 신션되야 비샹텬 ᄒᆞᆫ다ᄒᆡ도 ᄀᆡ갓ᄒᆞᆫ 왜적놈을
하늘님게 조화밧아 일야간에 쇼멸하고 젼지무궁 하여노코 ⑤대보단에 ᄆᆡᆼ셔하고
한의원슈 갑허보세 즁슈ᄒᆞᆫ 한의비각 헐고나니 초개갓고 붓고나니 박살일셰

<안심가> 中

요박ᄒᆞᆫ 이셰상에 불망기본 하여셔라 임군의게 공경하면 츙신렬ᄉᆞ 안일넌가
부모님게 공경하면 효ᄌᆞ효부 안일넌가 슯흐다 셰상사ᄅᆞᆷ ᄌᆞ셰보고 공경하쇼
나도ᄯᅩ한 츌셰후에 죠실부모 안일넌가 정셩공경 업셔시니 득죄부모 안일넌가
나도ᄯᅩ한 츙렬손이 초야에 ᄌᆞ라나셔 군신유의 몰나시니 득죄군왕 안일넌가
허송셰월 지ᄂᆞ나니 거연ᄉᆞ십 되엿더라 ᄉᆞ십평싱 이ᄲᅮᆫ인가 무가내라 할길업ᄂᆡ
⑥하원갑 경신년에 젼ᄒᆡ오는 셰샹말이 요망ᄒᆞᆫ 셔양적이 즁국을 침범ᄒᆞ셔
텬쥬당 놉히셰워 거소위 하ᄂᆞᆫ도를 텬하에 펼나하니 가쇼절챵 안닐넌가

<권학가> 中

위 <안심가>는 당시 사회적으로나 정치적으로 또는 종교적으로 불안해하던 부녀자들을 안심시키기 위해 지은 노래이다. 여기에서 최제우는 득도한 뒤 하늘에서 물형부(物形符)를 받아 이를 그린 종이를 먹고 선풍도골(仙風道骨)이 된 자신을 오히려 서학(西學)을 한다고 비난하는 사람들을 비판한다. 이어 왜적에 대한 적개심을 토로하면서 자신이 곧 왜적을 쓸어버리고 우리나라의 운수를 보전할 몸임을 밝히고, 따라서 부녀자들은 안심해도 좋다고 설득한다.[12]

12 임기중, 앞의 책 2, 95쪽 참조.

계속해서 위 노래 <안심가> ①과 ②에는 서학에 대한 최제우의 생각도 담겨 있다. 요망한 것들이 아무런 생각없이 서학이라고 이름하고는 그것으로 세상을 현혹시키고 있으며, 나아가 서학하는 사람들은 세상을 구제할 능력이 없으니 안심하라고 말하고 싶은 것이다. ③은 자신이 서학을 하고 있다는 세상 사람들에게 자신은 서학하는 사람이 아니라는, 오히려 초야에 묻혀 세상의 앞길을 열어 무극대도를 펼치고 싶다는 소원을 말한다.

이 노래에는 서학에 대한 배격뿐만 아니라 외세 배격에 대한 의지도 강하게 나타나 있다. ④에서는 '개 같은 왜적놈'을 들어 나라의 운명이 험악한 지경에 이르렀음을 설파한다. 비록 수 백 년이 지나기는 했으나 지난 임진년의 치욕을 상기시키고 있음이다. ⑤는 일본뿐만 아니라 청나라에 대한 원한까지 이야기하고 있다. '한의'는 우리나라를 침략했던 청나라 우두머리를 지칭하는 명칭으로, 그들이 중수한 비각을 헐어버리자고 함으로써 청나라에 대한 동학의 입장을 대변한다고 볼 수 있다.

다음 작품 <권학가>의 ⑥에는 서양에 대한 배격 의지가 드러난다. '서양적'들이 중국을 침범하면서 앞세운 것이 '천주당' 즉 서학이었고, 이를 통해 이른바 '도'라는 것을 설파하려는 그들의 의도가 너무 우스워 창자가 끊어질 지경이라는 것이다. 이 구절로만 보더라도 당시 서학과 외세에 대한 동학의 입장이 매우 분명했음을 알 수 있다.

최제우는 일본과 청나라가 우리의 역사에서 임진왜란과 정묘, 병자호란이라는 치욕과 굴종을 겪게 한 장본인이었고, 당시에도 위협적인 존재였기 때문에 동서를 막론하고 외세는 배격되어야 한다고 보고 있었다. 특히 왜에 대한 증오는 임진왜란이라는 역사적 사건에서 기인하는 것이다. 당시는 임진년의 과거가 아니라 현실에서 위협이 되고 있었기 때문에 이 구절은 혁명하던 동학군에게 더욱 큰 힘이 되었을 것이다.[13] 이처럼 서학과 외세 배격에 대한 그의 사상은 이후 동학이라는 종교공감장의 한 특성을 규정하는 주요한 요소가 된다.

이상의 노래들에서 필자는 공감장의 형성이 특정 공론에 의한다기보다는 기존 공감장들이 가지고 있던 가치를 수용하거나 변용하면서 설득하는 과정을 통해 재구성되는 양상을 포착할 수 있었다. 즉, 모든 공감장들의 공론은 곧 여론이 될 수 있으며, 이런 과정을 비교적 수월하게 포착할 수 있게 해주는 매개가 바로 당대의 종교가사일 수도 있음을 살폈다. 이렇게 종교가사는 특정 공론의 공고화와 그로부터 비롯하는 공감의 지속성, 그리고 구성원들 사이의 연대감을 고취하기 위한 매우 효과적인 수단이었음을 어렵지 않게 짐작할 수 있을 것이다.

공감장은 어떤 경우 추상적 시간이자 공간일 수도 있다. 어떤 장(場)들은 그 한자의 표상적 의미와는 달리 특정 장소나 공간에 구성되는 것이 아니라 시간의 흐름 속에서 구성될 수 있는 것이고, 이렇게 '흐름'의 과정에서 생겨나는 파장들을 추상적인 공간이라고 말할 수도 있다는 것이다. 때로 이런 공감장들은 역사적 사실에 의해 구체적인 실체로 드러날 수 있다. 19세기 조선의 '~파(派)'들도 그런 사례라고 볼 수 있다. 다음 장에서는 이러한 사례들을 개괄하면서 공감장의 형성과 투쟁의 양상을 살펴보기로 한다.

13 정재호(1994), 「동학가사(東學歌辭)와 동학혁명(東學革命) - 『용담유사』를 중심으로」, 『고전문학연구』 9, 한국고전문학회, 201쪽.

■ 공감장으로서의 동학과 동학농민혁명

19세기 말 조선에서는 '서세동점'에 대해 세 가지 서로 다른 사상과 운동이 일어나 각축하면서 '서세동점'의 위기를 극복하려 했다. 우선, '서세동점'의 위기에 가장 적극적으로 대응하려 했던 세력은 조선왕조의 젊은 양반 관료들과 실학자의 후손 등이었다. 김옥균과 박영효를 비롯한 양반 관료, 북학파 실학자 연암 박지원의 손자인 박규수 등이 손잡고 서구 문명을 적극적으로 도입하여 조선을 개혁해야 한다고 주장했던 개화파가 있다. 다음으로, 재야(在野)의 양반 지식인들이 중심이 된 위정척사파이다. 이들은 위정척사운동을 통해 서구문명의 제국주의적이며 침략적 성격에 적극적으로 반대하는 동시에, 조선왕조의 지배이데올로기인 주자학(朱子學)의 수호를 통해 서세로부터 조선을 지키고자 했다. 이들 개화사상과 위정척사사상은 서세=유럽문명에 대해 정반대의 입장을 취했지만, 양자 모두 지배엘리트층이 주도했다는 공통점이 있다.[14]

이 양자에 대해 민중층을 중심으로 형성되고 전개된 사상이 바로 동학사상과 동학농민혁명이다. 동학을 세운 최제우는 몰락양반의 서자로서 평민이나 다름없는 신분이었고, 그 덕분에 동학은 창도 초기부터 민중층으로부터 대대적인 지지를 받았다. 전봉준은 동학이 창도된 지 2~30년이 흐른 뒤인 1880년대 후반(또는 1890년대 초반)에 동학에 입도(入道)하여 1892년경에는 전라도를 대표하는 동학 지도자의 한 사람으로 성장하게 되는데, 그가 주목한 동학사상은 개화사상이나 위정척사사상과는 달리 서구문명에 대해 '균형 잡

14 박맹수(2003), 「'녹두장군' 전봉준과 다나카 쇼조의 '공공적' 삶」, 『인문연구』 69, 영남대 인문과학연구소, 10~11쪽. 참조.

힌' 이해를 보여 주고 있다.[15]

주목할 점은 이들 시기보다 앞서 서학이라는 뚜렷한 사상 혹은 종교가 형성되어 있었다는 점이다. 서학은 병자호란 이후 소현세자로부터 시작된다고 볼 수 있다. 서양의 과학기술문명과 한역서학서 등을 중심으로 도입되기 시작하였다. 이후 18세기 중반에는 실학파 유학자들에 의해 그 종교성 측면에서 배격하자거나 반대로 정신적 실천 종교로 받아들이자는 두 가지 양상으로 전개되었다. 그런데 서학에 비교적 온건했던 정조의 죽음 이후 반천주교적 성향을 지닌 벽파(僻派)가 등장함으로써 19세기에 즈음하여 서학은 박해의 대상이 된다.

이러한 시대적 배경을 토대로 앞서 말한 공감장의 관점에서라면 이 시대에는 우선 '서학'이라는 종교적 공감장, 그리고 이후 '개화파'와 '위정척사파'라는 두 개의 거대 공감장이 이미 형성되어 있었고, 이에 더해 동학이라는 새로운 공감장이 형성되고 있었음을 알 수 있다. 앞서 형성된 세 개의 공감장은 엘리트 지배계층에 의해 형성되었다. 다른 점이 있다면 외세에 대응하는 그들의 태도, 즉 개화냐 위정척사냐였다. 서학은 물론 그들에게서는 외세의 하나로 취급되었다. 따라서 그 태도들은 그들 각각의 공론(公論)에 다름 아니었으며, 그 공론에 공감하는 사람들이 각기 다른 그들만의 공감장을 형성했다고 볼 수 있다.

여기에 새로 가세한 "동학은 서세=유럽문명에 대해 '운수' 즉 시대적 요청이라는 점에서 동학과 하나요, 보편적인 진리를 추구한다는 점에서 동학과 그 길이 같지만, '이치' 즉 그 보편적인 진리가

15 박맹수(2003), 위의 논문, 11~12쪽. 참조.

구현되는 시공간이라는 구체적 상황은 다를 수밖에 없다고 함으로써 서세=유럽문명이 지닌 보편성은 긍정하면서도, 시공간이 서로 다르다고 하는 구체적 상황을 무시하고 일방적으르 보편성을 강요하는 것에 대해서는 비판적인 관점을 표방함으로써 서세=유럽문명에 대해 개화사상이나 위정척사사상과는 그 위상을 달리하고 있다. 이렇게 서세=유럽문명에 대해 '균형 잡힌' 관점을 가진 가운데, 민중층을 기반으로 삼아 성립된 동학은 불행하게도 개화 사상가 및 위정척사 사상가 양 측의 견제와 탄압 속에서 공인받지 못했다. 특히 동학사상과 동학의 조직을 기반으로 전봉준이 최고지도자가 되어 전개한 1894년 동학농민혁명은 개화와 척사 양 측으로부터 탄압"[16]받기도 하였다.

동학에 대한 탄압은 경주진의 김영장이라는 자가 사교(邪敎) 금압책에 따라 가장 먼저 최제우를 체포한 일로부터 시작된다. 이때 최제우의 석방을 호소하기 경주진에 몰려든 교도가 거의 천여 명에 이르렀다고 한다. 이후 최제우는 교세의 확장과 더불어 동학의 포교를 위해 접주제(接主制)를 실시한다. 일종의 세력화를 도모함으로써 정치에서도 위압적인 세력으로 등장하게 된 것이다. 사실 "동학사상은 사회개혁의 원리, 정치혁명의 원리가 될 수 있는 가능성을 지니고 있었으나 당시 유교적 관념 속에서 이를 신봉하고 있던 기존의 사회체제는 사회개혁 및 혁명을 제시한 동학사상을 받아들일 수 없었다. 동학의 개벽사상은 독선적이고 자기 과시적이며 기존의 질서를 파괴하는 것으로 인식되어 핍박을 면하지 못했"[17]던

16 박맹수(2003), 같은 논문, 같은 쪽.

17 최혜경(2002), 「동학의 사회개혁사상과 동학농민혁명의 전개」, 『동학연구』 12집, 한국동학학회, 60쪽.

것이다.[18]

이후 동학은 1894년 전봉준(全琫準) 등이 주도한 대규모 농민봉기에도 큰 영향을 끼쳤는데, 동학과 이 사건의 관계에 대해서는 여러 가지 견해가 있다. 동학이 주체가 되어 농민봉기가 일어났다는 견해에서는 이 사건을 '동학혁명', '동학운동' 등으로 표현한다. 반대로 동학은 종교적 외피에 지나지 않았으며 봉건사회와 외세의 수탈에 맞선 농민의 항쟁이 주된 측면이었다는 견해에서는 '동학'이라는 표현을 넣지 않고 '1894년 농민전쟁', '갑오농민전쟁' 등으로 표현한다. 그리고 반봉건·반외세의 농민전쟁이 주된 측면이지만 동학이 조직 동원이나 사상에 미친 영향도 무시해서는 안 된다는 견해에서는 '동학농민전쟁', '동학농민운동' 등으로 표현하기도 한다.[19] 그런데 동학농민혁명에 관한 명칭이 이처럼 다양하다는 것은 그만큼 특정한 어떤 공감의 장이 다양하게 형성되었다는 의미가 아닐까 한다.

그런 측면에서 공감장은 항상 중층이고 교집합이다. 그리고 이들의 교집합은 구성원으로서의 '계층'에 의하는 경우가 일반적이다. 하나의 공감장 내부에서 설령 공론이 크게 다르지 않더라도 계층의 문제는 또 다른 공감장을 형성시키며 기존의 공감장과 투쟁하게 될 수도 있다. 외세에 대한 동학의 공론은 위정척사파의 공론과 크게 다르지 않았음에도, 앞서 말했듯이 동학은 이들에 의해 철저

18 당시 유교 이념의 한계를 극복하고 새롭게 민중의 지도이념을 제시하였던 동학은 이후 단순한 종교의 포교운동에 그치지 않고 이후 일련의 동학운동 곧 복합상소, 교조신원운동을 통한 조직적이 운동을 거치면서 점차 정치운동으로 성장해 나갔다고 보는 견해도 있다(최혜경, 위의 논문, 61쪽).

19 이영호(2016), 『동학사상과 조선 농민혁명전쟁』, 동인통문, 20~26쪽.

히 배척되었다는 사실이 이를 말해준다.

요컨대 복잡다단한 시대 상황과 그에 대처하는 방식에 의해 당대의 '지금'은 언제나 몇 개의 뚜렷한 거대 공감장을 형성시킨다. 개화파, 위정척사파, 서학, 동학이라는 이름의 공감장들은 한 편에서는 서로 얽혀있으면서도 또 다른 한 편에서는 배제하고자 있었다. 중층의 양면성이다. 동학이 다른 공감장들의 공론에 의해 '도적'으로 규정된 것처럼, 그들에 의하면 동학은 해체되어야 할 공감장이었고, 결국 실패한 공감장이었을 수도 있다.

그러나 그들이 내세운 공론들의 성격에 따라 그것이 함의하거나 혹은 지향했던 가치들도 함께 실패했다고 볼 수는 없다. 동학공감장이 천명했던 공론의 기저가 기존 공감장에서는 볼 수 없었던- 아니면 보지 않았거나 볼 필요가 없었던- '새로운' 계층에 기반하고 있다고 보기 때문이다. '그저 사람'에서 '평등한 사람'으로 나아가려는 '새로운 계층'의 움직임이 동학공감장의 공론에 공감을 부여하는 자발적 욕망, 즉 기존 공감장의 입장에서 보자면 결코 생겨나서는 안 되는 파괴적 욕망에 기반하고 있다고 보기 때문이다.

물론 공감장은 영원불변한 것이 아니다. 그 투쟁의 동력이 다했을 때 공감장 또한 사라지고, 그로부터 또 다른 공감장이 그 자리를 대신한다. 또한 공감장의 구성원은 하나의 공감장에 속하는 것만은 아니다. 공론에 의한 공감장에 속해 있는가 하면, 사적 감정이나 교감 등에 의해 형성된 공감장에 속하기도 한다. 그러므로 구성원의 관점에서 하나의 거대 공감장은 또 다른 공감장들을 포섭할 수 있다. 그런 까닭에 공감장은 언제나 중층이다. 감성적 근대성의 한 징후는 이러한 '중층'의 양상을 효과적으로 증명하는 것에서 포착될 수 있다는 것이 이 글의 관점이기도 하다.

나아가 구성원의 입장에서 공감장의 공론에 대한 효용성이나 신뢰가 사라졌을 때, 그들은 더 이상 그 공감장의 구성원이 아니다. 이들은 또 다른 공감장을 선택할 수도 있고, 자신들만의 공감장을 형성할 수도 있다. 그리고 다시 새로운 투쟁을 시작하게 되는 것이다. 투쟁은 곧 공감장의 생존 방식이다. 하나의 공감장 내부에서 구성원들 사이의 투쟁은 공론을 만들어가는 과정이다. 그리하여 공감장들 사이에서의 투쟁은 공론의 투쟁이 되는 것이다.

감성적 근대성의 한 징후, 참요

위르겐 하버마스가 지적한대로, "공론장이 되려면 조직(협회), 정보 생산 기제(신문과 팸플릿)와 유통 네트워크(시장과 상점, 유통망), 정보가 함축하고 지향하는 가치관 또는 계급 이해(자유주의와 민주주의), 그리고 계급 이해를 발전시키는 지적 기구들(대학, 학교, 강습소)이 일사불란하게 연결되어 작동해야 한다. 계급 이해를 어떻게 누가 대변하는지, 부르주아적 세계관을 누가 재생산하고 유통하는지, 대립 계급들의 억압과 방해에 부르주아 계급이 어떻게 대응하는지를 상세히 분석해야 공론장의 형성을 입증할 수 있다."[20]는 관점은 타당하다고 보지만, 또한 지엽적기도 하다. 이름 그대로 '부르주아'에 한정되는 구조라고 보기 때문이다.

사실 '조직, 정보 생산 기제, 유통 네트워크, 가치관(계급이해), 지적 기구'들이라는 공론장의 형성 요건들이 공통적으로 전제하고 있

20 위르겐 하버마스(2002), 앞의 책. 송호근(2013), 『시민의 탄생』, 민음사, 453쪽. 재인용.

는 것은 '문자와 그것의 습득'이라고 할 수 있다. 그러므로 문자가 발명되기 이전의 시대, 혹은 그런 문자가 보편화되지 않은 시대의 공론장을 상상할 수 없다. 이러한 공론장의 형성 요건들과는 달리 공감장은 굳이 문자를 전제하지 않는다. 또한 위와 같은 요건들을 굳이 갖추지 않더라도 그런 요건들이 담당하는 역할을 거칠게나마 수행한다. 계급을 포괄하는 방식으로, 그런 구체적인 계급들이 구성했던 공론장들을 포괄하는 방식으로 새로운 공감장을 형성시키는 것이다.

이때 주요한 매개로 작동될 수 있는 것 중의 하나가 '노래'이다. 공론장이 아닌 공감장 내부에서 노래는 문자를 전제하지 않아도 조직을 구성하게 하며, 계급의 가치관을 반영시키고, 스스로 유통되어 그 파급력을 높이기도 한다. 그 실례로 우리는 동학농민혁명을 전후하여 유행했던 참요를 들 수 있다. 공감장들 사이의 투쟁, 예를 들어 기존 공감장과 직접적으로 반대되는 공감장이 형성되는 것만으로 투쟁은 시작되지만, 그 공감장의 영역이 기존 공감장의 영역을 위협할 정도로 확대되면 그때 발생하는 것이 바로 혁명이거나 봉기이거나 전쟁일 수 있다. 당대 참요는 이런 투쟁의 전조를 말해주거나 특정 공감장 내부의 욕망을 직접적으로 표출하는 한편 투쟁의 결과를 예지하는 역할을 담당했다고도 보인다.

대개 특정 사건에 대해 특정 참요가 존재하기 마련인데, 특히 동학농민혁명의 경우엔 다양한 참요가 존재한다. 동학 자체가 가진 다양성, 예를 들어 공론의 다양성들 즉 외세 배격, 서학 배격 등에서 비롯하는 면도 있겠지만, 그보다는 동학농민혁명을 통해 달성하고자 했던 민중들의 다양한 욕망에서 비롯한 까닭이지 않을까 한다. 동학이라는 거대 공감장 내부에 존재하는 수많은 공론장에서 각기 비롯하는 공론의 징후나 예언, 결과로서의 참요의 텍스트성을 말하고 싶은 것이다.

참요란 시대의 변화나 정치적 징후를 예언하거나 암시하는 민요이다. 도참사상을 토대로 형성된 민요로서, 이 중 참언을 노래로 부른 것이 참요이다. 이 용어는 근래에 학자들이 내세운 것으로 옛 문헌에서는 이런 노래를 '동요'라고 일컬었다. 대표적인 노래로는 조선초 정도전의 죽음을 암시한 <남산요>, 동학농민혁명 당시 불렸던 <파랑새요>, <녹두새요> 등이 있으며, 고대·중세시기에 전쟁이나 변란, 왕권 교체기 등 주로 사회가 혼란할 때 나타난다.

이 중 특히 민중봉기와 관련된 참요로는 홍경래가 난을 일으키기 전 해에 나돌았던 <홍경래난요>가 있다. 그리고 동학농민혁명과 관련된 노래로는 <가보세요>·<녹두새요>·<파랑새요> 등이 있다. <가보세요>는 '가보세 가보세 을미적 을미적 병신되면 못간다'라는 가사로 동학농민혁명이 일어나기 전에 혁명 자체를 예언했다든지 병신년에 이르러 거사가 실패하리라는 것을 예언한 참요로 보기도 한다. <녹두새요>·<파랑새요>는 전주 고부 녹두새 또는 파랑새에게 녹두밭에 앉지 말라는 내용을 담고 있다. 그러나 동학혁명에 관한 이런 노래가 예언인지 아니면 선동이나 회고인지 명백하게 판별하기는 어렵다.[21]

물론 이렇게 다양한 공론으로서의 참요, 공감장 형성 기제로서의 참요가 언제나 긍정적일 것이라는 추론 또한 온당하지 않다. 특히 동학이나 동학농민혁명을 접하는 기층 민중들의 입장이 동일하지 않았다는 점도 간과하지 말아야 할 것이다. 동학에 대한 찬반

21 다음 백과사전 참조

여부를 떠나 현실적으로 동학에의 입도를 말리는 경우도 적지 않다고 보이기 때문이다. "일반 백성들 중에도 동학군을 비적(匪賊)으로 여기고, 거기에 들어가려는 사람들을 만류하는 일이 적지 않았을 것"[22]이며, 당시 불리던 <녹두새요>가 이런 상황을 적극 반영하고 있다고 보인다. 이는 동학이라는 당대의 특정 공감장 내부에서 다양한 공론이 존재했음을 보여주는 사례라고도 할 수 있다.

다음은 당시 동학농민혁명에 대한 민중들의 공감을 가장 적실하게 보여주고 있다고 판단되는 노래 <파랑새요>이다. 이 노래는 4·4조, 4구 2절의 형식을 가진 민요로 동학민요 중 대중들에게 가장 널리 불린 노래라고 할 수 있다. 지역마다 다양한 형태가 존재하는 까닭에 '파랑새'가 '녹두새', 또는 '무당새'로 바뀌기도 한다. 다음은 <파랑새요> 중에서도 가장 보편적인 형태의 노래이다.

새야 새야 파랑새야
녹두밭에 앉지 마라
녹두꽃이 떨어지면
청포장수 울고 간다[23]

이 <파랑새요>는 다른 참요들과는 달리 내포한 의미의 해석이 유독 갈리는 편에 속한다. "참요는 국가 정세의 흐름 중 민감한 부분을 담고 있기에 은유적 수사법을 사용하여 함축적, 간접적으로 표현한다는 것이 특징이다. 단문의 형태에 은유적 표현으로 쓰여졌

22 심경호(2012), 『참요』, 한얼미디어, 543쪽.

23 동학농민혁명백주년기념사업회(1993), 『황토현에 부치는 노래』, 창작과비평사, 재인용.

으므로 표면상으로는 단순한 노래라 여겨질 수 있지만, 예언의 모습으로 의도적인 면을 강하게 표출시킨 노래이다."[24]라는 진술처럼 직접적 표현이 아니라 간접적, 함축적으로 표현하였기 때문에 해석자마다 의견이 갈릴 수밖에 없을 것이다. 특히 작품의 배경인 동학농민혁명이나 혁명의 주동자인 '전봉준'을 위주로 해석하는 경우 이런 경향은 더욱 두드러진다.

동학농민혁명의 중심인물인 전봉준은 새로운 하늘을 찾는 민중에게는 희망이었다. "'하늘'은 민족 공동체가 꿈꾸는 평등한 세상이며, 분노와 저항만의 하늘이 아니라, 긍정적인 신념이 담긴 공간"[25]이기도 하는 것이다. 그런 까닭에 이 노래에서 우리는 "민중의 희망인 영웅의 좌절을 애달아하는 민중의 한을 읽을 수 있다. 녹두로 상징되는 전봉준 장군은 동료이면서 한울이었다. 동학사상을 통해서 민중에게로 돌아온 한울이 무너져서는 안 된다는 것과 혁명의 실패로 찢겨진 한울을 슬퍼하는 의미를 동시에 지니는 것으로 이해할 수 있다. 전봉준 장군이 철저한 동학교도였고 동학군의 상당수가 동학도인이었다는 가정 아래서 살펴보면 대다수 민중들이 동학사상에 대한 심정적인 지지가 있었음"[26]은 부인할 수 없다.

영웅의 좌절은 함께 참여하고 함께 바라보던 민중들에게도 또한 좌절이었을 것이다. 그런 과정에서 비롯한 우울과 안타까움은 다시 노래를 통해 한으로 승화되었고, 그것은 동학에 대한 감성적 공감을 확대시키는 매개가 되었다. <파랑새요>라는 한 노래가 지

24 조영주(2001), 「참요에 대한 정신분석학적 연구」, 건국대학교 석사학위논문, 2쪽.

25 권미란(1994), 「신동엽의 『금강』 연구」, 우석대학교 석사학위논문, 11쪽.

26 김영대(2001), 「한국 근현대시의 동학사상 연구-경천사상을 중심으로」, 청주대학교 박사학위논문, 41~42쪽.

역마다 다양한 이름으로 불렸다는 사실이 이를 반증한다고 하겠다. 즉, <파랑새요>는 특정 공론과 그것의 실패로부터 기인한 민중들의 한을 담고 이를 통해 다시 새로운 공감대를 형성하게 하는 하나의 방식이자 결과였다고 할 수 있는 것이다.

다음은 <팔왕새요>이다. 6구 3절 형식의 이 노래에서는 파랑을 '팔왕(八王)'으로 표기하고 있는데, 이는 전봉준의 성씨 '전(全)'을 파자한 것이라고 한다. 다음은 노래 전문이다.

새야 새야 八王새야
너 무엇하러 나왔느냐
솔잎 댓잎이 푸릇푸릇
夏節인가 하였더니
白雪이 펄펄 흩날리니
저 건너 靑松綠竹이 날 속인다[27]

이 노래에 보이는 '하절(夏節)'과 '백설(白雪)'은 동학혁명이 가장 성했던 시기와 실패하여 좌절했던 시기와도 일치한다. 청군의 상륙이 '夏節'이었고 패배하여 퇴각한 시기가 '백설이 펄펄 흩날리는' 엄동설한이었던 것도 역사적 사실과 맞아 떨어진다[28]는 것이다. 이러한 상황을 고려하면 파랑새를 전봉준이나 동학과 관련한 상징으로 해석할 수도 있다.

또한 이 노래의 내용을 보면 나라를 침탈한 닥당으로서 '새'를 대하는 것이 아니라 오히려 파랑새의 입장을 대변해주면서 그 시

27 오지영(1994), 『東學史』, 대광문화사, 171쪽.

28 신순철·이지영(1998), 『실록 동학농민혁명사』, 서경문화사, 111쪽. 참조.

기가 적절하지 못했음을 안타까워하는 의미가 강하다. 공감이 "정(情)의 마주침으로 발생한다는 점"과 "정의 껴안음을 통해 감정적 균형을 추구한다는 점"[29]을 감안한다면, 당시 민중의 안타까움은, 적어도 노래를 통해서라면 관계적인 동시에 지향적인 감정이었음을 짐작할 수 있다. 이러한 관계성과 지향성이 공감장의 기본 요소임은 두말 할 나위가 없다.

한편, 다음 <녹두새요>는 동학에 대한 당대 민중의 보편적 공감과는 다른 양상을 보인다.

> 아랫녘 새야 웃녘 새야
> 전주 고부 녹두새야
> 두루박 딱딱 우여어
>
> 아랫녘 새야 웃녘 새야
> 전주 고부 녹두새야
> 녹두밭에 앉지 마라
> 두루박 딱딱 우여어[30]

여기에서 '새'는 민중이고, '두루박'은 두류산(頭流山)이며, '녹두새'는 전봉준(全琫準)의 별명이요, '딱딱 우여어'는 '날아가라'는 뜻이다. 이는 조선조 고종 때 전라도 고부의 향리의 아들인 전봉준이 일으킨 동학농민혁명이 실패할 것을 예언한 참요이다. 또한 이 노래는 당시 백성들 사이에서 동학군에 가담하는 일이 위험하다고

29 전남대학교 감성인문학연구단, 같은 책, 21쪽.

30 심경호, 위의 책, 540쪽.

말리는 듯한 어법으로 구성되어 있음을 볼 수 있다. 사실 동학농민혁명에 대한 평가는 1970년대부터 긍정적으로 변화했고, 그 이전에는 해당 지역의 주민들조차 반드시 긍정적으로 평가하지는 않았다는 것[31]이 일반적인 견해이기도 하다.[32]

이 노래는 동학에 대한 민중의 공감대가 광범위하게 펼쳐졌음에도 불구하고 실제 그 장 내부를 구성했던 사람들 사이에 특정한 거리가 존재했음을 보여준다고 할 수 있다. 그렇다고 해서 그들 일부가 동학 자체를 거부했다는 의미는 아니다. 이들에게서도 두려움, 안타까움 등의 감정이 노래를 통해 고스란히 드러나고 있기 때문이다. 공감장의 구성원들 또한 기본적으로 사람인 까닭에 그들의 감정 역시 본능적인 것으로 간주될 수 있다.

여기에서 문제는 본능적인 것, 혹은 개인적인 것으로서의 감정의 발현 양태일 것이다. 공감장의 자장 내에서 이런 개인적인 감정은 "역사적이면서 사회문화적으로, 또한 정치경제적으로 구조화되면서 동시에 구조화"[33]한다고 할 수 있다. 이런 감정들을 필자는 특히 감성이라고 부른다. 따라서 그런 감성의 긍·부정성에 따라 공감장의 성격도 변화될 수 있다는 사실을 이 노래를 통해 짐작해 볼 수 있다는 것이다. 나아가 이러한 감성의 긍정적 전파와 연대감의 고취가 바로 노래를 통해 형성되었고, 그것이 공감장의 발생-소멸의 과정에 지속적인 역할을 담당했다고 보는 것이다.

---

31 심경호, 같은 책, 541쪽.

32 이 무렵 <봉준요>도 불렸는데, "봉준아 봉준아 전봉준아/양에야 양철을 질머지고/놀미 갱갱이 패전했네."라는 내용으로 구성되어 있다. 놀미는 논산(論山)이요, 갱갱이는 강경(江景)의 토박이말이니 전봉준이 싸움에 지는 곳을 예언한 노래라고 할 수 있다.(『한국민족문화대백과사전』 참조.)

33 전남대학교 감성인문학연구단, 같은 책, 12쪽.

이 장의 의도는 참요의 내용보다는 그것을 어떤 방식으로 어떠한 목적으로 이용하고자 했는가를 살피는 일이었다. 즉, 참요를 통한 공동체의 형성과 나아가 공감장의 형성 방식 등을 말하고자 했던 것이며, 이런 움직임을 형성시키고자 했던 당대인들의 욕망은 무엇이었는지를 밝히는 일이었다. 그들은 동학을 통해 '사람[人]'임을 자각했고, 그것을 드러내고 싶어 했으며, 그것을 통해 '사람답게' 살고자 했다. 그런 욕망이 노래를 부르게 했고, 노래를 통해 자신들만의 공동체를 결성하였으며, 그 공동체는 기존 공동체들과의 투쟁을 벌였고, 결국은 실패했지만, 공동체 형성 혹은 공감장의 형성이라는 감성적 경험만큼은 사라지지 않았다고 할 수 있다. 또한 그런 경험들이 결국 감성적 근대성의 한 징후라고 할 수 있는 것이며, 이러한 징후가 곧 민중에 의한 공감장의 체현과 그 발현에 다름 아니라고 볼 수 있다는 것이다.

맺음말

논(論)이 의식의 장이자 추상적인 장이라면 감(感)은 선(先)의식의 장이자 구체적인 장이라고 할 수 있다. 여기에서 선의식은 인지되지 못한 의식뿐만 아니라 이미 인지되었지만 아직 발현되지 못한 의식이라고도 할 수 있다. 어떤 계기에 의해, 그것이 봉기이든 혁명이든, 언제든 촉발될 수 있는 의식적 행위의 토대로서의 선의식이라고 할 수 있다.

노래는, 특히 민중의 노래는 이런 선의식들의 집합적, 공감적 발현이다. 그것은 의식적이지 않더라도 적층되고 전파되는 과정에서 충분히 재의식화 되기도 한다. 노래를 통해 개인들의 무의식적인 감(感)이 의식적인 논(論)의 장으로 자연스럽게 이동하게 되며, 그런 이동의 과정과 공간을 이제 연대의 공유라거나 공감의 장이라고 불러도 좋을 것 같다.

사실 이 글은 참요를 대상으로 공감장에 대한 대략적인 개념과 그 구성 요건들을 통해 농학농민혁명이라는 봉기를 다시 보고자 하였다. 공감장의 형성에 있어 공감의 역할이 지대하는 점은 두말할 나위가 없을 것이다. 그러나 그런 공감이 특정 공론들에 의해 다시 제도화될 수도 있다는 점을 간과하지 말아야 한다. 더불어 그런 공론들을 드러내는 방식은 문자보다는 노래가 더욱 효과적일 수 있었음을 참요를 통해 밝혀보고자 하였던 것이다.

특히 기존 공론장의 구성 요건으로는 설명할 수 없는 부분, 예를 들어 '문자'가 전제되지 않는 한 이루어질 수 없는 '유통'의 측면을 노래를 통해 담당할 수 있었다는 사실 등을 살피는 일에 주목하였다. 왜냐하면 공감장은 문자를 점유하는 하나의 계층적 층위에서가 아니라 노래할 수 있는 모든 층위에서의 공감적 사회구조화 가능성을 입증하는 길이라고 보았기 때문이었다. 감성적 근대란 이러한 공감장이 실현되는 지점 혹은 시도되는 지점으로 설명될 수 있다고 보았기 때문이기도 하다.

참 고 문 헌

다음 백과사전

한국민족문화대백과사전

강영애, 「노래로 불려 진 천주가사의 음악적 특징」, 『국악원논문집』 26, 국립국악원, 2012, 97쪽.

권미란, 「신동엽의 『금강』연구」, 우석대학교 석사학위논문, 1994, 11쪽.

김영대, 「한국 근현대시의 동학사상 연구-경천사상을 중심으로」, 청주대학교 박사학위논문, 2001, 41~42쪽.

김익두, 『전북의 민요』, 전북애향운동본부, 1989.

동학농민혁명백주년기념사업회, 『황토현에 부치는 노래』, 창작과비평사, 1993.

박맹수, 「'녹두장군' 전봉준과 다나카 쇼조의 '공공적' 삶」, 『인문연구』 69, 영남대 인문과학연구소, 2003, 10~12쪽.

송호근, 『시민의 탄생』, 민음사, 2013.

신순철·이지영, 『실록 동학농민혁명사』, 서경문화사, 1998.

심경호, 『참요』, 한얼미디어, 2012.

오지영, 『東學史』, 대광문화사, 1994.

이권형, 「18·19세기 천주가사 연구」, 서울시립대학교 석사학위논문, 2013, 10~75쪽.

이영호, 『동학사상과 조선 농민혁명전쟁』, 동인통문, 2016.

임기중, 『한국가사문학주해연구』 16, 아세아문화사, 2005.

정재호, 「동학가사(東學歌辭)와 동학혁명(東學革命) —『용담유사』를 중심으로」, 『고전문학연구』 9, 한국고전문학회, 1994, 201쪽.

조영주, 「참요에 대한 정신분석학적 연구」, 건국대학교 석사학위논문, 2001, 2쪽.

조태성, 「감성발현체로서의 시조의 역동성」, 『시조학논총』 42집, 한국시조학회, 2005, 96쪽.

최혜경, 「동학의 사회개혁사상과 동학농민혁명의 전개」, 『동학연구』 12집, 한국동학학회, 2002, 60~61쪽.

최효식, 「수운 최제우의 생애와 사상」, 『동학연구』 2집, 한국동학학회, 1998, 50~55쪽.

하버마스, 위르겐, 『공론장의 구조변동』, 나남출판, 2002.

6

한국유교와 식민지 근대성의 그늘, 너머

김경호

시작하며

이 글은 '감성적 근대'라는 개념을 통해 동아시아의 근대성을 탐색하면서 한국유학의 근대성을 성찰하기 위해 기획되었다. 비동시성의 동시성the contemporaneity of the uncontemporary이 혼재하고 전근대적 생활양식과 근대적 가치가 착종된 현 단계 한국사회에서 한국유교는 여전히 한국인의 정체성 형성에 주요한 요인으로 작동하고 있다. 이 글에서는 저항과 순응의 이중성이 교착되어 나타났던 식민지 한국유교에 주목하면서 그 위상과 역할을 탈식민주의의 관점에서 조망한다. 월터 미뇰로가 제기하듯이 식민성 없는 근대성이란 존재하지 않으며, 유교적 식민성은 한국적 근대성을 구성하는 요소이기 때문이다.

이 글에서는 식민지 유교를 중심으로 다루면서 논의의 외연은 당대 한국유학의 현재성까지 닿아 있다. 이 시기는 식민체제[1]와 분단체제를 경험한 우리들의 할아버지, 할머니들, 혹은 아버지, 어머니 세대의 학술사상뿐만 아니라 정치적 태도와 긴밀하게 연결되어 있다. 특히 식민체제와 해방 공간에서 생산된 다양한 이론과 담론들은 냉전 이후 한국의 국가주도 근대화 과정과 매우 복잡 미묘하게 연결되어 후학의 입장에서는 더더욱 연구를 주저하게 된다.

근년에 사상사 분야(한국사와 일본사)를 중심으로 식민시대 인물의 행적과 학술사상에 대한 연구가 진척되면서 식민지 조선유교에 대한 성과가 축적되고 있다.[2] 그러나 아직까지 이 시기의 한국유교를 탈식민의 관점과 연결하여 철학적으로 분석한 연구 성과가 없다는 점에서, 이 글은 시론적인 성격을 띤다.

한국유교와 더불어 이 글에서 다루는 핵심 개념은 식민지 근대

---

1 에메 세제르, 이석호 역, 『식민주의에 관한 담론』, 동인, 2004. 에메 세제르는 식민주의의가 초래하는 비극성은 문명화된 인간조차도 비인간화한다고 지적한다.

2 사상사 분야에서 식민지유교에 대한 연구 동향: 강해수, 「황도유학과 도의 담론, 그리고 식민지조선」, 인하대한국학연구소, 『한국학연구』 28, 2012; 류미나, 「전시체제기 조선총독부의 유림정책」, 한국역사연구회, 『역사와 현실』 63, 2007; 이명화, 「조선총독부의 유교정책(1910-1920)」, 한국독립운동사연구소, 『한국독립운동사연구』 7, 1993; 정욱재, 「20세기 초 일제협력유림의 경학원 활동 - 이대영을 중심으로」, 고려사학회, 『한국사학보』 56, 2014.

철학분야에서 식민지유교에 대한 연구 동향: 박정심, 「박은식, 양명학을 통한 근대유학문명론의 재건」, 남명학회, 『선비문화』 18, 2010; 이동희, 「장지연의 조선유교연원의 특징에 대하여 - 다카하시의 조선유학대관과의 비교」, 계명대한국학연구원, 『한국학논집』 35, 2007; 이종란, 「박은식의 儒教求新論과 공자관」, 한국공자학회, 『공자학』 3, 1998; 최재목·이효진, 「張志淵과 高橋亨의 '紙上論爭'에 대하여」, 동아시아일본학회, 『일본문화연구』 32, 2009; 홍원식, 「장지연과 다카하시 도루의 '유자·유학자 불이·불일' 논쟁」, 『오늘의 동양사상』 13호, 예문서원, 2005.

성이다. 탈식민성은 식민지 근대성으로부터 출발한다.[3] 식민지 근대에 대한 주요한 논의는 '내재적 발전론'이나 '식민지 근대화론'의 두 축에서 '탈식민론'으로 이어지고 있다.[4] 식민지 근대 혹은 식민적 근대성에 대한 이론적 타당성을 논의할 경우에는, 적어도 식민적 근대성이 담고 있는 양가성의 측면뿐만 아니라 식민지배에 따른 문화적 혼종성의 측면[5]도 고려되어야 한다.

또한 식민주의자와 식민지인의 심리적 차원에서 형성되는 상호적인 의식도 배제할 수 없다.[6] 식민지 근대성의 문제는 정치적 의식만이 아니라 심리적이고 정서적인 요인과도 결부되며, 게다가 관계의 역학에서 비롯한 사회적 감성과도 연결된다. 식민지 근대성은 식민지 근대의 식민과 피식민의 권력관계에서 파생된다는 점에서 사회적 관계망에서 상호작용하는 힘(動力學)을 염두에 둘 필요가 있다.

이런 점에서 근대성에 대한 네그리와 마이클 하트의 논의는 고

---

3 이 글에서 탈식민성에 대한 나의 인식은 에드워드 사이드나 호미 바바 혹은 스피박의 관점보다는 프란츠 파농의 탈식민에 대한 근본적 문제의식에 바탕을 두고 있다.

4 한국사회에서 식민지 근대(성)에 대한 논란은 아직도 현재진행형이다. 동일한 역사적 사실에 대한 이해는 연구자의 입장에 따라 다를 수 있다. 우리는 관점이 다르다고 비판할 수 있지만 비난할 수는 없다. 문제는 그렇게 바라보는 연구자의 관점이 정확히 무엇이냐는 것이다. 이 글은 '탈식민론'의 관점을 견지한다.

5 제국의 주체를 모방하는 동시에 저항성을 함축한 바바의 양가성 개념과 혼종성 개념에 대해서는 다음을 참조하라. 박상기, 「탈식민주의의 양가성과 혼종성」, 한국비평이론학회, 『비평과이론』 6-1, 2001; 고부응 편, 『탈식민주의 이론과 쟁점』, 문학과지성사, 2003; 바트 무어-길버트, 이경원 역, 『탈식민주의 저항에서 유희로』, 한길사, 2001.

6 아시스 난디, 이옥순·이정진 옮김, 『친밀한 적-식민주의하의 자아 상실과 회복』, 창비, 2015. 40쪽.

려해 볼만하다. 그들은 "근대성이 이성, 계몽주의, 전통과의 단절, 세속주의 등의 관점에서 묘사되기 이전에 하나의 권력관계로, 다시 말해 지배와 저항, 주권과 해방을 위한 투쟁"[7]으로 이해되어야 한다고 제안한다. 윤해동은 "근대는 본질적으로 식민주의"라고 규정한다. 그는 근대성modernity과 식민성coloniality이 상호규정적이라든지 어느 한쪽을 강조할 수 있는 문제가 아니라고 보면서, 모든 근대는 '식민지 근대'라고 규정한다.[8]

근대라는 기호 속에 이질적 동일성을 띠는 한국유교의 중층성은 명쾌하게 분절하기가 쉽지 않다. 동체의 이질성이 갖는 긴장감은 한국유교를 기반으로 전개된 한국근대사의 가면이기도 하다.[9] 한국유교의 착종된 근대성을 탐구하는 이 연구는 한국인의 정체성 재발견을 위한 일련의 탐색 과정이다.[10]

조선인 만들기 담론

일제 식민통치자들은 유교적 가치를 표방했던 근대적인 대한제국, 곧 '한국'의 모든 권능을 '병탄'이라는 폭압적 방법을 통해 몰수하는데 그치지 않았다. 그들은 주권 국가인 '한국'을 식민화 하면서

7 안토니오 네그리·마이클 하트, 정남영·윤영광 옮김, 『공통체』, 사월의책, 2014. 113쪽.

8 윤해동 외, 『근대를 다시 읽는다1』, 「서문」, 역사비평, 2006.

9 백낙청의 용어를 빌리면, 가면을 벗기는 과정이 '적응과 극복의 이중과제'인 셈이다. 이남주 엮음, 『이중과제론: 근대적응과 근대극복의 이중과제』, 창비, 2009.

10 김경호, 「매천 황현 - 구한말 유교 지식인으로 산다는 것」, 한국공자학회, 『공자학』 28, 2015.

지배지의 명칭까지도 전근대적인 '조선'으로 바꾸면서 식민통치의 정당성을 확보하려 하였다. 서구의 근대를 이식하면서 구성하였던 '일본식 근대성'을 조선의 '전근대성'에 투영하여 식민지 조선의 지배가 곧 조선의 계몽과 근대화를 위한 것이라는 논리를 만들고자 하였다. 이러한 과정에서 새로운 '조선인 만들기' 담론이 구성된다.

일제 식민지배자들에 의해 조장된 '조선인 민족성' 담론은 조선인의 굴욕과 치욕스런 감정을 자극하면서 조선과 조선인상에 대한 영구적인 부정적인 이미지를 구축하기 위한 시도이다. 조선인 민족성 만들기는 일제 식민지 총독부의 기획에 의해서 만들어진 일종의 '인식론적 프레임'의 성격을 갖는다. 실제적인 조선인의 민족성은 조선인들이 살았던 사회적 관계 속에서 형성된 것이고 그러한 사회적 관계를 구성했던 지반이 유교였다는 점에서, 조선인에 대한 부정적 인식은 곧 조선유교에 대한 부정성을 공고화하는 것과 다르지 않다.

식민제국에 의한 '조선인 민족성 만들기'는 28세의 조선총독부 촉탁 무라야마 지준(村山智順, 1891-1968)이 주도한다. 그가 만든 일종의 보고서가 『조선인의 사상과 성격(朝鮮人の思想と性格)』이다. 식민지배자 일본인들의 조선인을 바라보는 관점에 부합하는 내용으로 구성된 '조선인의 성정과 민족성'[11]은 다음과 같이 정리된다.

11 이영진은 식민지 무속연구 과정에서 제기되었던 '식민지 조선의 문화란 무엇인가?'와 같은 인류학적 질문은 그 과정 자체가 '일본인'이라는 정체성을 만들어나가는 작업과정이기도 하였다고 주장한다.(이영진, 「상처 입은 제국주의: 식민지 조선에서의 무속 담론과 신도 정책에 관한 연구」, 서울대석사학위논문, 2004. 57쪽) 연구의 '전도적 성격'을 고려한다면, 식민화된 조선인 민족성 연구 과정을 통해 일본인들도 '조사된 조선인 민족성'을 무의식적으로 고정화 했을 가능성도 배제할 수 없다. 연구가 조작적이라면 편견의 강도는 더 심할 수도 있다.

1. 조선인의 대부분이 갖고 있는 성벽: '방종, 사치, 낭비, 사행'을 좋아해서 근검 노력하는 자세가 결여되어 있다.

2. 조선인의 일반적 성격기질: 1)표면적·형식적인 것을 즐김 2)부화뇌동 3)모방성 4)무기력 5)비겁, 회색, 보신술 6)이기적 판단 7)진지함의 결여 8)감격성의 결여 9)청탁과 의뢰심이 강하고, 은의(恩義) 관념의 박약 10)독립심의 결여 11)감각의 둔감성 12)통감성[12]

『조선인의 사상과 성격』에서는 조선인의 긍정적인 면모보다는 부정인 사례를 구체적으로 언급하고 있다. 조선인의 일반적인 성벽은 근검 노력하지 않아 생산력이 부족하기 때문에 조선은 낙후성을 면하지 못하고, 조선인의 성격기질은 합리성이 결여되어 감정에 휘둘리고 게다가 몰염치하며 독립심이 결여되어 있다는 것이다. 조선이 독립심이 결여되어 있다는 점을 들어서 사대성을 부각하고, 사대성은 자주성의 결핍이기 때문에 조선에 대한 타자(일본)의 지배는 당연하고 정당하다는 논리다. 이외에도 조선의 습속 가운데 위생관념이 결핍과 공중도덕심이 결여, 타인(일본인)에 대한 무례함, 허례의식, 조혼의 제도는 불량한 습관으로 조선인의 부정적인 인식을 심화하는 요소로 지적된다.[13]

조선인의 민족성을 규정한 중요한 저작 가운데 하나가 1921년 조선총독부에 의해 발간된 다카하시 도루(高橋亨, 1877-1967)의 『조선인(朝鮮人)』이다. 이 책은 일본의 무단통치가 문화정책으로 바뀐 시점에 출간된 것이어서 식민지배 권력의 의도를 파악하기 좋은 자료이다. 이 시기에는 조선의 지식인들에 의한 개조론도 다수 출

12 조선총독부 편저, 김문학 옮김, 『조선인의 사상과 성격』, 북타임, 2010. 112-123쪽.

13 앞의 책, 『조선인의 사상과 성격』, 402-406쪽.

판된다.[14] 다카하시는 자신의 저술이 식민지 지배세력의 의도적 목적에 의해 작성된 '비학술적'이고 '주관적인 인상평가서'가 아니라는 점을 강변한다.[15]

다카하시는 자신의 연구방법론이 과학적, 곧 근대적이라고 천명한다. 하지만 그의 방법론은 비학술적인 지리적이고 지질적인 결정론에 의거하고 있음을 보여준다. 조선이 오랜 동안 중국의 속국 상태였던 것은 중국과 일본 사이에 위치해 있는 '지리적 여건으로 인한 필연적인 결과'라고 보는 것이 그러한 사례 가운데 하나이다. 조선인의 기질이 정적(靜的)인 이유를 조선의 지질학적 구조가 지각의 변동이 끝난 안정된 상태에 있기 때문이라고 보는 것이 또 다른 사례이다. 다카하시는 이와 같은 자신의 방법론을 통해서 도출한 조선인 특성을 10개 항목으로 정리한다.

> 1)사상의 고착성, 2)사상의 종속성, 3)형식주의, 4)당파심, 5)문약, 6)심미관념의 결핍, 7)공사의 혼동, 8)관용과 위엄, 9)순종, 10)낙천성[16]

---

14 汕耘 張道斌(1888-1963)의 「우리 개조의 일반」(『서울』 3, 1920), 夜雷 李敦化(1884-1950)의 『개벽』지 창간(1920)과 개조사상의 주장, 自山 安廓(1886-1946)의 「자각론」·「개조론」(회동서관, 1920), 春園 李光洙(1892-1950)의 「민족개조론」(『개벽』, 1922) 등이 그 계보를 잇는다. 이와 관련된 연구는 다음을 참조하라. 서은경, 「잡지 서울연구 : 1920년대 개조론의 대세 속 서울 창간의 배경과 그 성격」, 우리어문학회, 『우리어문연구』 46집, 2013; 허수, 「1920년대 전반 이돈화의 改造思想 수용과 '사람性주의'」, 연세대 국학연구원, 『동방학지』 125, 2004; 정숭교 윤문, 『자각론·개조론』, 한국국학진흥원, 2003; 투시현, 「1910년~1920년대 전반기 안확의 '개조론'과 조선 문화 연구」, 역사문제연구소, 『역사문제연구』 21, 2009.

15 다카하시 도루, 구인모 번역, 『식민지 지식인을 논하다』, 동국대출판부, 2010. 9-24쪽.

16 앞의 책, 『식민지 지식인을 논하다』, 25-88쪽.

한학자 다카하시의 조선인 특성에 대한 규정은 그가 총독부 촉탁으로 부임하여 조선의 고문서를 분류하고 조선의 속담과 설화 등 민족학지적 자료수집 과정에서 얻어진 결과물이라 해도 좋을 듯하다. 그러나 다카하시가 조선인 민족성으로 열거한 열 가지 특성은 이미 유포된 중국인 특성과도 유사하다는 점에서 특별히 의미를 부여하기는 어렵다. 그가 객관적인 지표에 의해 타당하게 설정되었다고 하지만 이것은 식민주의자의 식민화에 대한 정당화 논리 그 이상도 그 이하도 아니다. 그렇지만 다카하시가 조선인 민족성을 기술하면서 공을 들인 부분이 있다. 『조선인』의 「보론」에서 "이상 서술한 열 가지 가운데 '사상의 고착'과 '사상의 종속' 즉 사대주의란 아마도 조선인의 가장 근본적인 두 가지 큰 특성이라 하겠다."고 기술하듯이, 조선사상(유학)의 고착성과 종속성 규정은 식민주의자로서 다카하시의 면모를 극명하게 보여준다.

우리는 다카하시의 '조선인' 규정에서 공공의 대의를 위한 조선인들의 비판적인 정치적 열정이나 윤리적 정당성 확보를 위한 저항성에 대해서는 어떠한 기술도 없다는 점을 주목할 필요가 있다. 조선인의 정치적 결사나 저항적인 태도를 배제한 다카하시의 인식에 공명하는 인물이 반유교주의자이면서 식민화된 근대주의자 이광수이다. 그의 『민족개조론』은 안창호의 '무실역행사상'을 변조했다는 의혹이 있지만, 철저하게 정신개조로 일관한다.[17] 정치를 배제

17 이광수, 『민족개조론』, 우신사, 1981. 이광수의 『민족개조론』은 그가 2.8독립선언문을 기초하였고 중국 상해에로 건너가 안창호와 항일독립운동을 벌이던 주요 인사들과 교류하였다는 이력에 비추어 '민족'의 현실을 위한 '일갈'의 성격을 보여준다. 그러나 그가 상해에서의 조선으로의 귀국 이후 '개조'라는 개량적인 방식을 제안하고 있다는 것은 현실지배 세력인 '일제의 식민통치 권력에 대한 긍정'하는 전제 위에 성립한다는 점에서 향후 그가 취한 행보와 연관된다. '황국

한 도덕의 제일의성을 주장함으로써 이광수의 민족개조론은 '민족정신개조론'의 성격을 보인다. 이광수는 후일 스스로를 황국신민으로 '개조'하면서 창씨개명의 동기를 일간지에 공개적으로 밝히는데, "나는 감히 내 자손과 조선민족의 장래를 고려한 끝에 이리하는 것이 당연하다는 굳은 신념에 도달한 까닭이다. 나는 천황의 신민이다. 내 자손도 천황의 신민으로 살 것이다."[18]라고 천명한다. 저항성과 정치성이 탈각된 식민지배 세력의 문화정책을 가장 충실하게 수행하는 식민적 근대성의 전형성을 여기에서 본다.

조선인 민족성에 대한 식민 지배자의 반복적이고 강제적인 학습효과는 지배자인 일제 식민지 권력이나 피지배 조선인에게 '부정의 프레임'으로 구조화된다. '조선인 민족성' 담론은 담론의 생산자뿐만 아니라 피교육자의 의식세계를 동시에 변형시킨다.[19] 기획에 의해 만들어진 '부정적인 조선 민족성 프레임'이 내면화 되어 고착되는 이후에는 오히려 식민지 조선인이 느꼈던 상실감과 열패감을 잊게 만든다. 저항을 잃은 식민지 주체에게 억압은 감당해야 할 당

신민'으로 살면서 조선의 청년들에게 천황을 위해 목숨을 바칠 것을 강요한 그는 반민특위에 체포되어 재판을 받으면서 자신의 친일적 행위를 끝끝내 '민족을 위한 길'이었다고 변설한다. 이광수의 절친한 벗이자 유사한 길을 걸었던 인물이 최남선이다.

18 『매일신보』, <창씨와 나>, 1940년 2월 20일 기사.

19 조선인 '민족성에 대한 부정의 프레임'은 일제에 의한 식민통치가 끝났다고 해서 해소되지 않는다. 그러한 '프레임'은 식민지 지배 권력이 생산해낸 인적 자원과 법률제도, 사회와 문화에 광범위하게 전파되어 무의식적으로 전승되기 때문이다. 식민지배의 극단적 폭력성은 이 같은 왜곡된 지배의 무의식적 지속성에 있다. 식민시기를 경험했던 한국인이나 일본인들의 현재적인 '한국인 민족성' 이해는 '부정적인 조선인 민족성' 수준에서 그리 멀리 있지 않다. 우리가 일제의 식민지배기가 지났음에도 한국인의 민족성에 대한 자기비하와 열패감의 기원을 식민통치와 해결되지 못한 그 잔재들의 유습에서 성찰할 수밖에 없는 이유가 여기에 있다.

위가 되는 것이다. 일제 식민지주의자들은 제국주의의 산물인 근대 학문과 광범위한 민속지적 연구를 통해 지배와 피지재의 속성에 대해 이미 잘 알고 있었다.

'어느' 식민주의자의 조선유교 비판

식민주의자들은 조선사회의 주류 문화가 유교에 기반을 둔다고 보았다. 따라서 효과적인 식민통치를 위해서는 사상문화의 인프라를 갖고 있는 유교의 권능과 역할을 축소하거나 제약할 필요성을 제기한다. 이를 위한 시도 중 하나가 주류적 위치를 뒤바꾸는 수법을 통해 식민지내의 지적, 문화적 헤게모니를 재편하는 것이다. 이 방법은 다카하시의 조선유교의 해체를 위한 분석과 비판에 잘 드러난다. 다카하시의 조선유교 비판은 세 가지로 압축된다. 사상의 고착성과 사상의 종속성, 그리고 가족주의가 그것이다.

첫째는 사상의 고착성이다. 다카하시의 주장은 단순 명쾌하다. 조선은 "주자학을 받든 이래 다른 학파나 학문은 일고의 가치도 없는 것으로 보거나, 심지어 이단시하고 배척"[20]했기 때문에 조선유학은 유동성을 상실하고 고착되었다고 본다. 이러한 상황을 다카하시는 조선인의 성격적 특성에서 찾고 있다. 즉 조선인은 "한번 어떤 사상을 수용해서 이를 자신의 사상으로 삼으면 끝까지 그것을 붙들고 즐기며 그 권위 아래에 있는 것"[21]을 좋아한다고 평가한다. 이 같은 다카하시의 인식은 조선유교가 주자학 일존주의로 고착화

20 앞의 책, 『식민지 지식인을 논하다』, 21쪽.

21 같은 책, 25쪽.

되어 있다는 것이고, 그렇기 때문에 유동성을 지니지 못해 폐쇄적이라는 비판이다. 다카하시의 조선유교에 대한 철학적 탐구로서 주자학성리학에 대한 이해가 이러한 입장이기 때문에 "조선의 철학은 진보도 발전도 없이 처음부터 화석화"되었고 주장한다.[22]

둘째는 사상의 종속성이다. 사상의 종속성이란 조선적인 독창성의 결핍과 다르지 않고, 중국에 종속된 사대주의적 성향이라는 의미를 함축한다.[23] 조선은 중국의 속국이었고, 속극인 조선은 중국을 끊임없이 모방하였기 때문에 조선적인 것이나 고유한 것을 창안할 수 없었다는 주장이다. 유학도 예외가 아니기 때문에 "조선유학사는 저급한 주자학사"라고 다카하시는 단정한다.[24]

셋째는 조선사회의 가족주의이다. 다카하시는 조선사회를 구성하는 기본적 단위가 '개인'이 아니라 '가문'이라 본다. 그리고 '가문'이 존립할 수 있는 철학적 근거가 유교의 孝 관념에 있다고 이해한다. 다카하지는, "조선사회의 단위로서 순수하게 변하지 않은 것은 종가와 말가를 한데 합친 가문이다. 이러한 사정으로 군주와 국가에 대한 도덕적인 충과 부모와 조상에 대한 도덕인 효가 서로 분리되어서 사회 조직의 가치로 보자면 효를 충보다 우위에 두지 않을 수 없게 되었다.... 충을 효제보다 우위에 둔다는 것은 조선의 사회조직에서 허용될 수 없었다."[25]고 평가한다. 조선사회가 국가주의로 결집하지 못하고 분열상을 보이는 것은 유교사회의 전통 때문이라는 것이다. 조선유교사회는 '가(家)'를 중심으로 하는 조직문화를 형

22 같은 책, 21쪽.

23 같은 책, 36쪽.

24 같은 책, 41쪽.

25 같은 책, 71쪽.

성하였고 이 때문에 '국(國)'이라는 관념의 약화를 초래하였다는 것이 다카하시의 주장이다.[26]

그렇다면 이 같은 식민지주의자들이 비판하는 한국사상의 정체성이나 종속성에 대한 논거를 달리 해석할 여지는 없을까? 전후 일본의 대표적인 사상가인 마루야마 마사오는 일본의 전통사상을 '기축(基軸) 없음' 혹은 '무구조의 구조'라는 측면에서 파악한다. 일본 전통사상의 특질은 좀처럼 파악할 수 없는 잡거성(雜居性)을 띠고 기축이 없다는 것이다.[27] 이 관점을 차용하여 한국사상사의 정체성이나 종속성에 대한 역비판의 근거로 삼는다면, 한국사상은 기축을 이루는 사상이 있고, 이 기축사상에 의해 유입되는 다른 사상을 평가적으로 재단하였다는 의미가 된다. 그 기준이 되는 기축사상이 유교이고 특히 유교의 정주성리학이었던 셈이다. 정주성리학을 기축사상으로 하여 진행되었던 조선시대 사상사는 유교사회의 역사적 전개 과정에서 유입된 타사상의 도전에 직면한 응전의 사상투쟁사라고 할 수 있다.

---

26 다카하시의 조선유교의 사상적 종속성과 무독창성에 대한 반론은 그가 『조선인』을 출간하기 6년 전, 韋菴 張志淵(1864-1921)에 의해서 제기된 적이 있다. 1915년 '매일신보' 5월 18일자 신문에는 장지연이 다카하시에게 보내는 조선유학의 성격에 대한 질의서가 실린다. 두 사람의 토론은 유교를 파악하는 주요한 시각차를 보여준다. 유교를 단절과 분별의 방식으로 볼 것인가, 아니면 연속으로 볼 것인가 하는 것인데, 전통을 바라보는 근대의 마주침이 여기서도 드러난다. 장지연은 다카하시와의 토론 이후, 1917년 『조선유교연원』을 출간하여 자신의 조선유교에 대한 관점을 통사적으로 기술함으로써 식민주의자의 근대성과 다른 대항 근대성을 만들고자 하였다. 두 사람의 논쟁에 관해서는 다음을 참조하라. 홍원식, 「장지연과 다카하시 도오루의 유자·유학자 불이·불일 논쟁」, 2005; 이동희, 「장지연의 조선유교연원의 특징에 대하여」, 2007; 최재목·이효진, 「張志淵과 高橋亨의 '지상논쟁'에 대하여」, 2009.

27 마루야마 마사오, 김석근 옮김, 『일본의 사상』, 한길사, 1998(2012), 61쪽.

다카하시의 조선유교 비판은 다른 의미로 볼 때, 조선유교사회에 대한 비판이다. 조선의 유교지식인들은 조선사회의 유교와 삶의 양식을 일신하기 위한 방안으로 사회개조론을 포함한 문명개조론을 제창한다. 왕학(양명학)을 통한 조선유교의 일신을 주장한 박은식(朴殷植, 1859-1925)의 「유교구신론」(1909)[28]이 망국 전에 있었고, 1920년대에 안확·이광수 등의 '개조론'류가 그 계보를 잇는다. 대체로 개조론은 조선인들의 민족적 정체성을 부정성으로부터 긍정성으로 전환시킬 목적을 보여준다는 점에서 다카하시의 민족적 열등감을 조장하는 방식과는 구별되지만 그 한계도 명확하다.

그러나 한편 문화정치에 편승하여 독립을 위한 정치투쟁과 무력투쟁을 희석하려는 식민지 지식인들도 출현하지만, 식민지배의 기도에도 불구하고 문화정책의 허위성을 폭로하면서 민족의 자각과 역량강화라는 저항적 반식민성을 식민지 조선에서 발견하게 된다. 우리는 저항적 근대성 너머에, 새로운 인간해방을 위한 인간을 기획했던 신채호의 무장투쟁도 만나게 된다.[29] 조선의 유교사회를 주자학이 아닌 양명학을 통해 재조정하려는 시도는 박은식 사후 정인보에 의해서 1930년대에 '국학' 연구로 이어진다.

정인보는 식민지 지배권력에 의해 생산된 편향된 학술을 배격하고 조선유교에서 하곡 정제두를 중심으로 한 강화 양명학파가 있었으며, 성호 이익이나 다산 정약용의 주자성리학과 다른 경향의 실학연구가 진행되었음을 실증한다. 그가 주도했던 '국학연구'가 일면 일제에 의해 주도되었던 식민적 근대성에 저항하여 만들어진 또 다른

28 이종란, 「박은식의 儒敎求新論과 공자관」, 1998; 박정심, 「박은식, 양명학을 통한 근대유학문명론의 재건」, 2010.

29 신채호, 「조선혁명선언」, 『단재신채호전집』하, 형설출판사, 1972(1995), 35-46쪽.

제국의 산물이라는 시대적 한계성은 어쩔 수 없다하더라도 그의 실학연구와 『양명학연론』과 같은 양명학 연구는 주목할 만한 한국유학의 근대적 성취를 보여준다.[30] 해방 공간에서 현상윤은 『조선유학사』 저술을 통해 유교의 공과를 공식적으로 다루고 있는데, 이것은 조선유학의 식민화를 넘어서려는 시도이기도 하였다.[31]

조선유교의 근대적 해체와 재구성

한학자로서 일본의 조선학 초기 세대인 다카하시는 조선유교를 '해체'하기 위해 조선성리학의 '재구성'을 시도하였다. 그 사유 프레임이 '주리/주기' 구도이다. 다카하시의 조선유학에 대한 연구는 근대를 통한 전통의 마주침이었고, 근대를 통해 전통을 해체하는 방식이었다. 그 과정에서 우리가 염두에 두어야 할 것은 그가 주리/주기 프레임을 적용하기 이전에 조선유교의 특성에 대해서 '고착성'과 '종속성', 그리고 '가족주의'와 '당파심'으로 정리한 바 있다는 사실이다.[32]

다카하시의 조선유학의 주리/주기 분석의 핵심 축은 퇴계 이황

30 정인보, 『陽明學繽論』, 동아일보, 1933; 정인보·안재홍 교열, 『與猶堂全書』, 신조선사, 1936; 정인보, 「유일한 정법가 정다산 선생」, 동아일보, 1934; 최익한, 「여유당전서를 독함」, 동아일보, 1938-1939.

31 현상윤의 조선유교에 대한 인식은 다카하시를 비판하면서 동시에 수용적인 면모도 보인다는 점에서 논란의 여지가 있다. 현상윤의 조선유교의 공과에 대한 문제는 이상은에 의해서 재분석되고 있는데, 이 논의는 다음을 참조하라. 이상은, 「한국에 있어서의 유교의 공죄론-현상윤 선생의 유교공죄론에 대한 재평가」, 『이상은선생전집』(한국철학 1), 예문서원, 1998. 17-40쪽; 현상윤, 이형성 옮김, 『조선유학사』, 심산, 2010.

32 앞의 책, 『식민지 지식인을 논하다』, 25-49쪽.

과 율곡 이이다.[33] 이황의 학술은 끊임없는 자기규제와 엄숙성의 유지가 필수적이지만 도달할 목적지가 요원하다는 점에서 주관적이고 신비화될 여지가 있다. 이에 비하여 이이의 학술은 경(敬)을 통해 도달해야 할 목적지(誠)가 분명하다는 점에서 합리적이고 객관적인 방식이라고 할 수 있다. 하지만 변화하는 객관적 조건을 끊임없이 관찰해야 한다는 피로감을 예상해야 한다.

복잡한 성리학의 사유와 실천체계를 주리/주기로 단순화하는 다카하시의 분석틀이 한계를 노정하고 있음에도[34] 그가 조선유학사를 주리/주기 두 개념의 프레임으로 선점하였다는 사실은 중요하다. 그에 의해서 조선유학은 주리의 이황과 주기의 이이, 혹은 '주리-퇴계학파-영남학맥'과 '주기-율곡학파-기호학맥'으로 명확하게 구분되어 이원화되었기 때문이다. 다카하시가 설혹 주리/주기라는 짝 개념의 성리학적 의미를 알았고 이를 통해 학술적으로 조선유학을 이분화 했다고 하더라도, 주리/주기 개념에는 또 다른 정치적 의도가 은폐되어 있다. 이미 영남의 유림들은 1650년에 이이와 성혼의 문묘종사를 반대하면서 올리는 상소문에서 주기 개념을 사용한다.[35] 학술적으로 주리와 주기가 명백하게 가려질 수 있는

33 다카하시의 조선유학에 대한 논의에 대해서는 기존에 많은 선형연구가 수행되었다. 이 글에서는 연구 성과를 모두 소개하지 않고, 필요한 경우에만 선행 연구를 인용하도록 하겠다.

34 한자경, 「다카하시 도루의 조선유학 이해의 공과 과－주리・주기 분류를 중심으로」, 서울대철학사상연구소, 『철학사상』 49, 2013; 한자경은 다카하시의 논의가 철학적으로 의미 있다고 보지만 그의 주장과 달리 다카하시의 논거는 전통 성리학의 흐름을 단순 조합한 것에 불과 하다는 평가도 있다. 리기용, 「타카하시 토오루 조선유학 이해의 허와 실」, 대동철학회, 『대동철학회지』 55, 2011.

35 『活齋集』 卷1, 「嶺南儒生論牛溪栗谷不合從祀疏」. "이이의 학문은 오로지 기 자를 위주로 하고 기를 리로 여겼습니다. 그러므로 리와 기를 하나의 존재로 보아

개념이 아님에도 영남 유림은 이이를 주기로 규정함으로써 상대적으로 이황을 주리로 좌정하는 것이다.

그런데 문제는 이이를 주기론자로 단정할 경우, 그의 학술사상은 정주성리학의 정통에서 멀어지게 된다는 점이다. 반면 이황은 주리론자로 규정되어 정주성리학의 적전이 되고, 영남 유림은 퇴계학의 후예들이란 점에서 자신들이야말로 정주학의 정통 계보를 잇고 있다는 의미가 된다. 유학의 정통을 잇고 있는 이황과 비정통인 이이를 구분하려는 집단적 논리가 학술적으로 표출된 것이 '주기 프레임'이었던 셈이다. 이 구도를 통해 당색이 구분된다는 점에서 주리/주기는 학술 개념에서 정치적 개념으로 전환된다. 그리고 이 구도는 식민시기 다카하시의 주리/주기 프레임으로 재호출 된다는 점이다. 다카하시가 조선유학사를 정리하면서 찾았던 곳도 대구[36] 경북과 안동이었다는 점은 시사적이다.[37] 1930년대 후반에 황도유학이 주창될 무렵 조선유교의 '도의(道義)의 기원'을 이황으로 설정

다시 분별하지 않고 마음이 기라고 여기는 데까지 이르렀습니다. 사단과 칠정이 모두 기의 발동이라는 것이 그 병폐의 근원으로서 육구연의 道와 器를 분별하지 않는 견해에서 나왔으니, 그 폐해는 다 같이 불교의 '작용이 성이다'라는 설과 마찬가지입니다."

36 『경학원잡지』 15호(1917.10)에는 다카하시 도루가 대구고등보통학교에서 강연했던 「유교의 서민적발전」이란 글을 게재하고 있다.

37 다카하시는 1903년 대한제국 관립중학교 교사로 초빙되어 1910년 조선총독부 종교조사촉탁, 1911년에는 조선총독부 조선도서조사촉탁이 되어 삼남지방을 중심으로 조선의 한적 조사, 1916년 대구고등보통학교(현 경북고) 교장, 1919년 도쿄제국대에서 '조선의 교화와 교정'으로 박사학위 취득, 1921년 조선 총독부 시학관, 1923년 경성제국대 창립위원회 간사, 1926년 경성제국대 법문학부 교수, 조선어문학 1강좌(조선유학사) 담당하고, 1939년 경성제국대를 정년퇴임한다. 그의 저술로는 『조선도서해제』(1911)가 있고, 『朝鮮及滿洲』(朝鮮雜誌社)에 연재했던 「조선유학대관」(1912; 1925), 『조선인』(1921), 「이조유학사에 있어서 주리파·주기파의 발달」(1929), 「이조불교」(1929) 등이 있다.

하는 것도 이런 연장에 있다.

황도유학 담론을 형성하는데는 다카하시 도루가 개입되어 있지만, 황도유교나 황도유학 혹은 황도유도라는 용어를 그가 처음 사용한 것은 아니다.[38] 황도유학에 대한 논의는 1934년 제국일본에서 제기되었다.[39] 1930년대 중반, 일본 군국주의자들에 의해 전쟁이 확대되면서 동아시아 인민의 해방과 서구의 근대에 대항하는 동양적인 것, 일본적인 것을 새롭게 구성하려는 전통 담론이 발명된다.[40] 이것은 일종의 '근대성 가치의 전도'이다.[41] 이 과정에서 서구적 근대성에 대항하여 동아시아를 '공동의 장'으로 호출할 수 있는 교집합인 유교적 전통에 주목하게 되고, 이를 천황제와 연결하는 새로운 유학, 황도유학이 출현한다.[42]

황도유교는 유교적 왕도를 이전에 없었던 신군일체(神君一體)의 관념체로 설정한 것이다. 일본의 군국주의자들은 일본유교를 '황도에 순화된 유교'로 재정리하고, 조선총독부는 이 개념을 식민지 조

38 황도유학 혹은 황도유도라는 명칭은 혼재되어 사용되었는데, 조선총독부는 1941년 3월, 황도유학으로 단일화 할 것을 지시한다. 류미나, 「전시체제기 조선총독부의 유림정책」, 2007.

39 강해수에 따르면 황도유학은 "1930년대 중반 이후의 일본에서 일본유교 담론이 오히려 유교가 사회적 교설로서 제도화된 식민지조선 사회에 적용된 제국주의적 담론"이며, "아울러 이 황도유학은 근대(식민지)사회로의 이행 이후, 사회적 중심 세력으로서의 지위를 위협받고 있던 유림지식인들에 대한 조선총독부 측의 지도와 그들로부터의 동의하에서 기능해간 식민주의적 담론"이었다. 강해수, 「황도유학과 도의 담론, 그리고 식민지조선」, 2012, 3-16쪽.

40 일본에서 제기되었던 일본적이고 동양적인 전통 담론은 식민지 조선으로 유입되어 식민화된 조선적인 것에 대한 전통 찾기 담론으로 전환된다.

41 차승기, 『반근대적 상상력의 임계들-식민지 조선 담론장에서의 전통·세계·주체』, 푸른역사, 2009, 83쪽.

42 정욱재, 「조선유도연합회의 결성과 황도유학」, 한국독립운동연구소, 『한국독립운동사연구』 33, 2010.

선유교에 이식한다. 이런 연장선상에서 다카하시는 1939년 조선총독부를 통해 「왕도에서 황도유도로」라는 글을 발표하고, "유교가 어떻게 우리나라에서는 왕도이상으로부터 황도이상으로 나아갔는지"에 관해 기술하고 있다.[43] 유교에서 제기하는 선왕지도(先王之道)로서의 왕도이상을 일본유학의 새로운 이념형인 황도유도(皇道儒道)로의 전환[44]을 시도하는 것이다.

그렇다면 총력전 체제에 돌입한 일본제국주의의 전쟁 수행을 위한 '동원'의 한 방식으로 추진된 황도유학은 어떤 논리를 기초로 하여 만들어졌을까? 황도유학에서 핵심 논점은 유교와는 연결 고리를 찾을 수 없는 '황도-천황'을 '유교의 도'와 어떻게 연결할 수 있는가에 있다. 유교의 도는 유교 경전에서 논의된다. 『주역』「계사전」에서는 "형이상자를 도라 하고, 형이하자를 기라고 한다."고 하여 '형이상'으로서의 도(道)와 '형이하'로서의 기(器)를 구분한다. 도는 인간이 거주하는 세계의 생성과 변화를 추동하는 근거를 나타내는 것이다. 이와 동시에 현상세계의 구체적 사물을 구성하는 질료적인 것이면서 비가시적인 기운을 나타내는 것이 도이기도 하다. 이질성의 것들이 하나에 중첩된 것을 도라고 형용한 것이다.[45]

공자는 도에 대하여, "아침에 도를 들으면 죽어도 여한이 없다."[46] 고 한다. 공자는 인간의 감성적 태도를 근본적인 덕성인 인(仁)과

---

43 다카하시 도루(高橋亨), 「王道儒道より皇道儒道へ」, 朝鮮總督府, 『朝鮮』 295, 1939.

44 우경섭, 「1920~30년대 朝鮮과 滿洲國의 王道儒學」, 인하대한국학연구소, 『한국학연구』 22, 2010.

45 김경호, 『동양적 사유는 어떻게 탄생했는가』, 글항아리, 2012.

46 『論語』, 「里仁」, "朝聞道, 夕死可矣."

연결하고 이 인은 '천(天)' 관념과 연결된다. 『중용』에서는 '천명지위성'이라 하여 '하늘로부터 부여 받은 명령'이 인간의 본성이라 제안한다. 천명[47]의 존재인 인간은 그 스스로가 도를 넓혀가는 존재이지(人能弘道), 도가 사람을 넓히는 것은 아니라는(非道弘人) 각성은 그래서 중요하다.[48] 천명사상은 공자가 제기한 도(道) 개념과 함께 맹자에게 전승되어 왕도정치라는 개념을 형성한다. 힘과 법제에 의한 통치가 아니라 민(民)의 도덕적 자발성에 따라 눈치 보지 않고 스스로를 규율할 수 있는 정치를 펴는 것이 왕도론의 핵심이다. 온 세상 사람들이 형제자매가 되고 동포가 되어(四海同胞) 대동세계를 이룰 수 있는 다스림이 왕도정치이다.

이 같은 유교의 이상을 '동아협동체' 혹은 '대동아공영권'의 이름으로 실현하고자 하였던 일제 군국주의 파시스트들은 새로운 땅 '만주(滿洲)'에서 찾으려 했다. 그래서 만주의 다른 이름은 '왕도낙토(王道樂土)'다. 서구의 근대와 다른 일본식 근대의 이상적 문명이 작동하는, 선왕지도에 따라 통치되는 유토피아가 만주라고 식민주의자들은 선전한다. 이 왕도낙토에서 더 나아가 일본의 군국주의자들은 유교적 통치의 이상적 인물인 성왕(聖王)을 일본의 '천황'에 접목시킬 논리를 무리하지만, 만들고자 한다. 일본의 정통성을 상징하는 존재인 천황을 유교의 도(儒道)를 담보하는 성왕의 지위로 연결할 이론적 사다리가 현실적으로 없음에도 이데올로기로 그 공

47 박종홍은 인간과 자연을 포괄하는 새로운 세계관을 천명사상에서 모색하고 있으며, 그것은 그가 제시하는 '창조의 논리'와 연결된다. 이 천명사상은 유교뿐만 아니라 동양철학과 서양철학의 개념을 통해 탐구되며 天命之性 개념과 연결되어 박종홍 철학의 핵심을 점유한다. 이병수, 『열암 박종홍의 철학사상: 천명사상을 중심으로』, 한국학술정보, 2005.

48 『論語』, 「衛靈公」, "人能弘道 非道弘人."

백을 억지로 채우고 있다.

마루야마 마사오는 근대일본의 천황제에 대해 논의하면서, “그러나 제도는 서구화되었지만 정신적인 측면에서는 일본적인 혹은 ‘전통적’인 요소가 남아있다는 식으로 말해버릴 수 있을까. 오히려 문제는 어디까지나 제도에 있어서의 정신, 제도를 만드는 정신이 제도의 구체적인 작용방식과 어떻게 내면적으로 결부되고, 그것이 제도 자체와 제도에 대한 사람들의 사고방식을 어떻게 규정하고 있는가 하는, 이른바 일본국가의 인식론적 구조에 있다.”라고 언급한 바 있다.[49] 마루야마의 이 말을 천황과 유도의 불연속성에 옮겨보면, 둘 사이에 연결되지 않는 사다리를 상상적으로 만들어가는 이데올로기가 어떻게 성립할 수 있는가를 추론하게 된다.

일본을 상징하는 황도(皇道)와 일본의 정통성을 담보하는 천황(天皇)을 유교의 유도(儒道)로 연결시켜 ‘황도유학’을 만드는 것은 애초부터 논리적으로 가능하지 않은 것이었다. 하지만 그 공백을 ‘인식론적’으로 강요하는 또 다른 폭력은, 일본보다 상대적으로 유교적인 식민조선에서 이루어진다. 식민화된 유교지식인들은 일본적인 황도유학이 유교적 전통과 충돌하는 저항의 지점을 예상하였을 것이다. 세상이 아무리 변했다 하더라도 천왕과 성왕과 공맹의 도를 일치시킨다는 것은 무리이기 때문이다. 그럼에도 경학원을 중심으로 한 유교지식인들[50]은 그들이 누렸던 특권적 지위가 해체된

49 마루야마 마사오, 김석근 옮김, 『일본의 사상』, 한길사, 1998(2012), 92-93쪽.

50 정욱재에 따르면, 경학원에 참여한 유교지식인들은 합병 전에 일제가 유림계를 친일화하려는 공작에서 지원하였던 大東學會의 회원들이었다. 정욱재, 「일제 협력 유림의 유교인식-1910-1920년대 경학원 관계자를 중심으로」, 고려사학회, 『한국사학사학보』 16, 2007.

상황에서[51] 이식된 황도유학 담론을 통해 조선유교와 자신들의 위상을 재정립할 수 있는 기회로 인식한다. 유교지식인들은 그들에게 가장 익숙한 존재, 아무도 저항할 수 없는 조선유교의 권위를 황도유학에 다시 덧입힌다. 이 과정에서 이황은 조선유학의 도의를 지탱하는 근원으로 호출된다.

식민지 조선유교에서 황도유학을 정당화하기 위해 이황을 호출하는 것은 식민지 통치자들 입장에서는 거부할 이유가 없었다. 왜냐하면 이황의 호출은 내선일체(內鮮一體)의 또 다른 양상으로 이용가능하기 때문이다. 일본에서 이황에 대한 추존은 메이지 이전에 형성되어 있었으며, 그러한 흐름의 연장은 중국과의 대결의식에 중국 주자학보다는 조선유학의 이황을 존숭하는 형태로 나타난다.[52] 다카하시도 이 같은 일본유학사적 맥락에서 퇴계학에 접근하고 있다. 다카하시의 퇴임 후 경성제국대에 부임하는 퇴계학자인 아베 요시오(阿部吉雄)는 '반도에 있어서 도학의 교조 도의철학의 창시자'로 이황을 평가하면서, "이제야 반도는 황국일본의 일환으로서, 국체의 본의에 투철하고 도의를 확립하는 것을 기본적인 명제로써 씩씩한 약진을 이루고 있다"고 본다.[53]

조선총독부는 혼용되던 용어를 '황도유학'으로 정리하고, 유교

51 대표적인 사례는 신분제의 해체와 공자묘의 일반인 참관을 허용한 일이다. 그리고 1931년에 발생한 공자명예 훼손에 대한 필화사건은 식민조선의 유교지식인 집단의 의식세계를 단적으로 보여준다.

52 하우봉, 『조선후기실학자의 일본관연구』, 일지사, 1992.

53 阿部吉雄, 『李退溪』, 文教書院, 1943. 강해수, 「근대 일본의 이퇴계연구」, 퇴계학연구원, 『퇴계학논집』 2, 2008, 23-24쪽 재인용. 아베 요시오의 저술은 다음과 같다. 『李退溪 : その行動と思想』, 評論社, 昭和52(1977); 아베 요시오, 김석근 역, 『退溪와 日本儒學』, 전통과 현대, 1998.

의 보편적 가치였던 왕도 이상을 천황 중심의 국가유교로 전환하는 시도를 통해서 자신들이 수행하는 침략 전쟁의 정당성을 확보하고자 하였다. 일제의 식민통치 권력은 유교지식인들의 기생적 사유를 간파하고 있었기 때문에 전시동원체제에 복무하는 식민지 조선인을 동원하는 수단으로 '황도유교'를 활용하였다. 유교지식인들은 거리에서, 전국의 향교에서, 천황에 충성하는 황국신민화의 길과 국가동원체제에 적극 협력하는 강연자로 떠돈다. 그러나 해방 후, 황도유학은 자취를 감추고 누구도 언급하지 않는, 누구도 모르는 일이 되어 버렸다.

한국유교의 식민적 기획을 넘어

대한제국이 종언을 고하고 식민지 조선이 새로 만들어졌을 때, 회유와 겁박에도 불구하고 비타협적 태도를 견지한 유교지식인들도 있었다.[54] 하지만 대다수의 유림은 새로운 질서에 편승한다. 이 과정에서 한일병합에 기여한 공로에 따라 은사금이 내려지고, 이것을 수령하느냐 거부하느냐는 또 하나의 이슈로 등장한다.[55] 일제 식민통치자들은 유교지식인들에게 강압적으로 은사금을 수령하게 함으로써 이들에게 치욕을 내면화 하게 만든다. 일종의 공범의식을 만드는 것이다. 유교지식인 사회에 식민권력이 행사된 후속조치는

54 김경호, 「매천 황현 - 구한말 유교 지식인으로 산다는 것」, 한국공자학회, 『공자학』 28, 2015.

55 전지영, 「일제강점기 臨時恩賜金의 분배와 성격에 관한 연구」, 강원대 대학원석사논문, 2008.

조선유교의 구심점인 성균관의 해체와 경학원(經學院)의 설립(1911년 6월 15일, 조선총독부 관보)이었다.[56]

경학원에 참여한 유교지식인들은 나름 문명개화의 입장을 표방하던 인사들이었다. 이들 식민지 지배체제에 적응한 식민화된 유교지식인들은 조선유교의 후진성이 망국의 원인이라 여기기 때문에[57] 여전히 사회진화론이 조선의 현실에서도 유효하다고 주장한다. 자신들이 망국 조선을 버리고 식민권력의 지지자로 변신하여 살아가는 이론적 근거를 사회진화론에 찾는다. 이들에게 제국 일본에 협력하는 것은 조선의 문명화를 선도하는 길이며, 그런 점에서 도를 고수하는 유교의 보존은 당연한 선택이라는 것이다. 권력에 순종하며 자신의 기득권을 어쨌든 확보하려는 매판적인 식민지 근대성의 한 초상을 이들에게 발견한다.

일제 식민지 지배 세력은 경학원을 활용하여 유교지식인들 및 그들의 관계망을 통제하면서 전국적인 네트워크를 구축한다. 특히 전시체제기(1937-1945)에 이러한 활동은 강화되어 조선유도연합회가 만들어진다.[58] 이 시기에 대동아공영권을 표방하면서 일본 제국

---

56 경학원에서는 기관지인 『經學院雜誌』를 발행(1913.12)하는데, 경학원에 대한 연구는 다음을 참조하라. 이명화, 「조선총독부의 유교정책(1910-1920)」, 1993; 정욱재, 「20세기 초 일제협력유림의 경학원 활동-이대영을 중심으로」, 2014.

57 정일균은 일제 식민지 권력에 의한 경학원 활동자료를 분석하면서 유교망국론은 일제의 식민통치를 정당화하는 핵심적 논거로 비약했다고 지적한다. 정일균, 「일제의 식민통치와 식민주의적 근대지식의 형성-다카하시 도루의 조선학의 사례를 중심으로」, 한국사회사학회, 『사회와 역사』 91, 2001. 173쪽.

58 조선유도연합회는 1941년 '성지'로 명명된 일본 시찰을 '성지순례'라 이름한다. 이 시찰 후 1943년 『조선유림 성지순배기』를 출간한다. 이 책의 성지순배단 파견 요강에는 "황도유학의 확립은 국체 관념의 앙양과 정신사상의 철저한 함양에 의해 시작되어 그 구현을 얻을 것으로 판단되어 그 방법으로 먼저 전선유림 중 지도계급에 있는 중견자를 선발해...."라고 적고 있다. 유미나, 「일본의 조선 신민

주의의 전쟁확대를 지지하는 황국신민서사[59]와 황도유학이 제창된다. 조선인 민족성 담론에서부터 황국유학의 이데올로기화에 이르기까지 식민지 유교를 이끌었던 대표적 인물이 다카하시 도루였지만 식민제국의 이론을 전파하는 역할은 경학원의 인물들이었다.[60] 식민화된 유교지식인들이 황도유학의 선창에 나선 행위에 대해 구구한 변설이 있을 수 있겠으나, 이들의 행태는 약화된 유교적 헤게모니의 확보와 유교의 복흥이라는 몰시대의식을 보여준다.

식민지 조선유학 연구와 관련해서는 이병도(李丙燾, 1896-1989)[61]와 박종홍(朴鍾鴻, 1903-1976)을 주목할 필요가 있다.[62] 특히 박종홍

화 정책과 유림 동원의 실태」, 동국대일본학연구소, 『일본학』 31, 2010, 26쪽.

59 황국신민서사는 일본어로 되어 있는데, 우리말 번역은 다음과 같다. 1.우리는 황국신민(皇國臣民)이다. 충성으로서 군국(君國)에 보답하련다; 2.우리 황국신민은 신애협력(信愛協力)하여 단결을 굳게 하련다; 3.우리 황국신민은 인고단련(忍苦鍛錬)하여 힘을 길러 황도를 선양하련다.

60 1940년대 초반 경학원을 중심으로 하는 조선유림들과 명륜전문(1942.5.1. 개교)이 황도유학의 진흥에 동원된 사례는 『경학원잡지』, 『매일신보』 등의 기사에 보이며, 경학원의 사성을 지냈던 안인식의 행적도 신문기사, 잡지, 반민특위의 재판 기록을 통해 확인된다. "문: 皇道儒學이란 무엇인가? 답: 일본인들이 만든 문구로서 그 진의를 파악할 수 없습니다. 문: 그러나 피고가 황도유학 개론이라 하여 소위 3종의 神器를 해설한 책자를 쓴 일이 있지 않은가? 답: 있습니다." 『매일신보』 1941년 7월 15일 기사, 安寅植, "皇道儒學精神-作興講習會"; 국사편찬위원회, 한국사 데이터베이스, 자료대한민국사 12권, 1949년 5월 25일, <안인식에 대한 제1회 공판 개정>; 안인식, 「皇道儒學の本領」, 『朝鮮』 347, 1944.

61 박종홍과 각별한 사이였던 이병도는 1928년에 이황과 이이에 대한 평가적인 글을 발표하는데, 이들에 의해 조선유교철학사상이 일대 융성기를 맞이하게 되었다는 점은 높이 평가하지만 "二子의 學問及思想의 영향이 반도의 학계를 주자학으로서 통일하야 그 규범에서 일보를 탈출하지 못하게 한데 잇서서는 二子의 책임"이 있다고 한다. 또한 이병도는 퇴율이후의 조선유학사를 "반도학계에 이대 분열"의 과정으로 보고, "영남일대(동인)는 퇴계로써 기호일대(서인)는 율곡으로써" 대립하고 있다는 관점을 제시하고 있는데, 이는 다카하시의 주리/주기, 영남/기호의 틀에서 그리 멀지 않다. 이병도, 「학계에 자랑할 동방의 대철인 이퇴계와 이율곡」, 개벽사, 『별건곤』 12·13, 1928.

의 퇴계학에 대한 관심과 연구는 1920년대부터 시작되고 있다는 점에서 눈길을 끈다. 그는 대구 수창보통학교 교사(1922)를 지내면서 퇴계학을 연구하여 이황의 교육사상에 관한 논문을 썼으며,[63] 다카하시가 교장을 지냈던 대구고등보통학교(1926)에서 교편을 잡았고, 이후 경성제국대를 거쳐 이화여전-서울대 교수를 역임한다. 이황을 봉향하는 안동의 도산서원 원장(1969)을 지냈던 것도 특기할 만하다.[64] 이런 그가 '국민교육헌장'을 기초하고 대통령 교육문화담당 특별보좌관(1970)으로 임명되어 유신체제하에서 '전통사상'의 고취를 주도하였다는 것도 곱씹어볼 일이다. 우리는 일본의 퇴계학 연구로부터 식민지 조선유교가 '다카하시 도루-박종홍-아베 요시오'[65]로 연결되는 과정에 대해, '퇴계학-영남-경성제국대' 위주로 재편되는 역사적 전개과정에 대해 세심하게 살펴볼 필요가 있다.

그렇다면 과연 오늘의 한국사회는 식민지 근대성을 넘어서 있을까? 이미 살폈지만, 식민화된 조선의 현실에서 유교가 고립되었

62 박균섭, 「전시동원체제와 퇴계학: 아베 요시오와 박종홍의 연속성」, 한국교육철학회, 『교육철학』 36-4, 2014; 권인호, 「다카하시 토오루의 황도유학: 이황, 고교형, 박종홍의 주자성리학과 중앙집권·국가주의 비판」, 대동철학회, 『대동철학회지』 55, 2011.

63 박종홍, 「퇴계의 교육사상」, 『慶北の教育』, 1924.

64 고성애, 『박종홍의 현대 신유학 연구』, 서울대철학과박사학위논문, 2014. <박종홍의 유학사상과 이황의 철학-다카하시 도루의 조선유학 연구> 참조.

65 아베 요시오는 경성제국대학 교수로 부임하여 『李退溪』(文教書院, 1944)를 저술하였고, 해방 후 일본의 퇴계학 연구를 주도하여 1976년 대한민국 정부로부터 국민훈장 동백장을 받는다. 이황-다카하시-아베 요시오로 연결되는 퇴계학 연구동향과 관련해서는 다음을 참조하라. 이노우에 아쓰시, 「일본의 이퇴계 연구의 동향: 메이지기에서 현대까지」, 퇴계학연구원, 『퇴계학논집』 6, 2010; 「근대 일본에서의 이퇴계 연구의 계보학」, 동양정치사상사학회, 『동양정치사상사』 13-1, 2014.

던 이유는 분명하였다. 현재와 연결되는 직전의 시대에, 식민화된 유교지식인들은 자신들의 기득권을 유지하고 그들이 의탁했던 유교의 회복을 위해 전근대 조선유학의 학술과 도의정신을 저버리는 매판적 근대성을 보여주었다. 또한 예외적인 경우도 있지만[66], 대다수의 유교지식인들은 식민지 극복을 위한 독립운동에 대해서도 부정적이었다는 것은 유교의 비판성과 저항성에서 퇴행하는 경향이다.

일제 식민주의자들에 의한 한국병합은 유교지식인들에게 그들이 모셔야할 '군왕-아버지'가 사라진 일대 사건이었고, 빈자리는 '일본천황'을 대리한 '총독-계부'로 대체된 폭거였다. 이 과정은 불사이군의 관념을 갖던 유교지식인들에게 심각한 결핍으로 나타난다. 군왕이라는 아버지의 지위에 천황-총독이라는 계부가 위치한 이 변화된 현실에 과연 어떻게 대응할 것인가? 식민지배라는 현실의 변화 앞에서 유교지식인들은 선택의 기로에 놓인다. 현실의 변화에 대응하여 자신도 변화함으로써 균형을 맞출 것인가? 아니면 균형을 맞추지 않을 것인가? 이 실존적 선택지에서 유교지식인들은 자신들에게 특정한 역할을 부여한 식민지 권력을 수용하거나 저항하는 방식을 취한다.[67] 저항도 협력도 선택할 수 없었던 사람들은 침묵

66 조선유교계의 집단적인 저항운동으로 영호남의 유교지식인들이 참여했던 '파리장서 사건(1919)'이 있다. 서동일, 「파리장서운동의 전개와 영남지역의 숨은 협력자들」, 성균관대대동문화연구원, 『대동문화연구』 89, 2015.

67 이런 점에서 황현의 자결에 대해서 생각해 볼 여지가 있다. 그의 자결은 단순한 의리의 문제를 넘어서기 때문이다. 황현의 자결은 합리주의로 표방된 유럽적인 것들의 내재화의 방식을 선점했던 근대 일본이, 오히려 합리를 가장한 유사합리적인 식민화라는 힘의 논리로 조선을 무단 점유한 것'에 대한 저항이었다. 일개 시골 유교 지식인에 불과한 황현이 제국주의 일본이라는 거대한 폭력에 맞선 방식은 식민성과 동종인 근대성에 저항한 반근대성의 표출이었다. 김경호, 「매천 황현 - 구한말 유교 지식인으로 산다는 것」, 2015. 참조.

의 방식으로 은둔을 택하나 이것은 극히 예외적인 경우였다.

저항하는 자들은 민낯으로 고통을 감내해야 하지만 수용하는 자들은 새로운 가면을 쓰고 삶을 연기한다. 이들 중에는 새로운 가면을 역할 연기를 위한 소품이 아니라 자신의 얼굴과 동일시하는 자도 나타나게 된다. 파농이 말하는 식민지배에 동화된 지식인이 그들인데[68], 유교지식인들 가운데는 적극적으로 일제의 식민권력에 협력하는 자들도 나타난다.

식민 상황에서 이 같은 조선유교의 대응은 철학적으로 심각한 자기모순을 노정한다. '국가-아버지'가 소멸하고 '식민지권력-계부'가 출현한 현실에서 유교지식인들에게 현재의 자기는 아버지와 더불어 부재중이다. 부재의식은 현실의 주체를 과거의 신비화된 영역으로 보낸다. 그래서 현실의 나는 없고 가문만이 현존한다. 국가의 멸망에 대한 책임 방기와 회피를 타자화함으로써 자괴와 수치는 뻔뻔함으로 대체된다.

몰염치의 사회문화적인 집단 심리는 식민지 유교지식인들로 족보와 선조의 문집 출간에 집착하게 한다.[69] 자기로서 자기를 증명하는 것이 아니라 가족과 가문의 기록을 통해 자신의 존재가 민멸하는 것을 막고자 하는 의식이다. 유교지식인들은 신분이 타파된 현실에서 자신이 아닌 기호화된 문자의 허위적 의계 속에 자신들을 유폐시키는 것이다. 그래서 이들은 현실 없는 현실을 살면서 타협하면서도 적극적으로 유교의 이름으로 '전통'과 종족(가문)을 드

68 프란츠 파농, 남경태 옮김, 『대지의 저주받은 사람들』, 그린비, 2010.

69 1920-30년대 조선총독부의 허가된 출판물 가운데 가장 많이 출판된 것은 족보였다. 정진석, 「일제 강점기의 출판환경과 법적 규제」, 근대서지학회, 『근대서지』 6, 2012, 36-42쪽.

러내려 한다.

다카하시는 이렇듯 식민화된 패배적이고 소심한 유교지식인을 만나지만, 의외로 이들이 자신의 사상문화에 확신을 갖고 있다는 점을 발견했다. 그것은 강고한 유교가 지배하는 사회적 관계망과 인습적 규범세계였다. 식민지배 권력으로서는 이러한 관계망과 규범체계의 근거인 조선유교를 전복시킬 필요가 있기에, 흠집내기를 시도하였다. 한국인의 민족성에 대한 다채로운 규정과 확산은 매우 정치적인 행위이다. 수치심과 부끄러움을 내면화 하는 방식을 통해 억압은 구조화된다. 한국인이 자신의 민족성과 한국유교를 바르게 보지 못하는 한 연원에는 식민지 지배에서 비롯한 식민성의 잔재가 놓여 있다.

주리/주기의 도식화된 분석틀은 조선유교의 대립과 분열상을 도드라지게 만드는 장치로 고안되었다. 다카하시는 조선유교의 사단칠정을 비롯한 학술적 논쟁을 정치적 문제로 전환하여 공리공담의 비실재성의 파생과 당색의 대립 과정으로 재구성하려 하였다. 식민적 근대성의 관점에서 조선의 유교의 해체를 기도했던 더 이상 유효하지 않은 주리/주기의 시각도 이제는 넘어서야 할 과제이다.

마치며

우리가 지난 세기의 식민지 근대에 대한 경험과 식민적 근대성을 탈식민주의의 관점에서 논의하는 목적은 분명하다. 우리의 현실이 재식민지화 되고 있다는 각성과 그것을 실천적으로 극복해낼 수 있는 대안의 모색을 위해서이다. 어쩌면 내면화된, 그래서 의식되지 않는 식민주의적 무의식이 작동하는 우리시대를 해부하기 위해서는 메타 차원의 정교하고 근본적인 질문이 필요한 것 또한 사실이다. 이 같은 탈식민의 시각은 한국의 식민지 근대화 과정이 혁신의 지체로 말미암아 야기된 근대화의 실패나, 외세의 강압적이고 무단적인 정치경제적 침탈에 의한 것만이 아니라는 것을 보여준다. 여기에는 이미 세계체제의 재편이라는 세계사적 전환 동력이 추동되었다는 점을 인식하게 한다. 이 점에서 현 단계 자본과 근대성 그리고 한국유교와 한국의 현재성을 동시적으로 성찰해야 할 필요성이 제기된다.

'지식생산'의 차원에서 식민시기의 자본과 근대성 그리고 조선유학의 실상을 연관해서 탐구한 연구가 지극히 일천하다는 점은 학문하는 사람으로서 사실 부끄러운 책임방기이다. 식민지 조선유학의 담당자들이 현대 한국사회의 기득권층과 직결되어 있다는 막연한 추측이 아니라 그 실체를 해명하는 것은 '정치적 이해'를 떠나 엄중한 '학술적 과제'이기 때문이다. 한국철학계에서 여전히 다카하시의 '주리주기 담론'에 얽매여 '그 이후'를 논의할 수 없는 것은 이 같은 연구의 표피성에서 기인한다. 다카하시의 조선유학 연구는 무엇을 지향했고, 그의 학술은 한국사회에서 어떻게 은폐되고 재생산되어 현재화되고 있는가 하는 문제는 한국유학의 미래상 정립을 위해서도 매우 중요한 문제이다.

나는 일본 식민지배 권력의 충실한 수행자였던 다카하시 한 개인의 연구태도나 연구결과물의 성격을 문제 삼고자 하는 것이 아니다. 그의 연구 배후에 유령처럼 존재하는, 사무라이의 투구 속 가려진 검은 일본 군국주의자들의 '정한론'의 연장을 보는 것이다. 다카하시를 첨병으로 하는 군국주의자들은 조선유교의 해체를 통해 조선사회를 재편함으로써 항구적인 식민지배 체제를 구축하고자 하였다. 앞서 살핀 것처럼, 다카하시가 조선사상의 고착성을 논의한 이유는 그것이 조선유교 사회의 해체적 재구성과 관련되기 때문이다. 그는 조선이 한일병합을 통해 식민지 근대를 경험하고 있지만 여전히 조선인의 사상은 유교 가운데 정주의 사상이 핵을 이루고 있다는 점을 주목하였다.

다카하시는 "새로운 사상이 주어지지 않는 한 당분간 유교적 권위가 절멸하는 일은 볼 수 없을 것이다. 유교는 단지 도덕이나 정치학으로서 조선인의 마음을 지배했을 뿐만 아니라, 조선 사회 전체를 유교 교의의 틀에 용해시켰다."고 단언한다.[70] 유교를 중심으로 조직된 조선사회를 전복하는 것은 쉽지 않다는 것을 알기에 다카하시는 다시 반문한다. 유교의 권위가 쇠퇴하면 어떤 사상으로 이를 대신하여 조선인을 지배할 것인가? 이 같은 인식은 조선유교의 권위를 쇠퇴시키기 위해서는 어떤 식으로든지 기존의 정당한 가치를 훼손하여 흠결을 내는 것[71]이 필요하다는 것을 의미한다. 탈식민 이론가인 아시스 난디는 이 같은 방식을 '문화적 우선순위 바꾸기'라고 지적하고 있는데, "과거에 열등하거나 종속적이라고 여겨진 하위문화를 식민주의 문화의 중심으로 옮겨놓는 것"이다.[72]

70 앞의 책, 『식민지 지식인을 논하다』, 90쪽.

71 식민통치 권력에 의한 조선유교의 권위 흠집 내기이자 문화적 우선순위 바꾸기의 사례로 공자묘 개방(1913년 추진)을 들 수 있다. 이것은 총독부에 1913년 이후 추진되었고, 이후 전국적으로 확산되었다. 유림들만의 공간을 대중화시킴으로써 유교적 구질서를 깨는 상징적인 사건이었다. 식민지 권력에 의한 신분철폐의 한 방식으로 시도된 식민지 근대성의 한 사례이다. 유미나, 「일본의 공자묘 대중화 정책과 조선 내 공자묘 인식의 변화」, 『인문논총』 64집, 서울대인문학연구원, 2010, 105-114쪽.

72 앞의 책, 『친밀한 적-식민주의하의 자아 상실과 회복』, 40쪽.

다카하시와 식민지 지배자들의 기획은 조선의 완전하고 항구적인 식민화를 위해서는 조선유교를 흔들어 해체하고, 일본불교를 이식하는 것이었다.[73]

같은 맥락에서 다카하시가 조선사회의 유교적 가족주의가 '가문'을 통해 유지되고 있다는 분석은 재음미할 필요가 있다. 가족주의에 대한 비판은 유교적 규범과 가치의식이 직결되는 문제이고, 동시에 조선의 망국과 식민 조선에서의 유교지식인들의 사회적 지위와 연동하는 민감한 문제였다. 그러나 더욱 중요한 점은 '가(家)'를 단위로 하는 가족주의에서는 국(國)을 단위로 하는 국가주의의 맹목성이나 천황주의가 작동하기 어렵기 때문이다. '가(家)'의 틀을 깨는 것이 '충(忠)'을 앞세운 황도유학이다. 1930년대 중후반 전시총동원체제에서 '황도유학'이 조선에 유포된 이유도 황도(일본)불교처럼[74] 파시즘의 도구로 조선인을 동원하여 '동아공영'을 위한 전쟁의 수단으로 활용하려는 목적에서였다.

이렇듯 일본에서 창안되고 조선에 이식되어 확산된 황도유학은 천황에 복무하는 유교, 황국의 신민임을 수용하는 국가주의 유교이다. 황도유학은 유교의 근대적인 보편적 가치-의리에 기반한 공공

73 앞의 책, 『식민지 지식인을 논하다』, 120쪽.

74 조선에 이식된 일본식 불교는 '心田開發' 운동을 통해 확산되고 전시동원체제에서 황도불교로 전환되는데, 이에 대한 논의는 다음을 참조하라. 류승주, 「일제의 불교정책과 친일불교의 양상」, 『동국대학교불교문화연구원, 『불교학보』 48권, 2008. 블라디미르티호노프의 경우에는, 국가권력과 군부에 결탁하여 태평양전쟁의 '성전'을 수행하는데 일조하는 조선불교의 폭력적 양상을 현재적인 시점에서 비판하기도 한다. 「폭력적 불교 -한국 불교와 태평양 전쟁, 1937~1945」, 국제한국문학문화학회, 『사이間SAI』 7, 2009. 황도불교의 파시즘적인 성격에 관해서는 다음을 참조하라. 브라이언 다이젠 빅토리아, 박광순 옮김, 『불교 파시즘-선(禪)은 어떻게 살육의 무기가 되었나?』, 교양인, 2013.

성의 강조, 인정에 따른 타인의 고통에 대한 공감, 객관적 진리의 세계의 추구-를 오히려 작위적으로 만들어버린다. 한마디로 황도유학은 유교적 근대성의 요소가 탈각된 반근대적인 유교주의로의 이행이었다. 현재 한국유학은 망국의 책무를 방기하고 식민을 내면화하면서 퇴행적인 황도유학의 나팔수로 전락했던 조선유학의 어두운 그림자에 뜬돌처럼 자리하고 있다.

탈식민의 관점에서 조선인 민족성 담론과 식민지 조선유교를 논의하였지만, 이 문제는 상시적인 억압과 굴종으로부터 해방을 실현하기 위한 역량의 강화와 치열한 성찰의 지속성을 요구한다. 그러나 간과할 수 없는 것은 타자에 의한 조선인 왜곡과 학술에 대한 해체적 재구성의 시도가 단순히 식민지 조선에 국한된 것이 아니라는 점이다. 식민을 벗어난 해방된 현대 한국의 역사적 현실에서 재생산된 식민성은 공공연하게 우리 안에서 무의식적으로 내면화되고 있다. 특히 우리시대 학술·문화·예술·정치 등 광범위한 영역에서 기지촌 지식인들의 근엄한 식민성은 시류에 편승하여 전문가라는 권위의 가면을 쓰고 미디어를 통해 무차별적으로 산포되고 있다. 일상화된 식민성의 현주소에 철지난 식민지 근대성의 얼굴이 전송되어 한국인의 감성적 기저를 구성하고 있는 것은 아닌지 되돌아볼 일이다.

그렇다면 생존을 위한 몰염치가 대세를 이루는 오늘의 현실에서 우리는 식민지 근대성, 그 너머를 유교적 관점에서 어떻게 대안적으로 사유할 수 있을까?[75] 프란츠 파농처럼 "두세 개의 진실이

75 김상준은 유교의 윤리성과 비판성을 두 축으로 중층근대성론을 제기하였고, 장은주는 유교의 전통에 대한 분석을 통해 한국 사회의 근대 혹은 근대성에 대한 논의를 전개한 바 있다. 김상준, 『맹자의 땀 성왕의 피』, 아카넷, 2011; 장은

이 세상에 그 본연의 빛을 비추게끔 하기 위해 그 절멸의 위험에 맞서 싸울 것을 약속"[76]하는 '새로운 휴머니즘'은 가능한가? 더 이상 노예로 살지 않겠다는 파농의 선언은 '정신적 식민지화'를 거부한다는 것과 다르지 않다. 이것은 단순히 정신영역의 문제가 아니라 강렬한 물질적 토대에 고착되고 얽매인 정신성을 해체하는 것이다. 이 같은 실천적 지평이 확보될 때, 우리시대 모순의 총체인 분단체제를 어떻게 극복할 것인지, 통일은 어떻게 가능할지에 대해 보다 실천적으로 사유할 수 있을 것이다.

현대 한국인의 정체성 탐구를 위해 한국적 감성체계를 구명하려는 시도의 일환으로 한국유교의 근대성을 논의하면서, 나는 여전한 지식생산의 학문적 식민성과 우리 안에 미만한 막강한 정신의 식민성이 놓여 있다는 비관론을 되새긴다. 그럼에도 한국유교의 영역에서 학문적 식민성을 극복하기 위한 탈식민 그 너머를 상상하며 '지금' '여기서'의 정치적 실천을 모색한다. 적어도 타자의 절멸이 아니라 공존을 위해 함께 하는 유교적 실천 실천으로 나는 신언(愼言)을 제안한다. 신언은 거짓과 위선, 굴종을 강요하는 폭력의 말을 거부하고 어눌하지만 진실하게 타자와 접속을 가능하게 하는 '몸의 말'이다. '정치적 올바름political correctness'을 위한 첫 걸음은 자각과 저항의 진실한 '몸의 말', 타자를 존중하는 '성찰의 말'에서부터 시작한다.

주, 『유교적 근대성의 미래』, 한국학술정보, 2014.

76 프란츠 파농, 노서경 옮김, 『검은 피부, 하얀 가면』, 문학동네, 2014, 219쪽.

참 고 문 헌

『논어』, 『활재집』

웹자료: 국사편찬위원회, <한국사 데이터베이스>.

『經學院雜誌』(經學院)

『朝鮮及滿洲』(朝鮮雜誌社)

강해수, 「황도유학과 도의 담론, 그리고 식민지조선」, 인하대한국학연구소, 『한국학연구』 28, 2012.

고부응 편, 『탈식민주의 이론과 쟁점』, 문학과지성사, 2003.

고성애, 『박종홍의 현대 신유학 연구』, 서울대철학과박사학위논문, 2014.

권인호, 「다카하시 토오루의 황도유학: 이황, 고교형, 박종홍의 주자성리학과 중앙집권·국가주의 비판」, 대동철학회, 『대동철학회지』 55, 2011.

김경호, 『동양적 사유는 어떻게 탄생했는가』, 글항아리, 2012.

______, 「매천 황현 - 구한말 유교 지식인으로 산다는 것」, 한국공자학회, 『공자학』 28, 2015.

김상준, 『맹자의 땀 성왕의 피』, 아카넷, 2011.

류미나, 「전시체제기 조선총독부의 유림정책」, 한국역사연구회, 『역사와 현실』 63, 2007.

______, 「일본의 공자묘 대중화 정책과 조선 내 공자묘 인식의 변화」, 서울대인문학연구원, 『인문논총』 64, 2010.

류승주, 「일제의 불교정책과 친일불교의 양상」, 동국대불교문화연구원, 『불교학보』 48, 2008.

류시현, 「1910년-1920년대 전반기 안확의 '개조론'과 조선 문화 연구」, 역사문제연구소, 『역사문제연구』 21, 2009.

박균섭, 「전시동원체제와 퇴계학: 아베 요시오와 박종홍의 연속성」, 한국교육철학회, 『교육철학』 36-4, 2014.

박상기, 「탈식민주의의 양가성과 혼종성」, 한국비평이론학회, 『비평과이론』 6-1, 2001

박정심, 「박은식, 양명학을 통한 근대유학문명론의 재건」, 남명학회, 『선비문화』 18, 2010.

박종홍, 『박종홍 전집』, 민음사, 1998; 「퇴계의 교육사상」, 『慶北の教育』, 1924.

블라디미르티호노프, 「폭력적 불교-한국 불교와 태평양 전쟁」, 국제한국문학문화학회, 『사이間SAI』 7, 2009.

서동일, 「파리장서운동의 전개와 영남지역의 숨은 협력자들」, 성균관대대동문화연구원, 『대동문화연구』 89, 2015.

서은경, 「잡지 서울연구 : 1920년대 개조론의 대세 속 서울 창간의 배경과 그 성격」, 우리어문학회, 『우리어문연구』 46, 2013.

신채호, 『단재신채호전집』하, 형설출판사, 1972(1995).

안확·정숭교 윤문, 『자각론·개조론』, 한국국학진흥원, 2003.

우경섭, 「1920~30년대 朝鮮과 滿洲國의 王道儒學」, 인하대한국학연구소, 『한국학연구』 22, 2010.

윤해동 외, 『근대를 다시 읽는다 1』, 역사비평, 2006.

이광수, 『민족개조론』, 우신사, 1981.

이남주 엮음, 『이중과제론: 근대적응과 근대극복의 이중과제』, 창비, 2009.

이노우에 아쓰시, 「일본의 이퇴계 연구의 동향: 메이지기에서 현대까지」, 퇴계학연구원, 『퇴계학논집』 6, 2010; 「근대 일본에서의 이퇴계 연구의 계보학」, 동양정치사상사학회, 『동양정치사상사』 13-1, 2014.

이동희, 「장지연의 조선유교연원의 특징에 대하여-다카하시의 조선유학대관과의 비교」, 계명대한국학연구원, 『한국학논집』 35, 2007.

이명화, 「조선총독부의 유교정책(1910-1920」, 한국독립운동사연구소, 『한국독립운동사연구』 7, 1993.

이병도, 「학계에 자랑할 동방의 대철인 이퇴계와 이율곡」, 개벽사, 『別乾坤』 12·13, 1928.

이상은, 『이상은선생전집』(한국철학 1), 예문서원, 1998.

이영진, 「상처 입은 제국주의 : 식민지 조선에서의 무속 담론과 신도 정책에 관한 연구」, 서울대석사학위논문, 2004.

이종란, 「박은식의 儒敎求新論과 공자관」, 한국공자학회, 『공자학』 3, 1998.

장은주, 『유교적 근대성의 미래』, 한국학술정보, 2014.

전지영, 「일제강점기 臨時恩賜金의 분배와 성격에 관한 연구」, 강원대석사학위논문, 2008.

정욱재, 「20세기 초 일제협력유림의 경학원 활동 - 이대영을 중심으로」, 고려사학회, 『한국사학보』 56, 2014.

______, 「일제 협력 유림의 유교인식-1910-1920년대 경학원 관계자를 중심으로」, 고려사학회, 『한국사학사학보』 16, 2007.

정진석, 「일제 강점기의 출판환경과 법적 규제」, 근대서지학회, 『근대서지』 6, 2012.

차승기, 『반근대적 상상력의 임계들-식민지 조선 담론장에서의 전통·세계·주체』, 푸른역사, 2009.

최재목·이효진, 「張志淵과 高橋亨의 '紙上論爭'에 대하여」, 동아시아일본학회, 『일본문화연구』 32, 2009.

하우봉, 『조선후기실학자의 일본관연구』, 일지사, 1992.

한자경, 「다카하시 도루의 조선유학 이해의 공과 과 - 주리·주기 분류를 중심으로」,

서울대철학사상연구소, 『철학사상』 49, 2013.

허 수, 「1920년대 전반 이돈화의 改造思想 수용과 '사람性주의'」, 연세대국학연구원, 『동방학지』 125, 2004.

현상윤, 이형성 옮김, 『조선유학사』, 심산, 2010.

홍원식, 「장지연과 다카하시 도오루의 '유자·유학자 불이·불일' 논쟁」, 예문서원, 『오늘의 동양사상』 13, 2005.

高橋亨, 「王道儒道より皇道儒道へ」, 朝鮮總督府, 『朝鮮』 295, 1939.

______, 「儒教의 庶民的發展」, 經學院, 『經學院雜誌』 15, 1917.

______, 『朝鮮人』, 京城: 朝鮮總督府, 1926; 다카하시 도루, 『식민지 지식인을 논하다』, 구인모 번역, 동국대출판부, 2010.

阿部吉雄, 『李退溪』(日本教育先哲叢書, 第23卷), 東京: 文教書院, 1943(昭和18).

________, 『李退溪 : その行動と思想』, 東京: 評論社, 昭和52(1977); 아베 요시오, 『退溪와 日本儒學』, 김석근 역, 전통과 현대, 1998.

朝鮮總督府 編, 『朝鮮人の思想と性格』, 京城: 朝鮮總督府, 昭和2(1927); 조선총독부 편, 『조선인의 사상과 성격』, 김문학 옮김, 북타임, 2010.

丸山眞男, 『日本の思想』, 東京: 岩波書店, 1961; 마루야마 마사오, 『일본의 사상』, 김석근 옮김, 한길사, 1998(2012).

Cesaire, Aime, *Discourse on colonialism*; 에메 세제르, 『식민주의에 관한 담론』, 이석호 역, 동인, 2004.

Daizen Victoria, Brian Victoria, *Zen War Stories*, London: Routledge, 2003; 브라이언 다이젠 빅토리아, 『불교 파시즘』, 박광순 옮김, 교양인, 2013.

Fanon, Frantz, *Les damnés de la terre*, 1961; 프란츠 파농, 『대지의 저주받은 사람들』, 남경태 옮김, 그린비, 2010.

___________, *Peau noire, masques blancs*, Paris: Les Éditions du Seuil, 1952; 프란츠 파농, 『검은 피부, 하얀 가면』, 노서경 옮김, 문학동네, 2014.

Moore-Gilbert, B.J., *Postcolonial theory: contexts practices politics*, London: Verso, 1997; 바트 무어-길버트, 『탈식민주의! 저항에서 유희로』, 이경원 역, 한길사, 2001.

Nandy Ashis, *The intimate enemy :loss and recovery of self under colonialism*, New Delhi: Oxford University Press, 1983; 아시스 난디, 『친밀한 적-식민주의하의 자아 상실과 회복』, 이옥순·이정진 옮김, 창비, 2015.

Negri, Antonio · Hardt, Michael, *Commonwealth*, Cambridge, Mass.: Belknap Press, 2009; 안토니오 네그리·마이클 하트, 『공통체』, 정남영·윤영광 옮김, 사월의책, 2014.

7

해방 직후 민주주의 공론장의 안과 밖*

김봉국

해방 공간 : 탈영토화/재영토화

제2차 세계대전의 종전은 한반도를 일제 식민통치권력으로부터 해방시켰다. 그 결과 해방은 과거와의 단절을 상징했다. 하지만 이때의 단절은 과거와의 단순한 기계적 갈라섬을 의미하지 않았다. 일제의 통치권력은 붕괴되었지만 뒤이은 해방자이자 점령군이었던 미군정은 통치의 효율성을 위해 일제의 지배기구와 인적자원을 지속시켰다. 무엇보다 전간기(戰間期)를 거쳐 아시아-태평양전쟁기

* 이 글은 『감성연구』 16집, 2018에 실린 「해방 직후 민주주의 공론장의 안과 밖」을 수정·보완한 것이다.

'세계사의 동양적 전회'를 외쳤던 일제의 '反서구/근대'의 사조는 한국인의 정신구조에 여전히 잔존했다. 그렇다고 이 과거의 흔적 역시 온전한 지속과 반복은 아니었다. 과거 제국의 사상과 담론은 탈식민이라는 전변된 역사적 국면에서 새롭게 재해석되고 변주되었다. 그리고 그것을 주도한 것은 해방 직후 인민이었다. 그들은 과거 일제의 흔적과 미·소 점령이라는 현실의 구조화된 조건 위에서 미래의 새로운 민족국가건설을 위해 투신했다. 요컨대 해방 직후 한국인은 과거의 흔적과 전변된 현실을 재조정해서 자신들의 미래를 새롭게 구축하려는 적극적 노력을 전개했다. 때문에 해방은 단순한 과거와의 단절이 아니라 과거의 지속과 단절이 뒤엉켜 새로운 사회건설을 추구했던, 그 자체 근대성의 계기를 내재한 시공간이었다.

이와 같은 측면에서 해방은 과거 제국의 경계가 붕괴된 것이자 새로운 근대민족국가의 경계가 다시 구획된 계기라고도 할 수 있다. 비단 영토와 주권을 재설정하고 근대국가의 물리적·제도적 토대를 마련하는 문제뿐만 아니라 재조정될 경계의 구성원으로서 국민이라는 주체 역시 새로운 '상상의 공동체'의 일원으로 거듭나야 했다.[1] 한 마디로 해방 직후 남한은 근대민족국가가 건설되기까지의 과도기로서 탈영토화와 재영토화의 이중적 과정이 맞물려 진행되었다. 그 결과 남한에는 에른스트 브로흐Ernst Bloch가 '비동시성의 동시성die Ungleichzeitigkeit des Gleichzeitigen'이라고 표현했던 것

1 민족(국민)을 바라보는 여러 시각이 존재하지만, 이 글에서는 민족(국민)이 초역사적 실체가 아닌 근대 국민국가의 다양한 제도 및 장치 속에서 역사적으로 구성된 가상의 공동체라는 측면을 강조하기 위해서 '상상의 공동체'라는 개념을 차용한다. 이 개념에 대해서는 베네딕트 앤더슨, 윤형숙 역, 『상상의 공동체』, 나남, 2003 참조.

과 같이,[2] 과거/현재/미래의 상이한 역사적 시간대가 응축된 채 민족국가건설을 위한 열린 '공론장(公論場)'이 형성되었다.[3]

마찬가지로 해방 직후 한국의 '신민주주의론' 역시 과거와 현재와 미래가 착종된 하나의 역사적 결과물이었다. 제2차 세계대전의 종전과 함께 맞이한 해방은 한국인으로 하여금 신국가건설을 둘러싼 좌우 정치세력을 비롯한 다양한 주체들의 담론을 이끌었다. '파시즘 대 민주주의'의 전쟁에서 민주주의 연합국의 승리는 전후 세계를 '민주주의' 시대로 전환시켰다. 하지만 이때에 민주주의는 전전(戰前) 서구 부르주아민주주의를 의미하지 않았다. 과거 反서구/

2 독일의 역사철학자인 에른스트 브로흐(Ernst Bloch)는 전간기(戰間期) 독일 사회에 나타났던 상이한 역사적 시간대(前근대성, 근대성, 脫근대성)가 복잡하게 얽혀 공존하는 현상을 특징적으로 표현하기 위해 '비동시성의 동시성' 개념을 창안했다. 마찬가지로 해방 직후 남한의 공론장 역시 과거(식민)와 현재(탈식민)와 미래(냉전)의 서로 다른 시간대의 이념과 사상이 뒤엉켜 상호 경쟁하는 가운데 중첩되어 있었다. '비동시성의 동시성' 개념에 대해서는 임혁배, 『비동시성의 동시성: 한국 근대정치의 다중적 시간』, 고려대학교출판부, 2014, 21~77쪽 참조.

3 공론장(公論場)은 하버마스(Jürgen Habermas)의 'Öffentlichkeit'를 번역한 용어로, 이 개념 및 번역과 관련해서는 위르겐 하버마스, 한승완 역, 『공론장의 구조변동: 부르주아 사회의 한 범주에 관한 연구』, 나남, 2001, 13~14쪽 참조. 이 글에서 하버마스가 18세기 서구의 부르주아공론장을 분석하기 위해 설정했던 '공론장'의 범주를 그대로 옮겨오는 데에는 무리가 있다. 왜냐하면 한국사회의 공론장의 존재 양식 자체가 서구의 그것과 다르기 때문이다. 유럽에서 공론장은 자본주의 발전이라는 내적 요인이 결정적이었지만, 한국에 있어서는 외세와 정치적 요인이 보다 결정적이었기 때문이다. 무엇보다 개방성을 유지한 채 이성에 근거한 합리적 사고와 토론을 통해 작동했던 서구의 부르주아공론장과는 달리 해방 공간 남한의 공론장은 다양한 욕망과 감정이 이성적 사유와 혼재된 채 끊임없는 권력의 개입 속에서 형성·변화된 점 역시 차이를 갖는다. 이와 같은 이유로 이 글의 분석대상인 해방공간의 '공론장'은 좌우 정치세력을 중심으로 다양한 사회집단이나 개인들이 여론 또는 공론을 생산하는 장소로서 신문이나 잡지를 비롯한 각종 대중매체를 의미한다. 해방 공간의 공론장 및 언론매체에 관해서는 손석춘, 『한국 공론장의 구조변동』, 커뮤니케이션북스, 2005, 73~85쪽; 송건호 외, 『한국언론 바로보기』, 다섯수레, 2000, 108~192쪽 참조.

근대의 사조가 지속되는 가운데 그것을 비판적으로 전유한 다양한 '조선적 민주주의론'이 공론장에 쏟아졌다. 동시에 좌우 정치세력이 장악한 공론장의 민주주의와 겹쳐지면서도 이질적인 인민의 민주주의에 대한 공감대(帶) 역시 광범위하게 생성되었다. 바로 이 민주주의를 기축으로 한 공론과 공감의 겹침과 분리 그리고 상호작용의 과정 속에서 해방 직후 남한사회는 주조되어갔다.

해방 직후 분출했던 민주주의에 관한 다채로운 담론의 양상은 학계의 주요한 연구대상으로 주목받아왔다. 기존 연구는 미군정을 비롯한 여러 정치세력 간 상호작용을 중심으로 냉전 반공국가의 형성 및 자유민주주의의 제도화 과정을 밝히거나,[4] 해방 직후 좌우 및 중간계열 지식인들이 생산한 민주주의 담론의 내용 및 논리를 분석했다.[5] 또한 민주주의를 해방 공간 인민, 시민, 군중, 대중 개념의 규정문제나,[6] 남북한 지도자상(像)의 구축문제와

---

4 박찬표, 『한국의 국가 형성과 민주주의: 냉전 자유주의와 보수적 민주주의의 기원』, 후마니타스, 2007.

5 대표적으로 임헌영, 「해방직후 지식인의 민족현실 인식」, 강만길 외, 『해방전후사의 인식』 2, 한길사, 1985; 여현덕, 「8·15직후 민주주의 논쟁」, 박현채 외, 『해방전후사의 인식』 3, 한길사, 1987; 김정, 「해방 후 안재홍의 신민주주의론과 공산주의 비판」, 『한국사학보』 12, 고려사학회, 2002; 장규식, 「20세기 전반 한국 사상계의 궤적과 민족주의 담론」, 『한국사연구』 150, 한국사연구회, 2010; 홍정완, 「일제하~해방후 한치진(韓稚振)의 학문체계 정립과 '민주주의론'」, 『역사문제연구』 24, 역사문제연구소, 2010; 김정인, 「민주주의 해방기 분열 혹은 통합의 아이콘」, 이경구 외, 『한국의 근현대, 개념으로 읽다』, 푸른역사, 2016; 방기중, 『한국근현대사상사연구: 1930·40년대 백남운의 학문과 정치경제사상』, 역사비평사, 1993; 김기승, 『한국근현대 사회사상사 연구: 배성룡의 진보적 민족주의론』, 신서원, 1994; 『조소앙이 꿈꾼 세계: 육성교에서 삼균주의까지』, 지영사, 2003; 김인식, 『광복 전후 국가건설론』, 독립기념관 한국독립운동사연구소, 2008.

6 임종명, 「해방 공간과 인민, 그리고 민족주의와 민주주의」, 『한국사연구』 167, 한국사연구회, 2014; 박지영, 「복수의 '민주주의'들: 해방기 인민(시민), 군중(대중) 개념 번역을 중심으로」, 『대동문화연구』 85, 성균관대학교 대동문화연구원, 2014.

결부시켜,[7] 보편적 이념으로서의 민주주가 갖는 사회적 효과를 분석한 작업 역시 진행되었다. 대체로 이와 같은 선행 연구는 해방공간 미소대립 및 좌우대립의 맥락 속에서 당대 민주주의 담론의 양상과 그것이 미친 사회적 영향을 드러내주었다. 그럼에도 불구하고 기존 연구는 좌우정파나 지식인이 주도했던 공론장 내 민주주의 담론에 편중한 나머지, 상대적으로 노동자와 농민을 중심으로 한 하층민이 바라봤던 민주주의를 향한 정서나 내용에까지 논의를 확장시키는 데에는 미흡했다.

해방 직후 민주주의에 대한 고창과 사회 확산의 이면에는 민주주의적 국가건설에 대한 인민의 기대와 열망 역시 자리 잡고 있었다. 당대 '민주주의'는 좌나 우의 진영논리로 귀속할 수 없는 인민의 다양한 지향을 포괄한 용어였다. 실제 농민과 노동자를 비롯한 사회 하층민들은 자신의 생존권과 일상적 삶의 조건을 개선하기 위해 스스로의 정치적 의제를 '민주주의'라는 기표를 통해 표출했다. 이와 같은 사태 속에서 민주주의를 전유하기 위한 치열한 각축전을 펼쳤던 정치세력들은, 인민의 목소리를 자신의 정치적 의제하에 굴절시켜 대변하는 동시에 그들을 자파의 진영으로 유도해야 하는 과제 역시 갖고 있었다.

이 민주주의를 둘러싼 정치집단의 활동과 인민의 자연발생적 운동 간 상호작용 속에서 민주주의는 상상되었고, 민주주의를 둘러싼 정치적 공론장과 인민의 공감대(帶) 역시 재편되었다. 때문에 해방 직후 한국 민주주의의 동학 및 그 영향을 이해하기 위해서는 민

7 공임순, 「민주주의의 (先)정치적 담론 자원과 인민대중의 진정한 지도자상」, 『서강인문논총』 29, 서강대학교 인문과학연구소, 2010.

주주의 공론장의 안과 밖을 가로질러 존재했던 인민의 민주주의 공감대를 포착하는 가운데, 공론과 공감의 상호작용을 검토할 필요성이 제기된다.

이 글은 해방 직후 한국의 '신민주주의'론이 출현했던 역사적 맥락을 검토하는 과정에서 그것이 갖는 근대성을 드러내는 동시에,[8] '민주주의'를 기축으로 한 다양한 집단의 상호경쟁 양상을 분석하고자 한다. 이를 통해 공론장의 안과 밖을 가로질러 새로운 민주주의를 구축하고자 했던 '상이한 공감들이 마주치고 투쟁하는 관계의 망'으로서 당대 민주주의 공감장sympathetic field(共感場)을 드러내고자 한다.[9] 뿐만 아니라 해방 직후 공론과 공감의 길항이 낳은 '민주

8 '근대적' 혹은 '근대'라는 단어는 라틴어 '모도(mode, 지금)'에서 파생된 형용사이자, 명사인 '모데르누스(modernus, 새로운, 혹은 새로움)'에 자신의 어원으로 두고 있다. 이와 같이 '근대(성)(die Moderne, modernity)'이라는 용어는 단순히 사건들의 자연 연관으로서의 연대기적 범주를 지시하지 않는다. 오히려 이전에는 겪어보지 못했던 역사적 경험의 질적 변화가 가속화되고 확장됨으로써 (발화자가 속해 있는) '지금-시간(Jetztzeit)'을 의식하고, 그 '현재화하는 시대정신에 적합한 자기관계의 구조화, 즉 주체화(subjectivation)의 새로운 방식 및 자기존재의 변형과 맞물린 주체성의 새로운 형식'과 그것을 만들어가는 실천 및 특성을 개념화 것이다. '근대(성)'의 개념에 관해서는 김기성, 「영원한 현재로서의 심미적 근대성」, 『범한철학』 79, 범한철학회, 2015, 392~395쪽; 「감성적 근대와 새로운 주체성의 동인」, 『감성적 근대와 한국인의 정체성(제9회 감성연구 학술대회 자료집)』, 전남대학교 호남학연구원, 2018, 43~46쪽 참조. 마찬가지로 해방 직후 출현했던 다양한 '신민주주의'론 역시 전후 세계를 과거와는 다른 새로운 시대로 인식하면서, 자기시대의 방향성을 이전 민주주의의 전통이나 모범으로부터 찾지 않고, 주체적으로 새롭게 창조하려 한 실천의 결과물이자, 그 내용 역시 과거 민주주의 담론과는 일정한 차이를 갖는 것이었다는 점에서 근대적이었다.

9 감성(感性) 그 자체가 갖는 간(間) 개체적 성격으로 인해, 사실상 모든 감성은 곧 공감(共感)이다. '공감장이란 그러한 공감의 발생적 조건이자, 상이한 공감들이 마주치고 투쟁하는 관계의 망이다. 공감장 개념은 일차적으로 사회적 감성이 갖는 동시성, 상호성, 횡단성을 설명하기 위한 개념이다. 더 나아가 한 사회 및 역사의 동역학을 추동하는 인간 행위의 내적 동인을 감성론의 차원에서 포착하기 위한 분석적 또는 비판적 개념이자 동시에 구성적 개념이다.' 이 글에서는

주의'의 역동성을 확인하는 가운데, 해방 직후 남한사회를 감성의 동학을 통해 새롭게 바라볼 것을 제기하고자 한다.

좌우대립과 민주주의 경쟁

해방은 한국인들에게 과거 일제식민지배 하에 억압되었던 욕망을 동시다발적으로 분출할 수 있게 했던 장을 열어 준 동시에, 미군의 진주에 따른 새로운 점령이 시작되었다는 이중의 의미를 가졌다. 또한 식민통치권력이 붕괴되었음에도 불구하고 그것이 남긴 反서구/근대의 사조는 잔존했고, 일제의 패망은 전후 세계의 초강대국인 미소점령으로 교차되었을 뿐 한국인의 자주권은 여전히 인정되고 있지 않았다. 해방 직후 한국인은 이와 같은 식민의 유재(遺在)와 점령의 현실이 구조화한 실존적 조건 하에서 새로운 민족국가건설의 여정에 나서야만 했다. 해방 직후 남한사회는 서로 다른

해방 공간 남한 정치의 상하층을 가로질러 펼쳐졌던 민주주의를 기축으로 한 다양한 주체들의 상호작용 및 그 영향을 분석하기 위한 범주로서 '민주주의 공론장'과 '민주주의 공감장'을 구분한다. 양자 모두 역사·사회적 범주라는 측면에서 동일하지만, "공론장은 여론(輿論) 또는 공론을 생산한다는 것이고, 공감장은 민중의 '공통된 정서와 의향'으로서의 여정(輿情) 또는 공감을 생산한다는 데 차이가 있다. 하지만 여론과 여정 또는 공론과 공감은 이분법적으로 명확하게 구분되는 것은 아니다. 여론과 여정 또는 공론과 공감은 서로 중첩되고 교차하면서 상호보완적인 관계를 이룬다. 이른바 내부 감각인 공감이 외적으로 구체화된 형태가 공론"이며, 역으로 공론에 의해 공감이 재구성되기도 한다. 이런 측면에서 이 글 역시 해방 공간 인민의 민주주의에 대한 공감이 여러 정치세력이 주도했던 민주주의 공론(장)으로 굴절되어 표출되기도 한 반면, 공론장의 담론이 인민의 민주주의 공감(장)에 변형을 초래했던 양상에 주목한다. 공감장의 개념에 대해서는 전남대학교 감성인문학연구단, 『공감장이란 무엇인가: 감성인문학 서론』, 길, 2017, 11~18쪽, 46~47쪽 참조.

시간대의 사상과 문화와 지향이 공존, 경쟁, 길항하는 가운데 지배적 이념의 정형stereotype이 확립되지 않은 '이념적 무정형(無定型)의 시·공간'이었다.[10]

이와 같은 무정형성amorphousness은 공산주의에 대한 전변된 인식에서도 확인할 수 있다. 과거 일제에 의해 "人類의 公敵이요 世界上의 惡魔的 存在"로 규정되었던 공산주의는,[11] 해방 직후 "공산주의자들의 탈선적 비행"은 나쁘지만, 그 이념만은 "알고 보면 국민의 대부분이 참으로 환영하여야 할 것"이자 "근로대중이 첫째 잘살게 하려는 것"으로 옹호되었다.[12] 또한 좌우를 망라해 미군정에 대해 감사와 우호의 시선을 보내는 동시에 경계와 적대의 이중적 입장을 취했던 양상을 통해서도 해방공간의 무정형성을 목격할 수 있다. 운동으로서의 공산주의와 사상으로서의 공산주의를 구분해서 접근하고 있는 것이나, 미·소를 해방자이자 점령군으로서 친선과 경계의 상반된 시각에서 바라봤던 현상의 이면에는, 과거에 대한 전복의 흐름과 미래를 향한 기대와 불안이 병존했기 때문이다.

무엇보다 해방 직후 정치적 이념의 혼란 양상은 무수한 정당의 난립과 좌우대립으로 나타났다.[13] 물론 민족운동 내 좌우대립은 제

10 해방 공간의 무정형성(amorphousness)에 관해서는 임종명, 「해방 직후 이범석의 민족지상·국가지상론」, 『역사학연구』 45, 호남사학회, 2012, 151~153쪽 참조.

11 「歷史的大國民運動 國民精神總動員朝鮮聯盟의 進路」, 『매일신보』, 1938년 9월 29일자.

12 金鍾範·金東雲, 『解放前後의 朝鮮眞相』, 朝鮮政經研究社, 1945, 60쪽.

13 당시 상황에 대해 한 잡지는, "八·一五이후, 서울에서 建準을 중심으로 한 人民戰線結成運動이 광범히 전개되는 반면에 여기에 대립되는 정치세력도 분산적으로 급속히 대두하였다. 同姓同本의 群小異名政黨이 雨後의 竹筍같이 혹은 사랑방에서 혹은 重役室에서 혹은 교회당에서 혹은 거리의 다방에서 대량적으로

1차 세계대전 직후 사회주의의 본격적 수용에 따른 민족운동의 분기로부터 시작되었다. 일제시기 민족운동 내부의 적대적 인식과 태도에서 연원한 좌우대립의 골은 해방 공간 정국의 주도권을 둘러싼 양측의 경쟁으로 더욱 깊어졌다.

해방 직후 좌우대립의 양상에서 주목되는 것은 양측이 모두 자기 정당화와 상대방에 대한 공세의 근거로 '민주주의'를 내세우고 있다는 점이다. 조선공산당을 중심으로 한 좌익은 전후 세계를 "民主와 反民主" 간에 투쟁의 장으로 규정하고, 반민주세력인 우익의 타자로서 자파를 진정한 민주주의의 담지자로 자임했다.[14] 우익 역시 좌익을 '계급독재'의 비민주주의세력으로 비난하는 것은 마찬가지였다. 자연스럽게 보이는 이와 같은 현상은 불과 얼마 전 일제의 식민통치 하에서는 결코 당연한 것이 아니었다. '아시아-태평양전쟁' 당시 反서구/근대의 기치 아래 '귀축미영(鬼畜米英)'을 외치며 '근대초극(近代の超克)'론을 제기했던 일제는,[15] 민족주의와 민주주의를 서구 근대 물질문명의 부산물로 규정하고 이 서구의 이념과 사상이 세계전쟁의 발발원인이라고 비판했다. 제국의 지배이데올

조직되었다. 이 현상을 누구는 정치적 자유의 표상이라 환영하였고 누구(는) 파당적 정신의 발로라 개탄하였다."고 전하고 있다. 이어 "더욱 하-지중장의 政黨代表引見, 그리고 各局長代理級人物推薦要求의 報는 정당 대량생산 과정에 일층의 박차가 되지 않을 수 없었다."고 지적하면서, 정당난립의 한 원인으로 미군정 정책을 꼽고 있다. 金漢周, 「八·一五以後의 國內政治情勢」, 『科學戰線』, 1946년 2월호, 32쪽.

14 「民主主義와 反民主主義」, 『人民』, 1946년 4월호.

15 근대 초극(近代の超克)론은 '아시아-태평양전쟁' 무렵 서구 근대의 문명과 역사를 총체적으로 극복하고자 한 일본 사회의 '지적협력회의'에서 제기되었다. 관련해서 나카무라 미츠오·니시타니 게이지 외 저, 이경훈·송태욱·김영심·김경원 역, 『태평양전쟁의 사상』, 이매진, 2007; 히로마쓰 와타루, 김항 옮김, 『근대초극론』, 민음사, 2003 참조.

로기에 의해 부정되었던 민주주의가 제국의 패망과 함께 새로운 사회의 보편적 이념으로 재등장한 것이었다.

제2차 세계대전이 파시즘에 대한 민주주의 연합국의 승리로 종결됨에 따라, 전간기와 '아시아-태평양전쟁'을 거치는 동안 反서구/근대의 사조 속에 비판받았던 '민주주의'는 전후 세계에서 부정할 수 없는 신시대의 이념과 가치로 부각되었다.[16] 이제 민주주의는 "세계적 이념으로 이구동성이 되어 부르짓는" 것이 되었으며,[17] 신생조선의 강령이자 "한 개의 常識"으로 받아들여졌다.[18] 해방 직후부터 정국의 주도권 경쟁에 나섰던 좌우를 망라한 정치집단은 자신들을 민주주의 세력으로 자임하면서,[19] 자신들이야말로 신국가건설에 있어서 민주주의적 노선을 실현할 적임자라고 앞 다투어 선

16 우익 한민당의 입장을 대변했던 『동아일보』는 사설을 통해, "이번 大戰이 파시즘의 攻勢에 對한 民主主義의 勝利로서 世界的 民主主義化의 歷史的 必然은 우리의 解放 또한 民主主義의 路線을 발게되엿슴을 새삼스레 贅言할바 업"다고 언급하고 있듯이, 해방 직후 남한에서 민주주의는 "역사적 필연"으로서 실현해야 할 보편적 이념이자 가치로 받아들여지고 있었다. 「輿論政治」, 『동아일보』, 1945년 12월 10일자. 좌익의 시선 역시 마찬가지였는데, 좌익계열의 한 서적은, "第二次世界大戰이 獨伊日의 팟쇼國家의 侵略的 掠奪戰爭에 對하야 蘇, 美, 英, 中의 民主主義聯合國의 英雄的인 鬪爭으로 말미암아 偉大한 民主主義聯合國의 勝利를 가저오게 되었다. 이러한 결과는 必然的으로 이 世界에서 팟쇼勢力을 一掃하고 全世界를 民主主義的 路線에서 再建하지 않으면 안되게 되었다."고 평가했다. 溫樂中, 「民主主義와 勞動者」, 『民主主義十二講』, 文友印書館, 1946, 91쪽.

17 「휴지통」, 『동아일보』, 1946년 1월 22일자.

18 朴致祐, 「民主主義와 人民」, 『民主主義十二講』, 文友印書館, 1946, 141쪽.

19 임시정부요인으로 "아나키스트"로 활동했던 유림(柳林) 역시 환국하면서, "아나키스트는 所謂 無政府主義가 아니다. 그것은 誤解이다. 眞正한 아나키스트는 獨占的인 强權을 排擊하고 均等한 民主主義란 말이다."라고 논파하여 적지 안흔 "센세이숀"을 일으키기도 했다. 「民族總意로 出發한 政府 正道를 發見」, 『동아일보』, 1945년 12월 12일자.

언했다.[20] 일례로 1945년 12월 조선공산당을 시작으로 순차적으로 소위 "四政黨 政見發表放送"이 진행되었는데, 참여한 모든 정당이 그 강령과 정책으로 민주주의를 표방했다.[21] 뿐만 아니라 무수히 난립한 대중단체들 역시 민주주의가 조선의 미래를 건설하는 정치이념과 활동지침임을 선언했다.

그럼에도 불구하고 민주주의에 대한 입장과 규정은 서로 달랐다. 해방 직후 건준과 인민당에서 활동한 좌익계 인사였던 김오성(金午星)은 "建國 劈頭의 우리나라가 民主主義的 國體이여야 하겟다는대는 누구나 異義가 없는" 듯하지만, "民主主義란 대체 어떠한 것인가? 우리가 創建하려는 民主主義的 國家는 대체 어떠한 것일까?에 對해서는 아직 明確히 一致되어있지 않은 듯싶다."고 밝혔다. 이어서 그 불일치의 원인에 대해 "다른 나라처럼 尖銳化되어있지는 않다 하드라도 階級的 分野가 갈려있는 우리나라의 現實에 있어는 當然한 現象일 것"이라고 평가하고 있다.[22]

당시 '민주주의'에 대한 시각의 차이 및 그 의미를 전유하려는

20 이와 같은 상황에 대해 당대 한 기사는 다음과 같이 평하고 있다. "八·一五以後 所謂『民主主義』라는말은 마치流行語로 化한듯이 無批判的으로使用되고있다. 日帝의 急角的인沒落은 어느程度 우리의理性을 痲痺乃至混沌케만든것만은 事實이나 如何튼 日帝의野獸的强壓에서 解放된人民은 狂信的으로『民主主義』를 讚揚하고 新朝鮮國家建設에있어서도 오로지 民主主義이여야만된다고 생각하고 잇다. 그러나 中에도 가장可笑로운것은 日帝勢力의 殘滓인 走狗輩 代辯者 封建的國粹主義者等 一連의反動分子까지도 民主主義云云을 看板으로내걸고 온갖 奸計를 꾸미고잇는事實이다. 따라서 오늘날解放된人民이 부루짖는『民主主義』와 所謂親日派 民族反逆者乃至反動分子들의『民主主義』와는 비록文字는 同一할망정 그 歷史的意義, 性格에있어서는 全혀 對蹠的임을 우리는峻嚴하게 批判할必要가있다." 金東煥, 「民主主義論」, 『新天地』, 1946년 1월호, 122쪽.

21 「四政黨 政見發表放送」, 『동아일보』, 1945년 12월 2일자.

22 金午星, 「民主主義와 人民戰線」, 『開闢』, 1946년 4월호, 108쪽.

시도는 우익 측에서도 목격된다.[23] 해방 이후 한민당의 부당수겸 선전부장을 지낸 김준연(金俊淵)은 "'민주주의'란 말이 민중에게 위대한 매력을 가지고 있는 것이기 때문에 민중을 끌기 위하여서는 이 민주주의란 말은 절대로 自家保有할 필요가 있다"고 강조했다.[24] 또한 그는 좌우합작을 위해 '민주주의'에 대한 공동의 이해가 전제되어야 함을 강조하면서, 해방 이후 좌우의 민주주의에 대한 해석의 차이를 다음과 같이 지적했다.

> 조선민족의 행복! 이것이 공동의 기초가 되지 아니할까? 조선민족의 행복을 증진하려면 자주독립국가를 완성하여야 하겠다. 그렇게 하는 데는 국민의 총의에 의하여 민주주의적으로 하여야 하겠다. 그런데 이 민주주의에 두 가지 해석이 있어서 좌익계열에서는 공산주의적 독재를 의미하게 된다. 그러나 우리는 민주주의란 말을 세계에서 널리 쓰이는 의미로 해석하고 사용하는 것이 정당하다고 생각되는데 그는 자유를 기초로 하는 것이다.[25]

여기에서 김준연은 당대 좌우의 '민주주의'에 대한 시각과 규정이 상위했음을 보여준다. 같은 글에서 그는 8월 15일 해방 이후 좌익계열이 주장한 "데모크라시(민주주의)"란, 결국 "프로레타리아 독재의 소비에트형"을 의미하는 것이고, "파시스트"는 모든 "비소비에트신조"를 가진 "반대파"를 비난하는 것이라고 주장했다.[26] 반면

23 이하 김준연과 김오성의 민주주의에 대한 입장을 비교하는 부분 및 해방 직후 여러 민주주의론에 대한 서술 부분은 졸고, 「1945~53년 한국의 민족·민주주의론과 냉전담론」, 전남대학교 사학과 박사학위논문, 2017, 56~57쪽을 재인용함.

24 金俊淵, 『獨立路線』, 日月社, 1947(김준연, 『독립노선』, 돌베개, 1984, 50쪽 재인용.).

25 金俊淵, 위의 책, 50~51쪽.

26 金俊淵, 앞의 책, 50쪽.

앞서 언급했던 좌익계의 김오성(金午星)은 과거 서구 선진국의 민주주의 역사를 검토하면서, '다수결의 원칙과 투표'에 근거한 '부르주아 민주주의'는 '所有階級'의 이익만을 옹호하는 기만책이라고 비판했다. 그는 해방 이후 조선의 현 단계는 낡은 부르주아 민주주의의 내적 모순을 지양하면서도, '진정한 민주주의'의 과도적 중간 형태로 노농계급이 주축인 된 '인민전선적인 민주주의'를 필요로 하고 있다고 주장했다.[27]

김준연과 김오성의 민주주의에 대한 시각에서 볼 수 있듯이, 당대 민주주의에 대한 해석은 "계급적 입장을 달리하는 데 따라서" 차이를 보였다.[28] 실제 해방 이후 남한 사회에는 다양한 '민주주의'론이 등장했다. 조선공산당의 '진보적 민주주의', 백남운의 '연합성 신민주주의', 청우당(青友黨) 이석보의 '자본민주주의', 안재홍의 '신민주주의', 안지홍의 '진정민주주의', 배성룡의 '신형민주주의' 등이 제기되었다.[29] 또 당대 '프롤레타리아민주주의', '브르주아민주주의' 등의 개념 역시 빈번하게 사용되었다.[30]

이와 함께 세계적 냉전의 가시화 속에서 좌우는 미·소 양 체제의 민주주의 노선을 두고 어느 쪽을 따라야 하는가를 놓고 경쟁을

27 金午星, 「民主主義와 人民戰線」, 『開闢』, 1946년 4월호, 108~115쪽.

28 윤형식, 「민주주의와 반민주주의」, 『春秋』, 1946년 2월호, 15~16쪽(여현덕, 앞의 글, 25쪽 재인용.).

29 이들의 민주주의론은, 조선공산당중앙위원회, 「現情勢와 우리의 任務」, 1945년 9월 20일(이정박헌영전집편집위원회, 『이정 박헌영 전집 5』, 역사비평사, 2004, 55쪽); 白南雲, 『朝鮮民族의 進路』, 新進社, 1946; 李錫保, 「靑友黨의 暫定的 政治道程」, 『開闢』, 1946년 4월호; 安知鴻, 『眞正民主主義論: 自主民主統一獨立의 理論』, 一韓圖書, 1949; 裵成龍, 『自主朝鮮의 指向』, 光文社, 1949을 참조.

30 당대 제기된 민주주의론에 대한 개략적 소개는 여현덕, 앞의 글, 23~24쪽; 임헌영, 앞의 글, 참조.

벌였다. 1946년 5월 조선임시정부수립을 위한 1차 미소공위가 참여 단체를 둘러싼 대립 속에서 결렬되고, 1947년에 재개된 2차 미소공위 역시 실패하여 세계적 냉전의 여파가 한반도에도 영향을 미쳤다. 이 두 차례의 미소공위 과정을 거치면서 '미국식 민주주의'와 '소련식 민주주의' 간 우월성 경쟁이 전개되는 가운데, 좌우 정파 역시 이에 편승하여 민주주의 논쟁을 부추겼다.

비단 좌우의 정치논리 뿐만 아니라 상식의 차원에서도 '민주주의'에 대한 인식의 혼란 양상이 목격된다. 예를 들면 해방 직후 발행된 상식사전에는 '민주주의'에 대한 서로 다른 정의가 병존하고 있다. 1946년에 "현 사회에서 日夜 사용되며 또 누구나 상식적으로 알어야 할 말을 간명 공정한 해석을 부한 것"이라고 밝힌 『新語辭典』은 '민주주의'를 다음과 같이 정의하고 있다.

> 民主主義 人民의 政治, 人民을 爲한 政治, 그리고 人民이 하는 政治를 主張하는 主義. 民主政治는 이 主義에 依한 政治며 立憲主義는 이 思想 下에 成立된 것. 데모크라시-참조.[31]

> 데모크라시Democracy 民主政治라고도 譯함. 自由平等의 思想에 基한 政治形態. 古代에 希臘의 都市에 行해진 民衆政治로 프라-토-라는 哲學者 等에 依하여 唱導되였다. 現代에서는 뿌루조아 데모크라시-를 말하는 것으로 歷史的으로 보아 新興뿌루조아지-가 封建貴族의 專制政治에 對한 鬪爭標語로 採用하였고 佛蘭西革命의 人權宣言, 美國獨立宣言 等이 그 始作으로 또한 現在의 先進資本主義의 議會政治(普通選擧) 陪審裁判制度, 住居, 信仰, 言論集會, 結社의 自由 等이 있는 것이다. 그러나 帝國主義의 獨占時代에 드러옴과 同時

31 民潮社出版部, 『新語辭典』, 民潮社, 1946, 56쪽.

> 에 데모크라시-는 實質的으로 廢止되고 金融資本의 專制的 支配가 始作된다. 이에 對하야 프로레타리아-트는 言論, 集會, 結社, 出版의 自由를 要求하야 帝國主義資本家와 鬪爭한다. 그리하야 데모크라시-는 뿌루조아지-가 封建的 勢力에 對한 鬪爭의 武器로 生長하였는데 이번은 뿌루조아지-가 完全히 政治權力을 掌握한 瞬間부터 勞動階級을 搾取하고 支配하는 用具로 化하여 死滅한 것으로 뿌루조아 特有의 歷史的 槪念이다.[32]

해방 직후 민주주의는 일반적으로 고대 그리스의 "데모크라시-"를 번역한 "민주정치"에 그 기원을 둔 것으로 이해되는 가운데, 그 의미를 집약하고 있는 슬로건으로 링컨Abraham Lincoln의 'government of the people, by the people, for the people'이 유행했음을 확인할 수 있다. 주목할 것은 이 민주주의에 대한 일반적 정의가 아니라, 그것이 대상화되어 비판적으로 인식되고 있는 점이다. 다시 갈해 현대 민주주의를 고대 그리스에 기원을 둔 그것과 동일시하지 않고 "뿌루조아 데모크라시-"라고 구별하고 있다. 부르주아민주주의는 근대 이행기 신흥 부르주아가 봉건귀족의 전제정치에 맞서 사용한 무기로, 부르주아와 함께 나고 자란 특정 시대의 계급적 산물임을 지적한다. 이어 제국주의 독점시대에 부르주아가 정치권력을 독점함에 따라 일반적 의미에 민주주의가 사실상 폐기되었고, 노동계급을 착취하고 지배하는 도구로 전락해버린 "뿌루조아 특유의 역사적 개념"으로서의 부르주아민주주의만이 존재하게 되었다고 비판한다.

당대의 '상식'을 전하는 사전의 이중적 해석이 보여주는 바와 같이, 해방 직후 민주주의는 민주정치 일반을 지칭하는 동시에 특정

32 民潮社出版部, 위의 책, 33~34쪽.

시기 부르주아계급의 정치경제적 이해관계의 산물로 비판되고 있었다. 뿐만 아니라 부르주아민주주의는 "프로레타리아-트"가 주도하는 새로운 민주주의의 등장에 따라 '사멸'하거나 '위기'에 처한 것으로 전락했다는 인식 역시 팽배했다. 즉 해방 직후 민주주의에 대한 상식 사전의 설명 양상은 그것을 둘러싼 혼재된 인식과 함께 당시 서로 다른 복수의 민주주의론이 경쟁하고 있었음을 시사해준다.

공론장의 민주주의 : '조선적 민주주의'론

해방 직후 좌우의 민주주의를 기축으로 한 논쟁에서 주목할 것은, 당시 좌우가 내세웠던 민주주의론이 전전(戰前) 서구 부르주아 민주주의를 의미하지 않았다는 점이다. 파시즘에 대한 민주주의 연합국의 승리로 종결된 제2차 세계대전은 전후 세계를 '민주주의' 시대로 전변시켰다. 그럼에도 불구하고 해방 직후 남한에는 전간기(戰間期)를 거쳐 '아시아-태평양전쟁'기 고조되었던 '反서구/근대'의 사조 역시 지속되고 있기도 했다. 과거의 이념, 사상, 담론 등이 변용되어 지속되는 가운데 해방 직후 남한에는 식민의 흔적과 탈식민의 세계가 착종되어 공존했다. 여기에 전후 세계의 패권국으로 등장한 미·소의 점령 하에서 냉전의 대결구도에 편승한 좌우에 의해 민주주의를 둘러싼 자본주의와 공산주의 양 체제 간 경쟁 역시 벌어졌다. 이로 인해 해방 직후 남한에는 식민과 탈식민 그리고 냉전의 사조와 담론이 혼재했고, 이것들을 비판적으로 전유해 민족국가건설의 전망을 모색하려는 시도가 분출했다. 이 과정에서 전과는 이질적인 다양한 '조선적 민주주의론'이 출현했다.

이와 같은 '신민주주의론'들은 해방 직후 남한이 처한 주객관적 조건에 대한 나름의 진단에 기초해서, 민족국가건설을 위한 정치노선의 일환으로 제출되었다. 대체로 해방 직후 열린 공론장을 무대로 비교적 중간지대에 위치했던 정치세력과 지식인들에 의해 자유민주주의나 부르주아민주주의혁명론(또는 프롤레타리아민주주의론)과는 일정하게 거리를 둔 민주주의론이 생산되었다.

해방 이후 한민당의 정론지였던 『동아일보』의 조사부장을 지낸 김삼규(金三奎)는, 1947년 3월 5회에 걸쳐 "民族社會主義序曲"이라는 연재 사설을 『동아일보』에 실었다. 한민당의 중진 김준연(金俊淵)은 이 글에 대해 "우리 건국설계서로 볼 수 있는 조흔 귀중한 문자이다."라고 평하면서 일독을 요청하고 있다.[33] 필자가 밝히고 있는 바와 같이 이 글은 8·15 이후 공산주의 진영으로 전향한 '허다한 인태리겐챠'를 대상으로 공산주의 계급노선의 문제를 지적하고, 그것이 조선의 현 실정에 맞지 않는 이유를 해설하고 있다. 먼저 김삼규는 공산주의의 계급주의 국가관과 민족관을 비판하고,[34] 뒤이어 "조선의 현실은 자산민주혁명에의 조건은 구비되어 있어도, 무산계급독재를 실현하는 푸로레타리아혁명에의 조건은 구비되어 있지 않다."고 진단한다.[35] 무엇보다 김삼규의 글에서 주목되는 것은 공산주의의 비판에 매몰되지 않고, 첨예화 된 좌우의 '계급의식 대 민족의식'의 대립을 조정·화해시켜 '민족사회주의'라는 새로운 민주주의 정치노선을 내세우고 있다는 점이다.

그는 현재 '삼천만 동포가 다같이 갈망하는 것은 계급대립을 무

33 金三奎, 「民族社會主義序曲(1)」, 『동아일보』, 1947년 3월 7일자.

34 金三奎, 「民族社會主義序曲(2)」, 『동아일보』, 1947년 3월 8일자.

35 金三奎, 「民族社會主義序曲(5)」, 『동아일보』, 1947년 3월 18일자.

산자독재로 지양시키는 것이 아니라, 봉건적 생산관계를 자본주의적 생산관계로 지양시키는 것이요, 그보다도 자주독립을 전취하는 것'이라고 평가한다. 계속해서 이 자주독립을 전취한다는 것은 민족전체가 하나가 되어 벌이는 국민운동으로, 여기에는 계급적 대립이 등장할 여기가 없으며, 노동자, 농민, 소시민, 부자로 세분되기 이전의 단계, 즉 조선 사람으로서의 문제라고 주장한다.

결국 김삼규는 이와 같은 자신의 노선을 "固陋한 右翼과 小兒病的 左翼을 排除"하고, "정치적으로는 봉건적 지방열과 派事를 청산하고 계급독재의 전제를 배제하고 사대자유를 보증하는 민주주의 방법을 취하는 것이며 경제적으로는 민족자본과 국가자본을 병행하야 급속도로 경제적 기초를 확립하되 계급대립을 미연에 방지하는 것이요, 문화적으로는 인권과 개성을 존중하고 개인의 창의를 최고도로 발휘케하야 민족문화를 세계에 빛나게 하는 것"이라고 주장한다.[36] 그리고 이러한 자신의 방향을 '民族社會主義'라고 명명하고 있다.

이와 같은 김삼규의 논리는 우익의 논리를 일정하게 대변하고 있으면서도 극단적 좌우대립의 중간지대에 위치했던 적지 않은 지식인의 시각을 보여주고 있다. 당시 중간파 지식인들은 조선의 계급 갈등을 인정하면서도, 현재 조선사회의 계급적 이해가 좌익이 주장하는 것과 같이 극단적으로 추구될 수 없는 상황이라는데 인식을 같이 했다. 같은 맥락에서 김삼규는 공산주의자들 스스로 인정하고 있듯이 조선은 '資産民主革命' 단계이기 때문에 조선의 공산주의자와 자본가는 서로 협력할 수 있으며, 자주독립의 과제 앞

36 金三奎, 「民族社會主義序曲(5)」, 『동아일보』, 1947년 3월 18일자.

에서는 더더욱 계급적 대립은 있을 수 없다고 주장했다.

해방 공간 국민당의 당수로 중도우익의 노선을 걸었던 안재홍(安在鴻) 역시 강한 민족주의적 지향을 담아 신민족주의와 신민주주의를 주장했다. 무엇보다 그는 해방된 조선의 최대 급무가 통일민족국가에 있다는 전제 위에서 계급대립 자체를 철저하게 부정했다. 그는 일제 하 "전민족이 초계급적으로 굴욕과 피착취의 대상이 되엇"다가, "이제 또 전민족(이) 초계급적으로 해방되었나니 초계급적인 통합민족국가를 건설하야 전민족의 해방 및 독립의 완성을 圖함이 역사의 명제"라고 주장했다.[37] 그의 논리는 조선민족 모두가 일제의 착취 대상이었던 조건 하에서 민족 내 계급이 존재하지 않았기에 해방된 오늘에도 조선사회의 계급문제는 있을 수 없다는 것이었다. 때문에 오직 통일민족국가건설을 위한 전민족적 단결 노선이 요청된다고 주장했다. 이와 같이 민족 내 계급문제 자체를 부정하는 가운데, 그는 국제주의 계급노선을 추구했던 좌익을 비판하고 자신의 신민주주의론을 역설했다.

안재홍은 불평이 내재한 사회에서는 진정한 통합과 共榮生活이 성취될 수 없기에, 재건국가의 지도이념인 균등사회와 共榮國家 건설을 위한 '三均主義'를 주장했다. 여기에서 三均이란 생활의 기본요건인 富力, 權力, 智力을 골고루 분배하는 것으로, 그는 이 삼균주의의 실현이 곧 신민주주의의 토대를 마련하는 것이라고 강조했다. 특히 안재홍은 프랑스혁명이 정치·법률상 평등에만 그친 "껍대기의 평등"에 불가하다고 평가하고,[38] 인민의 실질적인 공영생활

37 安在鴻, 『新民族主義와 新民主主義』, 民友社, 1945, 39~40쪽.

38 安在鴻, 「歷史와 科學과의 『新民族主義』」, 『民声』, 1949년 11월호, 29쪽.

을 보장하는 진정한 민주주의를 위해서는 정치적 평등과 함께 경제적 균등이 확보되어야 한다고 주장했다. 그는 이와 같은 삼균제도를 "資本的 民主主義에 對立할 萬民共生의 新民主主義"이자 "萬民皆勞 大衆共生의 新民主主義"라고 평가했다.[39]

일제 시기 마르크스주의 경제사학자이자 해방 이후 조선신민당과 근로인민당의 중간노선을 걸었던 백남운(白南雲)은, 해방 이후 쏟아졌던 다양한 서구의 민주주의론을 조선의 현실에 부적절한 정치노선이라고 비판했다. 뿐만 아니라 조선의 무산계급이 갖는 영도권의 역사적 필연성에 대해서는 본질적으로 동일한 시각을 견지하면서도, 박헌영이 이른바 '8월 테제'를 통해 조선공산당의 노선으로 공식화한 '부르주아민주주의혁명론'과는 일정한 거리를 보인 채 "연합성 민주주의"를 주창했다.[40] 백남운은 조선 사회경제의 현 단계에 대한 정당한 규정 속에서 조선민족의 정치적 운명을 결정하는 정치노선이 수립되어야 한다는 입장을 취했다. 특히 시종일관 "국내노선을 규정하는 정치적 척도는 조선사회경제의 발전적 현단계 바로 그것이고, 국제노선이라는 것은 세계사적 견지에서 지침은 될지언정 척도는 아니다."라는 주체적 입장을 고수했다.[41]

백남운은 18세기 프랑스혁명의 산물인 '자유민주주의'는 물론,

39 安在鴻, 위의 책, 29쪽.

40 백남운은 『서울신문』에 1946년 4월 1일부터 13일까지 연재 기사를 실었는데, 이것을 新進社에서 1946년 7월 『조선민족의 진로』라는 제목의 단행본으로 발간했다. 당시 그의 '연합성 민주주의'론은 적지 않은 논쟁을 야기했다. 당시 논쟁과 관련된 대표적 논자로는 이기수(李基洙), 김남천(金南天), 허윤구(許允九)가 있다. 이들에 글은 심지연, 『조선혁명론연구: 해방정국 논쟁사 2』, 실천문학사, 1987, 196~237쪽 참고.

41 백남운, 「조선민족의 진로」, 하일식 엮음, 『백남운전집』 4, 이론과 실천, 1991, 326쪽.

20세기 초 독일의 '사회민주주의'와 러시아의 '부르주아 민주주의' 역시 그것이 실현되었던 상황과 현 조선의 사회발전 단계가 다르므로 조선사회에는 부적절하다고 지적했다. 모택동의 신민주주의론 역시 항일 통일전선의 목적 하에 연립정권을 구성하고자 했던 것으로, 일제가 타도된 현 조선의 상황에는 맞지 않다고 평가했다. 소련의 프롤레타리아 민주주의에 대해서는 "민주주의의 세계사적 발전형태의 제3범주로서 본질적인 일반 민주주의를 의미한다."고 옹호하면서도, 오늘의 조선은 모든 사정이 혁명 당시의 러시아와 다르다며 그 실현 가능성이 없다고 단정했다.[42] 오히려 "사회발전의 역사적 성격을 엄격하게 검토하지 않고 주체적 조건과 객관적 정세를 과학적으로 판단하기 전에 일거에 프로 독재의 공화국을 건설할 것으로 생각한다고 가정한다면, 그것은 과학적 혁명 사업이 아니라 오히려 무책임한 허영의 발작으로 볼 수밖에 없으며, 정치기술의 정도로 보아 기계적 공식주의의 포로가 아니면 '브랑키 주의'를 면치 못할 것이다."라고 비판했다.[43]

백남운은 마르크스주의에 입각해 조선사회를 세계사의 보편적 지평에서 파악할 것을 요구하면서도, 동시에 과거 식민의 경험과 해방 이후 미소점령이라는 현실이 주조한 특수성을 직시할 것을 강조했다.[44] 그는 서구 자본주의 독립국들과는 달리 조선민족에게는 '민족해방'과 '사회해방'이라는 이중의 혁명과제가 부여되었고,

42 백남운, 앞의 책, 329쪽.

43 백남운, 앞의 책, 329쪽.

44 백남운은 근대 서구에서 출현했던 여러 민주주의 노선을 검토한 후 "민주주의 세계사적 발전형태의 제범주를 통관할지라도 조선사회의 현 단계에서는 어느 것이고 그대로 적용할 수 없는 것이다."라고 평가하면서, 조선의 실정에 맞는 새로운 민주주의 형식을 취할 것을 주장했다. 백남운, 앞의 책, 329쪽.

이 사명을 다하기 위해서는 '연합성 민주주의' 노선이 정당함을 역설했다. '민족혁명'을 위해서는 자산계급의 일부와 전 무산계급 사이에 연합의 필요성이 존재하기에, 자주독립이 실현되는 순간까지는 양심적인 일부 유산계급이 갖는 혁명적 역량을 무시하거나 경시하는 것은 부당하며 오히려 그들과 연합하는 과도적 형태를 취할 수 있다고 주장했다. 때문에 '연합성 민주주의'는 "유산독재의 자유 민주주의도 아니고 무산독재의 프로 민주주의도 아니"며, "조선사회의 역사발전의 특수적 현 단계에 조응한 자연스러운 신민주주의"이자 "민족적 민주주의"라고 평가했다.[45] 백남운은 '연합성 신민주주의'의 적합성을 다음과 같이 주장했다.

> '연합성 신민주주의'는 조선사회의 혁명적 세력의 역사성에 의거한 좌우익의 정치적 연합의 가능성을 규정한 것이다. 그리하여 유산계급 독재의 자유민주주의를 거부하는 동시에 무산계급 독재의 프로민주주의와도 구별되는 민족적 민주주의를 말하는 것이며 조선정치의 역사적 瞬間性으로 보아서 계급적 민주주의보다는 과도형태로서 민족적인 연합성 민주주의만이 민주적 통일과 자주독립을 수행할 수 있을 것이며 민주정치와 민주경제 문제의 동시해결을 國策化할 수 있는 것이다.[46]

백남운과 비슷하게 '연합주의'를 강조한 배성룡(裵成龍)은 '新型民主主義'를 주장했다. 그는 해방 이후 조선에 "世界 中 最富强한 金融資本國家"인 미국과 "世界 中 唯一의 社會主義國家"인 소련

45 백남운, 앞의 책, 331~332쪽.

46 백남운, 앞의 책, 333쪽.

이 진주했는데, 이것은 제2차 세계대전이 산출한 일종의 "異端的인 新事態"라고 평가했다.[47] 그리고 이와 같은 특수한 상황이야말로 조선민족의 당면 과제인 자주독립전취를 위한 정치노선을 규정짓는 조건이라고 인식했다. 그는 미소공위가 결렬된 것을 통해 확인할 수 있듯이, 그 정치철학을 달리한 양국이 각자의 정견과 주장을 강하게 내세울수록 조선의 독립은 요원해짐을 직시할 것을 강조했다. 때문에 제2차 세계대전이 낳은 세계 연합주의의 역사적 특징이 조선사회에 "縮圖模型"된 현실을 철저하게 인식한다면, "朝鮮民族만이 勞資聯合을 野合이니 不節이니 하는 것은 이 分明한 時代錯誤의 誹謗일 것"이라고 비판했다.[48]

이와 같이 조선사회가 처한 특수한 조건 속에서 노자연합을 추구한 그는 자연스럽게 조선공산당의 부르주아민주주의혁명론이나 프롤레타리아민주주의론 모두 자기 계급의 이익에 편향된 민주주의일 뿐 민족통일의 정치노선이 될 수 없다고 비판했다. 마찬가지로 사유재산을 신성화하고 토지의 사유권을 옹호하는 서구의 부르주아민주주의 역시 인민의 복리를 위하여 용납할 수 없는 것이라고 주장했다. 그럼에도 불구하고 그는 조선사회에 여전히 "사회혁명과 공산주의를 부르짖으면서 죽은 공식을 직수입하기에 급급한 化石化部隊가 있고 봉건적 支配及資本主義獨占만을 목표하야 모략으로서 專制社會를 수립하랴는 부대가 있"다고 지적하면서, 양측의 주장은 모두 조선민족의 진로를 그르치는 운동노선이라고 규정했다.[49] 결국 그는 자주조선의 실현을 위한 민주주의 노선을 아

---

47 裵成龍, 『自主朝鮮의 指向』, 光文社, 1949, 38쪽.

48 裵成龍, 위의 책, 39~40쪽.

49 裵成龍, 앞의 책, 202쪽.

래와 같이 설명하고 있다.

> 우리의 당면 정치운동 과정의 중요한 특징은 먼저 외국의 간섭으로부터 완전히 이탈함일 것이오. 다음으로 국가건설에 있어 미국을 건설함도 아니오. 소련을 건설하려는 것도 아니니 그가 조선의 실정에 맞지 않을 뿐 아니라 그들 사회의 왼갓 폐단을 너무나 다 잘 알고 있는 까닭이다. 결국 非階級獨裁 非金力獨裁의 新型民主主義社會의 건설을 목표하는 것이니 적어도 국가의 본질인 권력과 사회의 본질인 노동이 대립하지 않고 양자의 잘 조화할 수 있는 민주주의사회를 건설할 것이다.[50]

지금까지 검토했던 해방 직후의 신민주주의론들은 당대 전체주의, 자본주의, 공산주의를 비판하는 가운데, 조선의 현실에 적합한 새로운 민주주의 노선을 추구했다는 점에서 동일했다. 그럼에도 불구하고 각각의 민주주의론은 일정한 차이를 보였다. 예를 들어 백남운은 공산주의를 본질적인 민주주의 일반으로 이해한데 반해, 안재홍은 공산주의를 전체주의의 한 갈래로서 민주주의와 대립한 것으로 규정하고 경계했다.[51] 같은 우익의 김삼규와 안재홍 사이에서도 김삼규가 민족 내 계급대립과 그에 따른 계급의식의 존재를 인정하는 속에서 이를 조절하려 했던 반면에, 안재홍은 민족 내 계급의 존재 자체를 부정한 채 자신의 정치노선을 펼쳤다. 백남운과 배성룡의 경우 역시 연합주의 정치노선을 추구했다는 점에서는 비슷했지만, 그 연합의 방식에 있어서 백남운이 계급연합에 중심을 두

50 裵成龍, 앞의 책, 204~205쪽.

51 김정인, 앞의 책, 177쪽.

었다는 점에서 달랐다. 요컨대 해방 직후 다양한 중간계열의 민주주의론은 자주적 입장에서 새롭게 '조선적 민주주의'를 주장했다는 점에서 동일했지만, 그 논자의 정치적 위치 및 입장에 따라 강조점이 달랐으며, 그에 따른 세부 정책 역시 차이를 보였다.

해방 직후 민주주의는 정치노선의 차원뿐 아니라 철학계 담론의 주요 주제로 떠오르기도 했다. 학계의 담론에서 주목되는 것 역시 정치노선과 마찬가지로 서구 근대의 부르주아민주주의, 전체주의, 공산주의가 비판되고, 새로운 민주주의론을 정립하려는 시도가 이루어졌다는 점이다. 한국 철학의 1세대 지식인으로 꼽히는 이재훈(李載壎)은 민주주의를 사회의 자기통영의 여러 방식 중 하나로 규정하면서 전체주의는 물론 부르주아민주주의론과 프롤레타리아 민주주의론 모두를 비판했다. 그는 이들 사상이 서로 다른 면모를 보이지만 그 질적 의의와 형식에 있어서 전제(專制)이기는 마찬가지라고 지적했다. 이어 민주주의 사상이란 "社會自身의 自治 政治消費者의 目的化"에 있다고 주장했다.[52]

이와 달리 마르크스주의 철학자 박치우(朴致祐)는 기존 전체주의의 '유기체설논리'와 서구 부르주아민주주의의 '一對一의 형식논리'를 비판하고, 민주주의 이상적 실현방도로써 공산주의를 주장했다. 그는 기존 파시즘의 전체주의 철학의 기초를 이루는 유기체설 논리가 "전체의 우위를 설명하는 비유로서는 대단히 편리하지마는 실지와는 부합하지 못한다."고 비판했다. 마찬가지로 부르주아민주주의의 형식논리 역시 "이념존재의 세계에서라면 몰라도 현실존재의 세계에는 형식적인 일대일은 존재치 안는다."고 평가했다. 만약

52 李載壎, 『民族意識과 階級意識: 朝鮮의 今明日』, 東洋公司出版部, 1946, 38쪽.

"현실적인 일대일이 있다면 그것은 오직 능력에 의해서 노동하며 노동에 의해서 분배하는 세계에서만" 가능하다고 주장했다. 왜냐하면 "능력에 의해서 노동하며 노동에 의해서 분배한다는 것은 인간을 가축과 구별할 뿐만 아니라 어쩌한 형식으로든 비로 생산재의 분배 업시는 살아갈 수 업는 인간사회에 잇어서는 노동에 의해서 분배한다는 것은 가능한 최선의 공평이기 때문"이라고 설명했다.[53]

한편 냉전의 진영논리가 점차 공론장의 지배적 위치를 차지해 갔던 상황에서도 조선적 민주주의론에 대한 강조는 계속되었다. 1946년 5월 조선임시정부수립을 위한 1차 미소공위가 아무런 성과 없이 결렬되자, 좌우의 서로에 대한 비난은 고조되었다. 이 대결 과정 역시 '민주주의' 논쟁을 중심으로 이루어졌다. 흥미로운 것은 좌우의 민주주의를 둘러싼 논쟁 가운데에서도 조선의 실정에 맞는 신민주주의론을 수립할 것이 강조되고 있는 점이다.

단정 수립 이후 이승만의 '일민주의'를 이론적으로 정립했던 양우정(梁友正)은 1차 미소공위 결렬 직후 그 책임이 "남조선의 반민주주의적 반동파들"에게 있다는 비난에 대해, "남조선에 반공산주의정당과 단체는 잇슬지몰으나 결코 반민주주의적 그것은 없"다고 주장했다. 동시에 소위 "민주주의에 대해 미국의 견해와 소련의 견해가 다를 때 조선에는 공산주의적 또는 자본주의적 내용이 아닌 조선적 민주주의가 존재할 수 있고 또 존재"한다고 강조했다. 따라서 그는 "조선에 관한 막부결정서에 기록되어 있는 민주주의란 무엇을 의미한 것인가. 그것이 공산주의적 민주주의도 자본주의적 민

53 朴致祐, 「全體主義와 民主主義 新生朝鮮의 民主主義를 爲하여」, 『民鼓』, 1946년 5월호, 16~17쪽.

주주의도 물론 아닌 한낮 개념적 방법론적 민주주의를 지칭한 것이 되어야 할 것이요, 또는 그것이 사실이라면 현하 조선에는 반민주주의적 방법론이란 존재하지도 않고 또는 존재할 수 없는 것"이라고 주장했다.[54]

이상 살펴본 바와 같이, 해방 직후 좌우를 망라한 다채로운 신민주주의론의 분출과 경쟁 양상은 일제의 식민통치로부터 탈영토화 된 남한의 지적세계를 확인시켜 준다. 동시에 '조선적 민주주의'론은 분단과 한국전쟁을 거치면서 냉전 반공국가의 이념 하에서 재봉건화된 한국의 민주주의를 대상화하고, 그것의 경계를 확인할 수 있는 계기를 마련해준다. 다시 말해 해방 직후 남한의 공론장에 쏟아졌던 민주주의에 대한 상상에서 자유민주주의론은 지배적이 않았다. 오히려 식민과 탈식민의 경험 속에서 그것의 허구성을 간파한 동시에, 외세의 영향을 견제하면서 조선의 실정에 맞는 새로운 민주주의 노선을 상상하고 추구했었다. 그럼에도 불구하고 이와 같은 신민주주의론 역시 당시 공론장을 주도했던 좌우대립에 결부된 정치논리의 성격이 강했다는 측면에서 노동자, 농민을 비롯한 근로대중이 외쳤던 민주주의와는 일정한 간극을 갖는 것이었다.

민주주의를 둘러싼 공론과 공감의 길항

해방 직후 민주주의를 둘러싼 경쟁과 논쟁은 좌우 정치세력과 지식인의 전유물로 될 수 없었다. 또 그들이 주도했던 대중매체와

54 「이스베스챠紙 論評 批判(1)」, 『동아일보』, 1946년 6월 3일자.

공론장의 영역에 갇혀있지도 않았다. 스스로를 대변할 수 있는 매체를 소유하지 못한 기층의 대중 역시 해방된 나라의 주인이 될 것을 선언했다.[55] 인구의 대다수를 차지했던 농민, 노동자 등은 자신들이야 말로 신국가의 건설자이며 민주주의를 실현할 수 있는 주체라고 자임했다. 그들은 상층 정치의 여론을 주도했던 공론장의 고담준론(高談峻論)과 달리 기층민의 생존과 삶으로부터 출발하는 아래로부터의 민주주의를 실현할 것을 토로했다.[56] 실제 그들은 8·15 직후 일제 통치 권력이 붕괴되고 해방자인 동시에 새로운 점령군인 미군정이 진주하기 이전부터 자신들의 생존권을 유지하고 삶의 조건을 개선하기 위해 자생적 운동을 조직했다. 이와 같은 운동이야말로 기층 대중에게는 진정한 민주주의의 실현 과정으로 이해되어졌다.

일례로 해방 직후 "사회의 변천"에 대한 "과학적인 해답"을 "변증법적 유물론"을 통해서만 찾을 수 있다고 단언하는 좌익계의 출판물인 『누구나 잘사는 도리』(新農民社, 1946년)에서, 필자는 민

55 '10월항쟁' 당시 경북지역 항쟁의 경우처럼 "징병귀환자로 보이는 농촌무산자가 항쟁과정의 선두에 서서 적극적 역할을 담당"한 것과 같이 해방 직후 유동적 상황 속에서 생존권적 요구로부터 출발한 기층민의 정치운동이 활발하게 전개되었다. 박혜숙, 「미군정기 농민운동과 전농의 운동노선」, 박현채 외, 『해방전후사의 인식』 3, 한길사, 1987, 394쪽.

56 해방정국에서 최초로 발생한 대규모의 정치투쟁이라고 할 수 있는 '10월항쟁'의 사례에서 확인 할 수 있는 바와 같이, 항쟁의 지도부와 기층 민중의 목적과 활동 양상은 달랐다. "항쟁은 민중의 광범위한 불만과 지도부의 정치적 의도가 어느 순간에 결합됨으로써 강력한 추진력을 발휘한 체제변혁운동이었지만, 지도부와 민중의 목표는 달랐다고 생각되기 때문이다. 복합적으로 뒤얽힌 해방정국의 제반 역학관계 속에서 권력의 장악이라고 하는 정치적 목표를 달성하려고 했던 지도부와 해방된 조국이기에 일제시대와 같은 착취와 억압으로부터 벗어나 풍요롭고 자유로운 삶을 기대했던 민중 사이에는 어느 정도의 괴리가 있었던 것이다." 심지연, 『대구10월항쟁연구』, 청계연구소, 1991, 2쪽.

주주의를 다음과 같이 해설하고 있다.[57]

> 민주주의라 하면 온-백성 전부가 다-잘살 수 있는 마련을 말하는 것(필자 강조)인데 조곰 전에도 말한바와 같이 마련만 그렇지 실상은 그 반대로 가많이 누어있어도 하로에 수천수만 원씩 생기는 자본가가 있고 진종일 죽도록 일을해도 그날그날지내기 간구한 노동자 농민이 있어 그 사실을 잘 알고 보면 일해주는 노동자 농민은 그 수고하는 만큼의 대우를 밧는 것이 아니라 그 몇 분지 一의 보수를 받을 뿐이오 자본가가 잘사는 원인이 노동자의 노력의 대부분을 빨아먹는 搾取때문인 것을 깨닷게 되면 그 모순되고 대립되는 사회의 내막을 잘 아시게 될 줄 압니다. (…) 진정한 민주주의라 하는 것은 말뿐인 민주주의가 아니라 실지로 국민의 대다수인 근로계급(노동자 농민층)의 누구든지를 막론하고 그 지위와 그 노력을 상당히 인증하야 대우함으로써 사람다운 생활을 할 수 있도록 하자는 것(필자 강조)입니다.

위 책자가 농민교양을 목적으로 대화체 형식을 빌려 농민의 실상과 정서에 알맞게 집필된 점을 고려했을 때, 민주주의는 고상한 정치·철학적 이념이 아닌 "사람다운 생활을 할 수 있도록 하자는 것"으로 정의되고 있다. 다시 말해 노동자, 농민의 생존 조건과 삶의 차원에서 민주주의 문제를 접근하고 있다. 이와 같은 민주주의에 대한 규정은 당시 좌익이 '민주주의' 대 '공산주의'라는 대립적 담론 지형을 의식한 가운데 공산주의야말로 진정한 민주주의를 실현하는 이념이라는 것을 주장하기 위한 측면이 강하지만, 실제 농

57 범수, 『누구나 잘사는 도리』, 新農民社, 1946, 57~59쪽(김남식·이정식·한홍구 엮음, 『한국현대사자료총서』 15, 돌베개, 1986, 846~847쪽 재인용.).

민층이 '민주주의'라는 기표를 통해 담아내고자 했던 사회개혁의 열망을 반영한 것이기도 했다.

파시즘에 대한 민주주의 연합국의 승전으로 맞이한 해방이었기에, 민주주의는 곧 해방의 이념이었고 이때에 해방은 과거 일제 식민통치 하에서 억눌렸던 모든 욕망과 권리의 회복이자 비참한 삶의 조건으로부터의 탈출을 의미한 것으로 이해되었다. 더욱이 새로운 점령군으로 등장한 미군정의 '민주주의'에 대한 고창은 해방자로서의 그들에 대한 신뢰와 기대를 북돋았으며, 대중이 자기 삶을 변화시키는 운동에 더욱 적극적으로 참여할 수 있는 동기를 부여했다. 뿐만 아니라 해방 직후 노동자, 농민의 지지를 기반으로 했던 좌익계열의 토지개혁과 노동자의 권리를 옹호하는 담론 역시 이들의 정치적 각성과 실천을 추동했다.

겨울철 농한기 농민교양을 목적으로 집필된 또 다른 좌익계열의 한 잡지는 "完全한 獨立國家 建設의 基本課業의 하나"가 바로 "農民의 完全解放과 새 農村의 建設"이라고 강조한다.[58] 그리고 이를 달성하기 위해서는 "地主와 高利貸金業者의 搾取"를 제거하는 것에 있다고 주장한다. "農民의 敵"인 "地主와 高利貸金業者"야말로 "民族叛逆者요 또 日本帝國主義 殘滓"로서, 이들 착취자와 그 착취의 구조를 일소해야만 "農民도 비로소 眞實한 意味의 解放을 얻어 한 개의 自由 人間으로서 生活할 수 있"다고 역설한다.[59]

바꿔 말하면 농민의 완전해방 없이는 완전한 독립국가건설 역시 불가하기 때문에 착취의 구조를 일소하여 농민이 자유로운 인

58 解放社 發, 『農民政治讀本』, 解放社, 1945, 21쪽(김남식·이정식·한홍구 엮음, 『한국현대사자료총서』 15, 돌베개, 1986, 802쪽 재인용.).

59 解放社 發, 위의 책, 13~14쪽.

간으로서의 삶을 누릴 수 있는 진정한 의미의 해방을 이루어야 하며, 이를 통해서만 비로소 완전한 독립국가건설의 토대가 마련된다는 것이다. 동시에 현재의 토지관계 및 그에 따른 농촌의 질곡과 몰락이 과거 일제 독점자본의 침략으로 인해 야기된 것이므로, 토지개혁과 농민해방의 문제는 곧 "日帝式社會關係"의 청산이자 "最大의 民主的 課業"으로 제기되었다. 즉 해방 직후 토지개혁과 농민해방의 문제는 독립국가건설과 사회 민주화의 주요한 의제로 상정되었다.[60] 특히 농민의 정치적 동원에 주력했던 좌익의 담론은 열악한 삶의 조건을 변화시키고자 했던 농민층의 토지개혁에 대한 광범위한 공감대(帶)에 기초한 것이었다. 실제 좌익은 이들 농민층을 정치투쟁의 장으로 끌어들여 자파의 지지 기반으로 삼음으로써 해방 직후 한동안 정국의 주도권을 장악할 수 있었다.

좌익계열의 교양서를 통해 간접적으로 확인할 수 있는 바와 같이, 해방 직후 '근로대중'이 외쳤던 민주주의의 내용과 좌우 정치세력의 그것이 반드시 일치했던 것만은 아니었다. '민주주의'라는 동일한 기표 속에는 양자의 서로 다른 의제와 기대가 함축되어 있었

60 당대 한 기사는 해방 이후 토지개혁과 농민해방문제에 대해 "전면적인 토지제도의 개혁이 없는 농민해방이란 있을 수도 없고, 있다하여도 유명무실한 것이 아닐 수 없다. 농민해방이란 반다(드)시 구래의 토지관계의 질곡을 지양하고 농민으로 하여금 사회적으로나 정치적 경제적으로나 자유와 평등을 향유할 수 있게 하며, 다음 단계로의 발전적 태세를 가출 수 있는 것이래야 하는 만큼 그의 중심과제는 토지소유관계의 전면적 개혁 즉 토지소유에 대한 강제 수용권을 전면적으로 발동함으로써 혁명적으로 토지를 갖지 못한 농민에게 경작지를 부여한다는 것이 아닐 수 없다. 전후 難産의 苦에 눈이 흐려서 정찰 초점과 맞추워(어) 보기는 어려우나 일제식 사회관계의 재판의 확대화가 그려지고 있는 것도 현실적 사실이려니와 이러한 마당에 우리 민족 앞에 놓여있는 最大의 民主的 課業의 하나는 토지개혁문제이라는 것도 주지의 사실"이라고 평가했다. 金相謙, 「土地改革과 農民解放」, 『새한민보』, 1947년 8월호, 26쪽.

다.[61] 이와 같은 간극은 해방 직후 좌우정파나 지식인이 주도했던 '민주주의 공론장'과 겹쳐지면서도 이질적인 '민주주의 공감장'이 병존한 채 영향을 미치고 있었음을 말해준다.[62]

해방 직후 "팟쇼적인 모든 권력과 제도와 사상에서 해방되는 것"을 의미했던 민주주의는,[63] 부인, 청년, 농민, 노동자 등 각계각층의 인민에게 그 의미가 다양했으며, 그들은 자신의 이해관계를 실현하는 것이 곧 민주주의의 실현이자 신국가의 건설의 노정이라고 이해했다. 실제 일본인에게 빼앗긴 자신들의 토지를 자영위원회를 통해 직접 관리하고자 한 경작자들이, 미군정의 접수방침에 "우리는 조선 건국을 위해 모든 곤란을 무릅쓰고 이 농장을 지켜왔다."고 주장한 것에서도 볼 수 있듯이, 해방 직후 농민은 자신의 생존과 직결되는 토지획득운동을 건국운동으로 규정했다.[64] "공장주인 행세하던 일본 사람들이 도망가고 없는데 여기서 피땀 흘린 우

61 단적인 사례로 미군정의 여론조사는, 해방 직후 한국인의 경제통제, 토지개혁, 노동조건 개선 등과 같은 사회주의 정책에 대한 높은 지지가 반드시 그것을 정책으로 내세웠던 조선공산당과 공산주의(맑스-레닌주의)에 대한 지지를 의미하지는 않았다는 것을 보여준다. 송재경, 「미군정 여론조사로 본 한국의 정치·사회동향(1945~1947)」, 서울대학교 국사학과 석사학위논문, 2014; 정영태, 「일제 말 미군정기 반공이데올로기의 형성」, 『역사비평』 16, 역사비평사, 1992 참조.

62 백남운은 해방 공간 미군정이나 좌우 정치세력의 소위 '여론'과 구별되는 인민층의 참된 여론을 '숙덕공론'이라고 명명했다. 그리고 1946년 '10월의 인민봉기' 역시 생활난에 대한 불안과 반발로 시작된 인민층의 '숙덕공론'이 결정적 원인이었다고 지적했다. 이와 같은 '숙덕공론'의 존재는 당시 공론장의 저층에 그것과는 이질적인 인민의 정서와 여론이 형성되어 있었음을 확인시켜준다. 백남운, 「조선민족의 진로 재론」, 하일식 엮음, 『백남운전집』 4, 이론과실천, 1991, 374~375쪽.

63 朴鎭洪, 「民主主義와 婦人」, 『民主主義十二講』, 문우인서관, 1946, 62쪽(김남식·이정식·한홍구 엮음, 『한국현대사자료총서』 11, 돌베개, 1986, 264쪽 재인용.).

64 박혜숙, 앞의 글, 365쪽 재인용.

리가 아니면 또 누가 주인이 될 수 있단 말인가"라는 노동자들의 주장 역시,[65] 생활상의 절실한 요구를 넘어 민주국가건설의 기초로서 산업의 민주화 및 노동자 참여의 확대를 요구한 것이었다.

근로대중을 지지기반으로 삼고자했던 조선공산당은 이와 같은 사회개혁의 열망과 정서를 토대로 노동조합전국평의회(이하 전평)과 전국농민조합총연맹(이하 전농)을 비롯한 보조단체들의 결성을 촉진했다. 우익 역시 기층 대중의 이해와 요구를 실현한다는 명목으로 청년단을 비롯한 각종 단체결성에 열을 올린 것은 마찬가지였다. 다시 말해 해방은 어떤 정파도 아래로부터 분출한 자연발생적 운동을 일정하게 수렴 내지는 대변하지 않고서는 그 존립근거 및 정당성을 확보할 수 없는 사태를 가져왔다.

이와 같은 사회 분위기는 농촌문제를 둘러싼 좌우의 대응양상을 통해서 엿볼 수 있다. 당시 좌익계열의 한 매체는 「민주주의와 농민」이라는 기사를 통해 좌우정파를 비롯한 당대 사회가 민주주의의 실현과 관련해서 농민의 토지문제를 바라보는 입장을 다음과 같이 해설하고 있다.

> 8·15해방이후 어느 정당 어느 사회단체를 막론하고 그 선언과 정강에는 반듯이 민주주의라는 말이 끼우지 않은 데가 없고 또 농민의 이익을 옹호하려는 수다의 정강과 토지정책을 내걸지 않은 데가 없다. 이것은 우습게도 농민의 이익을 대표하는 정당과 사회단체만의 독점적인 정강정책이 아니라 농민운동을 극도로 방해하고 또는 蛇蝎視하는 반동진영에서도 민주주의의 간판을 내세우고 지극한 열

65 성한표, 「8·15 직후의 노동자자주관리운동」, 이수인 엮음, 『한국현대정치사』 1, 실천문학사, 1989, 240쪽 재인용.

의로써 농민문제를 취급하고 있는 것이다. 이것은 조선의 농민이 토지를 요구하는 심각도를 여실히 표명한 것이며 또한 토지제도의 민주적 해결만이 유일의 살길이라는 것을 대변하는 것이다. 그러므로 이러한 국내적 조류가 팽배함을 본 반동진영에서도 가면적이나마 이 두 가지 문제를 내걸지 않고서는 농민을 기만적으로 규합할 수도 없고 또 정권획득도 도저히 불가능하게 되였으니 그 이유로는 첫째, 조선인민의 절대다수 즉 약 팔할이 농민이라는 것. 둘째, 토지의 민주주의적 해결이 실현되는 데에서만 조선의 민주주의적 정권이 건립될 수 있다는 점을 들지 않을 수 없는 것이다. 그러므로 좌우 진영에서 토지문제를 기초로 한 민주주의와 농민문제는 한 개의 중요내용으로서의 정강정책이 되지 않을 수 없게 되는 것이다.[66]

무엇보다 위 기사 내용은 해방 직후 인구의 대부분을 차지하고 있는 농민의 토지분배문제를 해결하지 않고서는 어느 정파도 정치적 정당성을 확보할 수 없는 상황을 보여준다. 때문에 농민, 노동자의 지지에 상대적으로 큰 비중을 두었던 좌익계열 뿐만 아니라 농민운동 자체를 "蛇蝎視"한 채 지주의 입장을 대변했던 우파 역시 자당의 정강과 구호로 "토지의 민주주의적 해결"을 내걸지 않을 수 없었던 현실을 말해준다. 이는 분출했던 농민의 생존권과 생활의 요구가 정치운동과 상호작용을 일으키고 있음을 확인해준다. 그 결과 농민의 토지문제는 좌우정파 및 지식이 주도했던 공론장의 주요 의제 중 하나로 다루어졌다.

물론 이에 대한 좌우의 입장은 각 정파의 정치노선에 따라 각

---

66 李錫台, 「民主主義와 農民」, 『民主主義十二講』, 문우인서관, 1946, 108~109쪽 (김남식·이정식·한홍구 엮음, 『한국현대사자료총서』 11, 돌베개, 1986, 287~288쪽 재인용.).

기 달랐으며, 그에 따라 토지의 민주주의적 해결 방식을 둘러싼 정책 및 공론장 내 담론 역시 서로 차이를 보였다. 그리고 이와 같은 공론장의 논쟁과 경쟁은 역으로 하층 농민운동의 재편을 촉진하는 동시에, 토지의 민주주의적 해결에 대한 사회적 정서와 공감대를 재구축하는데 영향을 미쳤다. 이와 같이 해방 직후 민주주의라는 '간판'을 통해 기층 대중의 자연발생적 욕망과 활동이 상층 정치운동과 상호작용했던 사례는 농민운동에 국한되지 않았다. 해방은 '모든 것이 가능하다고 믿는 정치적 열정으로 가득한 광기의 순간 moment of madness'이었고, 그것을 맞이하는 주체와 그 방식 역시 각기 달랐다.[67]

그렇다고 해방의 광기 속에 분출된 대중의 정치적 열망이 있는 그대로 사회변화의 동력으로 전환된 것은 아니었다. 오히려 현상의 큰 변화를 거부한 채 자본주의적 점령정책을 추구한 미군정과 같이, 노동자의 생존권을 중심으로 한 민주주의적 열망을 '민주주의적 노동조합'이라는 미명 하에 억눌렀던 양상 역시 공존했다.[68] 또한 '민주주의'라는 기표를 통해 노자 간의 화해와 협력을 강조하는 가운데 노동운동의 정치성을 배격하려는 우파의 유화담론 역시, 유포되었다.[69] 물론 조공을 비롯한 좌익 역시 미군정이나 우익과 마

67 박명림, 『한국전쟁의 발발과 기원』 Ⅱ, 나남, 1996, 36쪽 재인용: Aristide R. Zolberg, "Moment of Madness", *Politics and Society*, Vol.2., No.2.(Winter, 1972), pp. 183~207.

68 미군정의 노동자자주관리운동에 대한 대응에 관해서는 성한표, 앞의 책 참조.

69 한 예로 미군정청 노동부장인 이대위(李大偉)는 미군정의 '민주주의 노동정책'을 해설하면서, "近者 우리의 勞動運動은 政治 又 社會運動이 많이 包含되었기 때문에 그實 眞正의 勞動運動은 아니다."라고 지적하고, 노자가 "善을 爲하여서는 얼마든지 싸호다가 國家大事를 爲하여서는 互相協同함으로써 如實히 나가는 것이 民主國家勞動運動의 眞正한 精神이다."라고 주장했다. 이와 같은 이대

찬가지로 기층의 민주주의적 사회개혁의 요구를 자신의 정치적 의제 속에서 전유하고 굴절시켰다는 점에서는 동일했다. 그럼에도 불구하고 좌익이 노동층의 계급적 이해관계에 보다 밀착하여 공감대를 구축하고 이를 토대로 자파의 노선을 펼치고자 했다는 점에서 우익과는 차이를 나타냈다.[70]

이런 측면에서 8·15 직후 조선공산당과 그것의 '외곽단체'로 결성된 전평 및 전농 사이의 연대와 균열은 당시 민주주의를 둘러싼 공론과 공감의 마주침과 간극의 양상을 확인 가능하게 한다. 물론 농민과 노동자는 전농과 전평을 통해 정치운동에 동원되기도 했지만 그들 자신의 정치·경제적 이해관계를 두 조직의 투쟁을 통해 표출시킬 수 있었다.[71] 이 과정에서 노동층을 중심으로 한 대중과 전평, 전농, 조공, 민전 등 좌익 정치세력은 민주주의에 대한 일정한 공감대를 형성하면서도, 각 주체의 현실적 조건과 목적의 상이함으로 인해 일정한 차이와 갈등을 내포했다. 이 대중과 정치세력 간 겹침과 분리, 연대와 반목의 병존은 물론, 이를 재조정하려는 시도 역시 당시 민주주의를 둘러싼 공론과 공감의 길항작용에 따른 것

위의 주장은 사실상 노동조합의 정치운동은 물론 노동자의 경제적 권익을 위한 파업과 같은 단체행동 역시 '國家大事'를 위해서는 제한될 수 있다는 임계를 설정한 것이었다. 李大偉, 「民主主義勞動政策」, 『東光』, 1947년 4월호, 23~25쪽.

70 실제 해방 직후 우익은 과거 노동운동의 축적된 기반도 없었을 뿐만 아니라 그 중요성에 대한 인식조차 부재한 가운데 무관심한 태도로 일관했다. 이후 좌익이 전평을 중심으로 노동자를 장악·동원하자, 이에 대응할 반공적 우익노동단체의 필요성으로 인해 1946년 3월 우익 청년단들을 동원해 대한독립촉성노동총연맹을 결성했다. 해방 직후 노동 상황 및 진보·보수적 노동조합운동의 형성 과정에 대해서는 임송자, 『대한민국 노동운동의 보수적 기원』, 선인, 2007, 29~136쪽 참조.

71 성한표, 「9월총파업과 노동운동의 전환」, 강만길 외, 『해방전후사의 인식』 2, 한길사, 1985, 404쪽.

이었다.

주목할 것은 농민, 노동자를 포섭하기 위한 실천들이 민주주의나 혁명에 대한 사상 내지 이론을 바탕으로 하기보다는 노동현장과 일상의 문화, 생활, 정서에 기초한 동질감의 형성에 주력하고 있다는 점이다. 앞서 언급했던 좌익계열의 노동운동 지침서는 쌀 획득투쟁의 전개에 있어서, "대중과 함께 대중의 선두에서 대중의 불평불만을 내걸고 가장 철저하게 헌신적으로 투쟁"할 것을 강조한다. 또한 "대중의 일상생활과는 거리가 먼 소위 정치에만 열중한다면 대중은 그와 같은 정치에 식상하게 되고 조합은 대중과 유리되어 버릴 것이다."라고 지적한다.[72] 그리고 이를 바탕으로 "勤勞大衆을 中心으로 한 小市民 中間層 等의 國民의 大多數의 **共感**을 喚起"시킬 것을 강조한다.[73] 지침서의 곳곳에서 '근로대중'과의 괴리 문제를 지적하거나 그 속에 녹아날 것을 강조하는 내용을 쉽게 찾아볼 수 있다.

> 구체적 사실을 열거하지 않고 일반적이고 추상적인 설교만으로써는 대중을 납득시킬 수 없는 것이며, 적당한 시기를 선택하지 않고 언제든지 꼭 같은 말을 반복하는 것은 효과가 없는 것이고, 대중의 **기분**이나 **심리**를 고려하지 않고 천편일률적으로 하는 선전, 선동 역시 효과를 기대할 수 없는 것이다.[74]

72 金養齋, 『노동조합 교정』, 돌베개, 1987, 53쪽; 金養齋, 「勞動組合敎程」, 전진사, 1947(김남식·이정식·한홍구 엮음, 『한국현대사자료총서』 15, 돌베개, 1986, 275쪽 재인용.).

73 金養齋, 위의 책, 26쪽.

74 金養齋, 위의 책, 196쪽.

> 이 공장에서는 전국적인 '캄파(운동)'를 앞두고 무슨 문제를 중심으로 할 것인가, 언제 어떻게 할 것인가 하는 것을 토론한 결과 '식사의 문제'를 중심으로 하기로 되었다. 그래서 분회원들은 각기 분담을 정하고 매일 식사 전에 "아 배고프다, 배고파 못 살겠다"라는 말을 지극히 자연스럽게 전파시켰다. 누구나 알 수 있는 바와 같이 배가 고플 때 배가 고프다고 하는 것은 하나의 구체적 사실이고 옳은 주장이다. 그리고 식전에는 누구나 다 배가 고픈 것이므로 대중의 심리상태도 **공감**을 불러일으킬 수 있는 상태였다. 이렇게 하여 '배고프다'는 말은 모든 노동자 간에 관심을 일으키게 되고 그것은 동시에 "식사를 개선하라"는 요구로 발전되고 노동자의 절실한 요구는 또 투쟁으로 발전되어서 수천 명의 노동자가 전국적으로 전개되는 '캄파'의 날, 일제히 호응 궐기하였다.[75]

이런 노동자의 심리와 정서에 기초한 노동운동의 조직화 및 대중화 전술은 단순한 대중 선동·선전 기술의 문제로만 볼 수 없다. 오히려 광범위한 기층 대중의 생활문화와 정서에 기초한 공감의 장이 상층 정치운동의 바탕이었으며, 이를 바탕으로 했을 때만이 실질적 대중동원과 정치력을 가능하게 할 수 있다는 판단이 작용한 것이었다.[76] 그리고 실제 전평은 이러한 기층 현장의 삶으로부

75 金養齋, 위의 책, 197쪽.

76 노동자 조직화의 문제뿐만 아니라, 농민층의 조직화 과정 역시 기층 대중의 생활과 정서에 기초할 것이 강조되고 있기는 마찬가지였다. 농민조합의 활동에서 유의할 사항을 소개하는 한 기사는, "현실을 똑바로 파악하야 나아갈 바 기본노선을 뚜렷이 세우고 운동의 자연발생성을 극복"하는 것을 통해 "민중을 동원조직하야 민족통일전선을 결성하여야 할 것"을 주장하면서, "우리는 맛당히 농민대중의 일상 경제적 정치적 요구를 명찰하야 현 단계의 기본과업과 연결시켜서 이때에 대중적으로 농민조합을 조직해야 할 것"이라고 강조하고 있다. 朱浩, 「農村에서 일하는 동무들에게-農民組合에 對한 若干의 提意」, 『民衆朝鮮』, 1945년 11월호, 15~16쪽.

터 형성된 공감대를 통해 해방 직후 급속하게 정치세력으로 성장했다. 동시에 기층 노동자 역시 파편적이고 개인적인 영역에 머물러 있던 일상생활의 욕구와 정서를 노동운동을 매개로 '민주주의'라는 의제를 통해 집단적이고 정치적으로 분출할 수 있었다. 8·15 직후 남한 사회의 '민주주의'의 팽배는 바로 대중의 공감대에 기초한 것이었다.

이와 같은 사회개혁에 대한 공감대는 실제 8·15 직후 농민과 노동자 역량의 자발적 표출을 배경으로 농민위원회, 농민조합, 농민연맹에서부터 노농동맹, 노동협의회에 이르기까지 다양한 성격의 조직이 만들어졌다. 하지만 전농 및 전평과 같은 상층 농민·노동자 조직은 이 기층 운동이 자신의 지지원동력임에도 불구하고, 토지문제와 공장자주관리문제를 비롯한 대중의 사회경제적 변혁 요구를 정치적으로 수렴하지 못했다. 뿐만 아니라 그 대표자들의 인적 구성 역시 기층 인민과는 괴리되어 있었다.[77]

일례로, 1945년 12월 8일 조선공산당의 외곽단체로 조직된 전국농민조합총연맹(전농)이 결성된 이후 그 대의원 성분을 문제 삼는 '독자의 기고'가 좌익 신문에 실렸다. 여기에서 "X생"이라는 필명의 투고자는 다음과 같이 현실을 토로하고 있다.

> 한가지 소원이 생겼다. 모여주신 대의원 제씨가 좀더 농민이었으면 하는 것이었다. 죽 들러보니 인텔리도 비슷, 인텔리 아닌 사람도 비슷, 그저 비슷비슷, 양복 입고 면도하고 모두 그래. 혹시 지게를 벗고 구루마를 광에 넣고서 서울 오신다고 치레를 하였는지 모르지만 농부가 많이 왔으면 하고 소원되지 않을 수 없었다. 지게 지고 와서

77 박혜숙, 앞의 글, 364~370쪽.

천도교회관에 그득하게 벗어놓고 합의해도 좋을 듯하다고 생각했다. 지방 동무들이여! 이후에는 될 수 있는 대로 농민을 많이 보내라. 열 사람 보내는 중에서 인텔리는 한 사람이라도 좋지 않은가.[78]

실제 해방 직후 전농은 농민의 일상적 이해에 기초한 경제투쟁과 자주적 국가권력수립을 위한 정치투쟁의 결합을 강조했음에도 불구하고, 거의 전 기간에 걸쳐 정치투쟁에 편향되었다.[79] 그 결과 기층 농민 삶의 조건과 직결된 경제적 요구는 부차적인 사안으로 취급되어 실현되지 못했다. 이러한 현상은 비단 농민운동뿐만 아니라 당시 노동운동 역시 마찬가지였다.[80] 8·15 직후 노동조합운동이 직면한 제 문제를 해결하기 위한 좌익계열의 지침서는 조합 간부와 현장 노동자의 괴리 양상을 다음과 같이 지적한다.

또 한 가지 주의할 점은 '착취'니 '강도'니 '무슨 가치'니 하는 술어만 충만시키면 혁명적이라고 생각하거나 '자본주의를 타도하라', '자본가를 죽이라'는 등의 공허한 대언장담을 하는 것은 유해는 할지언정 유익하지는 못하다는 점이다. 영등포 공장에 있는 어떤 사람에게 이런 말을 들었다. 즉 조합사무소에 있는 동지들이 공장에 오면 노동자들은 "얘, 저것 보아라. 또 착취가 왔다"고 싫증을 낸다고![81]

---

78 「時事小感: 農民代表者의 印象」, 『解放日報』, 1945년 12월 14일자.

79 박혜숙, 앞의 글, 405쪽.

80 당시 전평의 실천요강과 행동강령은 노동자들의 현실적 요구를 반영하고 있었음에도 불구하고, 부르주아민주주의혁명론에 입각한 전평의 정치노선은 오히려 기층의 자생적 공장관리운동을 침체시키면서 양자 간의 골을 파놓았다. 이와 관련해서는 김태승, 「미군정기 노동운동과 전평의 운동노선」, 박현채 외, 『해방전후사의 인식』 3, 한길사, 1987 참조.

81 金養齋, 앞의 책, 35쪽.

위 노동운동의 지침서는 투쟁을 조직화하기 위한 선전선동의 기술에 있어, 관념유희의 '교양'이 아닌 산업현장의 용어, 사투리, 일과 등 대상과 조건에 따라 구체적으로 접근할 것을 주문하고 있다. 물론 노동자의 조직화에 그 목적을 두고 있지만, 이를 위한 현실 진단 과정에서 학생과 인텔리 등이 주도한 노동조합의 천편일률적 정치 교양이 현장 노동자의 실제 삶과 정서에 파고들지 못하고 있음을 드러내준다.

노동운동 상하층 간 노동운동에 대한 인식 및 정서의 차이뿐만 아니라, 실제 운동노선과 실천에 있어서도 전평 상층과 기층 운동조직은 파열의 지점을 나타냈다. 사실상 8·15 직후의 노동운동은 전평과 무관하게 자연발생적으로 시작되었다. 기층 노동자들의 공장접수 및 자주관리운동은 패전과 함께 일본 자본의 기업 및 생산설비의 정리로 인해 발생한 실업과 그에 따른 생존의 문제에 대응해 전국적 차원에서 거의 동시다발적으로 일어났다. 오히려 이와 같은 자주적 노동운동 및 활동가들의 결합 이후 기업단위노조가 결성되고 다시 산별체제로 결집되면서 전평이 결성되었다. 그럼에도 불구하고 현장의 공장자주관리운동이 한창인 1945년 11월 전평 지도부는 사실상 미군정의 통치방침 지원을 의미하는 '산업건설 협력방침'을 지시했다.

> 一, 파업은 수단이고 목적이 아니다.(…)그러므로 양심적인 건전한 생산에 대하여는 파업을 행하지 않을 뿐 아니라 생산을 위하여 적극 협력한다. 二, 조선 자주독립을 원조하는 미·소 양군에 대해 협력한다. 금차 조선해방에 제하여 美蘇中의 커-다란 공적에 대하야는 滿腔의 감사와 경의를 표한다. 그리고 "카이로회담", "포츠담선언", "전평대회석상에서" 로빈슨 노무과장의 언명 등의 진보적 정

책은 그대로 실시할 것을 기대하며, 그러한 자주독립과 민주적 자주경제 건설을 원조하는 정책에 적극 협력하고 국내안정을 도모하며 동시에 더 나아가서는 세계평화에 기여하고저 한다. 三, 양심적 민족자본가와 협력하여 부족공황을 타개한다.(…) 四, 비양심적 악덕 모리배를 배격한다.(…)[82]

전평의 산업건설협력방침은 기업의 접수 및 관리를 군정청의 관할 아래 두어, 노동자 자주관리운동을 분쇄하려 했던 미군정에 협조하는 것으로서, 기층 노동운동의 상황에서는 상반된 운동방침일 수밖에 없었다. 결과적으로 산업건설협력방침은 당시 미·소 협조정책 속에서 신국가수립이 가능할 것으로 전망했던 조공을 중심으로 한 좌익 진영의 정세인식의 산물로, 기층 노동자들의 자생적인 공장자주관리운동의 후퇴를 촉진시키는 요인 중 하나로 작용했다.

이와 같은 현상은 해방 직후 사회개혁노선으로 인민의 지지를 받았던 좌익과 그 외곽단체조차도 당파적 정치노선의 추구 과정에서 오히려 기층 인민과 괴리되었음을 보여준다. 기층 인민이 자파 정치노선의 정당성을 입증하고 정책을 실현시킬 힘의 원천임에도 불구하고, 그들은 인민을 정치 동원의 대상으로 바라본 채 자신들만의 민주주의론에 가두고자 했다. 그 과정에서 오히려 기층의 자생적 운동을 가로막는 역작용을 낳기도 했다. 다시 말해 해방 직후 좌우는 기층 인민의 사회경제적 변혁 요구를 자신의 정치적 의제 속으로 포섭하고, 그들의 힘을 이용하고자 했다. 이 과정에서 기층 인민의 목소리는 민주주의 공론장을 주도한 좌우 정치세력의 편집

82 「生産妨害는 逆宣傳「全評」서 産業建設協力方針發表」, 『解放日報』, 1945년 11월 30일자.

과 번역을 거쳐 대변되었다. 그럼에도 불구하고 민주주의 공론장의 저층과 외부에는 광범위한 인민의 민주주의 공감대가 형성되어 있었다. 바로 이 민주주의를 기축으로 한 공론과 공감의 길항이 해방 직후 한국의 민주주의를 추동했다.

해방 공간 민주주의의 동학

이 글은 해방 직후 '신민주주의'론이 출현했던 역사적 맥락을 검토하는 과정에서 그것이 갖는 근대성을 드러내는 동시에, '민주주의'를 축으로 전개된 다양한 주체들의 상호경쟁 양상을 검토했다. 이를 통해 좌우 정파나 지식인이 장악했던 공론장은 물론, 그것의 안과 밖을 가로질러 새로운 민주주의를 구축하고자 했던 일반 대중의 민주주의 공감장sympathetic field(共感場)을 드러냈다. 더 나아가 민주주의를 둘러싼 공론과 공감의 길항작용 속에서 해방 직후 민주주의의 동학을 분석했다.

해방과 함께 정국의 주도권 장악을 위한 좌우의 대립과 경쟁은 시작되었다. 이 과정에서 양측은 자기 정당화와 상대 진영에 대한 비판논리로 '민주주의'를 내세웠다. 제2차 세계대전이 파시즘에 대한 민주주의 연합국의 승리로 종결됨에 따라, 과거 反서구/근대의 사조 속에 비판받았던 '민주주의'는, 전후 세계에서 부정할 수 없는 신시대의 이념과 가치로 부각되었다. 좌우는 스스로를 신생국가의 '강령'이자 '상식'으로 받아들여졌던 민주주의의 진정한 담지자이자 실천자로서 자임하면서, 상대방을 反(非)민주주의 세력으로 규정했다. 민주주의 이념의 절대화에도 불구하고, 좌우의 민주주의에 대한 해석은 각자의 계급적 입장과 정치노선에 따라서 차이를 보였다. 그 결과 해방이 조성한 '이념적 무정형'의 사태를 배경으로 남한의 공론장에는 다양한 민주주의 담론이 쏟아졌다.

특히 중간계열 정치노선을 취했던 지식인들은, 전후 세계의 다양한 사조 및 담론을 조선이 처한 특수한 상황 속에서 주체적으로 재평가하면서, 조선의 현 단계에 적합한 '조선적 민주주의'론을 주창했다. 김삼규의 '민족사회주의', 안재홍의 '신민주주의', 백남운의 '연합성 민주주의', 배성룡의 '조선적 민주주의' 등이 그것이다. 논자의 정치적 지향에 따라 일정한 차이를 보였지만, 신민주주의론들은 전체주의, 자본주의, 공산주의에 대해 비판하거나 거리두기를 하면서, 소위 '非階級獨裁 非金力獨裁'를 지향했다는 점에서 근대성을 지녔다. 또한 민족사회 내 협조를 강조하고 극단적 대립노선을 지양한 측면에서 좌우의 정치노선과도 차이를 보였다. 그럼에도 불구하고 이들 신민주주의론 역시 좌우의 정치논리에 긴박되어 있었다는 점에서, 기층 '근로대중'이 외쳤던 민주주의와는 일정한 간극을 갖기는 마찬가지였다.

이와 같은 측면에서 해방 직후 민주주의를 둘러싼 논쟁은 좌우 정파나 지식인의 전유물이 아니었다. 또 그들이 주도했던 미디어 공론장의 영역에 갇혀있지도 않았다. 당시 인구의 대다수를 차지했던 농민과 노동자는 자신들이야 말로 새로운 사회의 건설자이며 민주주의를 실현할 수 있는 주체라고 자임했다. 그들은 좌우정파의 민주주의 담론과는 달리, '근로대중'의 생존과 생활로부터 출발하는 아래로부터의 민주주의를 실천할 것을 토로했다.

바꿔 말하면 해방 직후 '근로대중'이 외쳤던 민주주의의 내용과 좌우 정치세력의 그것이 반드시 일치했던 것만은 아니었다. '민주주의'라는 동일한 기표 속에는 서로 다른 의제와 기대가 함축되어 있기도 했다. 이와 같은 간극은 해방 직후 좌우정파나 지식인이 주도했던 '민주주의 공론장'과 겹쳐지면서도 이질적인 '민주주의 공감장'이 병존한 채 영향을 미치고 있었음을 말해준다. 실제 해방 직후 "팟쇼적인 모든 권력과 제도와 사상에서 해방되는 것"을 의미했던 민주주의에 대한 해석은, 부인, 청년, 농민, 노동자 등 각자가 처한 상황에 따라 상이했다. 그들은 각자의 조건 속에서 해방과 민주주의의 의미를 규정했고, 자신을 짓눌렀던 질곡을 해체하는 동시에 인간적 삶의 토대를 마련하는 것이 곧 민주주의의 실현이라고 주장했다.

그 결과 해방 직후 자연발생적으로 분출했던 아래로부터의 사회개혁에 대한 요구는 '민주주의'라는 기치를 매개로 상층 정치운동과 상호작용했다. 특히 8·15 직후 조선공산당과 그것의 '외곽단체'로 결성된 전평 및 전농 사이는 물론, 전평 및 전농과 기층 노농층 사이의 연대와 균열은 당시 민주주의를 둘러싼 공론과 공감의 마주침과 간극의 양상을 드러내준다. 물론 농민과 노동자는 전농과 전평을 통해 정치운동에 동원되기도 했지만 그들 자신의 정치·경제적 이해관계를 두 조직의 투쟁을 통해 표출시킬 수 있었다. 이 과정에서 노농층을 중심으로 한 대중과 전평과 전농을 비롯한 좌익계 세력 사이에는 민주주의에 대한 일정한 공감대가 형성되어 있으면서도, 각 주체가 처한 조건과 목적의 상이함으로 인해 균열과 갈등 역시 존재했다. 이 대중과 정치세력 간 겹침과 분리, 연대와 반목의 병존은 물론, 이를 재조정하려는 시도 역시 당시 민주주의를 둘러싼 공론과 공감의 길항에 따른 것이었다.

요컨대 해방 직후 사회개혁노선으로 농민과 노동자의 지지를 받았던 좌익과 그 외곽단체조차도 당파적 정치노선의 추구 과정에서 오히려 그들과 괴리되었다. 기층 인민이 자파 정치노선의 정당성을 입증하고 정책을 실현시킬 힘의 원천임에도 불구하고, 인민을 정치 동원의 대상으로 바라본 채 자신들만의 민주주의론에 가두고자 했다. 그 과정에서 오히려 기층의 자생적 운동을 가로막는 역작용을 낳기도 했다. 다시 말해 해방 직후 좌우는 인민의 사회경제적 변혁 요구를 자신의 정치적 의제 속으로 포섭하고, 그들의 힘을 이용하고자 했다. 이 과정에서 인민의 목소리는 공론장을 장악한 좌우정파의 편집과 번역을 통해 일정하게 대변되면서도 굴절되었다. 역으로 공론장의 담론은 인민의 민주주의에 대한 공감대를 재편하는데 영향을 미쳤다. 이와 같은 측면에서 해방 직후 한국의 민주주의는 미소대립 내지는 좌우대립의 정치논리에 긴박된 공론장의 경계를 너머서, 공론과 공감의 상호작용이라는 복합적이고 중층적인 관계 속에서 이해될 필요가 있다.

참고문헌

『동아일보』, 『매일신보』, 『解放日報』

『開闢』, 『科學戰線』, 『東光』, 『民鼓』, 『民衆朝鮮』, 『새한민보』, 『新天地』, 『人民』, 『春秋』

金南植·李庭植·韓洪九 엮음, 『韓國現代史資料叢書』, 돌베개, 1986.

金養齋, 「勞動組合敎程」, 전진사, 1947.

金鍾範·金東雲, 『解放前後의 朝鮮眞相』, 朝鮮政經硏究社, 1945.

金俊淵, 『獨立路線』, 日月社, 1947.

李錫台, 「民主主義와 農民」, 『民主主義十二講』, 문우인서관, 1946.

李載壎, 『民族意識과 階級意識: 朝鮮의 今明日』, 東洋公司出版部, 1946.
民潮社出版部, 『新語辭典』, 民潮社, 1946.
朴鎭洪, 「民主主義와 婦人」, 『民主主義十二講』, 문우인서관, 1946.
朴致祐, 「民主主義와 人民」, 『民主主義十二講』, 文友印書館, 1946.
裵成龍, 『自主朝鮮의 指向』, 光文社, 1949.
백남운·하일식 엮음, 『백남운전집』, 이론과 실천, 1991.
白南雲, 『朝鮮民族의 進路』, 新進社, 1946.
범 수, 『누구나 잘사는 도리』, 新農民社, 1946.
삼균학회 편, 『素昻先生文集』, 上·下, 횃불사, 1979.
安在鴻, 『新民族主義와 新民主主義』, 民友社, 1945.
安在鴻選集刊行委員會 編, 『民世安在鴻選集』 1-4, 知識産業社, 1981-1992.
安知鴻, 『眞正民主主義論: 自主民主統一獨立의 理論』, 一韓圖書, 1949.
溫樂中, 「民主主義와 勞動者」, 『民主主義十二講』, 文友印書館, 1946.
윤대석·윤미란 편, 『(박치우 전집) 사상과 현실』, 인하대학교출판부, 2010.
解放社 發, 『農民政治讀本』, 解放社, 1945.

공임순, 「민주주의의 (先)정치적 담론 자원과 인민대중의 진정한 지도자상」, 『서강인문논총』 29, 서강대학교 인문과학연구소, 2010.
김기성, 「영원한 현재로서의 심미적 근대성」, 『범한철학』 79, 범한철학회, 2015.
김기승, 『한국근현대 사회사상사 연구: 배성룡의 진보적 민족주의론』, 신서원, 1994.
______, 『조소앙이 꿈꾼 세계: 육성교에서 삼균주의까지』, 지영사, 2003.
김정인, 「민주주의 해방기 분열 혹은 통합의 아이콘」, 『한국의 근현대, 개념으로 읽다』, 이경구 외, 푸른역사, 2016.
김태승, 「미군정기 노동운동과 전평의 운동노선」, 『해방전후사의 인식』 3, 박현채 외, 한길사, 1987.
나카무라 미츠오·니시타니 게이지 외 저, 『태평양전쟁의 사상』, 이경훈·송태욱·김영심·김경원 역, 이매진, 2007.
박지영, 「복수의 '민주주의'들: 해방기 인민(시민), 군중(대중) 개념 번역을 중심으로」, 『대동문화연구』 85, 성균관대학교 대동문화연구원, 2014.
박찬표, 『한국의 국가 형성과 민주주의: 냉전 자유주의와 보수적 민주주의의 기원』, 후마니타스, 2007.

박혜숙, 「미군정기 농민운동과 전농의 운동노선」, 『해방전후사의 인식』 3, 박현채 외, 한길사, 1987.

방기중, 『한국근현대사상사연구: 1930·40년대 백남운의 학문과 정치경제사상』, 역사비평사, 1993.

성한표, 「8·15 직후의 노동자자주관리운동」, 『한국현대정치사』 1, 이수인 엮음, 실천문학사, 1989.

______, 「9월총파업과 노동운동의 전환」, 『해방전후사의 인식』 2, 강만길 외, 한길사, 1985.

손석춘, 『한국 공론장의 구조변동』, 커뮤니케이션북스, 2005.

송건호 외, 『한국언론 바로보기』, 다섯수레, 2000.

심지연, 『대구10월항쟁연구』, 청계연구소, 1991.

여현덕, 「8·15직후 민주주의 논쟁」, 『해방전후사의 인식』 3, 박현채 외, 한길사, 1987.

앤더슨, 베네딕트, 『상상의 공동체』, 윤형숙 역, 나남, 2003.

임송자, 『대한민국 노동운동의 보수적 기원』, 선인, 2007.

임종명, 「해방 공간과 인민, 그리고 민족주의와 민주주의」, 『한국사연구』 167, 한국사연구회, 2014.

임헌영, 「해방직후 지식인의 민족현실 인식」, 『해방전후사의 인식』 2, 강만길 외, 한길사, 1985.

임혁배, 『비동시성의 동시성: 한국 근대정치의 다중적 시간』, 고려대학교출판부, 2014.

전남대학교 감성인문학연구단, 『공감장이란 무엇인가: 감성인문학 서론』, 길, 2017.

하버마스, 위르겐, 『공론장의 구조변동』, 한승완 역, 나남, 2001.

히로마쓰 와타루, 『근대초극론』, 김항 옮김, 민음사, 2003.

8

문혁은 대안 근대성과 어떻게 조우했나*

이희경

들어가며

문화대혁명만큼 이해하기 어려운 역사적 사건이 또 있을까? 수많은 사람들이 그 과정에 참여했지만 어느 누구도 사건의 성격을 정확히 규명하지 못할뿐더러, 시간이 흐를수록 서로 다른 평가가 등장하여 논란을 더하고 있으니 말이다. 1980년대, 문혁은 수천 년 동안 중국에 뿌리내리고 있었던 봉건주의의 잔재를 철저히 제거하지 못하여 나타난 봉건 파시스트 독재로 인식되었다. 이는 관방의 공식 입장이자, 중국 지식계의 기본 관점이었다.[1] 이에 근거하

* 이 글은 2017년 『중국인문과학』 제67집에 발표된 논문임을 밝힌다.

여 1979년 이후는 완전히 다른 시대로 묘사되었는데, 봉건 파시스트 독재가 끝나고 개혁개방 정책과 더불어 중국이 진정한 근대로 접어들었다고 여겨진 까닭이었다.[2]

그러나 근대와 근대성에 대한 중국의 고민은 오래전부터 진행되었다고 보는 것이 타당할 것이다. 비록 서구에 의해 근대를 강요당했지만, 중국은 서구 근대성의 위험을 일찌감치 인지하고 스스로에게 어울리는 근대를 찾기 위해 노력해왔기 때문이다. 유신파나 혁명파, 쑨원 등의 민족혁명, 천두슈(陳獨秀)의 「청년에게 고함」(敬告青年)에서 제기한 여섯 개의 이항대립, 청말 이래 이어져 온 중서문화 논쟁[3] 및 사회주의적 실천[4]은 모두 서구와 다른 자신만의 근대성을 고민한 흔적이라 할 수 있다.

서구 근대성이 유럽에서 태어난 매우 지역적인 의식으로 다른 문화권을 포섭할만한 보편성을 지니고 있지 않다는 점은 이미 주지의 사실이 되었다.[5] 근대성 담론이 자본주의와 제국주의를 따라 전 세계로 확장되는 과정 중에 각지의 문화적 배경과 역사적 경험의

1 『「關於建國以來黨的若干歷史問題的決議」名詞解釋』(長征出版社, 1981년 8월) 30쪽과 리쩌허우 지음, 김형종 옮김, 『중국현대사상사론』, 한길사, 2005, 82-83쪽 참조.

2 다이진화 지음, 주재희·김순진·임대근·박정원 옮김, 『거울 속에 있는 듯』, 그린비, 2009, 67쪽.

3 허리(何鯉)는 백 년간의 중국을 정리한다면 언제나 근대성 담론이 지배했다는 특징을 발견할 것이라고 주장한다. 다이진화 지음, 주재희·김순진·임대근·박정원 옮김, 위의 책, 390-391쪽.

4 왕후이는 '반봉건'의 구호 아래 사회주의에 대해 성찰했던 1980년대 중국 지식인들이 중국 사회주의의 위기 역시 전체 '현대성 위기'의 일부임을 외면했다고 지적한다. 왕후이 지음, 김택규 올김, 『죽은 불 다시 살아나』, 삼인, 2005, 100-101쪽.

5 천광싱, 「세계화와 탈제국, '방법으로서의 아시아'」, 이정훈·박상수 엮음, 『동아시아, 인식지평과 실천공간』, 아연출판부, 2010, 86-87쪽 참조.

차이로 인해 처음 등장했던 곳과 그 모습이 상당히 달라지는 것은 피할 수 없는 현상이었다. 이런 점을 고려할 때, 봉건적 요소가 다소 섞여있기는 하나 중국 근대화의 역사, 더 정확히 말해 자신만의 근대를 모색하는 중국의 노력은 시종 지속되었다고 보아야 할 것이다.

본 논문은 문혁을 중국 근대화의 장구한 과정 중 한 단계로 간주하고, 특히 어떤 근대성이 강조되거나 발견되었는지 살펴보고자 한다. 그 가운데에는 '대민주', '인민의 주체성 발현'처럼 문혁 초기 관방에 의해 공식적으로 주창된 부분이 있는가 하면, 민간 차원에서 자연스럽게 이루어진 '자아의 발견'과 같은 부분도 있다. 사회적 혼란과 도시 실업문제 해결을 위해 시행되었던 대규모의 '상산하향(上山下鄕)'이 전혀 예기치 못한 경제 분야의 '탈종속'의 기반을 마련하는 계기 중 하나가 되기도 했다. 관방과 민간, 공식적 담론과 잠재적 성찰, 경제적 고난과 탈종속의 기반 마련 등 다양한 현상들이 착종되었던 이 시기를 통해 중국이 의도했던, 그리고 의도하지 않았던 근대성이 어떤 모습들로 나타났는지 살펴보는 것은, 대안 근대성을 고민하는 우리에게 시사하는 바가 클 것이다.

'대중의 주체성'과 '대민주(大民主)': 국가권력에 의해 제기된 대안 근대성

문혁 초기 가장 눈에 띄는 근대적 요소는 바로 '인민의 주체성'[6]

6 주체는 영어 subject의 번역어이다. subjet는 주체 외에도 주제, 주어, 신민(臣民) 등의 뜻을 갖는다. 즉 주체는 주인인 동시에 신하나 국민 같은 피지배자를 뜻하기도 하는 것이다. 『선악의 저편』에서 니체가 말했듯이 "우리는 주어진 상황에

에 대한 강조이다. 문혁은 중국의 '사회주의'가 진정한 '사회주의'가 아니라는 판단과 함께 1949년 건국 이래 17년 동안 추진했던 방식으로는 자본주의로 복귀하는 중국의 문제를 해결하기 어렵다는 사실을 인정하면서 시작되었다. 이를 해결하기 위해 마오쩌둥으로 대표되는 당 중앙에 의해 주창된 것이 바로 '새로운 주체' 형성이었다. 인민 대중 스스로 '자율적인 정치적 주체가 되어' '조반'할 권리와 운동의 방향을 스스로 결정한다는 것이었다.[7]

그렇다면, 마오쩌둥이 말하는 '인민'이란 누구일까? 그는 서로 다른 시기의 현실적 필요에 맞춰 융통성 있게 이 단어를 사용했다. 공산당의 정치기반이 미약했던 1926년에는 "산업 무산계급은 우리 혁명의 영도적 역량이다. 모든 반(半) 무산계급, 소자산계급은 우리의 가장 가까운 친구이다"라고 주장하며 무산계급뿐만 아니라 반무산계급, 소자산계급까지 인민의 범위에 포함시켰다.[8] 항전시기에는 일본에 항거하는 모든 계급, 계층 및 사회단체를 포괄하는 개념으로 사용하였으며,[9] 국공내전 시기에는 반미·반장제스 노선의 모든 계급, 계층 및 사회집단을 가리키는 것으로 바꾸었다.[10] 신중국 성립 이후에는 경제 건설에 초점을 맞추었기 때문에 인민의 범주

서 명령하는 자이면서 동시에 복종하는 자이다." 그러나 문혁시기 등장한 주체는 위의 철학적 배경과는 상관없이 '주도하는 자' 정도의 의미를 가지며 정치적 필요에 따라 남용되는 경향을 보인다.

7 백승욱, 『중국 문화대혁명과 정치의 아포리아』, 그린비, 2012, 27쪽.

8 毛澤東, 「中國社會各階級的分析」, 『毛澤東選集』 第1卷, 人民出版社, 1991年, 9쪽.

9 毛澤東, 「在延安文藝座談會上的講話」, 『毛澤東選集』 第3卷, 人民出版社, 1991年, 855쪽.

10 毛澤東, 「關於目前黨的政策中的幾個重要問題」, 『毛澤東選集』 第4卷, 人民出版社, 1991年, 1272쪽.

역시 '사회주의 건설사업을 찬성, 옹호하고 이에 참여하는 계급, 계층 및 사회집단'[11]으로 새롭게 규정되었다. 농민과 노동자는 '인민'의 핵심이고, 소자산계급과 자산계급은 '인민'의 쟁취대상이었는데, 특히 쟁취대상은 그때그때의 정치적 필요에 따라 '인민'의 범주에 포함되거나 배제되는 운명에 처해졌다. 결국 마오쩌둥의 '인민'은 공산당이 주도하는 정책과 노선을 지지하는 대다수 국민이라는 개념으로 굳어져 갔고, 그의 정치권력을 정당화하는 수단으로 이용되었다.

이처럼 정치적 이해관계에 따라 범주 자체가 달라지는 인민에게 문혁의 방향을 결정할 권리가 부여된 것은 매우 획기적인 변화라 할 수 있다. 자율적인 정치 주체로서의 대중이라는 개념 자체가 문혁 이전 사회를 지배하던 '1957년 체제'와 상당부분 어긋나고 있기 때문이다. 첸리췬에 따르면, 1957년 체제란 "당이 모든 것을 지도한다"는 원리를 요체로 삼고 있는데, 여기에는 몇 가지 함의가 담겨 있다. 첫 번째는 당과 정부는 일체이나 당이 정부를 지도하고, 당의 지도를 받지 않는 독자적인 군중조직은 허용되지 않는다는 것이다. 두 번째는 '제1서기의 독재', 즉 국가주석 뿐 아니라 각급 기관 단웨이(單位) 내 제1서기의 독재통치를 강조한 것이다. 세 번째는 '단웨이 소유제'의 형성, 즉 한 단웨이가 단순한 직장의 개념을 초월하여 생계, 주거, 의료, 교육, 노후까지 보장해주는 체제를 구축한 것이다. 단웨이 내의 구성원들은 여러 상하단계로 분류되었고, 윗단계 사람이 아래 단계 사람을 관리, 감독하는 구조로 이루어졌다. 단웨이는 생활의 기본적 요구를 모두 충족해주는 장점을 지

11 毛澤東, 「關於正確處理人民內部矛盾的問題」, 『毛澤東選集』 第5卷, 人民出版社, 1991年, 364쪽.

녔으나, 개개인에 대한 과도한 통제와 불평등한 인간관계로 말미암아 사회적 불만의 근원지가 되기도 했다.[12]

이런 경직된 사회구조 속에서 1966년 8월 8일 라디오 방송을 통해 전국에 공포된 <문혁 16조>(중공중앙의 프롤레타리아계급 문화대혁명에 관한 결정)의 내용은 그 누구도 예상치 못한 것이었다. 마오쩌둥이 제창한 것은 전혀 새로운 정치형식, 즉 인민의 직접 민주를 강조한 파리 코뮌 형식이었다. <문혁 16조>의 핵심은 임명제가 아니라 전면 선거제를 통해 대중이 간부를 직접 선출하고 자격이 없는 간부를 수시로 소환할 수 있다는 점이었다. 대중에 의한 관료의 직접선출과 직접소환은 <문혁 16조> 제4조에 명시된 '프롤레타리아 문화대혁명은 대중이 스스로를 해방함으로써만 가능'하다는 원칙에 근거를 두었다.[13] 1957년 이래 아주 사소한 당 지부 서기의 발언도 모두 당의 지시와 동일하게 여기고 무조건적으로 복종해야 했던 인민들에게 마오쩌둥에 의해 제기된 '대민주', '대중의 주체성' 주장은 기존의 인식 지평을 바꿔놓는 엄청난 충격으로 다가왔다.

<문혁 16조>는 타인에 의해 대신 될 수 없는 혁명의 방법으로 '대민주'라 일컬어지는 '대자보, 대변론, 대명(大鳴), 대방(大放)'을 제기하고, 소수의견 보호의 필요성도 역설했다.(제6조) 이 같은 중앙의 호소에 호응하여 민간에서는 대대적인 '대민주' 실천이 이루어졌다.

<문혁 16조>의 "혁명 군중을 '반혁명'으로 공격하는 사람들을 경계하라"는 전문 조항을 통해 1966년 5-6월에 진행되었던 삼가촌(三家村)으로 대표되는 지식인 비판이 문혁이 의도하는 운동의 방

12 첸리췬, 「지금 여기의 루쉰」, 이창휘·박민희 엮음, 『중국을 인터뷰하다』, 창비, 2013, 37-39쪽.

13 백승욱, 앞의 책, 67쪽.

향이 아님이 밝혀지자, 각 기관에 파견되어 있던 모든 공작조가 사라지고 8월부터 홍위병이 나타났다. 주로 고위 간부 자제들로 이뤄진 노(老)홍위병들은 학교 내에서 정치문제를 갖고 있던 교사들을 향해 조반을 감행했고, 이들의 과도한 폭행으로 갈미암아 많은 사람들이 불구가 되거나 목숨을 잃기도 했다. '혈통론'을 주장했던 이들 특권층 자제에 맞서 조반파 홍위병들이 등장하여 마오쩌둥과 당 중앙을 제외한 모든 국가기관과 관료에 대한 조반을 진행하게 된다. 학생들을 중심으로 시작되었던 조반운동은 일반인들의 호응과 지지를 얻으며 점차 노동자, 지식인에게까지 확대되었다. 초창기 조반운동은 각 기관에 의해 저지당했는데, 학교, 공장, 기관, 거리마다 혁명 군중 진압을 비판하는 대자보가 나붙었고, 각 당위 서기와 당 지부 서기들이 조반파에게 압도당하는 장면들이 연출되었다. 평소 대중 위에 군림하던 간부들이 공개적으로 사죄하는 모습을 보이자, 공산당의 영도 하에서 억울한 일을 당했던 이들의 지지와 찬사가 뒤를 이었다.[14]

간부를 직접 선출하고 자격 없는 간부를 과감히 소환하는 '대민주' 실천에는 전제 조건이 있었다. 바로 "당 중앙과 마오 주석만이 당을 대표할 수 있다!"와 "마오쩌둥 사상만이 혁명인지 아닌지를 판단하는 기준이다!"라는 것이었다.[15] 이는 대중들이 일으킨 조반운동이 침범해서는 안 되는 성역이자 정당성을 제공받는 사상적 근원이었다. 대중은 정치활동의 주체로 설정되었지만, 당을 의심하거나 그 권위에 도전하는 것은 엄격히 금지되었다. 당은 여전히 모든

14 천이난 지음, 장윤미 옮김, 『문화대혁명, 또 다른 기억』, 그린비, 2008, 47-52쪽, 88-102쪽 참조.

15 천이난 지음, 장윤미 옮김, 위의 책, 60-61쪽.

것을 판단하고 결정하는 유일자(唯一者)로 자리매김하고 있었던 것이다. 문혁 시기 무장투쟁이 격렬해지자 각 조직들은 서로 베이징으로 사람을 파견해 상대방을 기소하기도 했는데, 당시 조반파들은 자신들이 당의 가이드라인을 준수하기만 하면, 즉 마오와 당중앙의 지시, 『인민일보』, 『홍기(紅旗)』의 사설 정신에 따라 조반하면 누구에게 문제가 생겨도 연루되지 않을 것이라고 믿었다.[16] 중앙의 호소에 의해 일어나고 그 통제를 충실히 따른 정치운동의 특징을 잘 보여주는 대목이라 할 수 있다.

주목할 점은 당 중앙이 어째서 개인의 주체성이 아니라, 대중의 주체성을 강조하였는가 하는 점이다. 대안 근대를 모색하는 중국에게 있어 서구는 모방과 극복의 대상으로 존재했다. 서구와 다른 모습의 근대를 꿈꾸면서도, 하루 빨리 서구를 따라잡아야 한다는 강박관념은 중국인들을 끊임없이 괴롭혔다. 특히 "경제발전 속도를 높여 경제적으로 서방의 제국주의국가들을 넘어서기 위해 노력해야 중국이 독립과 자주를 가질 수 있다"라는 주장이 오랜 기간 큰 호소력을 가지게 되었다. 마오쩌둥이 서구사회를 따라잡을 수 있는 가장 좋은 방법으로 '공산당 지도 아래서 인민들을 최대한 조직해내고 동원'하여 경제를 급속도로 발전시키는 노선을 제기[17]한 것도 이러한 이유에서였다.

이와 같이 근대성의 핵심 요소라 할 수 있는 개인의 자유나 주체성보다 집단이나 국가를 우선시한 것은 쑨원이나 취추바이(瞿秋白) 등에게서도 찾아볼 수 있는 특징이다. 처음에는 자유·평등·박애를

16 천이난 지음, 장윤미 옮김, 위의 책, 136쪽.

17 첸리췬, 앞의 글, 이창휘·박민희 엮음, 앞의 책, 28쪽.

제창했던 쑨원은 만년에 이르러 "개인은 너무 자유로워서는 안 되며 국가는 완전히 자유로워야 합니다. 국가가 자유로이 행동할 수 있게 되어야 중국은 강성한 국가가 됩니다"라고 말하며 이를 위해 개인이 희생해야 한다고 주장했다.[18] 취추이바이 역시 자유와 평등을 제창하는 것에 회의적이었는바, 리쩌허우(李澤厚)는 민족과 국가의 생사가 걸린 장기간의 투쟁 속에서 개인의 자유나 인격의 존엄은 홀시되고 "모든 것을 반제 혁명투쟁 속에 복종시키는 것, 철의 기율, 통일된 의지와 집단의 역량"이 두드러지게 되었다고 지적한다.[19]

서구를 따라잡고 중국에 맞는 근대를 이루어야 한다는 부담은 꾸준히 이어져 문혁 시기에는 단기간 내 사회주의 노선 확립이라는 정치적 목적에 도달하기 위하여 대중이 강조되었다. 서구나 소련과 다른, 혹은 그보다 나은 민주주의를 성취하겠다는 의욕이 엿보임은 물론이다.

마오쩌둥이 '대중의 주체성'을 강조한 데에는 사회주의 노선의 회복이라는 명목 하에 자신에게 권력을 집중시키고자 했던 속내 또한 포함되어 있다. 대약진의 실패로 표면적으로나마 이선으로 물러나 있던 그에게 1960년대 류샤오치와 덩샤오핑을 중심으로 이뤄진 조정정책은 단순히 경제정책상의 변화가 아니라 자본주의로의 복귀, 혁명에 대한 부정으로 읽혔다. 빠른 시일 내에 자신이 원하는 방식으로 정치권력 질서를 재편하기 위해서는 개인의 발견으로부터 점진적으로 형성되는 성찰적 주체성보다는 보다 많은 대중들을 한꺼번에 움직일 수 있는 충격요법이 필요했다. 대중의 주체성은

18 쑨원, 「民權主義 제3강」.

19 리쩌허우 지음, 김형종 옮김, 앞의 책, 79-80쪽 참조.

바로 이러한 현실 정치의 필요로 인해 제기되었던 것이다.

위의 내용들과 더불어 주목할 점은 대중을 기본적으로 통일된 계급으로 간주했던 마오쩌둥의 인식이다.[20] 마오쩌둥은 대중이 다양한 성격의 집단들로 이루어졌으며, 그들 사이에 셀 수 없는 크고 작은 갈등과 충돌이 존재한다는 점을 간과하였다. 실상 대중들은 서로 구별된 이익을 가지고 있으며 그 이익의 필요에 따라 자신만의 이해와 해석을 제기하면서 문혁에 참여했고, 공통된 이익을 추구하는 집단들을 형성하며 수많은 대중조직을 만들었다.[21] 이 조직들 간의 얽히고설킨 관계들이 첨예한 충돌과 대동란의 국면까지 야기하자, 마오쩌둥은 당혹스러움을 감추지 못했다.[22] 그가 대중의 복잡한 속성을 미리 알고 있었더라면 '대중의 주체성'은 매우 다른 모습으로 제기되었을 가능성이 크다.

사실 상하이를 제외한 대부분의 지역에서 조반파들이 고위 간부들의 타도를 직접 결정할 수 없었고, 조반은 중앙의 계획에 동조하는 식으로 이루어졌다.[23] 그럼에도 불구하고 관방에 의해 갑작스럽게 주어졌던 주체성은 대중으로 하여금 자신들의 정치적 권리를

20 백승욱, 앞의 책, 164-165쪽.

21 전리군(첸리췬) 지음, 연광석 옮김, 『모택동 시대와 포스트 모택동 시대』下(한울아카데미, 2012년) 22쪽. 당시 적지 않은 사람들이 조반파 조직에 참가했던 실질적 이유는 자본주의로의 복귀를 막기 위해서가 아니라 조반의 위풍을 빌려 당권파를 압박해 깎인 임금이나 받지 못한 상여금 등을 지급받기 원해서였다. 천이난 지음, 장윤미 옮김, 앞의 책, 162-163쪽 참조.

22 무장투쟁이 종식된 지 한참 후에 마오쩌둥은 중국을 찾은 외빈들에게 자신의 곤혹스러움을 다음과 같이 표현했다. "어떤 상황은 우리도 예상치 못한 것이었습니다. 기관과 지방마다 두 파로 갈려 대규모 무장투쟁을 벌이다니, 생각지도 못한 일입니다." 金沖及, 「新中國的前三十年」, 『文史參考』 2011년 제13기.

23 천이난 지음, 장윤미 옮김, 앞의 책, 566쪽.

깨닫고 직접민주를 경험하는 예기치 못한 기회를 제공하였다. 하지만 서로 다른 집단들의 마찰이 합리적 절차를 통해 해결되지 못하고 무장투쟁 등의 사회적 혼란으로 이어지자 관방은 대민주를 서둘러 정리하고 이전의 관료시스템으로 복귀하기 시작한다. 대중의 주체성은 시행착오를 거쳐 성숙해질 가능성을 잃어버린 채 사람들의 각기 다른 기억 속으로 흩어져갔다.

자아의 발견: 지청 스스로 깨우친 근대성

문혁 개시의 필요에 의해 조반파를 격려하고 지지했던 마오쩌둥은 대중의 조반이 자신의 통제를 넘어서게 되자 본격적인 진압과 수습을 단행한다. 각 학교에 군선대(軍宣隊)와 공선대(工宣隊)를 진주시켜 여러 세력을 일거에 제압함으로 파벌 충돌을 해결하였고, 그 후에는 학생들을 도시에서 쫓아내는 방안을 제시하였다. 애초 마오쩌둥의 호소에 호응하여 조반에 적극적으로 참여했던 청년학생과 홍위병들은 1968년 12월 "지식청년은 농촌으로 가서 빈하중농으로부터 재교육을 받는 것이 매우 필요하다"[24]는 지시에 따라 정치무대에서 물러나 '상산하향운동'에 참여하게 되었다. 상산하향운동을 통해 전국 각지로 흩어진 젊은이들은 서르 연합하여 조반할 수 없었기에 관방은 더 이상 소요사태 해결을 위해 골치를 앓지 않아도 되었다. 또한 아직 젊고 어리긴 했지만, 이들은 도시문화 속에서 교육받은 지식인 계층이었기 때문에 농촌으로의 하방이 사상

24 毛澤東, 「關於知識青年到農村去的號召」(1968년 12월 22일 공개 발표), 『建國以來毛澤東文稿』 제12책, 616쪽.

개조에 유리할 것이라는 계산도 한 몫 했다.

하방당한 젊은이들은 익숙한 도시의 생활과는 전혀 다른 척박한 환경 속에서 노동에 투입되었는데, 처음에는 주어진 임무에 최선을 다하다가 얼마 지나지 않아 기만적인 현실에 눈뜨게 되자 자신들의 삶에 대해 진지하게 성찰하기 시작했다. 이 시기, 전국에 흩어져 있던 수많은 지식청년들은 약속이나 한 듯 책읽기에 몰두한다. 문혁 초기 학문의 권위를 부정하고 새로운 질서를 외치던 이들이 학교와 도시를 떠나 피폐한 문화적 환경에 처하고서야 자발적으로 책을 찾게 된 것이다. 암담한 현실을 극복하고 미래를 모색하기 위해 선택한 책읽기는 '자아' 발견의 밑바탕이 되었다. 그들이 어렵사리 구해 읽었던 것은 주로 서구의 인문·사회과학 서적들이었는데, 이 책들은 세계로 향한 창문을 활짝 열어젖혔고, 궁핍한 현실과는 거리가 먼 새로운 세상을 보여주었다. 국가 이데올로기에 배신당하고 실망한 이들에게 책은 정신적 길잡이가 되었으며 다시 꿈을 꿀 수 있는 능력을 부여해 주었다.[25] 지식청년의 상산하향을 배경으로 하는 문학 작품 중 상당수가 농촌간부의 눈을 피해 힘들게 구한 책을 걸신들린 듯 읽는 장면들을 묘사하고 있는데, 이는 책읽기가 이 시기 젊은이들의 공통된 경험이자 내면의 자아를 발견하는 소중한 과정이었음을 방증하고 있다.

출판과 유통이 자유롭지 못했던 이때에 접할 수 있었던 서적은 고위 간부들의 내부 열람용 도서로 문혁 전 출판했던 '회피서(灰皮書)'와 문혁 기간 중에 발행했던 '황피서(黃皮書)'[26], 1972년 중미 관

25 자젠잉 지음, 이성현 옮김, 『80년대 중국과의 대화』, 그린비, 2009, 129쪽.

26 회피서는 서구 부르조아 계급 사회과학 학술자료선 16권과 소련 수정주의 철학자료 23권으로 구성되었다. 황피서는 소련과 서구 당대의 문학관련 저술이었다.

계가 완화된 후 문혁 중 타도되었던 반동학술권위자들을 소집해 번역 출판한 서구 인문·사회과학 서적들, 그리고 1960-1970년대 서구의 문예·자연과학·철학·역사·경제학의 최신 성과를 전문적으로 소개한 『적역(摘譯)』이었다.[27] 이런 서적들은 고급 간부의 자제를 통해 다량 입수되거나 폐쇄된 도서관, 타도당한 부르주아계급 및 지식인의 집에서 훔친 것들이었는데, 지정들끼리 교환해서 보거나(跑書) 손으로 베껴서 돌려 읽는 방식으로 폭넓게 유통되었다.[28]

이렇게 자발적으로 획득한 지식을 기반으로 전국 각지에서 다양한 독서 토론 모임이 생겨났다. 이런 성격의 모임들은 전국에 편재했고 조직이 느슨했기 때문에 전해지는 자료가 많지는 않다. 한 연구서에 따르면 지금까지 알려진 모임들로는 베이징의 쉬하오위안(徐浩淵), 자오이판(趙一凡) 살롱, 상하이의 샤오둥루(小東樓) 살롱, 진중(晉中)의 산촌정신비행장, 허난성의 주마뎬(駐馬店) 농촌공산주의대학, 닝샤(寧夏)의 공산주의 독학대학, 망커(芒克)·베이다오(北島)·건쯔(根子)·둬둬(多多) 등이 속해 있었던 바이양뎬(白羊淀) 시인집단, 귀이양(貴陽)의 황샹(黃祥)과 야모(啞默)가 중심이 된 시인집

회피서, 황피서는 표지의 색깔 때문에 불렸던 명칭이다. 楊健 著, 『文化大革命中的地下文學』, 朝華出版社, 1993, 86쪽, 전리군(첸리췬) 지음, 연광석 옮김, 앞의 책, 179-180쪽.

27 印紅標, 『失踪者的足跡—文化大革命時期的青年思潮』, 香港中文大學出版社, 2009, 227-228쪽.

28 자젠잉 지음, 이성현 옮김, 앞의 책, 126, 130쪽 참조. 철학자 간양(甘陽)은 대학생형들과 저장(浙江)도서관에 몰래 들어가 책을 훔친 후 각자 책을 나눠 베끼고 퍼뜨렸던 일을 문혁시기 가장 재밌는 일로 기억하고 있다.(『80년대 중국과의 대화』, 324쪽) 작가 위화 역시 한 산문집에서 문혁이 거의 끝나가던 고등학교 2학년 때 친구와 하루 만에 『춘희』 필사본을 급하게 베껴 쓰고 함께 읽었던 일을 기록하고 있다. 위화 지음, 김태성 옮김, 『사람의 목소리는 빛보다 멀리 간다』, 문학동네, 2012, 83-87쪽.

단, 귀이저우(貴州) 안순(安順)의 소집단 등이 있다.[29] 이 모임들이 활발하게 이루어질 수 있었던 것은 통제가 아주 엄격했다고 알려져 있는 1970년대가 실은 사상적으로 상당히 느슨한 시기인 덕분이었다. "어른들은 모두 권력의 쟁탈과 화제에 정신이 팔려 아무도 도시한 귀퉁이나 시골에 있던 젊은이들이 무슨 생각을 하는지 신경 쓰지 않았다."[30] 이와 같은 분위기를 틈타 지식청년들은 각지에서 새로운 지식을 탐색하고 그 과정 속에서 '자아'를 발견하기 시작한다.

안순 소집단의 멤버였던 첸리췬은 당시 모임에서 읽었던 계몽주의 저작들을 통해 구성원들이 서구의 인문주의, 인도주의, 민주·자유 사조에 접근했다고 회고한다. 이 모임은 종종 두 파로 나뉘어 치열한 논쟁을 벌였는데, 민주·자유·인도주의와 같은 서구 사상의 영향을 받은 쪽은 문혁을 반인도적·반인간적·반문화적으로 간주하여 비판한 반면, 다른 쪽은 문혁의 '관료주의자 계급 반대'의 합리성과 본질적 정확성을 견지하며 문혁의 문제가 근본적으로 관료주의자 계급을 손보지 않았기 때문으로 분석했다. 첸리췬은 과거 자신들의 논의가 1990년대에 일어난 '자유주의와 신좌파 논쟁'의 전조였음을 지적하며 중국의 사상 사조를 전반적으로 이해하기 위해서는 문혁후기까지 거슬러 올라가야 한다고 주장한다.[31] 문혁에 대한 찬반 양측 모두 당시 금기시된 주제와 내용을 다루고 있고 스스로의 관점으로 문제에 접근하고 있는 점을 감안할 때, 내부적으로나마 이들의 사고와 고민이 이미 관방의 가이드라인을 뛰어넘어 독립적인 방향으로 발전하고 있음을 알 수 있다.

29 印紅標, 『失踪者的足跡—文化大革命時期的青年思潮』, 香港中文大學出版社, 2009.

30 자젠잉 지음, 이성현 옮김, 앞의 책, 26쪽.

31 전리군(첸리췬) 지음, 연광석 옮김, 앞의 책, 185쪽.

바이양뎬 시인 집단의 일원이었던 베이다오(北島)는 1970년 봄 친구들과 뱃놀이를 하던 이화원 호수에서 처음 궈루성(郭路生, 시인 食指의 본명)의 시를 들은 충격을 다음과 같이 회상하고 있다.

> 우린 당시 대부분 이별의 슬픔을 노래하는 고전시만 짓고 있을 때라 표현하는 대상이 제한적이었어요. 근데 궈루성의 시가 가진 미망이 저를 밑바닥에서부터 뒤흔들어 새로운 시를 써야겠다는 생각을 품게 만들었습니다. 그가 비록 허징즈(賀敬之), 궈샤오촨(郭小川)의 혁명시가의 영향을 받았다고는 하지만, 본질적으로 완전히 달랐습니다 ―그는 개인의 목소리를 시에 되살려 놓았습니다.[32]

베이다오는 궈루성의 출현 이후 중국현대시가 10년간의 잠복기를 거치면서 점차 여러 유파를 형성했고 개별 창작의 풍격 또한 날로 성숙해져갔다고 평가한다. 지하에서 배양되고 있던 시인들의 개성어린 목소리는 1978년에 이르자 시단(西單) 민주벽을 비롯한 베이징시 곳곳에 대자보 형태로 등장했으며 시민들 사이에서 큰 반향을 일으키게 된다.[33]

1971-72년간 지속됐던 쉬하오위안 살롱은 예술 취미 동아리의 성격이 강했다. 화가 루옌성(魯燕生), 탄샤오춘(譚曉春), 샤베이(沙貝), 시인 건쯔, 리스정(栗世征) 등이 참여했던 이 모임은 멤버들의 집뿐만 아니라 공원이나 야외 등 여러 장소를 옮겨가며 지속되었다. 구성원들의 그림을 전시하여 인기투표를 하거나 노래를 듣고 창작시를 함께 읽는 활동이 주를 이루었다. 그런가 하면 이미 사용한 우

32 자젠잉 지음, 이성현 옮김, 앞의 책, 131쪽.

33 자젠잉 지음, 이성현 옮김, 위의 책, 132-133쪽.

표에 색을 칠해 재사용하거나 영화표를 위조하는 등 젊은이 특유의 장난기 넘치는 말썽도 자주 부리곤 했다. 쉬하오위안은 당시를 회상하며 젊은 날의 감정상태에 대해 다음과 같이 묘사하고 있다.

> 그 때 우리는 시골에서 도시로 돌아와 모두 가난했기 때문에 여러 가지 괴상한 방법들을 생각해내어 자신의 정신적 요구를 만족시켰다. 그 외에도 모두들 강렬한 역반응 심리를 갖고 있었다. "나더러 못하게 하겠다고? 내가 못 할 거라고? 그렇다면 반드시 해내어 보여주지!" 이런 행동들은 1973년 이후 간부학교와 감옥에서 풀려나온 부모님들을 깜짝 놀라게 했다. 그들은 정성을 다해 교육시킨 착한 자식들이 어쩌다 이 모양이 되었는지 이해할 수 없었다.[34]

혈통론을 주장하며 홍오류(紅五類) 부모를 옹호했던 노홍위병도, 혈통론을 반박하며 조반의 호소에 적극적으로 부응했던 조반파 홍위병도 더 이상 누군가의 지시에 무작정 순복하지 않게 되었다. 금서들을 읽어가며 사회에 대한 자신만의 생각을 갖게 되었고, 자기의 목소리를 시에 담았으며, 현실의 부당함에 반항하며 억눌렸던 감정들을 발산시켰다. 이 모임들의 구성원 중 일부는 반동문장을 수집 배포하고 반혁명집단을 조직했다는 혐의로 사형을 당하거나 징역형에 처해졌는데,[35] 상산하향 이후 자아를 발견하고 각성하게 된 젊은이들이 당 중앙의 지시에 맹목적으로 따르던 문혁 초기와 얼마나 많이 달라졌는지를 짐작케 한다.

34 北島·李陀 主編, 『七十年代』, 三聯書店, 2009, 57쪽.

35 닝샤 공산주의독학대학의 멤버 루지리(魯志立), 우수선(吳述森), 우수장(吳述樟) 등은 1970년 반혁명죄로 사형에 처해졌다. 전리군(첸리췬) 지음, 연광석 옮김, 앞의 책, 222쪽 주 5 참조. 베이징 문학 모임의 대표였던 자오이판은 1975년 체포되었다가 이듬해 석방되었다. 楊健 著, 앞의 책, 83-84쪽 참조.

상산하향과 경제적 '탈종속'의 토대 마련

상산하향은 사상적 측면에서 천만 명 이상의 도시 지청(知靑)과 2천만 명 이상의 귀향지청으로 하여금 자아에 대해 고민하고 각성하는 계기를 마련해줬을 뿐만 아니라, 경제적 측면에서도 위기에 처한 중국경제를 구해내는 중요한 역할을 하였다. 1968년 마오쩌둥이 상산하향을 지시한 이유 중에는 조반파의 파벌다툼으로 인한 사회적 불안 해소와 지청들의 사상개조 진행 외에도 도시 실업문제의 해결이 중요한 비중을 차지하고 있었다.

1966년 문혁 개시 이후 중국 고등학교와 대학교는 3년 동안 신입생을 모집하지 않았기 때문에 전국 고등학교 졸업생 1,600만 명이 진학이나 취업을 기다리는 신세가 되었다.[36] 불행히도 당시 중국은 이들의 진로문제를 해결하기에는 역부족이었다. 외부적으로는 사방이 봉쇄되고 미국 및 여러 주변국과의 전쟁의 위협에 노출되어 있었다. 내부를 살펴보면, 1950년대 소련 중공업 관리 모델에 부합하도록 만들어진 정부 시스템이 인민 대중의 '자력갱생과 각고의 분투'에 의지하도록 강조한 경제 방침과 엇박자를 내고 있었다. 지정학적 봉쇄, 전쟁의 위협이라는 외부적 요인과 관료화된 상부구조라는 내부적 요인은 공업화 중심의 경제적 토대 조성에 매진해야 하는 중국에 커다란 장애가 되었다. 막대한 대외채무 상환의 부담을 안고 있던 도시경제는 이처럼 복잡한 모순으로 말미암아 '적자 + 실업' 형태의 위기에 봉착하게 되었고,[37] 도시청년들에게 취업

---

36 위화 지음, 김태성 옮김, 앞의 책, 248쪽.

37 원톄쥔 지음, 김진공 옮김, 『여덟 번의 위기』, 돌베개, 2016, 122-123쪽.

은 묘연한 일이 되었다.

삼농(三農) 전문가 원톄쥔(溫鐵軍)은 1949년 신중국 성립 이래 봉착한 여러 차례의 경제위기가 국가권력의 전복이나 다른 나라로의 종속으로 이어지지 않았던 이유를 자본의 원시적 축적이 내향적으로 진행됐기 때문이라고 주장한다. 그에 따르면 공업화는 자본의 끊임없는 추가 투입을 요구하는 과정이다. 서구는 자본의 추가 투입이 어려워져 발생한 위기를 식민지 재부 약탈과 같은 방식으로 해결하였다. 하지만 경제위기 시 발생하는 비용을 다른 지역에게 전가시키는 '비용전가론'은 자본주의를 수행해야 하나 식민 지배나 약소국 침탈이 불가능한 후발국가에게는 전혀 부합하지 않는다. 이로 인해 후발국가들의 발전 구상은 종종 종주국이나 투자국에게 경제적·정치적으로 종속되어 버리는 결과를 낳곤 한다. 원톄쥔은 이를 '발전의 함정'이라고 명명한다.[38]

그가 보기에 중국은 이 발전의 함정에 빠지지 않고 자본의 원시적 축적을 완수하고 공업화 중기의 산업 확정과 구조조정 단계로 발전한 유일한 국가이다. 이는 앞서 언급한 '내향형으로 이뤄진 자본의 원시적 축적' 덕분인데, 그 구체적인 방식은 아래의 두 가지로 집약된다.

> 첫째, 고도의 조직화(농촌의 집단화와 도시의 단웨이화)를 통해 전체 노동자의 노동잉여가치를 점유하고, 공업과 농업 생산품의 협상가격 차이를 이용하여 농업의 잉여를 추출하는 것이며, 둘째, 노동력 자원을 자본화하여 국가의 기본적인 건설에 대규모로 집중 투입함으로써 거의 제로에 가까울 정도로 결핍되어 있는 자본을 대체하

38 원톄쥔 지음, 김진공 옮김, 위의 책, 45쪽.

는 것이었다. 중국은 사회 경제 전반을 아우르는 이런 '총동원체제'를 가동함으로써 비로소 산업자본에 대한 국가적 수요를 창출할 수 있었고, 독립국가의 주권을 유지하면서 공업화를 위한 원시적 축적을 완성하는 '경이적인' 도약을 이룰 수 있었다. 다만 이런 '전형적이지 않은' 개발주의적 성장에서 발생하는 거대한 제도의 비용은 대부분 전체 민중이 부담해야만 했다.[39]

1968년과 1975년 두 차례에 걸쳐 이루어진 문혁 기간 중의 상산하향운동이 '내향형으로 이루어진 자본의 원시적 축적'에 공헌했음은 물론이다. 당시 중국 정부는 도시의 과잉 노동력을 고도로 조직화된 인민공사와 국영 및 집단 농장으로 떠넘김으로써 경제위기를 극복했다. 수 천만에 이르는 도시 실업인구를 농촌으로 보내어 실업으로 인한 재정적 손실과 사회적 혼란을 일거에 해결한 것이다. 또한 농촌으로 하방당한 젊은이들의 노동력을 거의 무상으로 사용하다시피 하여 고용 비용을 최소화하였다. 원톄쥔이 언급한 '노동력 자원의 자본화'가 진행된 셈이다.

구체적인 내용은 지역이나 시기에 따라 다소 차이가 날 수는 있으나, 하방된 지청들의 일과는 크게 학습활동과 육체노동으로 구성되었다. 매주 한 번 또는 한 달에 두 번 정치학습 시간을 통해 중공중앙의 문건을 학습했고, 경우에 따라 한 달에 한 번 인민공사의 전체 교육이 실시되기도 했다. 매일 자율학습 방식으로 『마오쩌둥선집』을 학습했고, 학습 후의 체험을 기록하여 많게는 일주일에 한 번 적게는 반년에 한 번씩 전시를 했다. 그러나 하향 기간 중 가장 중요한 활동은 육체노동이었다. 지청들은 매일 평균 6-8시간의 집

39 원톄쥔 지음, 김진공 옮김, 『백년의 급진』, 돌베개, 2013, 11쪽.

체노동을 했고, 일손이 부족할 때는 새벽 4시부터 밤 8시까지 고된 노동에 시달려야 했다. 매년 한두 번의 농한기에는 대규모 치수사업에 동원되기도 했는데, 수천수만에 이르는 현지 농민들과 지청들이 한두 달씩 작업현장에서 숙식하며 명절도 쇠지 못한 채 무리한 작업을 해야 했다.[40]

홍위병 지청 출신의 한 미국대학 교수는 하방된 산베이(陝北) 지역에 도착한 처음 3주 동안 새벽 4시부터 밤늦게까지 기계처럼 일을 했지만 겨우 1,000제곱미터에 불과한 좁은 평지를 완성하는 데에 그쳤다고 회상한다. 이들 베이징 출신 홍위병들에게 지급되어야 하는 공식 보수는 일인당 연 200kg의 곡물 배급이었다.[41] 그러나 가뭄이 들 때는 배급량이 현저히 줄어들었다. 수확량이 감소한 탓도 있었지만 국가에 헌납해야 하는 곡물량에는 변화가 없었기 때문이다.[42] 흉작과 상관없이 농촌이 국가에게 제공하는 일정한 양의 곡물은 원톄쥔이 지적한 '농업의 잉여물 추출'이라 할 수 있다. 물론 이 같은 농촌과 지청의 헌신을 과연 잉여물 추출로 정의내릴 수 있는가는 의문이다. 과도한 곡물 헌납으로 생존에 필요한 최소한의 양식조차 확보하지 못한 이들이 심각한 기아와 질병에 시달렸기 때문이다. 대약진 기간에도 비슷한 상황들이 있었지만, 문혁 기간 '내향형으로 이뤄진 자본의 원시적 축적' 역시 단순히 농촌의 잉여물이 아닌 농민과 지청들의 생명을 착취하여 진행되었다 해도 과언이 아닐 것이다.

이처럼 엄청난 희생에 기반하여 중국의 공업화는 끊임없는 자

40 지청들의 학습과 노동활동에 대해서는 조기정 편저, 『중국 문화대혁명의 이해』, 전남대학교출판부, 1993, 48-49쪽 참조.

41 션판 지음, 이상원 옮김, 『홍위병』, 황소자리, 2004, 126-138, 147쪽.

42 션판 지음, 이상원 옮김, 위의 책, 155쪽.

본의 수혈을 받게 되었다. 근대화를 이루지 못한 식민지나 약소국을 착취하여 공업화를 이루고 자본주의를 지속시켰던 서구처럼, 중국 역시 자기 내부의 가장 비근대적인 대상인 농촌과 강제로 하향시킨 노동력을 통해 경제 위기를 극복하였다. 문혁 이후로도 몇 단계를 더 거쳐야 했지만, 궁극적으로 이러한 축적의 방식이 도출해 낸 결과는 놀랍게도 경제적 '탈종속'이었다. 자기 착취라 할 수 있는 중국식의 '자본의 원시적 축적'이 외부 세력으로부터 경제적 독립을 유지하는 기초를 다져준 것이다. 대안 근대의 목표 중 하나인 경제적 '탈종속'이 자기 착취를 통해 달성된 것은 관방과 민간 어느 쪽도 의도하지 않았고 예기치 못한 결과라 할 것이다.

나오며

대안 근대성에 대한 연구는 서구 중심의 세계관과 발전 모델을 보편적인 것으로 받아들이는 것을 거부하고, 각 지역에 적합한 근대를 모색하는 데에 그 목적이 있다. 그러므로 그 과정 속에서 근대성의 이중성이 부각되거나 각 지역의 역사적 배경과 문화적 맥락이 강조되는 것은 당연하다.

중국의 근대화 경험은 그 특수성으로 인해 많은 연구자들의 눈길을 사로잡는다. 서구를 모방하면서도 극복하려 하고, 극복하는 과정 중에 다시 서구식 근대화를 강조하는 복잡한 구조 속에서 여러 굴곡들을 거쳤지만, 자신만의 정치·경제적 기반을 꾸준히 다져왔고 우여곡절 끝에 세계 2대 강국으로 우뚝 서게 되었다. 물론 근대성 문제를 가시적 성과에만 착안하여 다루는 것은 섣부른 짓이고, 지금의 성공이 내포하는 위험 요소들이나 미해결된 사회적 모순들을 무시할 수는 없는 노릇이다. 하지만 세계 모든 나라가 글로벌화에 따른 공통의 문제에 직면함과 동시에 자기만의 문제와도 씨름하고 있음을 상기할 때, 중국의 성취가 쉽지 않은 노력의 결과였다고 인정하는 것은 어느 정도 타당할 것이다.

문혁 시기 나타났던 근대성 혹은 대안 근대성의 징후들은 미리 의도한 것도 있었고, 그렇지 않은 경우도 있었다. 그 중 과연 어떤 부분들이 현재의 성취에 막대한 기여를 했는지 평가하는 것은 여전히 어려운 일이다. 관방이나 지식계에서 공식적으로 인정한 요소만이 아니라, 부정되거나 밝혀지지 않은 요소들까지 혼재되어 지금의 중국을 이루고 있기 때문이다. 게다가 어떤 경우 대안 근대성과 봉건성의 구분이 모호하여 연구자의 시야를 어지럽히는 것도 사실이다. 중요한 것은 비근대적 요소가 일부 섞여있다 하더라도 근대에 대한 인식과 의지적 실천이 어느 정도로 진행되었는지 분별하는 것이다. 그런 의미에서 관에 의해 제기되었던 '대중의 주체성'과 지청들 사이에서 자연스럽게 이루어졌던 '자아의 발견'은 중국식 근대를 향한 의식적 노력으로 보아야 할 것이다.

문혁 기간 농촌과 지청 노동력의 잉여 추출로 경제 위기를 극복한 경우는 훨씬 복잡한 사항이다. 비근대적 요소들과 방식들이 한데 엉켜 있으며, 그 가운데 근대에 대한 확실한 인식을 찾아보기 힘듦에도 불구하고 궁극적으로 경제적 탈종속이라는 다분히 대안 근대적 성격이 강한 결과물을 낳았기 때문이다. 중국의 내부를 착취와 피착취의 관계로 설정하여 바라보면 간단히 해결될 수도 있는 문제이지만, 이러한 시각 역시 지나친 단순화의 오류를 범할 수 있으므로 지양해야 한다.

대안 근대성으로서의 명분을 충분히 갖추고 있었던 '대중의 주체성'이 부정당하고, 대안 근대성을 의도하지 않았던 상산하향 운동이 오히려 탈종속의 밑거름이 되는 상황은 중국의 현실이 특정 이론만으로 쉽게 해석되지 않음을 보여주는 동시에 다양한 사례 연구를 통한 더 넓고 촘촘한 이론의 등장을 요구하고 있다. 특히 기존의 연구가 주목했던 정치사회적 이해관계, 경제적 요인뿐 아니라, 개인과 집단의 감성에 따라 수시로 변화하고 움직이는 감성과 공감의 장을 포착하는 것이 무엇보다도 필요해 보인다. 직접 민주를 경험했던 '대민주'나 상산하향 당시 독서모임을 통해 이루어졌던 '자아의 발견'은 유사하거나 서로 다른 감성적 교류를 통해 촉발되고 추진된 면이 크기 때문이다.

그런 의미에서 시민사회와 개인에 대한 논의가 활발하게 진행되었던 80년대가 잊히는 것은 안타까운 일이다. 사실 경제적 근대화에 치우쳐 근대를 구성하는 핵심 요소인 '사회'와 '개인'을 무시해버린 중국의 현재 상황은 매우 위태로워 보인다. 부당한 국가권력에 항거할 시민사회는 존재 자체가 불가능하고, 국가와 별개로 존립할 수 있는 자유롭고 평등한 개인은 상상조차 할 수 없다. 만약 중국이 두 세기에 걸쳐 꿈꿨던 대안근대성이 '부국강병'으로 귀결된다면, 이는 새로운 제국주의의 출현이지 우리가 고민하는 대안 근대성의 길은 결코 아닐 것이다. 하지만 속단은 아직 이르다. 세계 최다 인구를 자랑하는 만큼 각 지역마다 서로 다른 감성이 존재하고 크고 작은 공감이 이뤄지고 있기 때문이다. 국가의 범주에 속하지만 국가 담론으로 다 설명하기 어려운 지역과 집단의 감성, 그리고 그 속에 잠재해있을 '사회'와 '개인'이야말로 중국 대안근대성의 새로운 가능성을 엿볼 수 있는 중요한 실마리가 될지도 모르겠다.

참고문헌

다이진화, 『거울 속에 있는 듯』, 주재희·김순진·임대근·박정원 옮김, 그린비, 2009년.

리쩌허우, 『중국현대사상사론』, 김형종 옮김, 한길사, 2005년.

백승욱, 『중국 문화대혁명과 정치의 아포리아』, 그린비, 2012년.

션판, 『홍위병』, 이상원 옮김, 황소자리, 2004년.

왕후이, 『죽은 불 다시 살아나』, 김택규 올김, 삼인, 2005쪽.

원톄쥔, 『백년의 급진』, 김진공 옮김, 돌베개, 2013년.

______, 『여덟 번의 위기』, 김진공 옮김, 돌베개, 2016년.

위화, 『사람의 목소리는 빛보다 멀리 간다』, 김태성 옮김, 문학동네, 2012년.

자젠잉, 『80년대 중국과의 대화』, 이성현 옮김, 그린비, 2009년.

전리군(첸리췬), 『모택동 시대와 포스트 모택동 시대』 下, 연광석 옮김, 한울 아카데미, 2012년.

____________, 「지금 여기의 루쉰」, 『중국을 인터뷰하다』, 이창휘·박민희 엮음, 창비, 2013년.

조기정 편저, 『중국 문화대혁명의 이해』, 전남대학교출판부, 1993년.

천이난, 『문화대혁명, 또 다른 기억』, 장윤미 옮김, 그린비, 2008년.

천광싱, 「세계화와 탈제국, '방법으로서의 아시아'」, 『동아시아, 인식지평과 실천공간』, 이정훈·박상수 엮음, 아연출판부, 2010년.

『「關於建國以來黨的若干歷史問題的決議」名詞解釋』, 長征出版社, 1981년 8월.

毛澤東, 「關於知識青年到農村去的號召」(1968년 12월 22일 공개 발표), 『建國以來毛澤東文稿』 제12책.

毛澤東, 『毛澤東選集』 第1卷, 第3卷, 第4卷, 第5卷, 人民出版社, 1991年.

北島·李陀 主編, 『七十年代』, 三聯書店, 2009년.

金沖及, 「新中國的前三十年」, 『文史參考』 2011년 제13기.

楊健 著, 『文化大革命中的地下文學』, 朝華出版社, 1993년.

印紅標, 『失踪者的足跡—文化大革命時期的青年思潮』, 香港中文大學出版社, 2009年.

제3부

심혜련
제9장 감성적 주체로서의 능동적 관찰자

신지영
제10장 탈근대적 주체는 어떻게 가능한가? - 들뢰즈의 경우

조정환
제11장 다중의 명인(名人) 되기와 '예술인간-예술체제'

최혜경
제12장 감성적 근대와 연출적 주체

9

감성적 주체로서의 능동적 관찰자*

심혜련

상호작용성에 대한 재평가

갈수록 세상살이가 버겁게 느껴진다. 버겁고 각박한 현실은 우리를 자기 자신에 대한, 타인에 대한 그리고 사회전반에 대한 무감각으로 내몰고 있다. 이와 반대로 다른 쪽에서는 자기 자신에 대한, 타인에 대한 비정상적인 관심들도 급증하고 있다. 관심받기를 원하며 또 타인의 삶에 개입하기도 한다. 무감각과 타인에 대한 병적인 관심이 모순적인 현실을 구성하고 있다. 이렇게 구성된 현실에서 정작 관심 받아야 하는 많은 것들이 무관심 속에 내팽개쳐지고 있

* 이 글은 2017년 『도시인문학연구』 제9권 1호에 발표된 논문임을 밝힌다.

다. 그 중 하나가 '타인의 고통'이다. 불행하게도 타인의 고통에 적극적으로 개입하는 주체는 점차 실종되고 있다. 감정의 메마름 또는 감성의 부재 시대가 온 것이다. 타인의 고통에 개입하기에는 삶이 지나치게 버겁고 또 무감각해졌기 때문이다. 또 때로는 타인의 삶에 대한 개입이 약자에 대한 증오라는 아주 왜곡된 형태로 나타나기도 한다. 이러한 현실 속에서 매체들은 점점 더 타인의 고통을 한갓 구경거리로 만든다. 지금이야 말로 정말 타인에 대한 비정상적인 관심과 무관심이 아니라, 배려가 필요한 때다. 배려는 때로는 인정 또 때로는 위로로 그 모습을 드러내기도 한다. 이 모든 것의 출발점은 공감(共感)이다. '함께' 느낀다는 것이 무엇보다도 필요한 때인 것이다. '함께 느끼기'가 없는 지금은 말 그대로 '공감의 부재'의 시대다. 이것이 바로 우리가 살고 있는 현실의 삶이다. 이러한 현실의 삶은 이론영역에도 영향을 미친다. 타자, 배려, 환대 그리고 감성 등등에 대한 논의들이 이에 대한 반영이라고 볼 수 있다. 무감각과 감정의 과잉이라는 양극단이 동시에 존재하는 지금의 현실은 다시 '감성 일반'에 대한 이론적 관심을 불러 일으켰다. 그 중 하나가 바로 예술 영역에서 집중적으로 논의되고 있는 감성학Aisthetik이다(심혜련, 2011: 232).

'감성학의 회귀' 또는 '감성학의 재발견'이라고 할 정도로 이에 대한 많은 관심들이 집중되고 있다. 물론 이러한 현상은 '미학의 붐Boom', '심미적인 것의 활성화' 그리고 '과심미화' 현상 등등 때문일 수도 있다(벨슈 151-57). 이 또한 중요한 원인 중 하나다. 그러나 앞서 이야기했듯이 '감성일반'에 대한 관심과 필요성이 이러한 논의를 가져온 또 다른 원인인 것이다. 감성학으로서의 미학은 미학Ästhetik에게 감성적 지각인 '아이스테시스Aisthesis'로 되돌아갈 것을 요구한다. 전통미학이 감성적 지각이 아닌, 감성적 인식을 주로 다루었고, 그 결과 감성학적 요소가 왜곡되었다고 보기 때문이다. 미학은 감성적 지각이 아니라, 아름다움과 예술일반에 대해 분석하고 사유하는 철학의 한 분과로 왜곡되었다고 본 것이다. 그러나 과거에도 그리고 지금도 미학 내부에서 이러한 전통적인 미학이 아닌, '다른 미학'에 대한 요구와 필요성이 제기되곤 했다. 특히 디지털 매체가 등장한 이후 이러한 학문적 요구들은 더욱 강해졌다. 왜곡과 배제의 세월을 겪어온 감성적 지각의 복원과 더불어, 이를 중심으로 다른 미학이 필요하다는 주장 제기된 것이다(Barck 445). 이러한 주장들의 핵심은 과거로의 회귀, 즉 단순히 왜곡되어 있는 것을 복원하자는 것은 아니다. 이 보다 더 중요한 것은 전통 미학으로는 지금의 예술적 상황을 설명할 수 없다는 것이다. 예술의 종말 또는 예술의 확장 등이 이야기되고 있는 지금, 미학의 대상을 시각문화를 비롯해 문화와 일상생활에서의 감성적 체험으로까지 확장해야 되기 때문이다. 이를 분석하기 위해서는 무엇보다도 기존 미학의 틀에서 벗어나야만 한다.[1] 이러한 탈주의 시도가 바로 감성학인 것이다.

아이스테시스에서 다시 출발하는 감성학은 무엇보다도 수용자

1 나는 이미 다른 글들에서 감성학으로서의 매체미학(심혜련, 2005: 21-32)과 감성적 지각의 문제들에 대해 이야기한 바 있다(심혜련, 2011: 232-39). 그러므로 이 글에서는 이 논의를 다시 정리하지는 않겠다. 다만 한 가지만 지적하고 넘어가고자 한다. 이전의 글들에서 나는 감성학을 강조하면서도, 매체감성학이 아니라, 매체미학이라는 용어를 사용했었다. 이는 매체미학을 주장하는 많은 이론가들이 감성학보다는 미학이 익숙하기 때문에, 논의 초기에 감성학(Aisthetik) 대신 미학(Ästhetik)이란 개념을 사용했기 때문이다. 그러나 이제는 논의를 좀 더 정교하게 할 필요가 있다. 따라서 이 글에서는 매체미학 대신 '매체감성학'이란 용어를 사용할 것임을 밝힌다.

의 감성과 경험을 중요하게 다룬다. 좁게는 심미적 경험에 관한 것을 다루기도 하고, 또 넓게는 감성과 지각 일반을 다루기도 한다. 좁은 의미에서의 감성학은 심미적 경험을 중심으로 전통 미학 대신 '지각 이론 일반으로서의 감성학'을 재정립하고자 한다(Böhme 7). 이와 달리 넓은 의미에서의 감성학은 심미적 경험만을 대상으로 하는 감성학에서 벗어나, 감성, 경험 일반 그리고 타인과의 공감 등을 강조하고자 한다. 이 경우에는 다시 윤리학으로서의 감성학[2], 철학적 주체 이론으로서의 감성학(Menke 19-20, 셰어 12-5). 또는 지각이론으로서의 감성학 등등으로 세분화되기도 한다(Wiesing 9-16). 이러한 감성학들은 서로 강조점이 다를지언정, 하나의 공통점을 가지고 있다. 그것은 바로 감성, 특히 주체의 감성이다. 예술을 수용할 때 주체가 느끼는 심미적 감성이든, 또는 타인의 고통에 대해 아파하거나 또는 배려할 수 있는 윤리적 감성이든 간에 여기서 중요한 것은 '감성적 주체'다. 뿐만 아니라, 감성학에서는 감성적 주체를 절대적이며 보편적인 것으로 보지 않는다. 오히려 이러한 감성적 주체는 주어지는 것이 아니라, 그 시대의 역사적 문화적 상황에 의해서 형성된다고 보기 때문에, 지금 그리고 여기에 있는 감성적 주체에 대한 분석이 중요하다고 본다. 감성은 변화하는 것이다. 따라서 일방적인 감성적 주체의 복원이 문제가 아니라, 우리가 살고 있는 이 시대에서의 감성적 주체에 대한 고찰이 중요한 문제다. 이 연구의 출발점은 바로 여기에 있다.

이 연구의 또 다른 출발점은 디지털 매체예술에서의 상호작용

2 대표적으로 메르쉬(Dieter Mersch)가 이 입장에 속한다. 그는 심미적인 것과 예술에 국한된 감성학을 윤리학적 차원으로 확장할 것을 제안한다(50-3).

성에 관한 것이다. 사실 감성학으로서의 미학은 그 어느 분야보다도 매체와 관련된 예술 현상을 다룰 때 적극적으로 받아들여졌다. 이는 어쩌면 필연적인 현상일 수밖에 없다. 매체와 지각 그리고 감성은 불가분의 관계를 맺고 있다. 이 세 개는 서로 뫼비우스의 띠처럼 작용하면서 매체예술의 지형도를 그리고 있기 때문인 것이다. 그러므로 매체예술을 다루는 미학은 스스로를 미학이 아니라, 매체감성학Medienaisthetik으로 규정한다. 매체감성학은 매체의 발전이 지각 그리고 수용에 미치는 영향 등을 다양한 측면에서 연구한다. 디지털 매체와 관련해서도 마찬가지다. 특히 디지털 매체예술과 관련해서는 무엇보다도 매체를 중심으로 해서 작가, 작품 그리고 수용자간의 경계 해체에 주목한다. 그 경계가 해체되면서 등장한 새로운 현상을 중심으로 디지털 매체예술의 특징을 규정한다. 그 중 하나가 바로 '상호작용성interaction'에 관한 것이다. 디지털 매체가 본래적으로 가지고 있는 상호작용성을 중심으로 한 디지털 매체예술은 수용자와 작품과의 적극적인 상호작용의 길을 열어주기 때문에, 수용자가 단지 수용자에 머무르지 않고, 작가의 협업자 또는 작품의 일부로 등장하게 되었다는 것을 그 무엇보다도 강조하고 있다(심혜련, 2005: 143-50). 그러므로 이를 디지털 매체예술이 갖는 새로운 특징으로 기꺼이 내세운다. 상호작용성은 디지털 매체가 갖는 매우 중요한 특징임에는 틀림없다. 이를 부정하고자 하는 것은 아니다. 그러나 상호작용성이 디지털 매체예술이 갖는 중요한 특징 중에 하나임은 분명하지만, 과대평가된 부분도 있다.

상호작용성, 이는 디지털 매체예술을 이해하는데 가장 중요한 개념이 된 것이다. 그렇기 때문에 이를 중심으로 디지털 매체예술의 새로움과 가능성 등이 이야기되곤 했다. 이러한 논의는 지금도 여전히 진행 중이다. 그러나 상호작용성을 둘러싼 논쟁들에서 놓치고 있는 것이 있다. 중요한 것은 새로움과 가능성에 대한 것이 아니다. 특히 매체감성학적 입장에서 이를 분석하고자 한다면 더욱 그렇다. 문제의 핵심은 감성적 지각의 주체이다. 상호작용성을 행하는 또는 상호작용성에 의해 지각하는 수용자의 문제가 중요한 것이다. 그런데 재미있게도 상호작용을 둘러싼 논쟁들에서 수용자의 감성에 대한 본격적 논의는 거의 없다. 많은 논의들은 감성학이 아니라, 미학에서 중요하게 생각하는 작품과 작가 중심에서 진행된다. 즉 감성적 주체가 중심이 되는 감성학에서 당연히 수용자의 감정이 중점적으로 논의되어야 했음에도 불구하고, 작가와의 협업 그리고 작품의 일부가 되는 현상을 중심으로 상호작용성이 논의되곤 했다. 문제는 여기서 출발한다. 따라서 나는 이 글에서 이러한 현상을 일종의 '상호작용성에 대한 신화'라고 규정하고, 이를 비판적으로 재검토하고자 한다. 재검토의 과정에서 디지털 매체 이전의 예술을 중심으로 어떻게 관찰자의 상호작용성이 이해되었는지 또한 살펴볼 것이다. 이와 더불어 상호작용성을 둘러싼 논의들에서 놓치고 있는 부분을 감성적 주체에 관한 논의들이라고 규정하고, 이를 본격적으로 살펴보고자 한다.

상호작용성 신화를 둘러싼 논쟁들

처음부터 상호작용성이 디지털 매체의 새로운 특징으로 쉽게 받아들여진 것은 아니다. 90년대 상호작용적인 디지털 매체예술이 본격적으로 등장했을 때, 이미 이를 둘러싼 논쟁들이 있었다(Dinkla

7-14). 새로운 매체를 이야기하기 위해서는 '새로움'의 특징이 무엇인지를 명확히 규정해야만 했고, 그래서 대표적인 특징으로 논의되었던 것 중 하나가 바로 '상호작용성'이다. 매체를 인터페이스로 삼아 작가와 수용자 간의 상호작용, 매체와 매체간의 상호작용 그리고 수용자와 작품 간의 상호작용 등등 많은 변화가 일어났기 때문이다. 이미지든 음악이든 또는 문학이든 간에 철저히 작품 밖에서 감상하거나 해석할 수밖에 없는 닫힌 구조das geschlossene System에서 벗어나, 스스로 행위함으로써 협업작가(co)creator가 되고, 또 그 행위의 결과가 작품 안에서 작품의 일부가 되는 경험을 했다. 이는 너무나도 놀라운 것이었다. 뿐만 아니라, 수용자가 작품의 일부가 된다는 것은 예술들 둘러싼 신화의 몰락을 의미하는 것이기 때문에, 이러한 경험이 가지고 온 파장은 매우 컸다. 훼손해서는 안 되는 예술작품들 그리고 만지지 말고 보기만 해야 하는 많은 예술작품들이 아니라, 수용자의 만짐과 작동에 의해 완성되는 예술이 등장한 것이다. 바로 이러한 변화 때문에 디지털 매체예술은 상호작용성을 중심으로 그 새로움이 논의되었고, 이를 토대로 한 새로운 예술에 대해 많은 논의들이 오고갔다. 그런데 이러한 상호작용성을 둘러싸고, 크게 두 가지 측면에서 비판이 제기되었다. 하나는, 이러한 상호작용이 단지 디지털 매체만이 갖는 고유한 특징이 아니라는 것이다. 이는 결국 디지털 매체의 '새로움'을 부정하는 것이다. 또 다른 하나는, 디지털 매체예술의 상호작용성에 대한 평가와 관련된 것이다. 디지털 매체의 상호작용이 수용자를 능동적으로 만드는 것이 아니라, 오히려 더 수동적으로 머무르게 하는 경향이 있다고 비판받은 것이다.

먼저 첫 번째 비판을 살펴보자. 상호작용성이 디지털 매체가 가진 고유한 특징이 아니라는 비판의 전제는 모든 예술이 상호작용적이라는데 있다. 상호작용성은 모든 예술이 가지고 있는 기본적인 속성이다. 관찰자와의 상호작용이 없는 예술은 존재할 수 없기 때문이다. 다만 각각의 예술작품에 따라 상호작용의 방식들이 조금씩 다를 뿐이다. 평면적인 회화는 이미지 안으로서의 관찰자의 침잠을 그 어떤 것보다도 중요하게 생각한다. 건축은 그 구조물 안에서의 생활과 접촉 등을 통해 사용자 또는 관찰자와의 상호작용을 형성해간다. 부조리하다고 하는 현대 연극과 소설 그리고 시들도 나름의 여백을 통해 관찰자 또는 독자와 상호작용한다. 음악도 마찬가지다(마노비치 103). 이 경우의 상호작용에서 수용자는 그저 수용자로 머무를 수밖에 없다. 해석을 통한 상호작용이 가능하긴 하지만, 작품 그 자체에 직접적인 영향을 미칠 수 없기 때문이다. 이 경우에는 수용자가 해석하는 주체를 넘어서, 작품의 일부가 되는 경험과 작가와의 협업 등을 통해 또 다른 작가가 되는 그러한 경험은 할 수 없다. 물론 1960년대 새로운 예술적 시도들의 상호작용은 또 다르다. 해프닝Happenings의 경우, 디지털 매체가 매개되어 있지 않을 뿐이지, 상호작용의 과정 그리고 그 결과는 디지털 매체예술의 경우와 매우 유사하다. 바로 이런 이유 때문에 상호작용적인 디지털 매체예술의 기원을 해프닝에서 찾기도 한다(Dinkla 27-30). 이렇게 되면 디지털 매체의 새로움은 새로움으로 인정받지 못하게 된다. 그러나 이러한 비판은 중요한 사실을 놓치고 있다. 상호작용의 존재방식이 변했다는 사실 말이다.

해프닝을 비롯한 60년대 본격적으로 등장한 퍼포먼스는 지금 여기에서의 현전을 중심으로 '지금'이라는 현재 시간과 '여기'라는 특정한 장소를 중심으로 이루어진다. 지금과 여기를 떠난 퍼포먼스는 의미가 없었다. 퍼포먼스는 "순간의 유일성"을 전제로 한 사건으로서 존재한다(Mersch 11). 메르쉬Dieter Mersch는 이를 '사건미학Ereignisästhetik'이라고 규정한다(9). 그에 따르면, 사건으로 존재하는 퍼포먼스 그리고 이에 대한 경험이야말로 진정한 의미에서의 감성적 지각이며, 이러한 경험이 심미적인 이유는 일회적이며 반복 불가능하기 때문이라고 말한다. 이 때 발생하는 상호작용도 일회적으로 끝날 뿐 반복되지 않는다. 바로 이 점에서 메르쉬는 매체감성학에서 주장하는 상호작용성을 비판한다. 반복되는 상호작용성은 사건이 아니며, 또 심미적 경험으로서의 감성적 지각이 될 수 없다고 강하게 비판한다. 장치에 의한 반복은 감성적 지각의 가장 큰 특징인 '타자와의 상호작용'을 방해하고 있다고 본 것이다. 퍼포먼스와 디지털 매체예술에서의 상호작용에 대한 평가와는 무관하게, 이 두 장르의 상호작용의 존재 방식은 분명 다르다. 현전을 중심으로 한 퍼포먼스와는 달리, 디지털 매체를 매개로 한 상호작용은 '원격현전'을 전제로 하기 때문이다. 따라서 상호작용적인 디지털 매체예술을 해프닝을 비롯한 1960년대 퍼포먼스에서의 상호작용과 동일하게 보는 것은 문제가 있다.

다니엘스Dieter Daniels는 이와는 좀 다른 측면에서 디지털 매체예술의 상호작용적 기원을 해프닝에서 찾는 것을 비판한다. 그는 두 예술이 추구하는 상호작용의 목적과 의도가 판이하게 다르다고 한다. 그에 따르면 60년대 해프닝과 플럭서스에서의 상호작용은 지배이데올로기 비판이라는 측면이 강했는데, 90년대 이후 상호작용은 이러한 사회비판적 요소가 없다고 한다. 오히려 매체를 중심으로 한 장치적 특징을 잘 보여주기 위한 상호작용이며, 또 게임적 요소가 강하기 때문에, 거대자본의 논리가 반영되는 경우가 많았다고 본 것이다. 독점 자본이 만들어내는 프로그램을 사용하면서, 열린 체계를 중심으로 한 상호작용이 발생하고 있다고 볼 수 없다는 것이다. 그래서 그는 60년대 상호작용을 열린 상호작용이라고 하고, 이와 달리 '열린 예술작품'이라고 평가되는 디지털 매체예술에서의 상호작용을 닫힌 상호작용에 불과하다고 비판한다. 다니엘스는 디지털 매체예술에서의 상호작용을 새로움으로 칭송하는 태도는 기술을 신화화하는 것에 지나지 않는다고 비판한다(140-46). 그러나 그의 이러한 주장도 60년대 상호작용과 90년대 이후 상호작용을 단순화시켰다고 볼 수 있다. 특히 90년대 이후 상호작용적 디지털 매체예술도 이데올로기적 비판 또는 사회 비판적 요소와 무관한 것으로만 볼 수는 없기 때문이다. 비판의 방식 또한 변화했다는 사실을 잊지 말아야 한다. 그럼에도 불구하고 그의 이러한 주장들은 여전히 의미가 있다. 능동적 관찰자라는 감성적 주체에 대해 분석하고자 할 때, 더욱 그렇다.

새로움이 과연 새로움인지 또는 그 기원이 무엇인지 그다지 중요한 문제가 아닐 수 있다. 특히 예술에서 이미 로우테크 또는 하이테크라는 분류, 아날로그 또는 디지털이라는 분류 자체가 의미가 없고, 그저 '매체 일반'으로 받아들여지는 지금 더욱 그렇다. 문제는 수용자에 있다. 따라서 다니엘스의 비판이 본질적인 문제를 제기했다고 볼 수 있다. 상호작용성의 새로움을 강조할 경우, 매체의 개입이 강조된다. 다른 이전의 예술과 달리, 매체가 매개됨으로써 상호작용은 훨씬 간단해지고, 다양해지며, 또 다른 장르간의 상호작용 또한 수월하게 진행된다는 점이 강조된다. 그렇다면 매체가 개입된 상호작용 과정에서 수용자가 어떤 상태에 있는지가 중요한 문제인 것이다. 정말 자유롭게 작가와의 협업을 통해 공동작가가 될 수 있는지를 물어야 한다. 이와 더불어 특히 수용자의 편에서, 이 과정에서 발생하는 상호작용성의 특징에 대해서도 물어야 한다. 장치를 통한 수용자의 상호작용성의 과정과 결과가 아니라, 수용자의 감성 상태에 대해 물음을 던져야 하는 것이다. 다시 말해서, 상호작용하는 주체의 측면에서 디지털 매체의 상호작용을 분석해야 하는 것이다. 매체감성학적 측면에서 보고자 한다면 더욱 그렇다.

수동적 또는 능동적 작동자

디지털 매체예술에서의 상호작용성을 둘러싼 논쟁의 핵심은 무엇보다도 '장치'에 관한 것이다. 상호작용이 단순한 장치의 작동으로 끝나는 경우가 많기 때문이다. 장치가 매개가 되어, 작가와 작품 그리고 관객 간에 발생할 것이라고 생각했던 상호작용성은 어느덧 그 모습을 감추고, 관객은 장치를 작동하기에 급급한 경우들이 발생하곤 한다. 또 때로는 관객은 다른 관객이 상호작용하는 모습을 지켜보기만 한다. '관객의 관객'이라는 새로운 현상이 등장한 것이다. 전자의 경우, 관객은 장치를 통해 작가와 작품 사이에서 능동적으로 상호작용하지 않고, 단지 '수동적인 작동자passive operator'에 머문다고 볼 수 있다. 장치를 작동하는 것이 관객의 능동성과 동일시된 것이다. 따라서 이러한 현상은 이미 다 프로그램되어 있는 곳에서 작동하는 자동인형과 같은 역할만 수행하는 것이라고 비판받기도 한다(Dinkla 7). 관객의 또 다른 관객으로 머무는 경우는 전통적인 예술의 수용 과정과 다를 바가 없다는 것이다. 관객은 여전히 '보기의 영역'에 머물러 있다. 이 보기의 영역에서 자신이 작동하기보다는 타인이 작동하는 것을 그저 지켜볼 뿐이다. 기술적 또는 시공간적 제약 때문에 지금의 미술관에서 이러한 경우는 빈번하게 발생한다. 이 경우 관객은 다른 관객의 행위 또는 작동을 지켜보기 때문에, 수동적 작동자보다 더 수동적이 될 수 있다. '작동'을 중심으로 보았을 때 그렇다. 따라서 스스로 장치를 작동했기 때문에 상호작용이 일어났고, 또 이 상호작용 때문에, 관객이 보기만 하는 관객보다 더 능동적이었다고 이야기할 수 없는 것이다.

그럼에도 불구하고 장치에 의존하는 상호작용은 점점 더 확대되고 있다. 가상현실virtual reality을 넘어 증강현실augmented reality이 이야기되고 있는 지금도 상황은 여전히 장치 중심적이다. 증강현실은 가상현실 체험이 갖는 어려움과 한계를 다양한 측면에서 극복하려고 한 시도다. '저기'에 있는 또 다른 가상현실에서 벗어나, '여기'에 있는 현실을 확장하고 보충해서 또 다른 현실로 만드는 것이 바로 증강현실이다. 가상현실은 몰입을 중심으로 상호작용성을 극대화하려고 했다. 이미지와 거리두기를 통해 이미지를 수용하는 방식에서 벗어나 그 안으로 들어가 스스로 이미지를 생성하는 것이야말로 상호작용성의 완성을 의미하기 때문이다. 수용자는 마치 잠수부처럼 이미지 공간으로 들어가 이미지 그 자체와 상호작용한다. 가상현실을 체험하기 위해서는 정말 잠수부처럼 많은 장치들을 착용해야만 했다. 그러므로 무엇보다도 장치의 버거움이 문제가 된 것이다. 무거운 헤드셋을 머리에 쓰거나 또는 데이터 슈트를 입고, 또 미리 준비된 특별한 장소에서만 이러한 상호작용이 가능한 것이다. 증강현실은 여기에서 좀 더 나아가, 현실과 가상의 경계를 무화시킴으로써 이 둘을 혼융한다. 경계가 허물어진 가상과 현실의 체험은 가상현실을 체험할 때와 같은 장치를 필요로 하지 않는다.

좀 더 편한 인터페이스들이 등장한 것이다.

디지털 매체에서 강조하는 기계와의 상호작용은 무엇보다도 인터페이스를 중심으로 이루어진다. 한 마디로 말해서 인터페이스란, 인간과 기계가 만나는 장소이며, 이를 중심으로 인간의 지각 작용이 시작된다. 그렇기 때문에 디지털 매체에서 상호작용은 인터페이스 발전과 동일하게 진행되었다. 좀 더 쉬운 상호작용을 위해 인터페이스를 최대한 자연스럽게 하고자 하는 '자연적 인터페이스natural interface'를 추구하거나, 또는 정말 자연스럽게 상호작용하기 위해서는 인터페이스를 지각할 수 없는 "인터페이스 없는interfaceless 인터페이스"를 주장하기도 한다(볼터, 그루신 24). 이러한 주장들 모두 '장치의 번거로움과 버거움'을 잘 인식하고 있기 때문에 나온 주장들이다. 그런데 별다른 장치를 통해 가상현실과 증강현실을 체험해야하는 경우를 생각해보자. 앞서 이야기한 그러한 장치들은 일단 신체를 구속한다. 구속된 신체는 자유롭게 지각하지 못한다. 지각에 방해를 받거나 또는 장치를 설계한 자의 의도에 맞는 경험만을 할 수 있다. 이 경우도 역시 관객 또는 체험자는 '수동적 작동자'로 머무를 수 있는 위험이 상당히 많다. 그래서 적지 않은 관객들이 직접적 체험을 자발적으로 포기하고, 다른 체험자의 체험을 구경하는 관객에 머무른다.

장치를 작동하는 것과 작품을 공감하는 것은 다르다. 바로 이 지점에서 디지털 매체를 중심으로 한 상호작용성에 대한 재평가가 요청된다. 이 상호작용이 혹시 또 다른 "기술에 대한 새로운 신화화"는 아닌지 비판적 검토를 해야만 한다(Dinkla 7). 디지털 매체예술에서 상호작용이 의미를 갖기 위해서는 "창작자의 디자인과 관객이 상호작용함으로써 이 작품에서 경험이 성립"해야 한다(볼터,

그로맬라 26). 단순히 인터페이스를 사이에 두고 매체와 작동자인 관객의 행위만이 존재한다면, 사실 의미가 없다고까지 말 할 수 있다. 이 경우 관객은 철저하게 수동적 작동자에 머무르기 때문이다. 매체와의 단순한 물리적 상호작용은 정신적인 상호작용과는 다른 것이다. 이 둘이 동일하다고 생각하는 것은 오해다(마노비치 104). 수동적이 아닌 '능동적 작동자active operator'가 되기 위해서는 작품에서의 경험과 이로 인한 공감이 성립해야 한다. 더 나아가 이러한 경험과 공감을 타인과 교감하면 더욱 좋을 것이다. 이와 더불어 관객의 관객에 대한 재평가와 이들이 감성적 주체인 능동적 관찰자가 될 수 있는 기회를 주어야 한다.

그렇다면 왜 많은 관객이 수동적 작동자에 머무를 수밖에 없는 디지털 매체예술에서 그토록 상호작용성이 강조된 것일까? 그 이유는 다음과 같다. 닫힌 예술작품에서 열림 예술작품으로의 전환이 가시화되었을 뿐만 아니라, 그것이 만들어놓은 프로그램을 그저 작동만하는 수동적 작동자에 머물지언정, 관객은 자신의 행위로 인해 작품이 변형되거나 완성되는 경험을 직접 체험했기 때문이다. 절대 만지지 말고, 보기만 해야 되는 '예술작품'들에 개입해서 함께 '생산'했다는 점이 무엇보다도 중요했던 것이다. 이는 매우 중요한 변화다. 관찰자의 역할에서 벗어나, 새로운 경험을 할 수 있다는 것은 예술에 대한 태도를 근본적으로 변화시킬 수 있다. 따라서 이러한 새로운 경험은 매우 중요하다(Daniels 158). 디지털 매체 예술의 상호작용성을 둘러싼 문제를 재고찰하고자 하더라도 이러한 중요성마저 일방적으로 폐기할 수는 없다. 뿐만 아니라, 상호작용성을 둘러싼 논쟁은 상호작용성 그 자체에 대한 관심을 불러일으켰다는 점에서 의미가 있다. 비로소 수용자 중심의 상호작용성이 본격적으로 논의되기 시작한 것이다. 이와 더불어 다양한 측면에서 상호작용성을 이야기함으로써, 예술 주위를 감싸고 있던 자율성이라는 단단한 껍질에 충격을 가할 수 있게 되었다고 볼 수 있다. 그렇다면 무엇이 문제인가? 그것은 바로 예술 수용에서 관찰자의 '보기viewing'에 대한 오해에서 비롯되었다고 볼 수 있다. 작품을 보는 것은 수동적인 것이며, 작품에 직접 변화를 가져오는 것은 능동적인 것으로 파악하는 단순한 이분법적 사고가 문제였던 것이다. 따라서 보기에 대한 재평가가 필요하다. 보기에 대한 재평가는 장치 중심적인 상호작용성에 대한 재평가의 전제로 작용할 수 있기 때문이다. 디지털 매체 예술에서의 상호작용성은 물론 중요하다. 그러나 이젠 장치 또는 프로그램 중심에서 벗어나 좀 더 다양한 상호작용성의 기회를 제공해주어야 한다. '작동하시오'와 '만져보시오'를 넘어선 적극적인 상호 작용성의 기회 말이다. 이를 위해서는 이전 예술을 중심으로 한, 또는 '관찰자'를 중심으로 한 상호작용성을 다시 한 번 소환할 필요가 있는 것이다.

수동적 관객에서 능동적 관찰자로

'보기'만큼 극단적인 평가를 받은 지각은 없을 것이다. 보기는 때로는 인식을 또 때로는 인식과 아주 거리가 먼 기만 또는 환영과 관계된 것으로 이해된다. 특히 환영과 관련된 보기는 기술적 시각 매체들의 등장이후 강조되었다. 사진의 등장 이후 대중화된 기술적 시각 매체들은 이미지의 대중적 세계를 열었다. 이미지들은 도처에서 차고 넘쳤다. 파노라마, 디오라마 그리고 영화 등을 통해 대중적으로 이미지들을 수용할 수 있게 되었다. 이미지의 기술적 복제와 생산은 이미지에 대한 민주적 접근 가능성을 열었다. 이러한 접근 가능성은 이미지의 가치 그리고 수용방식에서의 변화를 가져왔다. 이를 한 마디로 말하면, 이미지의 스펙터클 시대가 열렸다고 할 수 있다. 볼거리가 바뀌니, 이를 보는 새로운 주체가 등장했다. 이 새로운 주체가 바로 '구경꾼spectator'이다. 그런데 문제는 구경꾼의 등장이 아니라, 구경꾼에 대한 평가다. '관찰자observer'와는 달리 '구경꾼'은 긍정인 평가를 받지 못했다. 관찰자가 '주체적으로 사유하면서 현상에 적극 개입함으로써 적극적 보기를 실현하는 자'라는 의미를 갖는다면, 구경꾼은 "스펙터클 앞에서 수동적으로 구경하는 사람"이라는 의미를 갖기 때문이다(크레이 18). 그러므로 많은 구경거리들을 수동적으로 바라보는 구경꾼에 대해 비판적 문제를 제기한 것이다. 디지털 매체예술의 상호작용성에 대한 환호가 출발하는 지점도 바로 이러한 구경꾼에 대한 평가에서 비롯된 것이라고 볼 수 있다. 이미지 앞에서 수동적으로 이미지를 그저 바라만 보는 수동적 관객인 구경꾼에서 벗어나, 자신의 능동적 행위를 통해 작품에 개입하는 것은 참으로 놀라운 경험이었을 것이다. 본질적으로는 이 또한 프로그램 내에서 작동할 수밖에 없는 경우가 많았음에도 불구하고 말이다.

이제 문제는 '보기의 수동성'에 대한 평가다. 디지털 매체예술에서 수용자가 단지 장치만을 작동시키거나 또는 심하게 말해서 마리오네트 또는 자동인형과 같은 역할을 수행한다 해도, 이는 능동적 또는 상호작용적이라는 평가를 받았다. 그런데 이러한 평가와 관련해서, 과연 '보기가 수동적이었는가?'라는 물음을 제기할 수 있다. 기술적 시각 매체가 등장하기 전, 이미지를 보는 관객은 '수동적 관객'이라고 일방적으로 폄하되지는 않았다. 이미지를 수용하는 행위는 고도의 집중을 통한 관조의 행위로 이해받았기 때문이다. 이해하지 못하는 대중도 있을 수 있다. 그러나 이들이 잘 이해 못한 것이지, 이미지가 이해와 해석의 대상이 아닌 것은 아니었다. 오히려 극도의 추상적이며 지적 작업을 통해 이해될 수 있는 것이 바로 이미지였다. 많은 철학자들이 시각 예술을 분석한 이유도 바로 이러한 이유 때문이다. 정확이 말하면, 문제는 이미지 전반이 아니라, 기술적인 이미지들이다. 사진과 영화가 등장한 이후, 이미지는 대량 복제와 생산이 가능해졌고, 그렇기 때문에 이미지에 대한 접근 가능성도 커졌다. 문제는 여기서부터 발생한다. 영화관에서 영화를 보는 관객이 문제인 것이다. 부동의 자세로 주어진 이미지들을 보는 수동적 관객이 문제였던 것이다. 그러나 정말 이 때 관객들이 그러했을까? 이와 관련해서 '기술적으로 대량 생산된 이미지들을 집단적으로 수용하는 공간에서 관객은 정말 행위 없이 부동의 관객으로 머무르고 있는가?'라는 물음에 대해 답할 필요가 있다.

보기의 수동성에 관한 논의는 사실 영화 초기에 많이 등장했다. 초기 영화는 고정된 시점을 전제로 전개되었다. 초기 영화들이 드라마를 보여주기 보다는 단순한 '광경들'을 보여주었다는 것은 이미 잘 알려진 사실이다. 문제는 그러한 광경들을 보는 관객에게 요구된 자세다. 광경들로서의 초기영화를 보던 관객은 자리를 선택할 수 있는 권리 그리고 시점을 선택할 수 있는 권리가 없었다. 마치 플라톤의 동굴의 비유에 나오는 죄수들처럼 하나의 시점만이 허용된 것이었다. 말 그대로 '부동의 관객'인 것이다. 그러나 부동의 관객을 사유하지 않는 소극적 관객과 동일하게 봐서는 안 된다. 물리적인 시점과 정신적 시점은 다르기 때문이다(마니 22-3). 단일한 시점으로 보이는 영화에서도 프레임과 카메라 운동 등등이 관찰자에게 다양한 시점을 요구한다는 사실은 잘 알려져 있다(마니 48-68). 우리가 이미 알고 있듯이, 영화를 보는 관객이 수동적이라는 것은 관객에 대한 편견에 그치지 않는다. 영화관에서 관객은 영화와 충분히 상호작용할 수 있다. '보는 행위'라는 상호작용을 통해서 말이다. 따라서 관객의 수동성을 요구하는 영화와는 달리 디지털 매체는 상호작용적이라고 말할 수는 없다. 물론 가상현실에서는 영화와는 달리 작동자가 자신만의 시점에 의해 이미지를 재배치하고 이미지 공간에 들어갈 수 있다(볼터, 그루신 298). 그러나 이 또한 이미 프로그램된 것이라고 비판할 수 있는 것이다. 장치들을 움직이는 단순한 작동자는 초기 영화에서의 물리적 시선이 고정된 부동의 관객과 별반 다르지 않다고 말할 수 있다. 영화와 상호작용적 디지털 매체공간에 대한 단순한 대비는 문제가 있는 것이다.

연극에서도 상황은 다르지 않았다. 이와 관련해서 랑시에르 Jacques Rancière의 주장을 살펴볼 필요가 있다. 감성학을 주장하는 다른 이론가들과 마찬가지로 그 또한 미학은 예술에 대한 이론이 아니라, 지각을 중심으로 한 감성임을 강조한다(『감성의 분할: 미학과 정치』 29-30). 앞에서도 이야기했듯이, 기본적으로 감성학을 이야기할 때, 무엇보다도 중요한 것은 감성적 주체다. 랑시에르가 주목하는 감성적 주체는 '해방된 관객Le spectateur émancipé'이다. 그는 관객을 가상의 무대에 끌리는 수동적 관객이라고 규정하는 것에 대해 의문을 제기한다. 즉 보기와 수동성을 동일시할 수 있는지를 묻는다(랑시에르, 『해방된 관객』 23). 이러한 동일시는 보는 행위를 인식과 거리가 먼 것으로 그리고 더 나아가 행위가 아닌 것으로 파악했기 때문이라고 한다(랑시에르, 『해방된 관객』 10). 그에 따르면, 이러한 오해는 연극 개혁가들의 이론에도 그대로 드러났다. 연극과 비판적 거리두기를 강조했던 브레히트Bertolt Brecht 그리고 거리두기보다는 생기 넘치며 즉각적인 참여를 강조했던 아르토Antonin Artaud도 마찬가지라는 것이다. 랑시에르가 볼 때 이들이 주장하는 연극 개혁도 문제가 있다(『해방된 관객』 12-4). 왜냐하면 그는 보기와 인식 그리고 행위를 분리하는 것 자체를 문제로 보았기 때문이다. 이러한 분리 때문에 보는 주체인 관객은 부당하게도 아무것도 하지 않았다고 저평가 받은 것이다(랑시에르, 『해방된 관객』 24). 그는 보기와 인식 그리고 수동성과 능동성의 대립에 반대한다.

이러한 대립적 전제를 바탕으로 '부동의 관객' 또는 '수동적 관찰자'라는 것이 성립했다고 본 것이다. 단순한 대립과 관객에 대한 표상에 근본적인 비판을 하면서 그는 다음과 같이 말한다.

> 관객은 관찰하고 선별하고 비교하고 해석한다. 관객은 자신이 본 것을 그가 다른 무대에서, 다른 종류의 장소에서 보았던 다른 많은 것들과 연결한다. 관객은 자기 앞에 있는 시의 요소들을 가지고 자기만의 시를 짓는다. 관객은 퍼포먼스에 참여한다. 퍼포먼스를 자기 방식대로 다시 하면서, 예를 들어 퍼포먼스가 전달한다고 간주되는 생의 에너지를 회피하면서 퍼포먼스를 단순한 이미지로 만들고 이 단순한 이미지를 자신이 책에서 읽었거나 꿈꾸었던, 자신이 겪었거나 지어냈던 이야기와 연결시키면서 말이다. 그리하여 관객은 거리를 둔 구경꾼인 동시에 자신에게 제시되는 스펙터클에 대한 능동적 해석가이다(『해방된 관객』 25).

바로 이러한 '능동적 해석가'가 '해방된 관객'이다. 해방된 관객은 구경거리들을 그저 구경만 하는데 그치지 않는다. 해방된 관객은 구경하며 개입한다. 또 즐기면서 관조한다. 해방된 관객은 자신을 둘러싼 이분법뿐만 아니라, 감각적으로 나누어진 것들을 재편성한다(랑시에르, 『해방된 관객』 32). 랑시에르 이전에 이와 유사하게 관객 또는 보는 대중을 평가한 사람이 있다. 바로 벤야민Walter Benjamin이다. 랑시에르가 주장하고 있는 해방된 관객은 벤야민이 평가하는 기술 복제 시대의 대중과 유사하다.[3] 기술 복제 시대에 새로운 예술형식으로 등장한 사진과 영화를 중심으로 벤야민은 새로운 지각의 등장과 지각의 구조변화 뿐만 아니라, 이를 수용하고 있는 대중을 다르게 평가해야 한다고 주장했다. 대중문화 초기 대중에 대해 부정적 평가를 했던 다른 사상가들과는 달리 말이다. 특히 그는 대중문화가 문화예술의 확산이 아니라, 종말을 의미하며, 대중들에게서 비판적 정신을 빼앗고 이들을 지극히 수동적인 수용자로 만든다는 주장에 반대했다. 그렇다고 해서 대중문화가 가지고 있는 오락적인 측면을 부정한 것은 아니다. 그 오락적인 측면을 수용하는 대중들을 다르게 평가했을 뿐이다. 대중은 몰입과 집중이 아니라, 산만하게 이미지를 수용한다. 그러나 대중은 수동적으로 이미지를 수용하지는 않는다. 오히려 이들은 이미지를 둘러싸고 있는 허위의식을 몰아내고, 적극적으로 이미지를 수용한다. 이들은 한 마디로 말해서 "정신이 산만한 시험관ein Examinator, doch ein zerstreuter"이다(벤야민 146). 이러한 시험관이자 관객인 대중, 바로 이러한 주체가 랑시에르가 말하는 해방된 관객이다. 그리고 이러한 대중과 관객이 '능동적 관찰자'인 것이다.

---

3 기본적으로 랑시에르는 미학이 아니라, 감성학을 강조한다는 면에서 벤야민과 유사하다. 뿐만 아니라, 예술과 정치의 관계에 대한 관점도 유사하다. 정치와 예술이 서로 무관할 수 없다는 기본전제를 받아들여, 적극적인 의미에서의 '예술의 정치화'를 주장하고 있다는 점에서 특히 그렇다. 이 부분에 관한 내용들은 나중에 좀 더 본격적으로 다룰 예정이다.

정신이 산만한 시험관 그리고 해방된 관객 이 둘은 모두 능동적 관찰자다. 능동적 관찰자는 감성적 주체의 모습이다. 감성적 주체는 이분법적인 나눔으로부터 자유롭다. 그래서 이들은 지각하고, 느끼고 그리고 동시에 사유하며 해석한다. 이들은 기꺼이 구경거리 속에 편입되어 스스로 구경거리가 되기도 하고, 또 구경거리를 구경하는 관찰자가 되기도 한다. 거리두기와 침입을 동시에 행한다. 구경거리들을 즐기면서 비판도 한다. 바로 이러한 점에서 능동적 관찰자는 벤야민이 말하고 있는 산책자Flaneure이기도 하다. 산책자는 보기의 대상을 도시 전반의 구경거리들도 확장한 정신이 산만한 시험관이다. 산책자는 보기와 걷기 그리고 사유하기를 동시에 한다.[4] 더 나아가 능동적 관찰자는 동시에 하기 힘든 것 또는 동시에 할 수 없는 것들을 동시에 해낸다. 일종의 지각의 이종(異種)교배를 하는 것이다. 이종교배를 통해 능동적 관찰자는 '혼종주체heterosubject'로 그 모습을 드러낸다. 이러한 혼종주체가 바로 지금 요구되는 감성적 주체인 것이다. 감성적 주체는 '지킬박사와 하이드'를 넘어 '지킬박사들과 하이드들'이라고 할 수 있을 정도로까지 이질적인 다양한 주체의 요소를 가질 수밖에 없다. 지각적 측면에서도 마찬가지다. 단일한 지각이 아니라, 복합적인 지각체계 속에서 공감각적인 지각 경험을 하는 감성적 주체가 등장했기 때문이

4 나는 이미 다른 글에서 벤야민의 산책자를 도시 인상학자로 이해해야 한다고 이야기한 바 있다. 도시 인상학자인 산책자는 도시 공간에서 흔적 읽기를 시도한다. 벤야민은 이러한 읽기를 시도하는 산책자의 시선을 '삽화적 시선'이라고 규정한 바 있다. 이 삽화적 시선은 벤야민이 말한 일종의 '분산적 지각(zerstreute Wahrnehmung)'과 유사하다고 볼 수 있다. 산만하며 분산적이기 하지만, 비판적 계기를 가지고 있는 분산적 지각처럼, 산책자의 삽화적 시선 또한 스쳐지나가듯 흔적들을 보고 읽지만, 그 과정에서 능동적 보기를 수행한다고 볼 수 있다. 이와 관련된 자세한 논의는 다음의 글을 참조하길 바람(심혜련, 2008: 123-31).

다. 따라서 이러한 주체를 중심으로 디지털 매체시대에서의 상호작용성에 대한 비판을 넘어 또 다른 모습들에 대해 생각해 봐야 한다. 다른 감성적 주체와 상호작용하는 또 다른 감성적 주체를 생각해 봐야만 하는 것이다.

또 다른 상호작용성에 대한 요청

최근 매체담론 내부에서는 디지털이 아니라, 디지털 이후post-digital의 매체적 특징들에 대한 논의들이 활발해지고 있다. 새로운 매체의 특징으로 이야기되었던 것들이 재검토됨과 동시에 또 다시 디지털 이후의 매체적 특징에 대해 이야기한다. 그리고 디지털 매체예술에서 상대적으로 소홀하게 취급되었던 것들을 재소환해 다시 재조명하고 있다. 몸을 중심으로 한 탈매체화 그리고 반복성이 아니라 일회성 등이 바로 그 예다. 디지털 이후 매체담론 내부에서 몸에 대한 관심이 급증하고 있는 이유도 바로 장치 중심의 상호작용에 대한 반작용이라고 볼 수 있다. 몸이라는 매체야말로, 장치의 번거로움 그리고 자연스러운 인터페이스를 둘러싼 논의들에서 중요한 역할을 할 수 있기 때문이다. 이러한 재조명을 통해 퍼포먼스에 대한 관심들이 급증하고 있다. 디지털 이후의 이러한 현상들 속에서 디지털 매체의 새로운 특징으로 이야기된 상호작용성에 대한 비판은 필요하다. 그러나 이를 버릴 필요는 없다. 오히려 이를 확대 해석해야 한다. 장치를 중심으로 주로 '작동'에 초점을 둔 상호작용과 작품과의 상호작용을 넘어 작품에 대한 몰입과 비판을 동시에 할 수 있는 능동적 관찰의 가능성을 중심으로 말이다. 장치 그리고 매체는 말 그대로 매체다. 따라서 이를 매개로 해서 타인과의 경험이 상호작용해야 하는 것이다. 장치를 작동하는 것에 그치면 별 의미가 없다. 매체 장치를 중심으로 한 상호작용이라는 틀에서도 벗어나, 다른 장치들에 대한 고민이 필요하다. 특히 기계적 장치 때문에, 놓친 다른 매체들에 대한 재승인이 필요하다. 낡음과 새로움이라는 대립된 구도를 허물어야 한다. 예술의 경우 더욱 그렇다. 장치의 상호작용에 몰두했던 초기와는 달리, 그 이후의 디지털 매체예술은 다양한 방식으로 사회와의 상호작용, 타자와의 상호작용 또는 공감을 보여주고 있다. 어찌 보면, 이는 예술로서의 디지털 매체 예술이 갖는 필연적 운명인지도 모른다.

다시 벤야민으로 돌아가 보자. 그는 능동적 관찰자와 관련해 크게 두 가지 점에 주목했다. 하나는 '수집가'로서의 예술가와 '산책자'로서의 관객이다. 앞에서 보았던 것처럼, 도시공간에서의 산책자는 영화를 보면서 진보적 태도를 가졌던 능동적 관찰자를 의미한다. 이들은 웃고, 즐기며 때로는 운다. 그러나 그것으로 끝이 아니다. 그 뒤에 비판도 한다. 이런 대중들이 중심이 되었을 때, 예술 또한 변화한다. 더 나아가 벤야민은 예술에서 순수라는 것이 가진 허상을 비판함과 동시에 예술과 정치가 서로 분리될 수 없는 것임을 강조했다. '예술의 정치화Die Politisierung der Kunst'가 바로 이것이다. 정치가 선전선동을 위해 자신을 예술적으로 포장하는 것이 예술의 정치화가 아니다. 예술의 정치화는 결국, 예술이 정치사회적 상황과 무관할 수 없으며, 그렇기 때문에 이러한 상황들과 상호작용할 수밖에 없다는 것을 인정하는 것이다(심혜련, 2010: 427-35). 예술의 정치화는 다양한 방식으로 이해되어야 한다. 이와 더불어 정치를 권력과 관련된 특별한 것으로만 해석하던 것으로부터 벗어나, 일상의 소소한 영역들까지 포함시켜 해석해야 한다. 일상적 영역에서의 상호작용으로서의 공감 그리고 비판으로서의 예술이 성립되어야 하는 것이다.

사회적 비판으로서의 예술이 설 자리가 없고, 또 이러한 기능을 예술에게 요구하는 것이 예술에 대한 낡은 태도라고 조롱받을 이유는 없다. 그 조롱 또한 일종의 '예술의 정치화'가 아니라, '정치의 예술화Die Ästhetisierung der Politik'로 해석될 수 있기 때문이다. 사회적 불평등과 예기치 못한 대재앙과 파국들 사이에서 예술의 정치화가 그 어느 때보다도 필요하다. 고통이 난무하고 위로와 비판이 필요한 지금, 그 어느 때보다도 예술이 필요하다. 예술의 놀이적 기능만 강조하기에는 너무도 고통스러운 현실과 불평등이 도처에서 일어나고 있다. 이성적 머리로 이러한 문제들을 사유하기 이전에 감성적으로 고통스러움을 느껴야 하며, 또 느낄 수밖에 없다. 현실은 이런데, 과연 예술에서 놀이와 즐거움만을 강조하면서, 예술의 어깨 위에 있는 사회비판이라는 무거운 짐을 내려놓게 하는 것이 옳은가? 이러한 물음이 과연 디지털 시대의 문맹인만이 제기할 수 있는 것인가? 물론 가벼움의 미덕이 분명 있다. 또 놀이와 즐거움에 대한 추구는 인간의 본성 중 하나다. 그러나 놀이도 상호작용이며, 또 즐거움도 더불어 즐거워야 더 좋다. 그러나 지금은 아니다. 따라서 지금은 예술에 사회가 얼마나 비인간적인지를 보여 달라고 다시 요청해야 할 때다. 최소한 예술만은 그러한 작업을 해달라고 요청할 수 있고 또 요청해야만 한다. 이것이 지금 포기할 수 없는 '상호작용성'인 것이다. 사회적 상황과의 상호작용, 타인의 고통과의 상호작용인 것이다. 이 상호작용이 바로 공감인 것이다. 이러한 공감이야말로 감성적인 주체의 긍정적 활동이라고 할 수 있다.

비인간적 상황을 인식하기 위해서 무엇보다도 필요한 것은 감성적인 주체의 활동이다. 이러한 주체가 하는 활동을 지각으로 또는 타인에 대한 인정 및 배려를 중심으로 볼 수도 있다. 윤리학으로서의 감성학이든 새로운 미학이론으로서의 감성학이든 상관없다. 이러한 감성적 주체인 예술가와 수용자가 함께 할 수 있는 디지털 매체예술의 상호작용은 무엇인가 달라야 한다. 매체가 만들어내는 스펙터클한 이미지를 중심으로 한 감각의 세계 또는 기술적 발전에 대해 탄성을 연발하는 그러한 상호작용만이 존재한다면, 수동적 작동자만이 존재할 수 있다. 능동적 작동자의 설 자리는 없다. 물론 이러한 주장에 대해 여전히 예술에 무거운 짐을 지우고 있다고, 또는 예술을 둘러싼 변화에 대해 전혀 이해하지 못하면서 여전히 진부한 이야기를 하고 있다고 비판할 수 있다. 그러나 분명 예술에서 능동적 관찰자가 가능하기 위해서는 공감이 있어야 한다. 단독으로 성립될 수 없는 감정이 바로 공감이다. 공감하는 인간, 대상 그리고 사태 등이 있어야 한다. 이에 반응하는 것이 공감이다. 그렇다면 사회와 공감하는 예술도 마찬가지다. 스펙터클한 이미지들과 기술적 세계가 만들어내는 환상들에 대해 환호하고 탄성만 할 수 있는 사회가 아니기 때문에, 사회와 공감하는 예술, 특히 기술적 현 상황에 대해 공감하는 디지털 매체예술은 또 다른 상호작용을 보여주어야만 한다. 그 다른 상호작용은 타인의 고통에 대한 공감과 배려에서 시작된다. 이러한 상호작용이 배제된 디지털 매체예술에서 수용자는 자본주의적 환상과 그 절정의 끝에서 만들어내는 상호작용적 프로그램 속에서 작동하는 마리오네트에 불과할 것이다. 능동적 작동자 대신 수동적 작동자로 머무를 것이다.

랑시에르, 자크, 『감성의 분할: 미학과 정치』, 오윤성 옮김, 도서출판b, 2008.

__________, 『해방된 관객』, 양창렬 옮김, 현실문화, 2016.

마노비치, 레프, 『뉴미디어의 언어』, 서정신 옮김, 생각의 나무, 2004.

마니, 조엘, 『시점: 시네아스트의 시선에서 관객의 시선으로』, 김호영 옮김, 이화여자대학교출판부, 2007.

벤야민, 발터, 「기술복제시대의 예술작품(제3판)」, 『발터 벤야민 선집 2』, 최성만 옮김, 길, 2008.

벨슈, 볼프강, 『미학의 경계를 넘어』, 심혜련 옮김, 향연, 2005.

볼터, 제이 데비드·그루신, 리차드, 『재매개: 뉴미디어의 계보학』, 이재현 옮김, 커뮤니케이션북스, 2006.

볼터, 제이 데비드·그로맬라, 다이안, 『진동-오실레이션: 디지털 아트, 인터랙션 디자인 이야기』, 이재준 옮김, 미술문화, 2008.

셰어, 브리기테, 『미와 예술』, 박정훈 옮김, 미술문화, 2016.

심혜련, 「예술의 새로운 사회적 기능: 발터 벤야민의 "예술의 정치화"를 중심으로」, 『발터 벤야민: 모더니티와 도시』, 홍준기 엮음, 라움, 2010. 423-446.

_____, 「감성학에서의 감성적 지각의 문제에 관하여 - Aura, Uncanny 그리고 Atmosphere를 중심으로」, 『시대와철학』 제22권 2호, 2011, 229-260.

크레이, 조나단, 『관찰자의 기술』, 임동근, 오성훈 외 옮김, 문화과학사, 1999.

Barck, Karlheinz, et al., *Aisthesis: Wahrnehmung heute oder Pespektiven einer anderen Ästhetik*. Leipzig: Reclam, 1990.

Böhme, Gernot. Aisthetik: *Vorlessungen über Ästhetik als allgemeine Wahrnehmungslehre*. München: Wilhelm Fink Verlag, 2001.

Daniels, Dieter. "Strategien der Interaktivität", *Medine Kunst Interaction*. Hg. Rudolf Frieling, Dieter Daniels. Karlsruhe: Spinger Wien New York, 2000. 142-169.

Dinkla, Söke. *Pioniere Interaktiver Kunnst*, Karlsruhe: Cantz Verlag, 1997.

Menke, Christoph. "Wahrnehmung, Tätigkeit, Selbstreflexion: Zu Genese und Dialektik der Ästhetik". *Falsche Gegensätze. Zeitgenössische Positionen zur philosophischen Ästhetik*. Hg. Andea Kern und Ruth Sonderegger. Frankfurt am Main: Suhrkamp, 2002. 19-48.

Mersch, Dieter. *Ereignis und Aura: Untersuchungen zu einer Ästhetik des Performativen.* Frankfurt am Main: Suhrkamp, 2002.

Wiesing, Lambert. "Einleitung: Philsophie der Wahrnehmung". *Philosophie der Wahrnehmung: Modelle und Reflexion.* Hg. Lambert Wiesing. Frankfurt am Main: Suhrkamp, 2002.

10

탈근대적 주체는 어떻게 가능한가? - 들뢰즈의 경우*

신지영

근대적 주체 <이후>의 문제

데카르트와 칸트에 의해 확립된 주체를 떠나 새로운 주체에 대해 말할 수 있을까? 이것은 시대가 이미 근대가 아닌 오늘날의 상황에서 근대적인 주체로 살아간다는 것 자체가 불가능해졌다는 현실적인 문제와는 별개의 문제다. 데카르트적이며 칸트적인 주체가 아닌 한에서 탈근대의 모든 조건에서 살아가는 주체의 모습은 어떤 모습일 수 있을까? 그것이 이론적으로 가능한가? 이 물음을 던

* 이 글은 「들뢰즈에게 주체화의 문제」라는 제목으로 『동서철학연구』, 2016, 12에 실린 논문을 총서의 주제와 관련하여 수정, 보완하였다.

지기에 적절한 철학자들이 여럿 있지만, 여기에서 우리는 이 물음을 특히 들뢰즈의 차이의 철학에 던져보기로 한다.

주체의 문제를 개진하기 위해 다음과 같은 사실로부터 시작해보기로 하겠다. 우리는 들뢰즈까지 가지 않더라도, 이를테면 베르그손의 형이상학적 체계에서 이미 근대적 의미의 주체를 찾을 수는 없다. 근대의 후예인 일상인으로서의 우리는 스스로를 막연하게 그리고 당연하게 <주체>로 생각하지만, 우리가 생각하는 그 <주체>가 베르그손에게는 단지 <특정한 이미지들의 체계>일 뿐이다.

베르그손이 생각하기에 이 우주에는 두 가지 상이한 체계가 있는데 "한 체계에서는 각 이미지가 자기 자신에 대해서, 그리고 그것이 주변 이미지들의 실제적인 작용을 받고 있는 명확한 한도 내에서 변화하고, 다른 체계에서는 모든 이미지들이 단 하나의 이미지에 대해서, 그리고 이 이미지들이 이 특권적 이미지의 가능적 행동을 반사하는 다양한 한도 내에서 변화한다."[1]

우리가 <주체>라고 생각하는 그 사람은 단지 이미지들 가운데 이미지, 모든 이미지들이 그 가능한 행동을 반사하는 특권적 이미지일 뿐이다. <인간> 혹은 <주체>를 그저 우주 만물 가운데 하나의 존재에 불과할 뿐이라고 생각하는 것이 베르그손과 그 이후의 철학자들만의 낯선 생각은 아니다.

고대의 철학자들 역시 <인간>을 존재 가운데 특별한 존재로 생각하지 않았으며, 근대적 의미의 <주체>라는 것도 없었다. 그러나 우리는 근대인으로서 부지불식간에 모든 사유를 근대화하여 받아들이는 경향이 있어서, 철학을 처음 배우는 학생들의 경우에는

---

1 베르그손, 박종원 옮김, 『물질과 기억』, 아카넷, 2005, 51쪽.

고대 철학의 사유가 근대적 인간이 없는 사유라는 사실을 아주 오랫동안 이해하지 못한다.

그렇다면 우리는 탈근대의 시대에 근대적 주체가 아닌 한 개인이 과연 누구이며, 그가 어떻게 작동하는지 알고 있는가? 근대적 주체가 허구라고 한다면 어떤 문제가 발생하며, 근대적 주체가 없어도 우리는 여전히 현대의 복잡한 문제들, 그것이 정치적, 사회적, 역사적 문제들일 경우에도, 이 문제들을 해결할 수 있는가? 우리는 이 개인을 어떻게 지칭해야 하는가?

이 탈근대적 개인이라는 존재는 아주 미시적이고 개인적인 차원에서부터 거시적이고 정치적인 차원에 이르기까지 우리에게 많은 골치 아픈 문제들을 제시한다. 만약 그것이 정신분석적 상황 속에서라면 <누가> 고통받는가라는 질문으로 제기될 것이고, 그것이 마르크스적 문제틀 속에서 사유된다면 <누가> 혁명을 일으키는가라는 질문으로 제기될 것이기 때문이다.

이러한 질문들은 수도 없이 많이 던질 수 있다. 그 개인이 오이디푸스적 구조 속에서, 그리고 권력관계 속에서 구성된 존재로 사유되는 상황에서는 문제가 더욱 심각해진다. 만약 그 개인이 근대적 주체가 아니고 기껏해야 구성된 존재라면 과연 그는 그 수동성에서 벗어날 수 있을 것인가?

사토 요시유키는 이것을 <권력과 저항>이라는 문제틀 속에서 사유한다. 그는 "전통적으로 규정된 저항은 권력에 저항할 힘/권력을 신비스럽게 부여받았다고 인식된 주체에게 속한 어떤 속성이나 특징을 가리킨다"[2]고 본다. 즉 근대적 주체는 세상을 구성하는 주

2 사토 요시유키, 김상운 옮김, 『권력과 저항』, 난장, 2007, 349쪽.

체일 뿐만 아니라, 그 세상에 저항하는 힘을 부여받은 주체이다.

그런데 만약 근대적 주체가 허구라면, 그리고 구성된 주체에 불과하다면 그 주체는 권력에 저항할 수 있는가? 즉, 우리는 이데올로기적 조작으로부터 해방되고 자유로울 수 있는가? 들뢰즈와 동시대의 여러 철학자들의 태도는 이 점을 중심으로 가장 격렬한 비판을 받아왔다. 비판자들이 보기에 탈근대적 사유가 근대적 주체를 허구라고 말하고 주체는 단지 구성된 존재일 뿐이라고 한다면, 그에 따라 우리에게는 저항도 해방도 자유도 가능하지 않을 것이기 때문이다.[3]

요시유키의 작업도 바로 여기에 개입한다. 그는 "권력에 의해 생산된 주체가 권력에 대해 저항할 수 있는 전략이 구조주의 이론에 내재적인 방법으로 보여지지 않는다면, 하버마스나 페리·르노처럼 '주체로의 회귀'가 향후에도 반복될 것이며 또한 구조주의 이론의 혁명적인 성과 자체가 억압되고 은폐되어버릴 것"[4]이라고 쓰면서, 푸코, 들뢰즈, 라깡 등에서 과연 저항적 지점이 어떻게 발견될 수 있는지에 천착한다.

우리는 이 문제를 들뢰즈에게서 사유해보고자 한다. 들뢰즈에게 근대적 주체 이후의 문제 역시 여러 가지 방식으로 많은 논의의 대상이 되어 왔다. 한 예로, 들뢰즈-가타리의 작업을 마르크스적으로 계승한 것으로 평가되는 네그리는 이들 철학으로부터 <다중>

3 들뢰즈의 주체 철학에 대한 대립은 그대로 스피노자와 헤겔의 대립으로 대체되어 논쟁되기도 한다. 다음과 같은 논문 역시 이러한 맥락 속에서 이루어진 연구이다. 김성민, 김성우, 「포스트모던 스피노자 윤리학에 대한 헤겔주의적 비판」, 『철학연구』, 105집.

4 사토 요시유키, 같은 책, 16쪽.

이라는 비인간적 개념을 이끌어내는데, 이것은 근대적 주체가 아닌 한에서 탈근대적 철학 체계에 적합한 새로운 주체 개념을 고안하는 과정에서 만들어진 개념이라고 할 수 있다.

램버트는 <다중>이라는 정치적 <주체>의 한계에 대해 고민하면서 다시 다음과 같이 묻는다. "왜 우리는 다중을 능동적인 정치적 주체로 만들기 위해...'독특한 전제군주적 인격체'로 재영토화하는 명칭인 '인간성'이란 개념을 다시 끌어와야 하는가?"[5] 램버트의 고민은 위에서 정리한 <주체>를 둘러싼 고민과 다르지 않다.

다중이 저항적이고 능동적인 정치적 주체가 되기 위해서는 다시 <인간>을 소환해야하는가라는 질문은, 탈근대적이고 구성된 주체는 결코 능동적인 정치적 주체가 될 수 없는가라는 질문과 맞닿아 있는 것이다. 그것은 혹시 들뢰즈적 존재론으로부터 사유할 수 있는 그 <누군가>라는 존재가 정치적으로 무능력하고 무기력한 존재일 뿐인가라는 근본적인 의문을 품고 있기도 하다.

그러므로 우리는 들뢰즈의 철학적 체계 내에서 이 <누군가>를 자세히 그려볼 필요가 있다. 들뢰즈는 <주체>는 없고 만약 있다면 동일성 없는 주체일 뿐이라고 언급한 이외에 그 주체에 대하여 독립된 주제로서 다룬 바가 없기 때문에 이런 저런 논의에서 이렇게도 저렇게도 해석되고 있다.

그러므로 가능한 한 가장 체계적인 형태로 들뢰즈에게서 발견할 수 있는 이 <누군가>의 모습이 무엇인지 일목요연하게 정리해 볼 필요가 있다고 본다. 그래야 지금까지도 수없이 반복되는 위와

5 그렉 램버트, 최진석 옮김, 『누가 들뢰즈와 가타리를 두려워하는가?』, 자음과 모음, 2013, 283쪽.

같은 의구심 섞인 질문들에 대답할 수 있으며, 또한 그렇게 해야만 들뢰즈가 이루어낸 존재론적인 성과가 의구심 없이 인정될 수 있을 것이다.

그러나 우리는 들뢰즈의 개념들을 검토하기에 앞서, 과연 근대적 주체와 인간의 형태를 허구라고 비판하는 탈근대의 작업이 그렇게 수세적이기만 한 것인지 되물어볼 필요가 있다. 여기서 램버트의 질문이 매우 요긴하다.

그는 "오늘날 <인간>[이] 실제로 다른 권력에 저항하는 가장 커다란 잠재력 혹은 저항의 능력을 표현하는 형태가 될 수 있을까?"[6]라고 묻는다. 이 질문은 근대적 주체, 즉 근대가 만들어낸 <인간>이라는 형태가 권력에 저항하는 가장 적절한 형태인지에 대한 회의적인 시각을 표현한 것이다.

그의 말을 좀 더 자세히 들여다보면 그의 회의적 시각이 어떻게 형성된 것인지 이해할 수 있다. 그는 "엄격히 말해 주체가 과연 '권력'인가? 자본을 구성하는 힘들은 나를 주체로 취급하고 있는 걸까? 차라리 나를 통해 그 힘들은 직접적으로든 간접적으로든, 생산하고 소비하는 나의 힘과 나를 연결하는 또 다른 힘들을 지향하고 있는 게 아닐까? 요컨대 내 주체성과는 무관하게 삶의 힘들을 직접 조형하고 있는 것은 아닐까?"라고 물으면서, "주체의 죽음...이는 허무주의적 표현이 아니라 응답해야할 물음"[7]이라고 말한다.

지금까지 주체를 둘러싼 논쟁은 사실상 이 <허무주의적 틀> 속에서 진행되어 왔다고 볼 수 있다. 주체가 죽었다면 누가 저항할

6 램버트, 같은 책, 350쪽.

7 램버트, 같은 책, 349-350쪽.

것인가와 같은 무기력한 허무주의적 틀 속에서 말이다. 그러나 탈근대가 낳은 주체의 죽음이라는 테제가 오히려 우리가 대답해야 하는 하나의 물음이라고 할 경우, 이 문제의 성격은 완전히 달라진다. 이 달라진 성격이 무엇인지를 보여주는 들뢰즈의 텍스트가 있어 인용해보면 다음과 같다.

> 미시-파시즘만이 다음과 같은 포괄적인 문제에 대답을 줄 수 있다. 욕망이 자신에 대한 억압을 욕망하는 이유는 무엇이며, 그것은 또 어떻게 억압을 욕망할 수 있는 것일까? 확실히 대중은 권력에 수동적으로 복종하는 것이 아니다. 또 그들은 일종의 피학적인 히스테리 속에서 억압되기를 '원하는' 것이 아니며, 이데올로기적인 속임수에 의해 함정에 빠지는 것도 아니다. 오히려 욕망은 자세, 태도, 지각, 기대, 기호계 등을 이미 모양 짓는 미시적 형성체들을, 그 분자적 수준을 필연적으로 관통하는 복합적인 배치와 불가분의 것이다. 욕망은 무차별적인 충동적 에너지가 아니라 정교한 몽타주의 결과요, 고도의 상호작용을 엔지니어링한 결과 그 자체다... 분자적이고 개인적이며 집합적인 것과 더불어, 파시스트는 자기 자신일 수 있다는 것, 자신이 그것을 견지하고 배양하고 있으며 그것을 소중하게 껴안고 있다는 것을 알지 못한 채 다만 몰적인 수준에서 반파시스트가 되는 것은 너무도 쉬운 일이다.[8]

<주체의 죽음>이라는 푸코의 테제를 허무주의적이지 않은 방식으로 이해한 램퍼트의 질문 즉, "<인간>[이] 실제로 다른 권력에 저항하는 가장 커다란 잠재력 혹은 저항의 능력을 표현하는 형태

8 Deleuze & Guattari, *Mille Plateaux : Capitalisme et schizophrénie II*, Minuit, 1980, 김재인 옮김, 『천 개의 고원』, 새물결, 2004, 409~410쪽. (이후 MP로 약칭) 밑줄 강조는 필자.

가 될 수 있을까?"라는 질문은 바로 "다만 몰적인 수준에서 반파시스트가 되는 것은 너무도 쉬운 일이다"라는 들뢰즈의 대답과 공명한다.

만약 우리가 여전히 근대적 주체와 근대의 인간 형태를 중심으로 문제를 사유한다면, 자신의 억압을 욕망하는 현상에 대한 설명을 제대로 해낼 수 없을 것이다. 근대의 문제틀 속에서 본다면 이 문제는 권력의 강제에 의해 수동적으로 복종하는 문제, 혹은 속임수라는 함정에 빠지는 문제 등으로밖에는 다루어질 수 없기 때문이다. 진정으로 저항과 해방과 자유를 사유하고자 한다면 오히려 근대적 주체와 인간의 형태는 방해가 되는 개념일 수 있는 것이다.

물론 그것은 현대가 근대와 다른 시대이며, 다른 환경이기 때문일 수 있다. 그러나 적어도 우리는 근대적 주체의 죽음이라는 테제가 반드시 허무주의적 결론으로 우리를 이끄는 것은 아니라는 점은 지적해볼 수 있다. 몰적인 자기-거시적 의미에서 식별되는 수적인 하나로서의 자기가 스스로 반파시스트라 목청을 높여도, 분자적인 수준에서 파시스트를 견지하고 배양하고 소중하게 껴안고 있다면, 그러한 거시적 자기가 진정한 저항의 근거이며 해방의 동력이 될 수 있을까?

그런 의미에서 램버트 역시 "본능의 혁명을 동반하지 않는 제도적 수준에서의 혁명이란 있을 수 없다"[9]고 말하는 것이다. 그리고 우리는 이러한 긍정적인 전망을 위하여 들뢰즈에게서 주체를 둘러싼 여러 개념과 논의들을 검토해보기로 하겠다.

---

9 램버트, 같은 책, 36쪽.

탈주체화

들뢰즈의 개념들 가운데 <탈주체화>라는 개념을 정리한 엘리자베스 리갈은 "들뢰즈의 의도가 (우리가 종종 그렇게 생각하는 것과는 반대로) 결코 주체의 죽음을 주장하는 것이 아니라"[10]고 주장한다. 더 나아 "들뢰즈가 사유하려고 했던 것은 예측불가능성(되기의 순진무구함)이 아니라 우발성이며, 그가 긍정한 것은 "죽을 수밖에 없는 영혼들의 다수성"이 아니라, "수적으로 하나이며 형태적으로 다수인" 주체의 성격"[11]이라고 말한다.

앞으로 자세히 살펴보겠지만, 들뢰즈가 말하고 싶어 했다는 그 주체라는 것이 어찌 되었든 수적인 하나라고 하는 것을 보면, 우리가 위에서 제기했던 문제를 들뢰즈에게서 찾아볼 수 있음을 확인할 수 있다. 그녀는 주체에 대한 들뢰즈의 사유가 <탈주체화>라는 개념을 둘러싸고 이루어지는 것으로 보고 있다.

그렇다면 <탈주체화>라는 개념은 들뢰즈에게 어떻게 사용되었는가? 사실 이 개념은 "들뢰즈의 자료 전체 안에서... 아마도 한 번 정도밖에 쓰이지 않은, 용례가 매우 드문 단어"[12]이다. 이 개념이 등장하는 문맥은 다음과 같다.

> 인간을 구속하는 주된 지층들은 유기체, 의미생성과 해석, 주체화와 예속이다...탈지층화하라, ...그래서 의식이 스스로의 분신이 되지 않

---

10 엘리자베스 리갈, 「탈주체화」, 『들뢰즈 개념어 사전』, 신지영 옮김, 갈무리, 2012, 423쪽.

11 리갈, 같은 글, 424쪽.

12 리갈, 같은 글, 417~425쪽.

게 만들고, 열정이 다른 이에 대한 분신이 되지 않게 만들자...의식 과 정념을 탈주체화하자.[13]

리갈의 지적대로 들뢰즈는 "흄이 (이후로는 베르그손이) 주체화라는 용어로 사유했던 것을 탈주체화라는 용어로 재번역"[14]한다. 다시 말해서 들뢰즈에게서 주체화가 가능하다면, 그것은 탈주체화를 경유해야 한다고 볼 수 있다.

위 인용문에서 보듯이 들뢰즈에게 <주체화>라는 개념은 우선 인간을 구속하는 지층으로 사유된다. 흄과 베르그손 이후 동시대 철학자들이 구성된 주체의 조건을 벗어나는 운동을 지칭하기 위해 <주체화>라는 개념을 사용했던 반면, 들뢰즈는 이 개념을 우선은 <주체가 구성된다>는 의미로 비판적으로 사용한다.

들뢰즈에게서 주체를 새로이 사유하기 위하여, <탈주체화>라는 개념이 등장하는 맥락을 우선 살펴보도록 하자. 그는 우선 주체를 하나의 기호의 체제로 보는 것으로부터 이야기를 시작해야 한다. <기호의 체제>에 관한 들뢰즈의 설명을 들어보자.

기호의 기표작용적 체제(기표작용적 기호)의 공식은 아주 일반적인 것이다. 즉 기호는 다른 기호를 지시하고, 또한 다른 기호만을 지시하며, 이런 식으로 무한히 나아간다...원칙적으로 우리는 기호가 지칭하는 사태, 또는 기호가 의미하는 실재가 기호와 맺는 관계를 알지 못하며...중요한 것은 무정형의 대기 연속체에 자신의 그림자를 투영하는 시작도 끝도 없는 그물망을 형성하기 위해서 기호가 어떤 다른 기호들을 참조하는지, 어떤 다른 기호들이 그 기호에 덧붙여

13 MP., 258-259쪽.

14 리갈, 같은 글 421쪽.

> 지는지를 아는 일이다. 바로 이 무정형의 연속체가 일단은 "기의" 역할을 한다...[또한] 기호는 또 다른 기호들로 가기 위해 기호에서 기호로 처음 기호를 나른다. "순환해서 회귀해도 좋으니까..." 하지만 중요한 것은 기호들의 순환성보다는 원들이나 사실들의 다양체이다. 기호는 같은 원 위의 다른 기호만 지시하는 것이 아니라 다른 원, 다른 나선 위의 기호도 지시한다.[15]

즉 기호의 체제란 기호가 다른 기호를 무한히 지시하는 체제인데, 그 결과 기호가 다른 기호에 의해 돌려보내지는 회귀가 일어난다. 그런데 기호들이 이루는 원환은 하나가 아니라 여럿이며, 기호는 자기가 속한 원환의 기호를 지시하기만 하는 것이 아니라, 다른 원환의 기호를 지시하기도 한다. 요컨대 기호의 체제는 상대적 탈영토화의 체제이다.

들뢰즈는 다음과 같은 레비-스트로스의 말을 인용하여 기호의 원환들과 지시 관계를 설명한다. "아내가 부정을 저질렀을 때 크로우 인디언 남자는 아내의 얼굴을 베어버린다. 반면 같은 불운의 희생물이 된 호피 족 남자는 침착함을 잃지 않고 가뭄과 기근이 마을을 덮칠 것이 분명하다고 역설한다."[16] 호피 족 남자는 왜 아내의 부정 앞에서 가뭄과 기근을 걱정하는가? 호피 족에게 사회적 무질서와 가정의 불상사, 그리고 우주의 체계의 여러 층위는 다양한 대응관계에 의해 통일되어 있기 때문이다.

그래서 "어떤 한 판 위에서 대혼란이 벌어졌다면 그것은 다른 층위들을 변용시키는 다른 혼란들이 그 판에 투사된 것으로밖에는 이

15 MP., 218-220쪽.

16 MP., 220쪽에서 재인용. Lévi-Strauss의 서문, in Don C. Talayesva, *Soleil Hopi*, Paris, Plon, 1968, p. VI. 번역 수정.

해할 수 없고, 또 그래야만 도덕적으로 참아낼 수 있다."[17] 바로 여기에 <주체>에 대한 설명이 들어온다. "한 원에서 다른 원으로 도약하고, 항상 장면을 바꿔버리고, 다른 곳에서 그 장면을 상연"하는 것은 "주체라는 사기꾼의 히스테리적 조작"이며, 체계 안에 존재하는 <기만>이다.[18] 주체를 이렇게 개념화 하는 것은 『차이와 반복』에서의 주체 개념에 비하면 무척 구체화된 것이라는 점을 알 수 있다.

들뢰즈는 이 두 권의 저서에서 공히 <주체는 없다>라는 주장을 반복하는데, 그 <없음>의 의미는 근대적 의미의 자기 동일성, 자발성, 확실성으로서의 주체에 대하여 하는 말이며, 만약 <주체가 있다>고 한다면, 그것은 <동일성 없는 주체>이거나 <기만> 혹은 <사기꾼의 히스테리적 조작>으로서의 주체가 있음을 의미하는 것이다. 이 때 이 <기만>으로서의 주체는 자발적이고 자기 동일한 주체이기는커녕, "어떤 배치물"[19]일 뿐이기 때문에, 이러한 주체로 탄생하는 것을 <주체화>라 명명한 것이다.

의식의 탈주체화

그런데 우리가 위에서 인용한 문장을 다시 한 번 살펴보면, 탈주체화의 대상이 의식과 정념임을 알 수 있다. "그래서 의식이 스스로의 분신이 되지 않게 만들고, 정념이 다른 이에 대한 분신이 되지 않게 만들자...의식과 정념을 탈주체화하자." 다시 말해서 위

17 Lévi-Strauss의 서문, 같은 곳.

18 MP., 221쪽.

19 MP., 252, 269 등.

와 같은 과정에서 주체화된 주체는 의식과 정념의 주체이다.

프로이트의 후예들인 라깡과 알튀세, 들뢰즈 그리고 푸코가 사유한 주체에 대면하는 우리는, 종종 그렇게 구성된 주체가 <무의식적>인 것이라서 의식적인 주체는 이 문제를 어떻게든 다루기 어렵다고 생각한다. 그러나 이러한 생각은 매우 막연한 것이다. 프로이트가 의식-무의식의 위상학으로부터 이드-자아-초자아의 위상학으로 넘어가야만 했던 이유를 생각하면 이러한 우리의 막연한 생각이 어디에서 비롯되는지 알 수 있다.

프로이트는 우리의 심적 구조를 의식과 무의식으로 나누는 것이 불충분하다고 생각했기 때문에 두 번째 위상학으로 넘어갔던 것인데, 이때 자아는 일정 부분 의식적이고 일정 부분 무의식적인 것으로 사유된다.[20] 그러므로 구성된 주체라는 것은 그것이 어떤 <외부>에 의하여 <구성되었다>고 할지라도, 반드시 무의식적이기만 한 것은 아니라는 것이다. 그 주체는 의식적이면서 정념적인 것으로 사유된다. 주체에 대한 들뢰즈의 설명을 마저 들어보기로 한다.

> 편집증적 체제에는 두 축이 있다. 한편으로 기호는 (기표를 통해) 다른 기호를 지시하며 다른 한편으로 기표는 기의를 지시한다. 이

20 자아가 의식적인 부분과 무의식적인 부분을 모두 가진다는 것을 설명하기 위한 부분으로, 프로이트의 제 2 위상학과 들뢰즈-가타리 철학의 밀접한 관계에 대해 말하려는 부분은 아니다. 들뢰즈-가타리의 욕망 이론이 이러한 종류의 분배로 설명될 수 있으리라고 생각하기는 어렵기 때문이다. 다음은 이와 관련한 요시유키의 설명이다. "들뢰즈와 가타리는 프로이트적 위상학, 자아-초자아 관계를 포함한 오이디푸스적 제 2 위상학을 거부한다. 달리 말하면 그들은 상위심급에 의한 하위심급의 통제라는 경험적-초월론적 이중체를 거부하는 것이다...그들은 프로이트의 경제론에서 출발한다...단적으로...욕망의 흐름을 긍정하는 것"이다.(요시유키, 같은 책, 73-74쪽).

처럼 정념적 체제, 주체화의 선 역시도 두 축을, 통합축과 계열축을 가지고 있다. 우리가 방금 보았듯이 첫 번째 축은 의식이다. 정념으로서의 의식은 정확히 말하면 두 주체의 이러한 이중화, 즉 언표행위의 주체와 언표의 주체로의 이중화이며, 전자가 후자로 투영되는 rabattement 작용이다. 하지만 주체화의 두 번째 형식은 정념으로서의 사랑...다른 유형의 분신, 이중화, 투영이다.[21]

들뢰즈에 따르면 주체는 두 축으로 이루어져 있는데, 하나의 축은 의식의 축이고 다른 하나의 축은 사랑의 축이다. 그리고 두 축이 모두 정념으로서 이해된다. 정념으로서의 의식의 축은 하나의 기호가 다른 기호를 지시하는 체제이고, 정념으로서의 사랑의 축은 기표가 기의를 지시하는, 혹은 기표와 기의가 결합하는 체제이다.

주체는, 위에서 기호의 체제와 더불어 살펴보았듯이, 상대적으로 탈영토화하는 기호의 체제를 편집증적으로 혹은 신경증적으로 조작하는 체제이다. 의식적 주체는 하나의 기호를 집착적으로 다른 하나의 기호와 연결시키며, 정념-사랑의 주체는 하나의 기표와 하나의 기의를 결합한다. 즉, 주체는 기호의 탈영토성을 끝내고 이를 다시 재영토화하는 체제인 것이다.

이러한 주체화의 과정으로부터 진정한 주체화의 과정으로 나아가기 위해서는 소위 <탈주체화>의 과정이 필요하다. 그것은 "의식이 스스로의 분신이 되지 않게 만들고, 정념이 다른 이에 대한 분신이 되지 않게 만"드는 것인 것이다. 그것이 주체의 탈영토화이다.

<의식>을 보다 본격적으로 다룬다면 더 복잡한 논의가 필요하겠지만, 여기에서는 주체화를 논하기 위해 필요한 부분만을 다루어

---

21 MP., 253쪽.

보도록 하겠다. 들뢰즈가 의식에 관해 언급하는 부분은 니체에 관한 저서에서 찾아볼 수 있다. 그는 "프로이트처럼 니체도 의식을 외부 세계에 의해 촉발된 자아의 영역이라고 생각한다."[22] 이는 정확히 프로이트의 2차 위상학에서 자아에 대한 인식과 동일하다. 또한,

> 의식은 결코 자의식conscience de soi이 아니라 의식적이지 않은 자기soi 그 자체와 관련한 어떤 자아moi의 의식이다. 그것은 주인 의식이 아니라, 의식적이지 않음에 분명한 한 주인과 관련한 노예의 의식이다. <의식은 어떤 전체가 어떤 우월한 전체에 종속되길 원할 때만 습관적으로 나타난다...> 의식의 노예성은 그와 같다. 그것은 단지 <우월한 신체의 형상>만을 나타낸다.[23] [24]

프로이트-니체-들뢰즈는 모두[25] 의식을 외부에 의하여 촉발된 자아의 영역으로 보며, 그 의식이 의존하고 있는 더 큰 자아를 무의식으로 혹은 신체로 이해하고 있다. 또한 무의식적 자기인 신체는 오히려 우월한 존재로서 탈영토화되어 있는 영역이며 해방의

---

22 Deleuze, *Nietzsche et la philosophie*, Paris, Puf, 1962, 이경신 옮김, 『니체와 철학』, 민음사, 2001, 86쪽. (이후 NP로 약칭)

23 NP., 87쪽. 꺽쇠 표시는 들뢰즈가 인용한 니체의 원문 VP, II, 227.

24 니체 : 의식의 역할을 오해하지 않는 것이 본질적으로 중요하다. 의식을 발달시킨 것은 우리가 '외부세계'와 맺은 관계이다. 이에 반해 신체 기능들의 공동작동을 고려하는 감독 또는 감시와 예견에 의식이 도달하지 못한다. 마찬가지로 정신의 기억작용에도 도달하지 못한다. 하지만 최고심급이 존재한다는 것은 의심할 수 없다...'쾌락', '불쾌'는 이 영역에서 오는 신호와도 같다...의식은 감독이 결코 아니라 감독의 한 기관이다. Nietzsche, "Nachlaß 1887-1889", *Kritische Studienausgabe*, Bd. XIII, New York and Berlin, Walter de Gruyter, 1999, pp. 67-68, 요시유키, 같은 책, 114쪽에서 재인용.

25 푸코 역시 이러한 의식-무의식에 관한 이해로부터 <자기에의 배려>라는 개념을 해방의 단서로 고안한 바 있다.

가능성을 담지하고 있는 것으로 이해된다. 탈주체화해야 할 축은 편집증적인 의식의 축이며, 정념의 축이 된다. 의식은 스스로의 분신이 되기를 멈추지 않기 때문에 재현에 능하며, 구성된 자신으로부터 벗어나지 못한다. 그러나 의식적 주체가 자기를 어떻게 탈주체화할 것인가?

균열된 나와 분열된 자아

균열된 나

의식적 주체가 자기를 탈주체화한다는 것에 대해 말하기에 앞서, 들뢰즈가 주체와 자아에 대해 어떤 이해를 가지고 있었는지를 간략하게 검토해보도록 하겠다. 들뢰즈가 주체와 자아를 언급할 때 항상 균열된 나le je fêlé와 분열된 자아le moi dissous라고 표현하는데, 나의 균열과 자아의 분열이란 무엇이고, 어떻게 도출되며, 왜 이런 개념을 제안하는지 정리하는 것이 필요하다. 근대적 주체라는 개념을 정초하고 완성한 데카르트와 칸트가 이 주체를 어떻게 개념화했는지, 들뢰즈는 이를 어떻게 이해했는지를 살펴보자.

> 데카르트는 인간을 어떤 종류의 동물, 가령 "이성적 동물"로 정의하는 것을 거부했고, 유와 종차를 통해 이루어지는 일체의 인간 정의를 거부했다...근본적인 심리적 상관관계는 "나는 자아를 생각한다."라는 정식을 통해 표현된다...그렇기 때문에 나와 자아는 각기 그 나름의 차이들을 통해 시작되지만, 처음부터 이 차이들은 양식과 공통감의 요구들에 합치하여 결국 소멸되고 마는 방식으로 분배되어 있다. 따라서 또한 나는 마지막에 이르러 어떠한 차이들도 지

니지 않는 심리적 삶의 보편적 형상으로 나타나고, 또 자아le moi는 이런 형상의 보편적 질료로 나타난다.[26]

들뢰즈가 데카르트를 위와 같은 패러다임으로 취하는 것에 대하여 윌리엄스는 다음과 같이 논평한다. "그[들뢰즈]는 데카르트를 이러한 철학의 패러다임으로 취하고, 데카르트가 주체를 사유하는 자라는 유-예를 들어 사유하는 동물-의 하위종으로 취하기를 거부했다고 논증한다. 왜냐하면 그렇게 될 경우에 어떠한 사유든 규정 가능한 사유를 하는 사유하는 주체의 동일성은 깨질 것이기 때문이다. 데카르트에게 사유는 오로지 주체의 사유일 수밖에 없으나, 들뢰즈에게 사유는 주체의 사유보다 훨씬 더한 무엇이다."[27] 인간이 <사유하다>라는 종차와 <동물>이라는 유에 의하여 정의되는 것은, 인간이 사유하는 동물의 하위종이 된다는 뜻이고, 그렇게 되면 사유하는 주체의 자기 동일성이 깨진다는 것이다.

이를 조금 다른 관점에서 파악해도 마찬가지 결론에 이른다. 즉, <인간은 사유하는 동물이다>라는 정의는 <사유하다>라는 속성이 인간의 외부에 있다는 것을 뜻한다는 점에 주목해보자. 그렇게 본다면 <사유>라는 존재는 인간이라는 형태 너머에 있는 것이 된다.

이는 매우 고전적인 관점이다. 알-킨디Al-Kindi와 알 파라비Al-Farabi 등의 중세 이슬람 철학자들은 아리스토텔레스가 구분한 두 종류의 지성, 즉 무언가를 만드는 <능동적 지성>과 무언가로

---

26 Deleuze, *Différence et répétition*, Paris, Puf, 1968a, 김상환 옮김, 『차이와 반복』, 민음사, 2004, 331/544쪽(불어본/우리말본). (이후 DR로 약칭)

27 윌리엄스, 제임스, 신지영 옮김, 『들뢰즈의 차이와 반복, 해설과 비판』, 라움, 2010, 367쪽.

되는 <수동적 지성>을 해명한 바 있다. “알 파라비에 따르면 능동적 지성은 인간의 지성이 어떻게 잠재성에서 현실성으로 나아가는지 설명하기 위하여 필요하다...그의 난점은...이 능동적 지성이 인간과 분리된 어떤 초인적인 실재와 동일한가 아니면 오직 인간을 언어를 사용하지 않는 동물과 구별해주는, 인간 종의 특별한 능력으로 보아야 하는가라는 질문과 관련된다... 알 파라비의 뒤를 이은 이슬람 철학자들은... 지성적 사고에 포함된 초인간적인 요소를 강조하였다... 능동적 지성은 사실상 반신반인이다.”[28]

인간이 세계를 인식할 수 있는 로고스를 가지고 있다면, 그것은 이 세계에 로고스가 있기 때문이다. 이 사유를 오로지 인간이라는 형태에 가둔 것은 근대의 성과이다. 이러한 주체의 형식이 현대에 이르러, 고-중세와는 다른 과정에 의해 구성된 주체로서, 그것을 구성하는 사건을 결코 완전히 통제하지 못하는 존재로서 불충분한 것으로 고발당하고 있는 것이다.

데카르트의 주체에 대한 비판이 사유를 인간이라는 형태 안에 가둔 점, 그 결과 주체라는 형태의 동일성을 확보한 점에 있다면, 이 주체에 <시간>이라는 형식을 추가하여 근대적 주체를 완성했다고 간주되는 칸트에 대한 비판은 이 시간에 의해 균열된 주체가 다시 통합되는 과정에 개입한다. 인위적으로 통합된 주체는 사유의 조건으로서 성공적으로 자리매김했을지는 몰라도 사유의 진정한 근원이 되지는 못했다고 보는 것이다.

이 점이 신칸트주의자들에게는 <발생>이라는 문제로 제기된다. 칸트의 주체를 구성하는 것들에 대한 들뢰즈의 비판적 검토를 살

28 앤서니 케니, 김성호 옮김, 『중세철학』, 서광사, 2010, 341~343쪽.

펴보면서 이 문제를 다루어보도록 하겠다.

> 여기서 이념은 코기토의 세 측면을 고스란히 다시 취하고 있음이 분명하다. 규정되지 않은 실존인 **나는 존재한다**, 이 실존이 규정 가능하게 되는 형식인 **시간**, 규정에 해당하는 **나는 생각한다**가 다시 되풀이되고 있는 것이다. 정확히 말해서 이념들은 바로 코기토의 사유들, 사유의 미분들이다. 또 코기토 배후에는 어떤 균열된 '나'가 있고, 이 나는 자신을 가로지르는 시간의 형식에 의해 처음부터 마지막까지 쪼개져 있다. 그런 한에서 이렇게 말해야 한다. 이념들은 그 균열의 틈바구니에서 우글대고 있고, 그 균열의 가장자리로 계속 기어 나오고 있다...[그러나] 칸트에 따르면, 그 세 계기 중 둘은 외생적 특성들로 남아 있다...게다가 칸트에게서 이 계기들은 서로 구별되는 이념들을 통해 구현된다. 가령 자아는 무엇보다 규정되지 않은 상태에 있고, 우주는 규정 가능하며, 신은 규정성의 이상이다. 칸트 이후의 철학자들이 비난하는 것처럼, 칸트가 발생의 관점에 도달하지 못한 채 단지 조건화나 정당화의 관점에 머물고 마는 진정한 이유들은 아마 여기에 있을 것이다.[29]

칸트의 주체는 데카르트의 코기토에 <시간>이라는 <규정가능성>을 추가함으로써 그 스스로 균열된다. 들뢰즈가 보기에 코기토 배후에는 어떤 균열된 '나'가 있고, 이 나는 자신을 가로지르는 시간의 형식에 의해 처음부터 마지막까지 쪼개져 있다.

그렇지만 칸트는 차이를 <외생적인 것>으로 사유하고, 차이 나는 것들을 <조화>시킴으로써, 차이를 외화시키고 통합시킨다. 그 결과 칸트적 주체는 사유의 조건이 될 수 있을 뿐, 사유의 발생이 될 수는 없었던 것이다. 왜냐하면 차이가 내재적이어야만 그 자체

29 DR., 372~373쪽.

로 발생의 근거가 될 수 있기 때문이다.

들뢰즈는 칸트가 서로에게 외면적인 것으로 만들어놓은 이념의 세 계기가 “객관적이고 문제제기적인 어떤 내적 통일성”을 가진다고 말하는데, 이것이 바로 <차이의 이념적 종합>이다. 만약 미규정성으로서의 자아, 규정가능성으로서의 세계, 완전한 규정의 이상이라는 신의 세 계기가 내적으로 통일되어 있다면, 그 존재는 내적 차이와 불균등성에 의하여 끊임없이 생산할 것이다.

코기토를 이러한 문제틀 속에서 사유함으로써 데카르트와 칸트를 비판한다는 사실은 들뢰즈의 존재론이 근대적 주체를 배제한 의미에서 존재와 사유가 일치함을 보여주고 있다는 점을 다시 한 번 보여준다.[30] 코기토를 주체 너머로 보내버리는 이러한 입장은, 여러 가지 맥락에서 아주 다르기는 하지만, 위에서 언급한 고대적 사유, 즉 우주에 로고스가 있기 때문에 인간에게 로고스가 주어졌다고 보는 고대적 사유와 통하는 면이 있다.

윌리엄스는 들뢰즈의 이러한 비판을 다음과 같은 문제로 이해한다. 즉 “사유의 필수적인 형식으로 정의된 주체와, 어떠한 사유든 그 안에 맞추어져야 할 필수적인 유기적 구조로 정의된 자아는, 무엇이 사유를 개별적으로 만드는지를 설명하지 못하기 때문”[31]에, “왜 우리는 같은 것을 생각하지 않는가?”라는 질문에 대답할 수 없다. 이에 대답할 수 있기 위해서는 “우리는 생각하기보다는 감각한다는 것, 그리고 서로 다르며 화해 불가능한 사유가 있다는 것,…생각하는 자아와 주체 너머에 무엇인가가 있어야만 한다는 것을 연

30 들뢰즈에게 존재와 사유의 문제에 관한 논문으로는 다음을 참조. 신지영, 「존재와 사유의 비원리적 동일성에 관하여」, 『대동철학』, 57집, 2011. 12.

31 윌리엄스, 같은 책, 363쪽.

역할 수 있다"[32]는 것이다. 윌리엄스는 이것을 <들뢰즈의 근본적인 가설과 도전>이라고 읽어낸다.

분열된 자아

주체의 문제를 만약 들뢰즈에 따라 <나>와 <자아>로 구분해서 다룰 수 있다고 한다면, 우리는 위에서 <나의 균열>이라는 부분을 검토했다고 할 수 있다.[33] 들뢰즈는 자아를 "어떤 연속적인 유사성들에 의해 구성된 질료"로 이해한다. 이를 좀 더 자세히 설명하자면, "나와 상관관계에 있는 자아는 어떤 외연으로 이해되어야 한다. 즉 자아는 고유하게 심리적인 유기체를 지칭하고, 이 유기체가 지니는 특이점들은 나의 내포에 귀속하는 상이한 인식능력들을 통해 대변된다."[34]

심리적인 유기체이자 어떤 외연, 그리고 하나의 질료로 이해되어야 하는 이 자아는 어떤 것일까? 위에는 우리는 프로이트에게서 <의식>이란 무엇인가를 다루면서 <자아>에 대해 잠시 언급한 적이 있다. 프로이트만큼 이 <자아>를 구체적으로 설명한 사상가를

32 윌리엄스, 같은 책, 364쪽.

33 물론 철학자들마다 <주체>에 대한 접근 방법과 구분 양상은 다양하다. 칸트의 경우는 나와 자아를 구분했다기보다는 직관을 담당하는 자아와 개념을 담당하는 자아의 방식으로 구분했다고 볼 수 있고, 위에서 보듯이 프로이트의 경우는 이드와 자아 그리고 초자아로 구분했다고 볼 수 있다. 이때 우리가 프로이트에게서 자아로 번역하고 있는 것은 그 스스로는 Ich로 지칭한 것으로 이것을 영미권에서 ego로 번역하는 경로를 거쳐 자아로 정착되는 것이니, 주체에 대한 분석이란 그 구분방식만큼이나 복잡하다. 여기에서는 이 모두를 통합하는 하나의 구분을 찾는 작업은 뒤로 하고, 들뢰즈가 구분한 방식에 따라 그 각각을 검토해보기로 한다.

34 DR., 544쪽.

찾기 어려우므로 프로이트의 자아를 경유해 우리의 논의를 전개해 보기로 하겠다. 먼저 <자아>에 대한 프로이트의 언급을 살펴보면 다음과 같다.

> 자아는 무엇보다도 먼저 육체적 자아이다. 그것은 표면적 실체일 뿐만 아니라 그 자체로 표면의 투영이다.[35]

> <지각> 조직의 영향 외에 또 다른 요소가 자아의 형성과 자아가 이드로부터 분화되게 하는 데 일정한 역할을 하는 것처럼 보인다. 사람의 육체, 특히 그 표면은 외부적 지각과 내부적 지각이 생기는 장소다. 그것은 다른 대상물과 같아 <보인다>. 그러나 그것이 다른 것과 <접촉>할 경우 두 가지 종류의 감각을 지어내는데, 그 중 하나는 내부적 지각과 동일할 수 있다. 정신 생리학은 어떻게 해서 사람의 육체가 지각의 세계에서 다른 대상물 가운데 특별한 위치를 차지하게 되었는가를 충분히 검토해 왔다. 고통 역시 그 과정에서 어떤 역할을 하는 것처럼 보인다. 그리고 우리가 어떻게 해서 고통스럽게 아플 때에 우리 기관에 대한 새로운 인식을 얻게 되느냐 하는 것은 아마도 우리가 일반적으로 우리 육체에 대한 지식에 도달하는 전형적 모델이 될 것이다.[36]

프로이트는 자아를 무엇보다 육체적 자아라고 말하면서, <자아의 형성>과 <이드로부터 자아의 분화>를 설명하기 위해 육체의 고통에 대해 기술한다. <나>의 사유 대상이 되는 <자아>로서의 육체는 프로이트의 설명대로 어떤 측면에서 다른 대상물과 <같아

---

35 프로이트, 박찬부 옮김, 「자아와 이드」, 『정신분석학의 근본개념』, 열린책들, 2003, 365쪽.

36 프로이트, 같은 논문, 365쪽.

보인다>. 즉 나의 육체는 다른 대상물과 같은 사유의 대상이 되기도 하고, 대상을 대상화하는 하나의 <내>가 되기도 한다.

특히 <고통>이라는 지각 현상에서 육체의 이중성은 더 두드러진다. <고통>을 매개로 하여 세계를 지각하기도 하지만, 그 고통은 내적 지각이 되어 <나 자신>에 대한 지각, 혹은 지식을 형성한다. 그러므로 어떤 육체를 형성하는가 하는 문제는 어떤 자아를 가지게 되는가 하는 문제와 밀접하게 관련된다.

들뢰즈는 자아에 대한 이러한 이해를 이렇게 요약하여 이해한다. "우리가 유기체에까지 확장시켜야 했던 이 모든 영역에서 문제가 되고 있는 것은 무엇인가? 흄은 그것이 정확히 습관의 문제임을 말했다."[37] 즉, 자아는 습관이라고도 말할 수 있는 것이다. 이 때 습관은 들뢰즈가 자신의 시간의 종합 이론에서 첫 번째를 차지하는 종합에 해당하는 것을 일컫는 것으로서, 능동적 종합으로서의 습관이 아니라 수동적 종합으로서의 습관을 말한다.

일상생활에서 우리는 습관이란 능동적으로 습득할 수 있는 것으로 생각한다. 공부하는 습관을 들여라, 아침에 일찍 일어나는 습관을 들여라, 나쁜 습관을 버려라 등등의 말이 그런 인식을 전제한다. 그러나 들뢰즈는 이런 생각을 뒤집는다. 들뢰즈는 수동적 종합이 우리의 삶의 습관을 구성한다고 본다.

그런 맥락에서 그는 "심장, 근육, 신경, 세포 등에는 어떤 영혼이 있다고 해야 한다. 하지만 이 영혼은 응시하는 영혼이며, 이 영혼의 모든 역할은 습관을 수축하는[붙이는] 데 있다...우리를 유기적으로 형성하는 수천의 수동적 종합들에 관련되어 있다...습관의 연

37 DR., 176쪽.

속성 이외의 다른 연속성[은] 없다"[38]고 말한다.

즉, 자아는 근본적으로 육체적인 것으로서, 수천 수만의 영혼, 수천 수만의 목격자들, 수천 수만의 국소적 자아로 분열되어 있는 것이다.[39] 프로이트의 자아에 대한 연구가 들뢰즈로 오면서 이렇게 급진화된다. 그러나 자아가 이렇게 국소적으로 분열되어 있다고 해도, 습관이 연속성인 한 자아 역시 연속성 속에서, 유기적으로 서로를 얽어매고 있을 뿐이다. 그래서 분열된 자아의 차원에서는 여전히 탈주체화를 말하기가 어렵다.

시간의 비선형성과 무의식의 능동성

시간의 비선형성

그래서 들뢰즈는 그의 사유를 주체와 자아라는 개념을 통해 전

38 DR., 178~179쪽. <습관을 수축하다>라는 번역이 <습관을 붙이다>라는 번역과 함께 되는 것은 불어의 표현에 근거하는 것으로, 원어는 contracter une habitude이다. 습관을 들이다, 붙이다에 해당하는 표현을 하기 위해 프랑스인들은 <수축하다>라는 동사를 쓴다.

39 칸트가 자아의 분열을 사유하는 방식은 다음과 같다. "만일 우리가 개념(사유)을 가능케 하는 내적 작용(자발성)을 표상하고(이것이 반성이다) 지각, 즉 경험적 직관을 가능케 하는 감수성(수용성)을 표상한다면(이것이 파악이다), 그러나 우리가 의식을 수반해 이 두 가지 작동[반성과 파악]을 표상한다면, 자기에 관한 의식(통각)은 반성의 의식과 파악의 의식으로 나뉘어질 수 있을 것이다. 전자는 지성(오성)의 의식이고, 후자는 내적 감각의 의식이다. 즉, 전자는 순수 통각이며, 후자는 경험적 통각이다...여기서 자아는 이중적 존재처럼 보인다...사유의 주체로서의 자아는 순수 통각(순수하게 반성적인 자아)을 의미하는데,...지각 대상으로서의 자아는 내적 감각의 대상인데, 이것은 내적 경험을 가능케 하면서 규정의 다양체를 내포한다." (칸트, 이남원 옮김, 『실용적 관점에서 본 인간학』, 울산대학교출판부, 1998, 29-30쪽, 밑줄 강조는 필자).

개하려고 하지 않고 오히려 개체화라는 개념을 통해 전개하고자 한다. "그러므로 개체화 요인들, 개체화에 함축된 요인들에는 나의 형상도 없고 자아의 질료도 없다. 이는 나라는 것이 어떤 동일성의 형상과 분리될 수 없고 자아는 어떤 연속적인 유사성들이 의해 구성된 질료와 분리될 수 없기 때문이다."[40] [41]

하지만 우리가 여기에서 다루려고 하는 것은 서두에서 말한 대로 어떤 수적인 하나로서의 주체이기 때문에, 근대적 주체의 형상과 유기적인 자아의 질료가 동일성과 유사성을 벗어날 수 없다고 해도, 사건의 차원에서 말해야 하는 <개체화>의 개념으로 넘어가지 않고, 이 모든 검토를 끝마친 후에도 존속할 수 있는 어떤 <새로운 주체>, 그리고 탈주체화를 거친 두 번째 의미의 <주체화>의 가능성에 대해 여전히 물으려고 한다.

앞서 <탈주체화>라는 개념을 다루면서 이 개념을 정리하고 논평한 리갈의 발언을 다시 한 번 들어볼 필요가 있다. 그녀는 들뢰즈의 의도가 결코 주체의 죽음을 주장하는 것이 아니라고 말하면서 "그의 의도는 오히려 주체에 대한 질문을 "유한한 주체의 정착적 한계들"안에 기입하는 것이 합법적이지 않은 것만큼이나, 이 질문을 "무한한 존재의 고정된 개별성"에 정박하도록 하는 것도 합법적이지 않다는 점"[42]을 보여준다고 말한다.

이 논평은 우리가 바로 앞에서 들뢰즈가 주체와 자아라는 개념

40 DR., 544~545쪽.

41 이와 관련한 연구로는 다음 논문을 참조. 「들뢰즈에게 있어서 개체화의 문제에 관한 연구- 둔스 스코투스의 <이것임>과 관련한 맥락에서」, 대동철학 74집, 2016, 3.

42 리갈, 같은 글, 423쪽.

의 한계를 지적하면서 차이의 존재를 적절히 사유하기 위해 개체화라는 개념을 적극적으로 도입한 것과 관련한 것이라고 읽을 수 있다. 개체화의 문제 역시 그 자체로 매우 중요한 문제로서 해명해야할 과제이지만, 주체와 자아의 문제틀에 대한 사유를 전개함에 있어서, 주체와 자아의 개념이 한계를 가지고 있다고 해서 주체 문제 그 자체를 손에서 놓을 필요는 없다는 점을 잘 지적하고 있다.

또한 바로 이러한 문제의 흐름 때문에, 들뢰즈라는 철학 지평에서는 <주체>의 문제를 사유할 수 없다고 쉽게 판단하거나, 그의 철학에서는 모든 것이 해체되어 미분적인 것으로 와해된다고 비난하는 경로로 접어 들어서는 안 된다는 점 역시 지적하고 있다고 볼 수 있다. 리갈의 말처럼 들뢰즈의 문제를 주체의 한계에 고정시켜서는 안 되는 것처럼, 무한히 해체중인 개별성으로 모든 것을 환원시키는 것도 적절하지 않다고 본다. 그렇다면 우리는 탈주체화를 겪은 이후의 새로운 주체화를 어떤 과정과 개념으로 사유해볼 수 있을까?

리갈의 마지막 논평으로 우리의 마지막 논의를 시작해보고자 한다. 그녀는 "이 개념[탈주체화라는 개념][이] 내부와 외부의 공유라는 유령적 성격이 나타나도록 했을 뿐만 아니라, 주체를 시간성의 지평 안에 단번에 기입해야할 필요성과 시간성을 비선형적인 것으로 규정해야 할 필요성을 드러냈다"[43]고 말한다.

주목해야할 부분은 바로 <주체를 시간성의 지평 안에 기입해야 한다>는 점과 <시간성을 비선형적인 것으로 규정해야 한다>는 점이다. 사유하는 주체를 시간성 안에 기입한다는 것은 낯설지 않은

43 리갈, 같은 글, 424~425쪽.

주장이며, 이미 선배 철학자들에 의해 상당히 시도되었다.

그렇다면 문제는 <비선형적인 시간성>에 있다. 이는 위에서 검토한 자아와 습관의 연속성과 관련하여 생각해볼 수 있는 부분이기도 하다. 문제는 습관의 <연속성> 혹은 <선형성>이 아니라, <비선형성>이다. 들뢰즈는 이 <비선형적인 시간성>을 시간의 세 번째 종합에서 다룬다.

들뢰즈는 첫 번째 시간으로부터 두 번째 시간으로, 그리고 두 번째 시간에서 세 번째 시간으로 넘어갈 때, 앞선 시간의 불충분성을 제시하면서 논리적으로 다음 시간을 연역하는 방식으로 진행한다. 첫 번째 시간이 습관에 대응하는 현재라면, 두 번째 시간은 이 현재가 지나가도록 하기 위한 근거로서 소환된다. 첫 번째 시간이 습관과 자아의 연속성과 유기성에 묶여있는 한계가 있다면, 두 번째 시간인 기억은 그것이 여전히 현재들의 재현에 묶여 있다는 점이 그 불충분성으로 제시된다.[44]

그렇다면 연속성과 유기성, 그리고 재현에의 구속에서 벗어난 비선형적인 세 번째 시간은 어떤 시간인가? 들뢰즈는 이 시간을 논리적인 언어로 제시하기보다는 우선 문학적 은유로 표현한다. "시간의 축은 빗장이 풀려 있다." 이는 다시 시간의 빗장을 풀기, 태양을 폭파하기, 화산 속으로 뛰어들기, 신이나 아버지를 죽이기 등으로 변주된다.[45]

세 번째 시간의 논증의 또 한 가지 특이한 점이라면, 그 시간이

---

44 두 번째 시간의 불충분성을 지적하는 부분 : "근거는 자신이 근거 짓는 것에 상대적이고 자신이 근거 짓는 것에서 특성들을 빌려오며, 그 빌려온 특성들을 통해 자기 자신을 입증한다." DR., 207쪽.

45 DR., 210쪽.

논리나 사유의 과정 속에서 필수불가결한 것으로 제시되는 것이 아니라, <행위>의 관점에서 제시된다는 것이다.[46] 세 번째 시간이란 "행위가 '자아에게는 너무 벅찬' 이미지로 다가오는 어떤 시간"[47]과 관련한다. 자아에게는 너무 벅찬 행위가 자아에게 요구되는데, 이 행위를 하지 못한 채 그 행위의 이미지와 관련하여 살아가는 시간이 과거이며, 그 행위를 마침내 해내는 시간이 변신의 현재, 그리고 변신 이후의 시간이 미래가 된다.

자아에게는 너무 벅찬 이미지의 시간과 관련하여, 자아는 자아로서의 유기적-연속적 시간성 속에 있는 경우 결코 이 행위를 하지 못한다. 그것은 논리적으로도 자명하다. 그는 영원히 과거에 머물면서 과거적 행위를 반복하게 된다. 그러므로 이 세 번째 시간은 연속성과는 상관이 없는 시간이며, 내용의 흐름과 상관이 없는 시간이므로 내용이 텅 빈 형식이다.

그러나 만약 그가 <자아에게는 너무 벅찬 이미지>의 행위를 드디어 하게 된다면 어떻게 되는가? 그렇게 되면 그는 더 이상 <자아>의 유기적 구조에 갇히지 않는 어떤 존재자가 되지 않겠는가? 그것이 바로 어쩌면 우리가 찾는 새로운 주체의 모습일 것이다. 탈주체화의 과정을 거친 이후의 두 번째 <주체화> 말이다. 들뢰즈는 이를 다음과 같이 기술한다.

46 이는 베르그손이 지각을 인식의 관점에서가 아니라 행동의 관점에서 사유했던 『물질과 기억』의 유산이라고 할 수 있다. 그는 유기체가 참된 인식을 위해 지각하는 것이 아니라, 유기체의 이해관계에 따라 유기체의 보존을 위한 행동을 목적으로 지각한다고 주장했다.

47 DR., 210쪽.

미래를 발견하는 세 번째 시간의 경우 - 이 시간은 사건, 행위가 자아의 일관성을 배제하는 어떤 비밀스런 일관성을 지니고 있음을 의미한다. 이 일관성은 사건과 행위에 필적할 수 있게 된 자아에 등을 돌리고, 자아를 수천 조각으로 쪼개어 투사한다...즉 자아가 필적하게 된 것, 그것은 즉자적 비동등이다...그 출구는 이름도, 가족도, 특질도, 자아나, 나도 없는 인간...그는 이미 초인, 흩어진 사지가 숭고한 이미지의 주위를 맴돌고 있는 초인이다.[48]

자아가 자아에게는 너무 벅찬 이미지의 행위를 드디어 하게 된 순간, 그리고 그 이후에 남는 것은, 논리적으로도 역시 자아를 배제한 사건일 것이다. 그 시간에 동일성과 유사성은 수 천 조각으로 쪼개지지만 그럼에도 어떤 <비밀스런 일관성>이 남는다. 그 비밀스런 일관성을 가지게 된 <그>를 여기에서는 <초인>이라고 부르고 있다.

들뢰즈는 여기에서 오이디푸스와 햄릿의 예를 든다. 햄릿은 극 초반부에 알게 된 사건의 진실을 앞에 두고 아버지를 배신한 어머니와 삼촌에 대한 복수라는, <자아에게는 너무 큰 행위의 이미지>를 두고 번민한다. 오이디푸스는 극 후반부에 자신이 아버지를 죽이고, 어머니와 결혼했으며, 어머니와의 사이에서 자식을 낳았다는 사건의 진실을 알게 되고, 그 역시 <자아가 견디기에는 너무 큰 행위의 이미지>에 압도당한다.

우리는 나라는 동일성이나 자아의 유사성에 근거하여 우리 앞에 전개되는 사건에 대해 이해하고 판단하며 행동한다. 이때 대부분의 판단과 행동은 그 동일성과 유사성의 틀 속에서, 자신이 감당

48 DR., 210~211쪽.

할 수 있는 것들을 계산에 두고 이루어진다. 그렇게 살아갈 때, 우리는 언제나 주체의 차원에서, 혹은 나쁜 의미의 주체화의 차원에서 과거라는 시간 속에 살아간다.

그러나 사건이라는 질서는 주체와 자아의 동일성-유사성의 계산으로는 계산이 안 되는 질서이며, 세상은 항상 우리 뜻대로 되지 않는다. 탈주체화한다는 것은, 이러한 동일성-유사성의 틀을 그 스스로 넘어서서 자아의 일관성을 배제하는 질서에로 나아간다는 것에 다름 아니다. 그렇게 되면 자아로서는 생각지도 못한 질서가 펼쳐지는 것을 목도할 수 있을 것이다.

무의식의 능동성

마지막 질문을 던져야 하겠다. 이러한 탈주체화의 과정을 자아가 해낼 수 있는가? 자아는 언제나 반동적이 아닌가? 능동적 의식이라는 것은 언제나 재현의 질서에 얽매여 있는 것이 아닌가?

들뢰즈에게서 종합은 언제나 수동적인 종합으로 알려져 왔다. 능동적인 종합은 부차적인 것으로서 수동적 종합위에 포개진다. 그러나 세 번째 시간의 종합을 개진할 때 들뢰즈는 이 종합을 수동적 종합이나 능동적 종합으로 한정하여 지칭하지 않는다. 그러므로 첫 번째와 두 번째 종합에서 능동성이 의식의 능동성으로서 사유되었다면, 세 번째 종합과 관련해서는 능동성을 <무의식의 능동성>으로 사유할 필요가 있다.

『차이와 반복』에서는 세 번째 종합과 관련하여 <능동성>이나 <수동성>이라는 개념을 개진한 부분이 없으나, 행위와 행위자를 반복적으로 언급한 것을 보면, 세 번째 종합을 수동적 종합으로만 보기 어려우며 일종의 능동성을 도입해야 한다고 볼 수 있다. 또한 이 저서 이전에 『니체와 철학』에서 그리고 이후에 『안티-오이디푸스』에서는 명백히 이 무의식의 능동성을 이야기 한 바 있다는 점에 주목해야 한다.

> 힘들의 능동성은 필연적으로 무의식적이다...신체의 능동적인 힘들은 바로 신체를 하나의 자기로 만들며... '더 강력한 역량을 가진 존재, 알려지지 않은 현자, 그것이 자기라는 이름을 갖는다. 그는 너의 신체 속에 살며, 너의 신체이다.[49]

> 따라서 욕망하는 생산의 능동성은 주체(의식-전의식 체계)의 능동성이 아니라 무의식적 욕망의 능동성이다...능동적 역량은 특이성들로서의 무의식적 욕망 속에 보존되어 있다.[50]

물론 무의식이 능동적이라는 것이지 의식-주체가 능동적이라는 것은 아니지 않은가라고 반문할 수 있다. 의식-주체의 능동성이 가지는 한계와 반동성은 이미 충분히 밝혀져 왔다. 그러므로 중요한 것은 우리에게 긍정적인 의미의 능동성이 주어져 있다는 점이고, 그 능동적 행위의 주관자가 의식-주체가 아니라 무의식이라는 점이다. 그리고 인용문에 나와 있다시피 그 무의식적 능동성은 <신체를 하나의 자기로 만든다>. 신체는 나와 자아의 틀을 벗어나는 어떤 자기의 부분을 갖는다는 것이다.[51]

---

49 Deleuze, *Nietzsche et la philosophie*, Paris, Puf, 1962, 이경신 옮김, 『니체와 철학』, 민음사, 2001, 90~91쪽. (이후 NP로 약칭).

50 Deleuze & Guattari, *Anti-Oedipe : Capitalisme et schizophrénie I*, Paris, Minuit, 1972, 김재인 옮김, 『안티 오이디푸스』, 민음사, 2014, 94~95쪽.

51 바로 이러한 지점이 들뢰즈에게 <기관 없는 신체>라는 개념화를 가능하게 한

몸이 자아의 틀을 넘어서는 어떤 다른 질서의 능동성을 가지고 있다면, 원칙적으로 나는 그의 말에 귀 기울여 자아를 넘어서는 어떤 행위를 할 수 있는 것이다. 신체와 무의식이 나의 행동을 주관할 수 있도록 의식과 주체가 자리를 내주는 것. 그것이 탈주체화 → 주체화의 길이 될 수 있겠다.

이를 좀 더 받아들이기 쉽게 서술하자면, 우리는 우리에게 주어져 있는 로고스, 혹은 이성을 주어진 역량에 맞춰 사용할 수 있기만 하면 되는 것이다. 들뢰즈가 반복하는 주장 가운데 하나가 바로 이것이다. 그는 "우리가 신체가 지닌 역량들에 관한 인식을 획득하고자 하는 것은 그와 평행하게 의식을 벗어나는 정신의 역량을 발견하기 위해서이다."[52]

우리가 경계해야하는 것은 의식적 주체의 전횡이지, 정신의 역량이 아니다. 의식적 주체에 의해 축소되지 않은 정신의 역량을 발견한다는 것은, 자아의 틀 안에 가두어지지 않는 몸을 발견한다는 것과 같다. 의식을 부정하는 것이지 이성을 부정하는 것이 아니라는 들뢰즈의 주장 역시 이와 관련하여 되새긴다면, 우리에게는 들뢰즈적 맥락에서도 능동적인 주체가 될 수 있는 가능성이 있다고 할 수 있다.

다. 몸은 자아로서의 몸과 기관 없는 신체로서의 몸으로 동시에 존재한다고 볼 수 있다.

52 Deleuze, *Spinoza-philosophie pratique*, Paris, Minuit, 1981, 박기순 옮김, 『스피노자의 철학』, 민음사, 2001. 33쪽.

나가면서

결국 우리가 들뢰즈에게서 발견한 것은 무의식적이면서 능동적인 주체라고 할 수 있다. 본문에서 여러 가지 방식으로 이미 지적한 것처럼, 의식과 의식적 주체를 배제한 것이 무차별적인 무정형의 충동이나 의식을 잃은 상태와 같은 어떤 무기력함을 부각시키는 것은 아니다.

의식적 주체를 비판적으로 바라보고, 구성된 주체[주체화]를 부정하는 것은 의식의 질서로 환원되지 않는 역량을 발견하기 위한 것이다. 그 힘은 막연한 우주적 에너지가 아니라, 우리의 몸이 보존하고 있는 비선형적 능동성이며, 이 역량을 발견한다는 것은 바로 의식의 한계에 머무르지 않는 정신과 이성의 능력을 재발견하는 것에 다름 아니다.

수적인 하나로서 스스로 여전히 <주체>라고 생각하는 우리 근대인들에게 걸맞은 새로운 <주체>는, 본문에서 검토한 종류의 균열된 나와 분열된 자아를 거쳐 <자아에게 너무 벅찬 이미지>라는 시련을 거친 새로 태어난 자로서의 주체와 같은 것이어야 할 것이다. 극이 끝날 때 아버지의 죽음 이후로 그를 괴롭힌 그에게는 너무 벅찬 행위를 결국 실행에 옮긴 햄릿과, 자기의 눈을 파고 먼 길을 떠난 오이디푸스처럼.

참 고 문 헌

김성민·김성우, 「포스트모던 스피노자 윤리학에 대한 헤겔주의적 비판」, 『철학연구』, 105집.

램버트, 그렉, 『누가 들뢰즈와 가타리를 두려워하는가?』, 최진석 옮김, 자음과모음, 2013.

리갈, 엘리자베스, 「탈주체화」, 『들뢰즈 개념어 사전』, 신지영 옮김, 갈무리, 2012.

베르그손, 앙리, 『물질과 기억』, 박종원 옮김, 아카넷, 2005.

사토 요시유키, 『권력과 저항』, 김상운 옮김, 난장, 2007.

신지영, 「존재와 사유의 비원리적 동일성에 관하여」, 『대동철학』, 57집, 2011. 12.

_____, 「들뢰즈에게 있어서 개체화의 문제에 관한 연구」, 『대동철학』, 74집, 2016. 3.

윌리엄스, 제임스, 신지영 옮김, 『들뢰즈의 차이와 반복; 해설과 비판』, 라움, 2010.

칸트, 『실용적 관점에서 본 인간학』, 이남원 옮김, 울산대학교출판부, 1998.

케니, 앤서니, 『중세철학』, 김성호 옮김, 서광사, 2010.

프로이트, 지크문트, 「자아와 이드」, 『정신분석학의 근본개념』, 박찬부 옮김, 열린책들, 2003.

Deleuze, *Nietzsche et la philosophie*, Paris, Puf, 1962, 이경신 옮김, 『니체와 철학』, 민음사, 2001.

_______, *Différence et répétition*, Paris, Puf, 1968a, 김상환 옮김, 『차이와 반복』, 민음사, 2004.

_______, *Spinoza-philosophie pratique*, Paris, Minuit, 1981, 박기순 옮김, 『스피노자의 철학』, 민음사, 2001.

_______, *Foucault, Paris, Minuit*, 1986, 허경 옮김, 『푸코』, 동문선, 2003.

Deleuze & Guattari, *Anti-Oedipe : Capitalisme et schizophrénie I*, Paris, Minuit, 1972, 김재인 옮김, 『안티 오이디푸스』, 민음사, 2014.

_______, *Mille Plateaux : Capitalisme et schizophrénie II*, Minuit, 1980, 김재인 옮김, 『천 개의 고원』, 새물결, 2004.

Nietzsche, "Nachlaβ 1887-1889" *Kritische Studienausgabe*, Bd. XIII, New York and Berlin, Walter de Gruyter, 1999.

11

다중의 명인(名人) 되기와 '예술인간-예술체제'

조정환

명인성의 현주소

신자유주의 텔레비전은 명인virtuoso을 발굴하거나 선발하는 리얼리티 예능 프로그램을 놓고 앞을 다투며 서로 경쟁하고 있다. 이 과정에서 이 프로그램들은 명인성virtuosity이 직업, 연령, 성별, 학벌, 자격 등 시민사회에 등록된 여러 유형의 경계들을 넘어 실재하고 있음을 보여준다. 어린이들의 '영재성'을 발굴하는 SBS의 <영재발굴단>은 수학, 바둑, 음악, 회화 등의 모든 영역에서 명인성이 나이의 경계를 넘어서 실재하고 있음을 보여준다. 어린이의 명인적 잠재능력이 어떤 조건에서 어떻게 현실화되었는가를 보여주는 이 프로그램은 누구에게나 있을 수 있는 그러한 잠재능력이 어떻게 억압되고 있는가도 동시에 보여준다. <슈퍼스타K>, <위대한 탄생>, <코리안 갓 탤런트> 등의 오디션 프로그램들도 대학, 전문기관 등 엘리트적 경로를 통한 재능의 선발이 아니라 다중적 경로를 통한 재능의 선발이라는 점에서 주목된다. 이 프로그램들은 다중이 갖고 있는 명인적 능력을 발견, 선발, 양성, 실현하는 과정을 보여주는데 여기서 평가와 선발의 권리도 '심사위원'이라는 전문가 엘리트 외에 '청중'이나 '시청자'와 같은 다중에게도 귀속시키곤 한다.[1] <서바이벌 나는 가수다>[2]는 오디션 문화를 확대하여 기성 가수(전문가)까지 오디션을 받아야 할 대상으로 만드는데, 이 과정에서 전문가의 다중화가 이루어진다. 그뿐만 아니라 이 프로그램에서 감상, 평가, 선발의 권리는 전문가로 구성된 심사위원이 아니라 '청중'인 다중, 즉 청중평가단[3]에게 주어진다. 오디션을 통한 선발 프로그램은 음악뿐만 아니라 연기(<꿈을 캐스팅하라 - 기적의 오디션>), 아나운서(<신입사원>), 모델(<도전 슈퍼모델 코리아2>), 요리(<마스트셰프 코리아>) 등으로 확장되었다. 오늘날 일종의 붐을 일으키고 있는 이 프로그램들이 보여주는 것은, 다중에서의 선발(고시)에서 엘리트에서

1 "대국민 오디션을 포방하는 프로그램의 경우 시청자의 사전 온라인 투표 10%, 심사위원 점수 30%가 반영되며 생방송 도중 시청자의 문자투표가 60%를 차지한다. 점수의 대부분인 70%가 시청자에 의해 좌지우지되는 것이다." (http://www.sciencetimes.co.kr/?news=오디션-열풍의-원인은)

2 방송 초기에는 '서바이벌 나는 가수다'였다가 나중에 '서바이벌'이라는 단어는 제거되었다.

3 물론 청중평가단이 임의의 다중들인 것은 아니다. 청중평가단 자체가 '게시판신청-전화면접-선발'이라는 과정을 거쳐 방송국에 의해 구성되기 때문이다. "청중 평가단은 연령과 성별에 따라 균등하게 구성된다. 연령은 10대, 20대, 30대, 40대, 50대 이상으로 구성되며 각 그룹별로 100명씩 배분된다. 그룹별 성비도 균형을 맞춘다." (http://media.daum.net/primary/entertain/view.html?cateid=100045&newsid=20110508073507131&p=yonhap)

의 선발(로스쿨)로 가고 있는 사법 영역과는 달리, 연예 영역에서 그 잠재력이 점점 더 다중에서 발견되고 육성되며 또 실현되는 경향이 있다는 사실이다.

이러한 프로그램들이 본질적으로 상업주의적인 것으로서 다중의 예술능력을 착취하기 위한 것이며 다중 내부에 능력계발을 둘러싼 신자유주의적 경쟁을 불러일으킨다는 것, 그리고 이 절차가 참가자 각자에게 '서바이벌', 즉 각박한 조건에서 살아남기('선발되기')의 비장한 수단으로 되고 있다는 것, 다시 말해 프로그램 자체가 신자유주의 체제를 정당화할 뿐만 아니라 강화하고 있다는 점은 결코 간과해서는 안 될 사실이다. 하지만 역으로 이러한 사실이야말로 신자유주의적 예능세계가 다중의 예술능력에 절대적으로 의존하고 있으며 그 잠재력의 발견, 발굴, 육성을 통한 현실화[4]가 현재의 자본주의 체제를 지탱하는 메커니즘임을 징후적으로 보여준다는 것도 사실이다. 텔레비전이 이러한 의미의 스펙타클적 선발의 무대로 되기 전에 학교, 공장, 기업, 군대 등이 다중의 역량을 선발하고 훈육하고 착취하고 수탈하는 현장이었다. 주목할 만한 변화는 텔레비전에 앞서, 그리고 텔레비전의 영향을 받으면서 사회의 모든 현장과 기관들에서의 선발이 예능화되고 있다는 사실이다. 이러한 변화로 인해 다중은 다양한 영역에서 명인, 장인, 거장이기를 요구받으며 궁극적으로는 각자의 몸과 마음 그 자체까지 명인적으로 예능화할 것을 요구받고 있다. 이 과정에서 '명인성'은 특정한 영역에서의 예술적 재능으로 이해되며, 그 재능은 주로 기량을 중

4 오디션(audition)은 라틴어 'audire'에서 기원하는 말로 잠재력을 듣고 지각하는 행동을 의미하는 것이다.

심으로 평가된다. 이러한 예능적 명인화 요구를 다중이 처한 질곡으로 파악하면서 그것을 거부하는 것으로 나아갈 것인가, 아니면 이러한 상황과 조건을 해방적 가능성으로 역전시키면서 예능적 명인화를 극한적으로 가속시킬 것인가? 이 질문에 답하기 위해서는 '명인(성)'이 역사 속에서 거쳐온 개념적 계보를 살펴보는 것이 필요하다. 각각의 시대가 무엇을 명인이라고 표상해 왔던 것인가를 살핌으로써 우리 시대에 가능한 명인성이 어떤 것인지, 그것을 실현하려면 어떤 조건, 어떤 노력이 필요한지, 또 그것을 구체화할 체제가 무엇인지 등에 대해 살펴보는 것이 필요하다.

명인성에 대한 고전적 개념과 고전주의적 정의: 아리스토텔레스와 아렌트

아리스토텔레스는 '제작poiesis'과 '행동praxis'에 대한 고전적 구분법을 남겼다. 제작은 다른 목적에 봉사하는 수단, 즉 어떤 결과물을 낳기 위한 수단적 활동으로서 자신 이외의 다른 목적을 갖는다. 이에 비해 행동은, 인간에게 좋거나 나쁜 것과 관련해서 행하는 능력의 참되고 이성적인 상태를 지칭하는 것으로서 그 자체가 목적이라는 것이다.[5] 아리스토텔레스의 이러한 구분법에 의거하는 철학자들, 특히 한나 아렌트는 '행동action'을 필연성에 묶여 있는 '노동labour'이나 '작업work'으로부터 구분하여 자유로운 활동으로 정의하고, 명인성virtuosity을 이 행동의 속성으로 간주한다. 그녀에게서 노

5 Aristotle, *Nicomachean Ethics*, trans. by W. D. Ross, Batoche Books, Kichener, 1999, p. 95.

동은 지구/자연에서 인간의 동물적 생존필요를 직접적으로 충족시키는 물질적 활동이다. 작업은 직접적으로 자연적인 생존의 필요는 아니라 할지라도 인간이 인간답게 살아갈 집/세계를 구축해야 할 인공적 필요를 충족시켜야 한다는 점에서, 그리고 사물에 의해 매개된다는 점에서 노동과 공통점을 갖는다. 행동은 이것들과 달리 사물의 매개 없이 복수적 타자들과 관계를 맺는 자유로운 활동이다. 그것은 본질적으로 사물이 아니라 언어에 의해 매개되는 활동이며 윤리와 정치에서 뚜렷이 확인되는 활동이다.[6]

아리스토텔레스와 아렌트의 고전주의적 규정에서 우리는 행동의 세 가지 특성에 주목할 수 있다. 첫째로 그것은 별도의 생산물을 낳지 않고서도 그 자체로 고유한 목적과 성과를 발견한다.(자기목적성) 둘째로 행동은 타자들의 신체적 언어적 현존 속에서 그들과 관계를 맺고 교류하는 활동이다.(관계성) 셋째 행동은 필연성에 묶인 활동이 아니라 반드시 그렇게 하지 않을 수도 있는 활동이며 늘 새로운 관계를 개시하는 활동, 즉 자유의 활동이다.(자유성) 명인성은 이러한 의미의 행동의 속성인데, 아렌트에게서 명인성은 무엇보다도 위의 두 번째 특성, 즉 '타인과 함께 행동할 수 있는 탁월한 능력die Virtuosität des Mit-anderen-zusammen-Handelns'에 따라 정의된다.[7] 이것은 고유하게 정치적인 능력으로서 사물들을 자기자신의 관점에서만이 아니라 그 상황 속에 현존하고 있는 모든 타자들의 관점에서 볼 수 있는 통찰력을 요구한다. 이러한 통찰력은 상식common sense에 근거하는 것으로서 타자들과 세계를 공유하기 위

6 Hanna Arendt, *The Human Condition*, The University of Chicago Press, 1998, p. 7-9.

7 Hannah Arendt, 'Freiheit und Politik', 1959(http://siaf.ch/files/arendt.pdf).

해서는 반드시 필요한 것이다. 우리의 주관적 오감은 타자들과 공유하는 이 비주관적인 객관세계에 우리가 적응할 수 있도록 도와준다. 그리스인들은 아렌트가 말하는 이러한 명인적 통찰력이야말로 공적 영역에서 활동하는 '정치가'가 가지는 최고의 미덕virtue이자 탁월한 능력virtuosity으로 보았다.[8] 그런데 아렌트는 정치가가 보여주는 이러한 능력이 '공연예술가'들에게서도 나타난다고 본다. 무용가, 행위예술가, 음악가 등등의 공연예술가들은 타자의 현존을, 즉 청중을 필요로 하며 이렇게 타자의 현존을 통해 공적으로 조직된 공간에서 자신들의 통찰력과 기예를 보여준다는 것이다. 정치가와 공연예술가의 수행performance은 이러한 관계성의 통찰 외에 그 어떤 물질적 산물도 낳지 않는다는 점, 그래서 오직 그 수행과정이 자기목적이 된다는 점에서도 공통된다.[9] 여기에 우리는 이러한 수행활동이 자연필연성(자연법칙)의 개체적 반복을 넘어 자유를 향해 열리는 활동이라는 점을 덧붙일 수도 있을 것이다.[10]

8 Hannah Arendt, *Between Past and Future*, p. 221(http://www.celinecondorelli.eu/files/arendtcrisisinculture_v2.pdf)

9 Hannah Arendt, *Between Past and Future*, p. 154(빠올로 비르노, 『다중』, 김상운 옮김, 갈무리, 2004, 88쪽 참조).

10 공연예술가가 자연법칙이 아니라 악보나 대본을 공연하고 정치가가 법을 공연한다고 할지라도 법, 악보, 대본이 자연법칙과는 다른 수준의 것이며 또 즉흥성(랩에서의 프리스타일 같은 것)의 여지는 이 활동들에 항상 열려 있다고 할 수 있다.

초기근대의 명인성 개념 : 마키아벨리와 스피노자

아리스토텔레스에 의지하면서 명인성을 무엇보다도 타인과의 관계의 능력으로 본 아렌트는 명인성의 핵심을 언어능력에서 찾았다. 명인에게서 언어능력의 중요성은 초기 근대의 사상가들에게서도 강조된다. 15세기의 마키아벨리는 덕virtù, 즉 명인적 능력을 운fortuna과 관계맺는 능력에서 찾는다. 운과 관계맺는 능력이 무엇일까? 그에 따르면 운은, 자신의 의지 밖에서 자신에게 닥쳐와 일의 성패에 결정적 영향을 미치는 외적 힘들의 총체이다. 덕은, 이러한 운을 질료로 삼아 자신이 생각한 최선의 형태로 빚어내는 능력, 즉 운에 대한 통찰력과 통제력이다.[11] 여기서 통찰력은 앞서 우리가 살펴본 것처럼 언어능력임이 분명하다. 그런데 마키아벨리에게서 명인성(즉 덕의 대가로서의 능력)은 언어능력만 이외의 것을 포함한다. 그것은 아리스토텔레스와 아렌트가 행동의 능력에서 분리시켜 노동에 귀속시키고자 한 속성으로서의 동물성이며 동물적 폭력이다. 마키아벨리의 명인은 인간이면서 동시에 동물이어야 하고, 여우이면서 사자여야 한다. 명인은 말(언어)로 약속하는 자이면서 동시에 (약속을 맺은 이유가 더 이상 존재하지 않을 때에는) 폭력으로 그 약속을 어기는 자여야 한다. 자비와 신의를 갖춘 정직하고 경건하고 인간적인 태세를 갖추면서도 동시에 달리 행동할 필요가 있을 때에는 신의 없고 무자비하고 비인간적인 방식으로 행동해야 한다. 한편에서 동물이며 다른 한편에서 인간인 이 켄타우로스적 명인의

11 니콜로 마키아벨리, 『군주론』, 강정인·문지영 옮김, 까치, 2004, 40쪽.

핵심적 고유함은 운의 풍향과 변모하는 상황이 그를 제약할 때마다 그 변화를 통찰하고 자신의 행동을 거기에 맞추어 자유자재로 바꾸면서 그 운을 통제할 수 있는 능력에 있다.[12] 아리스토텔레스(와 아렌트)가 명인성을 탁월한 정치가에서 찾았듯이 마키아벨리도 그것을 탁월한 군주에게서 찾는다. 하지만 마키아벨리가 생각하는 군주의 명인성은 노동으로부터 명확하게 구분되는 것으로서의 행위의 특성을 넘어서는 경향을 보인다. 군주에게 운은 인간(가령 인민)만이 아니라 자연(가령 홍수)으로부터도 오는 것으로,[13] 또 그의 덕은 이러한 필연성들을 통찰하면서 인간적인 방식으로만이 아니라 동물적인 방식으로 발휘되는 것이기도 하기 때문이다. 그리고 군주의 명인성은 무엇보다도 인민의 미움을 받지 않고 인민에 대한 통치를 유지한다는 궁극목적을 달성하기 위한 수단적 능력이기도 하기 때문이다.

마키아벨리는 군주의 명인성이 여우 같은 지혜와 사자 같은 힘에 의해 보장된다고 했다. 후자가 개인적 용맹함 외에 군사와 전쟁에 의해 담보된다는 사실은 『군주론』 14장[14]에서 분명하게 서술된다. 전쟁은 군주의 직업이며, 경멸받지 않도록 항상 군사에 관심을 갖고 무력을 갖추어야 하고, 연구와 훈련을 통해 전쟁을 연습해야 한다는 것이다. 그렇다면 전자, 즉 군주의 지혜는 어디로부터 오는 것일까? 그것은 신하와 관리의 선택과 운용에서 온다. 주변인물들의 재능, 충성을 확보하는 것이 군주의 지혜를 보장한다.[15]

12 니콜로 마키아벨리, 같은 책, 122-125쪽.

13 같은 책, 170쪽.

14 같은 책, 102-104쪽.

15 같은 책, 160-162쪽.

로마 공화정의 부활을 꿈꾸었던 마키아벨리에게 『군주론』은 군주정 속에서 공화주의적 이상을 구현하기 위한 노력이었다. 여기에서 명인성은 군주의 속성이며 인민은 군주에게 영향을 미치는 강력한 힘으로서의 위치를 갖는다 할지라도 여전히 그의 통치의 대상으로 남아 있다. 이에 비해 스피노자는 좀 더 적극적으로 다중 자신의 명인성에 대해 사유할 수 있는 길을 열어놓는다. 군주정이 본질적으로는 귀족정이며, 다시 귀족정이 본질적으로는 민주정이라고 봄으로써이다. 군주의 명인성은 '독립적이고 훌륭한 삶을 영위하는 모든 사람들이 예외 없이 최고 의회에서 투표할 권리와 관직을 담당할 권리를 갖는' 정치[16]를 실현하는 것이다. 다시 말해 다중의 지혜와 능력을 결집하고 활용할 수 있는 능력이 군주의 명인성이다. 이것은 다중의 명인성이 주권으로 집약되어야 할 필요성을 강조한 것으로 읽을 수 있다. 『에티카』에서 이것은 명인성의 이중적 평행의 진화논리학으로 나타난다. 신체적 힘은 코나투스Conatus, 쿠피디타스Cupiditas, 멘스Mens를 거쳐 마침내 비르투스Virtus로 진화한다. 그리고 정신적 힘은 상상과 계율(1종인식)에서 출발하고 이성(2종인식)을 통한 공통관념의 형성을 거쳐 직관(3종인식)으로 진화한다. 마키아벨리의 명인론과 비교하자면, 전자가 사자의 진화론이라면 후자는 여우의 진화론이다. 명인적 윤리는 신체적이면서 동시에 정신적인 힘을 증대시키는 것인데, 이것은 다양하고 복수적인 힘들(즉 다중)의 기쁜 만남과 공통되기를 요구한다. 이것이 당대의 역사적 조건과 한계 때문에 스피노자의 사유가 충분히 다루기 어려웠

16 바루흐 스피노자, 『정치론』, 김호경 옮김, 갈무리, 252쪽. 17세기를 산 스피노자에게서는 이 '모든 사람들'에서 외국인, 노예, 어린아이와 피후견인, 범죄자 등만이 아니라 여자까지 배제되는 역사적 한계가 드러난다.(같은 책, 252-4쪽)

던 민주주의를 통해 최고도로 보장될 수 있는 것이라고 본다면,[17] 다중의 민주주의는 명인성의 정치체제라고 할 수 있을 것이다.

근대의 명인성 개념 : 맑스, 레닌, 그람시, 그리고 벤야민

마키아벨리와 스피노자에게서도 명인성은 관계능력이지만 그 능력은 언어적이고 지적인 차원에서뿐만 아니라 신체적이고 물리적인 차원에서도 작용한다. 그리고 명인성의 주체성은 점차 군주나 귀족에서 인민과 다중으로 이행하는 경향을 보인다. 이 경향의 극점에서 우리는 프롤레타리아의 명인되기를 사유한 맑스의 명인론을 발견할 수 있다. 마키아벨리와 스피노자는 다중의 명인성을 인정하면서도 군주와 귀족에 의한 그것의 재현에 주목했다면 맑스는 프롤레타리아의 명인성의 직접적으로 사회적인 표현 가능성에 주목한다.

맑스가 보기에 명인성의 원천은 '노동과 분리된 행동'에 있다기보다 '노동과 구분될 수 없는 감각적이고 대상적인 인간의 활동성' 그 자체에 있다. "인간 본질의 대상화는 인간의 감각들을 인간적으로 만들 뿐만 아니라 풍부한 인간적이고 자연적인 본질에 상응하는 인간적 감각을 창조하기 위한 활동이기 때문이다."[18] 인간적 수용성Leiden도 이러한 활동성의 이면이다. 왜냐하면 인간적으로 파

17 『정치론』의 11장 '민주정에 관해서는' 군주정(6-8장)이나 귀족정(9-10장)에 대한 분석에 비하면 현저히 미완성인 상태의 장이다.

18 칼 마르크스, 『경제학-철학 수고』, 김태경 옮김, 이론과실천사, 1987, 91쪽.

악해보면 수용성이란 인간의 자기향유이기 때문이다.[19] 대상적으로 전개되는 풍부한 인간적 본질을 통하여 비로소 풍부한 주관적인 인간적 감성, 음악적 귀, 형식미를 보는 눈, 요컨대 인간적으로 향유할 능력이 있는 감각들, 즉 인간의 고유한 예술적 능력들로서 자기를 확인하여 자기를 완성하기도 하고 산출하기도 하는 감각들이 생성된다. 오감뿐만 아니라 의지, 사랑 등의 정신적 감각들, 실천적인 감각들도 그것들의 대상의 현존재를 통하여, 즉 인간화된 자연을 통하여 비로소 생성된다. 맑스에 따르면 사회적 인간gesellschaftlichen Menschen의 명인성의 조건, 즉 오감을 비롯한 모든 감각들의 형성Bildung은 지금까지의 세계사 전체의 노동Arbeit이 없었다면 불가능한 것이다.

그런데 문제가 있다. 인간 본질을 대상화하는 활동으로서의 노동이 사적 소유와 분업으로 인해 인간적 감각을 인간적이고 풍부하게 만들기는커녕 오히려 일면적이고 빈곤하고 조야한 것으로 만들고 있다는 것이다. 음식의 인간적 형식을 감각할 수 없고 오직 음식으로서의 추상적 현존만을 감각하는 굶주린 인간, 아름다운 연극을 보고도 아무런 감흥을 느낄 수 없는 근심에 가득찬 궁핍한 인간, 광물의 상업적 가치만을 알 뿐, 광물의 아름다움과 고유성을 느끼지 못하는 광물 상인 등이 사적 소유가 만들어 내는 조야하고 일면적인 인간형들이다. 모든 물리적 정신적 감각들의 자리에 이것들의 단순한 소외로서의 '소유'라는 감각이 들어서면서, 우리는 우리가 그 대상을 가질haben 때에만 그것을 우리의 것이라고 파악한다.

19 Marx Engels Werke(이하 MEW), B. 40, s. 540; 칼 마르크스, 『경제학-철학 수고』, 88쪽.

내적 풍부함을 자신 밖으로 방출하면서 그것으로부터 멀어지고 차단되는 절대빈곤의 삶이, 노동과 자본으로 양분되어 적대하는 사적 소유의 삶이 지배하게 된다. 사적 소유 속에서 인간 자신은 자신에게 대상Gegenstand으로, 그것도 낯설고 비인간적인 대상으로 전화하며, 인간의 생명표현Lebensäußerung은 삶의 포기Lebensentäußerung로 귀결된다.[20]

그렇기 때문에 이 모순적 현실의 타개가, 그리고 그 현실을 근원적으로 규정하는 사적 소유 체제의 지양이 절실한 과제로 대두된다. 사적 소유를 지양한 사회만이 자신의 본질을 전체적으로 풍부하게 실현한 인간, 즉 전면적이고 심오한 감각을 가진 풍부한 인간을 그 사회의 항구적 현실로서 생산할 것이기 때문이다. 그렇기 때문에 사적 소유의 지양은 단지 인간을 위해 인간에 의해 생산된 인간적 생산물들의 직접적이고 일면적인 향유를, 요컨대 그것을 다시 점유한다besitzen거나 소유한다haben라는 의미로만 이해되어서는 안 된다. 그것은 인간이 자신의 전면적 본질을 전면적 방식으로, 요컨대 전인ein totaler Mensch으로서 획득하는 것을 의미하는 것으로 이해되어야 한다. 사적 소유의 지양이란, 세계에 대한 인간의 모든 인간적 관계 즉 보고 듣고 냄새 맡고 맛보고 느끼고 사유하고 직관하고 지각하고 의지하고 활동하고 사랑하는 등의 일, 요컨대 그 형식에서 직접적으로 공동체적인gemeinschaftliche 것으로 존재하는 인간의 개체성의 모든 기관들이 그것과 대상적 관계 속에 있거나 대상에 대한 그것의 관계에서 그것의 전유인 것으로 이해되어야 한다. 인간적 현실성의 전유, 대상에 대한 그의 태도/관계

20 MEW 40, s. 539.

Verhalten야말로 인간적 현실성의 긍정이기 때문이다.[21]

그런데 맑스가 보기에 인간을 전체적 인간, 즉 전인으로서 실현하는 이 과제는 철학이 해결할 수 있는 과제가 아니다. 왜냐하면 철학은 오직 실천적 방식으로만, 인간의 실천적 에너지에 의해서만 해결될 수 있는 이 문제를 늘 인식의 과제로만, 이론적 과제로만 파악해 왔기 때문이다. 주관주의와 객관주의, 유심론과 유물론, 활동성과 수용성Leiden 등이 명제적 대립성을 청산하고 또 대립적 현존성을 상실하게 되는 것은 이론적 관조나 해석을 넘는 감각적이고 대상적이며 실천적인 변혁을 요구하기 때문이다.[22] 그런데 맑스에게서 이 변혁은 결코 정치적 행동, 정치적 실천간의 과제도 아니다. 인간의 전인적 실현에서 산업적 노동이 정치적 행동만큼이나 중요한 역할을 담당하기 때문이다. 산업노동의 역사와 산업으로부터 생성된 대상적 현존재들은 인간의 고유한 능력들이 펼쳐진 책이면서 동시에 감각적으로 현전하는 인간의 심리학 이외에 다른 것이 아니다. 그러므로 철학, 종교, 역사, 문학, 예술, 정치 등만을 인간의 고유한 능력의 현실로, 인간의 유적 행위로 파악하고 산업의 역사는 인간의 본질과는 무관한 외적 유용성의 관계 속에서만 파악해 온 것은 인간이 소외되어 있다는 사실의 증거로 이해해야 한다. 노동이 자기자신으로부터 소외된 활동으로 되어 있기 때문에, 산업 생산물이 우리에게 낯선 감각적 유용물의 형식 아래에 놓여 있기 때문에 우리가 산업에서 대상화된 인간의 고유한 능력을 보지 못하는 것이다.[23] 그러므로 전인의 실현을 위해서는 이론(정신)

21 MEW 40, s. 539.[『경제학-철학 수고』, 88쪽].

22 MEW 40, s. 542. 이것은 『독일 이데올로기』의 '포이에르바하 테제' 11번의 주제이기도 하다.

과 정치(행동) 외에 노동(제작)의 변혁을 반드시 필요로 한다.

이 말을 우리는 인간과학과 자연과학의 역사적 관계의 발전이라는 맥락에서 재서술할 수 있다. 맑스에 따르면, 인간과학들이 매우 광범위하고 풍부한 인간의 활동을 천박한 욕망으로 간주하여 도외시하는 동안에 자연과학은 유용성이나 개인적 차원의 위대한 발견의 계기로 간주되면서 산업을 매개로 인간의 삶에 더욱 실천적으로 개입했고 인간의 삶을 더 실천적으로 개조했으며 인간의 해방을 준비했다. 이런 관점에서 그는, 산업이 직접적으로는 비인간화를 낳는다 할지라도 그것은 자연에 대한 인간의 현실적인 역사적 관계이며 자연과학의 현실적인 역사적 관계라고 말한다.[24] 따라서 산업을 그 직접적 유용성 너머에서 인간의 고유한 자연적 능력과 본질의 발현으로 이해하고 또 과학을 자연의 인간적 본질이나 인간의 자연적 본질을 이해하는 일로 파악한다면 자연과학은 추상적 의미의 물질적 경향이나 관념론적 경향, 즉 그것의 소외된 형태를 벗어나서 인간과학의 토대로 될 수 있다. 인간의 역사, 즉 인간사회의 발생활동 속에서 생성되어가는 자연이 인간의 현실적 자연이듯이, 비록 소외된 형태에서라 할지라도 산업을 통해 생성되는 자연은 진정한 인간학적 자연이다. 이러한 인식 위에서 맑스는 놀랍게도 "감성Sinnlichkeit은 모든 과학의 토대임에 틀림없다. 과학이 감성적 의식과 감성적 욕망이라는 이중형태의 감성을 출발점으로 삼을 경우에만— 따라서 과학이 자연을 출발점으로 삼을 때에만- 과학은 현실적 과학이 될 것이다. '인간'이 감성적 의식의 대상

23 칼 마르크스, 『경제학-철학 수고』, 91쪽.

24 같은 책, 92쪽.

으로 되고, '인간으로서의 인간'의 필요로 되기 위해서는 역사 전체가 예비와 발전의 역사여야 한다. 역사 자체는 자연사, 곧 자연의 인간되기des Werdens der Natur zum Menschen의 현실적 일부이다"라고 말한다. 과학의 토대에 감성을 놓고 이 감성의 진화를 역사로서 파악한 후에 그는, "앞으로 자연과학은 인간에 관한 과학을, 인간에 관한 과학은 자연과학을 포섭하면서 하나의 과학eine Wissenschaft이 될 것"이라는 통합/통섭의 전망을 내놓는다.[25]

그런데 과학이 산업과의 관계 속에서 발전하는 것을 넘어 직접 산업 자체에 응용되게 된다면, 즉 자본의 생산과정에 수용되면 어떻게 될까? 주지하다시피 그것은 노동수단을 변형시켜 그것을 기계로, 심지어 자동장치로, 자동으로 운동하는 동력에 의해 운동되는 자동기계류 체계로 만드는 것으로 나타났다. 『경제학-철학 수고』로부터 약 20여년 뒤에 『정치경제학 비판 요강』과 『잉여가치학설사』, 그리고 『자본론』에서 맑스는 이러한 발전과정의 역사적 의미에 천착한다. 과학과 기술이 생산에 응용된 것의 결과는 역설적인 것이었다. 인간의 지력에 의해 창출된 기계가 인간인 개별 노동자의 노동수단으로 되는 것이 아니라 노동자들이 오히려 이 기계적이고 이지적인 다수 기관들로 구성된 자동장치의 의식적 관절로 재배치되는 것이다.[26] 다시 말해, 기계가 노동자의 활동을 대상에게 매개해주는 장치로 기능하는 것이 아니라, 노동자의 활동이 오히려 기계의 '노동', 즉 원료에 대한 기계의 작용을 매개(작업연결, 고장감독, 수리)하는 기관으로 된다. 맑스는, 이 단계에서는 기계 스스로가

25 MEW 40, s. 543-544 [『경제학-철학 수고』, 93쪽].

26 칼 마르크스, 『정치경제학 비판 요강.2』, 김호균 옮김, 백의, 2000, 369-370쪽.

'숙련'과 '힘'을 가지면서, 기계에서 작용하는 역학법칙들로 자기자신의 '혼'을 가지고 있다고, 노동자가 자신의 지속적인 자기운동을 위해서 식량을 소비하듯이 석탄, 기름 등의 도구재료를 소비하는 '명인virtuoso'[27]으로 된다고 말한다. 명인이 되는 것은 군주나 노동자, 즉 인간이 아니라 기계다. 물론 기계류의 죽어 있는 관절들을 합목적적으로 작동하는 자동장치로 만드는 것은 과학이다. 그런데 그 과학은 노동자의 의식 속에 존재하는 것이 아니라 기계의 형태로, 노동자에게는 낯선 권력으로, 즉 기계 자신의 권력으로 존재한다.[28] 이제 생산력과 사회적 과학이 축적되어 일반적인 사회적 노동으로 나타나는 것은 노동자에게서가 아니라 자본, 즉 기계류로 구성된 고정자본에게서이다. 전체 생산과정은 노동자의 직접적 숙련성이 아니라 기계의 명인적 노동에 포섭되며 노동자의 직접적 노동은 이 일반화된 사회적 노동의 단순한 계기로 전락한다.

그러면 이러한 역사적 순간은 어떤 의미를 갖는 것일까? 이미 언급했듯이 기관차, 철도, 전보, 자동방적기 등의 자동기계장치들은 자연이 만든 것이 아니라 인간적 산업의 산물이다. 그것들은 자연에 대한 인간의지의 기관 혹은 자연에 인간이 참여하기 위한 기관으로 변환된 자연적 물질들이다. 그것들은 인간의 손에 의해 만들어진 인간 두뇌의 기관이며 대상화된 과학이다. 그러므로 고정자본의 발전은 일반적인 사회적 지식이 어느 정도로 직접적 생산력으로 되었고 그 결과 사회적 생활과정의 조건 자체가 어느 정도로 '일반지성general intellect'의 통제 아래에 놓였으며 또 이 지성에 따

27 같은 책, 370쪽.

28 같은 책, 370쪽.

라 개조되고 있는지를 보여준다. 다시 말해 그것들은 사회적 생산력이 어느 정도로까지 지식의 형태로만이 아니라 사회적 실천의 기관들, 실제적 삶과정의 기관들로 생산되는지를 보여준다.[29] 요컨대 기계적 명인성은 일반지성의 통제 아래에서 사회적 삶의 명인화를 촉진시키는 조건으로 나타난다.

하지만 기계적 명인성이 그 자체로 인간의 명인화, 특히 노동자의 명인화를 보장해 주지는 못한다. 여기에는 두 가지 이유가 있다. 첫째로 "가장 발전된 기계류가 노동자로 하여금 야만인이 한 것이나 노동자 자신이 가장 단순하고 가장 조야한 공구들을 가지고 수행했던 것보다 더 오래 노동하도록 강요"[30]하기 때문이다. 다시 말해 자본이 분명히 사회적 가처분 시간을 위한 수단들을 창출하여 전체 사회를 위한 노동시간을 최소한으로 감축하고 모두의 시간을 그들 자신의 발전을 위해 해방시킬 조건을 창출함에도 불구하고 실제에서는 자본이 이렇게 창출된 가처분 시간을 즉각 잉여노동으로 전환시켜 버리기 때문이다. 둘째로 자본이 이 가처분 시간의 잉여노동화에 더 크게 성공하면 할수록 자본은 과잉생산에 시달리고 그러면 필요노동도 중단되어 자본이 가치화할 잉여노동도 없게 되기 때문이다. 실제의 역사에서 발견되는 이 모순은 무엇을 의미하는가? 맑스는 이 모순이 발전할수록 "생산력의 성장은 더 이상 타인의 잉여노동의 점취에 묶여 있을 수 없고, 노동자 대중 자신이 그들의 잉여노동을 전유해야만 한다는 사실이 더욱더 분명하게 드러난다"[31]고 말한다. 노동자 자신에 의한 잉여노동의 전유와 재전

29 같은 책, 382쪽.

30 같은 책, 384쪽.

31 같은 책, 384쪽.

유를 통해서만 기계의 명인성은 노동자들에게 자신의 잠재적 생산 능력을 발전시킬 가처분시간을 제공함으로써 노동자의 전인성의 조건으로, 인간의 명인되기를 위한 계기로 될 수 있다는 것이다. 노동자가 잉여노동을 재전유하기 위해서는, 한 계급에 의한 다른 계급들의 착취에 근거하는 생산물의 생산 및 전유의 최후의, 그리고 가장 완성된 표현인 부르주아적 사적 소유의 철폐를 필요로 한다. 공산주의자란 이 부르주아적 사적 소유의 철폐를 자신들의 집약적이고 유일한 이론으로 삼는 주체성이다. 공산주의자와 그 정치적 집합체인 당은 마키아벨리의 여우처럼 "프롤레타리아 운동의 조건들, 진행 및 일반적 결과들에 대한 통찰"을 여타 프롤레타리아트 대중에 앞서서 가지면서 프롤레타리아의 다양한 일국적 투쟁들에서 국적과 무관하게 "프롤레타리아트 전체의 공동 이해"를 내세우고 주장하며, 부르주아지에 대항하는 프롤레타리아트의 투쟁이 경과하는 다양한 발전단계들에서 항상 "운동 전체의 이해"를 대변하는 주체성이다.[32] 그것은 지난 날 군주가 수행했던 명인적 정치행동을 변화된 조건 속에서 다른 방식으로 수행하는 주체성이다.

레닌은 맑스의 문제의식을 러시아라는 특수한 공간에서 지속한다. 맑스의 『공산주의자 선언』 약 반세기 뒤에 그는, 맑스가 생각한 체제, 즉 노동자 자신에 의한 잉여노동 전유의 체제가 러시아 각지에서의 거듭된 투쟁들에도 불구하고 자생성의 한계, 경제주의적 경향, 지역성 등의 장애에 부딪혀 난관에 직면해 있다고 판단한다. 전

32 『칼 맑스 프리드리히 엥겔스 저작선집. 1』, 김세균 감수, 최인호 외 옮김, 1993, 411-2쪽. 이 공동 이해나 전체 이해의 핵심은 단순히 생산물의 점취에 있는 것이 아니라 부르주아적 사적 소유를 폐지함으로써 부르주아지는 물론이고 프롤레타리아 자신까지 해체할 수 있는 방향으로의 인간들의 사회적 관계의 재구성에 있다.

국적 정치신문을 비계로 삼는 그의 전위조직론은 이러한 현실을 타개하기 위해 구상한 방안이었다. 그것은 결코 자생성을 무시하는 방안이 아니라 자생성이 무르익은 현실을 전제한 방안이었다. "프롤레타리아트의 투쟁이 새로운 노동자층으로 확산되어 러시아 전역까지 확대"되어 "간접적으로 학생들과 주민들의 다양한 부문 가운데 민주주의적 정신이 되살아 나도록 자극"[33]하는 노동운동의 특수한 시기(1897년 이후의 이른바 '제3기')가 그 제안의 배경이고 조건이다. 요컨대 자본주의가 빠르게 발전하고 선진 노동자들이 주도하는 노동운동이 전국적으로 확산되어 프롤레타리아의 다양한 층들에게 강력한 영향을 미치고 있는 시간이 레닌이 파악한 러시아 사회민주주의 운동의 제3기였다. 그는 이 시기를 자연발생성이 극대화되어 지도자들로 하여금 일관된 계급적 정치의식, 사회민주주의적 정치의식을 간절히 요구하는 시기로 파악했다. 자연필연성으로부터 해방의 조건을 창출하는 기계류 체제의 명인성이 역설적으로 노동자들을 더욱 깊이 노예화하는 현실을 역전시키기 위해서는, 즉 그것이 실제적 해방과 자유의 장치로 전환되도록 만들기 위해서는 노동조합에 기초한 경제적 투쟁만으로는 부족하고 그 투쟁들을 전위적인 사회민주주의적 정치조직의 지도와 결합시켜야 한다는 것이 레닌의 제안이다. 맑스에게서 산업기계가 산업 외부에서 발전된 과학기술의 산업생산 속으로의 응용의 산물이듯이, 레닌에게서 정치기계는 노동자 대중투쟁 외부에서 발전된 사회민주주의 정치의식의 노동운동 속으로의 응용의 산물이다. 산업기계가 자연과학이라는 일반지성의 경제적 응용이듯이, 정치기계는 사회과학이라는

33 V. I. 레닌, 『레닌저작집.1』, 김탁 옮김, 전진, 1988, 299쪽.

일반지성의 정치적 응용이다.

레닌의 『무엇을 할 것인가』(1902)는 이 새롭게 구축될 정치기계, 혁명기계의 설계도이다. 정치적 전위조직은 모든 대중적 항의와 폭동을 지원할 만반의 준비를 갖추고 대중적인 분개의 불꽃을 국가를 향해 치솟는 정치적 불길로 만들 거대한 풀무여야 하며 이러한 전위조직의 건설은 혁명조직을 확고하게 발전, 심화, 확장시킬 조적선(組積線)이자 비계로서 기능할 전국적 정치신문의 창간에서 시작되어야 한다는 것이 그것이다. 전국적 정치신문은 전국적 정치폭로를 통해 집단적인 선전가, 선동가로, 또 그 배포망을 통해 집단적 조직가로 기능함으로써 자생적 투쟁이 들끓고 있는 도시들 사이에 진정한 접촉과 연결을 구축하는 수단이다. 그것은 노동자 대중의 광범위한 계층들 사이에 접촉을 강화하고 전반적인 정치정세에 대한 판단능력을 신장시키며 고립된 소규모 작업장의 수공업적이고 국지적인 투쟁들을 전제(專制)에 대한 대공업적이고 전면적인 공격으로서의 봉기로 발전시킬 즉각적이고 전면적인 준비를 가능케 할 것이다. 요컨대 레닌에게서 전국적 정치신문과 그에 기초하여 구축될 전위당은 자생성이 극대화된 시기에 지성, 경험, 기술, 자원, 물리력 등의 전국적 유통과 도시들의 정치적 결속 및 전면적 봉기를 가능케 할 정치적 일반지성의 명인으로 구상되었다.[34] 대중의 노동, 자연발생적 투쟁들, 그 경험들과 의식들을 접속, 연결, 통일시키는 일반지성의 주체성은 '전위vanguard'라는 이름으로 불렸는데, 이 전위적 인간과 그들의 조직이야말로 레닌이 생각한 군주이자 새로운 세계를 조형할 예술가였던 셈이다.

34 같은 책, 280-298쪽.

1905년 러시아 혁명의 발발에서 1922년 독일혁명의 패배에 이르는 20세기 초의 장기 혁명적 시기는 레닌이 말한 전위의 힘을 유감없이 보여주었다. 전문적이고 선진적인 노동자들의 정치조직이었던 전위당들은 중후진의 노동자 대중들을 이끌어 낡은 봉건지배 권력 및 그와 결탁한 부르주아지 권력을 타파하거나 압박했으며 러시아의 경우처럼 직접 집권하는 경우도 있었다. 20세기 초의 테일러주의와 포드주의, 그리고 케인즈주의는 이 새로운 프롤레타리아 주체성의 힘을 해체하기 위해 자본이 도입한 반혁명적 장치였다. 1920년대와 1930년대에 걸쳐 이러한 변화와 그 의미를 예리하게 포착한 것은 그람시였다. 미국주의와 포드주의에 대한 분석에서 그는 이러한 장치가 가져오는 효과가 무엇인지에 대한 날카로운 통찰을 보여준다. 테일러주의는 육체적 노동과 작업의 인간적 내용 사이에 괴리를 만들어 내며 육체노동은 물론이고 지적 작업물의 발행이나 복제와 관련된 영역(예컨대 인쇄 영역)에까지 확산된 작업 동작의 기계화와 자동화, 그리고 그것를 통해 전개된 생산의 합리화가 전문 노동자들의 신체적 숙련과 솜씨를 기계에로 체계적으로 이전하며 그들의 명인성을 해체한다는 것이 그것이다.[35]

이러한 변화경향에 대한 그람시의 태도는 무엇이었는가? 그는 포드주의에 대한 섣부른 비판과 반동이나 그것을 새로운 문화로 찬양하는 피상적 태도 모두에 대해 거리를 둔다 이러한 태도들은 새롭게 형성되고 있는 질서의 파괴적이고 해체적인 힘에 의해 사회적으로 대체되고 있다고 느끼기 시작한 집단들(소부르주아지와 부르주아지)의 피상적이고 어리석은 몸부림에 지나지 않는다는 것이

35 안토니오 그람시, 『옥중수고 1』, 이상훈 옮김, 거름, 1986, 335쪽.

다. 그는 포드주의를 일종의 수동혁명으로 파악하면서 그것의 반동적 측면과 구분해서 그 내부의 전진적 요소를 새로운 사회집단(즉 노동계급)이 전유할 필요성을 강조한다. 그에 따르면 포드주의의 긍정적 요소는 인간에게 남아 있는 동물성에 대한 투쟁, 즉 새로운 형태의 문명과 새로운 형태의 생산, 새로운 형태의 작업에 적합한 사람들을 교육해 내는 점이다. 테일러의 목적이 "노동자 속에 자동적이고 기계적인 태도를 최대한으로 조장하고 노동자 측의 지성, 상상력, 창의력 등의 적극적 참여를 일정하게 요구하는 기능적이고 전문적인 작업의 구래의 심리·신체적 연관을 파괴하여 생산적 활동을 오직 기계적이고 신체적인 측면으로만 환원시키는 것"[36]에, 즉 '훈련된 원숭이'를 만드는 것에 있는 것은 분명하다. 그리고 포드의 목적이 작업에서 인간성과 정신성을 추방함으로써, 노동자의 인격이 창조된 대상에 남아 있고 노동과 예술 사이의 연계가 강고한 '장인 demiurge'을 해체하는 데 있다는 것도 분명하다. 성충동의 제한, 국가주도의 금주문화 등을 포함하는 청교도 문화의 도입은 훈련된 원숭이인 노동자들이 물리적으로 붕괴하자 않도록 심리·신체적 균형을 작업 외부에서 유지하게 만들려는 것에 있음도 분명하다.

하지만 그람시는 이러한 요소 때문에 포드주의를 낭만적으로 반대하는 것을 거부한다. 그는 생산의 합리화와 기계화가 특정한 조건에서는 낡은 인간형을 청산하고 새로운 인간형을 육성하는 요소이자 과정이 될 것이라고 생각한다. 동물적인 것을 벗어나는 새로운 심리·신체적 균형을 부과하는 합리화가 외부로부터 강제되는 과정이 아니라 노동자 자신에 의해 제기되고 또 새로운 형태의 사

36 같은 책, 329쪽.

회에 의해 적절하고 독자적인 방식을 통해 제기되어 내재화된다면 노동자에게 유익할 수 있으리라는 것이다.[37] 또 기계화도, 만약 그것이 완벽하게 전개되고 그것에의 적응과정의 위기에서 탈락되지 않고 그것을 극복하여 적응과정을 완료하기만 한다면, 인간의 정신적 죽음을 의미하거나 노동자의 두뇌의 화석화를 가져오기는커녕 오히려 완벽한 자유의 상태를 가져올 수 있다고 본다. 기계화를 통해 완전히 기계화되는 것은 신체적 동작뿐이므로 기억은 빠른 리듬으로 되풀이되는 단순한 동작들로 환원되어서 근육신경적인 중추 속에 편안히 자리잡게 될 것이고 두뇌는 "아무런 생각에 의해서도 방해받지 않을 자유를 누릴"[38] 것이기 때문이다. 그래서 그람시는 '훈련된 원숭이'가 테일러의 주관적 기대에 그치게 될 것이라고 전망한다. 그에게는 불행한 일이겠지만, 노동자는 여전히 인간으로 머물 것이고 기계화에 적응한 후에는 더 많은 생각을 할 수 있거나 적어도 생각할 수 있는 더 많은 기회를 갖게 될 것이기 때문이다. 또 노동자들은 기업가들이 자신을 훈련된 원숭이로 만들려고 하고 있다는 사실을 깨달으면서 "순응주의적인 생각과는 전혀 거리가 먼 생각들"[39]에 잠기게 되기 때문이다. 기업가들이 "일련의 조심스런 조치와 교육적 노력"[40]을 기울이고 있는 것은 그람시가 보기에는 기계화와 합리화의 바로 이러한 역설을 보여주는 것이다.

이탈리아와 유럽에서 새로운 군주를 구상했던 그람시는 레닌적 '전위성'을 긍정하면서도, 후발자본주의 국가였던 러시아에서 새로

37 같은 책, 329쪽.

38 같은 책, 337쪽.

39 같은 책, 337쪽.

40 같은 책, 337쪽.

운 군주를 구상했던 레닌에 비해, 그것이 대중으로부터 유리될 위험성, 즉 영웅주의나 귀족주의로 함몰할 위험성에 특별히 주의를 기울인다. 그가 전위의 조건으로 '유기성'을 강조하는 것은 이 때문이다. 전위는 유기적 집단성으로서 동질적인 사회적 블록의 지식인, 돌격대여야 하며 그 사회적 블록의 발전에 이바지해야 한다. 그람시가 자생성 그 자체가 갖고 있는 의식성을 강조하는 것도 이 때문이다. 그는 자생적 운동에 의식적 지도나 규율의 초보적 요소들이 포함되어 있다고 보면서 가장 자생적인 운동이란 것도 실상은 의식적 지도의 요소가 파악되지 않은 경우일 뿐이라고 말한다.[41] 자생성과 의식성 사이에는 질적 차이가 없고 양적 정도 차이가 있을 뿐이기 때문에 양자는 상호 이동과 환원이 가능하다는 것이다.[42] 공장체계가 발전하면서 노동의 분화가 완벽해지고 공장노동자의 노동이 갈수록 더 말초의 분석적 노동으로 환원되고 있는 것이 사실이지만 그람시는 이것이 노동자들의 분열과 개별화만을 가져오는 것은 아니라고 생각한다. 한편에서 점점 복합적으로 되는 노동의 이 기계적 구조가 개별 노동자를 언제라도 대체가능한 부품처럼 만들어 무력화시키는 것이 사실이지만, 다른 한편에서는 기계적 구조에 근거해 잘 협조되고 잘 조직된 노동은 '사회적' 생산성을 높여 한 공장, 한 국가, 나아가 전 세계의 노동자들이 자신들을 한 명의 집단적 노동자로 여기도록 만드는 경향도 증가한다는 것이다. 현재는 생산의 기술적 발전이 지배계급의 이익과 통일되어 있지만, 이것은 산업발전의 한 역사적 단계에서 나타나는 일시적인 것이다.

41 같은 책, 202-3쪽.

42 같은 책, 205쪽.

서발턴subaltern들이 이 기술적 조건을 지배계급으로부터 분리시켜 자신의 이해와 결합시키는 것이 가능하며 실제로 이 분열과 새로운 종합에 대한 이해가 서발턴들 사이에서 이미 성숙해 가고 있다는 것이 그람시의 생각이었다.[43] 서발턴들의 유기적 지식인은 삶에서 나타나는 이 새로운 요소와 경향을 이론적으로 번역하면서 역사적 필연성에 대한 능동적 자각으로서의 집단의지, 역사적 드라마에서의 사실적이고도 유능한 주인공으로서의 실천의지[44]를 형성하고 지적이고 도덕적인 개혁의 선포자이자 조직가로 기능하는 명인에 다름 아니다. 그람시는 유기적 지식인에 의해 형성되고 촉진되는 이러한 집단적 실천의지가 구체적 형태를 취하기 시작하는 유기체가 바로 당이라고 말한다.[45]

그러나 그람시의 당은 호모 파베르로부터 구분되는 호모 사피엔스, 노동/작업으로부터 분리된 행동, 대중으로부터 분리된 전위 등과 같은 것이 아니다. 그는 노동/작업에서도 지적인 요소를 완전히 배제할 수 없으며 노동/작업에 종사하는 사람들도 그 직업적인 활동에서는 물론이고 그 이외의 시간에도 어떠한 형태로든지 지적인 활동을 한다고 파악한다. 그에 따르면 오히려 "모든 사람이 지식인"이며 "모든 사람이 철학자이며 예술가이다."[46] 모든 사람은 "멋을 아는 사람들이며 세계에 대한 특수한 구성에 참여하고 도덕적 행동에 대한 의식적 방침을 견지하며 세계에 대한 구상을 유지하거나 그것을 변용시키는 데, 즉 새로운 사고방식을 창출하는 데

43 같은 책, 209쪽.

44 같은 책, 122쪽.

45 같은 책, 119-120쪽.

46 안토니오 그람시, 『옥중수고2』, 이상훈 옮김, 거름, 1993, 18쪽.

기여하고 있다."[47] 이렇게 모든 사람들이 세계에 대한 구상과 변용에 기여하고 있기 때문에 유기적 지식인은 더 이상 느낌과 열정을 외부로부터 순간적으로 전달하는 웅변가, 연설가의 존재양식을 취할 수 없다. 오히려 유기적 지식인은 건설자, 조직가, '영원한 설복자(說伏者)'로서 모든 사람들과 더불어 실제 생활에 능동적으로 참여하는 존재양식을 취해야 한다.

물론 지적 기능의 수행을 위해 역사적으로 형성되는 특수한 범주들이 있다. 노동으로서의-기술에서 과학으로서의-기술로의 이행, 그리고 역사에 대한 인간주의적 구상으로의 이행이 그것이다. 이 과정에서 유기적 지식인도 탄생한다. 이 때문에 유기적 지식인은 단지 전문적일 뿐인 노동자를 넘어, 전문적이면서 동시에 정치적이라는 의미에서 '지도적Dirigente'인 인간으로서의 성격을 갖는다. 그람시에게서 이러한 의미의 유기적 지식인 층을 창출하는 과제는 모든 사람에게 존재하는 지적인 활동성을 비판적으로 정교화하면서 지적 활동과 근육·신경 운동의 관계를 새로운 평형으로 변화시키는 것이다. 다르게 말해, 그 과제는 물리적이고 사회적인 세계를 끊임없이 혁신하는 일반적인 실천적 활동의 요소인 근육신경 운동 자체가 세계에 대한 새롭고도 총체적인 지적 구상의 바탕이 되도록 보증하는 것이었다.[48] 요컨대 유기적 지식인은 노동하는 인간이 명인이 되도록 육성하고 또 그렇게 되도록 보증하는 지도적 명인으로서 기능할 집단적 존재였다.

그람시의 기대, 즉 기계화, 자동화, 합리화가 노동계급의 자발적

47 같은 책, 18쪽.

48 같은 책. 18쪽.

노력과 적응과정을 거쳐 전문적이면서 정치적이고 노동하면서 행동하는 유기적이고 지도적인 지식인을 창출하는 조건으로 될 수 있으리라는 기대는 실현되지 못했다고 할 수 있다. 오히려 노동의 모든 영역은 맑스가 말한 기계의 명인성이 지배하는 장소로 변하고 노동자는 명인이 되기는커녕 단순작업자, 기계의 보조자, 작업의 인간적 내용에 무관심한 냉소주의자, 사고력이 결여된 아렌트적 의미의 '아이히만Eichmann'들로 되었다. 기계화, 자동화, 합리화는 노동하는 인간의 솜씨와 지성을 기계에 흡수하여 노동과정을 기계의 냉혹한 운동으로 대체하며 그 결과 그람시가 예상한 지도적 인간의 토대를 파괴한다. 게다가 포드주의는 차별적 고임금을 매개로 지도적 인간들을 노동귀족으로 전환시키고 저임금 노동자 대중으로부터 분리시켜 버린다. 대중의 사회적 블록이 자신의 지식인, 자신의 돌격대, 자신의 전위를 탄생시키고 이 유기적 전위가 대중의 사회적 블록에 재작용하여 그것의 발전에 이바지할 것[49]이라는 그람시의 유기적 전위주의 구상보다는 기계를 통한 전위성의 해체와 무력화라는 자본의 반혁명 기획이 실현된 것이다.

하지만 그것이 자본과 노동 사이의 투쟁의 끝은 아니었다. 그람시와 한 살 차이로 거의 동시대를 살았던 발터 벤야민은 이 투쟁의 전개가 가져온 전혀 다른 효과를 분석한다는 점에서 주목할 만하다. 포드주의가 노동과 예술이 연합되어 있었던 장인적 예술/노동 체제의 해체를 가져온다고 본 것은 그람시였다. 그러면 그것이 노동과 예술의 분리 혹은 예술의 노동으로의 해소를 가져왔을까? 벤야민은 포드주의로 인한 장인적 결합의 해체가 오히려 새로운 예

49 안토니오 그람시, 『옥중수고1』, 212쪽.

술주체성을, 예술과 대중의 새로운 관계를 창출한다고 보았다. 『예술인간의 탄생』에서 나는 이러한 변화를 예술진화론의 시각에서 살펴보았는데[50] 여기서는 동일한 과정을 새로운 예술체제의 등장이라는 시각에서 다시 정리해 보자. 첫째, 기계화가 예술영역에서 전개되어 예술작품의 기계복제가 가능해지면서 장인-예술체제가 해체되고 대중-예술체제라고 부를 수 있을 새로운 예술체제가 등장한다. 둘째 대중은, 장인-예술체제에서 예술작품의 일회적 지속적 현존성을 표현했던 작품의 분위기, 즉 아우라를 해체함으로써 작품의 개방적 일시적 반복적 향유를 선호한다. 셋째 이것은 예술의 위치를 변경시킨다. 요컨대 종교나 신학에 봉사하던 예술을 사회적 실천과 정치에 봉사하는 것으로 변경시킨다. 넷째 예술의 가치 중심은 제의가치에서 전시가치로 이동한다. 다섯째 이것은 지각양식의 변화를 가져와 작품과 대상에 대한 은폐적 신비적 집중적 지각양식이 해체되고 대상의 껍질을 벗기고 그 내면까지 드러내는 개방적이고 세속적이며 산만한 지각양식이 등장한다. 여섯째 이 새로운 지각양식과 더불어 대중은 예술의 향유자로서뿐만 아니라 비평가로 자리잡는다. 일곱째 대중-예술체제에서는 수용자와 비평가의 경계가 약화될 뿐만 아니라 창작자와 수용자 사이의 경계도 약화된다. 독자와 필자, 배우과 관객 사이의 경계가 약화되어 대중이 필자, 배우로 상승할 기회가 증대된다. 벤야민은 이상의 일곱 가지 변화를 통해 장인-예술체제나 예술가(전문가)-예술체제와 구분되는 대중-예술체제의 특성을 서술한다.

50 대중-예술가의 형성경향과 그 예술진화론적 의미에 대한 벤야민의 분석에 대해서는 조정환, 『예술인간의 탄생』, 갈무리, 2015, 147-156쪽 참조.

후기 근대의 명인성과 다중의 명인되기

그람시가 '노동으로서의-기술에서 과학으로서의-기술로의 이행'이라고 불렀고 벤야민이 '기계복제 시대'라고 불렀던 역사적 이행 경향은 20세기 초반부터 이미 뚜렷하게 나타나고 있었지만 충분한 것은 아니었다. 이 불충분함은 그람시와 벤야민 모두에게 지각되고 있었다. 그람시는 기계화의 성숙 때문이 아니라 오히려 그것의 미숙 때문에 노동자의 기계에의 종속이 지속되고 작업내용에 대한 노동자의 무관심한 냉소주의도 여기서 비롯된다고 보았다. 벤야민도 기술이 사회의 근원적 에너지를 감당할 수 있을 만큼 충분히 발전되지 못했고 또 기술적 수단들이 사회와 생산과정에 충분히 활용될 수 없는 상황 때문에 대중을 기술적으로 복제한 파시즘이 등장했다고 보았다. 이것을 다시 그람시의 관점을 빌려서 보면 파시즘은 대중이 예술의 주체성으로 등장하고 있는 현실을 복제하되 이 복제를 통해 오히려 대중을 스펙타클의 구경끈으로 만드는 수동혁명적 장치로 이해될 수 있다. '정치의 예술화'라는 파시즘의 기치는 그러므로 기술발전의 불가역적 경향 속에서 그것의 불충분함을 조건으로 등장한 기술의 반란이었던 셈이다.[51] 그렇다면 대체 어떤 조건이 기술의 충분한 발전의 지표가 될 수 있을까? 혹은 기술의 충분한 발전이란 무엇을 의미할 수 있을까? 그람시나 벤야민으로부터 기술의 충분한 발전의 지표에 대한 답을 찾기는 어렵다. 그러므로 우리는 그로부터 수십 년 후인 후기 근대에 이루어진 과학기술의 발전으로부터 그 지표를 유추할 수밖에 없는데, 이런 방

51 같은 책, 154쪽 참조.

식으로 충분함의 지표를 설정해 본다면 과학기술이 물리화학적 기계류의 매개를 거치지 않고 기호기계, 정동기계, 정보기계 등의 비물질적 형태로 직접 사회적 생산력으로 전화하고 그것이 헤게모니적으로 되는 수준을 상정해 볼 수 있을 것이다. 이 수준에서는 연구소나 대학, 미디어 등이 생산공장으로 전화하고 비물질적 형태의 생산활동을 담당하는 많은 기업들이 등장한다. 고전적 기계류들을 넘어 언어, 마음, 신체, 공동체 등이 그 자체로 노동력이자 노동수단으로 또 노동대상으로 등장하면서 기업형태에 고용되지 않은 개개인들과 그들의 일상도 사회화된 생산활동에 연루되게 된다. 이 사회화되고 일반화된 노동은 점점, 이전에는 노동으로 간주되지 않았던 가사노동이나 예술활동을 닮아간다.

이것이 1980년 이후부터 네그리, 하트, 비르노 등이 다중이라는 이름으로 부르기 시작한 새로운 주체성이 등장한 조건이다. 다중은 법으로 외화되지 않은 일반의지이자 기계류로 대상화되지 않은 일반지성이며 작품으로 외화되지 않은 예술의지로서 사회적 삶의 모든 영역에서 느끼고, 의지하고, 사유하고, 소통하고, 생산하고, 판단하고, 행동하는 주체성이다. 이 점에서 다중은 대중과 전위(레닌), 민중과 유기적 지식인(그람시) 등 지금까지 이접적으로 표상되던 주체성을 지양하고 두 측이 통합되는 경향을 보인다. 또 다중의 생산활동은 점점 예술적으로, 특히 공연예술적으로 되어간다. 이 점에서 다중은 벤야민이 생각한 대중의 두 측면, 즉 예술의 향유자나 소비자로서의 측면과 직접 배우나 필자와 같은 생산자로 되어가던 측면을 모두 지니며 특히 후자의 측면을 극대화시키는 주체성이다. 이 때문에 다중은 군주나 전위 혹은 유기적 지식인과 같은 명인들에게 자신을 대의하도록 하지 않고, 다중 자신이 직접 군주로, 전위로, 지식인으로, 예술가로, 요컨대 명인으로 될 수 있는 시대를 연다. 우리는 이 시대의 가장 중요한 특징을 다음 두 가지로 정리할 수 있다.

첫째, 다중의 생산과정은 유형(有形)의 생산물을 생산과정 밖으로 내놓지 않는, 즉 유형의 생산물이 없으며 생산과정 속에서 유통, 분배, 소비의 과정이 동시에 전개되는 이른바 '비물질적' 생산으로 특징지어진다. 울타리 쳐진 공장이나 기업을 넘어 사회 전체가, 아니 삶 전체가 하나의 공장공간으로 편성되면 그 공간에서 지식, 정보, 정서, 소통, 상징 등의 비물질적 생산물이 사회적으로 생산, 유통, 분배, 소비되는 것(다르게 말하면 어떤 최종 생산물도 없는 언어적 소통 그 자체가 생산과정으로 되는 것)이 현대적 생산의 지배적 특징으로 된다. 이러한 변화의 결과 비물질적인 것만이 아니라 물질적인 것까지도 그것의 고정성과 안정성을 잃고 부단히 해체, 대체, 명멸하면서 이 비물질적 소통과정의 마디node나 계기moment로 축소된다. 이것은, 다중의 삶활동에서 노동이 행동과 중첩되어 노동의 정치화가 시대의 특징으로 될 뿐만 아니라 역으로 정치의 노동화도 간과할 수 없는 특징이 됨을 의미한다. 만약 우리가 아렌트를 따라 정치를 복수성의 인간관계에 상응하여 사물이나 물질의 매개 없이 인간들 사이의 관계를 새롭게 정립하는 활동으로 정의한다면, 오늘날 다중의 노동은 그 자체로 정치에 가깝다. 즉 노동과 행동 사이의 고전적 경계가 소멸하는 것이다. 맑스는 발전된 과학기술이 생산과정에 응용되면서 노동은 특수한 물질적 생산물을 낳는 것에서 "기계에 대한 감시와 통제"[52]의 활동으로 전화할 것으로 예상했는

52 칼 마르크스, 『정치경제학 비판 요강 2』, 김호균 옮김, 백의, 2000, 369쪽.

데, 오늘날 맑스의 예상을 훨씬 뛰어넘는 수준으로 과학기술이 발전하면서 노동은 기계에 대한 감시와 통제를 넘어 "사회적 삶과 사회적 협력을 변조하고 강화시키는 것"[53]으로 되고 있다. 언어적 소통을 기본으로 하는 다중의 협력은 기계의 리듬에 따라 노동자들이 서로 강제적으로 협력하게 되는 객관적 협력으로서보다는 개개의 노동주체의 협력하고자 하는 의지가 협력관계를 발전시키고 또 그 협력관계가 개개의 노동주체의 협력의지에 영향을 미치는 주체적이고 자발적인 협력으로서의 성격을 갖는다. 노동은 더 이상 독백적이거나 밀실적이지 않고 타자와의 관계를 중심적이고 기초적인 요소로 갖는 일종의 '공적으로 조직된 공간'[54]을 갖게 된다. 이 공간은 예측불가능한 우연한 마주침, 새로운 것의 발생가능성의 공간이기 때문에 이 노동공간에서 노동한다는 것은 예측불가능한 것에 대면할 수 있고 그 대면 속에서 새로운 것을 시작할 수 있는 능력, 즉 비트겐슈타인적 의미의 언어게임능력이나 아렌트적 의미의 정치능력을 발휘하는 것을 의미하게 된다. 이것은 다중이 노동과정에서 타자의 현전을 전제로 기호, 몸짓, 표정, 상징 등의 언어를 통해 그 타자에게 말하는 존재로서, 즉 일종의 공연예술가처럼 행동한다는 뜻이다. 이 노동에서 다중은 피아니스트, 무용가, 배우와 닮았지만, 어떤 대본이나 악보 없이도 노동=행동할 수 있다는 측면에서는 이들과 다르고 오히려 아무런 대본도 악보도 없이 말하기 활동을 수행하는 것처럼 보이는 일상의 화자들처럼 노동한다.

하지만 외관상 어떤 대본이나 악보도 사용하지 않는 것으로 보

53 빠올로 비르노, 『다중』, 김상운 옮김, 갈무리, 2004, 106쪽.

54 같은 책, 108쪽

이는 화자의 말(빠롤)도 어떤 잠재성(랑그)의 표현이다.[55] 인간의 언어행동은 인간의 유적인 언어능력의 표현이다. 지금까지 우리가 논한 대부분의 명인성virtuosity은 어떤 잠재성virtuality을 재현하는 능력으로 나타났다. 마키아벨리나 스피노자의 군주는 인민의 잠재성(의지)을 재현하며 레닌의 전위는 대중의 잠재성(자발성)을 재현하고 그람시의 유기적 지식인은 민중의 지적 잠재력을 재현하며 벤야민의 영화는 대중의 새로운 지각양식을 재현한다. 이러한 재현들과 비교할 때, 말하기가 다중의 노동의 기본원리로 됨으로써 표현모델이 재현모델을 대체하게 된다. 다중은 자신의 유적인 언어능력을 표현함으로써 그 언어능력을 더욱더 유적인 능력으로 발전시킨다. 이런 의미에서 유적인 언어능력은 노동하는 개개의 다중에게 일종의 악보처럼 기능하지만 피아니스트가 연주하는 악보와는 다른 특징을 갖는다. 피아니스트의 악보가 고정되어 있다면 다중의 노동은 악보에서 시작하되 다시 그 악보를 변경시키며 다른 노동이 개시될 때에는 다시 그 변경된 악보에서 출발하여 다시 그 악보를 변경시키기 때문이다. 유적인 언어능력은 이미 주어져 있고 고정되어 있는 악보가 아니라 부단히 갱신되고 확장되면서 나선운동을 하는 잠재력이다. 이 운동 속에서 우리는 노동의 전제조건이자 동시에 결과로서의 공통적인 것의 실재를 확인할 수 있다. 공통적인 것은 개개의 활동의 전제로서 잠재되어 있고 또 개개의 활동은 공통적인 것을 표현하며 그 과정을 통해 공통적인 것을 새롭게 열어나간다. 다중의 노동은 정치적 실천(프락시스)처럼 물질적인 최종 생산물을 낳지는 않지만 공통적인 것을 부단히 구축하고 재구축한다는

55 같은 책, 95쪽.

점에서는 제작적 노동(포이에시스)이다. 이 과정의 반복 속에서 노동이 상품commodity을 생산하고 재생산하는 활동일 수만은 없고 공동체community를 생산하고 재생산하는 활동이라는 점이 점점 분명하게 드러난다. 이상의 점을 근거로 우리는 이러한 변화의 두 번째 특징을 정식화할 수 있다. 그것은 다중의 개별적 노동이 공통적인 것의 생산과 재생산 활동이며 공통적인 것의 자기운동 과정의 표현으로 된다는 것이다.

이 두 가지 특징이 시사하는 바가 무엇일까? 돌아보면 근대의 역사는 공통적인 것을 착취하여 사적인 것으로 전유한 역사였다. 자본주의는 전적으로 이 사유화의 역사이다. 하지만 자본주의적 사유화가 공통적인 것을 근절해 버린 것은 아니다. 오히려 자본주의는 발전하면 할수록 더욱더 깊이 공통적인 것에 의존하게 되며 개개의 발전을 공통적인 것의 계기로 만들면서 사유화의 시대적 부적합성을 드러낸다. 그리하여 사유화의 발전 그 자체가 공통적인 것을 적합하게 표현하고 관리할 생산양식, 사회적 관계, 정치체제, 그리고 예술체제가 무엇이어야 하는가를 우리 시대의 가장 크고 핵심적인 문제로 만들어 놓는다.

명인의 군주되기와 예술인간 - 예술체제

물론 이러한 역사적 전환의 기운을 경향 이상의 것으로, 즉 이미 실현된 현실로 받아들인다면 착각일 것이다. 다중의 말하기 능력은 부단히 스펙타클적 상황 속으로 인입되고 임금제도와 같은 상품화의 장치들이 이 잠재력의 사유화를 계속하고 있으며 이미 그 자체로 정치활동이 된 다중의 노동이, 정치를 대체하며 등장한 '관료화한 행정'의 통제하에 놓여 있기 때문이다.[56] 우리가 서두에서 서술한 것처럼, 복수적 타자들이 서로의 말을 듣고 이해하는 audire 과정으로 되어야 할 오디션audition이 기획사나 기업에 의한 선발과 경쟁의 절차로 환원되고 있는 것도 같은 맥락에 속한다. 공통화의 경향이 강력함에도 그에 반하는 사유화의 현실이 냉혹한 만큼, 사적인 것과 공통적인 것 사이의 적대는 그 어느 때보다도 첨예하다. 이 때문에, 다중이 공통적인 것을 연주하는 명인이 되고 공통적인 것의 놀이꾼으로 될 수 있는 조건이 무엇인가, 어떻게 다중이 명인의 잠재력을 충분히 실현할 수 있을 것인가, 하는 문제가 절실하게 대두된다. 이에 대한 어떤 해결책이 가능할까?

빠올로 비르노는, 행정권력이 자의적으로 공통적인 것을 참칭하며 기업권력이 맹렬하게 공통적인 것을 사유화하고 있는 현실에서 이를 극복하기 위해서는 특정한 법에 대한 불복종을 넘어 국가의 통제능력 자체를 의심하는 급진적 불복종이, 시위를 넘어서는 탈퇴가, 목소리를 넘는 탈출이 필요하다고 주장한다.[57] 이것은 대안을 향한 출발점으로 경청할 만한 생각이다. 다중의 수행노동을 행정권력의 통제하에 놓는 법 프레임과 명인으로서의 다중을 기업권력에 예속된 하인으로 만드는 계약 프레임이 지배하는 현실에서 이러한 회의주의적 불복종과 탈출이 그 프레임을 무력화시키고 공통적인 것에 기초한 새로운 프레임의 구축과 발전을 재촉할 수 있을 것이기 때문이다.

56 같은 책, 116쪽.

57 같은 책, 121쪽.

그렇다면 여기서 우리가 다중의 역량과 기량을 하인의 것에서 명인의 것으로 전화시킬 그 새로운 프레임의 윤곽을 그려볼 수 있을까? 여기서 우리가 먼저 고려해야 할 것은 오랫동안 명인성virtuosity은 군주의 속성으로, 탁월한 통치능력으로 간주되어 왔다는 사실이다. 군주는 언어로써 수많은 인민들을 마치 자신의 손발처럼 자유자재로 움직일 수 있는 힘과 지혜와 기술, 즉 덕virtue을 가진 존재로 간주되어 왔다. 전위나 유기적 지식인 혹은 당은, 그람시가 말했듯이, 근대적으로 이해된 군주들이다. 명인에 대한 이 근대적 표상은 노동으로부터 분리된 정치가, 통치자의 형상을 지시한다. 그렇지만 본질적으로 군주는 결코 독자적인 존재가 아니다. 군주는 인민, 대중, 노동자 등 노동하는 사람들의 결합된 힘, 즉 공통적인 것의 에너지를 연주하는 가상 명인이다. 진정한 명인은 각 유형의 군주들이 재현하고 전유했던 노동하는 사람들의 공통적 에너지 그 자체이다. 다중의 시대란, 다중들이 자신의 노동 속에서 과거의 군주처럼 이 공통적인 것을 연주해야 하는 위치에 놓임으로써, 다중이 명인으로 되는 역사적 경향을 표현한다. 그럼에도 다중은 제국의 군주에게 자신의 명인적 역량을 수탈 당하는 하인의 위치에 놓여 있다. 다중이 이 하인적 위치를 극복하고 실제적 명인으로 되기 위해서는 그 스스로 군주로 되는 길 외에 다른 길은 없다. 군주되기로서의 다중의 명인되기는 기존의 노동체제, 예술체제, 정치체제, 지성체제에 대한 성찰과 극복을 요구한다. 특히 중요한 것은 현대의 소외된 명인체제인 전문가 체제의 극복이다. 이 극복작업은 응당 개개인을 넘는 다중의 집단지성, 집단의지, 집단실천을 요구하는 것이지만 여기서는 전문예술가-예술체제를 포섭하고 대체할 예술인간-예술체제의 구축이라는 관점에서 이 작업이 나아갈 주요한 방향과 과제에 대한 몇 가지 생각을 제시하는 데 만족하고자 한다.

첫째 전문성을 넘어서 특이성으로 나아가야 한다. 전문성speciality은 공통적인 것으로부터의 분리된 약한 특이성이다. 예술가, 정치가 등의 전문가는 분업화된 노동체제에서 주어지는 직업적 위치에 고착되며 경계를 넘어 움직이는 공통적인 것의 에너지를 충분히 취하고 이용하고 표현하기가 어렵다. 다중은 서로 말하는 과정에서 타자, 타영역과 부단히 소통하면서 그 자신이 공통적인 것의 특이한 표현자로 됨으로써 자신의 특이성을 강하게 표현할 수 있으며 특이한 표현들을 부단히 공통화하려는 노력을 통해서 자신의 특이성을 더욱 강화시킬 수 있다.

둘째 전문가는 타자로부터 분리되어 있음으로써 공통적인 것으로부터 소외된다. 전문가는 전문활동의 실행과정, 즉 노동과정에서 소외될 뿐만 아니라 자신의 생산한 것으로부터도 소외된다. 전문가의 활동은 행정이나 기업의 전문성으로 나타난다. 그러므로 다중은 이러한 분리와 소외를 의식적으로 거부하면서 공통적인 것에의 접근권을 주장해야 한다. 공통적인 것에 대한 접근금지 장치들(지적재산권, 사적 소유권)을 거부하고 해체하면서 공통적인 것의 자유를 주장해야 한다.

셋째 전문가는 창조성을 개인화한다. 독창성은 개인적인 것으로 환원되며 독창성이 집단적이고 공통적인 것의 산물이고 표현임을 부정하도록 내몰린다. 이것은 전문가 체제가 공통적인 것의 착취, 전유, 사유에 연루되어 있음을 의미한다. 이와 달리 다중의 명인되기는 특이한 것을 공통적인 것의 운동으로 사유하고 실제로 공통적인 것을 새롭게 열고 시작하는 행동을 통해 가능해진다. 특이한 것은 공통적인 것이 예측불가능한 마주침 속에서 열리는 첨

점이기 때문이다. 이런 의미에서 창조성은 본질적으로 집단적인 것이며 다중적인 것이다. 개인적 창조성은 영업비밀, 사유화를 필요로 하지만 집단적 창조성은 개방, 공유화를 필요로 한다.

넷째 전문가의 활동 목적과 방향은 대중과 분리된 엘리뜨가 되는 것에 있다. 그것은 공통적인 것의 전유를 통해 권력을 구축하는 메커니즘에 봉사한다. 이것은 타자와의 연합 가능성, 공통적인 것의 발전 가능성을 점점 축소시킨다. 이에 맞서 다중은 자신의 활동을 흐름으로, 향유로, 놀이로 만듦으로써 공통적인 것의 유연하고 확장적인 삶을 보살피고 북돋워야 한다. 전유가 아니라 참여, 소유가 아니라 놀이가 그 자체로 수단이자 목적이 되도록 만들어야 한다.

다섯째 전문가의 활동은 상품체제에 귀속되고 상품체제를 통해 순환된다. 그것은 경제를 생산하고 재생산한다. commodity는 공통적인 것을 특정한 척도mode 아래에 놓음으로써 생겨난다. 가치법칙이 그것이다. economy는 숨기다hide를 의미하는 eco[=house]의 nomos(지배/법)를 의미한다. 경제는 척도를 통해 공통적인 것의 역량으로부터 훔쳐내서expropriation 사적으로 숨기는 소유property의 공간이다. 희소성, 즉 공통적인 것의 부족은 이러한 경제 메커니즘이 생산하는 효과이다. 경제에서는 특이성들이 낳는 공통적 잉여가 잉여가치로 수집되고 이윤의 형태로 사적으로 전유된다. 이 메커니즘에서 특이성들은 이윤을 획득하기 위한 수단으로, 즉 전문성으로 축소되고 소외된다. 다중은 척도, 사적 소유, 전문화, 소외, 희소화로 이어지는 경제의 제도들에 측정불가능성, 공유, 특이화, 재전유, 풍부화의 제도를 대치시키고 이러한 제도의 작용영역을 양적으로 확장시키고 질적으로 풍부하게 만들어 나가야 한다.

여섯째 경제가 공통적인 것의 사적 전유의 제도형태이듯이 국가는 다중들의 정치능력을 전유하여 대의하는 통치형태이다. 자본주의 사회에서 국가는 사적 소유의 체제를 보증하고 경제의 순환을 원활하게 만드는 장치로 기능한다. 국유는 사적 소유를 보완하는 은폐된 사적 소유인데 이것은 지배의 필요에 따라 확장되기도 하고 수축되기도 한다. 다중은 국가형태를 공통체, 즉 공통적인 것의 정치체의 형태로 대치함으로써만 자신의 명인성을 온전히 발현할 수 있다. 공통체는 다중이 (하인이 아니라) 집단적 군주가 된 정치체이고 다중이 특이한 명인들로, 예술인간들로 살아 움직이는 예술체제이다. 이 예술인간-예술체제[58]의 다중-명인들, 즉 예술인간들에게서 노동과 행동의 경계는 소멸하며,[59] 이들의 삶은 타자들(이것은 점차 타인[他人]을 넘어 타물[他物]로 확장될 것이다)과 소통하는 퍼포먼스로 될 것이며, 이 공연적 예술인간이 상연하는 대본이나 악보가 있다면 그것은 파스퀴넬리가 '동물혼'[60]이라고 불렀던 다중의 공통혼, 즉 공통지성과 공통의지일 것이다.

58 예술가-예술체제에서 예술인간-예술체제로의 이행과 양자의 차이에 대해서는 조정환, 「예술인간-예술체제와 미래의 예술」, 2015년 5월, 제7회 맑스코뮤날레 자료집 3권.

59 이에 대해서는 조정환, 「노동과 행동 사이의 예술」(『리얼리스트』, 2015년 상반기 제12호, 14-23쪽) 참조.

60 맛떼오 파스퀴넬리, 『동물혼』, 서창현 옮김, 갈무리, 2013, 18쪽, 그리고 53쪽 참조.

참 고 문 헌

그람시, 안토니오, 『옥중수고』(전2권), 이상훈 옮김, 거름, 1986.

레닌, V. I., 『레닌저작집.1』, 김탁 옮김, 전진, 1988.

마르크스, 칼, 『경제학-철학 수고』, 김태경 옮김, 이론과실천사, 1987.

__________, 『정치경제학 비판 요강 2』, 김호균 옮김, 백의, 2000.

__________, 『칼 맑스 프리드리히 엥겔스 저작선집. 1』, 김세균 감수, 최인호 외 옮김, 1993.

마키아벨리, 니콜로, 『군주론』, 강정인·문지영 옮김, 까치, 2004.

비르노, 빠올로, 『다중』, 김상운 옮김, 갈무리, 2004.

스피노자, 바루흐, 『정치론』, 김호경 옮김, 갈무리, 2009.

조정환, 『예술인간의 탄생』, 갈무리, 2015.

_____, 「예술인간-예술체제와 미래의 예술」, 『제7회 맑스코뮤날레 자료집』, 3권, 2015년 5월.

_____, 「노동과 행동 사이의 예술」, 『리얼리스트』, 2015년 상반기 제12호.

파스퀴넬리, 맛떼오, 『동물혼』, 서창현 옮김, 갈무리, 2013.

Arendt, Hanna, *Between Past and Future*(http://www.celinecondorelli.eu/files/arendtcrisisinculture_v2.pdf)

______, "Freiheit und Politik", 1959(http://siaf.ch/files/arendt.pdf).

______, *The Human Condition*, The University of Chicago Press, 1998, pp.7-9.

Aristotle, *Nicomachean Ethics*, trans. by W. D. Ross, Batoche Books, Kichener, 1999, p.95.

Marx, Karl und Engels, Friedrich, *Marx-Engels-Werke(MEW)*, Bd. 40.

12

감성적 근대와 연출적 주체

최혜경

감성적 근대와 사유의 교점

매체와 정보 중심의 사회는 개인의 감성이 고유하고 자율적인 범주에 속해 있다는 통념의 상용성을 상실했다. 개인의 고유한 가치 평가나 정동의 변화는 판매·유통되는 주력 디지털 매체의 생산물에 의해 비(非)자율적으로 편집되고 있다. 타율적 감성 구성의 사회, 그리고 그러한 사회 속에서 감성의 둔감화와 수동성을 경험하는 파편화된 개인들. 이 글에서 오늘날 사회의 문제 추이를 조감하려는 시선은 바로 이 두 개의 창 앞에 있다.

이 글은 자율적이면서 개별적인 감성의 구성이 평가 절하되는 한편, 집합적이고 상품화된 감성에 대한 선택적 수용과 편집에서만 제한적인 자율성이 독려되는 피동적 인간형의 사회를 문제적으로 바라본다. 공급 일변도의 사회는 단지 살아가는 것이 아닌, '잘 살아가는 것'을 위한 통찰과 시도 일체에 인간의 감성이 관여해왔던 다양한 갈림길을 파괴했다. 한 개인의 고유한 인식과 감성보다 집합적 감성의 다기한 수집 결과가 곧 개인의 변별적 특성이 되는 사회에서 인간은 사회적 사태에 대한 민감성과 자율적 판단력을 상실해가고 있다.

오늘날의 개인은 전통 사회에서 물질적 대상의 관찰이나 경험의 성찰적 재구성을 통해 구성되었던 실존 의식의 서사보다, 디지털 사회에서 이미지화 또는 약호화된 인식들에 대해 수월하게 반응한다. 그리고 이것을 공유하는 과정에서 얻는 일종의 공통감과 연대감을 통해 정체감 형성의 욕구를 충족해가고 있는 것으로 보인다. 그러나 이것이 오늘날 개인들이 공적(公的) 개체의 자질이나 역할 상을 확보하고 있거나 구체화하고 있다는 낙관적 진단으로 읽혀서는 안 될 것이다.

오히려 이를 통해 발견할 수 있는 점은 오늘날의 개인에게 자신의 고유한 감각과 인지 기관을 통해 외부의 정보와 변화를 탐색하는 실질적 능동성이 축소되고 있다는 점, 그리고 탐색을 통해 얻은 데이터를 해석하고 통찰하는 개별적 정보처리장치인 고유 감성이 '선택 또는 반응'의 형식으로 단순화되고 있다는 점이다. 따라서 이 글은 둔감화 혹은 무감화되고 있는 개인의 감성과, 이로 인해 오늘날의 개인이 지니게 된 사회적 생존의 취약성에 주목한다. 그리하여 인간의 삶을 불리하게 만드는 물질적 조건의 배태를 매체 사회의 속성과 영향의 측면에서 검토하고, 삶을 능동적으로 구성하는 자율적 감성의 필요성과 그 조건을 간취하고자 한다.

이에 대한 논의는 오늘날 기호자본의 금융화에 잠식된 매체사회의 원류, 즉 개인들이 결합할 수 있는 인식적 혹은 물리적 장(場)으로서 교점node을 상실한 한국 사회의 소통적 불안정성과 감성적 욕구 또는 요구에 대한 분석으로 시작할 필요가 있다. 자의식의 공감과 인식적 공유의 필요성이 높지만 '거리'와 '광장'과 같은 실체의 사회적 소통 및 규합의 공간을 활용하지 못할 때, 개인은 생존의 안정감을 취하기 위해 은신처의 외부 차단성을 강화하거나 접근 가능한 새로운 소통 통로를 탐색하게 된다. 바로 여기서 시대적 감성의 비약과 경계, 즉 사회의 구조적 변형과 감성의 변용이 발현되는 것으로 볼 수 있다.

소통과 규합의 지점으로서 교점의 차단과 재탐색의 기로에서 한국 사회는 주체 구성의 욕동을 확장할 거점으로 디지털 매체 공간을 선택한 것으로 보인다. 물론 이 선택은 정치경제적 측면에서 의도되었다기보다 사회구조적 측면에서 불가피했을 진로의 성격이 강하다. 그런데 디지털 공간이 불가결의 생존 조건으로서 생활의 거점 또는 인식적 거처의 역할을 수행하는 동시에, 대중의 욕구와 요구가 중첩되는 시장의 위상을 지니게 되면서 이 공간은 이전의 사회와 구별되는 새롭고도 이중적인 면모를 드러내었다.

소통 또는 유통 구조가 세련되고 심화되는 과정에서 디지털 공간의 새로운 자본으로서 기호와 정보는 개인의 고유한 노동 능력을 코드화하는 동시에 전인적 존재로서 개인을 다시금 사회로부터 단절시켰다. 한편, 새로운 자본에 의한 인간 소외 현상 비판이나 속도의 극대화에 의한 디지털 공간 사용의 신체적 괴리 자각, 계급 등 차별적인 사회 조건을 무화하는 횡단적 소통 방식 등이 개인 간의 공감과 규합된 감성을 배태하기도 하였다. 이러한 디지털 사회문화의 이중성에 대한 분석은 오늘날 사회의 변형성을 이해하거나 감성적 근대를 규명하여 새로운 삶의 구조와 주체의 역할을 탐색해 가는 데 선행되어야 할 것이다.

파편화된 개인과 이들의 불안정한 의식에 관한 비판적 진단은 이탈리아 사회비평가이자 미디어 전문 학자인 프랑코 베라르디 '비포'의 견해에서 더욱 정치하게 나타난다. 그는 개인의 감성과 더불어 개인들이 접촉하거나 결집하는 가운데 생성되었던 집합적 감성이 파편화되거나 '실종'되는 것처럼 보이는 오늘날의 징후와 원인을 '기호자본주의의 불안정성'과 연관하여 설명한다. 그는 오늘날의 사회가 지니는 특성을 "물질적·비물질적 사물의 생산 과정이 디지털 기호의 조합·재조합으로 대체 가능하게 됨으로써 기호작용(기호들의 발산)과 경제의 영역이 교차되는 것"[1]으로 진단한다. 그리고 "사회적 생산과 경제적 교환의 기호화"가 이루어지는 현상을 '기호자본주의'라는 용어로 명명한다.

> 기호자본주의는 본질적으로 기호적·탈영토적 성격을 띤 기술-언어 장치의 창조와 상품화에 집중한다. 기호자본주의의 영역에서 자본주의적 축적과 생산적 노동은 모두 네트워크화 된 과정으로 변형되고, 파편화되며, 재조합된다. 그 과정 안에서 주체는 그 일관성을 유지하기가 힘들어질 뿐만 아니라 취약하고, 불확실한 존재가 되어간다. 그 과정 안에서는 자본가이든 노동자이든 모조리 몰 개성화 과정에 종속되며 그저 (필요에 따라) 재조합될 수 있는 단순한 기능들로 전락하게 된다.[2]

1 Berardi, Franco, 정유리 역, 『프레카리아트를 위한 랩소디: 기호자본주의 불안정성과 정보노동의 정신병리』, 난장, 2013, 68쪽.

2 위의 책, 같은 쪽.

베라르디에 의하면 오늘날의 경제는 손에 잡히지 않는 대신 형이상학의 영역에서 인식되거나 기호의 형태로 조우된다. 탈영토적 특성을 지니며 전 지구적 혹은 범 시대적으로 확산될 수 있는 기호자본은 그러한 특성 때문에 필요에 의해 불현듯 나타나고 사라지며 특정한 개인과 고정된 장소에 정박되지 않는다. 베라르디는 이러한 기호자본주의의 불안정성을 문제적인 것으로 지적한다. 즉 기호자본이 문제적인 이유는 개인의 정신과 사회적 결합의 관계를 불확실한 것으로 만드는 대상이며 전 지구적 예비 소비자를 확보한 그것 앞에 개인은 왜소한 채로 소외되는 몰(沒)개성적 정보노동자로 자리하게 되기 때문이라 할 수 있다.

> 집합적 인식의 불안정함은 접속의 경로에서 끊임없이 정신없도록 서로 마주침에도 불구하고 정작 서로를 (피와 살을 지닌 인간으로서) 발견하지 못하는 데서 오는 괴로움이다. (…) 우리의 지각, 이야기하기, 생산 속에서 시간은 일종의 프랙탈이 되어버렸다. 우리의 시간은 보편적 언어기계에 의해 끊임없이 재조합되어 작동되는 호환 가능한 조각들로 산산조각났다. (…) 노동은 대도시나 지구의 접속점들 사이를 맹렬히 이동하고 있으며, 노동의 궤적들은 다시는 서로 만나지 않기 위해서만 분기하고 재접속하면서 순간적으로 조우할 뿐이다.[3]

베라르디가 지적하는 기호자본주의의 불안정성은 위에서 서술되는 것처럼 개인들이 상호 접속하는 경로로부터 이탈하여 부유하는 인간들의 시간에서 비롯된다. 매체의 정보 흐름이 사회를 운용

3 위의 책, 75쪽.

하는 중요 기반이 된 오늘날 정보중심사회에서 인간은 정보 이외의 것들이 지닌 중요성의 인식을 잃었다. 즉 각 개인은 거대한 기호자본의 계획적 흐름 속에서 필요에 따라 신속히 사용될 수 있는 일종의 부품으로서 노동력을 제공할 수 있어야 하는 존재로 전락했다. 신자유시대의 기성 노동자들과 이들의 삶과 부를 유지시키는 사회의 경제 패턴은 새롭게 적응하지 못하거나 소용될 필요가 없는 잉여의 세대를 양산하기에 이르렀다.

새로운 사회경제 패턴의 적응자로서 시장이라는 구조물의 내력벽이 되는 기성 노동자들이나, 이동하는 노동의 축을 나타내며 정보 자본을 생산·유통하는 새로운 노동자들의 경우에도 기호자본주의의 불안정성으로부터 자유롭지 못한 것은 마찬가지다. 자본화된 정보에 매개된 노동력 제공과 수주(受注)의 관계가 근대 산업 사회에서처럼 일정한 체계를 구축한 속에서 지속성을 지니며 확대되지 않기 때문이다. 그러한 고정적 하부 체계는 오히려 기호자본에게 필요하지 않은 변형의 대상이다. 전 지구적 예비 노동자를 확보한 기호자본은 오히려 노동자들의 집합적 형태와 고정된 제공 루트에서 파생될 수 있는 구태의연한 발상이나 감각, 이해관계의 대립 등 불필요한 문제점들을 배제하려고 시도해왔다.

개인 간의 상호작용 공간으로서 '일터'와 '일상'의 물리적 접촉 가능성이 축소된 사회의 작동 체계에서 비롯되는 문제는 위의 글에서 베라르디가 지적한 "서로를 (피와 살을 지닌 인간으로서) 발견하지 못하는 데서 오는 괴로움"의 감성과 상통한다. 이것은 '나'라는 인간의 정체성과 삶의 목적지향성이 혼미한 데서 오는 '허무(虛無)'의 의식이라고도 할 수 있다. 감수성에 의해 감지되는 바도, 신체반응과 인지작용을 통해 구성되는 감성적 결과도 모호한 의식 상태에서 인간은 초(超) 자극적 정보를 지향하고 기계적으로 반응하며 시간 위에 부유한다. 그리고 그 부유하는 양상은 대체 공간 속에서 무기력, 비관, 냉소, 포기 등으로 점철된 '얼굴 없는 인간들'의 단순화된 행위—'선택(클릭)' 또는 '반응(댓글)'—를 통해 발견되곤 한다.

기호자본주의가 근대적 인간의 필요에 의해 산출된 경제이데올로기라 하더라도 이것을 인간 혹은 개인들의 집합이 지닌 필요충분조건이라 할 수는 없을 것이다. 기호자본주의는 몰(沒) 개성적 이념으로서 자본과 이윤의 측면에서 합리성을 목적으로 두고 있기 때문이다. 기호자본주의의 작동 체계 아래 삶을 운용하는 개인은 위 베라르디의 언급처럼 "자본가이든 노동자이든 모조리 몰 개성화 과정에 종속되며", 넓은 선택지를 확보한 자본가 상층부에 속한 개인 역시 "(필요에 따라) 재조합될 수 있는 단순한 기능들로 전락"한 처지에 속하게 된다.[4] 몰 개성적 인간은 곧 몰 개성적 문화를 배태하고 이것은 사회를 움직이는 구성 인자로서 개인들이 가져야 할 사회적 감성을 차츰 둔감화 내지 무감화하는 것으로 환원된다고 볼 수 있다.

이러한 사고를 전위하여 다음 장에서는 개성적 정체와 상호 교점을 지니지 못한 채 부유하는 몰 개성적 개인과 둔감화 되는 사회의 실체가 한국사회에서 어떠한 양상으로 발견되는지 살펴보기로 한다. 이어서 3장에서는 개인의 감성이 둔감화 되면서 고유성을 잃어가는 사회에서 주체로서의 개인이 확립될 수 있는 방안으로서 '자기 서사 연출'[5]의 유효성을 가늠해보려고 한다. 마지막으로 4장

4 위의 책, 68쪽.

5 이 글에서 '자기 서사 연출'은 자본화된 정보의 한정적 소비 주체로 기능하는 개인들이 매체의 주된 상업 전략으로 사용되는 '연출'의 속성을 정보 재구성의

에서는 오늘날 한국 사회의 노동 불안정성에 대한 개인들의 대응 방식과 자본화된 정보 시대의 대안으로서 연출적 주체에 대해 이야기하고자 한다. 4장에서는 정체성 혹은 감성의 불안정성과 관련한 한국 사회 프레카리아트의 대응 양상을 분석하고 이들 주체에 관한 논의를 자기 서사 연출의 필요성과 관련하여 제시할 것이다.

새로운 교점과 주체의 이중성(二重性)

앞서 1장에서는 기호자본의 금융화에 의해 개인 간의 교점node을 상실해갈 뿐 아니라 각 개인들의 인식 속에서도 물리적 결속 또는 결합의 계기로서 일상적이고 지속적 형태의 '노동-장(場)'이 지녀 온 중요성이 축소되는 오늘날 사회의 문제적 양상을 거론하였다. 특히 한국 386세대의 '진정성'이 교통하던 '거리'와 '광장' 등 가시적이고 물리적인 집합 공간에서 이루어졌던 협의와 토론의 과정은 물리적 공간의 외부적 차단과 상실에 의해 실종되듯 사라졌다. 사회를 구성하는 인자들이 공통 감각을 회복하기 위한 시도를 수행하던 곳은 공권력의 외압이나, 더 심각하게는 주체적 행위에 대한 무기력감 등에 의해 소멸한 것처럼 보인다.

개인 간의 사라진 교점들은 사람을 만나는 즐거움을 경험하는 곳, 무감각하고 단순 목적적으로 맺어지는 만남이 아닌 자발적 요구와 감성적 유인에 의해 '잘 살기 위한 관계'가 마련되는 곳, 특정되지 않은 열린 감성의 결합이 이루어지는 곳이었다. 전통사회에서 각종 마당(판)과 잔치(놀음)도 인간관계에서 오가는 독특하고도 보

주체 입장에서 차용하는 실행을 의미한다.

이지 않는 그 무엇을 해결하거나 연습할 수 있는 실제적 변용의 공간이었다.

이것이 오늘의 사회에서 소멸 또는 실종된 것으로 보이는 교점의 성질이다. 오늘의 사회에서는 자신의 날 경험과 정보를 스스로 평가하며 유의미한 실질적 서사로 변화시킬 수 있는 개인들보다는 정보들을 가공·유통시킬 수 있는 소비자들이 요구된다. 도구적 이성과 효율성에 입각한 관계의 사회에서는 '잘 살기 위한 관계'보다 '잘 살아남기 위한 조건'들이 필요하기 때문이다. '만남의 힘'과 '공감의 조건'을 상실한 특정된 감성들의 관계가 외부에서 이입되는 물질적 조건에 의하지 않고 새 삶을 견인할 동력을 생성하기란 어려울 수밖에 없다.

하지만 부족근사치라 할지라도 한국 사회에서 집합적인 감성과 인식이 발견되는 공간은 변형 또는 진화된 양태로 존재하고 있었다고 보는 것이 참값에 더욱 가까울 것으로 여겨진다. 인간은 정체성 구성을 위해 필연적으로 타인의 시선과 반영을 필요로 하는 존재이므로 상호 교점에 접근하기 위한 욕구는 지속되고 있었을 것이라는 생각이 이러한 판단의 전제이다. 실제로 자의식의 표현과 이해에 대한 공유 욕구(요구)는 대규모 집합체를 통하기보다 개별적인 형태로 은닉되거나 혹은 다종의 소규모 집합을 통해 자본 경제적 코드—이해, 실리, 생산, 소비 관계 등—로 집중되며 방출되는 양상을 보여 왔다.[6]

---

6 물론 이러한 코드에 포섭되지 않거나 사회적 지위와 역할에 따른 이해관계 또는 공모관계로 설명되지 않는 집합적 행위들도 발생해왔다. 가령, 유럽 난민 사태(2015)에 대한 세계적 구호 운동, 싸이의 <강남스타일> 열풍(2012), '포켓몬고' 게임사용자 속초행 열풍(2016), 일명 '솔로부대'의 짝짓기 플래시몹('솔로대첩', 2012), 초(秒) 단위로 공유되는 정보와 댓글 여론 등을 무엇으로 설명할 것

정치, 사회, 문화, 지역, 인종 등 인간의 인식과 성향의 내용을 변별하는 데 쓰이는 수많은 기준들 중, 어느 단일한 기준에 쉽게 포획되지 않거나 조합 원인을 명료하게 설명할 수 없는 집합단위의 행위 양상들이 존재한다. 가령, 거리와 광장을 가득 메운 시민들의 촛불 집회[7], 컴 계층적 단위에서 총체적으로 나타나는 불매 운동, 시국선언문 류의 규탄 행위, 초단위로 갱신되는 댓글이나 네트워크 매체 공간에서 선호되는 정보를 통해 확인되는 범세계적 여론 혹은 지향 양상, 정보 공급과정의 개별화와 다변화를 통한 매체 권력의 유동성 등에서 그 양상을 확인할 수 있다. 이러한 현상을 도출하는 주체들은 일정한 범주의 계급이나 특정한 관계적 속성에 의해 포섭되지 않는다. 또한 그들의 결합과 행위의 구성 논리나 도출 결과는 사회적 지위와 역할에 따른 이해관계나 공모의 과정인 것만으로는 설명되지 않는다.

인가. 대규모로 이루어지는 감성적 규합의 전제와 분석에 관한 논구는 또 다른 논의의 장으로 넘기고 이 글에서는 개인 간의 교점 상실과 변형에 관한 관점의 적실성 정도를 논의하기로 한다.

7 2002년 주한미군 장갑차에 깔려 숨진 두 여중생을 추모하고 미군 운전병의 만행과 그것을 용인하는 미군 및 정부를 규탄하는 반미 촛불 문화제를 시작으로, 대한민국의 시민 집회는 2008년 미국산 소고기 수입 재개 협상을 반대하는 촛불 집회, 2016년 최순실 국정농단과 관련한 대통령 탄핵 소추를 가결로 이끈 주말 촛불 시위를 거치며 광장과 거리를 초환(招還)하는 듯 보인다. 촛불 시위는 참여 인원의 규모가 수백에서 수십만(2008)을 거쳐 수백만(2016)에 이르기까지 범국민적으로 확산되었다. 정치적 목적에 의해 금전적 경로를 통해 견인된 인력이라는 의혹이 무색할 만큼, 거대 군중은 다양한 주체적 참여 양상을 보여주었다. 사비를 들여 구입한 쓰레기봉투를 공급하며 시위 공간을 원래의 도시생활 공간으로 되돌리는 문화 의식이나, 집회의 참여 경로와 대상을 일정한 것으로 확정할 수 없게 만드는 다양한 구성의 계층과 집합 단위, 콘서트나 퍼포먼스 등 집회 주제를 중심으로 한 다종의 참여 방법 등은 시민의 정치적 참여 과정이 일종의 자발적이고 개방적인 사회문화제로 진화되는 과정을 보여준다고 할 수 있다.

이는 이들의 행위 양상이 가장 합리적인 생산 관계 혹은 그러한 관계로 변화하기 위한 집합적 결합 운동, 또는 그러한 관계를 표방하는 이들의 의례가 아니기 때문일 것이다. 초소한, 이들의 행위 경계가 확정되거나 행위 양상이 지속되거나 네트워킹의 내용이 고정되어 나타나지 않기 때문이다. 이러한 모호한 사회적 집합은 일정한 형태를 지닌 것으로 인식되며 포획되지 않는다는 점에서 특징적이다. 이들의 행위 실현은 그 현상의 존재 유무로 확인될 수 있을 뿐, 그 행위 현상은 끊임없이 은닉되거나 삭제되거나 변형됨으로써 고정되거나 지속되지 않는다. 그리고 그 양상은 마치 끊임없이 요동하고 변형되는 인간의 감성 상태와 유사한 것으로 보인다. 유동적 형태 속에서 고정되지 않은 구성원의 형질을 지닌 예측 불가능한 집합적 행위는 인간의 감성이 지닌 변형과 지향의 속성을 제외해두고는 설명되기 어렵다.[8]

집합적 감성 교류의 욕구는 지속되면서 억압된 욕구가 변형된 방식으로 해소되는 여러 징후들 중 가장 특징적인 것은 디지털 공간에 대한 천착이다. 개인들의 교점에 대한 욕구는 부유하는 자의식 속에 억압된 채 자리하다가 디지털 매체 공간이라고 부르는 욕

---

8 이러한 모호한 사회적 집합은 정치적 지향성을 지닌 의례 행위와도 구별되는 것으로 보아야 한다. 가령, 이 집합의 감성적 조건은 뒤르켐이 의례의 기본적인 속성 중 하나로 주목한 '공현전(co-presence)' 현상의 집합열광이나 집합의식과도 변별될 수 있다. 모호한 사회적 집합은 '공통된 신념, 전통, 집합적 이상을 재생'(뒤르켐이 집합열광을 통한 변화 양상으로 지목하는)시키지 않는 의례행위를 포함하며 구현된다. 뿐만 아니라, '공유된 가치, 신념, 사고를 매개하며 감정을 유발시키는 집합표상'이 부재하거나 기존에 체험된 집합흥분이 없는 상태에서도 구성될 수 있다. 행위 집합의 구성원들이 고정되거나 지속되지 않음으로써 이후 집회의 성격이나 구성 여부를 예상할 수 없게 되는 것도 이러한 특성에서 비롯된다고 볼 수 있다.

구 표출을 위한 새로운 공간들이 생성되자 급속하게 그것을 주목하게끔 했다. 사이버 네트워크 공간에서는 댓글을 포함한 각종 공감 표현 장치, 다종의 sns 계정 개설 등 관계 구성에 대한 방만한 욕구가 쉽게 발견되고 타자와의 관계를 통한 자아정체감 조정의 욕구가 부자연스러운 양태(일명 'sns 허세')로 나타나기도 한다.

이종임은 그러한 소통의 양태가 오늘날 소셜 미디어가 만들어내는 '일상적이고 상시적인 접속과 폭넓은 정보 교류를 통한 공감이 가능한 인적 네트워크'이자 '디지털화된 연대의 느슨한 관계망'인 것으로 설명한다.[9] 기성세대에 의해 상호 '무관심'으로 읽히기도 하는 디지털 세대 소통의 '느슨한 결합'은 해체의 가변성을 드러냄과 동시에, 쉽게 연대하고 적극적으로 소통하는 결합의 용이성을 보여주기도 한다. 디지털화된 소통 방식의 양가성은 개인 간 교점이 상실된 배타적이고 단절된 사회에 대한 패퇴 의식과 허무감을 전환시킬 가능성으로 읽힌다.

이처럼 실체들의 노드점보다 감성적 규합의 장, 실천에 관한 '사유'의 집합이 확인되는 곳, 즉 인식적 네트워크 공간이 중요해진 시대에도 소통 지향성이 유지된 이유는 집합적 감성이 '자아정체감의 구성'이라는 큰 효용을 발휘하기 때문일 것이다. 하지만 가치평가의 기준과 자기효용성, 자의식 등을 타자의 시선 또는 타자와의

9 뿐만 아니라 이종임은 디지털 세대가 '직접적 접촉을 통한 인식보다 디지털 이미지로 재현된 이미지에 익숙하며 이미지 소비 과정에서 큰 즐거움을 느낀다'는 특성을 지니며, 이들이 '끊임없이 자신을 노출하고 자신과 소통할 수 있는 대상을 찾고 확인하고자 함'을 지적한다. 이종임, 『디지털 세대·문화·정체성』, 커뮤니케이션북스, 2015, 23쪽~26쪽. 이러한 특성들을 고려해볼 때, 개인들의 상호 소통 욕구와 소통의 실현은 단절되었다기보다 디지털 매체를 통해 부호화된 변이 양태로 지속되고 있었다고 보는 것이 타당할 것으로 여겨진다.

만남과 관계에 의해 확인하고 의미화하며 반영하고 확정하는 과정은 단절되고 파편화된 인간관계에서는 이루어지기 어렵다. 그로인한 자아정체감 혼미의 시대상을 우리는 21세기 한국 사회의 첫 10년decade에서 발견할 수 있다.

그것은 사유의 집합이 가시적으로 확인되는 386세대의 실천-장(場)이 쇠퇴하고 소셜 미디어를 통해 개인 간의 인식적 네트워크가 활성화되는 디지털 세대의 공감-장(場)이 형성되는 시기 사이에 자리한다고 볼 수 있다. 소통을 위한 개인 간 교점의 상실은 그것이 실제 소멸한 것이 아니라 할지라도, 자의식이 모호한 채로 사회 구성의 각 계급 층위에서 부유하는 인간형이 발생하는 데 영향을 미쳤을 것으로 보인다. 즉, 개인적인 것이든 집합적인 것이든 감성을 원만하게 소통하기 위한 통로가 봉쇄되고 공감 욕구가 충족되지 않는 구조가 만들어짐에 따라 소통의 통로가 다른 형태로 변형되거나 삶의 균형이 파탄되는 징후 — 7포 세대, 사토리 세대, 은둔형 외톨이, '묻지마 범죄'자, 무직자, 자라 증후군·캥거루 세대 등으로 명명되는 — 가 도처에 나타나게 되었다.

부유하던 자의식이 욕구의 주체로서 그 공간에 이입하기 시작한 시점, 그것이 '거리'와 '광장'을 잃은 90년대 이후 한국사회의 파편화된 개인의 양상을 읽어낼 수 있는 결절 지점일 것으로 보인다. 디지털 공간을 향한 개인들의 쇄도에서 발견되는 성질은 실상, 다음과 같은 지점에서 양면적이다. 첫째, 결합과 지속에 대한 배타성을 속성으로 하는 기호자본의 집적 공간이 오늘날 주체로서 정체성을 잃은 개인이 가 닿을 수 있는 정박지이자 집합적 소통 욕구를 해소하는 교점으로 기능하고 있다는 점이고 둘째, 모호한 정체성을 지닌 개인이 자신의 요구와 욕구에 대응하는 충족적 대상을 선택하고 배열하는 주체적 행위를 구성하고 있다는 점이다.

그러나 비(非)주체적 인식으로 시작한 개인들의 행위가 주체적인 사회와 문화를 만들어낼 가능성은 희박하다. 베라르디의 주장대로 "이제 금융적 축적은 유용한 재화의 교환이 아니라 공공재와 공공 노동의 산물에 대한 사유화에 근거"하며 "경제적 추상화의 법칙에 포획된 금융은 공통된 유용성의 해체에 기반을 두고 운용"[10] 된다. 즉, 사유화된 기호자본은 공통된 유용성의 해체를 통해 금융의 부피를 확대하고 사적 유용성에 기반을 둔 한정적 선택지를 유통시킨다. 결국 각 개인은 '선택할 수 있는 주체'이지만 피할 수 없는 선택을 해야만 한다. 서동진은 "소비주체는 자유라는 가상에 따라 상품을 '선택'하고 자유로운 주체로서 자신을 정립하지만, 그것은 '강요된 선택'에 다름 아니다"라고 말하며 자기계발 주체의 능동성이 예속성으로 전환되는 현실에 대해 진단하기도 했다.[11]

또한 우리의 '지금-이곳'은 지배적인 아비튀스가 점유한 채로 봉인된 사회meritocracy이다. 한국 사회의 정치는 지배적 아비튀스를 위해 '선(先)을 잡는' 투쟁이다. 이것은 달리 말해, 우세하다고 인식될 수 있는 연출적 도구를 점유하려는 싸움이라 할 수 있다. '지금-이곳'에서의 생존을 위해서는 자연적 원리와 본성에 따른 가치 기준 대신 어떤 것이 공적(公的)이고 우세한 감정이며 상식이 되는지 판단할 수 있는 눈치가 유리하다. 이렇게 밀려난 선택지 위의 싸움을 거치며 행위자들은 무엇이 좋고 어떤 것이 아름다운지,

10 Berardi, Franco, 앞의 책, 71쪽.

11 박치현, 「신자유주의 주체성의 사회학:'속물'인가 '자기계발 주체'인가: 『마음의 사회학』(김홍중), 『자유의 의지, 자기계발의 의지』(서동진) 읽기」, 『문학동네』 제17권 1호, 문학동네, 2010, 14쪽.

무엇이 유용하고 지금 필요한 것이 무엇인지를 판단하기 위한 자율적 감각과 선택하는 감흥을 잃게 된다.

따라서 현재 디지털 매체 공간에 대한 쇄도가 양면적 또는 양가적 성질을 지니고 있다 하더라도 그것이 곧 주체의 자연적 회복과 행복 지향의 사회로 귀결될 것이라는 가정은 성립하지 않을 것이다. 하지만 한국사회의 기형화된 감성은 양가적 성질을 간과하거나 방치할 때 부정적으로 진화할 가능성이 높다. 신경증적으로 타인의 가치 기준에 집착하되 타인과 변별되는 것에서 자존감을 확인하는 독존 의식, 타인의 삶에 대한 무관심과 관음증, 독립된 개성을 표방하지만 단독적이고 자율적인 선택 상황에 나타나는 경계와 조바심, 타인의 슬픔에 대한 애도와 냉소, 타인의 시선에 대한 거부와 내재된 희구, 타인의 고통에 대한 공포와 타인의 고통을 매개하며 이루어지는 유희를 동시에 지닌 채 기형화된 오늘날의 감성을 읽어내기 위해서는 먼저 이중적으로 나타나는 감성의 양상을 복안(覆按)하는 과정이 필요할 것으로 생각된다.

주체와 연출의 유효한 상관관계

메리토크라시meritocracy의 사회에서는 자율적이고 개별적인 가치 기준을 설정하는 노력이 무용하거나 왜곡된 의미를 전달하며 폄하되기 쉽다. 유령처럼 타율에 의한 관성으로 움직이는 사회의 힘은 의외로 막강한 것이어서 개별적이고 파편화된 방식으로 이에 대응하는 것은 매우 무기력한 일이다. 국가적 재난 상황에 컨트롤타워가 부재하거나 대형 참사에 대한 수장의 애도가 기만인 것으로 확인되더라도 그러한 사태에 대한 판단은 무력한 개인들의 합보다 하나의 추상적 지배체제가 소유한 연출mise en scéne의 힘에 달려있다.

미장센은 지배체제가 다분히 폭력적으로 사용해 왔음에도 불구하고 여전히 정치적으로 유효한 코드이다. 가령, 공포스러운 영화를 보는 분위기에서 벗어나는 과정은 청각, 시각, 피부감각 등의 민감성과 지각 편향 등의 정보 수용 체계가 이전과 다른 정보 자극을 수용하게 되는 상황으로 전환될 때 가능해진다. 불을 켜거나 부드러운 배경 음악이 흘러나오거나 영화가 끝나고 현실로 돌아왔음을 확인하게 되거나 관심의 초점이 다른 일이나 사물에 맞추어질 때 그러한 전환이 이루어지고 공포는 끝이 난다. 같은 영상에 다른 배경 음악을 삽입했을 때 공포 영화는 희극이 되기도 한다.

대상을 특정한 방향으로 생각하도록 하는 지각 편향을 좌우하는 것, 이것이 연출의 힘이며 지배체제가 매체를 점유하고 은닉시켜 온 이유이다. 정치적 미장센은 개인의 자율적 감각을 타율적으로 조작하고 타성화하며 둔감화시키는 것을 전략으로 삼는다. 특히 지배체제가 주로 시도하는 연출적 구상은 공포와 단절, 모호함의 정서mood이다. 타율적으로 주조되는 이러한 감성에 대한 개인과 개인의 집합의 대항은 흔히 분절적으로 나타나지만 다음과 같은 순서로 발전하기도 한다.

첫째, 지배체제가 구성하는 공포와 단절, 모호함의 정서를 순화하고 정화하는 것이다. 이것은 종교나 취미, 자기계발 활동 등을 통해 개인 영역의 대응 체계를 강화하는 것으로 나타난다. 둘째, 연대를 통해 안도감을 획득하는 것이다. 유입된 정서와 정보는 여전히 잔류하지만 그것에 필적할 만한 다른 긍정적 정서를 유입시켜

잔류한 정서가 더 이상 위협을 가할 수 없도록 무력화시키는 것이다. 축구 응원이나 게임 유저 그룹 등 개인의 사회적 지위와 역할과 무관하게 우연히 결합되면서도 공고함을 발휘하는 연대의 예는 그 결합을 통해 얻게 되는 정서가 새로운 집단 구성에서 오는 분위기 전환과 소속의 안정감에 기인함을 추론할 수 있게 한다. 셋째, 유입된 정서를 변형시키거나 아예 가중하여 실천의 기폭제로 승화시키는 것이다. 정치적 연출에 의한 공포나 분노의 정서는 때로 현실에 대한 과도한 위협으로 여겨지면서 연대 투쟁을 위한 인식과 탐색의 계기를 마련하기도 한다. 공포와 연민의 감정이 극에 달했을 때 공분(公憤)의 감성으로 전환하며 이전의 감정을 무력화시키는 사례는 국가폭력에 대한 시민 항쟁(6.10항쟁, 광주오월항쟁, 제주 4.3항쟁 등)에서 확인된다. 부가적으로 이러한 연대 투쟁의 계기는 정치적 연출을 고발하고 사회의 모순적 구조를 반영하는 문학예술의 창조 동력이나 사회문화적 숙고의 과정을 발동시키기도 한다.

이 같은 지배체제와 개인의 싸움은 전리품으로서 연출권을 상정하는 투쟁이며 타자에 의해 연출된 세계 혹은 그러한 세계에 대한 인식을 자기의 서사 과정 안으로 끌어들여 스스로 연출하고 조정할 수 있는 관점을 얻게 되는 과정이라 할 수 있다. 개인과 개인들의 집합이 정치적 연출에 대항하는 이 같은 방법들의 공통점은 외부에서 이입되는 타율적 감성을 무력화시키면서 인간이 본질적으로 지니고 있는 공통된 감각에 집중한다는 점이다. 이것은 인간이 본디 가지고 있는 감각적 민감성과 고유성을 회복하는 과정으로, 둔감화의 전략을 지닌 정치적 미장센이나 결집과 지속을 차단하는 기호자본주의의 속성에 대응할 기제를 생성한다. 다음 네그리의 '자기가치화'와 주체성 획득의 개념에 견주어 이해할 때 개인이 인식과 감성의 자율성을 회복하는 과정은 가치기준의 자기결정권을 탈환하는 메리토크라시 대항 투쟁으로 여겨지기도 한다.

> 네그리에게서 "자기가치화"란 주체적 역능의 구체적인 실존을 의미한다. 주체의 역능은 피착취 계급의 가치들을 추구하기 위한 공간을 창출하고 보호한다. 요컨대 자기가치화란 주체로서의 노동을 생산하고 재생산하는 것이다.(…) "진정한 주체성"의 획득을 위한 실험들이 자본의 마법에서 풀려난 세계를 촉구하고 환기시키는 것으로 전제된다. 이 접근법은 자본주의 하에서는 노동이 (특정한) 형태 안에서/형태를 통해 실존한다는 것을 무시한다. 주체의 사회적 실존이 사회의 외부에 성립되어 있는 한 주체의 본질화는 여전히 추상적이다.[12]

정치와 연출의 관계에서 주목해야 할 점은 연출력의 이데올로기적 사용에 앞서 개인의 감성을 결정하는 그 강력한 유용성에 있다. 감성적 연출을 통한 정체성의 변화는 이데올로기에 대한 개인의 자율적 편입을 가져오며 정치가 수행해야 할 책무의 영역을 축소시킨다. 유입된 정보의 성질과 가치를 판단하기 위해 중개되는 대상을 자율적으로 선택하고 그 대상 혹은 그 타자를 통해 자신의 감성을 재구성하는 연출의 과정은 곧 개인이 정체성을 구성하는 과정으로 이어진다. 외부적 세계에 대한 주체적 인식을 구성하는 것과 기획과 의도에 따라 정보를 재구성하는 연출적 능력은 밀접한 연관 관계 혹은 인과 관계에 놓여 있다고 볼 수 있다. 김수진은 사회적 정체성의 연출과 개인의 주체 구성이 지닌 밀접한 상호 작

12 Bonefeld, Werner, 「인간의 실천과 전도-자율성과 구조를 넘어」, Negri, Antonio, etc., 김의연 역, 『탈정치의 정치학』, 갈무리, 2014, 130쪽.

용 관계에 대해 다음과 같이 언술하기도 한다.

> 주체의 위기는 사회적으로 유토피아의 꿈이 좌절된 현대의 상황으로부터 시작되었다. 인류는 1,2차 세계대전을 겪으면서 과학과 진보에 대한 믿음을 상실하고 이성과 정체성에 대한 회의에 다다른다. 그리고 현실에서 하나의 안정된 공동체, 유토피아에 대한 꿈이 사라지자 연극을 통해서도 사회적 정체성을 제시할 필요성을 상실한다. 결국 주체의 위기는 사회적 정체성의 위기라고도 할 수 있을 것이다.[13]

또한, 조경식의 설명에 따르면 루소는 사회적 인간의 속성으로 자기 왜곡을 지적하고 있으며[14] "인간은 항상 특정한 역사적/사회적 조건 하에서 상황을 만들어내고, 그럼으로써 현실을 구성하며 연출하는 존재로 파악"될 수 있다.[15] 이러한 내용에 비추어 볼 때 연출적 능력은 사회적 정체성의 영역에서뿐만 아니라 개인이라는 주체 형성의 영역에서도 회복되어야 할 본성적 기제라고도 할 수 있다.

---

13 김수진, 「주체표현으로서의 연기: 포스트드라마 시대의 새로운 연극성을 위한 연기양식 연구」, 경기대학교 박사학위논문, 2015, 41쪽.

14 사회구조가 위계질서로부터 기능주의로 바뀌고 사회의 지배담론이 신적 담론에서 인간담론으로 바뀐 이후부터 연출은 더 이상 신에 의해 행해지는 것이 아니라 바로 개인이 속해 있는 사회에 넘겨지게 된다. 자유와 역할, "운명" 사이의 갈등은 이제 인간 자신의 본래적인 품성과 사회 내에서의 역할 사이에 나타나는 갈등으로 변화된다. 즉 시민사회에서 인간은 자신의 본래적인 품성대로 살지 못하고 사회의 역할이 원하는 방식에 따라 살아야 하기 때문에 원하지 않는 가면을 쓰고 자기연출을 한다는 것이다. (…) 사회 속의 인간은 항상 남들의 가치기준(사회 내에서의 역할과 가면)에 따라 자신을 맞추어 살아가는 존재가 되므로 항상 자신을 왜곡시켜야 하며, 이런 사회적 왜곡을 루소는 인간의 자기 소외 현상으로 파악한다. 조경식, 「문화적 연출: 화적 현상과 메커니즘으로서의 연출에 관한 연구」, 『괴테연구』 제20권, 한국괴테학회, 2007, 188쪽.

15 위의 글, 193쪽.

현대연극의 시선을 빌려 보자면, "연출이란 예술적 해석이며 개성적 양식으로 간주된다. 연출가는 자신의 독특한 예술적 세계를 펼치기 위해 텍스트에 해석을 가하고 자신의 연출 미학적 양식으로 덧씌우기를 하여 무대화시키는 것이다."[16] 이것은 개인이 매체를 통한 정보와 그것이 양산하는 또 다른 감성적 정보를 수용하고 편집하는 수동적 존재가 아닌, 제공된 텍스트를 해석하고 자신의 '연출 미학적 양식'을 통해 다시 '무대화'하는 적극적 존재로서 세계에 개입해야 함을 의미한다. 다시 말해, 세계(무대)를 객관화하고 통찰하여 배치와 실행의 변화 방향을 결정하는 일은 세계(무대) 속에 안착되어 흘러가는 인식과 감성에 매립된 채로는 가능할 수 없음을 의미한다.

> 주체란 외부 세계나 현실 등을 인식하고 체험하며 그것에 작용을 가하는 의지적 존재 또는 그것을 의식하는 것으로서의 자아를 말한다. 그리고 주체성은 의식과 신체를 가지는 존재가 자기의 의사대로 행동하고 주위 상황에 적응하여 나가는 특성을 뜻하는 것으로 일종의 '자발적 능동성'으로 이해할 수 있다.[17]

이 같은 설명은 주체와 주체성을 성립시키는 요건의 핵심에 자율성과 능동성이 자리한다는 것을 뒷받침한다. 이러한 전거들을 통해 주체의 성립 과정에서는 먼저 '관념idea'으로서 자신만의 '연출 미학적 양식'이 구성되어야 하고, 이어 텍스트로서 자기 서사와 정

16 이선형, 「치유의 드라마에서 주체와 객체의 관계 연구」, 『드라마연구』 제41호, 한국드라마학회, 2013년, 141쪽.

17 김수진, 앞의 글, 20쪽.

보를 재구성하고 재현하는 능동적 실천이 필요하다는 것을 추론할 수 있다. 이때, 텍스트 해석과 재구성과 재현이 이어지는 일련의 과정은 리쾨르가 말하는 '내레이션narration'의 역할을 수행한다.

> 리쾨르가 언급한 바와 같이 나레이션은 자기-서사의 과정에서 실제 자신의 삶에 지속성을 부여하는 결정적인 요소이다. 삶의 지속성은 '나'를 구성해내는데 매우 중요하다. (…) 자기-서사는 자신이 사회적, 자연적 존재임을 전유하여 자신의 정체성을 구성하기 위함이다.[18]

연극영화의 고정된 텍스트에서 분절된 행위와 정서의 장scene으로부터 내레이션의 자기표현과 서사 해석 행위를 통해 살아 움직이는 인물의 통합적 정체character가 만들어지는 것과 같이 개인의 주체 성립 과정에서도 '나'를 구성하는 '해석'과 '표현' 행위가 필수적이다. 이러한 과정에 비추어보자면, 연출과 주체의 관계에서 주체적 인식이란 연출의 결과로 얻어지는 것이 아니라, 연출의 과정에서 구성되는 것이라 할 수 있다.

하지만 연극영화에서 연출이 아닌, 개인의 자아를 주체적인 서사 구조 속에 위치시키는 연출의 과정은 연출의 대상이 가변적이라는 점에서 난점을 지닌다. 그러나 동시에, 개인의 서사라는 텍스트가 지니는 가변성은 연출의 난점이 되는 것과 동시에 매체와 기호자본이 전략을 선회하도록 정체를 엄폐하는 방책이 되기도 한다.

> 개인의 이야기는 문학 텍스트처럼 절대적이고 고정적인 텍스트가 아니다. 참여자의 주관적이고 개인적인 이야기라는 점에서 즉흥적

18 위의 글, 76~77쪽.

이며 언제든지 수정이 가능하다. (…) 배우가 관객이 되고 관객이 배우가 되는 드라마의 기능적 수단이 연극의 즉흥성이며 집단창작 방식인 것이다. 이들 방식은 상상력과 창조성을 활성화시키고 무의식을 표출시키기 위한 테크닉이며 제의적 원시연극의 형태와도 밀접한 관계가 있다.[19]

위의 설명은 개인의 서사가 지니는 가변성의 긍정성을 지지한다. 수정 가능한 서사의 성질이 기존의 삶과 인식의 내용을 갱신하는 동시에 외부에서 연출되고 유입된 감성을 무력화할 수 있는 창조적 자아를 활성화시킨다는 것이다.

이러한 긍정성을 망라한 연출적 주체의 성립은 개인에게 스스로를 "텍스트로서 자기"[20]로서 객관화할 수 있는 거리두기의 상황이 마련되거나 그러한 상황이 의식적으로 시도되었을 때 출발할 수 있을 것이다. 그리고 그러한 출발은 불안정한 감성이나 인식적 필요에 의해 이루어질 것이다. 다시 말해, 갱신될 필요가 없는 평온한 일상은 연출적 주체를 호명하지 않는다. 그것은 일상의 균열 혹은 관념의 변형이 가해지는 순간, 즉 불안정한 시대에 살아가는 불안한 개인들에게 유효한 숙명적 관계에 있다고 할 수 있겠다.

날것의 정보와 자신의 경험을 유의미한 서사, 즉 '이야기'로 만들 수 있는 힘과 조건은 어디서 가능한 것인가. 단순한 정보 전달이 아닌 관점의 설정과 플롯 구성(배치)을 통한 이야기의 생성은 바로 나 자신이 원하고 내게 필요한 순간에 가능해진다. 소설이 가공 완료된 이야기라면 자기서사는 기승전결이 열린 채로 연출 가능한

19 위의 글, 162쪽.

20 위의 글, 78쪽.

이야기이며 이때의 연출은 인격persona의한 것이다. 바로 이 지점에서 좋은 인격, 역할, 연출이 가능하기 위해 필요한 물질적 토대가 무엇일지에 대한 성찰의 필요성이 제기된다. 자기서사의 구성에 나의 요구와 욕구를 반영하는 몸의 (일체적) 연출이 가능하게 되는 조건, 즉 연출의 선택권을 확보해야 할 당위와 방안의 발견이 감성적 근대의 전초가 될 것으로 생각된다.

각자도생(各自圖生), 프레카리아트precariat[21]와 연출적 주체

한국비정규노동센터의 최근 통계 조사에 의하면 2015년 8월을 기준으로 전체 노동자 19,312,000여명에 대비한 비정규직 노동자의 비율은 44.7%(8,625,000명)이며 이는 전년 대비 1.5% 증가한 수치를 나타낸다.[22] 한국비정규노동센터의 분석[23]에 의하면, 통계청의 경제활동인구조사 부가조사가 시작된 2000년 이후 비정규직의 절대 규

21 무산자화되고 있는 노동자, 또는 무산자의 지대로 축출된 노동자를 뜻하여 이들을 '프레카리아트(precariat)'라고 명명하기도 한다. 이탈리아에서 처음 사용되기 시작한 이 단어는 '불안정함'을 뜻하는 'precarious'와 '프롤레타리아트(proletariat)'를 합성하여 만든 말인데, 국내의 '88만원 세대', 일본의 '잃어버린 세대, 후리타족(Freeta)', 유럽의 '700유로세대' 등 각국의 비정규직 청년 노동자뿐만 아니라 실업자, '니트(NEET)'는 물론 '히키코모리'나 미혼모, 가정폭력도피자(DV), 노숙자나 부랑자까지 포함하여 노동 가능하지만 노동하지 않거나 못하고 있는 모든 사람을 지칭하는 말로 사용되고 있다. 이진경, 「프롤레타리아트와 프레카리아트-정규직 노동자와 비정규직 노동자의 비대칭성에 관하여」, 『마르크스주의 연구』 제9권 1호, 경상대학교 사회과학연구원, 2012, 192쪽. 재인용.

22 한국비정규노동센터, 「2015년 8월 경제활동인구조사 근로형태별 부가조사 분석」, 한국비정규노동센터 정책국, 2015, 7쪽.

23 위의 글, 5쪽.

모가 꾸준히 증가하고 있음을 알 수 있다.

이진경은 정규직/비정규직 노동자의 비대칭성 사이에서 나타나는 상응성이 곧 "비정규직 노동자가 노동자계급 자체의 규정성을 지우고 있음을 뜻하는 것"이라고 지적한다.[24] 이종임은 '프롤레타리아트에게 있었던 사회적 계약관계, 즉 복종과 한시적 충성을 대가로 노동 보장이 제공되었던 복지국가의 거래가 프레카리아트에게는 전혀 없다는 점에서 기존 사회의 구성 신분과 변별될 수 있음'을 지적한다.[25] 이는 곧 한국사회 노동자계급을 이해하는 도식 자체가 변형되고 있으며 사회·정치·문화의 운용과 변화에 작용하는 노동자 감성의 축이 이동하고 있음을 의미한다.

이 같은 비정규직 노동자의 높은 비중과 증가가 의미하는 바는 단절된 경력과 불규칙한 수입지출 구조로부터 배태되는 불안정성, 즉 '자기정체성과 계급 규정성의 혼미 양상 확대'라고 말할 수 있다. 사회적 계급 관계와 직무 수행의 과정에서 얻게 되는 개인적 또는 집단적 정체성이 갖고 있을 모종의 가치 판단에 앞서, 개인의 정체성과 사회적 관계 규정에 관한 혼란은 역으로 그것을 안정 상태로 구성하는 것에 대한 욕구의 표출을 가져온다.

한국 사회에서 그러한 표출의 양상은 주로 두 가지 형태로 집중되어 나타나는 것으로 보인다. 한 가지 형태는 나 자신이 어떤 사람이며 어떤 능력을 지니고 어떠한 수행 방향을 설정할 수 있을 것인지에 대한 문제에 천착하는 '자기-계발'의 시도로, 다른 형태는

---

24 Standing, G., "The Precariat in Korea and Basic Income", 『한국·일본의 기본소득 비전과 대안운동의 새로운 패러다임』, 제1회 한·일 기본소득네트워크 공동심포지움, 2010.08.19., 193쪽.

25 이종임, 앞의 책, 55쪽.

이 모든 천착과 사고로부터 탈출하여 문제적 욕구를 근본부터 무력화하고자 하는 '사고 전환'의 시도로 나타난다. 두 시도의 차이는, 오늘날 노동의 주된 양상이 '지적 또는 언어적 노동과 정동 노동으로 나누어지는 비(非) 물질 노동'[26]에 집약되고 있으며 양분된 노동의 형태에 따라 감성적 대응 역시 다르게 나타나는 데 기인한 것으로 보인다.

우선 전자는 매체와 정보가 자본화되고 기획된 정보를 소비하는 역할에 안착한 개인의 둔감화에서 비롯된 것으로 보인다. 개인은 "(사이버공간의 팽창)가속화와 정보의 과부하라는 조건 속에서 숙고나 의식적·정서적 반응을 요구하지 않는 일종의 표준화된 반응(자동화된 반응)" 속에 위축되면서 "감수성, 취향, 즐거움, 고통, 관능성에 대해 이야기 할 분석 도구로서 우리 자신, 우리의 촉수, 우리의 신체, 우리의 심리적·성애적 반응성"을 상실하거나 왜곡시킨다.[27] 매체 소비 사회의 개인은 자율적 판단의 기준으로 기능할 신체와 그 신체에 결부된 고유한 감각과 정보를 잃어온 것이다.

삶의 다양한 순간에 제공되는 복잡한 정보를 자신이 처한 특수한 사회적 위치나 자신의 관념에 비추어 해석하면서 이어질 삶의 방향을 결정하는 자율성의 상실은 부차적인 문제들을 양산한다. 자

---

26 하트와 네그리(Hardt&Negri)는 비 물질 노동을 지식, 정보, 소통, 관계, 정동적(affective) 반응과 같은 비 물질적 생산물을 창조하는 노동으로 정의한다. 비 물질 노동은 크게 두 가지로 나눌 수 있는데, 첫째 형태는 문제 해결, 상징적 및 분석적 업무, 언어적 표현과 같은 주로 지적이거나 언어적 노동을 일컫는다. 이러한 종류의 비 물질 노동은 아이디어, 상징, 코드, 기호, 텍스트, 언어적 형상, 이미지 등과 같은 생산물을 내놓는다. 둘째 형태는 정동 노동으로, 이것은 안도감, 복지, 만족, 흥분, 격정과 같은 정동을 생산하거나 조작하는 노동을 말한다. 위의 책, 48쪽.

27 Berardi, Franco, 앞의 책, 163쪽.

율성을 상실한 개인들은 고통과 슬픔과 같은 감성적 억압을 일상 속에서 해소할 의식을 구성해내지 못하고 복잡다기한 일례들에 대한 지침서들을 확보하기 위해 집착한다. 포털 사이트를 통한 검색은 자신의 스키마를 활성화시키는 과정보다 자동화된 반응으로 수행되며 오히려 수동성을 강화한다. 이러한 수행에 종속된 개인들에게는 지극히 사소한 해석과 실행을 위한 판단에도 불안함이 동반된다.

후자의 경우는 다시 두 가지 방향성을 지닌 시도로 나누어 볼 수 있다. 하나는 문제적 욕구가 비롯된 정보의 구성 상태를 근본적으로 비판하면서 그 전체적 구성에 자신의 관념과 의지에 의한 자율적 변형을 가하는 시도이다. 예를 들어, 매체의 정보 구성에는 뉴스나 다큐멘터리와 같은 경우에도 사실적 정보의 객관적 전달을 위한 기획 과정에도 예외 없이 특정된 연출이 적용된다. 자율적 변형은 이러한 연출의 방향성과 효과를 분석하고 연출된 정보가 양산하는 인지적·감성적 결과의 수용을 잠정적으로 보류하면서 자신의 구상에 의한 새로운 연출을 적용하는 것이다. 매체에 대한 비판적 수용이나 사회적 화제에 대한 대중의 여론[28] 등이 이 경우의 예로 들 수 있다.

'사고 전환'의 시도가 지닌 또 다른 방향성은 문제적 욕구가 처한 정보의 구성 상태를 조망하거나 통찰할 수 있는 시야를 확보하지 못한다는 특징을 지니며 나타난다. 이것은 단지 감각적으로 실

28 이 부분에서 '여론'이란 실체를 가진 대중이 입말이나 글말로써 자신의 생각을 표명한 결과의 집산을 의미한다. 흔히 매체를 통해 가시화되는 정보에 대한 '댓글 여론'을 그 예로 들 수 있겠다. 정보 해석을 위한 헤게모니를 지닌, 소위 직업적 지식인(journalist) 그룹의 논평 등은 이 부분의 '여론'에서는 제외된 것으로 본다.

태를 탈피하고자 하는 원초적 욕구나, 반복적인 시도와 패퇴(敗退)의 과정에서 얻게 되는 무기력감에서 비롯되는 것으로 보인다. 그러한 무기력감은 사회적 단절의식과 함께 자기 자신에 대한 냉담한 감성을 양산하며 때로 자기 파괴적이고 자아를 은둔시키는 형태의 수행으로 이어지기도 한다.

이 같은 유형으로 나누어 본 각 시도들은 개인의 정체감을 안정적으로 구성해내는 데 각각의 한계를 지니고 있다. 먼저, '자기-계발'의 시도는 자기 탐구가 가능한 행위의 장(場)이 정작 자기 밖의 인식적·경험적 공간에서 이루어진다는 점, 그리고 그러한 행위가 가능해지도록 하는 탐구적 정보가 이미 자본화된 정보의 시장경제 구조 속에서 정보-소비 구조를 반복하는 전략적 연출을 거친 전시display를 통해 제공된다는 점이다. 서동진은 자기계발 주체에 대해 "해방된 주체가 아니라 새로운 주체화의 권력에 예속된 주체"라고 지적하며 아래와 같이 비판한다.[29]

> 신자유주의 하에서 자기계발 주체들은 최대의 자유를 투여하여 '자기 경영self-management'에 몰두한다. 독서행위마저 자기계발의 틀로 편입된다. 가기계발서들은 치부(致富)의 기술 뿐 아니라 자유의 테크놀로지를 가르치는 경우가 많다. 자기계발서야말로 '진정성 상업화'의 최첨단을 표현한다.[30]

29 서동진, 『자유의 의지 자기계발의 의지: 신자유주의 한국사회에서 자기계발하는 주체의 탄생』, 돌베개, 2009, 317쪽.

30 박치현, 「신자유주의 주체성의 사회학:'속물'인가 '자기계발 주체'인가: 『마음의 사회학』(김홍중), 『자유의 의지, 자기계발의 의지』(서동진) 읽기」, 『문학동네』 제17권 1호, 문학동네, 2010, 12쪽.

또한 스탠딩에 의하면 "프레카리아트 대부분은 도시 유목민처럼 자신들이 어디로 가는지, 미래에 어디에 있을지도 모른 채 살아간다. 거의 모든 프레카리아트는 창의적이고 안정적인 삶을 가져다주는 윤리규범 및 균형감각의 원천이 되는 기억을 결여하고 있다."[31]

불안정한 정체감에 대응하기 위한 '자기-계발'의 시도가 집중되는 것은 자신의 삶을 규명하고 안정적으로 유지시킬 경험적 근거가 미비하기 때문일지 모른다. 문제적 욕구를 생성하는 기호자본 중심적 사회의 고정된 틀 속에서 자신의 신체와 경험을 활성화시키지 않으면서 또 다른 정보자본인 자기-계발적 텍스트를 소비하는 것은 한시적 효용성만을 지닌다. 의존적 소비 체계를 공고화하여 결국 개인의 불안정한 정체감과 허무 의식을 강화할 수 있기 때문이다.

두 번째, '사고 전환'의 시도 중 '감각적 탈피'를 욕구하는 행위의 측면은 불안정성에 대응하는 개인의 양상 중 가장 문제적이면서, 동시에 사회 규범이나 집단적 인식이 변화해야 할 지점을 명시하고 있다고 볼 수 있다. 이러한 시도의 측면은 자기긍정과 계발을 이루는 한시적 효용성도 미비할뿐더러, 개인의 자기성찰을 가로막음으로써 자율적 판단력과 공감 능력을 상실한 조야한 사회 분위기를 조성하게 된다는 점에서 문제적이다.

> 근대의 '자기성찰'에서 성찰하는 자의 '자기'의 중심적 위치는 절대적이다. 이 절대적인 자기의 중심적 위치에서 근대의 개인은 자기를 대상화하고 상대화할 수 있어야 한다. 자기를 반어를 통해 성찰하며 비판하는 행위, 즉 '자기반어'와 '자기비판'은 서구의 근대 개

31 Standing, G., 앞의 글, 149쪽.

인이 '자기성찰'을 통해 자기의 정체성을 보여주며 확인하는 가장 중요한 수단이다. '자아'는 곧 '자기'로부터 거리를 취하면서 형성되는 것이다.[32]

'자기구성'에 관한 홍길표의 언술과 같이, 개인의 정체감을 획득하기 위한 과정에서 자기 자신을 객관화하고 자기 서사를 구성해 내는 성찰적 행위는 필수적일 것으로 여겨진다. 개인은 반복적인 시도와 패퇴의 과정에서 무기력감에 매립되는 것에 저항해야 한다. 즉, 삶의 지향점이 설정된 기준을 외부로부터 자신의 내부로 이동시키며 개인의 지향점 설정에 따른 자아실현 혹은 자아정체감 확보와 대비하여 사회와 개인의 계약 관계에서 이르어지는 노동의 대가를 구별하고 조정할 수 있어야 한다.

한편, '사고 전환'의 시도 중 '자율적 변형'을 가하는 행위의 측면은 긍정적 후과가 함의되어 있는 것으로 볼 수 있다. 이러한 행위는 외부적 세계, 세계와 자신의 관계를 이해하고 자신의 인식 구조 속에서 그 세계와의 관계와 경험을 재구성하는 자기 서사 연출의 과정에 이입될 수 있을 것으로 보인다. 자기 서사는 '외부적 세계에서 얻거나 발견하게 된 객관적 정보가 개인의 고유한 감성과 관념에 의해 개별화된 상태'인 것으로 말할 수 있다.

자기 연출의 서사는 경험적 정보를 해석하고 삶과 행동의 준칙으로 설정하는 과정에서 개인의 고유한 신체감각이나 정동(情動)의 변화 양상을 면밀히 관찰하는 과정을 통해 재구성될 수 있다. 가령, 만남, 그 이후의 것들로서 '피드백, 자기반영, 감각 깨우기, 느낌 주

32 홍길표, 「근대 개인의 자기구성: "자기연출"과 "자기성찰"에 관하여: 칼 필립 모리츠의 『안톤 라이저』 연구」, 『괴테연구』 제19권, 한국괴테학회, 2006, 192쪽.

고받기 등'의 과정이 그러하다. 이것은 "나를 구성하는 신체, 인지, 정동의 고유한 특성은 무엇이며, 나는 이 고유한 정보에 의해 지금 이곳에서 처해 있는 상황을 어떠한 의미로 (이후 삶에) 맥락화 하겠는가"하는 질문에 대한 지속적 탐구 과정이다. 개인의 의미와 가치 기준은 타인의 준칙을 검열하고 조정하는 상호작용적 맥락화를 거쳐 세련되고, 다시 자신에게 고유한 것으로 환원되며 주체를 강화한다.

> 오늘의 정보시대에서 정보는 진정한 의사소통의 기능을 위한 것이 아니라 의사소통을 위장하고 연출하는 것이며, 사회적인 것을 산출해 내는 것이 아니라 오히려 균열을 내는 것이다. 정보는 모든 영역을 지배하는 '차가운 유혹'과 그 수요와 공급의 유희 속에서 사회적인 것과 그것의 연출을 소진시킨다. 사회계약의 조화와 균형 또는 사회적 관계의 이상(理想) 등 사회적인 것의 실체가 역사의 지평에서 사라지면서 포착될 수 없는 파생실재의 사회성만이 존재하게 된다.[33]

이영자는 자기 연출력과 정보시대의 사회성과 자기 연출력의 대립적 관계에 대해 위와 같이 설명하면서, 켈너의 "사회적 개념 자체를 부정하거나 변질시키는 과잉시뮬라시옹의 승리"[34]라는 비유를 빌려 오늘날 정보시대를 비판한다. "포착될 수 없는 파생실재의 사회성만이 존재"하는 시대에 실체가 모호한 막대한 정보들이 인간의 신체적 감수성으로 수용하거나 처리할 수 있는 속도를 벗어나 자본의 형태로 개인을 포섭할 때 개인은 노동자가 아닌 '노

---

33 이영자, 「불가역성의 사회」, 『프랑스학연구』 제33권, 프랑스학회, 2005, 165쪽.

34 Kelner, D., *Jean Baudrillard, from Marxism to Postmodernism and Beyond*, Stanford: Stanford University press, 1989, p.88.

예'[35]로, 국가나 기업이 아닌 자본에 귀속된다. '파생실재'에 대응하는 '실체'의 구성을 고려할 때, 자기를 중심에 둔 행위 기준과 의미 변형의 시도는 '실체'를 형태화하고 강화하는 데 유효한 연출적 행위로 볼 수 있을 것이다.

나오며

보고 만질 수 있는 정량(定量)의 생산물이 인간의 상호 필요에 의해 교환·소모되고 그러한 실체에 대한 실제적 이해관계에 의해 제도와 문화가 양산되는 사회는 산업화시대 혹은 그 이전의 옛 사회상을 회상하기 위한 표본이 된 듯하다. 그럼에도 불구하고 오늘의 사회는 인간이 서로 밀착하여 감정과 이해를 교환하고 삶의 실체를 확인하며 도구와 관념 등을 수정해가던 사회의 미덕을 향수(享受)한다. 공감과 연대의 체계가 노동과 일상의 필요에 의해 자연발생적으로 나타나지 않는 사회 속에서 한국 사회의 개인들은 고립과 불안에 대응하기 위해 어떠한 대응을 하고 있거나 할 수 있겠는가 하는 물음이 이 글의 문제의식이었다.

물론, 불안정한 자기 정체성으로부터 야기되는 것으로 보이는 개인의 대응 양상이 근본적으로 비정규직 노동자들의 지속적 증가 추세와 직결되는 영향 관계를 지니는 것인가에 대한 분석과 고찰

35 이 부분에서 '노예'는 삶이 이루어지는 시공간이나 행위의 내용, 방향 등이 타율적으로 설정되었음에도 불구하고 그러한 삶의 체계에 변형을 가할 수 없거나 가하지 않는 개인을 의미한다. 자본에 귀속된 일종의 생산 도구로서 노예는 개인만이 아닌 중·소규모 집단이나 젠더, 지역 등의 형태로도 개념화될 수 있다. 정보자본의 포섭관계라는 같은 전제를 지닐 때 노예의 역할은 관리·분배의 직무를 수행하는 계급적 층위에서도 마찬가지로 적용될 수 있다.

은 이 장의 논의를 온전히 지지하기 위해 수반되어야 할 것들이다. 하지만 이 글의 쟁점은 정보화된 사회가 간과해서는 안 될 '실체'로서 주체의 구성 논의와 더불어 한국 사회 노동의 축이자 감성의 축의 이동 경로를 이해하는 데 있으므로 주력 논점에서는 제외하고 부차적 과제로 남겨두었다.

또 다른 남은 과제이자 간과해서는 안 될 비판적 지점이 다음과 같이 제기된다. 그것은 현대 사회의 사회정치적 구조, 혹은 연대적 감성 구조를 결정하는 거대 담론적 요소(가령, 헌법, 의결기구, 교육 제도 및 매체 등)에 대한 근본적 재구조화 혹은 재생산의 논의 없이, 특히 경제적 집합을 구성하는 사적 개인의 차원에서 매체화 시대의 주체적 과제를 설정하는 것은 온당하지 않다는 점이다. 개인과 그 이상으로 확대되는 집합 단위의 상호 교섭 관계를 고려하지 않는 파편화된 개인의 층위에서 시대의 기대 역할로 개별적인 자기 서사 연출을 설정하는 것은 실효성을 예상하기 어렵다.

특히, 프레카리아트라는 군집 층위에서 나타날 수 있는 사회적 불안정의 서사가 개인의 감성적 고찰이나 자기 계몽적 의지에 의해 또 다른 삶의 운동성을 생성하며 개인과 사회를 바꿀 것이라 기대하는 것은 위험스럽기까지 하다. 이 글이 매체정보와 결부된 감성을 보급 받거나 소비일색으로 살아가는 피동적 자아들의 태도 변환에 대한 요구를 피력하는 것으로 읽혀서는 곤란하다. 환기하자면, 이 글의 목적은 소비자로서 그러한 개체들이 지속 또는 확대되기를 필요로 하거나 감성 시장 구조를 기획·조정하는 매체 소비 사회와 사회구성원들의 포섭 관계를 노정하고, 개인의 불안정 서사가 비롯된 개인 이상의 스펙트럼을 점검하는 것에 있다.

이 글이 대안으로 제시하는 자기 서사 연출 및 재구성의 과정은 개인이 세계의 정보를 가치 있게 의미화 하는 과정임과 동시에, 기호자본에 예속된 구조로부터 자유로워질 수 있는 '투쟁의 요새선 Maginot line'이다. 그 투쟁은 곧, 정보, 지식, 경험, 정서 등 감성과 자의식에 작용하는 힘들의 관계를 일정한 트랙에서 생산하고 보급하는 기성 연출에 저항하는 것이다. 매체자본에 의한 경제사회적 예속성과 단절된 관계를 통한 무력화(無力化)에 저항할 수 있는 인적 자원의 확보는 개인과 사회의 주체적 삶을 설계하는 자의 최소 과제라 할 수 있다.

스스로 생각하고, 관계를 구하며, 삶의 서사를 구성하는 연출의 권리와 힘은 감성을 회복하고 새로운 근대를 끌어오는 주체의 역능과 다르지 않다. 삶의 서사에 대한 반추와 반문으로부터, 특정한 감성이 아닌 '열린 감성'의 원자들, 바로 새로운 사회—자본, 정치, 권력 등의 헤게모니에서 비껴나가는—의 물적 토대가 마련될 수 있을 것이라고 본다. 한국 사회 프레카리아트의 불안정한 정체성과 변화된 세대 감성에 대한 이해를 시도하는 것은 한국 사회의 근대 감성을 규명하고 감성과 행위의 구조적 관계를 조망하는 행위이자 불안정한 감성의 장(場)을 변환·전환시킬 수 있는 사회적 연출의 전초(前哨)가 될 수 있을 것으로 전망한다.

강민규, 「이미지즘 시의 공간 연출(演出)과 시 읽기 교육 -정지용과 김광균의 시를 중심으로-」, 『문학교육학』 제47권, 한국문학교육학회, 2015, 9-47(39).

김 건, 「디드로의 냉정(Sang-froid) 이론에 관한 연구: 『배우에 관한 역설』을 중심으로」, 『프랑스문화예술연구』 제16권, 프랑스문화예술학회, 2006, 25-42 (18).

김수진, 「주체표현으로서의 연기: 포스트드라마 시대의 새로운 연극성을 위한 연기양식 연구」, 경기대학교 박사학위논문, 2015.

김옥경, 「로크에서 기억과 근대적 개인의 자기정체성」, 『철학논집』 제42권, 서강대학교 철학연구소, 2015, 261-289(29).

들뢰즈, 질, 『경험주의와 주체성: 흄에 따른 인간본성에 관한 시론』, 한정헌, 정유경 역, 난장, 2012.

디드로, 드니, 『배우에 관한 역설』, 주미사 역, 문학과지성, 2001.

박치현, 「신자유주의 주체성의 사회학:'속물'인가 '자기계발 주체'인가: 『마음의 사회학』(김홍중), 『자유의 의지, 자기계발의 의지』(서동진) 읽기」, 『문학동네』 제17권 1호, 문학동네, 2010, 1-16(16).

베라르디, 프랑코 '비포', 『프레카리아트를 위한 랩소디: 기호자본주의 불안정성과 정보노동의 정신병리』, 정유리 역, 난장, 2013.

__________________, 『미래 이후』, 강서진 역, 난장, 2013.

사토 요시유키, 『권력과 저항: 푸코, 들뢰즈, 데리다, 알튀세르』, 김상운 역, 난장, 2012.

서동진, 『자유의 의지 자기계발의 의지: 신자유주의 한국사회에서 자기계발하는 주체의 탄생』, 돌베개, 2009.

네그리, 안토니오, 『탈정치의 정치학』, 김의연 역, 갈무리, 2014.

윤학로, 「디드로의 연극론-「배우에 관한 역설」읽기」, 『프랑스학연구』 제15권, 프랑스학회, 1997, 93-107(15).

이광일, 「신자유주의 지구화시대, 프레카리아트의 형성과 '해방의 정치'」, 『마르크스주의 연구』 제10권 3호, 2013, 115-143(29).

이병옥, 「매체문화에서 주체의 해석학적 역할」, 『철학과 현상학 연구』 제30권, 한국현상학회, 2006, 219-240(22).

이 석, 「김준오 시론의 페르소나(persona) 문제 연구 – 『詩論』을 중심으로」, 『비교한국학』 제22권 3호, 국제비교한국학회, 2014, 179-211(33).

이선형,「치유의 드라마에서 주체와 객체의 관계 연구」,『드라마연구』 제41호, 한국드라마학회, 2013, 137-167(31).

이영자,「불가역성의 사회」,『프랑스학연구』 제33권, 프랑스학회, 2005, 147-169 (23).

이종임,『디지털 세대·문화·정체성』, 커뮤니케이션북스, 2015.

이진경,「프롤레타리아트와 프레카리아트: 정규직 노동자와 비정규직 노동자의 비대칭성에 관하여」,『마르크스주의 연구』 제9권 1호, 경상대학교 사회과학연구소, 2012, 173-201(29).

임운택,「금융시장 자본주의와 노동의 프레카리아트화」,『경제와 사회』 제107호, 비판사회학회, 2015, 12-43(32).

정혜경,「SNS 모바일 애플리케이션에 관한 페르소나 기법 연구: 카카오톡을 중심으로」,『한국디자인포럼』 제40권, 한국디자인트렌드학회, 2013, 29-38 (10).

조경식,「문화적 연출: 화적 현상과 메커니즘으로서의 연출에 관한 연구」,『괴테연구』 제20권, 한국괴테학회, 2007, 183-205(23).

짐멜, 게오르그,『배우의 철학』, 신소영 역, 연극과인간, 2010.

키에르케고어, 쇠얀,『주체적으로 되는 것』, 임규정, 송은재 역, 지식을만드는지식, 2012.

하트, 마이클 외,『자본의 코뮤니즘, 우리의 코뮤니즘 : 공통적인 것의 구성을 위한 에세이』, 연구공간L 엮음, 난장, 2012.

홍경자,「새로운 매체문화에서 주체, 의미 그리고 현실의 문제들 - 정보해석학적 논의를 중심으로」,『철학연구』 제96권, 대한철학회, 2005, 455-476(22).

홍길표,「근대 개인의 자기구성: "자기연출"과 "자기성찰"에 관하여: 칼 필립 모리츠의『안톤 라이저』 연구」,『괴테연구』 제19권, 한국괴테학회, 2006, 177-195(19).

제4부

정명중

제13장 입이 없는 누이(여성)들 : 남성적 망탈리테의 기원

최유준

제14장 지역화와 타자화 사이, 전 지구화시대 한국인의 청각적 정체성

문재원

제15장 경계 횡단하기의 수행적 실천과 사이 정체성

김창규

제16장 중국의 한국인 디아스포라와 정체성

13

입이 없는 누이(여성)들 : 남성적 망탈리테의 기원*

정명중

애타게 누이를 찾는

이름만 대면 어지간한 사람은 다 아는 한 트롯가수는 경쾌한 리듬에 맞춰 이렇게 노래했다.

* 원래 이 글은 지금으로부터 8년 전인 2010년에 「김남천 소설 속의 '누이' 표상 - '소년 주인공 계열' 소설을 중심으로」라는 제목으로 학술지 『현대문학이론연구』에 게재했던 글이다. 따라서 이 글은 철지난 감이 적잖고 게다가 논리 전개의 경제성이랄까 세련됨이 부족해서 중언부언하고 있는 대목들도 퍽 거슬린다. 그럼에도 불구하고 이 글을 이 책에 싣게 된 이유는 오늘날 특히 한국의 남성적 정체성과 당탈리테를 형성하는 상당히 중요한 요인으로서 <여성 숭배/혐오>라는 양가감정의 기원을 문제 삼고 있다는 점 때문이다. 또한 심지어 급진적 또는 진보적이라고 평가되는 남성 서사(narrative)에서조차, 실은 바로 그 선한(?) 명목 때문에 남성적(혹은 소년적!) 정체성(동일성)을 구성하고 지탱하는 요소로서 <여성 숭배/혐오>의 감정이 집요저음처럼 흐르고 있다는 것을 결코 놓쳐서는 안된다고 생각해 오고 있기 때문이다. 더불어 남성들의 집요한

언제나 내겐 오랜 친구 같은 / 사랑스런 누이가 있어요 / 보면 볼수록 매력이 넘치는 / 내가 제일 좋아하는 누이 / 마음이 외로워 하소연 할 때도 / 사랑으로 내게 다가와 / 예쁜 미소로 예쁜 마음으로 / 내 마음을 달래주던 누이 / 나의 가슴에 그대 향한 마음은 / 언제나 사랑하고 있어요

다른 문화권에서는 어떠한지 확인한 바 없다. 다만 한국에서 '누이(혹은 누나)'[1]라는 호칭이 불러일으키는 정서적 울림은 각별하다. 특히 한국의 남성들에게 누이는 구체적인 실존으로서가 아니라 독특한 아우라를 지닌 어떤 이미지로 다가오는 듯하다.

때문에 가족 내 다른 호칭들 이를테면 '아버지' 또는 '어머니', 아니면 '형' 혹은 '오빠' 내지는 '언니' 등이 환기시키는 이미지와는 다르다. 그만큼 누이의 이미지는 중층적이고 복합적이다. 위의 노래 가사만 봐도 알 수 있다. 누이는 친구이자 연인이고 게다가 마음을 달래주는 어머니 노릇까지 해야 한다.

물론 위의 노래는 여성에 대한 남성들의 판타지를 조야한 수준에서 반영한 것이다. 이보다 더 조야한 판타지도 있다. 예컨대 "어

양가감정 속에 여성들에 대한 실제적인 가학과 폭력의 메커니즘이 도사리고 있음도 주목해야 한다고 주장해온 터다. 바로 그 점에서 이 글이 이즈음 한국사회에서 확산되고 있는 남성 젠더권력에 대한 발본적 비판과 저항으로서 '미투(Me Too)' 운동과 어느 지점에서 접목될 수 있기를 내심 바라고 있는 것도 사실이다. 한편 이 책에 싣기 위해 원래의 글을 대폭 수정했다. 우선 다소나마 시의성을 확보해볼 요량으로 제목을 바꿨다. 또한 원래 4개의 장으로 돼있던 것을 가독성을 고려해 6개의 장으로 조정했다. 어색한 문장들을 손봤고, 불필요하게 긴 단락들은 짧은 단락으로 가다듬었다.

1 국립국어원 표준국어대사전은 '누나'를 "같은 부모에서 태어난 사이거나 일가친척 가운데 항렬이 같은 사이에서, 남자가 손위 여자를 이르러나 부르는 말" 또는 "남남끼리 나이가 적은 남자가 손위 여자를 정답게 이르거나 부르는 말"로, 반면 '누이'를 남자가 손아래 여자를 이르거나 부르는 말이라고 정의하고 있다. 그렇지만 이 글에서 표기는 '누이'로 통일하기로 한다.

느 날 나는 친구 집엘 놀러 갔는데 친구는 없고 친구 누나가 낮잠을 자고 있었다. 친구 누나의 벌어진 가랑이를 보자 나는….” 식으로 시작하는 퍽 낯 뜨거운 내러티브를 우리는 안다. 이 내러티브는 오래 전에 황지우의 시에 여과 없이 등장해 화제를 낳았다. 화장실 벽을 통해 은밀하게 유통됐던 근친 내러티브의 대표적인 형태이다. 누이란 남성의 원초적 성판타지(포르노) 대상 제1호였던 셈이다.

한국 문학에서 누이는 결코 낯선 존재가 아니다. 작가들은 누이들을 그야말로 애타게 불러댄다. 일찍이 신라의 승려 월명은 향가 「제망매가」에서 누이의 죽음을 가슴 절절하게 애도한 바 있다. 김영랑은 가을날의 풍경을 누이를 향한 애틋한 마음과 버무려서 “오-매 단풍 들것네!”라고 영탄을 뽑았다.

또한 김소월은 “엄마야 누나야 강변 살자”(「엄마야 누나야」)며 행복한 삶에 대한 희구를 소년의 감상과 서정으로 읊었다. 게다가 우리는 이광수의 소설 『무정』이 지닌 비극적 정서가 ‘순결성’에 대한 강박으로 요약되는 ‘누이 콤플렉스’에서 비롯되었다는 해석[2]에도 이미 익숙하다.

그러나 한국문학에서 빈번히 등장하는 누이의 형상을 비단 작가적 수준에서 포착되는 특정 콤플렉스나 정신병리의 산물로 한정해서 해석하는 것은 곤란하다. 예컨대 가족 내력에는 누이가 없지만, 퇴폐적 상상력으로 병든 누이를 호명하고 결국 그녀와의 달착지근한 관계를 염원했던 고은의 초기 시들에 대해 가부장제적 전통이 상대적으로 강한 한국 사회 특유의 장남 콤플렉스와 연관 짓는 것[3]도 어딘지 꺼림칙하다.

2 김윤식, 『한국근대문학사상사』, 한길사, 1984, 52~66쪽. 참조

한국 문학에서 등장하는 누이는 그에 대한 사전적 정의나 여자 동기와 관련된 친족 어휘 체계 등과는 이미 아무런 상관없다. 오히려 가족이나 혈연이라는 테두리를 넘어 남성들의 시선에 의해 코드화된 사회적 구성물 또는 문화적 표상[4]으로 보는 일이 필요하다.

이 점에서 숱한 누이 표상을 한 사회의 집단적[5] 심성 또는 망탈리테mentalité[6]의 측면에서 살펴야 한다고 생각한다. 여기서 누이 표상을 망탈리테의 측면에서 검토한다는 것은 물론 그 검토의 이론

---

3 이경수, 「화엄에 이르는 길-미적 표상으로서의 '누님'에서 중생부처의 표상으로서의 '만인보'에 이르기까지」, 『시와 시학』 2007년 봄호(통권 제65호), 시와 시학사, 2007. 3. 55쪽.

4 문화적 표상이라는 말과 관련해서 참고삼아 프랑스의 사회학자 뒤르켐(Émile Durkleim)이 『종교 생활의 원초적 형식』에서 종교를 설명하기 위해 사용했던 '집합표상(collective representation)'이라는 용어를 떠올려도 괜찮을 성싶다. 이 '집합표상'이란 개인의 의식에 외재적이면서 동시에 사회적 구속력을 갖는 사회적으로 내면화된 의식을 의미하는데, 쉽게 말해서 각기 다른 사람들이 "한데 어울려 함께 살아가고 한 가지 방식으로 그들 주위의 세상을 바라보게끔 하는 것" 혹은 "모두가 하나의 방식으로 이해가 가능하게끔 하는", 그래서 "하나의 거대한 독자적인 '마음'을 현시하는"(김광기, 『뒤르켐 & 베버-사회는 무엇으로 사는가?』, 김영사, 2007, 64쪽.) '다발(binding)'이다. 뒤르켐이 보기에 이 '다발'의 대표적인 형태가 바로 종교인 셈이다.

5 여기서 '집단적'이라고 할 때의 그 집단은 오히려 젠더(gender) 층위에 한정해서 '남성집단'이라고 하는 편이 더 옳다.

6 물론 '망탈리테'라는 개념은 이 방면의 이론가들 사이에서도 엄밀한 규정을 갖고 있지 않다. 아울러 우리말 번역어조차 '심성', '정신', '정신적 풍토', '습속' 등으로 다양하다. 다만 이 용어의 용법들을 검토했을 때, 망탈리테란 집합적 또는 사회적 심리 상태의 공통적 내용을 의미하며, 지각, 감성, 태도, 신념, 신앙, 사고방식, 감정, 심리 상태 등을 망라하는 그래서 지적·감성적 차원을 두루 포괄하는 광범위한 개념이라는 사실을 알 수 있다. 그럼에도 이 개념이 지닌 장점은 우선 일상적이고 대중적인 것에 대한 흥미를 유발한다는 점, 지적·이성적 영역은 물론 감성적 영역까지 관심을 확장시킬 수 있다는 점, 아울러 한 문화의 심층성 및 장기지속성을 동시에 고려할 수 있도록 해준다는 점이다.(김영범, 「망탈리테사 : 심층사의 한 지평」, 『사회와 역사』 제31권, 한국사회사학회, 1991. 263~271쪽. 참조.)

적 귀결이 한국 사회에서만 통용될 수 있는 것이라고 한정하더라도, 최소한 어느 특정 국면에서 남성들이 자기(혹은 젠더) 정체성(혹은 동일성)을 구축하기 위해 동원하는 의식적·무의식적 전략들을 비판적으로 분석하는 유용한 길을 제공할 수 있다고 판단한다.

문제는 한국 문학 속 누이 표상을 망탈리테의 맥락에서 살피기 위해서는 필시 고금을 막론하고 한국문학 작품의 전 영역에서 숱하게 등장하는 누이 표상들을 종횡으로 헤집고 갈래를 쳐서 그 전변(轉變)까지를 총체적으로 일별해야 한다. 그러나 이는 연구자 개인이 감당할 일이 아니다.[7]

다만 이 글은 누이 표상이라는 광대한 영토에 접근하기 위해 임의의 입구로서 김남천(金南天)의 소설들, 특히 1930년대 후반에 집중적으로 창작된 이른바 '소년 주인공' 계열의 소설들을 주목한다. 구체적으로 「남매」, 「소년행」, 「누나의 사건」, 「무자리」 등이 이 계열의 작품들이다. 이들 작품은 소년이 주인공이라는 점 외에 소년의 애증의 대상이자 서사적 사건의 핵심 인물인 누이가 등장한다는 공통점을 지닌다.

소설의 주요 인물로 누이가 등장한다는 사실만으로 이 계열의 소설들에 주목해야할 뚜렷한 이유는 없다. 다만 1920～30년대 누이 표상이 집중적으로 생산되고 일종의 광범위한 문화적 트렌드로서 출현하게 된 시대적 맥락[8]을 김남천의 소설들이 공유하고 있다

7 그럼에도 불구하고 이 부분에 관심을 갖게 된 것은 한국문학 속 누이의 표상을 문화사적 층위에서 이해하고자 했던 몇몇 선행업적들에 힘입은 바 크다. 대표적인 것으로 이승수, 「누이의 죽음, 잔영, 그리움-오뉘 형상의 전변과 관련하여」, 『한국고전여성문학연구』 제13호, 한국고전여성문학회, 2006.와 김수경, 「1920～30년대 동요에 나타난 '누나'의 이미지 : '누이 콤플렉스'와 관련하여」, 『한국고전여성문학연구』 제14호, 한국고전여성문학회, 2007. 등을 들 수 있다.

는 점은 눈여겨 볼 대목이다.

아무튼 이 글은 크게 두 가지 논점에 따라 서술된다. 먼저 김남천은 왜 하필 소년을 주인공으로 호명하고자 했던가 그리고 소년의 시선 혹은 내적 프리즘이 포착한 '누이' 형상은 어떤 결함이나 불합리함을 안고 있는 것은 아닌가가 그것이다.

'소년'의 발견(발명)

김남천의 소년 주인공 계열 소설들에 대한 그간의 연구가 없지 않다. 물론 소년의 성장Bildung이라는 문제에 한정한 경우[9]가 대부분이다. 가끔 당대에 일급 비평가이기도 했던 김남천이 제시한 이른바 모럴론과 같은 비평담론의 연장선에서 이 계열의 소설들을 분석한 연구[10] 등도 있다.

그러나 소년 주인공의 성장의 문제나 작가가 전개한 비평론과 실제 창작물 사이의 관련성은 이 글의 관심 밖이다. 이 글의 일차적 물음은 왜 김남천은 하필 소년을 주인공으로 내세웠는가, 이다.

8 이를테면 오늘날까지도 어린이는 물론 성인의 기억에 오래도록 기억에 남아 있는 동요들은 동요황금시대라 불리는 1920~30년대에 걸쳐 집중적으로 창작되었다는 사실, 게다가 이때 창작된 노래들의 상당수가 누이의 이미지를 담고 있다는 점은 시사하는 바가 적지 않다.(김수경, 위의 글, 참조.)

9 나병철, 「김남천의 소년 주인공 소설 연구」, 『비평문학』 제3호, 한국비평문학회, 1989.
곽승미, 「김남천 성장 소설의 의미」, 『한국근대문학연구』 제3권 1호, 한국근대문학회, 2002.
장춘화, 「김남천의 성장소설 연구」, 『대구어문논총』 제14집, 대구어문학회, 1996.

10 김용희, 「김남천의 모랄론」, 『한신논문집』 제9권, 한신대학교, 1992.

이 물음이야말로 김남천 텍스트의 무의식을 징후적으로 읽기 위한 근본적인 것이라고 생각한다. 그리고 이 물음은 김남천의 다음 언급에서 촉발된 것이다.

> (…) 이리하여 지식인과 소시민의 가운데서 이를 잡아보기에 실패한 나에게는 또 다른 계열의 작품을 보게 되었다. **현대사회에서 아직도 통일성을 상실하지 않고 자기분열을 경과하지 않은 인물이 있다면 그것은 어린아이나 소년**이라고 생각해 본 것이다. 내가 취급하는 소년이 조숙하다는 것은 이원조씨가 누차 해 온 말이다. 그러나 실상 내게 필요한 것은 소년이나 동화의 세계가 아니었고 오직 분열을 경과치 않은 생기발랄한 타입만이 소용되었다는 창작심리를 토로하면 이러한 점이 뚜렷해질 것이라고 생각한다.(강조-인용자)[11]

소년의 성장에 초점을 둔 대개의 연구에서 위 언급을 소년 주인공 계열 소설의 창작 배경쯤으로 이해하고 있을 뿐이다. 반면 소년에 대한 김남천 식의 정의를 딱히 문제 삼지 않는 게 보통이다.

김남천에 따르면 소년이란 현대사회에서 통일성을 잃지 않고 동시에 자기분열을 겪지 않은 생기발랄한 타입이다. 한데 여기서 의문이다. 과연 무슨 근거로 그와 같은 정의가 성립될 수 있는가. 의심의 여지가 없는 것으로 간주되는 어떤 관념이 문제이다. 오히려 <성인(어른)=분열> 대(對) <소년(아동)=통일>이라는 관념이 과연 자명한 것인가를 따졌어야 하지 않을까?

---

11 김남천, 「현대 조선소설의 이념-로만 개조에 대한 일(一) 작가의 각서(覺書)」, 『김남천 전집Ⅰ』(정호웅 · 손정수 엮음), 박이정, 2000, 402~403쪽. 이하 이 책에서 인용할 경우 '『전집Ⅰ』'이라 표기하고 인용 쪽수만 표시하기로 함.

자명한 것으로 간주하는 그와 같은 관념을 거슬러 가다 보면 결국 백지상태tabula rasa의 순수했던 과거와 순수를 잃어버린 현재라는 식의 형이상학적 세계관에 이른다. 또는 현재를 부정(심판)하고 오염되지 않았던 이상적 과거로 회귀한다는 투의 신학적 관념과 유사한 퇴행적 사유에 도달하게 된다.[12]

이 지점에서 다시는 회복할 수 없는 그리스적 명랑성과 완결성(인류의 유년시절)에 대한 멜랑콜리melancholy로 소설의 역사를 사라져버린 서사시에 대한 충동과 강박(대리보충)으로 풀이했던 루카치G. Lukács가 떠오른다. 게다가 김남천이 그러한 루카치를 자신의 이념적 전범("별이 빛나는 창공"[13])으로 삼으려 했다는 점은 결코 우연이 아니다.

분열을 겪지 않은 소년이라는 관념은 기원의 형이상학이다. 아니 오히려 기원의 형이상학이 소년을 상상하도록 부추겼다고 해야 옳다. 김남천의 당면 관심사는 소년 그 자체가 아니라 분열을 겪지 않았다고 상상되는 어떤 이상적인 상태이다.

---

12 백지상태로서의 기원적 순수성 혹은 단순성이라는 관념에 대한 알튀세의 다음과 비판은 참조할 만하다. "우리는 더 이상 기원적 본질을 갖지 않고, 인식이 그 과거 속으로 아무리 멀리 거슬러 오른다하여도, 항상-이미-주어진-것만을 갖는다. 우리는 더 이상 단순한 통일체를 갖지 않고, 구조화된 복합적 통일체를 갖는다. 따라서 우리는 더 이상(그 형태가 어떠하든지간에) 기원적인 단순한 통일체를 갖지 않고, 구조화된 복합적 통일체의 항상-이미-주어진-것을 갖는다." (L. 알튀세, 이종영 역, 『맑스를 위하여』, 백의, 2002, 238쪽.)

13 잘 아는 바와 같이 루카치는 『소설의 이론』의 모두를 시적 몽상을 방불케 하는 어휘들로 시작한다. 새삼스러운 감이 없지 않지만 그 대목을 여기에 옮겨 본다. "별이 빛나는 창공을 보고, 갈 수가 있고, 또 가야만 하는 길의 지도를 읽을 수 있던 시대는 얼마나 행복했던가? 그리고 별빛이 그 길을 훤히 밝혀 주던 시대는 얼마나 행복했던가? 이런 시대에 있어서 모든 것은 새로우면서도 친숙하며, 또 모험으로 가득 차 있으면서도 결국은 자신의 소유로 되는 것이다."(G. 루카치, 반성완 역, 『소설의 이론』, 심설당, 1985, 29쪽.)

그러한 이상적인 상태에 대한 강박이 소년을 발견(발명)하도록 이끌었다. 그렇다면 이렇게 말할 수 있다. 즉 김남천의 소년(아동)은 실제의 타자에 대해서는 냉담한 내적 인간inter mar의 전도된 의식이, 또는 외부(바깥)에 대해 저항하는 내성(內省)이 만들어낸 일종의 '풍경'이다.[14]

한편 김남천은 인용한 위의 언급 바로 다음에 "사상이나 작자의 안일한 주관을 작중인물 위에 덧붙여서 그의 행동이나 자유를 구속"[15]해서는 안 된다고 주장한다. 곧 작가의 관념이 현실을 왜곡하는 일은 없어야 된다는 식으로 리얼리즘의 교의를 새삼스럽게 덧붙인다. 그러나 그런 의도와는 다르게 이미 소년의 발견(발명)은 지극히 낭만주의적이다.

이러한 사실을 좀 더 구체적으로 확인할 필요가 있다. 곧 김남천이 자기세계에 대한 강박으로부터 소년을 고안하게 되는 내적 과정을 들여다보아야 한다. 이를 위해 소년 주인공 계열 소설 생산의 전사(前史)를 훑어보도록 하자.

김남천의 작가로서의 여정은 순탄하지 않았다. 우선 그는 1931년 조선공산주의협의회 사건이라고도 불리는 카프KAPF 제1차 검

14 "아동이 객관적으로 존재하고 있다는 것은 누구에게나 자명하게 보인다. 그러나 우리가 보고 있는 것 같은 <아동>은 극히 최근에 형성되었다. 예를 들면, 풍경은 우리 눈앞에 틀림없이 존재한다. 하지만 그것이 <풍경>으로서 발견된 것은 메이지 20년대, 그때까지 외부 세계를 거부하는 <내면성>을 가진 문인들한테서였다. 그 이후 <풍경>은 마치 객관적으로 실재하고, 그것을 묘사하는 것이 리얼리즘인 것처럼 간주되고 있다.(…) 같은 말을 <아동>에 대해서도 할 수 있다. <아동>이라는 것은 하나의 <풍경>인 것이다. 그것은 처음부터 그러했고 현재도 마찬가지이다."(가라타니 고진, 박유하 역, 『일본근대문학의 기원』, 민음사, 1997, 153~154쪽.)

15 김남천, 앞의 글, 『전집 I』, 403쪽.

거 사건으로 구속·수감됨으로써 카프 작가 중 유일하게 실형을 산다. 그런 탓에 2년간 창작을 접어야 했다. 더군다나 이 사건을 계기로 카프 조직 자체가 사실상 와해되었다. 이 무렵 김남천은 다음처럼 술회한다.

> 다시 붓을 들려고 하니 정치주의 조류에 떠서 소설을 만들었던 당시와는 달라, 실력이 비로소 말을 하려 드는 시기다.(…) 그때에 나의 작품경향의 결함으로 지각하기 비롯한 것이 생활묘사의 부족이었다. 상부인물의 활동만을 그려왔던 나로서 무리가 아니다. 가령 이기영 씨를 두고 말하면 씨는 처음부터 일상생활의 묘사에서 출발하는 작가인 때문에 당면한 과제니 뭐니를 바로 맞추는 데는 약간 서툴렀을는지 모르나, 그 뒤 소설이 제법 본궤도로 올라설 때엔 무서운 속력으로 자기세계를 발견하였다.[16]

투옥으로 절필할 수밖에 없었던 김남천이 다시금 창작에 손을 대보려고 하지만 여의치 않다. 위 인용문에서 김남천이 말하는 "정치주의 조류에 떠서 소설을 만들었던 당시"란 일제의 사상 통제와 억압에도 불구하고 아직은 카프 조직이 건재했었던 그 시점을 말한다. 정확히는 1931년 동경 유학에서 돌아와 카프 문학부 소설반의 합평회를 거쳐 「공장신문」, 「공우회」 등을 쓰는가 하면, 조직 창작 「고무」 제1회를 쓴 시기이다.

이때 김남천은 그의 표현대로 "상부인물"을, 이른바 전위(前衛)형 인물을 작품에 별다른 거리낌 없이 등장시켰다. 그러나 2년의 실형을 살고 출옥하고 보니, 상황은 전연 딴판이다. 일제의 검열과

---

16 김남천, 「자작안내(自作案內)」, 『전집 I』, 384쪽.

탄압 탓에 소설 속에 전위형 인물이나 이념형(혹은 사회주의적) 노동자를 형상화하는 일은 언감생심이다.

더 큰 문제는 카프 조직이 와해됨으로써 '일상'에, 곧 날 것 그대로의 '생활세계'에 무방비로 노출될 수밖에 없었다는 점이다. 작가 이기영을 의식해서인지 이러한 궁지를 그는 생활에 대한 묘사력의 부실 또는 작가적 스타일상의 결함쯤으로 진단한다. 그러나 생각보다 사태는 간단치 않다.

카프의 와해는 자신이 속한 특정 작가 공동체의 해체와 같은 사건이 결코 아니다. 그것은 "미증유의 바바리즘과 거센 탁류의 시절"에 "패배의 심리"[17]외에는 속수무책으로 맞닥뜨려야 하는 심연이었던 탓이다. 그 심연의 정체는 거대서사의 몰락, 궁극적으로 마르크스주의의 퇴조이다. 김남천이 마주한 심연의 형국은 이렇다.

> (…) 일찍이 문학 운동이 균형된 보조를 가지고 나아갈 때에는 자아의 문제는 거지반 집단의 문제에 종속되었고 계급적 이익과 개인적 이익과의 새에 모순이 생긴다든가 운동 전체와 개인과의 심리 새에 어떠한 간격이 생길 때에는 그것은 전자에 따라서 후자는 두말 없이 귀속될 것으로 되어 있어서 일종의 생활의 일원화가 가능하였다. 그러나 배후에 확대되는 세력의 몽상을 잃고 열광적인 행진의 앞에서 상상치 않았던 심연이 그를 들이켜 버리려고 할 때에 자아의 탐구와 인간에의 귀환은 드디어 인텔리겐트 예술가의 폐업에 좀먹기 비롯한 것이었다.[18]

17 김남천, 「비판하는 것과 합리화하는 것과 - 박영희 씨의 문장을 독(讀)함」, 『전집 I』, 169쪽.

18 김남천, 위의 글, 169쪽.

즉 카프의 와해는 집단(조직)과 개인(자아)의 완전한 일체성의 세계가, 곧 설사 집단과 개인 사이에 모순이 생긴다하더라도 집단의 층위에서 자연스럽게 지양되는 총체성의 세계가 무너지는 것이다. 김남천의 표현대로 "생활의 일원화"가 단숨에 사라져버린 미증유의 사건이다. 그러한 일원화 덕분에, 곧 마르크스주의라는 거대서사 또는 '종합상징'[19]에 의지해 김남천은 「공장신문」 등에서 일상이나 생활세계를 깊이 천착해야한다는 절박성으로부터 한발 비켜서서 자유로이 전위들을 묘사할 수 있었다.[20]

그러나 그러한 일원화가 붕괴되고 김남천을 포함한 대부분의 지식인(소시민) 작가들이 이념적 좌표 상실로 인해 정신적 공황panic 상태에 빠질 수밖에 없다. 이러한 공황 상태를 일러 김남천은 주체의 자기분열이라고 명명한다.

---

19 마루야마 마사오(丸山眞南)는 마르크스주의가 일본의 쇼와(昭和) 초기(1920~30년대) 문학에 미친 영향(상처)에 대해 논하는 자리에서 다음처럼 말한 바 있다. "적어도 쇼와 초기의 문학적 상황을 점검해보면, 한편으로 실증주의와 합리주의, 혹은 일반법칙에의 포섭과 역사의식을 이리저리 뒤얽어서 마르크스주의에 다양한 딱지를 붙인 '부르주아' 문학자의 **혼란**과, 다른 한편으로 그들 모두를 통일적인 '체계'라는 이름하에서 내세워온 마르크스주의 비평가 내지 전위(前衛) 작가의 사상적 **안이함**은 사회적으로는 거의 같은 것이었다. 근대유럽에서, 각각의 유서와 내력을 가지며 다양한 이론적 조합에서 발전해온 사상적 요소가 단 하나의 '과학적 세계관'에 응축되고 예술의 세계와 들어와, 마르크스주의가 그 **종합상징**으로 기능한 데 일본의 프롤레타리아문학사의, 아니 프롤레타리아문학을 시발점으로 하여 전개된 쇼와문학사의 광영과 비참함이 있었던 것이다"(마루야마 마사오, 김석근 역, 『일본의 사상』, 한길사, 1998, 151쪽. : 강조-원문)

20 이 무렵을 김남천은 "**정신은 행복하여** 여러 가지의 영웅을 창조하면서 안재(安在)"(김남천, 「지식인의 자기 분열과 불요불굴의 정신」, 『전집 I』, 247쪽. 강조-인용자) 하던 시절이었다고 술회한 바 있다.

잃어버린 총체성에 대한 집착

정신적 공황 상태인 김남천에게 날 것으로서의 생활세계는 불가해한 것이다. 이때 작가 이기영이 그의 시야에 그야말로 문제적인 것으로서 출현한다. 사상(이념)의 측면에서 이기영의 세계관이 다소 불철저할 수는 있다. 그러나 철저하게 농촌이라는 생활세계에 천착해서 창작을 이어나간 이기영은 무서운 속도로 자기세계를 발견해 가고 있는 참이다.

특히 한 전형적 인물이 이기영 특유의 자기세계를 강력히 떠받쳐 주고 있다. 그 인물은 바로 장편소설 『고향』의 주인공이자, 마름 '안승학'과 맞서 '원터마을'의 농민들과 함께 소작쟁의를 승리로 이끈 지도자였던 지식인 전위 '김희준'이다.

이 '김희준'이라는 인물은 김남천에게 굉장한 부러움의 대상이었다. 이 인물은 리얼리즘 정신이 "작가 자신의 내면적 가면까지를 잡아 찢음에 주저치 않는 육체적 열정"[21]과 만나 탄생한 그래서 조선문학에서 그 유례가 없는 '아름답고 풍부한 형상'[22]이기 때문이다.

김남천의 과제는 정신적 공황을 넘어 분열된 주체를 재건(봉합)하고 나아가 이기영에 필적할만한 자기세계를 구축하는 일이다. 그래서 김남천은 카프의 와해가 불러온 심연을 이른바 "현대에 대한 매혹"[23]이라는 낙관주의적 뉘앙스를 담은 의지적인 술어로 대체한 다음에 두 개의 길을 모색한다. 우선 지식인(소시민)에 대한 준열한

21 김남천, 「창작과정에 대한 감상-작품 이전과 비평」, 『전집 I』, 73쪽.

22 김남천, 「지식계급 전형의 창조와 『고향』의 주인공에 대한 감상 - 이기영 『고향』의 일면적 비평」, 『전집 I』, 91쪽.

23 김남천, 「지식인의 자기 분열과 불요불굴의 정신」, 『전집 I』, 247쪽.

자기고발을 내용으로 하는 소위 '유다적인 것'에 대한 지향(매혹)이 그 하나이다.

김남천이 말하는 유다는 물론 성경의 인물이다. 즉 예수의 열두 제자 중 하나였던 유다는 은 30냥에 그의 스승을 팔아넘겼다가 그 죄책감을 못 이겨 끝내 자결해버린 자다.

유다가 "현대 소시민과 가장 육체적으로 근사"[24]하다는 점에 착안해서 김남천은 유다적인 것 안에서 지식인(소시민) 작가가 지녀야 할 최초의 모럴을 발견해야 한다고 주장한다. 이어 지식인 주체의 내면에 틈입해 있는 유다적인 것과의 투쟁을 벌이는 한편 소위 애증(愛憎)의 변증법을 거쳐 인간개조에 이를 수 있다고 믿는다. 적잖이 무모한 계몽의 프로젝트를 내세우고 있는 셈이다.[25]

김남천의 작품 중 「처를 때리고」, 「춤추는 남편」, 「제퇴선」, 「요지경」 등이 이 계열에 드는 작품들이다. 이들 작품의 주인공들은 전향 지식인들이자 동시에 생활인으로서는 극히 무능하고 나약한 자들이다. 이들은 기존의 질서와 타협하려 하는 한편 지독한 회의와 수치심에 시달리는 전형적인 소시민들이다.

문제는 이러한 인물들을 통해 김남천은 애증의 변증법을 거쳐

24 김남천, 「유다적인 것과 문학-소시민 출신 작가의 최초의 모랄」, 『전집 I』, 306쪽.

25 김남천은 자신의 전망을 다음과 같이 피력한다. "(…)유다적인 것과의 항쟁에서 발로되는 문학의 정신은 일찍이 고리끼가 사람이 가질 수 있는 최고의 선물이라고 말한 '애와 증'의 두 감정의 극히 아름다운 통일 위에 건립된다. 고발의 대상은 증오에 치(値)한 것 그것 이외에는 없다. 그러나 증오를 무찔러서 그칠 줄 모르는 타협 없는 감정은 증오의 대상이 인간의 힘으로 소탕된다는 높은 긍정의 정신, 인류를 사랑하고 인간의 힘을 예찬하는 아름다운 정서 이외의 것도 아니다. 자기 속에 깃들이고 있는 유다적인 것의 적발은 물론 그것을 끊임없이 증오하는 감정에서 출발한다. 그러나 그것은 자기 자신의 인간적 개조가 가능하다는 높은 애(愛)의 정서가 없는 곳에는 있을 수 없는 감정이다."(김남천, 위의 글, 310~311쪽.)

인간개조에 이른다는 낙관주의적 전망을 실현할 어떤 실마리도 찾지 못했다는 점이다.[26] 자신의 욕망을 위해 아내가 당한 치욕을 애써 눈감아 버리는 지식인 '남수'(「처를 때리고」) 혹은 아편 중독에서 기생 '향란'을 구해주는 것만이 현실에 저항하는 것이라고 자위해 버리는 '경호'(「제퇴선」) 등과 같은 인물이 소위 유례없는 아름다움과 풍부한 형상을 지닌 인물 '김희준'에 육박할 리가 없다.

김남천 역시 자신의 실패를 인정한다. 자신의 작품들이 "자기분열이 초극된 하나의 발랄한 성격을 잡으려던 노력이 드디어 시니컬한 내성 심리에 시종"[27]하는 내성소설(內省小說)로 주저앉았다고 평가하기 때문이다.

유다적인 것과의 싸움에 실패한 김남천은 자신과 유사한 지식인 사상 청년에 대한 관심을 거둬야 한다. 대신 "생활적 신산과 오욕과 굴욕과 중압 속에서도 굴치 않고 자기의 깨끗한 건강을 지키면서 자기 발전을 적극적으로 도모하는 불요의 정신"[28]을 실현시켜 줄 소년의 창조를 통해 두 번째의 길(매혹)을 모색한다. 바꿔 말하면 자기 분열을 겪지 않은 소년 주인공의 성장을 통해 '김희준'의 형상에 도달한다는 야심찬 청사진을 그리는 것이다.

그러한 청사진 아래 나온 최초의 결과물이 바로 작품 「남매」이

26 김남천은 그러한 낙관주의 대신 어떤 비애감(멜랑콜리)에 사로잡히고 만 것처럼 보인다. 곧 김남천이 "(…) 소시민 지식인의 자기 분열의 양상을 고발한 뒤에 오는 것은 항상 걷잡을 수 없는 애수였다. 떨어 버릴래야 떨어지지 않는 애수는 육체적 절박성을 가지고 소설의 결말을 배회한다."(김남천, 「지식인의 자기 분열과 불요불굴의 정신」, 『전집 I』, 247쪽.)라고 말하고 있기 때문이다.

27 김남천, 「현대 조선소설의 이념-로만 개조에 대한 일(一) 작가의 각서(覺書)」, 『전집 I』, 402쪽.

28 김남천, 위의 글, 247쪽.

다. 김남천은 매우 어렵게 쓴 이 작품을 통해 겨우 자기세계를 발견하는 한편 용기를 얻어 「소년행」을 썼다[29]고 밝히고 있다.

여기서 주목을 요하는 것은 「남매」에 용기를 얻었다는 사실이다. 임화는 작품 「남매」에 대해 "최근 발표된 누구의 작품보다도 문학을 통하여 독자의 면전에 인간고(人間苦)의 근원을 고발하려는 고매한 정신으로 불타고 있는 작품"[30]이라는 상찬을 아끼지 않았다. 「남매」에 대한 임화의 호평은 김남천에게 대단히 이례적인 것인데다가 자기가 발견한 세계에 대한 남다른 확신을 안겨주었을 것임에 틀림없다.

김남천은 동경 유학시절이던 1930년 하숙집에서 소설 「산업예비군」을 탈고한다. 그러나 한재덕, 김두용, 임화, 안막 등으로부터 당시 합평회 석상에서 부르주아적인 구태를 벗어나지 못하였다는 혹평을 받고 낙망하여 그 원고를 불살라 버렸다[31]고 밝히고 있다.

한편 김남천은 카프 제1차 검거 사건으로 실형을 살고 출옥 후 실로 2년 만인 1935년에 자신의 체험을 바탕으로 주인공 '나'가 겪는 감옥 생활의 고통을 사실적으로 그린 단편 「물!」을 상재한다. 그러나 임화는 이기영의 작품 「서화」에 대해서는 호평했던 반면 김남천의 「물!」에 대해서는 계급성과 당파성이 결여된 "비속적인 '침후(沈厚)한 경험주의', '심각한 생물학적 심리주의'의 부양물(浮揚物)"[32]이라는 식으로 혹평하고 만다.

---

29 김남천, 「자작안내(自作案內)」, 『전집 Ⅰ』, 385쪽.

30 임화, 「작가의 '눈'과 문학의 세계-「남매」의 작가에게 보내는 편지를 대신하여」, 『임화 문학예술 전집 3 : 문학의 논리』(신두원 편), 소명출판사, 2009, 241쪽.

31 김남천, 앞의 글, 383쪽.

32 임화, 「6월 중의 창작」, 『임화 문학예술 전집 4 : 평론 1』(신두원 편), 소명출판

이후 김남천의 반론과 임화의 재반론이 이어지면서 유명한 '물 논쟁'이 전개된다. 중요한 사실은 소설 「산업예비군」을 불사른 사건 이후 두 번째로 김남천이 임화에게 상처 받을 수밖에 없었다는 점이다.

결국 두 번의 상처를 기억하고 있는 김남천의 입장에서 「남매」에 대한 임화의 상찬이 대단히 고무적이었을 게 분명하다. 곧 어렵사리 찾은 자기세계를 그의 라이벌이자 동지인 임화가 승인(인정)해주고 있기 때문이다. 거기에 힘입어 김남천은 「소년행」, 「누나의 사건」, 「무자리」 등의 소년 주인공 계열 소설을 연이어 내 놓는다.

지금껏 소년 주인공 계열 소설 생산의 전사를 일별했다. 궁극적으로 다음과 같은 결론에 이른다. 즉 김남천이 창조한 소년은 우선 기원의 형이상학(=낭만주의)에 의해 발명된 산물(풍경)일 가능성이 크다는 점, 아울러 총체성과 통일성에 대한 낭만적 아이러니romantic irony로서의 자기세계에 대한 강박이 투사되어 직조된 이데올로기라는 점이다.

따라서 그가 창조한 소년은 이기영의 '김희준'을 지속적으로 곁눈질 하는 한편 발자크를 동원하면서까지 만들어내고자 했던 '인물로 된 이데(관념)'[33]가 아니라 오히려 '이데(관념)로 된 인물'에 가깝다고 해야 할 것이다. 바꿔 말해 김남천의 소년은 소위 잃어버린 생활의 일원화를 병적(낭만적)으로 그리워하는 자신의 거울(반영)이라 해도 과히 틀리지 않다. 결국 소년의 시점 또는 내적 프리즘으로 포착하는 '누이'들 역시 어딘가 의심스러울 수밖에 없다.

사, 2009. 264쪽.

33 김남천, 「현대 조선소설의 이념-로만 개조에 대한 일(一) 작가의 각서(覺書), 『전집 I』, 397쪽.

'누이(여성)' 숭배/혐오의 기원

김남천이 주인공으로 내세운 소년들의 가정환경은 처참하다. 경제적으로 무능한 아비들은 알코올 중독자이거나 아편쟁이 같은 폐인들이다. 궁핍한 살림을 어떻게든 꾸려 나가야 하는 어미들은 그래서 매우 억척스럽다. 그리고 이해타산에만 밝은 속물들이다.

게다가 이들 부모는 기생인 누이의 매춘에 의지해 생계를 유지한다. 그러고도 양심의 가책은커녕 일말의 수치심조차 느끼길 꺼려한다. 부모들은 경제적으로 무능한데다 이미 도덕적으로 파탄난 자들이다. 이러한 환경에서 소년들은 거의 방치된다. 부모란 소년들에게 있어도 그만 없어도 그만인 신통찮은 자들일 뿐이다.

그러나 소년들에게 그들 누이만은 예외다. 소년들이 오로지 의지하는 이가 바로 그들의 누이이다. 누이들은 우선 부모를 대신한다. 상처받은 영혼을 위한 안식처 노릇을 한다. 때로는 소년들의 미래를 담보해 줄 꿈의 매개자나 구원자이기조차 하다. 가족 중에서 누이만이 유일하게 긍정적인 인물로서 소년들의 결핍을 다소나마 채워주는 자이다.

예컨대 「남매」에서 누이 '계향'은 간혹 남의 자전거를 훔쳐 타지만 그 뒷감당을 치를 담력이 없는 어린 동생 '봉근'이를 애처롭게 바라보며 쓸쓸함에 잠긴다. 의붓아비 '학섭'이 '봉근'의 마음은 아랑곳하지 않고 잡은 고기를 이웃집 '차서방'과 술 먹을 요량으로 내다 팔 것을 작정하자 화난 '봉근'에게 동전을 쥐어주며 호떡이라도 사 먹으라고 어린 마음을 달래려는 이도 역시 누이 '계향'이다.

그리고 「누나의 사건」의 주인공 '학구'는 가난 탓에 식구들 사이에 불쾌한 충돌만 잦고 우울한 분위기만 감도는 집이 여간 싫은게 아니다. 그러나 그나마 그런 집에서 겨우 마음 붙이고 살 수 있는 것은 온전히 누이 '수향'의 살가운 '웃음' 덕분이다.

한편 집안 형편으로는 엄두도 내지 못할 경성제일고보를 입학하겠다는 다부진 포부를 버릴 수 없는 「무자리」의 주인공 '운봉'이 믿는 구석은 누이 '담홍'이다. '담홍'은 서울로 가기 전 '운봉'에게 "너 공부 식힐 준비루다 미리 가는" 것이라고 이미 귀띔해 준다.

얼마 후에 '운봉'에게 보낸 편지에서도 누이는 "네 공부 하나는 뼈가 가루가 되는 한이 있어도 내가 맡어 식힐 것이니 공부만 열심히 하야라. 네가 서울서 바루 내가 볼 수 있는 눈앞에서 고등학교에 댕길 생각을 하면 몸에 벅차는 괴로움도 낙으로 변한다."[34]고 이미 단단하게 약속해 놓은 터다.

결국 '운봉'에게 누이는 유일한 희망이자 한줄기 구원의 빛이다. 그래서 다음과 같은 장면은 퍽 인상적이다.

> 담홍이가 서울간지 얼마 안 되어 눈이 부시게 휘황찬란한 사진이 담홍이집으로 왔다. 뒷굽 높은 구두쯤에 새삼스럽게 놀랠 필요는 없겠으나 이 고을서 보지 못하던 경쾌한 양장과 머리 모양에는 눈을 뒤솟지 않을 수 없었다. 양복이라면 여훈도의 쿠렁쿠렁하고 몸에 붙지 않는 곤색 세루거나 여름에 오까미상들이 고시마끼 우에 들쓰는 간땅후꾸만 보아온 눈에 담홍이의 사진은 노상히 일경을 식히게 함에 충분하였다. 그것을 받아들고 운봉이는 웃거리에 있는 양복점 안에 사진틀에 넣어서 주룬히 매여 달은 서양사람들을 연상하였다. (…) 물론 이 사진은 빈틈없이 총총히 붙여서 매여 달었든

34 김남천, 「무자리」, 『한국단편소설대계 3-김남천 편』(이주영 · 권영민 · 정호웅 편), 태학사, 1988, 103쪽. 이하 이 책에서 인용할 경우 『단편대계 3』이라고 표기하고 인용 쪽수만 표시함.

길쭉한 사진틀을 내려서 다른 것을 뽑아내고 맨가운데다 모셔서 거렀다.[35]

누이 '담홍'이 서울서 보내온 사진 속 누이의 모습은 눈부시다. 일상적으로 보아 왔던 고만고만한 여성들에 비할 바가 아니다. 오히려 누이의 이미지는 지금 이곳(차안)의 것이 아니라 오히려 먼 나라 '서양(피안)'에서나 볼 수 있을 법한 이국적인 것이다. 어떤 불가해한 광채마저 발산한다. 그래서 '운봉'은 집안의 사진틀에서 다른 사진들을 모조리 뽑아내버리고 누이의 사진만을 거기에 넣어 걸어두는 것이다.

'운봉'의 이러한 행위에서 유추할 수 있듯이 '운봉'에게 누이는 단순히 인생의 구원자나 조력자 정도가 아니다. 누이는 숭배해야할 대상으로서 종교적 신성을 머금은 존재로 격상되는 것이다.

누이는 숭고하고 신성한 존재여야 한다. 설사 그녀가 다른 남자들에게 술을 따르고 웃음과 몸을 파는 기생이라 하더라도 그것은 지켜져야만 한다. 이것이 김남천의 소년들이 내면에 품고 있는 무의식적 강박이자, 동시에 누이에 대한 엄숙한(혹은 잔인한) 명령이다.

이를테면 누이는 '성적(性的)'이면서도 동시에 성적이지 않아야 한다. 이러한 명령은 일종의 '이중구속double bind'[36]이다. 누이는 가족의 생계를 책임지기 위해서든 아니면 동생의 진학을 위해서든

35 김남천, 「무자리」, 『단편대계 3』, 116~117쪽.

36 베이트슨에 따르면 이중구속이란 분열증의 중대한 원인으로서 예컨대 두 개의 다른 또는 상호 모순되는 형식의 메시지가 우리에게 주어질 때, 더구나 우리가 어떤 형식의 메시지에 대답할 것인가에 대해 판단할 수 없는 경우 처하게 되는 것을 말한다. 이에 대한 더 자세한 논의는 G. 베이트슨, 박대식 역, 『마음의 생태학』, 책세상, 2006, 338~345쪽을 참조할 것.

아무튼 자신의 성을 팔아야만 한다. 누이가 성을 팔지 않는다는 것은 결국 가족을 위해 그 어떤 것도 하지 않는다는 것, 그래서 이미 소년의 조력자나 구원자조차 될 수 없다는 것을 의미한다.

그러나 소년들은 그들의 누이가 조력자이거나 구원자이길 바라면서 동시에 성적이지 않은 존재이길 원한다. 그와 같은 이중구속을 감당할 수 있는 사람은 사실상 없다. 있다 해도 그는 분열증 상태에 처하게 될 게 분명하다. 그럼에도 불구하고 그러한 명령이 지켜지지 않았다고 판단되었을 때, 히스테릭한 반응을 보이는 대표적인 인물이 바로 「남매」의 주인공 '봉근'이다.

'봉근' 역시 그의 누이인 '계향'을 숭고하고 신성한 존재로 생각하고 우러른다. 왜냐하면 돈 없고 구차한 세무서 말단 직원 '윤재수(인상)'를 사랑하고서부터는 결코 다른 남자와 잠자리를 하지 않았을 뿐더러, 돈이 필요하다는 부모의 심한 구박과 학대에도 아랑곳하지 않았기 때문이다.

그런 누이는 그에게 "평양 가서 여학교에 다니다 방학 때마다 도라 오는 누구누구의 평판 높은 처녀들"[37]보다 신성하고 깨끗한 존재이다. 게다가 누이는 "이 세상에 사랑도 쥐뿔도 없으면서 돈 때문에 명예 때문에(…) 나이 많고 개기름 흐르는 사나이의 첩"[38]이 되는 그런 부류의 처녀들보다도 도덕적으로 우월한 것처럼 보인다.

그랬던 누이가 '봉근'이 마치 송충이처럼 싫어하는 모 식료품 가게의 젊은 주인(일본인)에게 하룻밤 몸을 맡겨 버리는 사건이 일어난다. 이 일은 '봉근'에게 엄청난 충격과 환멸을 안겨준다. 부모

37 김남천, 「남매」, 『단편대계 3』, 39쪽.

38 김남천, 「남매」, 『단편대계 3』, 40쪽.

는 물론 누이조차 더러워 보인다. 이 세상에서 숭고하고 신성한 것은 도무지 찾을 수 없다는 절망에 이른다.

한편 작품 「남매」를 극찬했던 임화는 누이 '계향'이 식료품 가게 주인에게 몸을 판 직접적인 동기가 무엇인지는 큰 의의가 없다고 전제하면서, 이 작품이 지닌 비극성의 정체를 다음처럼 설명하고 있다.

> 소설 「남매」의 출발점은 바로 이 인간의 생활과 심혼을 무참히 짓밟는 사회적 암영이라는 데서 출발한 것이다. 그리하여 의부, 모, 계향, 기타 인물들의 생활과 심리를 노도(怒濤)와 같은 힘으로 관류(貫流)하면서 소년 봉근의 무고한 심혼을 뚫어버리는 곳에 집중된 것이다. 생활적 불행에 대한 가장 저항력 없는 한 인간 위에 그것들은 집중됨으로써 그 잔인성을 최고도로 발휘한 셈이다. 그러므로 비극은 절정에 오르는 동시에 끝난 것이다. 이 방법은 독자의 감명을 고조(高調)하는 데 가장 효과적인 방법의 하나이며, 이 소설을 가리켜 내가 드라마티컬한 작품이라 부르는 이유도 이 고도의 비극성에 있다. 또한 이곳에 우리는 좋은 비극에서 보는 순화(醇化)된 서정미(抒情味)를 발견한다.[39]

요컨대 「남매」의 비극성은 약하고 미숙한 소년 '봉근'의 순수한 영혼을 사회적 암영이, 곧 모순과 질곡으로 타락한 현실이 무참하게 짓밟아버림으로써 생겨난다는 것이다. 물론 소년 '봉근'의 시점만을 좇는다면 혹은 소년의 무고한 수난이라는 측면에서만 바라본다면 임화처럼 이 작품에서 소년의 좌절을 통해서 이른바 "좋은 비

39 임화, 「작가의 '눈'과 문학의 세계-「남매」의 작가에게 보내는 편지를 대신하여」, 『임화 문학예술 전집 3 : 문학의 논리』, 240쪽.

극에서 보는 순화된 서정미"를 발견하지 못하란 법도 없다.

그러나 여기서 놓치고 있는 사실이 하나 있다. 임화는 누이 '계향'이 식료품 가게 주인에게 몸을 판 직접적인 동기는 아무래도 상관없다는 식으로 말하고 있다.

그런데 과연 누이는 왜 식료품 가게 주인에게 성을 팔수밖에 없었는가. '계향'은 '윤재수'를 사랑하고서부터 부모들의 갖은 학대에도 불구하고 다른 남자와 특히 식료품 가게 주인과의 잠자리를 완강하게 거부해 왔다. 그러다가 평소 봉근모의 재가(再嫁)를 못마땅하게 여기고 있던 차에 누이는 집요하게 매춘을 강요하는 어미와 심하게 다툰 후 '봉근'을 데리고 가출해버린다.

이러한 정황을 고려할 때, '계향'이 식료품 가게 주인에게 몸을 판 것은 부모의 강권에 못 이겨 어쩔 수 없이 그리 한 것으로 해석하기는 어딘가 좀 미심쩍다.

부모의 강권에 그렇게 쉽사리 무너졌을 바에야 누이는 굳이 그들을 거부하면서까지 가출해야할 필요성조차 없었다. 오히려 '계향'은 친부의 유일한 혈육인 동생 '봉근'과의 삶을 도모하기 위해서, 즉 돈이 있어야 그들만의 생계를 유지할 수 있을 테니 불가피하게 식료품 가게 주인에게 몸을 허락할 수밖에 없었던 것은 아닐지.

그러나 애석하게도 그러한 정황을 명쾌하게 설명해줄만한 어떤 실마리도 이 작품 안에는 없다. 이를테면 '계향'의 말을 직접 들어야만 그녀가 식료품 가게 주인에게 몸을 판 이유를 정확하게 알 수 있을 터다.

그러나 그녀는 아무 말이 없다. 그럼에도 불구하고 "결국 돈 때문에 몸을 단 한번이나마 맡기고 말었다면 어느 모를 취할 길이 있을 터이냐"라고 분노하면서 부모는 물론 누이조차 더럽고 구리다고 여긴다거나, 소설의 마지막 부분에 누이가 부르는 것을 뒤로 한 채 대문을 나서면서 더러운 하수구 속에 있다가 밖으로 나온 것 같다는 식으로 누이에 대한 혐오의 감정을 숨기지 않는 모습은 아무래도 과민한 반응처럼만 보인다.

아울러 누이 혐오를 타락한 기성세대인 부모에 대한 증오로 연결시키고, 결국은 그것들을 세계에 대한 환멸로 치환시키는 과정, 이른바 순진무구했던 소년이 세계의 추악한 진실을 목도하고 절망하는 과정을 소년 '봉근'의 '성장'이라고 불러도 좋을까.

물론 그래도 상관은 없다. 그러나 누이가 기생으로 가족의 생계를 이어갈 수밖에 없었던 기막힌 사연들 또는 사랑을 지키기 위해 부모와 싸워왔던 고난의 시간들 곧 그녀만의 슬픔이나 고통이 소년의 성장에 가려지고 괄호 처리될 수밖에 없다. 이러한 사실은 일종의 소설적 장치로서 소년의 시점이 갖는 본질적인 제약성이나 단순성을 고려한다고 해도 어딘가 지나치다.

결국 소설 「남매」에 소년의 성장은 있지만, 누이의 사연 또는 누이의 '목소리(입)'는 없다. 설사 그것이 있다하더라도 중요치 않다. 이 소설의 목적은 소년의 눈으로 포착한 비극적 인식을 통해 사회의 추악함을 고발하면 그만이기 때문이다.

'소년-사제'의 명령과 가학성

누이의 정조(?) 파괴 혹은 상실이라는 사건은 추악하고 타락한 세계에 대한 일종의 알레고리 노릇이면 그것으로 족하다. 따라서 「남매」의 '봉근'이 누이를 떠난 지 7년 만에 그녀와 재회하게 되는 이야기인 「소년행」은 이점에서 더욱 문제적이다. 누이 '계향'은 '봉근'에게 보낸 편지에서 이렇게 읍소한다.

> 네가 나를 버리고 다러나든 때 보다도 더 형편없이 타락한 지금의 나다! 너를 보고 무슨 말을 하며 무슨 면목으로 낯짝을 들 것이냐! 그러나 아모리 나 자신을 도리켜 보고 지금의 내 모양을 두루 살펴 보아도 내 뼈다귀, 이것만은 너와 같은 한 가지 물건이 아닐 것이냐. 살도 더러워지고 가죽도 더러워졌으리라, 아니 그 속을 흘으고 있는 피인들 어찌 깨끗하다 할 것이냐! **그러나 뼈만은 네의 것과 가치 도라간 아버지의 것일 것이다.** 내 뼈다귀는 너를 찾어 갈 것이다. 너는 이것까지 츰뱃고 발길로 차지는 않을 것이다.[40](강조-인용자)

물론 이것은 누이의 말이다. 그러나 과연 이것을 누이의 목소리라고 해야 하는 것인가. 이를테면 어떤 강요된 목소리가 먼저 있고, 그 목소리를 누이가 연기하고 있는 것처럼 보이기 때문이다. 육체의 더럽혀짐 또는 타락은 사회적으로 지탄받을 죄이다. 따라서 누이는 어린 동생에게 자신의 부끄러운 죄를 순순히 고백하고 게다가 뉘우치고 있는 것이다.

그러나 문제는 그러한 고백 앞에서 정조의 상실을 죄로 규정하는 사회적 관계나 시스템 따위는 논의할 게재가 못 된다는 점이다. 아울러 그와 같은 타락으로 귀결될 수밖에 없었던 누이의 비참했던 조건이나 사연은 아예 고려의 대상조차 되지 못한다.

육체의 순수성을 저버린 것은 누이의 선택(자유의지)에 따른 것이고, 그 귀결인 도덕적 타락은 온전히 누이의 죄이다. 따라서 오염

---

40 김남천, 「소년행」, 『단편대계 3』, 53~54쪽.

된 육체로부터 벗어나 자신의 순수성을 증명해야 하는 것 역시 오직 누이만의 몫이다.

결국 그러한 논리에 깃들어 있는 어떤 은밀한 가학성을 읽어낼 필요가 있다. 가학성은 누이의 목소리 이전에 곧 강요된 목소리에 이미 내재해 있다고 해야 할 것이다. 그리고 가학성의 정체는 정조의 상실은 육체의 타락이요, 육체의 타락은 죄이다, 라는 남성(가부장)들의 선험명제(정언명령)이다.

다시금 강요된 목소리는 누이로 하여금 육체적 타락 이전의 순수성(혹은 동일성)을 증명해 보일 것을 명령한다. 이에 대해 누이는 소위 '뼈'의 정통성으로 응답한다. 그래서 누이는 이렇게 말하고 싶어 한다. 아니 그렇게 말할 수밖에 없다. 곧 나('계향')의 육체를 감싸고 있는 살과 피는 비록 더럽혀졌지만 그 속을 관통하고 있는 뼈만은 너('봉근')의 것과 하나라는 것, 그것은 죽은 친부에게서 물려받았다는 점에서 너와 나의 뼈는 동일(순수)하다는 것이다.

게다가 누이의 뼈에 대한 강조의 내면에는 '나는 나 아닌 것이 아니다'로 요약되는 부정적 자기동일성의 욕망이 자리 잡고 있다. 곧 뼈의 정통성이라는 맥락에서 보면 재가한 '봉근모'는 물론이려니와 그녀와 의붓아비 '학섭' 사이에서 태어난 씨가 다른 동생들은 타락의 징후들이며 부정되어야 할 것들이다.

누이가 부르짖는 뼈의 정통성에 대해 '봉근'은 '아름다운 감정'으로 호응해주는 것이 도리일 게 분명하다. 왜냐하면 누이의 목소리는 남성(가부장)의 목소리이며 실은 '봉근' 자신의 목소리이기 때문이다. 그러나 '봉근'의 '아름다운 감정'은 결코 아름답지도 않거니와 아름다운 것으로 여겨서도 안 된다. 아무튼 '봉근'은 이렇게 생각한다.

분함은 누이에게로 돌려보낼 감정이 아니었다. 누이의 육체가 물에 젖은 걸네쪼각 같이 더러워졌어도 수많은 사나히들에게 고기가 짓밟히고 피는 할키워 지금 능금같이 건강하고 무성한 나무 같이 아름답고 씩씩함이 하나도 찾아볼 길이 없어졌다하여도, 그는 나를 쫓아오며 빛을 구하며 희망을 찾고 있지 아니하나! 머리는 모든 이성(理性)에서 떠나고 감정과 정서는 타락하여도 오히려 그의 품에 나를 껴안아주고 나를 부둥켜안고 땅을 치며 통곡할 사랑과 정성이 남아 있다면은 그것을 받아드리고 그 속에서 가치 울고 웃는 것이 내에게 남은 단 하나의 아름다운 감정이 아닐 것이냐![41]

즉 '봉근'은 누이의 육체가 걸레조각처럼 더러워졌어도 자신의 죄를 고백하고 뉘우치고 있는 마당에 그녀를 받아주고 용서하는 것이 아름다운 감정이 아니냐고 자신을 설득하고 있는 참이다. 여기서 '봉근'이 왜 그녀의 죄를 용서하고 혹은 그녀를 받아들이는 주체여야 하는지에 대해 물을 여지는 없다.

'봉근'의 태도에서 창녀 막달라 마리아의 죄를 사하고 신앙의 길로 인도했던 예수의 풍모와 흡사한 것을 읽어낼 수 있다. 그는 이제 가부장 또는 사제(司祭)이다. 따라서 사제가 숭고하고 신성한 것을 갈구하고 그것을 종교적 열정으로 숭배하는 것은 지극히 자연스러운 일이다.

봉근이는 여자의 노는 폼이 처음에는 퍽 이상스러워 이것이 히스테리가 아닌가 하고도 생각해 보았으나 옥양목 버선목다리를 덮을락 말락한 힌 파레스바지 그리고 셋치가량 우로부터 연옥색 저고리밑까지 깡총하게 내려드리운 연두치마를 묵묵히 바라보다가 히끗 처

41 김남천, 「소년행」, 『단편대계 3』, 57쪽.

> 다보는 여자의 얼굴에서 귀엽은 어린아이 같은 표정을 발견하곤, (…) 열세 살이나 열두 살 때부터 기생학교를 다니고, 열다섯이 되나마나 한 때 부모의 시키는대로 남자의 살을 알기 시작하야, 평양과 서울에서 수백수천의 사나히들의 속을 헤염치듯이 하는 동안 타고난 성품도 변하고 말시와 행동에도 거짓과 아양이 끼어서, 이맛 낫세의 처녀들이 응당 가져야 할 모든 아름답고 귀한 모습이 없어져바렷을 최연화란 기생의 얼굴에 이렇게 순진한 한조각의 표정이 남어있는 것을 봉근이는 히한하게 생각하고 있다.(…) 봉근이는 자기도 모르게 멍하니 이 여자를 쳐다보면서, 옛날 자기가 제일 믿고 제일 숭고하다고 생각하든 누이에게서도 찾아보지 못하였든 무슨 청신한 것을 발견하는 듯하였다. 이 청신하고 맑고 깨끗한 정서 속에 몸과 마음과 머리를 맡기고 싶었다. 이것은 봉근이가 어렸을 적부터 여짓것 그리워하고 또 호흡하고 싶었든 빛과 공기였든 때문이다. 얼마나 오랫동안 봉근이는 이 빛과 공기에 굶주리고 목말러 있었든가![42]

'봉근'은 타락한 세계에서 이미 사라져버렸다고 여겼던 숭고하고 신성한 것을 기생 '연화'에게서 발견하고 그 충격에 들떠있다. 그는 '연화'에게서 이른바 육체성을 완전히 탈각한 그래서 예전의 누이에게서도 발견할 수 없었던 '성녀(순수성)'의 자취를 읽어내고 있는 것이다. 그러한 '연화'에게 제물('콤팩트')을 바치는 것은 너무도 당연한 의례이다.

그러나 이와 같은 종교적 열정은 누이의 애인이자 사회주의 운동 이력을 가진 전향지식인이며 이제는 금광업에 손을 대고 있는 속물 '박병걸'이 '봉근'에게 농담 삼아 "거또 봉근이가 엉뚱한데. 연화씨에게 콤팩트를 보낸 걸 보니까 아마 연애를 하는가부."라고 말

42 김남천, 「소년행」, 『단편대계 3』, 62~63쪽.

하면서부터 그리고 결국은 "봉근이가 난봉이 난가부."[43]라는 결정적인 한마디에 사라지고 만다.

숭고하고 신성한 대상에 연애라거나 난봉과 같은 육체적 자질이 틈입하는 순간 그것은 그 신성을 상실하고 세속적인 것으로 돌변해버린다. 결국 히스테리에 유사한 종교적 열정을 지닌 '봉근'은 이념을 저버린 속물 '박병걸' 그리고 그와 짝을 이루고 있는 그의 누이 '계향'을 도덕적으로 단죄하기에 앞서 그들의 육체성 자체를 혐오한다. "금테안경이 뒤로 저자지면서 콧구멍과 수염과 그리고 담뱃진에 까마케 된 입안"[44]으로 웃는 '박병걸'이 결코 사람으로 보이지 않거니와, 누이의 몸은 어떤 염증까지 느끼게 한다.

> 그러나 누이는 전보다 오히려 뺨따기에 살이 올라 두 볼이 맥없이 목으로 흐르고 있다. 가슴도 탄력은 없으나 더 커진 것 같다. 눈은 더 띠꾼해저서 영채가 없고 몽롱하게 술취한 것 같이 맥이 없어 보인다. 확실히 건강한 청춘은 누이에게서 떠나고 말았다. 봉근이는 예상보다는 **너무 능청맞게 비둥비둥하게 살진 누이의 몸에서 징글징글한 염증을 느꼈다.**[45](강조-인용자)

혐오하는 육체의 반대편에 숭고하고 신성한 것이 있다고 여기는 사고, 이를 달리 정신주의라 할 수 있다. 신성한 것을 끊임없이 그리워하고 그것에 몸과 마음을 맡기고 싶었다고 토로하는 '봉근'은 실은 형이상학적 열망과 잃어버린 총체성에 대한 멜랑콜리로

---

43 김남천, 「소년행」, 『단편대계 3』, 79쪽.

44 김남천, 「소년행」, 『단편대계 3』, 79쪽.

45 김남천, 「소년행」, 『단편대계 3』, 68~69쪽.

'소년'을 주인공으로 호명했던 작가 김남천의 분신이라고 말하면 과장이 될까.

아무튼 확실한 것은 소년의 성장이건 아니면 소년의 시점을 통한 사회의 고발이건 그 의도와 상관없이(아니, 어쩌면 그 의도 때문에) 소년 주인공 계열의 소설들에서 우리가 발견할 수 있는 것은 이성주의자(정신주의자)의 잔인함 또는 타자의 고통에 대해 눈감아버리는 윤리적 냉담함이다. 따라서 거기에는 누이의 목소리(입)가 애초부터 없었다. 결국 소년의 발견(발명)이 의심스러운 것이었듯, 소년의 시점(프리즘)으로 포착되는 누이 혹은 그 표상도 적잖이 의심스러울 수밖에 없다.

누이 = '기표 X'

지금까지 이 글은 한국 문화권에서 광범위하게 생산된 '누이' 표상들을 이해하기 위한 하나의 단초로서 1930년대 후반 김남천의 소년 주인공 계열 소설들을 검토했다. 이 글에서 필자는 두 가지 논점을 제시했다. 곧 작가 김남천은 왜 하필 '소년'을 자신의 소설 속 주인공으로 호명하고자 했던가 그리고 '소년'의 시점(프리즘)에 의해 포착되고 있는 '누이'의 형상은 어떤 문제점이나 불합리함을 안고 있는 것은 아닌가가 그것이다.

두 가지 논점에 따라 이 글은 김남천의 '소년'이 기원의 형이상학에 의해 또는 잃어버린 총체성과 자기세계에 대한 강박에 의해 발견(발명)된 산물(풍경)이었다는 점 그리고 소년의 '시점'에 의해 포착된 '누이'는 지속적으로 의미의 과잉(포화)을 겪고 있음에도 불구하고 정작 '누이'라는 구체적 실존이 지니고 있을 자신의 목소리(입)는 상실될 수밖에 없었다는 점을 밝히고자 했다.

결국 김남천의 소년 주인공 계열 소설들에서 소년의 성장이나 소년의 시점을 통한 사회고발이라는 명시적 맥락브다는 오히려 이성주의자(정신주의자)의 잔인함 또는 타인의 고통어 대해 눈감아버리는 윤리적 냉담함이라는 무의식적 맥락을 읽어야 한다는 점을 제시하고자 했다.

사실 김남천의 소설들, 그것도 매우 제한적인 몇 편의 소설 분석을 통해 시대를 넘어 한국 문화 안에서 지속적으로 생산되고 소비되는 '누이' 표상에 대한 문화적 보편담론(이론)을 수립할 수는 없을지도 모른다. 단 김남천의 '소년'들에 의해서 '누이'들이 어떤 의미의 과잉을 겪고 있다는 점은 반드시 눈여겨봐야 한다고 생각한다.

누이는 우선 소년들을 위해 부모의 공백을 메워주는 존재여야 한다. 그래서 영혼의 결핍을 겪는 소년들이 의지할 수 있는 정신적 안식처여야 할 것이다. 뿐만 아니라 전망이 없는 절망적인 세계에서 소년들의 꿈과 미래를 담보해 줄 조력자 내지는 구원자 노릇까지도 도맡아야만 한다.

게다가 누이는 소년들에게 육체성(성적인 것)과 관련 없는 어떤 존재, 곧 성스럽고 신성한 정신적인(순결한) 존재여야 마땅하다. 그것은 소년들(바야흐로 가부장이 될 존재들)의 엄숙한 명령이다.

그러한 명령을 따르지 않는 누이들, 특히 그들의 더럽혀진 육체는 타락한 세계의 징후이자 알레고리이다. 결국 미숙한 존재일 수밖에 없는 소년들에게 누이는 그들의 온전한 성장(성숙한 세계인식)을 위한 인큐베이터이면서 동시에 추악한 세계를 딛고 나아가기 위해 부정되고 극복되어야 할 최초의 '악(대립물)'이다.

소년들이 그들의 누이들을 몹시 간절해하는 순간에도, 그리고 타락한 세계의 징후로서 그들의 누이들을 무자비하게 단죄할 때조차도 누이들의 고통(사연)이나 목소리 따위는 관심 밖이다. 다시금 말하거니와 우리는 거기에서 타자의 고통에 대해서는 무관심한 윤리적 냉담함을 읽을 수 있어야 한다.

어느 면에서 누이들은 어떠한 '의미(기의)'들을 대입하고 끼워 넣어도 용해시켜버리는 텅 빈(혹은 투명한) 기표, 이른바 '기표 X'와 같은 존재는 아닐까. 이를테면 역사history가 실은 '남성들의 역사 He-story'일 수밖에 없다는 점에서 남성(가부장)들이 자신의 나약함(의존성)과 잔인함(폭력성)을 아무런 충돌 없이 스펀지 또는 블랙홀처럼 흡수해버리는 '기표 X'로서 누이들을 호명하고 있는 것은 아닐까.

만약 이러한 사실들이 어느 정도 입증될 수 있다면, 남성들의 누이 호명을 단순한 그리움이나 상실감 혹은 비애 따위로 설명할 것이 아니다. 오히려 그녀들을 호명하는 무의식 안에 있는 어떤 가학적 충동을 분석해야 될지도 모른다.

이러한 맥락에서 이 글은 누이 표상이 그에 대한 사전적 정의나 여자 동기와 관련된 친족 어휘 체계 등과는 상관없이, 가족(혈연)이라는 테두리를 벗어나 코드화된 문화적 구성물이나 표상과 같은 것이 아닌가, 라는 가설을 내세웠던 것이다. 이 가설을 증명하기 위해서는 모두에서도 밝힌 것처럼 한국 문학의 전 영역을 샅샅이 훑어 이른바 누이 표상의 계보를 엮어보아야 할 것이다.

이러한 작업은 아직은 요원해 보인다. 다만 지금 시점에서 확실하게 말할 수 있는 것은 한국 문학 속 누이 표상의 계보를 추적함으로써 시대의 흐름과 맞물린 한국 남성들의 집단적 감성 또는 망탈리테를 이해하는 길이 열릴 것이라는 점이다.

■ 기본자료

이주영·권영민·정호웅 편, 『한국단편소설대계 3- 김남천 편』, 태학사, 1988. 중의 「남매」, 「소년행(少年行)」, 「누나의 사건」, 「무자리」

■ 단행본 및 논문

가라타니 고진(柄谷行人), 『일본근대문학의 기원』, 박유하 역, 민음사, 1997, 153～154쪽.

곽승미, 「김남천 성장 소설의 의미」, 『한국근대문학연구』 제3권 1호, 한국근대문학회, 2002.

김광기, 『뒤르켐 & 베버-사회는 무엇으로 사는가?』, 김영사, 2007, 64쪽.

김남천, 「고발의 정신과 작가 - 신 창작이론의 구체화를 위하여」, 『김남천전집 I』(정호웅·손정수 엮음), 박이정, 2000, 220쪽.

______, 「비판하는 것과 합리화하는 것과 – 박영희 씨의 문장을 독(讀)함」, 『김남천전집 I』, (정호웅·손정수 엮음), 박이정, 2000, 169쪽.

______, 「유다적인 것과 문학-소시민 출신 작가의 최초의 모랄」, 『김남천전집 I』, (정호웅·손정수 엮음), 박이정, 2000, p.306, 310～311쪽.

______, 「자작안내(自作案內)」, 『김남천전집 I』, (정호웅·손정수 엮음), 박이정, 2000, 383～385쪽.

______, 「지식계급 전형의 창조와 『고향』의 주인공에 대한 감상 – 이기영 『고향』의 일면적 비평」, 『김남천전집 I』,(정호웅·손정수 엮음), 박이정, 2000, 91쪽.

______, 「지식인의 자기 분열과 불요불굴의 정신」, 『김남천전집 I』, (정호웅·손정수 엮음), 박이정, 2000, 247쪽.

______, 「창작과정에 대한 감상-작품 이전과 비평」, 『김남천전집 I』, (정호웅·손정수 엮음), 박이정, 2000, 73쪽.

______, 「현대 조선소설의 이념-로만 개조에 대한 일(一) 작가의 각서(覺書)」, 『김남천 전집 I』(정호웅·손정수 엮음), 박이정, 2000, 402～403쪽.

김윤식, 『한국근대문학사상사』, 한길사, 1984, 52～66쪽.

김영범, 「망탈리테사 : 심층사의 한 지평」, 『사회와 역사』 제31권, 한국사회사학회, 1991, 263～271쪽.

김용희, 「김남천의 모랄론」, 『한신논문집』 제9권, 한신대학교, 1992.
나병철, 「김남천의 소년 주인공 소설 연구」, 『비평문학』 제3호, 한국비평문학회, 1989.
루카치, G., 『소설의 이론』, 반성완 역, 심설당, 1985, 29쪽.
마루야마 마사오(丸山眞男), 『일본의 사상』, 김석근 역, 한길사, 1998, 151쪽.
베이트슨, G., 『마음의 생태학』, 박대식 역, 책세상, 2006, 338～345쪽.
이경수, 「화엄에 이르는 길-미적 표상으로서의 '누님'에서 중생부처의 표상으로서의 '만인보'에 이르기까지」, 『시와 시학』 2007년 봄호(통권 제65호), 시와 시학사, 2007, 55쪽.
임 화, 「6월 중의 창작」, 『임화 문학예술 전집 4 : 평론 1』(신두원 편), 소명출판사, 2009, 264쪽.
______, 「작가의 '눈'과 문학의 세계－「남매」의 작가에게 보내는 편지를 대신하여」, 『임화 문학예술 전집 3 : 문학의 논리』(신두원 편), 소명출판사, 2009, 240～241쪽.
장춘화, 「김남천의 성장소설 연구」, 『대구어문논총』 제14집, 대구어문학회, 1996.

14

지역화와 타자화 사이, 전 지구화시대 한국인의 청각적 정체성

최유준

들어가며

> 낱말이 소리를 내면 그 모든 감정들이 단번에 한 떼의 유령들처럼 어두운 장엄함 속에서 영혼의 무덤에서 소생한다. 그 감정들은, 그것들이 없는 경우에만 파악될 수 있었던, 순수하고 밝은 낱말의 개념을 어둡게 만든다. 그래서 낱말은 사라지고 감정의 소리가 울린다.[1]

이론적인 층위에서 이 논문의 목표 가운데 한 가지는 '시각'보

1 요한 고트프리트 폰 헤르더, 조경식 역, 『언어의 기원에 대하여』, 한길사, 2006, 31쪽.

다는 '청각'을 통해서 근대성modernity의 문제를 탐색하는 것이다. "한 영토에 대해 여러 유형의 지도를 그릴 수 있듯이, 소리는 역사를 관통하는 또 하나의 독특한 경로를 제공한다".[2] 요컨대, '소리와 청각의 근대사'라 할 만한 것이 있다. 하지만, 이 논문이 그러한 청각의 근대사를 통시적으로 살펴보는 폭넓은 이론적 작업을 의도하는 것은 아니다. 21세기 현시점의 대한민국의 시공간에서 신자유주의와 전 지구화globalization 현상이 촉발하는 후기 근대적 균열의 양상을 대중문화의 몇 가지 단면들을 통해 포착하는 데에 집중할 것이다. 여기서 '시각-청각'의 이분법이 부분적으로 동원되어야 할 듯한데, 근대화 과정에서 주체에 의해 억압되는(하지만, '내적 자연'으로서 주체의 일부를 이루기도 하는) 타자(他者)의 어두운 그림자를 살피기 위해 청각의 차원을 분석하고자 하기 때문이다. 즉 이 논문에서 '귀를 기울이고자 하는 것'은 무엇보다 '타자의(혹은 타자화된 주체의) 목소리'다.

짐멜이 세심하게 분별한 바 있듯이 '보편성'을 추구하는 데에 있어서 시각이 청각보다 유리한 면이 있다.[3] 예컨대 대도시의 시각적 풍경은 세계 어디서나 엇비슷해 보인다. 특히 한국과 같이 보편화(사실상의 서구화)를 향한 근대성의 폭력으로 전통문화가 크게 침식당한 나라에서는 '시각적 차이'라는 것은 종종 무의미해진다. 반면, 청각은 시각에 비해 좀 더 '신체'에 영향 받으며, 특수한 '장소'

2 조너선 스턴, 윤원화 역, 『청취의 과거 - 청각적 근대성의 기원들』, 현실문화, 2010, 11쪽.

3 "확실히 모든 사람들에게 공통적인 것 또는 보편적인 것을 인식하는 것은 듣기보다는, 훨씬 더 커다란 정도로 보기를 통해서이다". 게오르그 짐멜, 김덕영·윤미애 역, 『짐멜의 모더니티 읽기』, 새물결, 2005, 169쪽.

에 묶인다. 이 점을 포착한 '사운드스케이프soundscape', 즉 '소리풍경'에 대한 이론적-실천적 논의가 있어 왔지만,[4] 근대화된 도시를 가정할 때 단순한 '풍경'으로서의 물리적 사운드는 '시각적 풍경'의 변화에 따르는 면이 있다. 대도시에서 엇비슷한 고층 백화점 건물과 맥도널드 상점이 눈에 띌 때, 그 배경을 이루는 자동차 소리나 스피커를 타고 흐르는 음악소리 역시 엇비슷하게 들릴 것이다. 뚜렷하게 다른 것은 그 도시를 살아가는 사람들의 '목소리'다. 도시의 시각적 풍경이 동질화되어도 그 도시를 살아가는 이들의 '목소리'는 쉽게 바뀌지 않는 것이다. 예컨대, 광주광역시라는 대한민국 서남부 도시에 와 있다는 사실은 엇비슷한 도시의 풍경에서보다는 광주의 평범한 시민들이 쓰는 목소리, 특히 사투리(방언)에서 잘 드러난다.[5]

최근의 신자유주의적 정치경제 구조와 이에 수반되는 문화적 전 지구화 현상은 일정한 삶정치적biopolitical 변화[6]를 초래하며, 일

4 "오늘날 모든 소리는 음악의 포괄적인 영역 내에서 끊임없는 가능성의 장을 형성하고 있다. 새로운 오케스트라, 새로운 소리의 세계에 귀를 열어야 한다. 소리를 내는 어떤 사람도, 소리를 내는 어떤 것도 음악가인 것이다." 머레이 쉐이퍼, 한명호·오양기 옮김, 『사운드스케이프』, 그물코, 2008, 17쪽.

5 사투리를 구사하는 지역민들은 전주체적(前主體的)으로 구사되는 자신들의 무의식적 목소리로 근대의 보편화 움직임에 저항해온 셈이다. 하지만, '현실의 층위에서 사투리'와 '표상과 재현의 층위'에서 사투리는 서로 구별하여 다룰 필요가 있다. 이 점에서, "서울말과 사투리가 단순히 서로 대립하는 양상을 보이는 것만은 아니다. 서울말은 사투리를 통해 중심적 권력의 표상체계를 강화하며, 사투리는 이러한 서울말의 권력과 표상체계에 이용되거나 순응한다." 최유준, 「대중음악과 호남 사투리의 감성 정치」, 『호남문화연구 49집』, 호남학연구원, 2011, 522쪽.

6 2차 세계대전 이래 케인즈주의 경제정책을 바탕으로 초국가적 금융자본을 견제하며 한 세대 가까이 유지되어 온 근대 국민국가 체제가 균열을 일으키면서 자본과 문화의 전 지구화가 일어나는 과정, 그리고 이 과정에 수반되는 삶정치적

상과 대중문화의 층위에서 신체적-정서적 반응이나 상호작용의 변화를 추동한다. 전 지구화가 지역화localization와 모순적으로 결합되어 이른바 '지구지역화glocalization' 현상을 광범위하게 초래하는 것도 이러한 삶정치적 변화와 관련이 있다. 이 논문은 최근의 '지구지역화' 현상의 일면을 비판적으로 성찰하면서, 영화와 음악과 같은 대중문화의 재현 양상을 살필 것이다. 여기서 '촌스러움'의 정서와 관련된 재현의 관습이 신자유주의적 지구지역화 현상과 함께 균열을 일으키고 재편되는 현상에 초점을 맞출 것이다. 이를 위해 한편으로 국민국가 내부 '지역 언어'로서 사투리의, 다른 한편으로 전 지구적 차원에서 '음악적 지역 언어'로 간주될 만한 전통음악(나아가 그것의 대중적 변종이라 할 만한 '트로트'와 '퓨전국악')의 재현 방식을 언어와 음악의 경계에서 살펴볼 것이다.

촌스러움과 근대성

'도시적인 것', '세련됨'과 대립적으로 짝을 이루는 '촌(村)스러움'은 특히 '시대에 뒤처진 것', '낡은 것'이라는 시간적 인식과 깊은 관련을 맺음으로써, '근대적' 인식의 층위에 자리잡는다.[7] 촌스러움

변화가 '신자유주의'라는 이름으로 설명되는 것들이다. 여기서 '삶정치적 변화'란 경제적 차원에서 자본의 금융화와 정보산업의 발전과 맞물려 진행되는 노동의 비물질화 경향(인지 노동, 감정 노동의 대두)으로 나타나며, 정치적 차원에서는 형식적 민주주의의 발전과 맞물려 개인적 삶의 전면적 '자기규율'과 연관되는 '삶권력(biopower)'의 형태로 나타난다.

7 '촌스러움'이라는 단어는 '도시와 시골', 근대성과 전근대성의 위계적 격차를 의식하는 가운데 직설적으로 쓰이기도 하고 은유적으로 쓰이기도 한다. 다음의 용례를 참고할 것. "서울 생활은 모든 것이 낯설었다. 부모님과 떨어져서 살아나

에 대한 자각은 부끄러움의 감정을 동반한다. 그것은 물론 열등감이나 자괴감과 관련되는 부정적 감정이지만, 촌스러움에서 탈피하고자 하는 욕망이나 의지는 근대적 개인이나 근대적 주체 형성과 관련된 일정한 반성적reflexive 계기가 될 수 있다. 하지만, 실제의 근대화 과정에서 촌스러움에 대한 인식은 그 내적 성찰의 계기를 은폐하거나 망각하고 정치적 지배 권력을 정당화하는 폭력적 계기로 작용해 온 측면이 크다. 무엇보다 국민국가 형성과 함께 국가 내 '중심(수도권)-주변(지방)'의 구도가 확연해지면서 '중심(수도권)-도시-세련됨' 대 '주변(지방)-시골-촌스러움'의 이분법적 인식 구조가 확립되어 왔다. 이러한 지리적이거나 공간적인 차원에 시간적 차원이 교차됨으로써, '중심(수도권)-세련됨-선진' 대 '주변(지방)-촌스러움-후진(낙후)'의 이분법이 완성된다.

이러한 이분법적 구도는 근대 국민국가 체제의 제국주의적 질서 속에서 국민국가들 사이에서도 관철됨으로써 복합적 양상을 보인다. '선진국'이 '세련된 문화'를 갖추고 있다면, '후진국'은 '촌스러운 문화'를 갖추고 있다는 식의 이분법이다. 여기서 '후진국' 국민이 자문화(전통문화)를 '촌스럽다'고 인식하며 스스로 느끼는 부끄러움의 감정은 근대적 주체 형성을 위한 성찰적 계기로 작용하기도

가는 것도 그랬지만, 무엇보다 나를 힘들게 한 것은 **나의 '촌스러움'이었다.** [...] 내가 대학에 와서 접한 주변 사람들은 그 누구들보다도 나의 '촌스러움'을 상기시켜 주는 '고급스러운' 서울 강남 출신 아이들이었다."(이정미, 「세련됨과 촌스러움의 간극, 그 지독함에 대해서」, 『초등 우리교육』, 2001, 1, 76쪽. 강조는 인용자에 의함.) "만약 쿨함에 반대되는 개념으로서 촌스러움이라는 단어를 시대에 뒤떨어진, 시대착오적인 모양새나 행동양식에 적용할 수 있다면, 안에서 바라보이는 지금의 한국정치는 그 쿨해 보이는 외양과 달리 무척이나 **촌스럽다.**"(정성원, 「한국정치담론의 영웅신화적 세계관과 그 시대착오적 촌스러움」, 『정치와 평론』, 9권 0호, 한국정치평론학회, 2011, 165쪽. 강조는 인용자에 의함.)

했지만, 제국주의적 질서와 지배 권력을 정당화하고 유지시키는 감성정치적 기제로 작용해 온 면도 크다. 이는 서구적 근대성 그 자체의 한계이기도 한데, "그동안 서구적 근대성 속에서 보편성은 경계가 중심으로 끊임없이 환원되는, 즉 주변성이 자신의 특이성을 포기할 때만 초월적이고 보편적인 지점에 이를 수 있다는 논리에 근거했"[8]기 때문이다.

음악에서 '과거(낡은 것)'와 '현재(새로운 것)' 사이의 단절이 다른 어떤 분야보다도 극단적으로 드러난다는 점, 특히 한국과 같은 비서구 사회에서는 전자와 후자 사이에서 식민적 관계가 첨예하게 나타난다는 점(적어도 한국의 20세기 음악문화에서 '새로운 것'은 사실상 '서구적인 것'이었다)은 이러한 근대성 탐구에 있어서 중요한 참조점이다. 민족주의와 근대성이 맺는 이율배반적 관계 역시 음악에서 가장 극단적으로 드러난다. 무엇보다 한국에서 전통음악을 가리키는 '국악(國樂)'이라는 명칭 자체가 근대성과 식민성의 모순적 결합을 암시하고 있다. '국악'은 '한국음악'이라는 일차적인 함의에서 태생적으로 민족주의와 국가주의의 함의를 갖는 용어인 동시에, 역사적으로 메이지시기 이후 '일본음악'을 가리키기 위해 처음 주조된 용어를 받아들여 써온 것이라는 점에서 식민주의의 역사를 담고 있기도 하다.

중요한 점은 20세기 근대화 과정에서 한국인들 일반의 전통음악에 대한 정서적 거부감이 커져 왔다는 사실인데, 이는 서유럽의 젊은 청중들이 자신들의 전통음악인 '클래식음악'에 대해 거부감을 가지는 것과는 다른 양상을 갖는다. 한국인의 정서적 거부감은 한

---

8 김용규, 『혼종문화론』, 소명출판, 2013, 24쪽.

마디로 전통음악이 '촌스럽다'는 것, 시대에 뒤떨어져 낡고 투박하다는 인식에서 비롯되기 때문이다. 이는 대중매체를 통해 유포되는 민족주의적 캠페인("우리 것이 좋은 것이여!"라는, 의미심장하게도 사투리 억양에 실린)을 통해서도 극복되기 어려운, 부르디외가 말하는 "육화된 계급문화"로서의 아비튀스habitus적 반응이다.[9] 이것이 20세기 (후반) 이후 한국인의 집단적 정서의 일부였다는 점을 솔직하게 인정할 수 있다면 한국의 근대화 과정에 내재된 식민화의 흔적을 직시하는 일이 될 것이다.

그런데 최근의 경제적 신자유주의 경향과 문화적 전 지구화 현상이 위와 같은 감성정치적 기제에 일정한 균열을 일으키고 있음이 포착된다. 초국가적 디지털 매체와 집단 이주를 배경으로 일상적 층위에서 경험되는 전 지구화는 대중들의 심상지리imagined geography를 실천적으로 변화시키고 있다. 또한 경제적 신자유주의와 맞물린 비물질 노동과 비물질 생산은 광범위한 복고문화를 초래함으로써 감성적 인식의 역사적 차원을 제거하고 있다.[10] 이로써

---

9 부르디외는 "음악이야말로 가장 육체적인 예술"이라고 말한다. 그리하여 그는 "음악 취향만큼 한 사람의 '계급'을 분명하게 확정해주고, 이것만큼 틀림없이 한 사람을 '분류해'줄 수 있는 것도 없다"고 지적한다. 삐에르 부르디외, 최종철 역, 『구별짓기(상)』, 새물결, 2006, 47쪽.

10 생산의 최종적 결과물로서의 '작품'만이 아니라 생산의 과정 자체가 상품이 되는 '비물질 노동'의 전형적 형태 가운데 하나가 최근 범람하는 텔레비전 음악경연 프로그램에서 잘 나타난다. 시청자는 이들 프로그램에서 음악가들의 '음악 만들기' 그 자체를 즐기게 되는데, 이 새로운 음악 청취의 관행은 빈번하게 익숙한 음악재료로서의 '과거의 명곡'을 소환하게 된다. 이로써 음악사의 과거와 현재가 뒤섞이는 디지털 미디어 장의 '레트로문화(복고문화)'를 가속화한다. "물론 과거에도 흘러간 시대에 집착하는 움직임은 있었다. (중략) 그러나 가까운 과거에 이토록 집착한 사회는 인류사에 없었다."(사이먼 레이놀즈, 최성민 옮김, 『레트로마니아』, 작업실유령, 2014, 15쪽.)

기존의 '중심-주변'의 공간적 계기는 해체되거나 재편될 조짐을 보이며, 아울러 '시대에 뒤쳐져 있음'이라는 의미에서 '촌스러운 것'으로 인식되던 것들이 문화적으로 재해석되고 있다. 최근 본격화되는 이른바 '퓨전국악'의 시도들은 이러한 변화를 징후적으로 드러낸다. 국악실내악단 '슬기둥'으로 대표되는 초기 퓨전국악의 등장은 1980년대 후반으로까지 소급되지만, 해외의 '월드뮤직' 시장을 의식하면서 음악적 다중언어multi-language로 무장하여 전 지구적 활동을 벌이는 본격적 퓨전국악 뮤지션들의 등장은 비교적 최근의 현상이다(이에 대해서는 4절에서 재론할 것이다). 지극히 대중적인 층위에서도 송소희와 같은 젊은 민요 소리꾼은 '우리 것'에 대한 민족주의적 구호를 내세울 것 없이 민요 창법에 대한 대중 일반의 정서적 반응을 조금씩 변화시키고 있는 것으로 보인다. 요컨대, 이들은 한국의 대중들로 하여금 '촌스럽지만 우리 것'이 아닌 '세련된 것이면서 우리 것'이라는 적잖이 새로운 정서적 반응을 이끌고 있다.[11]

아직은 대중문화의 재현에 국한된 이러한 문화적 탈영토화 경향이 '촌스러움'과 관련되는 한국 문화의 식민성 일반을 극복하는

11 오리엔탈리즘의 맥락에서건 '복고문화'의 맥락에서건 '비서구 지역의 전통음악'이 초국적 관심을 받는 것이 최근의 현상만은 아니지만, 동아시아, 특히 일본이나 한국의 경우 20세기 후반 이후 대중문화에서 전통음악이 적극적으로 활용되는 것 자체가 드문 일이었다. 양국 모두 전후 급속한 근대화를 추진하면서 '서구화'에 경도된 정도가 여타의 비서구 국가들에 비해 상대적으로 컸기 때문이었던 것으로 보인다. 1980년대 후반에 『비서구 세계의 대중음악』을 집필한 음악인류학자 피터 매뉴얼은 이 책에서 '일본'의 음악을 다루지 않는 이유에 대해서 다음과 같이 설명했다. "일본의 음악 산업은 매우 크게 발달되어 있지만 주류 일본 대중음악은 이 책이 다루는 대상의 범위를 넘어서 있다. 왜냐하면 농음 시김새가 있는 엔카 정도를 제외하면 이들 음악은 모두 서양 대중음악과 구별되지 않기 때문이다."(피터 매뉴얼, 박홍규·최유준 역, 『비서구 세계의 대중음악』, 아카넷, 2014, 7-8쪽.) 한국의 경우 이 책에서 거론조차 하고 있지 않지만, 당시 일본의 경우와 크게 다를 바 없었다고 볼 수 있을 것이다.

계기가 되어줄 수 있을까? 하지만, 이 물음은 더욱 조심스럽게 다루어야 한다. 그것은 월터 미뇰로가 말한 "식민적 차이", 즉 "동일성의 논리에 의해 통합되고 배제된 억압된 자들의 보다 급진적인 타자성에 대한 인식"을 요구하는데,[12] 물음 자체가 민족주의적 방식으로(또 다른 '동일성의 논리'를 통해) 설정되는 이상 그 '차이'를 포착하기 어렵게 되기 때문이다. 일제 침략의 기나긴 식민화의 역사와 집단적 트라우마를 경험한 한국인들에게 '식민지 이후postcolony', 권명아가 정의한 대로 "'내가 노예 상태에 있었다는 자각'과, 그 이후에 일어나는 일련의 자기 재구성의 경로들"[13]을 성찰하기란 쉽지 않다. 그것은 국민국가 내부의 식민지, 즉 "중앙 집권적 헤게모니에 종속된 영역에 대해 장소적·상징적·심성적으로 식민화된 경계를 일컫는"[14] '지역' 내지 '지방'에 대한 성찰을 요구한다. '촌스러움'은 애초에 이러한 '지역성'과 결부된 중층의 감정 영역에 있었다. 다음 절에서 이 문제의 일단을 '사투리'의 문화적 재현과 관련시켜 논해 볼 것이다.

사투리와 타자성의 재현

사투리는 지역성의 청각적 재현이 필요한 드라마나 영화에서 제한적으로 쓰였는데, 대부분 희화화된 주변적 인물이나 하층민,

12 김용규, 『혼종문화론』, 소명출판, 2013, 92~93쪽.

13 권명아, 『식민지 이후를 사유하다 - 탈식민화와 재식민화의 경계』, 책세상, 2009, 15쪽.

14 권명아, 같은 책, 81쪽.

혹은 깡패나 조폭 세력과 같은 폭력적 인물들이 구사하는 언어로 동원되었다. 이러한 미디어의 재현은 사투리의 '촌스러움'이나 '투박함'에 대한 대중적 인식을 재생산하는 장치이기도 했다. 20세기 내내 한국에서는 적어도 사투리를 구사하는 인물이 드라마나 영화의 '주인공'이 될 수는 없었다.[15] 그것은 한국의 대중들로 하여금 '근대적 주체'가 내는 '목소리'의 성격에 대한 암묵적 동의를 이끌어 내는 것이기도 했다.

여러 세대에 걸쳐 이루어진 이러한 암묵적 동의의 문화적 관성이 얼마나 강력했는지는 2007년에 개봉한 영화 <화려한 휴가>에서 광주 5·18 민중항쟁을 다루면서도 두 남녀 주인공은 서울말을 구사해야 했다는 사실로부터도 읽을 수 있다. 당시 영화 개봉을 앞두고 열린 공개 시사회의 '관객과의 대화' 시간에 감독 김지훈은 영화 속 두 주인공이 광주 사투리를 쓰지 않은 이유에 대해 다음과 같이 밝혔다고 한다. "영화에 대해 광주 시민들과 모니터링을 했다. 그러나 이 영화가 5·18을 광주만의 문제로 고착화하지 않고 세계화했으면 좋겠다고 생각했다. 영화의 진정성과 보편성을 위해서였다". 그리고 이런 솔직한 말도 덧붙였다. "사투리가 계속 희화화하고 있어 영화 자체가 그렇게 될까봐 두려웠다".[16]

<화려한 휴가>와 같은 해에 개봉한 이창동 감독의 <밀양> (2007)

---

15 2001년에 개봉된 영화 <친구>는 이러한 구도에서 벗어나는 조짐을 보이는 동시에 여전히 그 구도를 확인시켜 주는 이중적이거나 과도기적인 면모를 보인다. 영화 전반에서 '부산이라는 지역성이 강하게 드러나고 두 주인공은 모두 억센 부산 사투리를 구사하지만, 그들이 모두 조직 폭력배의 조직원이라는 점에서 재현의 전형성으로부터 벗어나지는 않는 것이다.

16 「'화려한 휴가' 김상경이 사투리를 안 쓴 이유는?」, 『스타뉴스』, 2007년 7월 19일 입력기사(http://star.mt.co.kr/view/stview.php?no=2007071910531923763&type=1&outlink=1 *검색일: 2016년 7월 10일.)

은 사투리와 지역성을 성찰적으로 재현해 보인 드문 사례로 꼽을 만한데, 그것은 한편으로 문화적 지구지역화의 변곡점을 보여주는 한 가지 징후이기도 할 것이다. 제목에서부터 지역성을 드러내는 이 영화는 사투리에 대한 관습적 재현 방식을 이용하면서도 내밀한 지점에서 그 의미를 전복시킨다. 어린이 유괴 살인 사건 실화를 소재로 한 이청준의 단편소설 「벌레이야기」(1985)를 원작으로 한 이 영화는 실제 사건이 일어난 공간인 서울 대신 경상도 지방의 소도시 '밀양'을 배경 장소로 선택함으로써 '기독교적 구제'와 관련된 원작의 주제 의식을 넘어서 한국적 근대의 폭력성과 근대적 주체의 실존적 불안에 대한 것으로 문제의식의 폭을 넓혀 나간다.

영화 속에서 피아노 전공자인 여주인공 신애의 서울말 억양과 밀양에서 카센터를 운영하는 노총각 종찬의 경상도 사투리는 영화 내내 청각적 대조를 이룬다.[17] 그것은 '중심-주변/세련됨-촌스러움'의 이분법적 구도를 재현하면서 한국적 근대성에 대한 주제를 환기시킨다. 영화 초반 밀양의 동네 옷가게 주인에게 "인테리어를 밝게 바꾸어 보시죠" 하고 제안하던 신애의 모습은 '서울에서 온 모던 걸'의 풍모를 재현하며, 또한 '근대의 빛'을 은유하기도 한다. 영화 속 신애는 부동산 투자와 관련된 욕망을 내보인(물론 그것은 지역민에 대한 불신에서 비롯된 허위의 제스처였지만) 대가로 사랑하는 아들을 잃게 되는데, 가해자가 지역민이라는 점에서 이 사건의 도덕적 의미는 역사적 은유의 내밀한 지점에서 중층화된다. 한국의 근대

17 영화 <호로비츠를 위하여>(2006)에서도 볼 수 있듯이 '세련된 피아노 연주자의 이미지에 매혹되는 세련되지 못한 남성 캐릭터'라는 영화적 설정은 일종의 전형성을 갖추고 있다. 한편, '피아노'는 그 자체로 19세기 서구 부르주아 문화의 상징적 표상으로서, 김기영 감독의 영화 <하녀>(1960)를 비롯한 다수의 한국 영화에서 '근대성'에 대한 중요한 기호로 쓰여 왔다.

화, 투기적 자본주의의 횡포가 만들어낸 희생자는 지역민 그 자체이기도 하기 때문이다.[18]

영화는 서구적 근대성에 함의된 기독교적 초월과 구원을 거부하는 대신 세속성과 내재성의 공간으로서 '밀양'을 비춘다. 신애의 조언을 주제 넘는 '이방인'의 언사로 생각하며 거부감을 드러내던 옷가게 주인이 영화 후반 인테리어를 밝게 바꾸었다며 그녀에게 가게 내부를 보여주는 장면은 '기독교적 화해'가 아닌 세속적 '환대의 공간'을 그려준다. 신애를 짝사랑하던 종찬에게 "사장님은 우리 누나 취향이 절대 아니니"라고 차갑게 말하며 "다시 만날 일 없을 것"이라고 했던 신애의 남동생 역시 영화 후반부에서 다시 만난 종찬에게 (영화의 첫 장면에서의 신애처럼) 묻는다. "밀양은 어떤 곳이에요?" 네그리와 하트가 말한 '사랑', 곧 "공통적인 것 안에서 이루어지는 특이성들의 마주침"[19]은 이렇듯 주체와 타자 사이에서 이루어지는 상호 관심에서 비롯된다.

신애의 집 마당에서 신애의 거울을 잡아주는 종찬의 모습으로 마무리되는 이 영화는 결국 타자를 통한 주체의 재구성을 암시한다. 종찬의 '촌스러움'은 한국적 근대의 그늘에서 비롯되었지만 그 "비밀스러운 빛(密陽)"으로 대안적 주체 구성의 계기를 만들어준다. 영화의 시작과 끝에서 흘러나오는 트로트풍의 주제 음악은 청각적 재현의 차원에서 종찬의 사투리와 중첩된다. 트로트 음악의 '촌스

---

18 이러한 주제는 이창동 감독의 첫 연출작인 <초록물고기>(1997)에서부터 다루어졌던바 한국적 근대화의 굴절된 욕망을 바라보는 감독 자신의 오랜 문제의식에서 비롯되는 것으로 보인다.

19 안토니오 네그리·마이클 하트 지음, 정남영·윤영광 옮김, 『공통체』, 사월의책, 2014, 267쪽.

러움' 역시 한국적 근대화의 식민성과 자기소외의 기억을 담고 있기 때문이다.[20]

그런데, 좀 더 최근인 2016년에 개봉된 영화 <곡성>은 앞에서 살펴 본 영화 <밀양>의 근대적 문제설정과 여러 모로 대조된다. <밀양>과 마찬가지로 <곡성> 역시 지역 명칭을 제목으로 내세웠지만, 정작 전라남도 곡성군 지방자치단체는 이 영화가 연쇄살인사건을 다룬 스릴러물이라는 점에서 지역 이미지가 손상될 것을 우려하여 영화사측에 제목을 바꾸어줄 것을 요구했다. 결국 지명의 한자를 바꾸고('谷城' 대신 '哭聲'으로) 영화 포스터 등에 반드시 한자를 병기해야 한다는 절충안이 합의되었다. 영화 <곡성>은 이렇게 하여 텍스트 외적 맥락에서 이미 '장소성'을 상실한 상상적 공간으로서의 '哭聲'을 배경으로 한 일종의 초국적 스릴러물이 되었는데, 이는 할리우드의 초국적 자본이 투입되면서 처음부터 일정 부분 의도되었다고 할 수 있을 것이다.[21] 흥미로운 것은 역시 영화 속 등

20 일제강점기의 '유행가'가 해방후 '트로트'라 불리게 된 음악의 양식적 원형이라고 할 때, 이들 음악은 원래 수입된 '신식 문화'였다. 전지영의 지적에 따르면, 이러한 사실은 오늘날 굿판에서 트로트가 활용되는 방식에서 잘 나타난다. 굿판에서 중간중간 무녀와 청중들이 트로트를 부르며 어울리곤 하는데, 이때 부르는 트로트를 무녀들은 자신들의 무가와 구분해서 '신식 노래'라고 부른다고 한다. "민속 현장에서 트로트는 여전히 일제강점기 때처럼 '신식'의 대접을 받고 있는 것이다"[전지영, 『트로트와 한국음악을 위한 변명』, 북코리아, 2015, 43쪽.]. 트로트가 '촌스러운' 음악으로 굴절되는 것은 해방후 한국전쟁을 거치면서 미국식 스탠더드 팝과 록음악이 본격적으로 흘러들어온 뒤의 일이며, 특히 1980년대 이후 주류 대중음악 청중의 세대교체가 완벽하게 이루어지면서 "바야흐로 트로트는 대중에게서 저급하고 수준 낮은 3류 음악으로 인식되기 시작했"다[전지영, 같은 책, 126쪽.].

21 영화 <곡성>은 미국의 영화제작사 '20세기 폭스사'가 메인 투자자로 제작한 영화다. 20세기 폭스사는 2010년대 이후 현지화 전략을 통해 <황해>(2010), <런닝맨>(2013), <슬로우비디오>(2014) 등의 국내영화 제작에 관여하고 있다.

장인물들의 사투리다. 이 영화에서는 서울말이 전혀 들리지 않고 오직 전라도 사투리와 일본어만을 들을 수 있는데, 관습적 '주인공의 언어'가 부재한 상태로 이들 언어는 비슷한 층위에서 타자화된다. 시공간의 표지를 잃어버린 '곡성'의 사투리는 관객들에게 일종의 '외국어'와 같은 효과를 만들어내는 것이다. 이는 정치경제적 전지구화의 경향 속에서 국민국가 내부의 '중심-주변' 구도가 해체되어가면서 새롭게 대두되는 지역자치의 일면과도 통한다. 이제 모든 '지역'은 제 나름의 이국성(異國性)을 갖춘, 말하자면 한 국가 속의 '외국'이어야 하는 것이다.[22] 지역들은 자치와 자율의 장소라기보다는 무한 경쟁의 초국가적 영토가 되어가는 것이다.

영화는 관객들로 하여금 아무도 믿을 수 없는 총체적 신뢰 상실의 자조적 게임 속에 빠져들도록 만드는데, 그것은 관객들이 처한 신자유주의적 현실을 비추는 것이기도 하다. 영화 후반부, 죽음의 위기에 처한 자신의 딸을 구하기 위해 살인범으로 의심되는 일본인의 산속 집에 찾아간 주인공이 그에게 분노를 터뜨릴 때, 이러한 상황은 한층 희비극적으로 연출된다. 그가 흥분한 채 일본인에게 건네는 협박의 언사들이 그와 동행한 이삼에 의해 일본어로 순차 통역되지만, 일본인의 묵묵부답과 함께 상황은 더욱 악화될 뿐이다. 마침내 화가 머리끝까지 치민 종구는 이삼에게 "토씨 하나 빼놓지 말고 통역하라"고 불같이 말한 뒤, 다음과 같이 심한 욕설을 내뱉는다.

22 이 점은 영화의 서사에서도 암시된다. 영화 속 주인공 종구를 포함한 경찰들(국민국가의 공무원)은 사실상 어린아이보다 나약해 보이며, 살인사건을 해결해가면서 사람들에게 신뢰를 주기는커녕 스스로 불신의 늪에서 허우적거린다. 그런데 이 무기력한 시골경찰들이 상대하는 적은 무려 '일본인'인 것이다.

종구 : 이 씨벌놈아! 야 이 니미 개좆같은 씨벌 느작없는 새끼야! 여행을 왔다는 새끼가 집구석에 죽은 사람 사진을 붙여놔야? (딸 효진의 운동화를 보여주며) 이것이 왜 느그 집에 있어?/ 너 뭐여? 너 뭣 허는 새끼여?

(*한글 자막: 여행... 죽은 사람... 왜 이것이.../ 당신은... 누구...)

이 장면에서 '①종구의 사투리-②이삼의 통역 일본어-③자막의 한글표준어'가 동시에 관객에게 보이고 들리는데, ③은 물론 ②의 번역이지만 ①을 번역하는 것과 같은 아이러니 효과를 만들어낸다. 이로써 ①의 타자성은 일본어와 등치된다.

영화 <곡성>에서 전라도 사투리의 사용은 위와 같은 타자성의 재현적 효과에 도구적으로 정향되어 있다. 여기서 사투리는 한편으로, 더 큰 타자성의 언어(들)와의 통역불가능한 대면 속에서 불안한 현실을 경험하는 신자유주의적 주체의 자기소외적 언어로서 표상되고 있으며, 다른 한편으로, 영화가 도출하고자 하는 원초적 감성과 희극적 코드를 만들어내는 청각-문화적 장치이기도 하다. 후자의 측면에서 사투리가 갖는 재현적 기능은 기존의 영화들과 크게 다를 바 없지만, 그것이 영화 속 '주인공(들)의 언어'라는 점과 동시에 사투리의 장소성으로부터 이탈이라고 할 만한 현상이 보인다는 점에서 기존 영화에 부여되어 왔던 사투리의 재현적 기능에서 일정한 단절을 보인다.

이 영화에서 '곡성'은 현실 속의 지명이라기보다는 바우만Z. Bauman이 오제M. Augé의 개념을 빌어 말한 '비-장소non-place', 즉 "정체성, 관계, 역사에 대한 상징적 표현이 없는 공간"의 성격을 갖는다.[23]

23 지그문트 바우만, 이일수 역, 『액체근대』, 강, 2010, 167쪽. 영화 <곡성>에서 배

이 때문에 영화를 보는 관객들은 등장인물들이 리얼하게 구사하는 사투리를 이전과는 다른 방식으로 즐길 수 있게 되는데, 이때 사투리의 타자성은 청각적 재현의 탈정치화를 통해 감각화 내지는 미학화에 성공하는 셈이다. 그것은 지구지역화가 추동하는 문화적 탈영토화가 재영토화되는 방식을 상징적으로 보여준다. 지구지역화란 적어도 부분적으로는, 전 지구적 관점에서 국민국가 내부의 '지역'을 탈영토화한 뒤 '비-장소'로서 재영토화하는 과정을 의미한다.

전통음악의 탈영토화와 재영토화

'지역언어'로서의 사투리에 대한 위와 같은 문제의식을 '지역음악'으로서의 한국(전통)음악에 대한 것으로 옮겨 보면 어떨까? 이를 위해서는 국민국가 내부에서 '지역(전통)음악'이 전 지구화의 과정에서 나타내 보이는 여러 문화적 징후를 진단하는 것이 우선시되어야 하지만, 한국의 음악문화 장은 특히 20세기 이후의 근대화 과정에서 서울과 수도권의 문화적 중앙집중화가 극심했던 만큼 '지역

경을 이루는 공간은 등장인물들 사이의 정서적 유대와 정상적 관계가 이루어지는 '장소'가 아니다. 서사적 맥락에서 그것은 마을 공동체의 모습이라기보다는 낯선 이들 사이의 우연적 만남으로 점철되는 냉정한 도시 풍경에 가깝다. 실제의 '곡성'에서 대부분의 촬영이 이루어졌음에도 영화 안에서 그려지는 '곡성'은 논밭과 같은 전근대적 농촌 풍경과 경찰서 등의 근대적 소도시 풍경이 어지러이 교차하는 데다 산속 일본인의 거처와 무당의 거처 등이 낯설게 뒤섞일 뿐만 아니라 '좀비'와 같은 낯선 서양적 소재와 충돌하면서 시간성과 공간성의 인식적 혼란을 일으킴으로써 현실적 장소에 대한 지표를 사실상 상실한다. 스릴러 장르 영화의 배경으로서 초현실적 공간을 상정한 감독의 의도(초국적 자본을 통한 제작과 구미의 시장에 대한 의식에서 비롯된)가 반영되었다고 할 수 있는 점이다.

(전통)음악'이 유의미하게 분석되기가 사실상 쉽지 않다. 한편으로, 20세기 이후 사실상 서구화와 동일시된 근대화 과정에서 '한국 전통음악(국악)'은 국민국가 내부에서조차 일종의 지역성과 타자성을 부여받아 왔다고 해도 지나치지 않을 것이다. 이에 따라 국민국가 내의 지역 사투리에 대한 제국주의 질서 내의 문화적 상응물로서 한국의 전통음악을 유비적으로 관찰하고 분석해볼 필요가 있다. 무엇보다 최근의 한국 전통음악은 전 지구화가 추동하는 문화적 탈영토화의 움직임에 가장 예민하게 반응하고 있기 때문이다.

다음은 한국 전통악기를 쓰는 3인조 록밴드 '잠비나이'에 대한 언론의 소개글이다.

> 2013년 5월 핀란드 헬싱키에서 열린 '월드 빌리지 페스티벌'을 통해 해외 팬들에게 첫선을 보인 이들의 음악은 국내 팬들보다 해외 팬들이 더 사랑하는 아이템이 됐다. 유튜브에 들어가 이들의 뮤직비디오 클립에 달린 댓글을 보면 된다. 외국어 댓글이 한글 댓글을 압도하는 진기한 광경이 보인다. 더구나 호평 일색이다. 해외 디렉터들이 이런 반응을 놓칠 리 없다. 밴드는 2015년 플레밍 립스 등 세계적인 밴드들이 소속돼 있는 인디 레이블 '벨라 유니온'과 계약했다. 6월17일 이들은 벨라 유니온을 통해 정규 2집을 전 세계 동시 발매할 예정이다. 같은 날, 이들은 프랑스 낭트에서 열리는 최대 규모의 헤비메탈 페스티벌 '헬페스트'에도 선다. 한국 뮤지션이 이 페스티벌에서 공연하게 된 건 사상 처음이다.[24]

24 이경준, 「한국 인디음악 세계를 품다 - '잠비나이', '단편선과 선원들' 등 거대 자본과 프로모션 없이 '실력'만으로 해외진출」, 『시사저널』 1390호(인터넷판 기사 승인 2016.6.3. http://www.sisapress.com/journal/article/153837 *검색일: 2018년 3월 28일.)

한국예술종합학교 전통예술원에서 전통음악을 전공한 '잠비나이'의 세 멤버는 각각 피리와 해금, 거문고와 같은 한국 전통 악기를 연주하지만, 이를 통해 구축되는 음악세계는 '전통음악'의 경계를 넘어서있다. 이들의 음악작업이 거둔 미적 성취에 대한 평가는 지금의 논점에서 조금 벗어나 있다. 중요한 것은 이들이 한국 전통음악 재료를 이전과는 다른 방식으로 사용하고 있고, 그에 대한 대중의 정서적 반응 역시 이전과는 달라졌다는 사실이다. 그것은 적어도 부분적으로는 초국가적 음악 시장을 염두에 둔 음악작업에 기인한 것인데, 예컨대 잠비나이의 새 음반 <은서(隱棲)>(2016)의 수록곡 'Abyss'에서 거문고의 반복되는 불협화적 리프를 배경으로 래퍼 '이그나토'의 한국어 랩이 이어지고 그 위에 해금의 즉흥적 선율이 덧입혀질 때, 이 낯선 사운드의 효과는 영화 <곡성>의 사운드스케이프와 중첩된다. 한국어 랩을 포함하여 음악적 사투리의 타자성을 전 지구적 차원에서 재맥락화한다는 점에서 그렇다.

'잠비나이'가 추구하는 음악양식은 록음악에 가깝고, 실제로 해외의 대중음악 시장에서 이들의 음악은 '포스트 록post-rock' 장르의 범주에서 다루어진다. '한국어 위키백과(https://ko.wikipedia.org)'의 검색어 항목 설명을 보면, '포스트 록'은 "록음악의 세부적인 장르"로서 "록을 제외한 다른 장르, 특히 실험적인 장르들에서 음악적 요소를 가져와 섞어 새로운 음악을 만드는 것이 특징"이다. 실제로 '잠비나이'는 미니멀리즘을 수용한 실험적 록음악의 양식적 틀을 유지한 채로 한국 전통악기에 고유한 음색과 미분음적 시김새를 장식적으로 활용한다. 이때 한국이라는 국민국가 내부의 문화 장에서 '촌스러움'이나 '낡음'의 함의를 갖던 전통음악의 타자성이 국경을 넘나드는 전 지구적인 문화 장에서는 '실험적'이거나 '진보적'인함의를 갖게 되는 것이다. 전 지구화의 문화적 탈영토화 현상이 만들어내는 효과는 이렇듯 적잖이 비약적이다.

전통음악의 문법으로부터 멀찍이 떨어져 있는 '잠비나이'의 경우 좀 더 두드러지지만, 최근 국제적 음악 시장에서 주목을 받는 한국 전통음악 그룹들의 공통점은, 전통악기들을 적극적으로 활용하되 평균율로 조율된 다양한 개량악기 사용과 전기증폭된 효과음 사용에 거리낌이 없으며 재즈적 화성이나 리듬의 도입에도 주저함이 없다는 점이다. 이들은 한 마디로 음악적 다중언어를 구사하면서 한국 전통음악 재료를 일찍이 가정된 장소성과 역사성으로부터 과감히 탈피시키는 방식으로 이용한다. 앞으로 '잠비나이'와 같은 음악인들의 해외 성공 사례가 더욱 극적인 것으로 나타날수록 이른바 '퓨전국악'의 탈영토화(이와 맞물리는 '전통음악' 자체의 '퓨전화')는 더욱 가속화될 것이다. 이러한 탈영토화는 한국 전통음악의 탈민족주의화와 개인주의화로 이어지게 될까? 그렇게 단정짓기는 쉽지 않은 것이 '퓨전국악'이 대면하고 있는 전 지구적 시장과 미디어 환경은 '민족주의'를 계속해서 소환하고 있기 때문이다.

'퓨전국악' 뮤지션들이 해외 시장에 눈을 돌리는 이유, 그에 앞서 '국악인'들이 전통적 방식을 벗어나 '퓨전'을 시도하는 중요한 동기 가운데 한 가지는 이들이 전통음악을 원형대로 고수하는 관습적 방식으로는 국내의 음악시장이나 제도 하에서 성공할 확률이 지극히 낮아서다.[25] 이는 전통음악인들만의 문제가 아닌 장르를 불

25 2012년 4월 5일 방영된 EBS의 라이브 음악 프로그램인 '스페이스 공감'에 출연한 '잠비나이'의 멤버 이일우는 크지 않은 공연장이나마 자리를 가득 메운 관객들에게 이렇게 말했다. "저희가 이렇게 많은 사람들이 올지 몰랐어요. 저희가 멤버 세 명이서 (관객) 두 명 앞에서 공연한 적도 있고, 그랬던 게 엊그제같은데..." 2000년대 이후 각 지방의 '국악관현악단' 등이 인력 충원에 있어서 포화상

문한 음악인들 일반의 문제이기도 하며, 나아가 세계적 불황 속에서 실업의 위협과 소득 양극화의 부조리에 시달리는 한국인들 일반의 문제이기도 하다. 권명아가 지적하듯, "세계화의 또 다른 상징인 한류와 같은 현상에 대한 한국인들의 환호에는 이러한 우울한 심기를 보상할 수 있는 '세계로 뻗어가는 한국의 힘'이라는 보상심리가 투영되어 있다. 세계에 종속되어서 무기력한 자기에 대한 발견은 자기를 보상할 대안으로서 '민족'을 다시 호출한다."[26] '잠비나이'와 같은 전통음악 그룹들의 해외 시장 성공사례가 이른바 '한류 2.0' 시대에 기존의 'K-팝'에 비해 한층 업그레이드된 것으로 간주되는 'K-뮤직'으로 수식되는 것도 이 때문이다.[27]

신자유주의적 전 지구화가 초래하는 문화적 탈영토화가 기존의 민족주의를 해체하기보다는 재영토화의 과정 속에 편입시키는 현상은 유네스코UNESCO 무형문화유산 지정의 과정에서도 잘 드러난다. 정수진은 "유네스코 무형문화유산 협약이야말로 전 지구화를 통해 '탈영토화'한 세계의 모든 공간이 다양하고도 중층적인 방식

태에 이르고 대학의 국악 전공자들의 현실적 진로가 사실상 막힌 상황에서 '퓨전'은 자율적 방식의 음악시장 도전을 위해서건 '세계화'와 '국악대중화'를 강조하는 정부의 문화정책에 맞추기 위해서건 젊은 국악인들의 불가피한 선택이기도 했다. 이들에게 해외 진출은 좁은 국내 시장을 탈피하여 좀 더 넓은 시장을 찾기 위한 기도이기도 하며, 해외에서의 좋은 반응을 무기삼아 국내 음악시장과 제도에 새롭게 어필하기 위한 생존전략이기도 하다.

26 권명아, 『식민지 이후를 사유하다 - 탈식민화와 재식민화의 경계』, 책세상, 2009, 28쪽.

27 "K로 대표되는 한류는 코스모폴리탄, 시공간적 제약을 벗어난 감각적인 감성과 표현, 그리고 음악적 이디엄을 전면에 내세우면서 한국의 지역적, 문화적 고유성을 약화시킨 '무국적이고 추상적인 K'를 표방한다. 한국이 속한 지역, 공간의 의미와 특성을 약화시킬 뿐 아니라 한국의 과거와 현재의 연계성 또한 약화시키고 있다." 김성혜, 「한류의 양가성: 담론적 구성물로서의 한류」, 『음악이론연구 제26집』, 2016, 124쪽.

으로 '재영토화'하는 역동적, 상징적인 장"이라고 지적하면서[28] 다음과 같이 말한다.

> 무엇보다 국가와 지역의 다종다양한 문화들이 유네스코 체제 하에서 '무형문화유산'이라는 단일한 이름 속에 편입되고 있으며, 게다가 그 보호의 원칙과 절차에 대한 단일한 표준이 이 협약을 통해 제시되고 있어 문제다. 로건W. Logan은 이것이야말로 유네스코 협약 본연의 내재적 특성이자, 의도하지 않은 결과라고 지적한다. '문화적 다양성'을 보존하기 위한 협약이 오히려 그 운용상의 한계로 인해 "글로벌한 문화 단일성의 논리"를 전 세계 문화 속에 각인시키고 있다는 것이다. 그야말로 맥도날드화에 비견되는 "유네스코화UNESCOization"라고 할 만하다.[29]

"유네스코는 이미 2002년부터 국제 협약이 강조하는 '공동체'가 특정 문화를 생산, 전수하는 문화적 공동체임을 강조했"지만, "최근에는 (중략) 그 공동체가 국가와 동일시될 수 있음을 인정했다."[30] 이는 국내에서 이루어져오던 무형문화재 보호제도가 전 지구적 차원에서 확대 재생산되는 결과를 가져왔을 뿐만 아니라, 자국의 전통문화에 대한 관심이 상대적으로 많은 동북아시아의 한중일 삼국 사이에서 '문화의 소유권'을 둘러싼 '문화전쟁'이라 할 만한 유네스코 등재 경쟁을 촉발했다.[31]

---

28 정수진, 「무형문화유산의 문화정치학 - 유네스코 체제에 대한 한국의 대응을 중심으로」, 『실천민속학연구 제26집』, 2015, 290쪽.

29 정수진, 같은 논문, 295쪽.

30 정수진, 같은 논문, 313쪽.

31 유네스코 문화유산 등재작업이 이루어진 첫 해인 2009년 심사과정에서 "신청서를 준비하는 데 필요한 노하우나 전문 인력이 별로 없었던 아프리카 대륙에서

결국 유네스코 무형문화유산에 대한 첫 번째 등재작업이 이루어진 2009년 이후부터 한국의 판소리와 전통가곡 등은 '유네스코 인류무형문화유산'이라는 국제적 승인의 표식을 영예롭게 내걸고 있는데, 이러한 상황이 불러일으키는 인식론적 전환이 있다. 그것은 한편으로 전통음악의 위상을 기존의 민족주의적 관점과는 다른 차원에서 제고(提高)하는 경향이 있으며, '세계가 그 미적 가치를 인정한다'는 사실에 대한 인식을 통해 자국의 전통음악이 '낡고 촌스럽다'는 식의 관습적 판단을 불식시켜주는 탈식민적 효과가 있다. 하지만, 다른 한편으로 자국의 전통음악과 전통문화는 계속해서 '국민(민족)문화'의 형태로 끊임없이 국제적 승인을 기다리는 미완성의 문화로 남는다. 전통음악, 나아가 전통 그 자체는 이렇듯 무한경쟁의 전 지구적 문화 장에서 신자유주의적으로 현재화하고 있는 것이다.

나가며

21세기 디지털 문화의 특징, "정보가 빠르고 광범위하게 확산되는 '분자적 미립자상태'의 흐름은, 들뢰즈의 말대로 '성, 계급, 당파' 같은 실체화된 제도와 그 내부에서 이루어지는 커뮤니케이션 특유의 '이항대립'(찬성이나 반대로 수렴되는)을 '수정할' 가능성과 독자적

는 단 세 건이 등재된 반면, 한국과 중국과 일본의 무형문화유산은 전체 76건 중 53%에 달하는 40건이 등재되었다. (중략) 세계유산이 서구에 편중된 것처럼 무형문화유산 역시 동아시아에 편중될 것이라는 위기감이 이윽고 회원국들 사이에 공유되기 시작했다. (중략) 급기야 2012년에는 심사대상 건수를 국가별 1건으로 제한하기에 이른다.". 정수진, 같은 논문, 296~297쪽.

리얼리티 및 개방성을 갖고 있다."[32] 디지털 문화와 신자유주의적 전 지구화에 수반되는 문화의 탈영토화 경향은 20세기 내내 시달려 왔던 한국인들의 정서적 식민화 상황을 극복하게 해주는 해방적 계기를 잠재적 층위에서 담고 있다. 하지만, 살펴본 대로 초국가적 금융자본과 새롭게 재편되는 전 지구적 문화 장은 재영토화를 통해서 다른 방식으로 억압과 지배를 재생산한다. '변방'으로서의 지역과 '과거'로서의 전통은 '촌스러움'의 낙인을 지우는 대신 '세련됨'의 외피를 걸친 새로운 '글로벌 상품'으로 전시되고 있다. '촌스러움'을 규정하던 '중심'과 '표준'은 온전히 사라지기보다는 '글로벌 스탠더드'로서 신자유주의적 주체의 내면에 자리하는 것이다. 여기서 '촌스러움'과 관련된 감성의 식민화는 극복되거나 지양되기보다는 망각되고 탈정치화된다.

아파두라이는 "민족성의 핵심은 차이들을 의식적이며 상상에 입각한 방식으로 주조하고 동원해내는 것"이라고 지적하면서,[33] 지구화 시대에 민족에 대한 상상이 사라지는 것이 아니라 오히려 초국가적 매체를 통해 전 지구적으로 만연하게 될 것이라고 보았다. 결국 '탈민족주의'의 과제는 '민족' 개념에 대한 무시나 방관에 가까운 비판적 태도를 통해 풀어갈 수 있는 것이 아니라 '민족'에 대해 무엇을 상상할 것인가 하는 담론 투쟁에서 비롯된다 할 수 있다. 전통이나 민족성nationality/ethnicity, 나아가 지역성과 관련된 타자화된 목소리의 진정한 해방은 근대성의 폭력적 기원을 성찰하면

32 이토 마모루, 김미정 역, 『정동의 힘 - 미디어와 공진하는 신체』, 갈무리, 2016, 125쪽.

33 아르준 아파두라이, 차원현 · 채호석 · 배개화 역, 『고삐풀린 현대성』, 현실문화연구, 2004, 30쪽.

서 탈식민화를 모색하는 정치적 저항의 몸짓 속에서만 성취될 수 있다. 여기서 '촌스러움', 나아가 부끄러움의 새로운 성찰성이 요구된다. 그것은 '더 이상 부끄러워하지 않겠다'는 식의 결의가 아니라 "'부끄러움'을 긍정하는, 바로 그것을 통해 '부끄러움'에 저항"하는 것에서 비롯된다.[34] 영화 <밀양>의 청각적 재현에서처럼 지역의 목소리가 갖는 '촌스러움'은 더 비판적·성찰적으로 다룰 필요가 있어 보인다. 우리는 '촌스러움'과 부끄러움의 자연사적·감성적 기원을 더욱 비판적으로 따져 물어야 하며, 그 '촌스러움'의 타자성을 통해 주체의 내면을 새롭게 비추어 보아야 한다. 그것은 근대화의 역사를 망각하지 않으면서 그것을 새로운 근대적 성찰의 대상으로 삼는 일이다.

---

34 우카이 사토시, 신지영 옮김, 『주권의 너머에서』, 그린비, 2010, 96쪽.

참 고 문 헌

권명아, 『식민지 이후를 사유하다 - 탈식민화와 재식민화의 경계』, 책세상, 2009.

김성혜, 「한류의 양가성: 담론적 구성물로서의 한류」, 『음악이론연구 제26집』, 2016, 116-141쪽.

김용규, 『혼종문화론』, 소명출판, 2013.

네그리, 안토니오·하트, 마이클, 『공통체』, 정남영·윤영광 옮김, 사월의책, 2014.

레이놀즈, 사이먼, 『레트로마니아』, 최성민 옮김, 작업실유령, 2014.

매뉴얼, 피터, 『비서구 세계의 대중음악』, 박홍규·최유준 역, 아카넷, 2014.

바우만, 지그문트, 『액체근대』, 이일수 역, 강, 2010.

부르디외, 삐에르, 『구별짓기(상)』, 최종철 역, 새물결, 2006.

쉐이퍼, 머레이, 『사운드스케이프』, 한명호·오양기 옮김, 그물코, 2008.

스턴, 조너선, 『청취의 과거 - 청각적 근대성의 기원들』, 윤원화 역, 현실문화, 2010.

아파두라이, 아르준, 『고삐풀린 현대성』, 차원현·채호석·배개화 역, 현실문화연구, 2004.

우카이 사토시, 『주권의 너머에서』, 신지영 옮김, 그린비, 2010.

이토 마모루, 『정동의 힘 - 미디어와 공진하는 신체』, 김미정 역, 갈무리, 2016.

전지영, 『트로트와 한국음악을 위한 변명』, 북코리아, 2016.

정수진, 「무형문화유산의 문화정치학 - 유네스코 체제에 대한 한국의 대응을 중심으로」, 『실천민속학연구 제26집』, 2015, 287-318쪽.

짐멜, 게오르그, 『짐멜의 모더니티 읽기』, 김덕영·윤미애 역, 새물결, 2005.

최유준, 「대중음악과 호남 사투리의 감성 정치」, 『호남문화연구 49집』, 호남학연구원, 2011, 517-550쪽.

헤르더, 요한 고트프리트 폰, 『언어의 기원에 대하여』, 조경식 역, 한길사, 2006.

15

경계 횡단하기의 수행적 실천과 사이 정체성*

- 경계지대의 문화번역으로서 이주민 영화와 공감장

문재원

전지구화와 새로운 인민의 출현

전지구화 현상이 가속화되면서 경계를 넘나드는 존재들의 양상과 층위들은 더욱 복잡하고 다양해졌다. 특히 극경을 넘는 이주로 인해 기존의 중심-주변의 관계 구도는 다극화되고 분산되거나, 로컬과 글로벌이 직접 대면함으로써 여러 가지 새로운 형태의 횡단

* 이 글은 「경계 넘기의 수행적 실천과 사이 정체성」(『다문화와 디아스포라』 12권, 2018. 04.30)와 「트랜스로컬리티와 정체성의 정치」, 『트랜스로컬리티와 경계의 재해석』(2017)를 본 총서의 방향에 맞게 수정·보완한 것이다.

적, 혼종적 문화 현상이 나타나기도 한다. 본 글에서는 국가 경계 넘기의 다양한 현상들이 만들어내는 새로운 관계에 주목하면서, 이들이 상호 교차하면서 생성해내는 문화적 장소에 주목하고자 한다. 특히 본 글에서는 전지구화의 가속화 안에서 국민국가의 경계를 넘는 이주민들을 국가-영토-국민이라는 삼항의 결속을 깨트리는 새로운 '인민people'으로 재범주화하고자 한다.

주지하듯이, 인민은 근대 정치의 출발점이다. 근대 정치는 피통치자들의 동의와 권리의 양도에 입각한 통치와 법의 정당성에 기초한 정치이고, 바로 그 피통치자 일반을 지칭하는 말이 '인민'이었다. 그래서 모든 국가권력은 단일의지로서의 인민에 근거를 둔 것이었고, 그 통일적 인민의 권력 위임을 통해 성립하는 것이었다.(알랭 바디우 외, 2014: 186) 그러나 의회 민주주의나 인민 민주주의에 바탕을 둔 자본주의 국가나 사회주의 국가에서 오늘날, 더 이상 인민의 직접적인 '자기-통치'는 더 이상 실질적인 의미를 갖지 못할 뿐 아니라, 과거 적극적인 인민의 개념은 이제 협소하고 무기력한 인민, 선거에 참여하는 유권자로서의 인민으로 축소될 뿐만 아니라, 더 나아가 어떤 한정된 인민, 국가가 인정하는 해롭지 않은 인민, 선거에 참여하고 자본의 생산물을 자유롭게 소비하는 무기력한 인민으로 제한된다. 이러한 지점을 비판적으로 간파하고 있는 바디우는 '국민 형용사+인민'은 가치가 없다(상게서: 14)고 단정하고, 이러한 인민은 '인종적이고 민족적인 유형의 닫힌 정체성으로 봉인된 것'(상게서: 42)이라고 비판한다.

나아가 아감벤은 대문자 인민과 소문자 인민을 구별하면서, '총체적이고 일체화된 정치체'와 '가난하고 배제된 자들의 부분적이자 파편화된 다수'를 각각 위치시킨다. 이러한 구분은, 구분 그 자체가 중요한 것이 아니라, 인민의 위치성이 이 양극단을 오가며 진동하고 있다는 점을 명시하는 데 있음을 밝히는 데 있으며, 특히 그는 '생명정치적 균열'(알랭 바디우 외, 전게서: 42)에 초점을 맞추면서 국민국가 안에서 재현/대의될 수 없게 된 인민의 출현에 주목한다. (물론 이 원리에 대한 개별적인 예외들은 항상 존재한다) 우리는 이러한 아이러니 안에서 국민이라는 정체성 밖으로 내쫓긴 국민국가의 이방인을 인민으로 재소환하고, 이들의 서사를 통해서 국민의 서사를 균열하고 국가/민족주의를 횡단할 수 있는 '다른' 인민주체의 탄생을 가늠해 볼 수 있다.

자본적 질서를 따라 국가 경계를 넘어온 이주자들-소문자 인민-의 대부분은, 일차적으로 국가라는 물리적 경계 안에서 '배제적 포섭'의 형식으로 배치되지만, 한편으로는 이러한 배치에 대해 '변경된 맥락'(주디스 버틀러b: 297)을 수행함으로써 포섭과 저항의 진동을 반복한다. 다시말해 국경을 넘은 이주자들은 '동원과 추방'을 오가며 치안의 이름으로 분리, 배제되지만 한편으로는 경계 안에서 인간과 시민의 동일성, 출생과 국적의 동일성을 깨뜨림으로써 국민국가 주권의 원초적인 허구/의제를 위기에 빠뜨리고 있다. 이러한 이중성을 주목하면서 특히, 본 글에서는 국경을 넘어 확장된 공간과 그 관계들을 통해 새로운 경험이나 제도들과 접합하면서 정체성을 재구성해 나가는 '새로운 인민'에 주목했다.

이를 위해 본 논문에서는 이주노동자에서 영화감독으로, 문화예술 영역에서 활동 지평을 넓히고 있는 이주민 감독 섹 알 마문(이하 마문)을 작업을 주목하고 재의미화했다. 이러한 문화적 실천을 의미화 하는 과정에서 호미 바바가 제시한 '문화 접경지대의 번역'[1]을 참조할 수 있다. 문화번역cultural translation은 문화의 혼종성과 문화 사이 공간이 만들어 낸 '과정'이자 '행위'로서 주목한다. 원주민과 이주민의 문화가 만날 때 빚어지는 긴장과 갈등의 문화충돌이 번역주체에게 작용하는 역동적 과정이 그가 말하는 제3의 영역, 사이 공간in-between space이라고 하며, 이 공간에서 사이 - 주체가 형성된다. 이때 문화의 변형주체는 이주민이며, 지배문화가 이주민에 의해 문화적으로 번역된다. 이주민의 문화번역은 이주민에 의해 대면되는 헤게모니 문화에 개입하는 것이다. 거기에서 일어나는 혼종화는 상충하는 당대문화들의 권력 역학 내부에서 개입하고 상호작용하는 행위능력적인 과정을 포함한다. 그렇다면 이주민 문화번역의 핵심적인 양식으로서 '혼종화'는, 포스트식민 시대의 새로운 주체형성을 정체성뿐만 아니라, 행위능력과도 결부시킨다. 영화제작 출발지점에서부터 지속적으로 '불법'-국민국가 안에서 통약불가능한 - 미등록 이주노동자에 대한 기록을 하고 있는 그의 작업은 버틀러가 이야기하는 '스스로를 구성하는 행동과 실천, 트랜스-수행적 실천'[2]으로 매개될 수 있다. 국민국가의 경계를 넘나들며 상이한 시간

---

1 Homi Bhabha, 1994: 212-235. 이는 디세미-네이션(dissemi-nation) 전략도 내포하고 있는데, 국가의 시간에 사이의 시간성을 도입하는 이중적 발화/글쓰기가 국민/국가라는 상상의 공동체에 본질주의적 정체성을 부여하려는 이데올로기적 책략을 교란시킴으로써 국가의 서사에 포섭되지 않는 대항 내러티브를 구축할 수 있다고 했다.(호미 바바 편, 2011: 471)

2 임대근(2016)은 트랜스(trans)라는 말은 횡단하다, 초월하다, 관통하다 등과 같은 접두어이지만, 최근 한국 학계에서 특정한 가치 개념으로 진화하고 있다고 하였다. 부연하자면, 1)근대적 인식체계를 비판하면서 다양한 방식으로 서로 간섭하며 관통하고 횡단하고 초월하는 대상으로 상정, 2)특정한 주체 간 상호 대당관계를 강조하는 방식보다는 그 관계들의 복수화, 다변화 경향에 초점, 3)세계인식에 있어서 특정한 대상을 공고한 분류체계 속에 위치시키려고 했던 가치 선택을 부정하면서 새로운 가치로서 대상들 간의 횡단과 초월을 논의한다는 점을 설명했다. 본고에서는 이러한 논지를 수용하되, 특히 기존 주류사회의 가체체계에 대한 비판적 부정과 이에 대한 대안으로서 새로운 가치의 생성이라는 측면

적 틀과 스케일을 지속적으로 왕복하는 트랜스 주체성은 기존의 관행을 비틀고 자신들의 로컬과 관계에 대한 새로운 의미를 만들어내는 행위전략으로 드러난다.(도린 매시, 2016: 269)

경계 횡단하기의 수행적 실천

오늘날 우리는 국가가 규정하는 인민의 바깥에서 자신의 권력을 요구하고 선언하는 '다른 인민'의 존재를 목격한다. 다시 말해 정치의 구성적 부분이자 단일한 전체로 간주되었던 인민은 정체되고 무기력한 인민, 제한적인 인민으로 규정되고, 그렇게 제한적으로 파악되는 인민이 필연적으로 발생시키는 '배제된 존재들'의 한가운데서 한편으로 새로운 인민의 가능성을 가늠한다. 국가적 배치에서 벗어난, 난민, 이민자, 비정규직 노동자, 낙오한 지식인, 알바생들, 대도시 변두리에 유배되고 격리된 청년들 등 국가의 관점에서 공식적인 인민이 누리는 권리를 갖지 못한 이들의 '잠정적 신체'로서의 가능성을 타진한다(알랭 바디우 외, 2014: 23). 이 가능성은 '자기 자신의 무기력을 파괴하고 정치적인 새로움의 몸을 이루는 것으로서의 인민이라고 선언하는 소수의 형식 아래서(상게서: 22) 발현된다고 했다. 그러므로 인민은 이미 언제나 있는 것이지만, 실현되어야 하는 것이다(조르조 아감벤, 2009:43). 결국 인민은 스스로를 구성하는 행동과 실천, 특수한 사안을 둘러싸고 벌어지는 정치적 행위를 통해 민주주의의 주체가 되는 것이다.

에 초점을 맞추고 이를 -trans에 함의하고 있다. 이러한 실천적 행위과정의 주체를 트랜스 주체(trans-subject)로 상정한다.

"사실상 '우리'는 '인민'이다 를 주장하면서 모여든 사람들은 인민을 대표하는 것이 아니라, 선거를 통해 인민을 대표하게 된 사람들에게 합법적인 근거를 제공하는 사람들이다. 바로 그 '우리'인 인민들은 자기 스스로를 대표하는 것과 다르지 않다. 그들은 자기 자신을 인민으로 구성하는 바, 이런 자기 형성적self-making 혹은 자기 구성적 행위는 어떤 대표 형식과도 같은 것이 아니다. 이처럼 비대표적이고 거의 동어반복적인 어떤 것이 민주주의적 정부의 토대가 된다. 이렇게 볼 때 인민 주권은 자기 지시적인 행위를 통해 인민을 구성하는 한 방식이다. 이처럼 자기 지시적이고 자기 구성적인 행위가 스스로를 인민이라고 분명히 밝히는 집단을 형성한다. 인민 주권은 따라서 재귀적인 자기 형성의 한 형태로서, 자신들이 합법성을 부여했던 그 대의 정권과는 분리된다. (....) '우리 인민'이라는 발화는 사회적 다수를 기술하는 것이 아니라, 자기가 말한 사회적 다수를 탄생시키려는 것이다."(알랭 바디우 외, 2014: 69-70)

'우리는 인민이다'라는 자기-발화는 결국 인민-되기의 수행적 실천 안으로 포함된다. 주지하듯이, 수행성perfomativity은 주체의 이분법적 구성에 대한 비판과 일상에서 행위의 반복 실천을 강조한 개념이다. 다양한 주체들이 그들 앞에 놓인 사회적 구조의 특수성을 반복 실천하는 과정 속에서 정체성을 구성하게 되며, 다양한 타자들과의 접속은 정체성을 구성하는데 있어 다양한 방향성을 제시한다. 오스틴의 '수행적 언어' 이론을 수용하여 젠더와 연결시킨 버틀러는 행위자 정체성을 수행적 반복에 의한 의미화 구조signification-resignification 속에 올려놓고 설명한다. 여기서 의미화구조는 일차적으로 지배적인 사회 규칙 안에 있으며, 이러한 기존의 의미화구조에 변경사항이 발생하면 새로운 의미화구조가 형성되며, 이때 재의미화의 과정으로 이어진다. 버틀러는 의미화-재의미화의 과정 안에

서 수행적 행위는 주체 형성의 주요한 일부이며, 담론투쟁과 재형성에 핵심적인 요소라는 점을 지적한다.[3]

> 수행적 행위는 이미 확립된 주체가 사용하는 단수의 행동이 아니라, 사회 구석구석에 흩어져 있는 주체들이 사회적 존재로서 소환되고 다양하게 널리 퍼져있는 강한 해명 요구들에 의해 이미 사회성에 눈 뜬 주체들이 강력하게 틈새를 파고드는 행동방식들 가운데 하나다. 이런 의미에서 사회적 차원의 수행적 행위는 주체 형성의 중요한 일부일 뿐 아니라 주체의 계속되는 정치적 투쟁과 재형성에 핵심적 요소이기도 하다. (주디스 버틀러b, 2016: 296)

버틀러의 수행성 개념은 정체성의 성격과 그 정체성이 어떻게 산출되고 있는가의 문제, 사회적인 규범의 기능, 오늘날 우리가 행위자라 부르는 것의 근본적인 문제, 개인과 사회 변화 사이의 관계 등에 질문을 제기한다.(주디스 버틀러a, 2007: 25-27) 이러한 질문은 지배적이고 주류화된 '의미화'의 관행에서 벗어나, '재의미화'의 작업으로 나아가는 과정이다. 재의미화는 기존의 의미화 구조에 균열을 일으켜서 새로운 구조적 조건을 탄생시키는 전복적인 행위와 연결된다. 버틀러가 집회를 통해 발견한 '우리, 인민이다'라는 발화는 우리-인민을 만들어 나가는 수행적 실천으로 볼 수 있다. 그렇다면 이러한 수행적 실천으로서 발화 행위는 비단 투쟁적 집회에서만 발견되는 것이 아니다. '나는 이주노동자다' 라는 발화 역시도 이와 같은 맥락에서 이해될 수 있다. 초국적 이동의 경로를 내장한 이들이 합법/불법의 경계를 가로지르며 자신들의 위치성을 확보해 나

3 이에 대해서는 주디스 버틀러b, 2016:11-86 참조

가는 과정에서 발신되는 당사자 선언은 오히려 자신의 '배제적 상황을 뒤집어 이를 새로운 역사의식의 패러다임으로 제시할 수 있는 계기가 된다. 노동자 마문이 영화라는 매체를 자신의 발언의 장으로 활용한 것 역시 이와 같은 맥락으로 볼 수 있다. 아래는 그가 영화작업을 하게 된 동기를 알 수 있는 대목이다.

> 공장 그만 두고 이 센터(아시아미디어컬쳐)오고 나서 대개 답답한 거 있었어요. 내가 살면서 이주노조활동 하다가 그만두고 결혼해서 계속 국내에서도 일을 할 때도 대개 답답했어요. 내가 이것 때문에 결혼하지 않았는데 내가 좀 더 자유로워지면 비자를 받게 되고 내가 귀화를 하더라도 **내가 내 목소리, 진짜 한국에 있는 이주노동자 일을 하고 싶었었는데 내가 지금 뭐하고 있었으나 대개 답답했어요.** 그때는 그럴 수밖에 없는 상황이었었고 결국 영화할 때도 옆에 있는 친구들이 "**너가 너 목소리 내고 싶으면 노조가 아니어도, 집회 가서 발언 아니어도 영화 통해서 알릴 수 있다.** 너가 알고 있는 에피소드도 많고 그걸로 시나리오 써라..." 이렇게 말했어요.[4]

굳이 '이주민' 영화감독이라고 소개하는[5] 마문은 1998년 방글라데시 다카에서 한국으로 노동이주를 감행했다.[6] 그가 한국에 와서 정착한 곳은 가구공장이 밀집되어 있던 경기도 마석이었고, 이곳에

---

4 인터뷰(2016. 10. 8)

5 마문 감독은 대외적인 공적 공간에서 '이주민' 감독이라는 표현을 강조하는데, 이는 자신의 정체성의 문제와 연결된다고 했다. 이와 관련해 일반적으로 귀화를 하면 이름을 한국식으로 바꾸는데, 그는 의도적으로 이름을 바꾸지 않았다고 했다.(인터뷰, 2016. 10. 7) 귀화이주민의 명명이 개인적인 차원보다는 공적 제도의 상징성을 보여준다고 할 때, 이는 과거와 현재, 저곳과 이곳을 단절하지 않고 지속적으로 이어나가고 있는 행위전략이라고 볼 수도 있다.

6 구체적 사항은 문재원, 2017: 185-192 참조.

서 13년간 노동자로 생활했다. 이곳의 특징은 우리나라에서 대표적인 미등록노동자의 집단 거주지(80%)로[7] 단속의 표적이면서 한편, 이들의 노동력으로 공장이 운영되었다는 점이다. 실질적으로 마석의 지역경제를 이끌어 나가는 주요한 동력이 소위 '불법'인 미등록 노동자라는 점은 불법과 합법의 교묘한 공모관계를 드러내면서, 위로부터의 이주민정책과 그것이 실행되는 구체적 로컬의 충돌을 보여주면서 제도의 허구성을 폭로하고 있다. 이러한 장소성을 지니고 있는 마석의 경험은 이후 미등록 노동자의 재현과 관련된 그의 영화 <파키>, <굿바이>, <하루 또 하루> 등에서 반복적으로 등장한다.

이후 이주노조활동, 명동성당 농성(2003~2004)을 거치면서 그는 '트랜스-공간성'을 내장한 이주민되기를 적극적으로 실천한다. 명동성당 농성참가는 당시 미등록이라는 '불법성' 안에서 예측불가능의 '추방가능성'으로부터 자유로울 수 없었던 마문이 '노동자 농성'이라는 또다른 불법 공간을 자발적으로 선택했다고 볼 수 있는데, 이러한 선택에는 노동현장에서 체험한 반인권적 행태에 대한 분노와 저항이라는 적극적 발언을 포함하고 있다. 이러한 행위는 글로벌 이주의 흐름에 수동적으로 배치되기만 하는 이주의 형식을 벗어나, 신자유주의가 강제하는 이주의 경로를 벗어날 수 있는 계기로 작동할 수 있다. 다시 말해 단순히 경제적으로 환원되는 위치에서 '자기 목소리를 드러내는' 노동자로 전환되는, 소위 위치이동성을 내포하고 있음을 보여준다. 이러한 점은 앞에서 전제한 '변경된 맥락'의 경로를 확인할 수 있는 지점이다. 이후 그는 결혼으로 인해 합법의 공간으로 들어왔지만, 여전히 노조활동가로 노동인권에 개입하면서

7 마석의 장소성과 미등록 이주노동자의 일상에 대해서는 고영란·이영, 2013 참조

(현 서울경기인천 이주노조 수석부위원장) 미등록이주민들과 네트워킹을 하거나, 비국민의 서사를 기록하는 작업을 수행하고 있다. 합법/불법의 이분법적 공간 안에서 결혼으로 인해 합법의 공간으로 들어왔지만, 이분법적 질서에 충실한 경로를 따르는 것이 아니라, 여전히 그의 감각은 국민의 외부, 불법, 추방된 이들을 포함하고 있음을 알 수 있다. 이러한 궤적을 통해 볼 때, 귀화, 합법으로 마문의 정체성이 전/후로 종결되는 것이 아니라[8], 귀화 이후에도 그가 형성하고 있는 사회적 자본은 여전히 귀화 이전과 연결되어 있음을 알 수 있다.

다만, 마석 가구공장에서 아시아미디어컬쳐AMC로 활동 근거지를 옮기게 되는데, 이러한 사회자본의 변화는 이후 그의 삶의 방향성이나, 구체적 실천전략의 변화를 수반한다. 그럼에도 이 변화의 과정에서 일관되게 관통하는 것은 트랜스-공간성을 함의한 이주민 되기이다. AMC 미디어교실에 참여할 수 있었던 것은 그가 이미 고향에 있을 때부터 '연극, 영화에 대한 꿈'이 있었기 때문이라고 했다. 그렇다고 이주노동자에서 미디어활동가로의 변신은 단순히 개인의 꿈을 이루었다거나, 직업의 변화만으로 읽을 수 없다.

영화 제작과 상영을 하면서 '재현의 주체'로 위치전환한 마문의 사회적 연결망은 '그들만의(이주민) 결속'에서 벗어나 주류사회와의 접촉을 넓혀 나가고, 주류 사회의 규칙 변경에도 관여하는 모습을 확인할 수 있다(이은정·이용성, 2015). AMC와 같은 이주민문화공간뿐만 아니라, 학술장, 영화제, 지역현장, 방송, 언론매체 등 여러 공간들에 행위 주체로 참여하면서 사회적 네트워크를 확장해 나가고,

8 귀화를 문화적 동화의 증거나 귀결로 이해하는 주류 관점은 외국인 귀화자의 문화적 권리에 대한 논의를 진전시키지 못하는 한계를 지닌다.(김현미, 2015)

공론장 안에서 이주민담론을 생산하는 데 적극적으로 개입한다. 이러한 지점은 전제한 경계적 불법성을 새로운 의미로 전환해 내면서 트랜스-공간을 확장시켜 나가는, '이주노동자의 예외적인 모습'으로 의미화할 수 있다(정성신, 2012).

국민/국가담론은 교육적 방식과 수행적 방식으로 진행된다. 전자는 기존의 통일성과 일관성이 있었다는 이상적 이미지들을 만들어 역사의식을 국민들에게 교육하는 것을, 후자는 한 국가의 문화는 국민에 의해 계속 반복적으로 수행되어야 하는 것을 의미한다. 이때 주목할 것은 수행의 주체이다. 수행의 주체에는 주변부 사람들(여성, 이민자, 노동자, 타인종)이 포함된다. 이들은 국가 주도의 교육적 방식에 간섭하면서 자신들의 서사를 내어 놓는다. 이러한 주변부 서사들은 총체화하는(실제적 경계와 개념적 경계) 경계들을 불러냈다 지우기를 계속하는 국가의 '대항-내러티브들counter-narratives'의 기능을 한다(호미 바바 편, 2011: 473). 이러한 자리에서 주류의 헤게모니에 대해 포섭되지 않고 이질적 접합을 통한 균열과 틈을 생산할 수 있는 사이-주체로서의 가능성을 환기할 수 있다. 미등록 이주민을 지속적으로 소환해내는 마문 영화의 불편함은, 미등록 이주노동자라는 정체성을 결여나 침묵의 위치가 아닌 국민국가주의에 틈을 내는 정치적 거점으로 재전유하는 발화(영화)형식, 즉, 자기 선언을 수행하는 자리와 연결되어 있다. 다시 말해, 그의 영화는 '포함되지 않는' 국민, 소문자 인민, 미등록 이주민들의 현재성을 지속적으로 소환함으로써 현존하는 기존의 규범에 저항하는 문화적 실천으로 읽어낼 수 있다.

경계지대의 문화번역으로서 이주민 영화와 공감장의 생성

이주민 영화감독 마문의 필모그래피를 보면 다음과 같다.[9]

작품	초청 영화제
파키 극영화/29분/ HD/2013	제39회 서울독립영화제 2013
	제 2회 이주민 예술제 2013
	제 1회 디아스포라영화제 2013
	제 5회 부산평화영화제 2014
	영화 속에 살아 숨쉬는 인권, 다문화, 어울림(안산, 외국인주민센터) 2016
굿바이 다큐멘터리/21분/ HD/2014	제40회 서울독립영화제 2014
	제15회 광주국제영화제 2014
	제 8회 이주민영화제 2014
	제15회 광주국제영화제 2014
	제 3회 서울이주민예술제 2014
	성북구 제8회 이주민 영화제 2014

9 문재원(2017), 앞의 글, 195쪽 표를 보완, 재구성하였다. *머신(극영화/19분/2014제작)은 감독의 필모그래피에서도 나타나듯이 수용자 반응은 높지 않았다. 감독 개인사적 차원에서 "아 내가 기계구나"라는 체험을 절실하게 전달하고자 한 바가 있었으나, 이러한 점이 수용자의 측면에서 호응도가 높지 않은 점에 대해 다른 해석이 기능할 수 있다. 가령, '이주민'에게 기대하는 수용자의 한정된 기대지평 같은 것이다. 그렇다면 이러한 시각이야말로 마문에 대한 '허용 가능한 다문화'의 현주소를 보여주기도 한다. **영화 <피난>과 상호텍스트성을 이루는 연극으로 <우리 집에 왜 왔니>(연출: 김현정 2015)가 있다. 이 연극의 일부분이 영화에 그대로 삽입되기도 하는데, 영화가 농촌- 다카-서울의 이동경로를 내고 있다면, 연극은 보다 다양한 경로와 한국적 상황에 더욱 포커스를 맞추고 있다.

작 품	초청 영화제
굿바이 다큐멘터리/21분/ HD/2014	제15회 인디다큐페스티발 2015
	제20회 인디포럼 2015
	제20회 인천인권영화제 2015
	제16회 대구단편영화제 2015
머신* 극영화/19분/HD/2014	제 4회 서울 이주민예술제
밀리언 리마 다큐멘터리/18분/ HD/2016	제 3회 서울 구로 국제어린이 영화제 2016
	방글라데시 다카시 공공도서관 초청 상영 2016
하루 또 하루 다큐멘터리/25분/ HD/2016	제21회 인디포럼 2016
	제21회 서울 인권영화제 2016
	제21회 인천 인권영화제 2016
	제17회 대구단편영화제 2016
	제 5회 서울 이주민예술제 2016
	세계 인권의 날 인권영화 페스티벌 2017
	제17회 인디다큐페스티발 2017
	제11회 이주민영화제 2017
피난 극영화/22분/ HD/2016	제10회 이주민 영화제 개막작 2016
	이주민과 함께하는 인권센터, 감사의 동행 2016
	이주민 영화제 원주 순회 상영전 2016
	제 9회 서울 노인 영화제 2016
	제22회 서울인권영화제 2017
	제 4회 수원 이주민 영화제 2017
	제 5회 디아스포라 영화제 2017
꿈, 떠나다** 다큐멘터리/70분/HD/2017	제14회 EBS 국제다큐영화제 2017

위의 영화 목록 중에서 미등록이주 노동자를 재현하고 있는 작품은 <파키>, <굿바이>, <하루 또 하루>, <피난> 등이다. 3장에서는 이 영화들을 중심으로 트랜스 공간성을 내장한 인민 주체의 자리에 대한 가능성을 상상해 보고자 한다. 전제할 것은 이 영화들이 출발선에서부터 미학적 완성도나 작품의 완결성에 초점을 맞춘 것이 아니라는 점이다. 특히 자기 당사자성에서 출발하여 자기발언의 형식으로 이주민 영화들이 만들어 지기 시작했는데, 이들의 공통점은 타인에 의한 재현의 한계를 극복해 보자는 데 있다. 재현이라는 하나의 틀에서 보자면, 궁극에 부딪힐 수 있는 한계를 만나게 되겠지만, 자기재현으로서의 이주민 영화의 출발은 이주민 이슈에 대해 사회적 공감장을 확보하고자 하는 데 있다. 특히 마문은 성공신화가 아닌, '공백의 상태', '실패의 지점'을 선택함으로써 다양한 주체의 개입을 요청하고 있다.

추방서사 폭로하기[10]

'미등록'이라는 신체가 법적으로 물을 수 있는 것은 '법을 어기고 이에 대한 형법적 처벌'을 묻는 불법의 자리가 아니라, 적극적이고 대면적인 단속/추방의 선택지뿐이었다. 미등록이주민들에게 추방가능성deportability은 그들의 '불법성'으로 인한 단속이라는 가장 직접적인 방법으로 발현된다. 이러한 추방가능성은 비일상적이자 예측할 수 없는 모습으로 이들의 삶에 나타나고 직간접적인 경험들을 통해 일상적인 행동양식을 규제하는 조건이 된다.[11] 미등록노

10 3-1의 추방서사 폭로하기는 문재원(2017), 앞의 책에서 소개하고 있는 영화 <파키>의 분석틀을 확장하면서 작품분석 대상을 확대하여 논의하였다.

(a) 〈파키〉 (b) 〈하루 또 하루〉 (c) 〈굿바이〉

동자를 재현하고 있는 마문 영화의 반복적인 엔딩씬은 인물들의 뒷모습이다. 이들 뒷모습은 현재 거주하는 장소로부터 추방당하는 자의 이미지이다.

이들은 공통적으로 길 위에 있으며, 어디론가 떠나는 뒷모습을 보여주고 있다. 이들은 떠남, 추방이라는 공통된 사건 위에 있지만, 이들의 뒷모습을 잡고 있는 장소는 각각 다르다. (a)는 <파키>의 파키가 그의 일터인 공장을 떠나는 장면이고, (b)는 <하루 또 하루>의 샤인이 병원을 나와 집으로 돌아가는 장면이고, (c)는 <굿바이>의 슈몬이 한국을 떠나는 장면이다. 좀 더 자세히 들여다보면, 세 인물이 서있는 장소는 (a)는 파키가 일하던 가구공장, (b)는 서울 도심 거리 (c)는 인천국제공항을 담아내고 있다. 이러한 장소는 향후 이들의 행방에 대한 정보를 제공한다. 파키는 생존을 위해 일했던 곳과 유사한 일터를 찾아다닐 것이고(이런 점에서 또다시 그는 단속-추방의 반복적인 프레임 위에 놓여 있음을 예상할 수 있다), (b) "함께 하는, 함께 만드는 서울"이라는 서울시의 캐치 프레이저와 병치된 슈몬의 뒷모습은 오히려 서울이라는 장소로부터 유리된, '함께하지 못함'을 역설하고 있다. (a), (b)의 장소는 향후 이들이 이주지 안에

11 미등록이주노동자의 일상적 경험으로서의 '불법성'에 대한 논의는 강윤희, 2012 참조.

있되, 여전히 추방의 서사에 배치될 수 있음을 암시한다. 반면 (c)의 국제공항은 국경을 넘는 의미를 전달한다. 영화적 장면에서 이미 "다시는 안 올거야"라는 발언과 연결된 슈몬의 뒷모습은 완전한 떠남의 일방향만 보여준다. 이처럼 영화는 떠나는 이들의 뒷모습을 따라 가면서 이들의 추방을 강제하는 시선주체를 재현한다. 하여 여전히 주변부를 서성이거나, 도심 안에서 훼손된 신체가 된 그들은 통제 관리의 대상이 되거나, 아예 국경을 다시 넘거나 등등 이들의 이동은 늘 불안한 경계의 문턱에 있다.

> 공장장 : 파키, 이미그레이션 왔대 너 빨리 여기서 나가
>
> (영화 <파키> 중에서)

영화 <파키>에서 파키가 미등록임을 알면서도 묵인했던 공장의 사장은, 공장을 지키기 위해 결국 파키의 추방을 선택한다. 출입국사무소의 단속반이 왔다는 말에 파키는 하던 일을 멈추고 공장 밖으로 도망쳐야 한다. "공장장님 이미그레이션 왔대요" "야 그럼 빨리 문 닫아"라는 공장장과 노동자의 대화 속에서 "imigration"(국가감시체제) 이라는 단어는 공장의 모든 동작을 일시 정지시키고, 순간 합법/불법. 등록/미등록, 감시/피감시의 체제로 고착시키면서 긴장감을 유발한다. 결국 파키는 공장의 안전을 위해 추방되어야 하는 희생양[12]으로 배치되며, 이때 공장은 근대 사회의 질서가 유

---

12 르네 지라르(R. Girard)는 모든 사회적 질서는 기원적인 폭력의 열매라고 전제한다. 폭력은 집단적 욕망을 배면에 숨기고 있으며, 결국 우리 모두가 어떤 형태로든 그 폭력에 연루되어 있다는 것이다. 이 끝없는 폭력의 연쇄는 희생양을 발견함으로써 일시적으로 중지되며 희생양은 폭력모방의 욕구를 희생양에게 전가시킨 뒤 전체사회의 조화와 통합을 당분간 극대화한다. 폭력은 항상 대체용 희

지되는 장field인 셈이다. 더 확장해서 본다면, 파키, 샤인, 슈몬이 추방됨으로써 위기의 공동체는 질서화된다. 이들의 추방서사가 환기하는 것은 근대, 경계의 견고함이다. 특히 파키나 슈몬보다 샤인의 비극성이 더욱 큰 것은, '추방당할 수도 없는' 불구의 신체가 되었다는 점이다. 그러므로 이들 영화의 추방서사는 일차적으로 탈국경, 탈경계의 불가능함을 전달한다.

그러나 한편으로는 경계의 강고함을 통해 우리시대의 다문화, 탈경계의 허구성을 폭로하는 기능을 하고 있다. 이런 점에서 영화 <파키>의 인트로 장면에서 영화 프레임을 가득 채운 파란 하늘은 역설적이다.

> 민재 : 파키야 너 이름 무슨 뜻이야
>
> 파키 : 파키는 새라는 말이거든. 그래서 아빠가 새처럼 날아다니라고 내 이름 '파키' 라고 지었어.
>
> (영화 <파키> 중에서)

영화의 인트로 장면에서 오랫동안 보여주는 '저 푸른 하늘'은 파키가 놓여있는 현실공간에 대한 대안적이고 희망적인 공간을 상상하도록 한다. 더욱이 자신의 추방지에서 새가 나는 모습을 흉내내고 있는 파키의 뒷모습이 영화 도입부의 파란 하늘과 겹치며 '파키(새)'의 의미를 강조한다. 방글라데시 언어로 '자유롭게 날아다니

생물을 찾으며 결국 찾아낸다. 이때 대체용 희생물은 보호하려 애쓰는 존재에게로 향하는 폭력의 방향을 그것의 죽음이 썩 중요하지 않거나 아니면 전혀 상관이 없는 다른 존재에게로 돌린 것이라고 생각해 볼 수 있다. 그러므로 희생물은 상상적인 신에게 봉헌되는 것이 아니라, 거대한 폭력에 봉헌된다.(르네 지라르, 김진석·박무호 역, 1993: 17-20)

영화 〈파키〉의 인트로 장면

나는 새의 흉내를 내는 파키

는 새'라는 뜻을 가진 '파키'라는 영화 제목이 암시하듯이, 이 영화는 경계의 현실을 넘어서는 공간에 대한 역설을 전달하고 있다.

자기 선언과 공감장의 형성
: "나는 파키입니다"에서 "우리는 샤인입니다"

3-1)에서 살펴보았던 것처럼, 이들 영화들은 추방서사를 진행하면서 훼손당한 신체를 클로즈업함으로써 감정의 동일화를 극대화하고 있다. 이 과정에서 이주노동자를 희생자에 가두는 정형화된 담론구조가 엿보인다. 피해자의 고난과 피해를 부각시킴으로써 피해자를 희생자에 고착시키는 이 담론구조가 문제인 것은 오히려 비판과 처단의 주목이 되어야 할 가해자를 괄호에 묶는 효과를 발생시킨다. 그러므로 피해자를 희생자로 고착시키는 담론장치에서 일탈하여, 생존자로서의 자신의 삶을 조정해 나가는 트랜스-이주주체의 잠재력을 상상할 수 있는 공간을 만들어 내는 작업이 요청된다. 이러한 작업은 자기선언에서부터 출발한다.

> 제 이름은 파키입니다. 빙글라데시에서 왔습니다. 방글라데시에서 연극을 해봤구요. 원래 배우가 꿈이었요. 민재가 알려줬어요 가구공장에서 일하고 있고 우리는 꿈도 같아요 (영화 <파키> 중에서)

굳이, 위험을 무릅쓰고 집과 공장이라는 안전한 경로를 벗어나 오디션을 보고 영화배우의 꿈을 실현하고자 하는 파키의 경로 이탈은 경제적 자원으로만 환원되지 않는 지점을 발견할 수 있는 영역이며, 이는 이주민의 위치를 새롭게 재조정할 수 있는 틈이 될 수 있다. 이주자들이 정치적 주체로 거듭나는 것은 그들이 법적으로는 선험적인 행위자로 인정되지 않지만 발화의 형식을 통해서 스스로를 표출함으로써 그들을 인정하지 않는 제도에 균열을 일으키는 정치적 주체로서 행동하는 순간에 가능해진다.

또한 감독의 개인사적 기록과 연결되어 있는[13] <굿바이>, <하루 또 하루>, <꿈, 떠나다> 등은 미등록 노동자들에 대한 기록인데, 공통적으로 1인칭 다큐멘터리 형식을 취하고 있다. 1인칭 '다큐멘터리는 말하기를 두려워하지 않는 작가의 적극성과 주관적 시점을 노출하는 탈권위적 특징을 지닌다. 또한 제작 주체가 다큐멘터리 제작 과정을 통해 자신의 경험을 근거로 자기서사를 만들어 냄

13 영화 <파키> 주인공의 서사는 영화 밖의 미등록 이주노동자의 일상과 겹친다. "오디션에 합격했지만, 미등록이라는 이유로 최종적으로 불합격되는 것도 제 주변의 실화이고, 배가 아파도 병원에 가지 못해 죽음으로 끝난 것도 2003년 명동성당 농성 당시 공단에 남아 있던 고향친구 자키라의 이야기예요" 다큐멘터리 영화 <하루 또 하루>는 역시 마찬가지다. 영화의 주인공은 테러리스트로 오인한 출입국직원을 피해 무작정 2층에서 뛰어내리다 양발 뒤꿈치 뼈가 으스러졌다. 이는 당시 2013년 당시 세계적으로 무슬림과 테러리스트를 연결시키는 이미지들이 확산되었던 사회적 분위기와 연결되어 있다. 그가 테러리스트와는 무관함이 밝혀졌지만, 이 사고로 그의 인생은 '완전히 망가졌다.' 정상적으로 걸을 수 없었고, 서 있기도 불편했다. 몇 번을 일어서려고 시도하지만 일어서지 못하는 장면이나, 그의 뒷모습을 카메라는 한참 응시하면서 관객들에게 동일한 응시를 요구하고 있다. 이 역시 방글라데시 이주노동자 샤인의 실화에 근거하고 있다. 이 사건을 해결하는 데 마문은 적극적으로 나섰다. 출입국사무소를 대상으로 소송을 제기했고, 긴 소송 끝에, 최근 출입국의 사과를 받아내고, 근로복지공단에도 산재 승인을 받았다.

으로써 자신을 둘러싼 사회문화적 환경 속에서 자신의 정체성을 재정립하는 효과'를 지닌다(임우정, 2005). 자기재현으로서 미디어활동은 무엇보다 '주류 미디어에서 재현되었던 사회적 소수자로서 자신들의 모습에 이의를 제기하고 그(들)의 시선에 맞춘 새로운 이미지를 제안'하고자(홍지아, 2011) 하는 의도를 내포하고 있다. 이러한 작업을 통해 그는 '그동안 숨겨져 있거나 드러나지 않았던 그들의 경험과 이야기를 공론화하며 경험의 주체로서 자신의 언어와 목소리를 찾아간다. 자기의 스토리를 말한다는 것이 정치적 주체를 만드는 전제이고 공적 공간에서 위치를 획득해 나가는 과정이라면, 대리되거나 전유되지 않은 당사자성을 전제한 주체들의 이야기야말로 이 공간성을 획득할 수 있는 동력이 된다. 이러한 과정은 결과적으로 자신의 경험을 통해 완곡하지만 의미있는 사회적, 정치적 발언의 장이 될 수 있다. 특히 인터뷰어가 화면에 등장하여 인터뷰이와 상호교류하거나 스스로의 행동을 동시 기록하는 작업 안에서 관객은 이인칭의 위치로 설정된다(서현석, 2006).

<하루 또 하루>에서 "내가 걸을 수 있습니까?" 라는 샤인의 질문에 돌아오는 것은 "가능성이 낮습니다"라는 단호한 대답뿐이다. 이에 샤인은 카메라 바깥을 향하여 재차 질문한다.

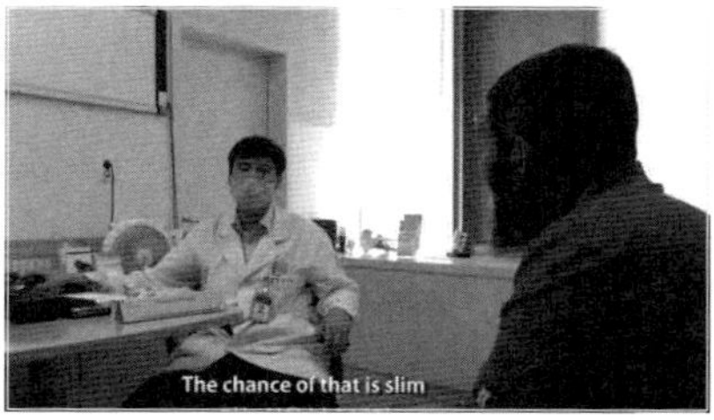

"가능성이 낮습니다"라고 단언하는 의사

"그럼 내가 어떻게 걸어요?" 되묻는 샤인

샤인 : "내가 출입국사무소의 잘못으로 다친 게 사실인데 왜 이렇게 오랫동안 기다려야 하나요? 내가 미등록 이주노동자이기 때문에 이렇게 시간이 오래 걸린 게 아닌가요? 이렇게 다쳐서 두 다리로 걷지 못하는 건 누구의 잘못인가요?" (영화 <하루 또 하루> 중에서)

"그럼 내가 어떻게 걸어요?" <하루 또 하루>의 샤인은 의사에게 묻고, 인터뷰어에게 묻고, 카메라 밖 관객들에게 묻는다. 이러한 질문행위는 물음 그 자체에 방점이 있다기보다, 테러리스트가 아닌 자신이 무슬림이란 이유만으로 테러리스트 단속자 명단에 올라와 있거나, 단속을 피해 달아나다 다쳤지만 가해자는 아무도 없는 현실의 질서에 질문을 던진다. 하여, 기존의 감각적 질서를 재배치하고, 이에 대한 공감-주체들을 불러 모으는데 까지 나아간다. 공감주체들이 확보되는 자리는 공적체계 안에서 종속되고 한편으로 부딪히면서 새어 나오는 다른 목소리들, 공적언어가 아닌, 주변부로부터의 '다른 이야기'들, 서발턴 주체들의 언어가 생성되는 자리이다. 이 언어들은 단일한 목소리를 위협하는 존재이기도 하다는 점에서 주목해 볼 수 있다. '이주노동자 문제는 우리 스스로 해결해 가야 한다' 며 자신들의 목소리를 내고자 하는 이주노동자들의 자기당사자성은 그들의 말없는 경험에서 말을 복권하고 경험이 복원되는 순간이 될 수도 있으며, '들리지 않았던 이방성'을 확인하는 자리가 될 수도 있다(문재원a, 2015: 76).

슈몬이나 샤인의 발언 사이로 또다른 액자 서사가 개입되고 있는 장면은, 단수 샤인이 아닌 복수 '샤인들'의 문제임을 재확인시켜 준다.

〈굿바이〉 슈몬의 앨범

〈하루 또 하루〉에 삽입된 집회

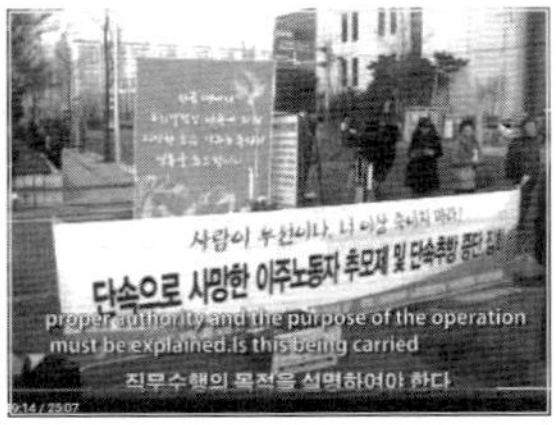

〈하루 또 하루〉에 삽입된 집회

<굿바이>에서는 출국을 앞둔 슈몬의 집에 친구들이 모여 저녁식사를 함께 하고 저마다의 소회를 이야기하는 중간에 "불법 친구들을 합법으로 해줬으면, 지금이 아니라도 나중에라도 해줬으면 좋겠어"라는 슈몬의 발언에 이어 명동성당 농성현장이 담긴 슈몬의 앨범이 삽입된다. <하루 또 하루>에서는 걸을 수 없게 된 슈몬의 발이 클로즈업되고, 이어 단속을 피해 달아나다 사망에 이른 베트남 이주노동자 사망사건에 대한 출입국사무소 앞 가두집회 장면을 삽입하고 있다. 이는 영화 안팎 우리 주위에 여럿의 샤인이 존재한다는 것을 보여 준다. '샤인들'의 죽음을 애도하고 저항하는 공동집회 장면의 삽입은 샤인의 불구적 신체가 더 이상 개인적인 사건으로 사장되어서는 안된다는 것을 말하고 있다. 이러한 영상의 교차는 '샤인들'의 발언에 개입하며, "우리는 샤인이다"라는 사회적 공감대를 확장시켜 나가는 기능을 한다. 이러한 영화적 형식은 집회에 참여한 불특정 다수의 공감대를 영화 안으로 이끌고, 다시 이를 영화 밖의 관객들의 공감을 유도함으로 공감-장[14]을 형성하고자 하는 감독의 의도적 장치로 읽어낼 수 있다.

---

14 이질적인 사건들의 다발 속에서 신체들의 마주침과 그로 인해 촉발된 다양한 감정들, 그리고 그것들이 형성해내는 운동들을 전사할 수 있는 개념을 공감장(전남대 감성인문학연구단, 『공감장이란 무엇인가』, 길, 2017: 88)이라고 한다.

<피난>은 시리아 난민 자킬과 한국전쟁 피난민 할머니의 이야기를 재현하고 있다. 할머니의 수레를 밀어주는 이는 자킬이고, 자킬에게 밥 한그릇 더 챙겨주는 이는 할머니다. 각각 경험하는 '난민' 체험은 이들을 공통의 장으로 불러낸다. 본 글에서는 난민의 개념을 국제법상의 난민이 아니라, 추상적, 관념적 개념을 벗어나 실지적 장소, 경험, 삶터에 바탕해서 그 범주를 재정의하며[15] 이러한 맥락에서 난민이란 난민 캠프에서 살고 있는 사람들만이 아니며, 근대 국민국가의 약속, 즉 인권이나 생존권이 국가와의 관계 속에서 규정된다는 국민국가의 법 외부로 쫓겨난 자들로 볼 수 있다. 이런 점에서 앞의 파키, 슈몬, 샤인과 자킬은 동일 인물이다. "나는 파키입니다" "우리는 샤인이다" 라는 자기선언을 유지함으로써 국민국가 시스템에 의문을 제기하고 국민화를 거부하는, 난민성을 내장한 '난민적 주체'로 설 수 있음을 확인할 수 있다. 이러한 난민적 주체되기는 국민국가의 너머를 상상할 수 있는 잠재적 힘으로 새롭게 사유할 수 있다. 그런데 이러한 여정들이 현재 이들이 놓여있는 폭력적인 추방공간 안에서 얼마나 지난한 일인지 3-1)장에서 확인한 바 있다.

그런데 이러한 추방을 지연시키고, 틈을 만들어 내는 사건들은 취약성을 공통성으로 하는 이웃들의 연대이다.

15 <경향신문> 2011. 10. 16 "우리 안의 난민"; 아감벤은 '국민국가의 쇠퇴와 전통적인 법적-정치적 범주의 전반적인 해체 속에서 난민은 오늘날 생각할 수 있는 인민(people)의 유일한 형상'이라고 지적하면서, 적어도 국민국가의 그 주권의 와해과정이 완전히 끝나지 않은 이상, '난민은 오늘날 도래하는 정치공동체의 형태와 그 한계를 알 수 있게 해 주는 유일한 범주'라고 말한다.(조르조 아감벤, 2009: 25-26)

할머니의 폐지수레를 끌고 가는 자킬

직장 동료 라주, 할머니, 자킬의 밥상

가족을 만나지 못해 실의에 빠진
할머니를 위로하고 있는 자킬

소풍 나온 할머니와 자킬

이러한 공통성을 기반으로 하는 우정의 공간을 가장 잘 드러내는 영화가 <피난>이다. 영화의 초반, 어둠 속에서 차가 사정없이 달리는 도로와 오갈 데 없는 자킬의 불안한 눈빛이 영화를 압도한다. 이내 장면은 전환되는데, 자킬과 이웃집 할머니의 만남이다. 귀찮아하는 자킬을 불러 세우는 할머니. 수레를 밀게 하고 손에 사탕을 쥐어 준다. 이 순간 영화 초반부에서 보여주었던 자킬의 불안하고 멍한 눈빛은 발견할 수 없다. 먼저 알고 있었던 이웃 청년보다 자킬에게 더욱 애잔한 맘이 갔던 이유가, 할머니 역시 북에 가족을 두고 온 피난민이라는 이유에 있었음이 밝혀진다. 이산가족상봉 명단에 들어가지 못하고 텔레비전으로 이산가족상봉 장면을 보며 실의에 빠져 있는 할머니에게 자킬이 다가간다. 본인도 다니던 공장에서 해고통지를 받고 실의에 빠져있지만, 가족상봉을 하지 못해 실의에 빠진 할머니를 외면하지 못한다. 왜냐하면 자킬 역시 가족을 만나지 못하고 있는 공통성을 지니고 있기 때문이다. 이전까지 할머니가 자킬을 불렀다면, 이번에는 자킬이 할머니에게 다가가고, 할머니의 손을 잡는다. 카메라는 할머니의 손을 잡은 자킬의 손을 오랫동안 클로즈업한다. 이후 장면은 소풍나온 할머니와 자킬의 웃는 얼굴을 오랫동안 따라간다. 웃는 자킬의 얼굴에서 해고의 두려움은 발견되지 않으며, 할머니 역시 식음을 전폐하던 그늘이 발견되지 않는다.

이처럼 각각의 공포와 불안을 타자의 파괴가 아닌 사랑으로 재전유한 '자킬과 할머니.' 이들이 만들어내는 따뜻한 밥상 공동체는 이들이 구성적 외부의 자리에서 더 이상 불안을 자폐로 살지 않고 연대를 기획하고 새로운 공동체를 생성할 수 있는 하나의 역능으로 바꾸어 내는 상상을 하도록 한다. 이러한 공동체는 이들이 안고 있는 상처나 불안을 타인이나 자기에 대한 적대가 아니라 현실을 변화시킬 수 있는 동력으로 재전유할 수 있는 가능성을 보여준다.[16] 뿐만 아니라, 이 장소는 공동체의 신화가 거부되는 자리이며 희생양의 탄생을 저지할 수 있는 자리이다. 다시말해, 신체적 마주침과 변용을 공감이라 규정하고, 그러한 마주침과 변용의 발생적 바탕이나 조건을 공감장이라고 한다면(전남대 감성인문학연구단, 2017: 15), 우리 사회의 내부에 편입되지 못하는 자킬과 할머니의 취약성은 공감장을 형성하는 발생적 바탕으로 작용한다고 볼 수 있다.

16 "단독성singularity은 개인성의 본질도, 개인성의 구조도 결코 갖지 않는다. 동일화될 수 있거나 동일한 동일성들의, 원자들의 질서 내에서 발생하지 않으며, 동일화될 수 없는 영역에서 발생한다. 그것은 탈자태와 관계가 있다.(장-뤽 낭시, 박준상 역, 2010: 31-32)

파키와 공장 노동자들

한국을 떠나기 전날 파티하는 샤인과 친구들

동네 슈퍼 앞에서 '간절히' 노래부르는 민재와 파키

경제적 교환체계에 있었던 공장의 사장님(<파키>, <난민>)이나, 영화감독(<파키>)은 교환체계의 흐름이 멈추는 순간 가차없이 이들을 추방하지만, 파키와 꿈이 닮은 민재, 파키의 공장 동료들, 슈먼의 친구들, 샤인의 변호사, 자킬과 할머니는 오히려 이들이 경제적 교환체계의 바깥으로 밀려나왔을 때 위로와 우정의 연대공간을 마련한다. 다시말해, 영화 안에서 이들의 우정과 연대의 공간은 추방서사 사이에 개입하여 파국의 결말을 향한 서사를 지연시킨다. 그러나 <난민>에서 이들의 웃음이 정주의 공간인 집보다는 이동 중인 길 위에서 가능한 것처럼, 이들이 '만날 수 있는 장소로 거주공간인 집이 아니라, 집 밖 길 위라는 설정은 여전히 이들 존재의 불안함을 전달한다.

탈구위치의 협상과 정체성의 정치

본 글에서는 전지구화의 가속 안에서 국민국가의 경계를 넘은 이주민들을 고정된 영토성과 정체성에 기반을 둔, 기존의 시민권에 도전하는 '새로운 인민(소문자 인민)'으로 재범주화하였다. 특히 복잡한 층위들이 횡단하는 이동경로 위에서 부딪치는 다양한 사건들과 갈등, 협상하면서 자신의 위치를 재조정해나가는 이주민들의 실천적 행위에 주목하고 이를 '사이 정체성'으로 설명하였다.

이러한 전제 하에 본 논문에서는 이주노동자에서 영화감독으로 활동 지평을 넓히고 있는 이주민 감독 마문의 문화적 실천을 의미화했다. 특히 지속적으로 국민국가 안에서 미등록 이주노동자에 대한 기록을 하고 있는 그의 작업을 버틀러의 수행성을 원용해 '트랜스-수행적 실천'으로 매개할 수 있는 가능성으로 읽어냈다. 이 자리는 미등록 이주노동자라는 정체성을 결여나 침묵의 위치가 아닌 국민국가주의에 틈을 내는 정치적 거점으로 재전유하는 발화형식과 연결되어 있다.

재현의 주체로 나선 마문의 영화적 작업은 이주민 이슈에 대해 사회적 공감장을 확보하고자 하는 데 일차적인 주안점을 두고 있다. 그는 당사자성을 내장한 자기발언을 제시한다거나 영화 밖의 사회적 발언들을 교차시키는 작업을 통해 경계를 넘었으나 또다시 경계에 갇힌 이들의 실존에 대한 사회적 공감장을 형성하고자 했다. 그의 영화를 보면 공통의 형식이 발견된다, 우선, 영화에서 반복적으로 등장하는 추방서사는 경계의 강고함을 통해 우리시대의 매체들이 보여주는 다문화, 탈경계의 허구성을 폭로하는 기능을 한다. 그러면서도 영화는 추방서사의 직진을 허용하지 않는다. 미등록, 난민, 주변인 등 취약성을 공통성으로 하는 이웃들의 우정과 연대의 공간을 곳곳에 배치하는데, 이는 추방서사 사이에 개입하여 파국의 결말을 향한 서사를 지연시킨다. 또한 <굿바이>, <하루 또 하루>, <꿈, 떠나다> 등은 공통적으로 1인칭 다큐멘터리 형식을 취하고 있다. 이러한 영화적 형식은 자신들의 목소리를 내고자 하는 이주노동자들의 자기당사자성에 초점을 맞추고, 영화 안팎의 공감대를 확장시키고자 하는 전략으로 읽어낼 수 있다.

오늘날 이주과정의 다양성은 변형 아이덴티티의 속성을 더욱 복잡하고 중층적이며 유동적인 것으로 만드는 데 기여하고 있다. 정체성의 변형은 공간, 경제, 계급 등의 이동, 재위치화의 과정을 통해 진행되는데, 특히 행위자의 주체적인 사회 활동과 밀접한 관계 속에서 얻어진다.(이태정, 2012) 그러므로 이 과정에서 중요한 것은 자신들의 '탈구위치dislocation'를 어떻게 협상하고 새로운 가능성들을 어떻게 확보해 갈 것이냐의 문제이다.

참 고 문 헌

강윤희, 「환영받지 못하는 천국의 시민: 미국 내 인도네시아 미등록 이주민들의 체험된 경험으로서의 '불법성'」, 『비교문화연구』 18-2, 2012, 17-28.

고영·란이영, 『우린 잘 있어요, 마석』, 클, 2013.

김현미, 「귀화 이주민과 문화적 권리」, 『한국문화인류학』 48-1, 2015, 92-94

낭시, 장-뤽, 『무위의 공동체』, 박준상 역, 인간사랑, 2010.

매시, 도린, 『공간을 위하여』, 박경환 외 역, 심산, 2016.

문재원, 「로컬리티와 다문화의 대화성」, 『인문연구』 71, 2015, 76.

______, 「트랜스로컬리티와 이주민의 주체성」, 『트랜스로컬리티와 경계의 재해석』, 소명, 2017, 173-179.

바디우 외, 알랭, 『인민이란 무엇인가』, 현실문화, 2014.

바바(편), 호미, 『국민과 서사』, 후마니타스, 2011.

버틀러, 주디스, 『젠더 트러블』, 조현준 역, 문학동네, 2007.

____________, 『혐오 발언』, 유민석 역, 알렙, 2016.

서현석, 「스스로를 향해 카메라를 든 사람-자전적 다큐멘터리에 나타나는 주체와 사실에 관하여」, 『한국언론학보』 50-6, 2006, 129.

아감벤, 조르조, 『목적없는 수단』, 김상운 역. 난장, 2009.

이은정·이용성, 「이주민 사회자본에 관한 연구」, 『OUGHTOPIA』 30, 2015, 125.

이태정, 『한국 이주 노동자의 이주과정과 변형 아이덴티티』, 한양대 박사논문, 2012, 192-193.

임대근, 「'트랜스 아이덴티티'의 개념과 유형: 캐릭터, 스토리텔링, 담론」, 『외국문학연구』 62, 2016, 139-140.

임우정, 「여성의 자전적 다큐멘터리와 여성주의 문화실천에 관한 연구」, 이화여대 석사논문, 2015.

전남대 감성인문학연구단, 『공감장이란 무엇인가』, 길, 2017.

정성신, 「미등록 이주노동자에서 이주민 미디어 활동가로: MWTV 미디어 활동가 사례를 중심으로」, 『비교문화연구』 18-1, 2012, 56.

지라르, 르네, 『폭력과 성스러움』, 김진석·박무호 역, 민음사, 1993.

홍지아, 「1인칭 다큐멘터리에 드러난 결혼이주여성들의 자기재현과 정체성의 자리매김」, 『미디어, 젠더&문화』, 2011, 156-157.

Bhabha, Homi, *The location of culture*, London and New York: Routledge, 1994.
Conradson, David·Mckay, Deirdre, "Translocal subjectivities: mobility, connection, emotion", *Mobilities* 2(2), 2007, 168-169.

16

중국의 한국인 디아스포라와 정체성*

김창규

문제의 제기

근대의 중심주의 논리는 중심과 주변으로 이분되는 지리적·사회적 공간의 구획에서 나아가 다양한 형태의 인간 인식상의 경계를 만들어 왔다. 그 대표적인 것이 인종 또는 민족에 의한 경계, 즉 디아스포라라고 할 수 있다. 원래 디아스포라는 '분산' 또는 '이산'이라는 의미이다. 그리스어 'diasperien(dia+sperien)'에 어원을 둔, 영어로 풀이하면 'across'와 'to sow or scatter seeds'를 조합한 말이다.

* 이 글은 「한국의 '중국조선족' 인식에 대한 성찰」(『감성연구』 16, 2018-03)을 수정 보완한 것임.

이는 "~를 가로질러 + 씨를 흩뿌리다"의 뜻이다.[1]

특정 민족의 국제 이주, 망명, 난민, 이주노동자, 민족공동체, 문화적 차이, 정체성 등을 아우르는 포괄적 개념이 디아스포라의 원래 의미다. 변화된 디아스포라의 근대적 개념은 특정 민족들이 국민국가 또는 그 기원이 되는 지정학적 장소로부터 다른 장소로 이전하여 하나 또는 그 이상의 국민국가, 영토 내지 나라들에 재배치되어 사는 공동체를 의미하게 되었다. 디아스포라는 근대 국민국가 체제가 낳은 전형적인 타자화의 대상으로, 이들은 이주민, 국외로 추방된 난민, 초빙 노동자, 망명자 공동체, 소수민족 공동체 등을 포함한다.[2]

근대 동아시아는 국민국가 건설 과정에서 상호 반목, 갈등 침략과 저항으로 점철된 역사였다. 이 과정에서 생겨난 이주를 근대적 용어로 말하면 디아스포라 할 수도 있다. 역사 문화적으로 가장 가깝게 이웃한 중국은 한국인이 가장 많이 이주한 지역이고, 중국으로의 대거 이주는 19세기 후반부터 시작되었다. 이 시공간 내에서 중국 내 한국인 디아스포라는 생계, 독립운동, 분단, 강제 이주 등에서 기인했고, 이들을 '조선족'이라 부른다.

---

1 장윤수, 『노마디즘과 디아스포라』, 북코리아, 2011, 51쪽(보다 자세한 내용은 같은 책, 같은 쪽 각주 12참조).

2 디아스포라의 개념과 현재적 의의 등은 장윤수, 앞의 책, 51~53쪽을 주로 참조했으며, 우노 구니이치 지음, 이정우·김동선 옮김, 『들뢰즈, 유동의 철학』(그린비, 2008); 西川長夫, 한경구·이목 옮김, 『국경을 넘는 방법-문화·문명·국민국가』(일조각, 2007); 西川長夫, 윤대석 옮김, 『국민이라는 괴물』(소명출판, 2002) 등에서도 도움을 받았다. 그리고 이상봉, 「디아스포라와 로컬리티 연구 : 재일코리안을 보는 새로운 시각」(『한일민족문제연구』 18); 임유경, 「디아스포라의 정치학-최근 중국조선족 문학비평을 중심으로」(『현대문학의 연구』, 제36호) 등도 참조했다. 지면을 빌어 필자와 옮긴이들에게 감사의 인사를 드린다.

조선족이란 곧 중국 국적을 가진 조선민족에 대한 칭호, 국적과 민족 출신을 동시에 표시한 호칭이다. 이들은 중국인으로서의 정체성을 형성함과 동시에 세계 어느 지역에 거주하고 있는 동포들보다도 한민족으로서의 강한 정체성을 형성했다. 오늘날에도 한반도에 그 뿌리를 둔 한민족의 후예들이며, 지금은 중국의 소수민족의 일원으로 민족적 정체성과 국민적 정체성이라는 이중정체성을 항상 의식하며 살아가고 있다.[3]

그런데 공산 중국 이후 조선족으로서의 정체성은 점차 약화되었고, 개혁 개방 그리고 냉전 종식 후에는 중국조선족이라는 또 다른 디아스포라로서의 정체성을 가지게 되었다. 쉽게 말해 중국내의 다른 지역 및 해외 이주가 활발하게 되면서 이들은 중국에 살고 있는 조선족임을 재확인하게 되었으며, 결과적으로 이른바 '중국조선족'이라는 낱말로 자신을 한반도에 있는 우리 민족과 구분되는 또 하나의 공동체라는 논리를 펼치게 된 것이다.

이 글에서는 중국의 3대 음악가로 칭송받고 있는 정율성(1914~1976)을 바라보는 한국의 인식과 재현의 문제를 통해 조선족 혹은 한국인 디아스포라 문제를 지금-여기 한국사회를 재성찰하는 계기로 삼을 것을 제기해 보려 한다.[4] 물론 정율성이 중국내 한국인 디아스

3 오상순, 「이중 정체성의 갈등과 문학적 형상화: 조선족 문학의 어제와 오늘과 내일」, 『현대문학의 연구』 제29집, 2006, 40쪽; 장윤수, 앞의 책, 188쪽에서 재인용.

4 한국에서의 정율성 관련 연구는 이종환, 『항일전사 정율성 : 음악이 나의 무기다』(지식산업사, 2006); 김주용, 「정율성의 생애와 항일민족운동」(『동국사학』 51집, 2011); 노기욱, 「정율성 음악의 사상적 지향」(『역사학연구』 37. 2009); 송한용, 「정율성의 사상형성과 지향」(『역사학연구』 29, 2007); 정유하, 「정율성의 음악연구」(『예술논집』 7, 2006); 조응순, 「음악가 정율성의 삶과 예술가의 윤리」(『국악교육』 40, 2015); 임영언·김재기, 「중국에서 항일독립운동과 디아스포라적 삶」(『CHINA연구』 18권 2호, 2015) 등이 있다. 이외의 회고록 및 관련 저술로는 정

포라를 대표하는 것도, 정율성에 대한 시각이 조선족에 대한 한국의 시각이나 인식을 다 보여주는 것도 아니다. 그럼에도 정율성을 선택하고 이 문제를 현재의 조선족에게까지 확대 결부시킨 것은, 한중 수교 후 정율성과 중국조선족에 대한 한국의 인식이 서로 다른 별개의 문제가 아니며, 나아가 중국조선족 커뮤니티의 형성이 한국에 끼칠 수 있는 영향력을 고려한 현실적 이유 때문이다.[5]

경계인 정율성

국권 피탈 이후 재중 한인 사회는 민족 운동가들의 망명을 통해 독립운동 역량의 강화라는 측면에서 이전과는 다른 역동성을 확장해 가고 있었다.[6] 비슷한 처지에 있었던 중국으로 이주한 한국인들은 중국의 현실적 상황과 조국의 현실을 마주하면서, 항일과 민족의 독립이라는 공동의 목표를 위해 공감대를 형성하고 그 목표를 위해 분투했음은 익히 다 아는 사실들이다.

중국인들이 조선인들과 공감대를 형성했던 이유는 조선의 미래가 중국의 운명과 직결된다는, 곧 脣亡齒寒적 조선인식에서 비롯된 것임을 우리는 인식할 필요가 있다. 이는 3·1운동에 대한 중국

설송 엮음, 『작곡가 정율성(Ⅰ·Ⅱ)』(형상사, 1990); 張非 外, 『論鄭律成-鄭律成音樂作品研討會論文集』(延邊人民出版社, 1987); 丁雪松, 『中國第一位女大使-丁雪松回憶錄』(江蘇人民出版社, 2000); 鄭小提, 『鄭律成作曲選』(전남대출판부, 2004) 등을 참조했다.

5 이와 관련한 연구로는 국사편찬위원회, 『중국 한인의 역사(상, 하)』(국사편찬위원회, 2012); 장윤수, 『노마디즘과 디아스포라』(북코리아, 2011) 등이 있다.

6 황민호, 「국권피탈과 만주 한인 사회」, 『중국 한인의 역사』(상), 국사편찬위원회, 2011, 82쪽.

조야의 반응에 잘 나타난다. 우리가 아는 것처럼 중국인 모두가 조선의 3·1운동에 전폭적인 지지를 했던 것은 아니다. 중국의 혁명세력과 지식인 및 학생들이 3·1운동을 크게 보도했던 것과는 상반되게, 조선과 국경을 접하고 있었던 군벌세력과 북경정권의 지도자들의 태도는 이와 달랐다. 요동의 봉천군벌은 한국의 독립당원들이 자기의 관할구역 안에서 자유롭게 활동하는 것을 용납하려 하지 않았다. 괜히 일본을 자극하여 침략의 명분을 제공하지 않으려는 의도였다.

북경정권 또한 일제로부터 산동 등의 이권을 회수하는 것을 외교의 목표로 삼고 있었기 때문에 한국의 독립을 지지하여 일제를 자극하는 것을 원하지 않았다. 3·1운동이 일어나 많은 한국인과 중국인들이 한국의 독립을 승인하고 지지할 것을 북경정부에 분분히 요구했으나, 북경정부는 어떠한 반응도 나타내려고 하지 않았다. 파리 평화회의에 참석한 북경정부의 대표단이 한국의 독립을 쟁취하려는 활동에 필요한 지지를 표시하지 않았던 것도 이 때문이었다. 이처럼 북경정부나 봉계군벌은 일본과의 이허관계 때문에 한국의 독립을 적극적으로 지지하지는 못했다.[7]

1919년 조선의 3·1운동 이후인 4월 5일 廣東省國民會議 선언에서 중국의 태도와 그 이유를 읽어볼 수 있다. 즉, "중국이 지난날의 조약에 의해 한국 독립을 승인한 것이 명확한 사실이며 한일합방은 결코 공식적인 승인이 아니다. 한국의 장래는 중국의 장래와 중대한 관계가 있다. 손문은 한국이 동양의 발칸이라고 말하며, 이 문제가 해결되기 전에는 영원한 평화가 올 수 없다고 말했다. … 만주·몽고·산

7 김규식, 『民國日報』(1919, 8. 14); 김한규, 『한중관계사』(2), 이르케, 1999, 930쪽.

동·양자강 유역의 장래는 모두 한국문제와 밀접한 관계가 있다"[8] 할 것이다. 순망치한적 조선인식을 여실히 보여주고 있는 것이다.

조선과 중국의 현실을 둘러싼 복잡한 상황 속에서 중국의 항일과 혁명에 공감하고 혁명적 연대를 이룬 경우도 있는데, 중국의 3대 음악가로 추앙을 받고 있는 정율성의 활동을 한 사례로 들 수 있다. 그는 일제강점기 독립운동가 음악가로, 호적명은 富恩, 본관은 河東, 海業의 아들이며, 崔興鐘 목사의 생질로 광주시 양림동에서 태어나고 성장했다. 그는 1922년 화순 능주 공립보통학교에 입학하였다가 1923년 광주 숭일소학교로 전학 1928년에 졸업하고, 같은 해에 전주 신흥중학교에 입학하여 1932년 4월에 중학교를 중퇴하고, 1933년 5월에 형 義恩을 따라 목포에서 平安丸호를 타고 부산과 일본 나가사키를 거쳐 중국 상해에 도착함으로써 중국생활을 시작하였다.

상해 도착 후 그는 남경으로 가서 劉大振이란 가명으로 중국에 있던 한인 항일단체인 의열단에서 설립한 조선혁명군사정치간부학교에 입학하고, 1934년 4월 20일에 군사학교를 졸업한 후 의열단에 남아 비밀 항일운동에 종사하면서 한국의 독립과 만주 일본요인 암살 첩보활동 전개 등으로 사회주의 사상을 접했다. 이 시기에 그는 상해에 체재하고 있던 소련의 유명한 음악교수 크리노와Krenowa를 만나게 되어 본격적인 음악공부를 하면서 이름을 律成으로 고쳐 불렀다.[9]

---

8 박은식, 『韓國獨立運動之血史』(下), 102쪽.

9 이 부분은 다른 견해가 있다. 노기욱은 일제경찰자료 『사상휘보』를 활용해, 정부은의 형 정의은이 조선혁명군사정치간부학교에 입교시 정율성이라는 가명을 사용했다면서, 유대진의 가명이 정율성이고 본명은 정의은이기 때문에 정부은

1936년 4월 남경에서 중국 좌파계통의 청년들이 조직한 5월문예사에 매형 박건웅과 함께 참여해 이사직을 맡아 활약했다. 5월 1일의 5월문예사 성립대회에서 그는 만돌린을 타면서 스스로 작곡한 <오월의 노래>를 부르고 나중에 한국의 아리랑을 불러 그 곳에 모인 많은 사람들을 감동시켰다. 이어 1937년 중국공산당의 본거지 연안으로 가서 음악활동을 전개하게 된다.

정율성이 연안으로 간 것에 대하여 소식이 끊긴 김산과 연락을 복원하고, 중국공산당과 조선민족해방동맹의 연합전선을 모색하고자 하는 연락책의 임무를 띠고 파견되었다는 설도 있다. 그가 공산당 당원을 자처하면서도 좌우합작과 민족의 독립을 우선적으로 추구하고 있던 김산 등의 영향과 사회주의적 노선을 추구하면서도 무력투쟁을 추구하던 의열단 김원봉의 영향을 받은 것을 감안하면 연락책으로서의 임무를 부정할 수 없다.

당시 그는 반제국주의 혁명을 뒷받침하고자 하는 예술인으로서 중국에 깊숙이 들어가고 있었던 상황이었고, 5월문예사를 이끌었던 羅靑과의 관계 등으로 보아 연안을 활동근거지로 택한 것은 자발적 선택이었을 것으로 보인다. 즉 그는 반제국주의 혁명예술을 추구하면서도 민족의 독립운동을 펼치기 위해서 국민정부가 통치하는 지역보다는 국제주의와 선명한 반제국주의 통일전선을 표방하고 있던 중국공산당 치하의 연안이 더욱 적합하다고 판단했으리라 여겨진다.[10]

은 조선혁명군사정치간부학교에 입교하지 않았다고 주장한다. 그리고 정부은이 '율성'으로 이름을 고쳐 부른 까닭은, 중국으로 간 그가 그의 역할을 찾지 못한 상황에서 유명한 항일운동가인 정의은의 가명을 사용한 것이다는 견해를 내놓았다(노기욱, 앞의 논문 참조).

10 송한용, 앞의 논문, 443쪽.

1945년 일본이 항복하고 조국이 해방되자 정율성을 비롯한 중국의 조선인 항일투사들이 조국으로 귀국하기 시작했다. 정율성은 북한으로 귀환하여 황해도 도당위원회 선전부장과 평양음악대학 담임교사로 활동하면서, <조선인민군행진곡>, <두만강> 등 10여 곡의 작품을 발표했다. 이때 그는 광주시 양림동에 살던 어머니를 모셔가 북한에서 살았으며, 1950년 6.25전쟁 직후 중국 周恩來 총리에게 요구하여 그해 10월 어머니를 모시고 중국으로 들어가게 되었다.

이후 중국에서 음악 활동에 전념했으나, 사회주의 정권 출범 후 그의 활동은 순탄치 않았다. 1958년 하북성 회래현 농촌으로 가서 인민공사와 강철제련운동에 직접 참가했다. 1966년부터 전개된 문화대혁명 시기에는 집중훈련반에서 사실상 감금과 다름이 없는 고초를 겪었다.[11] 작곡가 정율성이 성숙된 후에 이룩한 창작고봉이라고 평가를 받았던 <모택동 시사>도 4인방에 의해 공연이 금지되는 액운을 당했다.[12] 이는 정율성이 중국공산당의 좌경노선에 맞서 문화대혁명의 정책에 타협적이지 않고 작곡 요구를 거부함으로써 창작과 발표 등을 포함한 모든 권리를 박탈당했다고 할 수도 있다.[13] 그러나 정율성의 고난은 이방인 혹 조선인이기 때문만이 아닌 당시 중국인이라면 누구라도 피할 수 없었던 재앙이었다.

1976년 12월 7일 주은래 총리를 노래하는 연가와 중국 건국 50주년을 위한 대형 작품을 제작하다 갑자기 세상을 떠난 정율성은 팔보산 혁명공동묘지에 안장되었다. 이처럼 그는 중국 <인민해방군가>,

11 정설송, 엮음, 『작곡가 정률성』(1), 형상사, 1992, 182~184쪽.

12 정설송, 『작곡가 정률성』(1), 123쪽.

13 임영언·김재기, 앞의 논문, 69쪽.

<연안송>, <팔로군행진곡>, <연수요>, <홍안령에 눈이 내리네>, <해안의 초병>, <유쾌한 해안포병>, <망부은> 등의 노래를 작곡했다.[14]

현재 정율성은 중국혁명에 기여한 공로로 중국에서 '3대 음악가'로 추앙받고 있다. 2005년 중국 전승절 60주년에 '신중국 건국 100인의 영웅' 중 6번째로 정율성의 이름이 올려졌다. 그의 음악은 2008년 북경올림픽 개막식에서도 연주되었으며, 2015년 9월 3일 천안문 광장에서 열린 중국 전승절 70주년 행사에서 울려 퍼졌다.[15] 중국에서 정율성은 이처럼 기억되고 있다.

또한 음악가이자 혁명운동가 정율성에 대해 "나는 정률성을 통하여 조선민족을 알았다. 정열적이고 재간이 많고 정의감과 헌신성이 강한 것이 조선민족인 줄을 알았다. 뿐만 아니라 정률성을 통해 또 수많은 조선민족의 아들딸들이 중화민족의 해방사업을 위해 총을 들고 용감하게 싸웠다는 것을 알게 되었고, 정률성처럼 시대의 앞장에 서서 중국인민을 혁명의 제1선에로 고무추동해준 일류 예술가를 낳아 키워준 것이 조선민족인 줄 알았다"[16]는 찬양이 있다. 중국혁명에 대한 정율성과 조선인들의 공헌을 높게 평가하고 있는 것이다.

그러나 이는 동료들의 평가일 뿐이며 그 공헌의 대상은 조선이 아니라 '중국'의 해방사업에 필요한 예술가 정율성임에 유의할 필

14 지금까지의 정율성의 활동은 http://saygj.com/2659(광주광역시 공식블로그-광주랑) ; 정설송 엮음, 『작곡가 정률성(1·2)』(형상사, 1992) 등을 참조해 작성한 것임.

15 조응순, 앞의 논문, 179~180쪽.

16 최문섭, 「중국의 광활한 대지우에서」, 『작곡가 정률성』(2), 9쪽.

요가 있다. '중국인 혁명 음악가'로서 정율성은 여전히 '천재 음악가 정률성'(이이화), '인민군대의 가송자'(황하), '생명의 선율'(관화), '시대적 가수'(주자기), '정률성과 그의 작곡'(교우), '"연안송"의 창작경과'(막야), '"팔로군대합창"은 어떻게 창작되었는가', '삼림명곡의 산생'(방평), '정률성 합창작품의 예술성과'(엄량곤), '전가와 전사'(가강), '불처럼 뜨거운 가수'(류백우), '정직하고 꾸준한 문예전사'(백득이), '정선생님 집에서 성악을 배웠다'(장력위), '정률성작품음악회에 참가하고서'(진련), '루이 아이리 집에서의 한차례 회견'(화명) 등으로 기억되고 있다.

대부분의 기억들에는 조선(한국)·조선인(한국인)과 관련한 공감이나 연대는 비중 있게 다루어지지 않고 있는 것이다. 확인 가능한 정율성의 유고도 이와 크게 다르지 않다. 그의 유고로 「가곡창작에서의 원천과 흐름」, 「작곡의 측면에서 본 가사창작」, 「혁명을 노래하자」, 「음악비평에 대한 기대」 「"베토벤전"을 상연하기에 앞서」, 「아름다운 조선민간이야기 "심청전"」, 「귀주! 너는 조국민간예술의 보물고여라!」 등이 남아 있다.[17] 심청전과 관련한 부분 이외에는 조선과 관련한 정율성의 직접적인 언급은 없다.

사실 정율성은 조선 사람으로서 만강의 열정으로 중국혁명에 참가했고 중국공산당에 가입했지만, 일본특무로 의심당하면서 인정받지 못했다. 훗날 아내가 된 정설송과 교제하던 시절, 중국여자대학 중국인 부교장은 그녀에게, "동무가 정률성과 접근한다더구만? 잘 생각해볼 필요가 있소. 동무는 우수한 여청년으로서 아주 유망하오. 당에서는 동무를 배양하고 있소. 동무가 정률성과 사귀

---

17 정설송, 『작곡가 정률성』(1·2)의 목차 참조.

는 것은 참 유감스러운 일이요"[18]라는 경고를 했다 한다. 그를 타자 혹 경계인으로 인식하는 중국인의 시각을 여과 없이 보여주는 대목이다. 그러나 조선에 돌아간 후에는 도리어 중국 사람으로 인정되고 소련파가 아니라고 배척당했다. 그는 항상 비주류였으며, 어느 쪽에나 편입되지 못하고 어느 쪽에서나 중시 받지 못한[19] 끼인 존재, 경계인으로 살아가야만 했던 것이다. 경계인으로서 느낀 정율성의 고뇌는 다음에 잘 나타난다. "중국 사람들은 나를 조선 사람이라 하고, 조선 사람들은 나를 중국 사람이라고 하는구려. 난 어느 쪽도 아니구려."[20]

특히 조국이었던 조선에서의 배척은 그에게 상당히 큰 충격을 주었던 것으로 보인다. 조선으로 돌아간 지 5년이 지난 1950년, 정율성은 당적을 중국공산당 당원으로 고치고 국적도 중국 국적에 넣어 줄 것을 요구했다.[21] 그해 9월 정설송이 명령을 받고 조선에서 중국으로 돌아왔으며 두 나라 지도자의 협상을 거쳐 10월에 정율성이 77세 고령인 어머니를 모시고 중국에 돌아와 중국 국적과 당적을 회복했다. 그 후로 그는 중국인이라는 신분을 강조하며 활동하였다.

정율성의 유고 곳곳에 '우리 중국인', 사회주의 '중국에 이바지' 등의 언급이 보이고, "우리나라는 다민족국가로서 지역이 넓고 인구가 많다"[22]는 언급이 있다. 또한 그는 "연안은 혁명의 성지였을

18 정설송, 『작곡가 정률성』(1), 92쪽.

19 임영언·김재기, 앞의 논문, 70쪽

20 임영언·김재기, 앞의 논문, 76쪽

21 정설송, 『작곡가 정률성』(1), 109쪽.

22 정설송, 『작곡가 정률성』(2), 218쪽.

뿐만 아니라 진정 노래의 성지였다. 음악은 단순한 오락을 위한 것이라 하기보다 중요하게는 혁명의 무기이고 전투의 무기이다. 우리의 이 위대한 나라, 이 위대한 사회주의혁명과 건설의 시대에 있어서 우리의 노래 소리는 더욱 웅장하고 우렁차야 할 것이다. 혁명가요의 감화 속에서 수많은 청년들이 붓을 들고 보다 새롭고 아름답고 형식이 다양한 혁명적 노래를 창작하여 오늘을 노래하고 내일을 노래하여 열정 가득히 오늘과 미래를 창조하도록 사람들을 고무할 것이다"[23]라는 음악관을 제시하고 있다. 이처럼 중국 국가이데올로기에 완벽하게 부합하는 서술은 자의든 타의든 그가 자신의 정체성을 어떻게 자리매김했는지를 보여준다.

기억과 재현의 문제

한국사회에서 정율성이 주목을 받게 된 것은 한중 수교 이후였고, 그에 대한 본격적인 연구와 기념행사는 2000년 이후부터였다. 이제까지 한국 학계에서는 정율성의 활동에 주목해 그의 생애, 사상 형성, 사상적 지향, 예술 활동, 작품 분석 등을 통한 학문적 공감장이 형성되었는데, 특히 한중 교류에 대한 그의 기여를 강조하는 경향이었다.

정율성에 대한 연구에서 송한용은 그의 사상이 김원봉, 김성숙, 김산, 박건웅 등 조선인 디아스포라들의 영향 그리고 남경의 젊은 문예인들과의 교류 속에서 형성되었다는 점을 밝혔다. 나아가 정율

23 정률성, 「혁명을 노래하자」, 『북경만보』(1963년 5월 16일); 정설송, 『작곡가 정률성』(2), 205~206쪽.

성은 혁명예술과 민족독립을 지향했는데 이는 <연안송>과 <팔로군향진곡>을 통해 구체화되었다고 본다. 그러나 정율성은 중국혁명 속에서 조선인으로서의 한계를 극복하지 못했고, 또 다른 희망을 발견하고자 조선의용군에서 활동했지만 조국의 현실은 분단으로 왜곡되어 그를 포용해 줄 수가 없었다고 밝혔다.[24]

노기욱은 정율성의 망국의 슬픔과 한이 <연안송> 창작으로 이어졌고, <팔로군대합창> 창작을 통해 중국의 항일운동에 큰 기여를 했다고 보면서, 정율성의 이러한 공헌이 한중 수교의 가교 역할을 했다고 주장했다. 임영언과 김재기는 정율성에 대한 선행 연구를 검토하고 경계인으로서의 그의 삶을 세 시기(중국, 북한, 중국)로 나누어 연대기적으로 그 특징을 설명하고 있다. 동시에 한중 문화교류에 대한 정율성의 의미를 짚었다.

김주용은 중국 이주 후 정율성의 항일민족운동에 대한 기여를 음악활동과 관련시켜 짚어보고, 정율성의 음악이 한중 양국의 가교뿐만 아니라 통일음악으로서의 기능도 담당할 가능성을 전망했다.[25] 조응순은 음악 작가론적 접근방식으로 정율성의 개인윤리와 사회윤리의 상호 작용 속에서 정율성의 활동과 작품에 대한 해석을, 정유하는 <팔로군행진곡>과 <중국인민해방군가>에 대한 음악적 분석을 시도했다.

정율성에 대한 전기, 회고록, 논문집 등 연구 자료들도 수편 출간되었는데, 정설송 엮음, 『작곡가 정율성』 Ⅰ·Ⅱ(형상사, 1990); 張非外, 『論鄭律成-鄭律成音樂作品研討會論文集』(延邊人民出版社, 1987);

24 송한용·노기욱·정유하·김주용·조응순·임영언·김재기 등의 연구는 앞의 각주 4를 참고한 것임.

25 김주용, 앞의 논문, 2011.

丁雪松, 『中國第一位女大使-丁雪松回憶錄』(江蘇人民出版社, 2000); 鄭小提, 『鄭律成作曲選』(전남대출판부, 2004); 이종환, 『항일전사 정율성 : 음악이 나의 무기다』(지식산업사, 2006) 등이 그것이다.

학문적 연구와 더불어 정율성의 음악과 혁명 활동을 기리고, 이를 토대로 한중간의 상호이해 및 교류와 협력 증진을 위한 각종 장들이 마련되었다. 정율성의 일대기를 그린 영화가 상영되었고, 그의 고향인 광주광역시 남구 양림동에는 정율성 거리가 조성되었으며, 광주정율성국제음악제조직위원회가 결성되어 매년 축제나 음악제를 개최해 오고 있다.

이러한 공감의 장 형성에 그의 활동을 보도하는 언론의 보도가 큰 몫을 했다. 예를 들자면, 「중국의 악성 한국인 정율성」(『중앙일보』, 1988.8.15), 「중국 해방군 작곡가, 겨레 기개를 떨쳐」(『한겨레신문』, 1991.11.1), 「중·한인 작곡가 정율성, 건군기념일에 빛나다」(『동아일보』, 1992.8.4), 「중국 인민해방군가의 작곡자 정율성」(『동아일보』, 1992.8.28), 「대륙에 뜬 광주의 별」(『전남일보』, 2006.6.18), 「정율성 음악 한중 평화메시지 전한다」(『광남일보』, 2009.10.5), 「중국 건국 60년 감동·영웅 인물 100」(『중앙일보』, 2009.10.1), 「중 건국 이면엔 조선인 활약 빛났다」(『세계일보』, 2009.10.8) 등이다.[26]

언론의 보도가 정율성의 삶과 생애를 알리고 중국혁명에 대한 그의 공적을 널리 알려 한국인의 자긍심을 고취하려는 의도임에 틀림없다. 그러나 정율성에 대해서는 여전히 '한국인', '민족', '국가', '광주'의 입장, 곧 근대 민족국가 혹 국민국가의 담론이 주류를 형성한다. 나아가 '악성', '태양', '영웅', '겨래의 기개' 등 영웅화 전략도

26 노기욱, 앞의 논문, 234쪽.

담겨있으며, 중국 공산주의 운동과 건국에 대한 한국인의 기여를 강조하는 민족 국가적 서사가 넘쳐난다. 이처럼 국가와 민족 중심주의 시각은 여전한데 반해, 그에 대한 문제점과 디아스포라의 실제적 삶에 대한 언설은 보이지 않고 있다. 정율성의 실제적 삶과 경계인으로서 그의 힘든 삶과 슬픔까지를 살피지 못하고 있는 것이다.

다큐멘터리, 영화, 음악회, 학술대회, 축제 등도 많은 공감장을 만들어 냈다. <북경아리랑>(MBC, 2002.12.8)은 정율성이 작곡한 <연안송>이라는 웅장하면서 서정적인 노래가 오늘까지도 중국 전역에 퍼져 애칭된다면서, 우리의 <아리랑>에 비고했다. 나아가 정율성은 홍군의 대장정을 직접 답사하여 그 감흥을 바탕으로 <팔로군대합창>을 창작했는데, 이 곡은 1988년 중국공산당 정부로부터 <중국인민해방군군가>로 비준되었으며, 1990년 북경아시안게임에서 개막식 첫 프로그램으로 연주되었다는 내용을 담았다.

비슷한 내용을 담은 <13억 노래음악가 정율성>(전주 KBS, 2004.8.14)이 방영되었고, <走向太陽>(광주국제영화제조직위원회)이 상영되었다. 2014년 7월에는 중국 시진핑 주석의 서울대 강연에서 한중 관계 역사 속 우호 인물로 거론되기도 했으며, 2015년 중국 항일전쟁 승리 70주년 기념 열병식에서 그의 작품 중국인민행방군군가(일명 팔로군행진곡)가 연주되었다는 내용 등이 홍보되었다. 이처럼 정율성은 신문, 방송, 영화 등에 소개되고, 각종 정치적 행사에서 빠짐없이 등장하는 유명 인물로 한국, 중국, 한중 사이에 수많은 공감의 장이 만들어졌다.

정율성의 고향인 광주에서도 다채로운 장들이 만들어져 있다. 2004년 6월 11일 광주광역시 남구청은 "동아시아 예술의 혼"을 주제로 음악가 정율성기념 제1회 국제학술대회를 개최했다. 2005년에는 "하나 되는 아시아! 함께하는 음악축제!"와 "정율성 삶과 예술"을 주제로 정율성국제음악제를 개최되었는데, 이때는 광주광역시 남구청과 중국문화부 대외문화연락국이 주최하고 광주정율성국제음악제조직위원회가 주관했다. 2008년 8월에는 광주정율성국제음악제조직위원회가 "정율성의 삶과 예술"을 주제로 제1회 국제학술대회가 개최되었다.[27]

정율성국제음악제는 2011년부터 정율성축제로 바뀌었고, 이때부터 광주광역시와 문화재단으로 행사 시행주최가 바뀌게 된다. 그리고 주체의 층위에서도 이전보다는 훨씬 더 다양해져 5일 동안 소통, 열정, 비상, 화합, 평화를 주제로 축제를 진행했다. 그러나 실제 내용은 축제라기보다는 기념음악제에 가깝다. 예컨대, 소통은 이야기가 있는 음악회, 열정은 광주시립교향악단과 함께하는 대가들의 향연, 비상은 차세대 클래식 스타 공연, 화합은 한중문화교류의 밤으로 하얼빈 공연단, 박수용 재즈오케스트라 공연, 평화는 유럽 최정상 비엔나 앙상블 초청 공연이었다.

정율성축제는 한국과 중국에서 번갈아 개최되었는데, 2015년 축제의 경우 11월 17일부터 18일까지 중국의 湖南省 長沙에서 개최되었다. 비록 짧은 기간이었지만, 광주에서 개최된 축제에 비해 탄탄한 내용 구성을 이루었던 것으로 보인다. 첫날 공연에서는 국악관현악(춤을 위한 갠지갱), 무용(축연무), 정율성 동요(평화의 비둘기, 우리는 행복해요), 정율성 가곡(연안송, 연날리기, 파란나라), 어린이 무용(중국쿵푸, 창사시 빼꾸기 예술단), 정율성 가곡(루산관, 연안송), 홍보

27 이하 역시 인터넷 사이트 : 정율성음악축제/한중전통문화교류 jysfestival.kr을 참조해 작성한 것임.

영상 상영(아시아문화중심도시 광주), 남도민요(성주풀이, 진도아리랑), 국악관현악(사물놀이를 위한 신모듬 사물놀이), 연합합창(아리랑 출연자 전체) 등 양국 문화예술인이 공동으로 참여해 다채로운 내용을 구성했다.

11월 18일에는 양국의 연구자가 참여해 「정율성 오페라 (망부운)의 내적 의미」(양회석, 전남대학교 중어중문학과), 「양림동과 정율성 일가의 항일투쟁」(최진규, 조선대학교 사학과), 「정율성 형제들의 중국 관내 항일운동」(이건상, 전남일보 편집국장), 「정율성음악연구-음악창작을 중심으로」(이애련, 명지대학교 음악학과), 「정율성 기념 활동이 우리에게 주는 깨우침」(어경신, 중국음악평론 학술이사), 「정율성(루산관) 중 화성과 선법의 미학 탐구」(조광평, 성해음악학원), 「정율성 창작 주제 및 음악 특징 분석」(이홍, 후난사범대학), 「정중회념, 음율대성」(주악봉, 후난사범대학), 「정율성예술가곡'연안송'평론」(당덕, 후난대학), 「국내『정율성생연고』 탐구」(정소제, 중화문화발전기금회 주임) 등을 주제로 학술포럼을 개최했다.

2017년 정율성 축제는 광주광역시가 주최하고 광주문화재단이 주관했다. 행사는 광주 출신의 세계적인 음악가 정율성을 기리는 '정율성 음악회-관현악의 밤'이 11월 7일 전남대학교 민주마루에서 열렸다. 관현악의 밤에서는 체코 야나첵 필하모닉 상임지휘자 하이코 마티아스 푀르스터가 광주시립교향악단과 함께 나실인이 만든 '정율성 오페라 망부운 주제에 의한 교향적 환상곡'을 비롯해 생상스의 '서주와 론도 카프리치오소', 사라사테의 '카르멘 환상곡', 차이코프스키 '교향곡 4번' 등을 연주했다. 11월 15일에 열린 '정율성음악회-실내악의 밤'은 유스퀘어문화관 금호아트홀에서 열렸다. 실내악의 밤에서는 코리아챔버오케스트라가 정율성 탄생 100주년을 기

념해 정율성 작품을 소재로 편곡 혹은 창작한 8개의 실내악곡들을 연주했다.[28]

정율성에 따르면 음악은 "서양의 것을 중국에 복무시키고", "옛것을 오늘에 복무시키며", "낡은 것을 밀어버리고 새것을 내오는 것"이라야 했다. 그는 외국의 것이나 옛것이나 그 중에서 알맹이를 섭취하여 완전히 자기의 감정 속에 융합시켜려 했던 것이다.[29] 따라서 이왕의 기념행사들이 정율성과 그의 음악관을 제대로 반영하고 있는지는 의문도 생긴다.

물론 지금까지의 연구, 신문 보도, 다큐멘터리, 영화, 음악제, 학술행사, 축제 등에서 재현된 기억과 기념의 장들이 정율성의 삶을 기리고 한중 관계의 개선과 발전에 기여하고 있다. 특히 정율성에 대한 현재화 노력들이 한중 양국 및 양국민의 공감과 연대의 가능성을 마련될 수 있었다는 점에서 높이 평가할 수 있다. 그럼에도 불구하고 이 공감의 장들은 다음과 같은 몇 가지 아쉬움도 안고 있다 하겠다.

먼저 주체의 문제를 들 수 있다. 이제까지의 정율성 기념행사는 국가, 지방자치단체, 관변 문화단체 등의 필요에 의해 기획 개최된 인상이 짙다. 그럼으로써 주변인, 경계인으로서 정율성의 실제적 삶과 고통, 슬픔과 욕망 등은 배제된 채 여전히 국민국가 속에서 해석되거나 기념되어지고 있는 측면이 있는 것이다. 정율성의 태생지를 둘러싼 갈등과 논란, 정율성 관련 행사 주최(주관)을 둘러싼 갈등, 중국 관광객을 유치하려는 상품화 전략 등은 이와 관련된 문제일 것이다.

28 「가을 물들이는 '정율성축제-관현악·실내악의 밤' 개최」, 『한강타임즈』(2017.11.01).
29 정설송, 『작곡가 정률성』(2), 192쪽.

정율성을 기념하거나 기억하기 위한 공감이 장들이 정치적·경제적 특정 목적을 강화하는 도구로 강요되는 정전만들기가 되어서는 곤란하다. 특정한 목적이나 정치적 담론 형성에 투합하도록 특정 텍스트를 과도하게 콘텍스트화하는 행위는, 타인의 과거를 자신의 현재적 가치와 동일시하려는 자기도취에 빠질 우려가 있기 때문이다.[30]

주제의 문제도 지적될 수 있을 터, 정율성이 음악가이기 때문에 그를 기리는 각종 행사가 음악을 매개로 하는 것은 어쩌면 당연해 보인다. 그러나 중국에서의 정율성의 활동을 고려해 공감의 장은 기념음악회에 그치지 않고 그의 생애와 세평 등을 담은 다층적 구성일 필요가 있다. 예컨대, 문화, 예술, 학술, 사상, 정치, 외교뿐만 아니라, 근대성이 초래한 소수자, 주변인, 경계인으로서 끊임없이 자신을 바꾸어가는 정율성의 실체를 발견하는 데까지 확장될 필요가 있어 보인다.

요컨대 현재까지의 정율성 관련 학술대회, 음악회, 축제, 신문보도, 다큐 등이 형성해 낸 공감장의 역능을 가벼이 해서는 결코 안 된다. 그렇지만, 정율성을 매개로 형성된 공감장의 위계적 구조, 정치 혹 문화적 헤게모니 장악을 위한 기획 의도, 다중이 배제된 채 형성된 공감장은 성찰적으로 분석되고 비판될 필요성이 있다 하겠다.

조선족 정체성의 변이

우리는 디아스포라(정율성)를 통해 문화의 혼종성과 위력을 목

30 도미니크 라카프라 지음, 육영수 옮김, 『치유의 역사학으로』, 푸른역사, 2008, 379쪽.

도하고, 결국에는 새로운 삶의 모습으로 그 창조성을 발견해 내야 한다. 그랬을 경우 한국인의 정체성을 분명히 그려볼 수 있을 것으로 기대가 된다. 따라서 앞서 지적한 주체와 주제의 문제는 정율성뿐만 아니라 조선족의 정체성 탐색에도 적용되어야 할 문제라고 논자는 생각한다. 그랬을 때에만 우리는 주변, 경계인, 타자, 소수자인 중국조선족의 힘을 발견하고 그 주체성을 구성할 수 있다.

현재 중국조선족은 한국의 조선족을 넘어 동아시아의 조선족으로 나아가고, 이제 지구촌 사회에서 조선족 공동체를 구축해나가고 있다. 조선족은 곧 지구화 시대, 새로운 동아시아 시대의 교량, 곧 가깝지만 먼 이웃인 중국·일본·한반도를 잇는 동아시아 조선족으로 발전할 가능성이 있다.[31] 우리가 남북문제, 동아시아 공동체 문제를 대면함에 있어 중국조선족과 동아시아 조선족 공동체까지를 고려하거나 상정해 놓고 볼 필요가 있는 것이다. 논자가 정율성뿐만 아니라 현재 중국조선족 문제에까지 연구를 확대하려는 이유이다.

다 알다시피 중국의 조선족은 타민족으로 둘러싸인 문화적 환경 속에서도 민족 고유의 속성을 보존·발전시키면서 중화민족의 일원으로서 성장 발전해 왔다. 이들은 국적으로는 중국인 문화적·정서적으로는 한국인으로서의 정체성을 유지해 오고 있는 있지만, 현재 국민(중국)-민족(조선)에서 드러나듯 국민과 민족 양자 사이에 놓여있는 하이픈(-)은 결합의 상징이자 탈구의 지표였다.[32]

사회주의 중국 이후 조선족은 결국 중국 소수민족으로서 중국의 공민일 뿐 아니라,[33] 조국인 조선민주주의인민공화국의 국방의

31 최우길, 「'한국 조선족'에 관한 연구: '코리안 드림', 불법체류에의 적응, 새로운 정체성의 모색」, 『중국 한인의 역사』(하), 339쪽.

32 장윤수, 『노마디즘과 디아스포라』, 194쪽.

의무를 지닌 존재라는 점에서 사실상 이중 국적 상태에 놓여 있었다. 사회주의 건설기 1950년대, 문화대혁명시기 60~70년대 대부분의 소수민족 지역은 급진적인 사회주의 변혁 운동의 회오리에 휘말렸다.

문화대혁명 이후 중국의 소수민족 정책은 점진적인 동화정책이 그 근간을 이루었다. 물론 이 동화정책의 기조는 조선족에 대한 정책에서도 크게 다르지 않았다.[34] 그 결과 소수민족 특유의 전통, 풍속, 문화는 권장되고 있으나 이전에 비해 그들의 정체성은 점차 사라져 가고 있다. 현재 소수민족 중 문화적 정체성을 가장 잘 유지해왔다고 하여 평가된 '문화의 섬' 조선족 공동체도 붕괴되어 가고 있다.[35]

중국에서 최초로 세워진 민족대학이자 조선족 대학인 연변대학은 원래 교직원 대부분이 조선족이고 학생도 70% 이상이 조선족이었는데, 문화대혁명 시기에 민족분리주의로 낙인찍혀 민족대학의 특징이 타파되었다. 많은 조선족 교직원들을 농촌 또는 5.7 간부학교로 보내져 교수와 부교수의 70%, 강사의 63%가 농촌으로 하방되었다. 그러면서 학생 모집도 한족 위주로 시행되어 한족 학생이 70%이상을 차지했다. 1970년 8월 202명이 입학했는데, 이 중 조선

33 중공당은 조국관과 공민권은 밀접히 연결되는데, 한 인간은 오직 하나의 조국과 하나의 공민권만이 가능하며, 조선족은 중국인과 같은 수준의 권리 의무를 향유하므로, 비록 그들이 조선의 사람들과 같은 민족일지라도 그들은 마땅히 중국 공민이고 중국이 조국이라는 것이다. 이러한 중국 정부의 확고한 방침은 이후 기본적 원칙이자 현재도 유지되고 있으며, 이런 기준 하에서 '조선족 정책'이 집행된다(이진영, 「사회주의 건설과 중국 한인 사회」, 『중국 한인의 역사』(상), 244~246쪽).

34 남정휴, 「중국의 소수민족 정책과 연변자치주의 성립」, 『중국 한인의 역사』(상), 222~223쪽.

35 최우길, 「중국의 개혁·개방과 중국 한인 사회의 변화」, 『중국 한인의 역사』(상), 320쪽.

족 학생은 66명에 불과했다. 결국 한족 학생이 다수를 차지하다 보니 교학 언어도 자연히 한어가 되었고, 한어로 교학할 수 없는 조선족 교원들은 학교에서 밀려 나갈 수밖에 없었다.[36]

일상생활에서도 많은 변화가 생겨 예컨대 청춘남녀의 결혼 방식도 혁명방식이 적용되었다. 신랑 신부의 새 옷에는 모택동의 화상 마크를 달았고, 결혼기념품은 모주석 어록, 만년필, 일기책 등이 유행했으며, 심지어 신랑신부가 노동 장소에서 같이 일하는 것으로 혼례식을 대체하기도 했다. 노인들의 환갑잔치, 아이의 돌잔치 등은 행하지 못했고 전통적인 민족 가요는 황색 가요 또는 남조선 노래로 금지되고 모주석 어록을 작곡한 노래 등 혁명 가곡만 불러야 했다. 그리고 씨름, 그네, 널뛰기, 윷놀이, 화투놀이 등 민족의 전통적 민속놀이도 낡은 풍속, 낡은 습관으로 모두 취소되었고, 예전에 있던 조선족 체육운동대회도 모두 금지되었다.[37]

개방 및 탈냉전 이후 조선족은 정치적인 면에서 문화대혁명 기간에 파괴되었던 자치권을 회복했지만, 조선족 사회의 급속한 붕괴는 피할 수 없었다. 급속한 인구 유동과 타 민족과의 문화 접촉으로 인해 정체성을 점차 상실해 가고 있다. 한족보다도 교육 수준이 높았던 교육받은 젊은이들이 대도시 지역으로 진출했고, 우수한 중학생들은 대부분 한족 지역의 대학으로 진학하며, 졸업 후 베이징 등 대도시나 연해 지방으로 진출 러시를 이루었다.[38]

조선족 인구 이동의 기본적 동인은 한국 기업의 중국 진출로

36 정신철, 「문화대혁명과 조선족」, 『중국 한인의 역사』(상), 284쪽.

37 정신철, 앞의 논문, 288쪽.

38 최우길, 「중국의 개혁·개방과 중국 한인 사회의 변화」, 『중국 한인의 역사』(상), 309쪽.

인한 경제적 기회의 확대였다. 한국 자본의 중국 유입은 1992년 한중 수교 이전인 1988년경부터 시작되었다. 중국은 1990년대 초기 수년 만에 한국의 해외 투자 대상국 중 투자 건수로는 1위, 투자 금액으로는 2위에 이르게 되었다. 중국에 진출한 한국계 기업에 종사하는 조선족의 수는 1995년 중국 진출 한국 기업의 60%가 있는 발해만 연안 지역에서만 2만여 명에 달했다.

한국 기업의 투자는 동북 3성의 주요 도시인 심양, 장춘, 하얼빈, 연길 등지에 집중되었다. 도시 주변부의 농촌 지역 조선족 인구는 급속히 도시를 향해 집중되고, 유입된 인구를 상대로 하는 서비스 산업 등이 발달하면서 또다시 인구 유입을 재촉했다. 한국인 투자가와 관광객을 위한 호텔, 식당, 가라오케 등은 조선어, 한어 또는 외국어를 사용할 수 있는 종업원을 필요로 했다.[39]

조선족 사회의 새로운 대이동이 일어나면서, 중국 내지에로의 이주뿐만 아니라 한국·일본·미국·동남아시아·유럽으로 이주하면서 중국조선족이라는 새로운 디아스포라가 출현했다. 조선족 구성원들은 한국인과의 교류를 통해 동일민족으로서의 문화적 차이를 실감하게 되었고, 소외감에서 오는 이질성을 느끼게 되었다. 대신에 자신은 중국에 살고 있는 조선족임을 재확인하게 되었으며, 결과적으로 이른바 '중국조선족'이라는 낱말로 자신을 한반도에 있는 우리 민족과 구분되는 또 하나의 공동체라는 논리를 펼치게 된다. 이들의 심경은 중국적이라는 점에 비중을 두면서 한국인과의 차이를 나타낸다.[40] 이는 민족국가의 원리에 근거를 둔 조선족의 정체

39 최우길, 「중국의 개혁·개방과 중국 한인 사회의 변화」, 『중국 한인의 역사』(상), 앞의 논문, 313쪽.

40 허명철, 「한중 수교와 조선족 사회」, 『중국 한인의 역사』(상), 348~349쪽.

성이 붕괴하고 있음을 보여준다.

민족국가의 원리에 근거한 조선족 정체성은 이미 상실되었고, 변화하는 상황이나 사건에 대응하여 자신의 정체성을 부단히 재구축해나간다. 한국 기업의 중국 진출과 중국 경제의 세계화는 결과 국외에 거주하는 중국조선족 인구가 늘어나고 있다. 200만 명의 조선족 인구 중에서 50만 명 이상이 동북 지방 이외의 수도권 연해 지방을 생활 근거지로 살아가고 있고, 한국 30만~40만 명, 일본 4만~5만 명, 러시아 5만~8만 명, 미국 5만 명, 중동 4만~5만 명 등 약 50만~60만 명으로 추산된다.

이는 조선족의 생활공간이 전 세계로 확산되었다는 사실을 보여준다. 조선족 인구의 전 지구적인 확산은 재외 한인 사회의 존재 및 華人 네트워크와 밀접한 관계를 맺고 있다. 지구촌의 조선족이 화인 네트워크와 연결되어 있는 동시에 한인 공동체의 일원이 되었다는 것은, 조선족은 그 존재 자체가 다중적 존재가 되었음을 의미한다. 나아가 조선족은 '새로운 세기, 열린 공동체'를 만들 수 있는 집단이 될 가능성이 있음을 보여준다.[41]

국가 이데올로기의 특징 중 하나가 자국과 타국, 국민과 외국인, 우리와 그들의 이분법이다. 그런데 최근 세계체제와 국가 간 시스템에 근본적인 변화가 일어나고 있으며, 인구의 대이동과 민족에스니시티ethnicity의 현상을 목도하고 있다.[42] 세계는 지금 국민국가를 대신할 다문화 사회의 새로운 네트워크를 구축 중에 있다. 디아스

41 최우길, 「중국의 개혁·개방과 중국 한인 사회의 변화」, 『중국 한인의 역사』(상), 324~325쪽.

42 西川長夫, 한경구·이목 옮김, 『국경을 넘는 방법-문화·문명·국민국가』, 243~252쪽 참조.

포라 아이덴티티는 "언제나 자기를 새로운 존재로서 변환과 차이를 통해 생산·재생산 한다".[43]

현대 세계는 초국가적 탈영토적 네트워크 구축과 스케일의 상호 결합으로 국가나 민족이라는 통로(회로) 없이 문화의 이접(절합, articulation)을 이루고 있다. 따라서 각종의 경계를 자유롭게 넘나드는 아이덴티티에 주목할 필요가 있다. 디아스포라는 국민국가 체제가 낳은 대표적인 타자라는 점에서 타자화의 메카니즘을 규명하고, 국민국가 중심성의 그늘에 묻혔던 타자성과 혼종성의 의미와 가능성을 읽어내는 좋은 소재라 할 수 있다.[44]

오늘의 유럽 공동체의 발전이나 세계적 지역주의의 발전 추세를 보면, 장래에 동아시아 또는 동북아시아 공동체가 형성될 가능성을 부정할 수 없다. 한국에서 생활하고 있으나 정착하지 못한 조선족은 중국조선족이라는 아이덴티티를 유지하고 있으며, 이외의 지역에 진출한 이들은 현지의 중국인 네트워크에 의존하는 경우도 적지 않다. 그래서 자기들을 조선족으로 생각하는 경우도 있고 중국인 혹은 한국인으로 생각하는 경우도 있다. 미국의 경우 이들을 복합해 'Korean-Chinese American'으로 자칭한다.[45]

조선족 사회의 조직화와 네트워크화는 각국의 국내에서 서로 간의 연대와 교류의 네트워크를 형성하고 있을 뿐만 아니라, 인터넷이라는 수단을 이용해 국제화·세계화를 지향하고 있다. 탈영토

---

43 西川長夫, 『국경을 넘는 방법-문화·문명·국민국가』, 357쪽.

44 이상봉, 「디아스포라와 로컬리티 연구 : 재일코리안을 보는 새로운 시각」, 『한일민족문제연구』 18; 107~108쪽; 장윤수, 『노마디즘과 디아스포라』, 55쪽.

45 리강철, 「중국 한인 사회의 새로운 도전과 기회」, 『중국 한인의 역사』(상), 373쪽, 392쪽.

화와 재영토화가 반복되는 21세기의 무국경 시대 그리고 통신 기술의 발달로 인해 중국조선족은 글로벌화한 새로운 조선족 사회, 새로운 조선족 커뮤니티를 형성 발전해 가고 있는 것이다.[46]

중국조선족의 경험과 신체는 곧 식민과 탈식민, 분단과 냉전, 산업화 및 신자유주의 등 한국근현대사의 경험을 압축적으로 표현해 주며, 이들의 정체성은 이와 동일한 궤적 속에서 변화되거나 재구성되어 오고 있다. 따라서 이 공통의 역사적 경험에 대한 상호 소통과 비교 연구를 통해 공감대(장)의 역사적 토대를 마련하는 것이 필요하다.

우리는 조선족이 중국에 거주하면서 중국 문화를 접하게 되고, 그 문화를 흡수하고 자기 것으로 변형해 가는 와중에 오늘의 조선족 문화를 형성하게 되는 문화의 이접과 접변assimilation을 중시할 필요가 있다. 또한 구축된 네트워크를 통해 서로의 공감대를 확대하고 이질성에 대한 이해와 포옹을 나누면서 협력체를 만들어 나가야 한다.[47]

그렇다고 근대 국민국가의 토대가 된 민족적인 것을 가장 우선적으로 고려해야 한다는 것은 결코 아니다. 이 경우 한민족이라는 틀을 유지하면서도 동일성과 중심주의를 내세우는 근대 국민국가 원리로써 민족주의는 배제해야 한다. 다른 집단과 구별되는 하나의 공동체나 민족의 성격으로서 원래의 그리고 고정불변하는 정체성이란 존재하지 않는다. 정체성은 지속적으로 유동하고 변화하면서 오늘의 우리를 규정하는 창조성을 띄는 것이다.[48]

46 리강철, 앞의 논문, 397쪽.

47 허명철, 「한중 수교와 조선족 사회」, 『중국 한인의 역사』(상), 356쪽.

48 또한 개인 모두의 정체성의 총합을 국가의 정체성으로 보는 '합성의 오류', 집단

디아스포라로서 조선족의 정체성은 지속적으로 유동하고 있다. 중국조선족 정체성 유지의 가장 기본적인 조건은 문화적 공감과 연대이다. 타국에서 살아오면서 겪어야 했던 비애와 비통함을 대변해 주며, 조선족이라는 정체성을 지켜주는 조건은 여럿이다. 그 중에서 문화는 공감대를 이끌어 낼 수 있는 가장 기본적인 요소이자 핵심적인 요소이다. <아리랑>이 해외에서 더 큰 사랑을 받는 이유는 일제 강점기 당시의 조선인의 환경과 항일의식을 고취시키는 작품의 내용이 동시대를 살아가는 많은 사람들의 억눌려 있던 감정을 건드렸기 때문일 것이다.[49]

근본적인 문화의 문제는 언어로, 국어야말로 한 국가의 정체성을 확인해줄 수 있는 가장 두드러지고 효과적인 수단이다. 조선족이 민족 정체성을 유지하고 민족 문화를 보존할 수 있었던 가장 큰 요소는 바로 조선어의 사용이었다. 조선어 사용과 교육은 현재 무너지고 있는 '문화의 섬' 조선족 공동체를 살릴 수 있는 근본이라 여겨진다.[50]

나아가 중국조선족을 매개로 네트워크를 구성한다면 그것은 수평적 구조이어야 하며, 서로에게 이익이 되는 상호주의 원칙이 견지되어야 한다. 한국이 조선족과 모국 간의 관계를 결코 종속적이거나 모국에 대한 애국심 및 재국민화를 관점에서 접근해서는 곤란하다. 감성적 측면에서 출발한 동족 간 교류나 협력은 오히려 서

의 속성을 개인이 그대로 갖는다는 보는 '분할의 오류' 모두를 경계할 필요가 있다(탁석산, 『한국의 정체성』, 책세상, 2016, 39~40쪽).

49 한주, 『조선족 재발견』, 145~147쪽.

50 최우길, 「중국의 개혁·개방과 중국 한인 사회의 변화」, 『중국 한인의 역사』(상), 319~320쪽.

로에 대한 실망과 배신감을 키울 소지도 크다. 따라서 상호의 존재감 또는 존재의 가치와 필요성이 인정되는 전제 하에 대등한 관계를 형성하고 서로가 이익을 보는 협력관계를 구축해야 한다.[51]

무엇보다도 중요한 것은 신뢰를 바탕으로 하는 공감의 형성이다. 그렇지 못한다면 조선족 사회와 한국 사회의 교류는 물론이고 한민족 네트워크 구축에 동참하는 데에도 장애가 될 수 있다. 현재 한국사회에서 조선족에 대한 이미지는 긍정적인 것만은 아닌, 외려 부정적 이미지가 지배적으로 한국사회에서 이들은 국민국가의 시각이 그대로 반영된 경계인, 이방인, 주변인, 변방인으로 봉인되어 있는 실정이다.

한중 수교 후 한국과의 교류가 현실화되자 조선족들은 민족의 정체성 확인에 열중했다. 그러나 모국에서 조선족은 동질성보다 이질성을 많이 느꼈는데, 구체적으로 한국에로의 친척방문, 약장사, 노무수출, 불법체류, 위장결혼, 밀항에 이르기까지 많은 비극을 만들어 냈다. 그들은 거주국이나 모국 어디에 가나 주변인으로 내몰리거나 경계인이라는 이중적 정체성 모순 속에 살고 있다.[52]

이들은 일상적 생활, 문화, 교육 등등의 영역에서 제국시대처럼 타자화되거나 경계인으로 위치하며, 비문명, 낙후, 미개, 범죄, 잔악, 폭력 등으로 상징화되고 재현되고 있다. 대중들의 큰 인기를 얻었던 영화 '황해', '범죄도시', '신세계' 등은 이를 잘 보여준다. 한국사회에 이제 더 이상 순수의 상징으로서 영화 속 주인공 '장채린'은 없다. 한국에 와서 제일 서러운 것이 "저 사람들 중국 사람이

51 김강일, 「민족자치 지역의 문화발전 전략과 조선족 공동체 건설」, 『중국 한인의 역사』(하), 312쪽.

52 장윤수, 『노마디즘과 디아스포라』, 190쪽, 197쪽.

야"[53]라는 말은 조선족에 대한 한국인의 시각을 여실히 보여준다.

조선족과 조선족 사회를 대하는 한국과 한국인의 시각에 대한 성찰이 필요한 것이다. 디아스포라는 근대 이성주의의 산물로 그에 의해 배척되거나 대척점에 있는 인간들이다. 이들은 현실적 조건과 주류적 척도에 대해 부단한 저항을 통해 새로운 창조를 해내는 실존적 존재들이다.[54] 우리가 과거와 현재 그리고 미래 중국조선족의 역할을 긍정하며 문화적 공감을 이루는 일은 궁극적으로 새로운 근대성의 전형을 발견하는 일과 관련된다. 그리고 이 일은 국민국가의 시간과 공간을 비판하고 성찰하는 데서부터 시작되어야 할 성싶다.

나오면서

이 글의 목적은 중국의 조선족 혹은 한국인 디아스포라 문제를 지금-여기 한국사회를 재성찰하는 계기로 삼을 것을 제기하려는 데에 있다. 이를 간단히 요약하면 다음과 같다.

국민국가 형성기 조선과 중국의 현실을 둘러싼 제한된 상황 속에서 중국의 항일과 혁명에 공감하고 혁명적 연대를 이룬 경우도 있다. 중국의 3대 음악가로 추앙을 받고 있는 정율성의 활동은 그 한 사례에 해당한다. 그러나 그는 항상 비주류였으며, 어느 쪽에나 편입되지 못하고 어느 쪽에서나 중시받지 못한 끼인 존재, 경계인

53 최우길, 「'한국 조선족'에 관한 연구: '코리안 드림', 불법체류에의 적응, 새로운 정체성의 모색」, 『중국 한인의 역사』(하), 331쪽.

54 김기성, 「두 가지 문제, 근대성과 주체성」(2017년 10월 27일 전남대학교 호남학연구원 감성인문학연구단 세미나 발표문).

으로 살아가야만 했다.

정율성에 대한 연구나 각종 기념행사를 통해 알 수 있듯이, 중국과 한국의 근대 국민국가 형성의 과정에서 경계인(집단)으로 위치 지어지며 존재했던 조선족의 역사와 정체성을 바라보는 우리 사회의 시각은 그들의 실존적 상황 및 문화를 이해하려하기보다는 여전히 국민국가의 필요에 의해 소환, 소비, 활용되어지고 있는 경향이다.

중국에서의 조선족의 경험과 신체는 곧 식민과 탈식민, 분단과 냉전, 산업화, 신자유주의 등 한국근현대사의 경험과 동일한 궤적 속에서 변화 재구성되어 오고 있다. 이 공통의 역사적 경험에 대한 상호 소통과 비교 연구를 통해 공감대(장)의 역사적 토대를 마련할 필요가 있다. 이를 위해서 조선족과 조선족 사회를 대하는 한국과 한국인의 시각에 대한 성찰이 필요하다.

탈냉전 이후 세계화의 바람 속에서 우리는 중국과의 정치, 경제, 문화적 교류와 협력의 필요에 의해 연대의 경험을 토대로 관계개선을 촉진시키려 하고 있다. 이런 교류와 협력의 이면에는 여전히 한국사회 내 국민국가의 질서를 위협하는 경계인, 이방인, 주변인으로서의 조선족에 대한 부정적 이미지가 확대되고 있는 것도 현실이다.

현재 중국의 조선족들은 거주국이나 모국 어디에 가나 주변인으로 내몰리거나 경계인이라는 이중적 정체성 모순 속에 살고 있다. 한국사회에서 조선족에 대한 이미지는 긍정적인 것만은 아닌, 외려 부정적 이미지가 지배적으로 한국사회에서 이들은 국민국가의 시각이 그대로 반영된 경계인, 이방인, 주변인, 변방인으로 봉인되어 있다.

추방, 망명, 이산, 변방, 주변으로 내몰린 디아스포라에 대한 탐색은 근대 국민국가에 대한 성찰을 의미한다. 조선족에 대한 연대와 혐오, 친선과 적대의 이중적 사태는 한국인 디아스포라의 한 사례로서 이들을 바라보는 우리 사회의 인식을 적나라하게 보여주고 있다. 이는 국민국가의 틀을 넘어서 보다 건설적이고 상생하는 한국인 디아스포라 공감장을 위해서 어떤 입장과 실천을 해가야 하는가에 대한 문제를 던져준다.

중국조선족 커뮤니티는 정치, 경제, 외교, 남북문제에서의 중요한 의미를 갖고 있을 뿐만 아니라, 새로운 대안 공동체 형성 가능성을 보여준다. 중국조선족이 민족적·국가적 차원만이 아니라 동아시아 공동체 차원에서 대안으로 상정할 수 있다면, 무엇보다도 중요한 일은 상호간 신뢰를 바탕으로 공감을 이끌어 내는 일일 것이다.

디아스포라는 근대 이성주의의 산물로 그에 의해 배척되거나 대척점에 있는 인간들이다. 이들은 현실적 조건과 주류적 척도에 대해 부단한 저항을 통해 새로운 창조를 해내는 실존적 존재들이다. 우리가 과거와 현재 그리고 미래 중국조선족의 역할을 긍정하며 문화적 공감을 이루는 일은 궁극적으로 새로운 근대성의 한 형태를 발견하는 일과 같을 것이다. 그리고 이 일은 국민국가의 시간과 공간을 비판하고 성찰하는 데서부터 시작되어야 할 것 같다.

<走向太陽>
<북경아리랑> (MBC, 2002.12.8.)
<13억 노래음악가 정율성> (전주 KBS, 2004.8.14.)

강원택 편, 『한국인의 국가정체성과 한국정치』, EAI(동아시아연구원), 2007.
국사편찬위원회, 『중국 한인의 역사』(상), 국사편찬위원회, 2012.
__________, 『중국 한인의 역사』(하), 국사편찬위원회, 2012.
김주용, 「정율성의 생애와 항일민족운동」, 『동국사학』 51집, 2011.
김한규, 『한중관계사Ⅱ』, 아르케, 1999.
노기욱, 「정율성 음악의 사상적 지향」, 『역사학연구』 37. 2009.
니시카와 나가오, 『국경을 넘는 방법-문화·문명·국민국가』, 한경구·이목 옮김, 일조각, 2007.
__________, 『국민이라는 괴물』, 윤대석 옮김, 소명출판, 2002.
송한용, 「정율성의 사상형성과 지향」, 『역사학연구』 29, 2007.
오상순, 「이중 정체성의 갈등과 문학적 형상화: 조선족 문학의 어제와 오늘과 내일」, 『현대문학의 연구』 제29집, 2006.
우노 구니이치 지음, 이정우·김동선 옮김, 『들뢰즈, 유동의 철학』, 그린비, 2008
이내영·윤인진 공편, 『한국인의 정체성』, EAI(동아시아연구원), 2016.
이상봉, 「디아스포라와 로컬리티 연구 : 재일코리안을 보는 새로운 시각」, 『한일민족문제연구』 18, 2010.
이종환, 『항일전사 정율성 : 음악이 나의 무기다』, 지식산업사, 2006.
임영언·김재기, 「중국에서 항일독립운동과 디아스포라적 삶」, 『CHINA연구』 18권 2호, 2015.
임유경, 「디아스포라의 정치학-최근 중국조선족 문학비평을 중심으로」, 『현대문학의 연구』, 제36호, 2008.
장윤수, 『노마디즘과 디아스포라』, 북코리아, 2011.
정설송 엮음, 『작곡가 정율성』(Ⅰ·Ⅱ), 형상사, 1990.
정유하, 「정율성의 음악연구」, 『예술논집』 7, 2006.
조응순, 「음악가 정율성의 삶과 예술가의 윤리」, 『국악교육』 40, 2015.
탁석산, 『한국의 정체성』, 책세상, 2016.

張非 外, 『論鄭律成-鄭律成音樂作品硏討會論文集』, 延邊人民出版社, 1987.
丁雪松, 『中國第一位女大使-丁雪松回憶錄』, 江蘇人民出版社, 2000.
鄭小提, 『鄭律成作曲選』, 전남대출판부, 2004.